종과 종이 만날 때

종과 종이 만날 때
When Species Meet

지은이	도나 J. 해러웨이
옮긴이	최유미
펴낸이	조정환
책임운영	신은주
편집	김정연
디자인	조문영
홍보	김하은
프리뷰	김차랑 · 배혜정 · 조아라
초판 1쇄	2022년 8월 26일
초판 3쇄	2024년 12월 22일
종이	타라유통
인쇄	예원프린팅
라미네이팅	금성산업
제본	바다제책
ISBN	978-89-6195-302-3 93300
도서분류	1. 과학철학 2. 과학기술학 3. 페미니즘 4. 현대철학 5. 사회문제 6. 생물학 7. 인간과 동물 8. 문화이론
값	25,000원
펴낸곳	도서출판 갈무리
등록일	1994. 3. 3.
등록번호	제17-0161호
주소	서울 마포구 동교로18길 9-13 2층
전화	02-325-1485
팩스	070-4275-0674
웹사이트	www.galmuri.co.kr
이메일	galmuri94@gmail.com

일러두기

1. 이 책은 Donna J. Haraway, *When Species Meet*, Minneapolis, University of Minnesota Press, 2008을 완역한 것이다.
2. 원서에서 이탤릭체로 강조한 부분은 고딕체로 표시하였다. 생물학의 학명이나 영어가 아닌 언어라서 원서에서 이탤릭체한 것은 한국어판에서 강조하지 않았다.
3. 저자의 주는 후주로 옮긴이의 주는 각주로 편집하였다.
4. 외국의 인명과 지명, 용어 표기는 국립국어원의 외래어 표기법을 참고하였다.
5. 인명과 지명은 본문에서는 원어 표기를 생략하며, 잘 알려지지 않았거나 본문을 이해하는 데 꼭 필요한 경우에만 원어를 병기하였다.
6. 단행본, 정기간행물, 신문명, 보고서에는 겹낫표(『』)를, 단행본 속의 장절, 논문, 논설, 기고문 등에는 홑낫표(「」)를 사용하였다.
7. 그림 이름, 영화, 영상, 텔레비전 프로그램 이름, 온라인 문서, 행사 이름, 단체명 등은 꺾쇠(〈〉) 안에 넣는다.
8. 원서의 대괄호는 〔 〕를 사용하였고 옮긴이가 첨가한 내용은 [ ] 속에 넣었다.

차례

:: 감사의 글

『종과 종이 만날 때』는 내가 사는 세계를 묶는 활기찬 매듭들에 대한 감사의 글이다. 여기서 나는 특별히 이 책의 전반에 걸쳐 얽혀 있는 인간과 비인간 몇몇을 거명하고자 한다. 내가 동물을 좋아하는 사람들이라고 부르는 모든 이들과 그 반려들이 당연히 최우선이다. 이 학자들과 예술가들, 친구들, 스포츠를 같이 하는 동료들, 그리고 과학자들이 하는 일은 그들이 잘 알고 사랑하는 이 크리터들에 의해 직접적으로 영향을 받고 형성된다. 이 사람들과 크리터들은 민족지적 주체(대상)되기를 통해, 그리고 또한 인간들의 경우에는 초고를 읽거나 나의 어설픈 이야기를 경청하고 비판해 줌으로써, 내가 이 책을 쓰는 데 물질적으로 도와주었다.

우선 어질리티를 같이하는 친구들이 있다. 카옌과 나와 함께 어질리티를 배우고 시합을 한 특별한 동료들을 거명하자면, 팸 리처즈와 카푸치노, 수잰 코우겐과 아미고, 바버라 맥켈헤니와 버드, 준 보그덴과 클로이, 에너벨·타이코와 함께한 라이자 버크너, 아네트 토머슨과 시드니, 샤론 케네디와 디나, 수전 코크란과 아니코, 스퀴즈·탈리 호와 함께한 게일과 랠프 프레이저, 데리드 아서와 소자, 수지 뷰퍼드와 지퍼, 태그·키퍼와 함께한 코니 터프트, 리오·그레이시와 함께한 페이스 뷰글리, 게릴 페이지와 칼리, 클레어 프라이스와 재즈, 데이비드 커넷와 메건, 조안 제이미슨과 부머, 멀린·켈리와 함께한 매리언과 마이크 바시스타, 로리 라즈-아스트라칸과 블루, 크리스 헴펠과 키퍼, 루비·어터퍼프와 함께한 로라 하트윅, 다이애나 윌슨과 칼리, 디 허턴과 이지, 루앤 바이다크와 지퍼, 크리시 헤이스팅스 바우와 그레이시, 캐런 플레멘스 루카스와 니키, 게일 달마우와 실키 테리어들(키스멧, 스프라이트, 투트), 그리고 로지·타일러와 함께 시합은 하는 린다 랭이 있다. 나에게 어질리티를 가르쳐주신 분들은 게일 프레이저, 롭 미할스키(그의 개는 홉스와 페이트이다), 그리고 로리 플러머이다. 애시와 시합을 함께하는 마술사 같은 카이로프랙터인 지쥐 스콧은 카옌과 나에게 아낌없이 정성과 치료의 손길을 베풀었다.

그다음은 과학계에 종사하는 동물들이 있다. 과학 실천을 통해 태어나고 『종과 종이 만날 때』의 저술에 도움을 준 개들 중에는 스파이크와 브루노(그리고 그들의 인간인 그웬 타츠노), 개 게놈 프로젝트의 육종을 통해 태어난 뉴펀들랜드 보더콜리 잡종인 어질리티 선수들이 있다. 나의 개 카옌은 멀merle 유전자 감식 프로젝트와 약제 감수성 검사를 위해 DNA를 제공했다. 하지만 과학계에 종사하는 대부분의 개들은 무명으로 일하고, 가정이 아닌 켄넬에 살고, 늘 고통에 시달린다. 그들을 비롯하여 지식 창출에 자신들의 삶과 죽음이 바쳐진 모든 다른 크리터들은 인정과 감사를 받을 자격이 있다. 하지만, 그것은 우리가 그들에게 빚진 것의 시작에 불과할 것이다. 식품―그리고 섬유―을 생산하는 크리터들을 비롯해서, 일을 하는 동물들이 이 책 끝까지 나의 뇌리를 떠나지 않는다.

과학학과 동물학 그리고 페미니스트 이론을 연결하는 나의 산타크루스 캘리포니아 대학 세미나에 참여한 대학원생들과 박사 후 객원 연구원들에게 특별히 감사한다. 레베카 허지그, 토머스 반 두렌, 크레시다 리몬, 마리아 푸이그 데 라 벨라카사, 나타샤 마이어스, 헤더 스완슨, 제이크 멧카프, 섀넌 브라운리, 라이사 번스, 스카웃 캘버트, 린지 콜린스, 린지 켈리, 샌드라 코엘, 내털리 러브레스, 맷 무어, 아스트리드 슈레더, 마리 스파이라, 칼린디 보라, 에릭 스탠리, 매슈 무어, 마르코스 베케르, 에번 커크시, 마사 케니, 클로이 메디나, 코라 스트래튼, 내털리 핸슨, 대니 솔로몬, 애나 히긴스, 유니스 블라바스쿠나스, 니콜 아처, 메리 위버, 제니퍼 와타나베, 크리스 웰러, 샤 라바르, 애덤 리드, 그리고 캐리 프리즈(샌프란시스코 캘리포니아 대학)가 그들이다. 또한 이전에는 학생이었으나 지금은 동료가 된 이들에게도 이 책 출판 과정에 크게 감사의 빚을 지고 있다. 특히 에바 헤이워드, 크리스 로즈, 질리언 고스링거, 카미 치좀, 알렉시스 쇼트웰, 조 듀밋, 세라 제인, 캐런 호프먼, 바버라 레이, 앤지 로스가, 애덤 기어리, 데이비드 델가도 쇼터, 썰자 굿이브Thyrza Goodeve, 레베카 홀, 코리 헤이든, 킴 톨베어, 카우식 순데르 라잔, 돈

코핀, 그리고 델시에너 원더스에게 감사한다.

　내가 동물-인간의 만남에 관해 생각하는 데 있어서 크게 도움을 준 캘리포니아 대학 산타크루스 캠퍼스의 동료들 가운데 특별히 고팔 발라크리슈난, 캐런 배러드, 낸시 첸, 짐 클리퍼드, 안젤라 데이비스, 도로시아 디치필드, 바버라 엡스타인, 칼라 프레세로, 블라드 거드지치, 조디 그린, 수전 하딩(그녀는 비주와 룰루 모펫과 함께한다. 마르코도 물론!), 리스베스 하스, 에밀리 호닉, 데이비드과 조슬린 호이, 게리 리스, 데이비드 매리엇, 타이러스 밀러, 짐 맥클로스키, 캐런 맥날리, 헬레이나 모글렌, 실라 나미르, 비키와 존 피어스, 라비 라잔, 제니퍼 리어던, 네페르티 타디아르, 딕 터디먼, 그리고 애나 칭에게 감사한다.

　각지에서 온 학자들, 생물학자들, 그리고 예술가들이 다양한 방법으로 이 책의 집필을 도와주었다. 케롤 애덤스, 마크 베코프, 닉 빙엄, 린다 버크, 제프 보우커, 로지 브라이도티, 조너선 버트, 레베카 캐시디, 아델 클라크, 실라 코넌트, 이스트반 치체리-로나이, 베아트리스 다 코스타, 트로이 더스터, 마이크 피셔, 에이드리언 프랭클린, 세라 프랭클린, 에리카 퍼지, 조안 후지무라, 스콧 길버트, 페이 긴즈버그, 마이클 해드필드, 낸시 하트삭, 데버라 히스, 스테판 헬름라이히, 로라 홉굿-오스터, 돈 아이드, 루피치니오 이니게즈, 앨리슨 졸리, 마가레타 졸리, 캐럴라인 존스, 에두아르도 콘, 도나 랜드리, 톰 래커, 브뤼노 라투르, 앤 레플러, 다이애나 롱, 린 마굴리스, 개리 마빈, 도널드 맥케이그, 수전 맥휴, 에두아르도 멘디에타, 앨리스 밀러, 그레그 미트먼, 도널드 무어, 다르시 모레이, 몰리 멀린, 아이화 옹, 벤저민 오를러브, 퍼트리샤 피치니니, 애니 포츠, 베아트리스 프레시아도, 폴 라비노우, 린 랜돌프, 캐런 레이더, 레이나 라프, 조나 라스킨, 마누엘라 로시니, 조 루스, 셀마 로웰, 마셜 살린스, 줄리아나 시에사리, 울프갱 쉬르마허, 조셉 슈나이더, 가브리엘 슈와브, 에반 셀린저, 바버라 스머츠, 수전 스콰이어, 레이 스타, 피터 스티브스, 이자벨 스탕제르, 메릴린 스트래선, 루시 서치먼, 애나-리사 쑤리아넨, 캐런-수 타우시그, 제시 테서, 캐리스 톰슨, 닉 트루질로, 알비안 어댕크, 이언 웨디, 스티브 울가, 그리고 브라이언 위이 그들이다

　이 책의 집필을 숙고하는 동안 나는 일일이 열거할 수 없을 정도로 많은 곳에

서 초청 논문을 내고 세미나와 강의를 하였다. 읽고, 듣고, 응답을 해준 모든 분들이 차이를 낳게 했다. 연구와 집필을 가능하게 해준 여러 기관에 얼마나 많은 빚을 지고 있는지도 잘 알고 있다. 특히 캘리포니아 대학 산타크루즈 캠퍼스의 나의 학과인 의식사학과와 문화학 센터에 감사한다.

　중요한 시점에 캐리 울프는 나에게 이 책을 쓰기로 했느냐고 물었다. 그러고는 집필 전반에 걸쳐 나의 생각을 도와주었다. 그가 쓴 글을 읽고 나는 이미 생각이 다듬어져 있었다. 깊이 감사한다. 리뷰를 해 주셔서 알게 된 미네소타 대학 출판부의 리뷰어들, 이자벨 스탕제르와 에리카 퍼지의 코멘트는 크게 도움이 되었다.

　나의 오빠 릭 밀러-해러웨이와 빌 해러웨이는 돌아가신 아버지 프랭크 해러웨이에 대해서 어떻게 쓰면 좋을지 감을 잡고 생각하는 데 도움을 주었다. 어질리티에 관한 나의 스포츠 이야기를 아버지가 기꺼이 귀담아들어 주신 것이 이 책을 쓰는 데 큰 힘이 되었다.

　실라 퍼스, 셰릴 밴더비어, 로라 맥쉐인, 그리고 캐시 더칸은 내 마음 한구석에 특별히 자리 잡고 있다. 추천서와 원고, 수업, 학생들 그리고 삶을 위해 주신 모든 도움에 감사한다.

　개뿐만 아니라 그 외 여러 가지에 대해 수년 동안 나와 함께 생각한 것에 대해 러스틴 호그니스, 수즈 러더포드, 수전 커딜, C. A. 샤프, 린다 와이저, 캐서린 데 라 크루즈, 케이티 킹, 발 하투니(그리고 그레이스), 샤론 가마리-타브리지에게 감사한다. 우리의 삶과 땅에서 그레이트 피레니즈종인 윌렘을 잃은 것을 수전과 함께 애도한다. 러스틴은 내가 더 잘 생각하고 쓸 수 있도록 도와주었을 뿐만 아니라, 컴퓨터 지식을 이용해서 기술적으로 집필 과정의 모든 단계를 보살펴 주었다. 그리고 우리가 더 잘 알게 된 때인 1999년 패기 넘치는 강아지를 우리 삶 속으로 들이는 것에 대해 기꺼이 동의해 주었다.

　데이비드 슈나이더와 그의 스탠더드 푸들 조지는 삶과 죽음에서 앵글로-아메리칸 친족관계를 가르쳐 주었다. 데이비드와 나는 맨 처음 개 훈련을 함께 정면으로 마주했는데, 비키 헌을 읽고 우리의 참을성 많은 반려들인 조지, 소저너,

그리고 알렉산더 버크먼과 함께한 클래스에서 복종 경기의 지독한 기술을 공부하는 과정을 통해서였다.

　내 마음의 개들인 카옌과 롤런드에게 어떻게 감사할 수 있을까? 그들은 후주가 없고 긁어 벗기면 냄새가 나는 책을 더 좋아하겠지만, 이 책을 그들에게 바친다.

1부
우리는 결코 인간이었던 적이 없다

1장

종과 종이 만날 때

서문

이 책은 두 가지 물음을 다룬다. (1) 내가 나의 개를 만질 때 나는 도대체 누구를 그리고 무엇을 만지는 것일까? (2) "함께 되기"becoming with는 어떤 의미에서 "세속적이게worldly 되는" 실천이라고 할 수 있을까? 나는 이 물음들을 바르셀로나의 프렌치 불도그 애호가에게 배운 대안-세계화alter-globalization와 **오트르-몽디알리자숑**autre-mondialisation이라는 표현들과 결부시켜 생각한다.1 이 용어들은 유럽의 활동가들이 고안한 것으로, 세계를 만드는 신자유주의적 군사모델에 대항하는 자신들의 접근법은 반세계화가 아니라 공정하고 평화로운 세계화를 도모할 방법을 모색하는 데 있음을 강조하기 위한 것이다. 이 땅에 사는 평범한 복수종들multispecies의 매듭 일부를 다시 매게 되는 데에 오트르-몽디알리자숑의 약속이 있다.

나는 일상을 일반화하기보다는 일상과 씨름하면서 현실세계에 대처할 수 있게 되어 간다고 생각한다. 나는 진흙에서 창조된 생명체이지 하늘에서 만들어졌을 리가 없다. 나는, 사물들이 접촉하게 만들고 생명체들과 그들의 부분들을 위해 매끄러운 길을 내는 점액질의 경탄스러운 능력에서 항상 많은 것을 배워 온 생물학자다. 나는 내 몸이라는 세속적 공간을 구성하는 전체 세포 중 약 10퍼센트에서만 인간의 게놈이 발견된다는 사실이 기쁘다. 나머지 90퍼센트의 세포는 박테리아, 균류, 원생생물 등의 게놈으로 차 있고, 그중 일부는 어떤 식으로든 내가 살아있는 데 협조하고 있으며 다른 일부는 무임승차하면서 나와 우리의 나머지 부분에 달리 해를 끼치지 않고 있다. 나는 나보다 훨씬 수가 많은 이 작은 반려들과 식사를 함께하면서 한 사람의 인간 어른이 된다. 하나가 된다는 것은 언제나 많은 것들과 함께 되는 것이다. 이들 개별 미시 생물상의 일부는 지금 이 문장을 쓰고 있는 나에게 위험한 존재이지만, 그 이외의 인간 세포를 비롯한 모든 것의 협조를 통해 어쨌든 위험이 방지되고 있고, 그 덕분에 의식이 있는 내가 존재하고 있다. "내"가 죽으면 이들 자비로운 공생자나 위험한 공생자들이 "나"를 넘겨받아 남은 찌꺼기를 사용해 줄 것이고 나는 그것이 기쁘다. "우리"가 실시간으로 서로를 필요로 하고 있는 이상, 그것은 잠시일 뿐이겠지만 말이다. 어렸을 때 나는 소꿉놀이에 푹 빠져 작은 도구로 놀기도 하고 그런 도구를 상상하는 것을 좋아했다. 나는 시간과 공간의 척도에 관련된 놀이를 좋아했는데, 이는 어린이용 장난감과 이야기들이 없었다면 경험하지 못했을 일이다. 그때는 나를 형성하고 있는 존재인 반려종과의 만남이 이런 것들의 연장선상에 있을 것이라고는 알지 못했다.

형상figure은 내가 접촉지대contact zone라고 부르는 필멸의 세계-만들기의 얽힘이라는 육신flesh 속에서 고군분투하는 데 도움을 준다.[2] 『옥스퍼드 영어사전』은 18세기의 용례를 인용해서 "형상화"figuration에는 "키메라적 시각"이라는 의미가 있음을 기재하고 있고, 이 의미는 형상에 관해 내가 느끼는 내용에도 어렴풋이 남아 있다.[3] 형상은 초대를 통해 사람들을 모으고, 그 형상의 모양새로 말해지는 육화된 이야기 속에 그들이 깃들게 한다. 형상은, 표상도 교훈적인 예시도 아니고, 여러 갈래에 걸치는 신체들과 의미들이 서로를 형성하는 물질-기호론*적인 결절점 내지는 매듭이다. 나에게 형상은 언제나 생물학적인 것과 문학적인 것 혹은 예술적인 것들과 체험된 현실의 모든 힘이 만나는 장이었다. 나의 신체 자체가 그야말로 그런 형상이다.

여러 해 동안 나는 사이보그, 원숭이, 유인원, 옹코마우스, 그리고 최근에는 개와 같은, 힘 있는 형상의 두터운 복부를 보면서 글을 써왔다. 이들 형상은 어느 것이나 가능성으로서 상상되는 창조물임과 동시에 치열하면서도 일상적인 현실의 창조물이기도 하다. 여러 차원이 뒤얽히고 응답을 요구한다. 『종과 종이 만날 때』는 이런 이중성에 관한 작업이지만, 오히려 이 세계에 서식하려는 존재가 그 속에서 상호inter 및 내부intra-작용**을 통해서 구성되는 실뜨기 놀이에 관한 작업

---

* 물질-기호론은 행위자 연결망 이론과 페미니즘이라는 상이한 전통 속에서 발달해온 사회를 분석하는 도구이자 세계에 대한 이해이다. 물질-기호론이 전제하는 세계는 하나의 단일한 구조이거나 패턴을 기반으로 하는 것이 아니라 여러 스타일로 짜인 관계의 그물망들이 이리저리 중첩된 것이다. 특히 해러웨이가 사용하는 물질-기호론은 중립적인 말이라는 전제에 도전한다. 그는 내러티브 속의 형상들, 수사들을 변형함으로서 다른 내러티브의 가능성을 제시해 왔다. 이 책에서 해러웨이는 통상적인 가축, 특히 개와의 다른 관계들을 제시함으로서 이들에 대한 새로운 형상과 내러티브를 제시하고자 한다.

** 내부-작용(intra-action)은 캐런 배러드의 행위적 실재론(agential realism)에 나오는 개념이다. 양자물리학자 닐스 보어의 양자본 해석의 철학적 함의로부터 영감을 받은 배러드는 1차적인 존재론적 단위는 고유한 경계나 성질을 가진 개체가 아니라 현상(phenomena)이라고 주장한다.

짐의 개, James Clifford 제공

일지도 모르겠다. 만나기 전에 파트너가 존재할 리 없다. 모든 종은, 살아있든 죽었든 관계없이 주체와 대상을 형성하는 만남의 춤을 춘 결과 생기는 존재이다. 이 책에 나오는 파트너나 만남은 문학적인 표현이 아니고, 가정·실험실·야외·동물원·공원·직장·감옥·바다·스타디움·헛간·공장 등에서 현재진행형으로 만나고 있는 보통의 존재들이다. 그들은 보통의 매듭으로 연결된 존재로서, 자신들에게 응답하는 자들을 언제나 "우리"라고 하는 예측 불가능한 종류kind로 한데 모으는, 의미-만들기의 형상들이기도 하다. 이 책은 서로 얽히고 서로를 형성하는 이 땅에 사는 무수한 종 가운데 현대의 인간이라는 존재와 다른 크리터들*, 특히

내부-작용은 관계 이전에 선재하는 독립적인 실체 혹은 관계항을 전제하는 상호작용(interaction)과는 구분된다. 현상의 구성요소들의 경계나 특성은 미리 정해져 있는 것이 아니라 특정한 행위적 내부-작용을 통해서 결정된다는 것이다. 해러웨이는 배러드의 내부-작용을 우리에게 익숙한 상호작용과 함께 쓰면서 그 차이를 강조하고자 한다.
* 크리터(critter)는 미국에서 온갖 종류의 성가신 동물을 가리키는 일상적인 관용어이다. 해러웨이

"가축"이라 불리는 크리터들(그것에 한정되는 것은 아니지만)과의 만남에 초점을 맞춘다.

이하의 장에서 독자가 만나게 되는 것은, 복제된 개, 데이터베이스화된 호랑이, 목발을 짚고 있는 야구 작가,[미국 캘리포니아주] 프레즈노의 건강과 유전 분야 활동가, 시리아와 프렌치 알프스의 늑대와 개, 치킨 리틀과 몰다비아의 아메리카산 닭 다리, 청소년 소설에 나오는 짐바브웨 실험실의 체체파리와 기니피그, 길고 양이, 카메라를 등에 부착한 고래, 감옥에서 훈련 중인 죄수와 개, 그리고 캘리포니아에서 함께 스포츠를 즐기는 재기 넘치는 개와 중년 여성 등이다. 이들 모두는 형상들이다. 그리고 그 모든 것들은 지금 여기, 이 지구상에 일상적으로 존재하고 있으면서 종과 종이 만날 때 "우리"는 어떤 자들이 되는지를 묻고 있다.

짐의 개와 레오나르도의 개

짐의 개를 만나 보자. 이 사진은 나의 동료이자 친구인 짐 클리퍼드가 촬영했다. 짐의 집 근처에 산타크루스의 녹지대가 있다. 12월의 어느 날, 짐은 습기 찬 협곡을 산보하다가 이 개와 만났다. 등을 반듯하게 펴고 앉은 짐의 개는, 그러나 한 계절밖에 지속하지 않았다. 나를 위해 내 친구가 발견해준 이 지의류로 뒤덮인 불탄 세쿼이아 그루터기는 침엽, 이끼, 고사리, 캘리포니아 월계수의 새순이 개 꼬리 모양으로 자라있기까지 했지만 이듬해 겨울 그 형체가 무너졌다. 협곡에 내리쬐는 햇빛도 그것에 혼이 깃들게 하지는 못했다. 정말 많은 종, 정말 많은 종류가 짐의 개에게서 만나고, 그들은 나의 질문에 하나의 답을 제시한다. 나의 의문은 이런 것들이다. 우리가 이 개를 만질 때 우리는 도대체 누구를 그리고 무엇을 만지고 있는 것일까? 어떻게 이런 식의 만짐이, 한 계절로 끝나지 않는 대안-세계화를 위해 함께 움직이고 노는 모든 것들과 힘을 합치면서, 우리를 더 세속적인 존

는 '창조물'(creature)이나 '창조'(creation) 같은 말과 구별되는 의미로 이 낱말을 사용한다. 이 책에서 크리터라는 말은 미생물, 식물, 동물, 인간과 비인간, 그리고 때로는 기계까지 포함하는 잡다한 것들을 의미한다.

재로 만드는 것일까?

우리는 정교한 디지털카메라, 컴퓨터, 서버, 이메일 프로그램 같은 것에 의해 가능하게 된 손가락 눈fingery eye으로 짐의 개를 만진다. 물론, 짐의 개의 고화질 jpg 파일은 이메일을 통해 받았다.[4] 디지털 장치의 금속·플라스틱·전자적 육신에는, 짐과 내가 이어받은 영장류 시각계가, 그 선명한 색각, 정밀한 초점 조절 능력과 함께 접혀 들어가 있다. 우리의 지각과 감각적 쾌락의 능력이 우리와 영장류 친척들의 삶을 한데 묶는다. 이런 유산을 만지기 때문에, 우리의 세속성은 통상의 서식 환경과 실험 시설, 텔레비전과 영화의 스튜디오, 동물원 등에 사는 다른 영장류 존재들에게 응답해야 한다. 이 만짐을 통해, 빛을 발하지만 눈에 보이지 않는 바이러스와 세균에서부터 짐의 개 머리 꼭대기에 돋아난 고사리에 이르기까지, 유기체들이 생물학적 개체군을 형성하는 기회주의도 실감할 수 있다. 짐이 발견한 개에는 식물 종의 다양성을 비롯해서 우리 시대에 필요한 모든 일이 응축되어 있다.

이 카메라가 촬영한 갯과의 생명체를 촉각과 시각으로 만지는 과정에서, 우리는 IT 공학, 전자제품 조립라인의 노동, 채광과 IT 폐기물의 처리, 플라스틱의 연구와 제조, 국경을 넘는 시장, 통신 시스템, 기술-문화적 소비 습관의 역사 속에 있게 된다. 사람과 사물은 서로를 구축하고 내부intra 작용하는 접촉 속에 있다.[5] 시각적으로도 기술적으로도, 나는 짐의 개를 살아있는 존재로 만든 인종·성·연령·계급·종교에 의해서 분화된 노동 시스템들이 서로 교차하는 상황 속에 있다. 이런 종류의 세속성worldliness에 있어서 응답은 최소한의 요구인 것 같다.

21세기 초 캘리포니아 중부 해변의 대학가에서 여가 시간에 산보하는 습관이 없었다면, 내가 짐의 개를 만날 일은 없었을 것이다. 도시의 산보라는 즐거움은 19세기 후반 임업 노동자의 벌채 노동과 접점을 갖는다. 그들은 체인 톱 없이 원시림을 벌채했고 불에 타 변색되어버린 그루터기는 수목의 생을 마감하고 제2의 생을 살게 되었다. 잘린 목재는 어디로 간 것일까? 임업 노동자들이 이전부터 해 온 의도적인 방화 때문이든 혹은 건기의 캘리포니아에 떨어진 벼락으로 생긴 산불 때문이든, 짐의 개는 검게 탄 나무의 잔해로부터 태어났다. 환경보호주의와 계급, 이 양쪽의 역사 때문에 캘리포니아의 각 도시는 실리콘밸리의 전철을 밟지 않도록 그린벨트 정책을 채택했고, 짐의 개는 그 덕분에 산타크루스 서부의 부동산 개발 붐 속에서도 택지 개발의 불도저에 밟혀 뭉개질 운명을 피할 수 있었다. 이 협곡이 유수로 침식되고 지진 때마다 급격한 변동을 일으켜 온 지형이었던 것도 도움이 됐을 것이다. 그와 같은 도시 정책과 토지의 역사 때문에 이 일대에 산재한 대학가의 삼림지대와 덤불이 무성한 협곡에는 쿠거가 배회하기도 한다. 나는 목줄을 매지 않은 내 개와 이 협곡을 함께 산보하다가 쿠거와 언제 맞닥뜨릴지 모른다는 생각이 들면 풀려 있던 목줄을 서둘러 매기도 한다. 짐의 개를 눈으로 만지는 것은, 누가 누구를 먹고 누가 누구와 함께 거주하면 좋은가라는 극히 보통의 소도시가 계속 직면해 온 생태적이고 정치적인 역사를 만지는 과정이다. 만지듯이 볼 때마다 풍요한 자연문화의 접촉지대가 증폭된다. 짐의 개는 호기심을 환기하는 존재이다. 그리고 이 점이야말로 현실 세계를 사는 반려종이 우선 다해야 할 의무이고, 심원한 즐거움이라고 생각한다.[6]

짐이 이 개를 발견한 것은 원래 우정의 행위였다. 짐은 자신의 동료가 개에게 매혹되어 개 이외에는 아무것도 눈에 들어오지 않게 되기 전까지는 특별히 개를 찾은 적도 없었고 개라는 존재를 마음에 두고 있지도 않았다. 짐이 만난 것은 모피를 걸친 개는 아니었지만, 산책로에서 그를 기다리고 있던 것은 그에 못지않은 개였다. 미국의 다양한 개 문화를 나에게 가르쳐 준 친구들의 표현을 빌리면, 짐의 개는 일생에 한 번 있을까 말까 한 진짜 개, 잡다한 선조로부터 탄생한 결코 복제할 수 없지만 우연히 만날 수밖에 없는 유일한 잡종 개이다. 숯을 옷으로 걸친 이 개가 선조는 물론이고 동시대적으로도 잡다하게 섞였다는 건 틀림없다. 어쩌면 알프레드 노스 화이트헤드가 "파악의 합생"*이라는 개념으로 표현하려고

---

* concrescence of prehension. 『과학과 근대세계』에서 화이트헤드는 사물의 현실화(realisation) 를 성립하게 하는 것은 각각의 사물들이 자신이 처한 시간과 장소에 입각해서 다른 시간과 장소의 상대 사물을 통일적으로 파악하는 것이라고 말하면서, 이를 "파악의 합생"이라 부른다. 이때 파악은 인간 외부의 무심한 것에게 인간이 만든 범주를 적용시키는 칸트적인 지식행위와 달리 상호적인 행위를 통해 구체성을 확립하는 활동이다. 짐의 개는 칸트적이 범주로 파악한다면 절처 개가 아니지만 짐을 포함한 각이한 사물들이 각각의 역사성과 함께 구축된 파악의 합생의 결과물이다.

했던 것은 이런 상황이었을지도 모른다.7 이것이야말로 내가 개를 만질 때 내가 누구를 만지는지 물으면서 배우게 되는 내용의 핵심이다. 나는, 육신으로 이어받는 방법에 관해 무언가를 배우고 있다. 컹컹….

레오나르도의 개에 관해서는 설명이 필요치 않을 것이다. 1485년에서 1490년 사이에 그려진 다 빈치의 완벽한 비율의 인체도인 〈비트로비우스적 인간〉은 테크노문화와 반려견 문화의 상상력의 기틀이다. 시드니 해리스가 1996년에 그린 인간의 축복받은 반려인 개에 대한 풍자만화는 르네상스의 인문주의를 의미하

레오나르도 다 빈치의 개. Copyright Sidney Harris, ScienceCartoonsPlus.com

게 되었고, 근대성을 의미하게 되었으며, 나아가 예술·과학·기술·천재·진보·돈의 생성적인 묶임을 의미하게 되었다. 나는 1990년대의 게놈 관련 회의 브로슈어나 분자생물학 분야의 실험기구와 시약 광고에서 다빈치의 〈비트로비우스적 인간〉을 셀 수도 없이 많이 보았다. 이에 필적할 만한 것은 베살리우스의 인체 해부도 또는 시스티나 성당에 미켈란젤로가 그린 천장화 〈아담의 창조〉 정도지만 수적으로는 도저히 그에 미치지 못할 것이다.[8] 심오한 예술, 심오한 과학: 천재, 진보, 미, 권력, 돈. '완벽한 비율의 인체'는 피보나치수열*의 수의 마술과 실제 생명의 유기적 편재성, 양쪽 모두를 도드라지게 만든다. 자기 주인의 형상으로 변형된 완벽한 비율의 개는, 내가 세속적 친구들과 오트르-몽디알리자숑을 추구하고자 할 때, 이 탁월한 휴머니즘적 형상이 왜 짐의 개만큼 유용하지 않은지를 생각하게 해 준다. 해리스의 풍자만화는 유쾌하지만, 웃고 끝낼 수만은 없다. 레오나르도의 개는 테크노휴머니즘의 반려종이자, 테크노휴머니즘의 꿈인 정화와 초월의 반려종이다. 나는 레오나르도의 개가 아니라 짐의 개라는 잡동사니 무리와 함께 걷고 싶다. 거기에는 전통과 현대, 유기적인 것과 기술적인 것, 인간과 비인간을 가르는 명료한 선들 대신에 안으로 접힌 육신이 있다. 이는 내가 아는 사이보그나 개처럼 힘 있는 형상들이 의미하고 구현하는 것이다.[9] 짐의 개가 내 컴퓨터의 스크린 세이버가 된 건 아마도 이런 이유일 것이다.

전문가 회의

그러면 개와 사이보그가 더 일상적으로 만나는 이야기로 가보자. 이 만남에서는 가상의 적이 단상에 올라 있다. 댄 피라로의 1999년 『비자로』 일요 풍자만화에는 교전 규칙이 생생하게 묘사되어 있다. 단상의 작은 개가 참석한 개들에게 인사하면서, 〈전미 랩독** 연맹〉의 기조연설을 한다. 기조연설자는 스크린에 비

---

* 피보나치수열은 첫 항과 두 번째 항이 1이고 그다음의 모든 항은 바로 앞의 두 항의 합이 수의 수열을 의미한다. 이 수열의 항을 열거하면 1, 1, 2, 3, 5, 8, 13…이다.
** lap dog은 무릎(lap)에 앉히는 작은 강아지를 의미하며 남의 말에 무조건 복종하는 사람을 뜻하

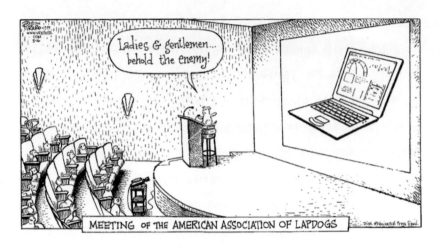

〈전미 랩독 연맹〉회의. "신사 숙녀 여러분, 우리의 적은 저겁니다!"
Copyright Dan Piraro, King Features Syndicate.

친 열린 랩톱 컴퓨터를 가리키면서 엄숙한 목소리로 선언한다. "신사 숙녀 여러분… 우리의 적은 저겁니다!" 랩독lapdog과 랩톱laptop이라는 말장난이 쌍방을 자유자재로 이었다 떼었다 하면서 질문의 장을 연다. 개 애호가라면 개와 컴퓨터를 동시에 놓을 수 있으려면 사람의 무릎이 과연 얼마나 넓어야 할까를 맨 먼저 생각할지도 모른다. 이런 생각은 대개 집에서 일을 하고 있는 늦은 오후 무렵에 떠오를 것이다. 컴퓨터 앞을 떠날 수 없는 인간이 산책이라는 중요한 임무를 소홀히 하자, 마루 위에서 이를 더는 참을 수 없는 개가 끈질기게 산보를 조르기 시작할 때다. 하지만 이 『비자로』 풍자만화에는 실질적으로 더 긴급하지는 않더라도 철학적으로는 더 중요한 문제가 숨어 있다.

근대주의자 버전의 휴머니즘과 포스트휴머니즘은 자연으로 간주하는 존재와 사회로 간주하는 존재, 비인간으로 간주하는 존재와 인간으로 간주하는 존재 사이에 가로놓인, 브뤼노 라투르가 "대 분기"Great Divides라고 부르는 일련의 것들을 주된 자원으로 삼아 함께 존속해 왔다.[10] 인간의 "포스트들"posts을 포함해서 이런 "대 분기"에서 생겨난 인간의 주된 타자들은, 고금을 막론하고 서구 문

기도 한다.

화의 존재론적 품종 등록부에 잘 기재되어 있다 : 신, 기계, 동물, 괴물, 기어 다니는 벌레, 여성, 하인, 노예, 그리고 비시민 일반. 이 "타자들"은 명료한 이성이라는 보안 검문소의 외부에서, 동일자라는 성스러운 이미지를 재생산하는 장치의 외부에서, 권력과 자기 확신의 중추에 패닉을 일으키는 탁월한 능력을 갖추고 있다. 병적인 편애hyperphilias와 병적인 혐오hyperphobias에서 공포가 자주 표출된다. 서력기원 21세기 초의 동물(랩독)과 기계(랩톱) 사이의 '대 분기'가 야기한 공포를 예로 들면 충분할 것이다.

기술편애와 기술혐오는 유기편애와 유기혐오와 경합하고 있어서 어느 한쪽에 서는 것은 운에 맡길 일이 아니다. 유기적 자연이 좋은 사람에게 기술을 좋아한다고 말하면 미심쩍은 얼굴을 한다. 사이보그를 유망한 괴물로 생각하는 사람은 모든 유기적인 것의 파괴에 맞서는 싸움에서는 믿을 수 없는 동지일 것이다.[11] 이 점을 정말 통감하게 되었던 개인적인 경험이 있는데, 2001년에 나도 기조연설자로 참여한 '자연을 진지하게 받아들이자'Taking Nature Seriously라는 훌륭한 회의에서의 일이었다. 전문가들이 모인 그 회의에서 자칭 심층 생태주의 신봉자라는 소규모의 아나키스트 활동 그룹이 나누어 주던 팸플릿에 내 이름이 거명된 강간 판타지가 공공연하게 묘사되어 있었다. 아마도 내가 유기체와 테크놀로지가 혼합된 하이브리드 형상의 사이보그에 깊이 관여했기 때문에 몬산토사의 연구자들보다도 더 악질이라고 하는 것 같았다. 몬산토사 연구자들이 에코페미니즘과의 제휴를 주장하지는 않는다. 하지만 내가 그 자리에서 생각했던 것은 몬산토에도 반인종주의적 환경 페미니즘을 진지하게 받아들이는 연구자들이 있을지 모른다는 것, 그리고 어떻게 그런 사람들과 제휴할 수 있을까 하는 것이었다. 덧붙이자면, 이 회의에는 이런 독선적이고 빗나간 행동이나 분석과는 아무 관련이 없는 심층 생태주의자들과 아나키스트들도 많이 와 있었다. 이 강간 시나리오는 내가 여성(앞의 '대 분기' 참조) ─ 전문가의 지위에 붙어있는 계급과 피부색의 특권에 의해서 오랜 기간 그 의미가 약화되기는 했지만 ─ 임을 상기시켜 주었을 뿐 아니라, 내가 왜 옆으로 소통하는 비수목형 균류 형태의 기이한 친족 그룹 ─ 랩독과 랩톱을 같은 넓은 무릎 위에서 발견하는 ─ 에서 나의 자매들을 찾고 있는지도 상기하게 했다.

회의의 한 토론에서 나는 청중 속의 한 통탄할 남자로부터 강간은 지구를 강간하는 자에 대항하는 합법적인 수단일 것 같다는 발언을 들었다. 이 인물은 그것이 에코페미니즘의 주장이라고 생각하는 듯했고, 회의장에 있었던 여성과 남성 에코페미니스트들은 그러한 정치적 신념에 오싹해졌다. 세션에 참석한 사람들은 이 인물이 다소 위험하고, 정치적으로 틀림없이 성가신 존재일 것이라고 생각했고, 어쨌든 (진찰이 필요한지 아닌지는 별개로 하고) 어딘가 이상하다고 생각했다. 그러나 그 극단성이 정상성의 이면을 드러내는 방식 때문에 이 남자의 위협적인 말들이 갖는 준-정신병적 패닉은 주목할 가치가 있다. 어머니 지구를 지키기 위해서는 강간도 불사하겠다는 이 인물은 문화적으로 지극히 정상적인 인간예외주의라는 환상의 산물인 것 같다. 이것은 종간 상호의존 관계의 시공간적 그물망에서 인간만은 예외라는 전제이다. 즉, 인간이 된다는 것은 '대 분기'에서 다른 모든 것과는 반대편에 서는 것이고, 밤중에 기분 나쁘게 소리 내는 것 일반을 두려워하는 — 실은 지독히 사랑하는 — 것이다. 회의에서 발언한 그 위협적인 인물은 오랫동안 지배적이었던 제도화된 서구의 판타지, 말하자면 전적으로 인간적인 것 모두가 에덴에서 떨어져나와 어머니와 격리된 결과, 인공적이고, 격리되며, 소외되고, 그러므로 자유로운 구역에 둘러싸여 있다는 판타지에 듬뿍 절여졌던 것 같다. 그는 인간예외주의에 매몰된 그 문화에서 벗어나기 위해서 분기의 맞은편으로 열광적으로 뛰어 들어가는 것이 필요했을지도 모른다. 어머니에게 회귀하는 것은 자연에 회귀하는 것이고, 남성-파괴자에 대항하는 것이고, 그리고 가능하다면 몬산토사의 여성 연구자를 강간할 것을, 혹은 가깝게는 기조연설을 한 불충한 환경주의 페미니스트를 강간할 것을 제창함으로써 달성된다고 생각했을 것 같다.

프로이트는 서구적 정신의 패닉에 관한 위대한 이론가이다. 데리다는 "동물질서에 대한 인간질서의 우위성, 즉 생명에 대한 법의 우위성 전체를 의인화하는 방식으로 재설정하는" 작업을 거듭해 왔기에 이 문제에 관한 프로이트의 접근법을 내게 알려 준 안내자이다.[12] 프로이트는 궁지에 몰린 패닉을 인간예외주의라는 판타지로 막으려는 자기중심적 인간 주체의 일차적 나르시시즘이 역사적으로 입어 온 세 가지의 큰 상처를 그려냈다. 첫 번째는 코페르니쿠스에 의한 상처인데, 인간의 고향인 지구 그 자체가 코스모스의 중심에서 제거되었고, 그 코스모스가 비인도적이고 비목적론적인 시공인 우주로 폭발하는 길이 열렸다. 두 번째 상처는 다윈에 의한 것으로 호모 사피엔스를 다른 크리터들의 세계에 확실하게 위치시켰다. 모두가 지상에서 필사적으로 살고, 그래서 인간이라는 마지막 목적지에 당도하는 이정표의 보증 없이 상호관계 속에서 진화한다.[13] 과학도 그 잔혹한 일격을 더했다고 할 수 있다. 세 번째 상처는 프로이트적인 것으로, 여기서는 무의식이 상정된다. 이 무의식으로 인해서, 인간[남성]에게 독자적 탁월성이 있다는 위안을 주었던 이성을 포함하는 의식 과정의 우월성이 무효로 되었고, 이는 목적론에 다시금 끔찍한 결과를 가져왔다. 과학 역시도 같은 칼을 쥔 것으로 보인다. 나는 네 번째의 상처로 정보이론 혹은 사이보그론을 보태고 싶다. 그것들은 유기적 육신과 테크놀로지의 육신을 감싸 안고, 그래서 '대 분기'도 혼합시킨다.

캔자스주 교육위원회에 보수파가 한 차례씩 걸러서 다수를 점할 때마다 과학 교과서에서 이 상처를 삭제하려 하는 것은 놀라운 일이 아니다. 찢어진 상처를 봉합해서 판타지일지언정 가슴 풍만하고 성기 당당한 존재를 수미일관하게 만들기 위해서, 설사 현대 과학 대부분이 사라지게 된다 해도, 무슨 일이 있어도 삭제하고 싶어 했던 것이다. 알다시피 지난 10년간 캔자스주의 유권자들은 다윈 진화론 교육 반대자들을 교육위원으로 선출하고, 다음 선거에서는 미디어가 온건파라고 칭하는 사람들로 교체하기를 반복해 왔다.[14] 캔자스가 예외적인 것은 아니다. 2006년 시점에, 미국인 절반 이상이 진화론에 반대한다고 조사되었다.[15] 프로이트는 다윈주의가 온건하지 않다는 것도 뛰어나다는 것도 알고 있었다. 무릎 위에 랩톱과 랩독 둘 다를 올려놓기 위해서는 목적론과 인간예외주의를 배척하는 것이 필수적일 것이다. 부언하자면, 어떤 영역에서라도 "신사 숙녀 여러분, 우리의 적은 저겁니다!"라고 경박하게 지껄이지 않기 위해서, 자기 확신에 대한 이런 상처는 충분치 않지만 필요할 것이다. 나는 필멸의 관계성의 형상들에 의해 모인

자들인 나의 동지들에게 1980년대 후반에 배지에 쓰여 있던 정치 슬로건인 "세속적* 생존을 위해 사이보그를!", 그리고 최근 『바크』지에 실렸던 자동차 스티커인 "개도 함께 운전하고 있습니다"로 돌아가 볼 것을 권하고 싶다. 둘 다 다윈 물고기Darwin fish의 등에 타서 땅 위를 달린다.[16]

그런데 그다음 전문가 회의에서 그런 사이보그와 개가 만난다. 개의 행동 연구 분야를 개척한 벤슨 긴즈버그의 딸이자 저명한 인류학자 겸 영화작가인 페이 긴즈버그가 몇 년 전에 나에게 『뉴요커』(1993년 3월 29일호)에 실린 워런 밀러의 삽화를 보내 주었다. 페이는 아버지의 시카고대학 연구실에 있던 늑대들과 메인주의 바 하버Bar Harbor에 있는 〈잭슨 기념 연구소〉의 동물들과 함께 어린 시절을 보냈다. 1940년대 후반 이후 〈잭슨 기념 연구소〉에서는 J. P. 스콧과 J. L. 풀러 또한 개의 유전학과 사회 행동에 관한 유명한 연구를 수행했다.[17] 이 삽화에서는 야생의 늑대 무리 중 한 마리가 동료들에게 데이터 송신용 안테나가 부착된 통신장비를 등에 진 동종의 방문자를 소개하면서 이렇게 덧붙이고 있다. "숲변두리에서 이 여자가 돌아다니고 있는 걸 발견했어. 과학자가 키웠다는군." 디지털 시대의 토착민 미디어론을 공부하던 페이 긴즈버그는 밀러의 삽화에 구현된 민속지학과 통신 기술의 결합에 끌렸던 것이다. 어린 시절부터 정중한 소개라는 의례를 통해서 늑대의 사회생활에 합류하는 데 베테랑이었던 페이는 삼중으로 환영받았다. 페이가 페미니즘 이론에서 나의 친족 그룹이기도 하니, 내가 통신장비를 등에 진 암컷 늑대에 겹쳐지는 것도 이상하진 않다. 이 형상은 우정의 네트워크, 동물-인간의 역사, 과학기술론, 정치학, 인류학, 동물 행동학, 그리고, 『뉴요커』만의 유머 감각을 통해 사람들의 관심을 유도한다.

숲 변두리에서 발견된 과학자가 키운 이 늑대는, 내가 이 세계에서 바로 나의 모습이라고 생각하는 형상이다. 즉 정보과학과 정보기술로 가득 찬 2차 세계대

---

* "Cyborgs for earthly survival!"의 earthly는 heavenly와 대립되는 용어로 무구한 위치를 주장하는 맑스주의와 에코페미니즘에 대한 해러웨이의 비판을 담고 있는 슬로건이다. 그래서 이 책에서는 earthly를 무구하지 않고 흠이 있다는 의미를 가진 '세속적'으로 옮긴다. 이 책의 다른 부분에 나오는 earthly도 무구하지 않음을 드러내는 문맥에서는 worldly와 같은 의미의 '세속적'으로 번역했다.

전 후의 생물학에 의해 형성된 유기체, 그런 담론들 속에서 학교를 다닌 생물학자, 그리고 인문학과 민속지적인 사회과학의 실천가. 이 세 가지 주체 형성 모두가 세속성과 차이를 횡단하는 상호접촉에 대한 이 책의 물음에 필수적이다. 다른 늑대들과 만난 그 늑대가 반드시 환영받는다고는 할 수 없다. 소개가 필요하고 등에 진 기이한 통신장비에 관해서도 설명해야 한다. 그 암늑대는 과학과 기술을 그 숲속의 열림 속으로 들여놓는다. 그는 늑대의 무리에게 정중하게 접근하는 것이지 침입하는 것이 아니고, 이 암늑대의 운명을 결정하는 쪽은 늑대 무리다. 이 무리는 야생 늑대의 화려한 자연 판타지가 아니라 숲속을 자유롭게 다니는 기술에 정통하고 코스모폴리턴이며 호기심 강한 갯과 동물의 무리이다. 이 암늑대의 멘토 겸 방문자의 스폰서인 늑대는 관대하고 어느 정도의 무지는 너그럽게 봐줄 것이다. 그러나 방문자는 새롭게 사귀게 된 상대에 대해 스스로 배워야 한다.

"숲 변두리에서 돌아다니고 있는 이 여자를 발견했어. 과학자가 키웠다는군."

모든 것이 잘 되어 간다면, 그들은 동종일 뿐 아니라 한솥밥을 먹고 사는 동료가 되고, 반려종이 되고, 서로에게 중요한 타자significant others가 된다. 이 과학자-늑대는 숲에서 데이터를 송신할 뿐 아니라 숲의 늑대들에게도 데이터를 가져온다. 이런 조우에 의해 그들 모두를 위한 자연문화가 만들어진다.

이런 만남에는 따르는 문제도 많고, 결과도 보증되지 않는다. 목적론적으로 보증되는 것은 아무것도 없고, 사회적·생태적·과학적으로 행복한 결말도 불행

페이 긴즈버그와 늑대 레무스가 벤슨 긴즈버그의 시카고 대학 연구실에서 인사하며 놀고 있는 모습.
Jack Star, "A Wolf Can Be a Girl's Best Friend," *Look* magazine, 1963에 인쇄되었다. 사진은 Archie Lieberman. *Look* Magazine Collection, Library of Congress, Prints and Photographs Division, LC-L9-60-8812, frame 8.

한 결말도 약속되지 않는다. 다만 약간의 기품을 가지고 함께 시간을 보낼 기회가 생긴다고 할 수 있을 뿐이다. 이때 동물/인간, 자연/문화, 유기/기술, 그리고 야생/가축과 같은 '대 분기'는 찌부러져서 극히 일상적이고 세속적인 차이가 된다. 지고하고 궁극적인 목적을 향해 정점까지 오르는 것이 아니라, 결과를 낳고 존중과 응답을 요구하는 차이가 된다.

반려종 companion species

미즈 카옌 페퍼Ms Cayenne Pepper는 내 세포들을 모조리 식민지화하고 있다. 이는 생물학자인 린 마굴리스가 공생발생symbiogenesis이라고 부른 바로 그 경우일 것이다. 카옌과 나의 DNA를 조사한다면, 틀림없이 우리 사이에서 몇 군데 강력한 형질감염transfection을 발견할 것이다. 카옌의 침 속에는 틀림없이 바이러스 벡터가 섞여 있다. 정말이지 그 재빠른 키스는 도저히 저항할 수가 없었다. 나도 카옌도 척추동물문에 속하고는 있지만, 속屬이 다르고, 과科가 분리되어 있을 뿐 아니라 목目까지도 전부 다르다.

우리는 사물을 어떻게 분류할까? 개/인간, 반려동물/교수, 암캐/인간 여자, 동물/인간, 육상 선수/조련사. 우리 중 한쪽은 신분 증명을 위해 목 피부 속에 마이크로 칩이 심겨 있고, 다른 한쪽은 사진이 부착된 캘리포니아 운전면허증을 소지하고 있다. 한쪽은 스무 세대에 걸친 선조들이 기록된 혈통서를 가지고 있고, 다른 한쪽은 증조부의 이름도 모른다. 한쪽은 광범위한 유전적인 혼종의 산물로 "순혈종"이라 불리고, 다른 한쪽은 마찬가지로 광범위한 혼종의 산물로 "백인"이라 불리고 있다. 이 이름들은 각기 다른 인종주의적 담론을 표시하고, 우리 모두는 그 결과를 육신에 이어받고 있다.

우리 중 한쪽은 불타오르는 체력의 정점을 맞아 젊디젊고, 다른 한쪽은 건강하지만 이미 한물갔다. 우리는 카옌의 선조가 양 떼를 몰던 강제 수용된 선주민의 땅에서 어질리티라는 팀 스포츠에 몰두하고 있다. 이 양들은 골드러시에 캘리포니아로 밀려든 사람들을 먹이기 위해 이미 식민화된 오스트레일리아의 목축

산업으로부터 수입되었다. 역사적, 생물학적, 그리고 자연문화적 층위들에서 우리에게 가장 중요한 것은 복잡성이다. 우리 둘 다 자유를 갈망하는 정복자의 자손이고, 백인 개척자가 만든 식민지의 산물이면서, 함께 경기장의 허들을 뛰어넘고 터널을 빠져나간다.

우리의 게놈은 생각하는 것 이상으로 닮아 있을 것이다. 가령 한쪽은 연령과 선택에 의해, 다른 한쪽은 상담도 없이 당한 외과 수술에 의해 생식의 면에서는 침묵하는 여자들일지라도, 생명의 코드에 우리가 접촉했다는 분자상의 기록은 확실히 이 세상에 흔적을 남길 것이다. 붉은 털이 얼룩덜룩한 오스트레일리언 셰퍼드는 그 민첩하고 부드러운 혀로 나의 편도 조직을 왕성한 면역 시스템 수용체와 함께 핥았다. 나의 화학수용체가 그녀의 메시지를 도대체 어디로 날랐는지, 그녀가 자기와 타자를 구별하고 외부와 내부를 연결하기 위해서 내 세포 시스템에서 무엇을 수집했는지, 누가 알겠는가?

우리는 금지된 대화를 거듭해 왔다. 입으로 하는 교섭을 해 왔고, 단지 여러 사실만을 가지고 이야기에 관한 이야기를 하는 작업에 종사하고, 거의 이해하지 못하는 커뮤니케이션을 통해 서로를 훈련하고 있다. 우리들은 본질적으로 반려종이고 서로의 육신을 형성하고 있다. 종별적인 차이라는 면에 있어서는 서로에게 현저하게 타자인 우리들은 사랑이라 불리는 고약한 발달성의 감염을 육신에 나타내고 있다. 이 사랑은 역사적인 일탈이고 자연문화적인 유산이다.[18]

내 경험으로는 반려종이라는 말을 듣고 사람들은 "반려동물", 즉 개, 고양이, 말, 소형 당나귀, 열대어, 진귀한 토끼, 죽어가는 새끼 거북이, 개미 사육 상자, 앵무새, 전투 중의 타란툴라, 베트남 원산의 작은 돼지 같은 동물에 관해 이야기하는 경향이 있다. 무구할 리 없는 역사를 가진 그러한 크리터의 다수 ─ 그러나 전부는 아닌 일부의 생명체 ─ 는 반려동물이라는 21세기 초의 전 지구화되고 유연한 카테고리에 손쉽게 들어맞는다. 역사적 상황 속에 있는 동물들은 그들과 같은 정도로 그 상황 속에 있는 인간들과 반려 관계를 맺고 있다. 이러한 동물들이야말로 『종과 종이 만날 때』의 주된 플레이어이다. 그러나 이 "반려종"이라는 카테고리는 더 균형이 결여되어 있고 다루기도 힘들다. 정말로 이 개념은 카테고리라기보다는 진행 중에 있는 "함께 되기"becoming with의 포인터*들이고, 소멸한다고 하면서도 소멸하지 않는 인간을 언급하는 어떠한 포스트휴머니즘보다 서식하기 쉬운 풍요로운 그물망이라고 생각한다.[19] 내가 포스트페미니스트가 되려고 생각했던 적이 없는 것과 마찬가지로 포스트휴먼이나 포스트휴머니스트가 되려고 한적도 없다. 한 가지 말할 수 있는 것은, 여성과 인간이라는 문제 많은 카테고리에 별수 없이 서식해야만 하는 사람들에 관련된 매우 긴요한 작업이 아직 남아있다는 것이다. 이런 카테고리는 적절한 모양으로 복수화되고, 재정식화되고, 다른 비대칭적인 각종 차이들과 구성적으로 상호 교차하는 과정을 경험할 필요가 있다.[20] 그러나 기본적으로 재고되어야 할 것은 관계성의 패턴인데, 캐런 배러드의 용어로 말하자면 시공에 관한 많은 규모의 내부-작용이다. 문제가 있는 카테고리에 관해서는, 그것을 뛰어넘어 더욱 위험한 카테고리로 달려들지 않고 깔끔하게 재고하는 것이 중요하다.[21] 파트너들은 관계하기에 앞서 존재할 수 없다. 그 모든 것이 함께 되기의 결과이고 이것이야말로 반려종의 만트라이다.『옥스퍼드 영어사전』에조차 그 정도는 실려 있다. 나는 어원을 탐하면서, 이 책의 키워드들의 향기를 음미할 것이다.

'컴패니언'[반려]companion이라는 단어는, 라틴어의 '쿰 파니스'cum panis, "빵을 함께하다"에서 온 것이다. 식탁에 함께 앉는 식사 동료는 반려이다. '컴래드'[동지]comrade는 정치적인 반려일 것이다. 문학적인 맥락에서 '컴패니언'companion이라고 하면 편람이나 핸드북이 되는데, 옥스퍼드 대학 출판국의 와인 편람이나 영국 시 편람 같은 것이 있다. 이런 컴패니언도 독자가 내용을 잘 이해하는 데 도움이 된다. 비즈니스나 상업적인 제휴 관계에 있는 사람들은 '컴퍼니'[회사]company를 만든다. 이 용어는, 기사 가운데 최하위의 계급, 손님, 중세의 길드, 상선의 선단, 걸스카우트의 지방 단위, 군대의 단위, CIA의 속어 등의 의미로도 사용된다. 동사로서는, '투 컴패니언'to companion은 "~와 어울리다, ~와 교제하다"를 의미하며, 성

---

* 포인터(pointer)는 프로그래밍 언어에서 다른 변수의 메모리 공간 주소를 가리키는 변수를 지칭한다.

적이고 생식적인 함의를 항상 내포하고 있다.

오래된 중요한 말들이 모두 그렇듯이 종species이라는 낱말도 예외 없이 잡다하다. 이 단어는 미각보다는 시각 쪽에 관계되는데, 여기서는 "보다", "응시하다"는 어조를 가지는 라틴어 스페체레specere에 뿌리를 둔다. 논리학에서 종은 정신적인 인상이나 관념이고, 이는 생각한다는 것과 본다는 것은 서로 복제품이라는 생각을 강화한다. 종은 사정없이 "종별적"specific이거나 특정한 것이라는 측면과 같은 성질을 지닌 개체의 집단이라는 측면 양쪽을 모두 가지면서, 그 자신의 반대편을 가장 유망하게 또는 특별한 방식으로 내포하고 있다. 종이 세속적인 유기적 실체인가 아니면 분류학상의 편의에 지나지 않는가에 관한 논쟁은 "생물학"이라 부르는 담론에 필적하는 외연을 가지고 있다. 종은 친척kin과 종류kind*를 잇는 춤에 관한 것이다. 같은 생물 종에 속하는 멤버들에게 요구되는 '생식 가능한 교배 능력'은 임시변통의 요건이고, 세균과 같이 횡단적으로 유전자를 교환하는 생명체가 모범적인 종이 되었던 적은 없다. 또한 바이오테크놀로지에 의한 유전자 도입은 지난날의 지구에서는 있을 수 없었던 속도와 패턴으로 친척과 종류를 다시 편성하고 있고, 잘 먹는 방법을 알지 못하는 손님들 그리고 나의 판단으로는 애당초 부르지 않았을 손님들까지도 식사 동료로 만들고 있다. 어떤 반려종이 살고/죽을 것이며 살고/죽어야 할 것인가 그리고 어떻게 그렇게 할 것인가가 중요한 문제이다.

종이라는 단어는 또한 "멸종위기종"이라는 단어와 함께 보존과 환경 담론을 형성하고 있는데, 이때 이 단어는 가치를 배치하는 기능을 떠맡으면서 '소멸하고 있는 원주민'이라는 식민주의의 표상 속에서 친숙한 방식으로 죽음과 절멸을 그려내는 기능도 한다. 식민화된 존재, 노예화된 존재, 비시민, 동물, 즉 어느 것이나 다 유형으로 환원되고, 이성적인 남자의 타자들이고, 남자의 빛나는 구성에 필수

---

* 친척(kin)과 종류(kind)는 해러웨이가 라임을 맞추어서 쓰는 말이지만 번역어로는 그 라임을 맞출 수가 없다. 친척(kin)이 생물학적인 관계를 의미한다면 종류(kind)는 일과 놀이를 통해 동류로 묶일 수 있는 관계이다. 해러웨이는 린 마굴리스의 공생발생가설을 참조하면서 모든 생명체는 본질적으로 친척이라고 말한다. 종류는 가령, 스포츠 선수, 노동자, 구조자 등 활동에 있어서 같은 카테고리로 함께 묶일 수 있는 자들을 가리킨다.

인 존재를 묶는 담론의 끈은 인종주의의 핵심에 위치하며, 휴머니즘의 내부에서 파괴적 상황을 보이고 있다. 이런 모든 카테고리들의 끈에 짜 넣어져 있는 것이, "여성" 즉 생식 기능으로 환원된 단수이고 유형적인 존재가 "종"에 대해서 지는 상상적인 자기규정 책임이다. 아무리 많이 낳을지라도, 혹은 그가 그녀라는 도관을 통과하는 동안에조차, 그녀는 남자라는 빛나는 영역 밖에 놓여있다. 또한 아프리카계 미국인 남성을 "멸종위기종"이라고 딱지를 붙이는 미국의 상황은 지속적인 동물화를 명백하게 드러내는데, 인종주의에 영향을 받는 모습은 진보파나 보수파나 별 차이가 없다. 종에는 인종과 성의 냄새가 진동한다. 그러나 종과 종이 만날 때 그리고 만나는 곳에서, 이런 전통의 매듭은 풀어져야 하고 차이의 내부에서 그리고 차이를 횡단하면서 반려종의 여러 매듭을 묶는 것이 시도되어야 한다. 남자의 모든 타자들이 서로의 내부로 붕괴하는 것으로 끝나는 유비의 장악력을 느슨하게 하면서, 반려종은 오히려 교차적으로 사는 것을 배워야 한다.[22]

가톨릭교도로 양육된 나는 그리스도의 현존이 빵과 포도주라는 가시적인 형태로 두 "종" 모두에 있다고 알고 있었다. 그 맛있는 식사를 보고 먹은 후 기호와 육신, 보는 것과 음식이 별개로 느껴진 적은 없다. 세속 세계의 기호론이 그때만큼 만족을 준 적도, 그때만큼 소화불량을 일으킨 적도 없었다. 덕분에 종species이 향신료spice와 관계된다는 것도 수월하게 이해할 수 있었다. 일종의 원자나 분자적 실체로서의 종은 사체의 방부 처리에 사용되는 합성물이기도 하다. 여러 가지 종이 설치는 과학소설에 눈이 향해 있지 않은 한, 정관사가 붙은 "종"the species은 인간을 의미하는 경우가 많다.[23] 만나기도 전에 종에 관해서 이렇게 저렇게 상정하는 것은 잘못일 것이다. 마지막으로, 규정적 형상으로 주조된 금속성 코인, "정금"specie도 있다. 컴퍼니와 마찬가지로 종도 부를 상징하고 구현한다. 나는 맑스가 황금으로 인한 광휘와 타락에 경종을 울렸던 것을 기억한다.

이런 식으로 뒤돌아보는 것은 우리를 다시 보기, 레스페체레respecere*, 존중을

---

* respecere는 종의 어원인 sepecere로부터 나온 말로 respect의 어원이다. specere가 '보다'라는 의미이므로 respecere는 '거듭해서 보다'는 뜻이다. 이로부터 해러웨이는 '뒤돌아보기'를 서로 다른 종간의 풍요의 윤리로 제시한다.

표하는 행위로 데려간다. 계속 관심을 갖고, 응답하고, 서로 뒤돌아보고, 알아보고, 주의하고, 정중히 관심을 갖고, 소중히 여기는 것은 모두 예의 바른 인사, 폴리스의 구성, 종과 종이 만나는 때와 장소에 결부되어 있다. 만남을 통해 관심과 존중으로 반려와 종을 함께 묶는 것은, 함께 되기의 세계, 누구who이고 무엇what이냐가 중요한 문제가 되는 세계에 발을 들이는 것이다. 애나 칭은 「뒤죽박죽인 가장자리 : 반려종으로서의 버섯」에서 "인간의 본성은 종간의 관계성에 있다"고 쓴다.[24] 이 인식이야말로 베아트리스 프레시아도의 용어인 오트르-몽디알리자숑을 약속하는 것이다. 종간 상호의존성은 지구에서 세계를 사는 게임의 이름이고, 그 게임은 응답response과 존중respect의 하나여야만 한다. 이것은 주의를 기울이는 방법을 배우고 있는 반려종의 놀이이다. 필요한 게임에서 제외되는 것은 많지 않고, 테크놀로지, 상업, 생명체, 지형, 사람들, 실천과 같은 것이 제외되는 일도 없다. 나는 포스트휴머니스트가 아니라, 반려종과 함께 되는 누구이다. 이때 반려종은 친척kin과 종류kind를 형성하면서, 카테고리를 뒤죽박죽으로 만드는 누구 혹은 무엇이다. 유한한 놀이에서의 정말로 기이한 식사 동료들.

그러면, 동물이 뒤돌아보았을 때, 철학자는 응답했는가?

「그러면, 동물은 응답했는가?」는 데리다가 1997년의 강연에 붙인 제목이다. 이 강연에서 데리다는 오래된 철학의 스캔들, 말하자면 "동물"을 반응밖에 못 하는 동물기계로 평가한 철학의 스캔들에 관해 파고들었다. 이것은 훌륭한 제목이고 필수적인 질문이다. 나는 데리다가 이 강연과 그 후에 출판된 에세이에서 중요한 일을 완수했다고 생각한다. 그러나 같은 시리즈의 후속 강연인 「동물, 그러니까 나인 동물(계속)」에 이르러서는 이상하게도 누락된 것이 분명히 있었다.[25] 그는 실제 동물이 실제 인간을 뒤돌아본다고 이해하고 있었다. 그래서 그는 고양이, 즉 그의 작은 암고양이가 어느 날 아침 욕실에서 데리다 쪽을 실제로 바라보았을 때의 일에 관해서 길게 썼다. "내가 이야기하고 있는 것은 진짜 고양이다. 아니, 정말로, 한 마리의 작은 고양이다. 그건 고양이의 형상figure이 아니다. 이 고양이는, 지상의 모든 고양이, 즉 신화나 종교, 문학이나 우화에서 얼굴을 드러내는 고양이족의 알레고리로서 살그머니 방에 들어오는 것이 아니다"(374). 더욱이 데리다는 기계가 반응하고 있는 것이 아니라 누군가가 거기에 있다는 것도 알아채고 있었다. "나는 그것을 이 대체할 수 없는 생명체로서, 즉 어느 날 나의 공간에 들어와서 나, 벌거벗은 나와 조우하게 되는 이 고양이로서 본다"(378~79). 데리다는 기본 문제를 고양이가 "말할" 수 있는지가 아니라, 인간뿐만 아니라 그 외의 존재에게 있어서 응답한다는 것이 무엇을 의미하고, 응답response을 반응-reaction과 구별하는 방법을 아는 것이 가능할지에 두었다. 데리다는 서발턴이 이야기하도록 하는 함정에 빠지지 않았다: "문제는 동물에게 '말을 되돌려 주는 것'에 있는 것이 아니라 아마도 사유…이름의 부재를 상실 이외의 어떤 것으로 생각하는 사유에 응한다는 점에 있을 것이다"(416). 그러나 데리다는 관계를 맺는 다른 형식, 말하자면 위험을 무릅쓰고 고양이에 관해 좀 더 알아본다든가, 어떻게 뒤돌아볼지를 과학이나 생물학의 문제로서, 그리하여 철학의 문제로서 친밀하고 진지하게 생각했던 것도 아니었다.

데리다는 존중, 레스페체레respecere의 가장자리까지 다가섰지만 서양 철학과 문학이라는 그의 경전 때문에, 그리고 자신의 고양이 앞에 벌거벗고 있었던 것에 대한 수많은 걱정 때문에 옆길로 빗나가 버렸다. 데리다는 자신이 벌거벗은 말들을 쓸 수 있다는 것을 상상하는 환상적인 유혹을 이해하는 순간에도, 동물에게는 벌거벗음이 없다는 것 그리고 그 걱정은 자신의 것이라는 점을 알고 있었다. 그러나 어쨌든 이런 모든 고민과 매료 속에서, 경전에서 동물과 인간을 구분한 위대한 단수성들Singularities이 저지른 동물에 대한 죄에 바쳐진 데리다의 긴 에세이에서 그 고양이의 소리는 결코 다시 들리지 않았다. 데리다는 너무나 열심히 그 경전을 읽고 또 읽었기에 이제 그것들은 다시는 과거와 동일한 방식으로 읽힐 수 없게 되었다.[26] 이런 독해법에 관해서 데리다는 나를 비롯한 나의 동료들에게 영원한 은인이다.

그러나 데리다는 자신의 고양이에게 반려종의 단순한 의무를 소홀히 했다 그는 그날 아침, 그 고양이가 뒤돌아보았을 때 실제로 무엇을 하고, 느끼고, 생각하고, 혹은 그에게 무엇을 가능하게 했을까에 관해 호기심을 품지 않았다. 데리다는 호기심이 왕성한 철학자이고, 호기심을 끄는 것이 무엇인지보다는 얽힘이나 응답이라 불리는 생성적 방해를 육성하는 것이 무엇인지를 알아채는 데 가장 열심이고 유능한 철학자이기도 하다. 데리다는 미지의 것에 대해 끊임없이 주의를 기울이고 겸허하다. 무엇보다 동물에 대한 데리다 특유의 깊은 흥미는 철학자로서의 실천과 궤를 같이하고, 이런 것을 뒷받침하는 글들도 많다. 이 철학자의 이런 역량을 알고 있기에 그날 아침에 일어난 일은 내게 충격이었다. 호기심을 갖지 않아서 그는 다른 세계-만들기로 유혹되고 잠입할 기회를 놓쳐버렸던 것이다. 그날 아침 고양이가 자신을 응시하고 있는 것을 처음 알아차렸을 때 데리다가 호기심을 품고 있었다면, 철학적인 읽기와 쓰기 실천이 규범적으로 머무는 것을 스스로에게 절대 허용하지 않는 비판적 자세를 수반하는 해체적 커뮤니케이션의 매력에 빠졌을 것이다.

타자의 관점에서 본다는, 일반적으로 호의라고 할지라도 안이하고 기본적으로 제국주의적인 태도를 거부하면서, 데리다는 두 종류의 표상, 즉 하나는 현실의 동물들을 관찰하고 그들에 대해 글을 쓰지만 동물들과 눈을 맞추지 않는 사람들한테서 나오는 표상과, 다른 하나는 문학이나 신화적인 형상으로서만 동물들과 관계를 갖는 사람들에게서 나오는 표상 모두를 적절하게 비판했다 (382~83). 그가 비교행동학자와 여타의 동물행동학자들을 명시적으로 말하지는 않았지만, 이들 과학자가 뒤돌아보거나 시선을 주고받는 존재로서의 동물이 아니라 관찰 대상으로서의 동물과 관계하는 한 그 관찰 결과도 포함하여 동일한 비판이 합당할 것이다. 그러나 왜일까? 왜 데리다의 비판이 거기서 끝나버리는 걸까?

서구의 동물연구자 모두가 동물들과 시선을 교차시키는 위험을 거부한 것은 아니라면 어떨까? 비록 그것이 연구 방법의 기술記述과 과학논문 출판의 억압적 서술 관행으로부터 캐어내야만 알 수 있는 것일지라도 말이다. 이는 불가능한 일이 아니다. 그런 문헌은 산더미같이 많고, 그 주변에는 생물학자들뿐만 아니라 동물들과의 교류 속에서 자신의 생계를 꾸리고 있는 사람들의 더 큰 이야기 문화도 있다. 과학적으로 전문적으로 동물과 함께 일하고 놀아온 영민한 사상가들이 이런 문제에 관해서 꽤 자세하게 논의해 왔다. 나는 이른바 서양 철학과 문학의 제도화된 규범에 의해 형성되지 않는, 동물들과 더불어 생각하고 동물들과 관계하는 사람들의 세계 전부는 말할 것도 없고, 대중적인 표현으로 공표되는 철학적 사유는 전적으로 옆으로 제쳐놓는다.

동물들에 관해 그리고 동물들과 함께 얻는 실증적인 지식, 즉 근본적인 의미에서의 실증적인 지식도 대 분기 위에 구축되지 않는다면 가능할 수 있다. 왜 데리다는, 그레고리 베이트슨, 제인 구달, 마크 베코프, 혹은 바버라 스머츠를 비롯한 많은 사람들이 살아있는 다양한 동물들의 시선과 조우한 적이 있는지, 그런 시선에 응답하여 그들 자신이나 자신들의 과학을 해체하거나 재구성한 적이 있는지에 대해 원칙적으로라도 물어보지 않았던 것일까? 그들 나름의 실증적인 지식은, 데리다가 "이름이 부재하다는 것을 결여 이외의 어떤 것"이라고 생각하는 이 세상의 유한한 지식이었을지도 모른다. 왜 데리다는, 그가 어떻게 말해야 좋을지 잘 알고 있었던 글쓰기 기술 외부에 있는 커뮤니케이션의 실천을 시험해 보지 않은 채로 내버려 두었던 것일까?

이런 물음을 제기하지 않았기에 데리다는 자신이 사랑하는 고양이의 시선을 일껏 알아차리고도 제러미 벤담의 물음에 귀착될 수밖에 없었다: "가장 중요하고 결정적인 물음은 오히려 동물들이 고통을 겪을 수 있는지에 관해서 이해하는 것이다.…프로토콜만 확립되면, 이 질문의 형식에 의해서 모든 것이 변한다"(396). 동물의 고통이라는 문제의 중요성과 이 문제가 인간의 질서를 통해 무시되어 온 죄에 대해서 부정할 생각은 털끝만큼도 없지만, 나는 그것이 사물의 질서를 뒤집는 어떤 결정적인 문제이자 오트르-몽디알리자숑을 약속하는 문제라고 생각하지 않는다. 고통이라는 문제는 데리다를 연민의 미덕으로 눈을 돌리게 했다. 이것은 작은 문제가 아니다. 그러나 동물이 놀 수 있을까? 일할 수 있을까? 더 나아가 나는 이 고양이와 함께 노는 법을 배울 수 있을까? 그리고 철학자로서 나는 그 초대에 응답하거나 그 초대를 알아챌 수 있을까 같은 물음들에는 얼마나 많은 약속이 포함되어 있는가? 만약 철학과 과학에서 할 수 있는 일상의 실천으로서, 이름을 부르지 않고 상호 응답하기라는 가능성을 진지하게 고려할 때, 연민에 머무르지 않는 일과 놀이라는 시계視界가 열린다면 어떨까? 이런 상황을 묘사할 수 있는 말이 기쁨이라면 어떨까? 그리고 동물들은 어떻게 서로에게 응답하는 방식으로 서로의 시선을 끌까라는 물음이 사람들이 관심을 갖는 핵심이라면 어떨까? 이런 물음이, 일단 프로토콜이 적절하게 확립되고 나면, 그 물음의 형식에 따라 모든 것이 변해 버리는 물음이라면 어떨까?[27] 나는 욕실에 있던 인간 데리다는 이 전부를 파악하고 있었다고 생각한다. 하지만 이날 아침의 철학자 데리다는 이런 호기심을 자신이 사랑하는 아름다운 고양이와 어떻게 함께 실천해야 할지에 대해서는 몰랐던 것 같다.

그래서 철학자로서 데리다는 그날 아침이 지나고도 그 전과 비교해서, 고양이로부터, 고양이에 관해서, 고양이와 함께 뭔가를 배웠다고 할 것은 없었다. 그의 철학적 유산의 근원적 스캔들과 불후의 업적에 관한 이해는 깊어졌음이 틀림없다고 하더라도 말이다. 고양이의 응답에 실제로 응답하기 위해, 데리다는 이날 아침의 이 고양이가 무엇에 관심이 있고, 이런 신체의 자세와 시각의 얽힘이 무엇을 의미하고 무엇을 유도할 가능성이 있는지를 묻고, 고양이 연구자들의 주장을 읽고, 종과 종이 만날 때의 고양이-고양이, 고양이-인간의 행동이 갖는 의미를 둘러싸고 전개되는 지식을 파고드는 위험한 프로젝트에, 하자는 있지만 풍부한 철학의 경전을 스스로 연결해 가는 것이 필요했을 것이다. 그러나 데리다는 고양이의 면전에서 벌거벗고 있는 수치심에 집중했다. 수치심 앞에서는 호기심이 사라진다. 이것은 오트르-몽디알리자숑에 있어서는 나쁜 징조이다. 고양이의 응시 속에 "개념화되기를 거부하는 현존"이 있었다는 것을 아는 데리다는, 그가 "지금껏 계속 응시된 적"도 관심을 받은 적도 없었다는 태도 – 데리다의 규범적 전통으로부터 인출된 근본적 무례 – 를 취하지는 않았다(379, 383). 데리다의 명예를 위해서 말해 두자면, 에마뉘엘 레비나스와 달리 그는 이 작은 고양이에게 "이웃의 절대적 타자성"을 인정하고 있었다(380).[28] 또한, 동물Animal과 대치하는 인간Man이라는 근원적인 광경 대신, 데리다가 묘사하는 것은 역사적으로 위치한 광경에 대한 분개였다. 그렇다 하더라도 수치심은 우리가 이어받은 복수종의 역사에 대한 적절한 반응이라고 하기는 어렵다. 이 고양이가 모든 고양이의 상징이 되지 않았다고 하더라도, 벌거벗은 인간의 수치심은 눈 깜박할 사이에, 모든 동물 앞에서 철학의 수치심의 형상이 되었다. 이 형상으로부터 중요한 에세이가 나온 것이다. "이 동물이 우리를 보고, 우리는 이 동물 앞에서 벌거벗겨져 있다. 사유는 아마도 거기에서 시작될 것이다"(397).

고양이가 그 외에 무엇을 하고 있었든지 간에, 타자 앞에서 인간 남성인 데리다의 벌거벗음은 데리다 자신의 철학적 계보에는 중대한 의미가 있었겠지만, 암고양이에게는 상대 인간의 주의가 산만해져서 통상의 예의 바른 인사를 주고받을 수 없었다는 것 외에 전혀 의미를 갖지 않았다. 나는 데리다가 이 고양이와 어떻게 인사를 교환할지를 알고 있었고, 상호 응답적이고 예의 바른 춤으로 매일 아침을 시작했을 것이라고 믿을 용의가 있다. 하지만 만약 그렇다면 그 의식적이고 구체적인 조우는 공적인 장에서의 데리다의 철학을 진전시키는 데 동기 부여가 되지는 못했던 셈이 된다. 참으로 유감스러운 일이다.

논의에 도움을 얻기 위해서, 뒤돌아보기뿐 아니라 응시되고 있음을 알아차리는 일을 자신의 과학에서 핵심적인 연구실천으로 익혔던 한 연구자에 관해 검토해 보겠다. 응답하는 것은 상대를 존중하는 일이었다. 그래서 "함께 되기"의 실천이 연구자로서 이 과학자의 존재의 골격을 재편성했다고 할 수 있다. 바버라 스머츠는 현재 미시간 대학에서 생물인류학을 연구하고 있는데, 스탠퍼드 대학의 대학원생이었던 1970년경에 침팬지를 연구하기 위해서 탄자니아 곰베 계곡의 보호구역으로 갔다. 1970년대 중반에 스머츠는 그 지역의 민족주의와 반식민적 정치의 혼란 속에서 납치와 석방을 경험하고, 그 후 케냐에서 개코원숭이에 관해 박사 논문을 쓰게 되었다.[29] 에부루 클리프스Eburru Cliffs군[群]이라 불리는 약 135마리의 개코원숭이가 나이바샤호 부근의 그레이트 리프트 밸리에 살고 있었다. 스머츠는 조심스러운 필치로 이렇게 썼다. "연구의 초반에 개코원숭이들과 나는 결코 서로 눈을 맞추지 않았다."[30]

스머츠는 개코원숭이들에게 될 수 있는 대로 가까이 접근해서 데이터를 모으고 연구에서의 의문을 해명하고 싶었다. 하지만 개코원숭이들은 그녀의 위협

자체로부터 가능한 한 멀리 떨어져 있으려고 했다. 객관적 과학이라는 전통 아래서 훈련을 받은 스머츠는, 개코원숭이들이 데이터를 모으는 인간 따위는 마치 존재하지 않는 것처럼 자연 속에서 평소대로 자신들의 볼일을 볼 수 있도록 반응이 없는 바위처럼 가능한 한 중립적으로 행동할 것을 배웠다. 훌륭한 과학자란, 투명한 존재가 되는 방법을 습득한 후 마치 엿보는 구멍을 통해 보는 것처럼 자연의 정경을 클로즈업해서 볼 수 있는 자들이다. 과학자는 질문할 수 있지만 질문을 받지는 않는다. 사람들은 그들 자신에 대해 또는 무엇이 자연과 문화로 불리는지에 관한 그들 문화의 지배적인 인식론들에 대해 — 화난 개코원숭이에게 물리거나 지독한 기생충 감염증에 걸린다든지 하는 것을 제외하고 — 어떤 존재론적 위험도 없이, 개코원숭이들이 사회적 존재인지 아닌지 또는 그 문제에 관한 다른 무엇이든지 물을 수 있을 것이다.

전문 학술지 게재 논문인지 아닌지는 별개로, 동물들이 연구 중의 과학자라는 존재를 어떻게 받아들일까에 관해 이야기하는 영장류학자는 적지 않다. 이들의 이야기도 그랬지만, 스머츠는 개코원숭이들이 그녀가 바위처럼 행동해도 달가워하지 않는다는 것을 알아차렸다. 개코원숭이들은 스머츠에게 자주 시선을 던졌고, 스머츠가 그들의 시선을 무시할수록 불만스러운 것 같았다. 동물들에게 마치 인간이라는 존재의 영향력이 없는 것처럼 만드는, 과학자들이 "습관화"라고 부르는 과정은 지지부진하여 진척되지 않았다. 중립적이어야 할 과학자를 볼 수 없는 생명체는 스머츠 자신뿐인 것처럼 여겨졌다. 사회적인 신호를 무시하는 것은 결코 중립적인 사회 행동이 아니다. 나의 상상이지만, 개코원숭이들은 자신들의 범주에 들지 않는 누군가를, 무언가가 아니라 누군가를 보고, 그 생명체를 예의 바른 손님으로 교육할 수 있는지 어떤지를 묻고 있었던 것 같다. 요컨대, 적대적인지 중립적인지 친밀한지와 무관하게, 개코원숭이들은 이 인간 여성이 관계를 영위할 방법을 찾을 수 있는 보통의 개코원숭이와 같은 정도의 괜찮은 사회성을 가지고 있는지를 묻고 있었을 것이다. 문제는, 개코원숭이들이 사회적 존재인가가 아니라 인간이 사회적 존재인가였고, 개코원숭이들이 "얼굴"을 가지고 있느냐는 물음이 아니라, 인간이 "얼굴"을 가지고 있느냐는 것이었다.

이렇게 스머츠는 자신이 무엇을 하는지, 그리고 자신이 누구인지를, 그녀에게 그리고 서로에게 향해진 개코원숭이들의 사회 기호론에 따라 조정하기 시작했다. 스머츠는 말한다. "나는… 개코원숭이들의 신뢰를 얻는 과정에서 걷는 법과 앉는 법, 자세 유지 방법, 눈과 목소리의 사용법도 포함해서 그야말로 나에 관한 거의 모든 것을 바꿨다. 어떻게 하면 개코원숭이들의 방식으로 이 세계에 살 수 있는지를 처음부터 모두 배우고 있었다. … 나는 개코원숭이들이 그들의 감정과 동기와 의도를 주고받는 데 사용하는 신호에 응답하고 있었고, 차츰 그런 신호를 그들에게 되돌리는 것도 가능하게 되었다. 그 결과, 개코원숭이들은 내가 너무 가까이 갈 경우에 나를 피하지 않고 의도적으로 싫다는 시선을 보내서 나를 물러나게 했다. 이것은 대수롭지 않은 변화인 것처럼 생각될지도 모르지만, (피할 수도 있는) 일방적인 응답을 끌어내려는 대상으로 취급되다가 그들과 의사소통이 가능한 주체로 인식되고 있다는 근본적인 변화를 가리키는 것이었다"(295). 그 철학자[데리다]의 용어로 말하자면, 그 인간은 얼굴을 획득한 셈이다. 그 결과 개코원숭이에게 스머츠는 그들이 물러나라면 물러서고 그들이 특별히 신경 쓰지 않고도 가까이에서 안심하고 생활을 영위할 수 있는 존재, 말하자면, 점차 신뢰할 수 있는 사회적 존재로 취급되게 되었다.

스머츠는 개코원숭이에 정통하고 개코원숭이와 속마음을 나눌 수 있는 관계, 심지어 친숙한 친구라는 지위를 획득함으로써 비로소 데이터를 수집하고 박사학위를 취득할 수 있었다. 개코원숭이와 인간의 상호작용을 연구하기 위해서 스머츠가 자신의 문제 설정을 이동시켰던 것이 아니라, 인간이든 개코원숭이든 각자 자기 작업을 수행하기 위해서는 서로의 존재를 인정할 수밖에 없었다. 그녀가 인간은 왜 이와 같은 것인가라는 물음이 아닌 다른 어떤 문제를 진심으로 연구하고 싶었다면, 개코원숭이들에게 진심으로 관심을 가졌다면, 상호 응답적인 관계를 피할 것이 아니라 그런 관계에 들어가야만 했다. "개코원숭이들이 거기에 있다는 것을 인정함으로써, 그들에 대해 존중을 표하고 그들로부터 배워서 얻은 방식으로 응답을 보냄으로써, 나의 의도에 악의가 없고 나 또한 그득이 나에게 해를 끼치리라 여기지 않는다는 것을 그들에게 전했다. 이것이 양방향으로 이해되고 나자 우리는 상대가 있어도 안심하고 있을 수 있게 되었다"(297).

개코원숭이 사회의 미묘함에 대한 이러한 소개를 쓰면서, 스머츠는 말했다. "개코원숭이들은 평소대로 지금까지 살아 온 세계에서 여느 때와 마찬가지로 그들 자신으로 남았다"(295). 스머츠의 언급은 다른 말로 하면, 개코원숭이들은 자연에, 즉 진화의 시간만이 변화를 야기하는 곳 그리고 아마도 생태학적 위기를 수반하는 곳에 존재하고, 인간은 역사, 즉 다른 모든 시간이 작동하기 시작하는 곳에 존재한다는 것이다. 이 지점에서 나는 데리다와 스머츠가 서로를 필요로 한다고 생각한다. 개코원숭이와 인간을 상황 속의 역사, 다시 말해 상황 속의 자연문화 ─ 모든 행위자가 관계 맺기의 춤 속에서 행위자로서 존재하게 되는 장, 무無로부터가 아니라 이 조우 이전과 측면 모두에서 때로는 합쳐지고 때로는 분리되는 유산들의 각종 패턴으로 넘치는 장 ─ 에 함께 위치시켜 버리는 것은 어쩌면 나의 편집광에 지나지 않는 것인지도 모른다. 모든 댄서는 스스로 연기하는 패턴에 따라 다시 형성된다. 반려종의 일시성은 진화적 시간의 불균질한 척도들뿐 아니라 진화에 부수되는 과정에도 많은 다른 리듬이 존재한다는 점을 포함해 함께 되기에서 활성화되는 모든 가능성들을 내포한다. 우리가 보는 방법을 안다면, 에부루 클리프스의 개코원숭이들이 이 인간 여성 현장 연구자와 시선을 교환함으로써 그들 나름의 방식으로 재형성되었다는 것도 알아차리게 된다. 관계성은 분석 가능한 최소의 패턴이고,[31] 파트너와 행위자는 관계성에 의해서 계속 생산되는 산물이다. 이것은 극도로 산문적이고 철두철미 세속적이고, 바로 세계가 태어나는 과정 그 자체이다.[32]

스머츠 자신도 2006년의 「비인간 동물들의 체현된 커뮤니케이션」에서, 이것과 매우 닮은 이론을 이야기하고 있다. 이 책에서 스머츠는 에부루 클리프스 개코원숭이의 연구 성과를 정리하면서 그녀의 개 바하티와 매일매일 진행하는 주고받기에 관해서도 면밀히 기록하고 있다.[33] 스머츠가 놀랐던 것은, 서로 잘 아는 동료끼리 ─ 같은 무리의 개코원숭이끼리나, 스머츠와 바하티 사이 ─ 얼마나 자주 간단한 인사 의식이 교환되고 있는가였다. 개코원숭이들은 친구끼리든 아니든 언제나 서로 인사를 나누고 있고, "그들이 누구인가"는 이러한 의례 속에서 끊임없이 생성된다. 인사의 의례는 유연하고 동적이며, 이를 통해서 파트너끼리 이미 공유하고 있거나 대충 꿰맞출 수 있는 레퍼토리 내에서의 속도와 요소가 재조정된다. 스머츠는 인사 의례를 체현된 커뮤니케이션으로 정의하는데, 그것은 오랜 시간 동안 서로 뒤얽히고 기호론적이고 중첩된 몸의 패턴화에서 생기는 것이지, 개체가 발생시키는 개개의 외연적 신호가 아니다. 체현된 커뮤니케이션은 말보다는 오히려 춤을 닮았다. 뒤얽히고 유의미한 신체의 흐름은―급격하고 신경질적이든, 격하게 흐르든, 그리고, 파트너끼리의 움직임이 조화되든 애처롭게 조화되지 않든 또는 아주 다른 무엇이든―관계성에 관한 커뮤니케이션이고 관계성 그 자체이고 관계성과 그것을 상연하는 자들을 재형성하는 수단이다.[34] 그레고리 베이트슨이라면 이것이야말로 근본적으로 인간과 비인간 포유동물의 비언어적 커뮤니케이션이라고, 즉 관계성과 물질-기호론적 관계 맺기의 수단에 관한 커뮤니케이션이라고 할 것이다.[35] 스머츠에 따르면, "인사가 변하는 것은 관계성이 변한다는 것이다"(6). 그는 더 나아간다: "언어로는 거짓말을 할 수 있고 좋아하지도 않는 사람을 좋아한다고 하는 것도 가능하겠지만, 이상의 고찰이 옳다면, 밀접히 서로 작용하는 신체끼리는 진실을 이야기하는 경향이 있다"(7).

이것은 진실에 관한 매우 흥미로운 정의일 텐데, 파트너들은 모두 얼굴을 갖고 있지만 이름에 의지하지 않는 물질-기호론적인 춤에 그 뿌리를 둔다는 것이다. 이런 종류의 진실은 지금까지 계승되어 온 인간 혹은 비인간, 자연 혹은 문화 같은 종류의 어떤 카테고리에도 쉽게 들어맞지 않는다. 나는 이것을 데리다가 "이름이 부재하다는 것을 결여 이외의 어떤 것으로 생각하기" 위해 추구한 귀중한 성과라고 생각하고 싶다. 이는 또한 내가 내 동료 경쟁자들과 절차탁마하고 있는 개와 인간이 함께하는 스포츠인 어질리티 경기에서 우리 개는 "정직"하다고 할 때의 의미 중 하나가 아닐까 생각한다. 이는 개가 거짓말을 할 수 있는가, 만약 거짓말을 할 수 있다면 거짓말을 하는 것에 대해 거짓말을 할 수 있는가와 같은 철학과 언어학의 상투적인 논의에 관한 것은 분명히 아니다. 체현된 비언어적 소통의 진실과 정직은 중요한 타자에 대한 뒤돌아보기와 인사하기에 기초하고 있다. 이런 진실과 정직은 동물만이 가질 수 있는―반면에 인간은 명시적으로 거짓말을 하고 그것을 판별할 수 있다는 행복한 잘못에 의해 규정하는 — 꾸밈없고 환상적인 종류의 자연에서만 가능한 진정성이 아니다. 오히려 이런 진실 말하기는 협동적으로 구성되는 자연문화의 춤과, 존중하고 호혜적으로 뒤돌아보는 자에게 열리는 관심에 관한 것이다. 이런 진실은 언제나 경쾌하고, 이런 진실에 복수종의 미래가 있다. 거듭 돌아보라[레스페체레]Respecere.

동물-되기인가 혹은 스물세 번째 그릇을 내놓기인가?

"함께 되기"의 춤인 사건들에 서로를 이용 가능하게 만드는 것은 질 들뢰즈와 펠릭스 과타리의 『천 개의 고원』의 유명한 장인 「1730년 : 강렬하게 되기, 동물-되기, 지각 불가능하게 되기」에 묘사된 환상적인 늑대 무리 버전의 "동물-되기"와는 아무 관련이 없다has no truck.36 이 장의 끝에서 보게 되겠지만, 개와 늑대와 인간이 모험적인 세계-만들기에서 서로 이용 가능하게 될 때, 세속적이고 산문적이며 살아있는 늑대들은 그런 늑대 무리와는 아무 관계가 없다. 그러나 우선, 나는 반려종이라는 과제를 함께 달성할 동지를 만나고 싶은 일념으로 글을 썼는데 오히려 내가 "신사 숙녀 여러분, 우리의 적은 저겁니다!"라고 외칠 것같이 된 이유를 설명하고 싶다.

나는 잠시 "강렬하게 되기, 동물-되기, 지각 불가능하게 되기"에 관해서 생각해 보겠다. 왜냐하면, 그 장은 인간과 비인간 크리터들 사이의 대 분기를 넘어, 이질적이고 비목적론적인 방식으로 연결된 세계의 풍부한 복수성과 토폴로지를 찾아내기 위해 분투하기 때문이다. 우리는 서로 매우 비슷한 것을 원하고 있는데 내가 여기에서 왜 들뢰즈와 과타리에게 화가 치미는지 그 이유를 이해하고 싶다. 들뢰즈의 다른 저작을 매우 좋아함에도, 나는 여기서 세속적이고 보통인 존재에 대한 두 저자의 온갖 조소, 현실의 동물들에 대한 호기심의 철저한 결여와 무시 외에 다른 것을 발견할 수 없었다. 저자들이 자신들의 안티-오이디푸스적이고 반자본주의적인 프로젝트를 그려내기 위해 다양한 동물을 헤아릴 수 없이 많이 언급하고 있음에도 말이다. 결정적으로 데리다의 실제 새끼고양이는 이런 만남에는 초대되지 않는다. 적어도 이 장에 나오는 그들의 글과 같은 모습을 하고 있는 한, 세속의 동물은 이 저자들을 두 번 다시 쳐다보려 하지 않을 것이다.

『천 개의 고원』은 편집적이고 외눈박이이고 개체화된 오이디푸스적 주체, 즉 문화·정치·철학에서 아버지인 치명적인 존재로 고정된 주체에 대항하면서 들뢰즈와 과타리가 계속해 온 작업의 일부이다. 세상의 모든 것을 족보와 정체성의 지배를 받는 계통수로 보는 부계적 사유가 비계층적 되기와 전염을 허용하는 리좀적 사유와 날카롭게 대립한다. 거기까지는 좋다. 들뢰즈와 과타리는 18세기의 자연사(비례와 유사성, 계열과 구조를 통해서 인식된 관계들)로부터 진화론(혈통과 계통을 통해서 질서화된 관계들)을 경유해서, 되기("마술" 또는 동맹을 통해 패턴화된 관계들)까지의 개념의 역사를 민첩하게 그려낸다. "되기는 언제나 계통과는 질서가 다르다. 되기는 동맹에 관한 것이다"(238). 진화론에서는 정상과 비정상이 지배하고, 이 지배의 밖에 위치하는 별종적 존재는 되기의 탈주선 속에서 해방된다. "몰적인 통일성"molar unities은 "분자적 다양체"molecular multiplicities에 길을 양보하지 않으면 안 된다. "이 별종적 존재는 개체도 종도 아니다. 감응, 감염, 공포 … 경계획정이라는 현상만을 갖는다"(244~45). 그리고 나서, "우리는 계통에는 역병을 대치시키고, 유전에는 전염을 대치시키며, 유성 생식, 즉 성에 의한 생산에는 전염에 의한 사람의 증식을 대치시킨다. 인간이든 동물이든, 집단은 전염, 역병, 전장, 참사에 의해서 증식한다. … 즉 동물들은 무리이고, 무리는 전염에 의해 형성되고 발달하고 변용된다고 할 뿐이다. … 다양체가 있는 곳이라면 우리는 예외적인 개체를 발견하게 될 것이고, 동물-되기를 위해서 동맹을 맺어야 할 상대는 바로 이런 개체이다"(241~42). 이것은 숭고의 철학이지 세속의 철학이거나 진흙의 철학은 아니다. 동물-되기는 오트르-몽디알리자숑이 아니다.

들뢰즈와 과타리는『천 개의 고원』의 초반에 늑대 남자에 대한 프로이트의 유명한 분석을 세련되게 비판한다. 여기서는 개와 늑대가 대치되는데, 이것을 통해서 나는 들뢰즈/과타리의 별종적인 동물-되기에 관한 연상의 망이 어떻게 야생의 존재와 길들여진 존재의 대립에 의해 그려지는 일련의 원초적 이원론을 원천으로 하는지를 간파할 수 있었다. "그날 긴 의자에서 일어난 늑대 남자는 평소

이상으로 피곤했다. 그는 프로이트가 진실을 스쳐 지나가고, 공백을 수많은 연상으로 메워 가는 데는 천재적이라는 것을 알고 있었다. 그는 프로이트가 늑대에 관해서 아무것도 알지 못하고 항문에 관해서도 마찬가지라는 것도 알고 있었다. 프로이트가 이해하고 있었던 것은 개란 무엇인가와 개의 꼬리뿐이었다"(26). 이런 조롱을 시작으로 『천 개의 고원』에서는 개와 늑대가 반복적으로 대립하는데, 종합하자면 야생인지 가축인지를 불문하고 세속의 동물 따위는 진지하게 생각하지 않는 난감한 상황이 제시되고 있다. 그래서 나는 프로이트의 성미 급하기로 유명한 차우차우 – 늑대 남자가 진찰받는 중에 마루에서 자고 있었음이 틀림없는 개 – 에게 존중을 표하면서, 예술가 데이비드 고인스가 개띠 해인 2006년에 제작한 포스터를 언급하면서 이야기를 진행하겠다 : 이 포스터의 차우차우는 지금까지 본 차우차우 가운데서도 으뜸이라고 해도 좋을 정도로 매력적이었다. 어쨌든 들뢰즈와 과타리는 차우차우의 청자색의 혀에는 냉담했지만, 프로이트의 어디를 어떻게 차면 아플지는 훤히 알고 있었던 것 같다. 그러나 그들은 차우차우 꼬리의 우아한 곡선을 보는 눈이 없었고 개와 눈을 맞출 용기도 없었다.

그러나 늑대와 개의 대립은 농담조가 아니다. 들뢰즈와 과타리는 "개체화된 동물, 가정의 반려동물, 감상적인 오이디푸스적 동물 등, 모두 각각의 작은 역사를 가진 동물"은 퇴행밖에 초래하지 않는다고 하면서 공포를 나타낸다(240).[37] 가치 있는 동물들은 하여튼 무리이고 그 외는 부르주아의 반려이거나 아무개 신의 신화를 상징하는 국가적 동물이라는 것이다.[38] 무리 또는 순수-감응적 동물은 외연적이 아니라 강도적이고, 사소하고 몰적인 것이 아니라 분자적인 – 요컨대, 예외적인 탁월한 늑대의 무리다. 이 모든 것에서 우리가 실제 늑대에 관해 배울 점은 없음을 더 설명할 필요는 없겠다. 나는 들뢰즈와 과타리가 쓰려고 했던 것이 생물학의 논문이 아니라 철학적이고 정신분석적이고 문학적인 논문, 즉 비의태적인 삶과 이야기의 유희에 관해 다른 읽기를 요구하는 논문임을 물론 잘 알고 있다. 그러나 어떤 독서 전략을 가진다고 해도, 흔해 빠진 보통의 존재에 대한 이 책의 조소를 약화시키는 것은 불가능하다. 1909년의 「미래파 선언」의 격렬한 감응에 가까운 숭고한 황홀의 윤활 없이도 단수성과 정체성의 함정을 제쳐 두는 것은 가능하다. 들뢰즈와 과타리는 계속해서 말한다. "고양이나 개를 좋아하는 자는 모두 머저리다"(240, 강조체는 원문대로). 나는 들뢰즈가 여기서 도스토옙스키의 백치를 염두에 두고 있다고 생각지 않는다. 백치는 사물을 지연시키는 자이고 들뢰즈가 사랑하는 자이다. 들뢰즈와 과타리는 계속한다 : 프로이트가 알고 있는 것은 "개집 속의 개, 정신분석학자의 멍멍 소리뿐이다." 이 구절에서만큼 내가 프로이트를 육친처럼 느낀 적은 없다. 들뢰즈와 과타리는 숭고하지 않은 일상적 존재, 보통의 존재, 감정을 가진 존재를 향한 모멸을 더욱 계속한다. 유일한 존재, 악마와 맹약을 맺은 마술사의 별종은 무리이고, 열림에서 다른 존재와 함께 그물망을 형성하는 유능하고 숙달된 동물이라는 의미에서가 아니라 특성을 갖지 않고 부드러움도 갖지 않은 존재라는 의미에서, 『모비 딕』에서의 에이허브의 리바이어던이라는 예외적 존재이다(244). 이것은 내가 사는 동물 세계의 관점에서 보면, 좋은 달리기에 관해서라기보다 나쁜 여행에 관한 이야기이다. 〈비틀스〉가 그랬던 것처럼, 나도 친구들로부터 조금 더 도움이 필요한 것 같다.

들뢰즈와 과타리에게, 소형견과 그 애호가, 특히 그 애호가가 감상적이어서 유형화되기 쉬운 나이 많은 여성의 경우는 비천하기 짝이 없는 궁극의 형상이 된다. "에이허브 선장의 모비 딕은 늙은 여성이 반려하는 새끼고양이나 강아지와 같은 것이 아니다. 로렌스의 거북이-되기는 감상적이거나 가정적인 것과는 하등 관계가 없다. … 그러나 로렌스는 반론을 당한다. '당신이 묘사한 거북이는 현실이 아니다.' 로렌스는 이렇게 대답한다 : '그럴지도 모르지만, 나의 거북이-되기는 현실이다. 조그만 집개에 지나지 않는 당신들로서는 도저히 판단을 내릴 수 없을 테지만, 나의 거북이-되기는 현실이다'"(244). "나의 되기"는 개체화와 주체의 제한에 반대하는 이론에서는 엄청나게 중요한 것 같다. 늙고, 여성이고, 작고, 개나 고양이를 좋아하는 존재, 이런 존재는 누구 혹은 무엇이건 동물-되기를 하려는 자가 토해내야 하는 것들이다. 여성 혐오, 늙음에 대한 두려움, 동물에 대한 흥미의 결여, 보통 이하의 육신을 가진 것에 대한 공포 등은 철학에서 경쟁적으로 표명되어 왔지만, 이런 것들이 안티-오이디푸스적이고 반자본주의적 프로젝트를 구실삼아 이 이상 선명하게 설명되는 예를 발견할 수 있을지는 자신이 없다. 게다가 몇 페이지 뒤에는 여성-되기becoming-woman에 관해 쓰고 있으니 그들도 참 대단한 배짱이다!(291~309)[39] 이것으로 충분하다. 이제 어질리티 개를 구하러 나가자. 요즘 월드컵을 노리고 인간 파트너와 함께 절차탁마하고 있는 토이 푸들도 있다. 그들이야말로 예외적 존재이다.

어질리티 월드컵 경기에서 강렬하게-되기라는 공상적인 비상으로부터, 숲 가장자리에서 발견된 과학자가 기른 그 늑대와 함께 나의 생명체로서의 영혼이 방황하는 나의 본거지 세계의 진흙과 점액으로 되돌아오면 한숨 놓인다. 늘 건강하다고는 말하기 어려운 이러한 끈끈한 액체 속에서는 관계성에 관한 비수목적 형상들이 적어도 들뢰즈와 과타리의 리좀적 별종들에서만큼은 발견된다. 진흙 속에서 놀고 있는 한, 『천 개의 고원』의 많은 부분을 호의적으로 읽을 수도 있다. 반려종은 기이한 모습을 한 친척과 종류의 형상들과 친숙하다. 여기서 수목형의 가계는 신체의 놀이에 신참이면서 물질-기호론적인 활동에서도 결코 특별하지 않다. 『게놈을 획득하기』라는 책에서 제출된, 논쟁을 부른 이론에서 린 마굴리스와 그의 아들이자 공동 작업자인 도리언 세이건은 나에게 반려종이 그의 식사 동료를 이해하는 데 필요한 육신과 형상을 준다.[40]

오랜 기간에 걸쳐 마굴리스를 읽은 바에 따르면, 마굴리스는 이 지상에서 흥미로운 것은 모두 박테리아로부터 발생했고, 그 이외는 단순한 정교화라고 여긴다. 늑대의 무리도 틀림없이 그 이외라는 것에 포함될 것이다. 박테리아는 끊임없이 유전자를 주고받고, 충분히 획정된 종으로 나눠지지 않는다. 그 때문에 분류학자는 황홀의 순간을 맞기도 하고 머리가 아프기도 하다. "공생의 창조력이 세균으로부터 진핵세포를 만들어 냈다. 따라서 그보다 큰 유기체 – 원생생물, 균류, 동물, 그리고 식물 – 는 공생 발생적으로 기원했다. 그러나 공생에 의한 새로운 것의 창조는 초기의 핵이 있는 세포의 진화로 끝나지 않았다. 공생은 지금도 여전히 모든 곳에서 진행 중이다"(55~56). 마굴리스와 세이건은 태평양의 산호초, 오징어와 그 발광 공생자, 뉴잉글랜드의 지의류, 젖소, 뉴질랜드의 개미식물과 같은 예를 든다. 기본 이야기는 단순하다 : 더 복잡한 생명 형태는 다른 생명 형태와 복잡하게 얽힌 다방향의 연관 행동의 연속적 결과이다. 살아가기 위해서 크리터들은 크리터들을 먹지만 어느 쪽도 일부밖에 소화할 수 없다. 배설은 말할 것도 없지만, 상당 부분이 소화되지 않은 채로 남는 것이 자연스러운 결과이고 남은 일부가 얽힌 연관 속에서 개개 또는 복수의 복잡한 패터닝의 새로운 형태의 운반체가 된다. 그리고 이 소화되지 않은 일부와 빈틈은 우리 중의 가장 하위에서부터 가장 탁월한 자에 이르기까지 모두 필멸의 존재임을 상기시키는 신랄한 존재이다. 이것에 대한 인식은 소화불량으로 인한 아픔과 전신 쇠약을 경험하는 가운데 생생하게 된다. 유기체는 게놈의 생태계이고, 컨소시엄들이고, 공동체들이고, 일부만 소화된 식사이고, 그리고 죽어야 할 경계 형성체이다. 거리의 반려견과 늙은 여자들조차 이런 경계 생성의 산물이다. "생태학적으로" 조사하면 그것이 판명될 것이다.

서로를 먹고 소화 과정을 전개한다는 것은 변형적 흡수합병의 일종에 지나지 않는다. 살아있는 크리터들이 상호 및 내부-작용의 바로크적인 메들리 속에서 컨소시엄을 형성한다. 마굴리스와 세이건은 이를 더 웅변적으로 말한다. 유기체가 된다는 것은 "외부자들을 받아들이고 타자를 안으로 접어 넣고 함입시킴으로써 이전보다 더 복잡하고 이종혼효적인 게놈이 되는 것이다. … 미생물과 그것의 게놈이라고 하는 재생산하는 타자의 획득은 단순한 부수적 문제가 아니다. 항구적으로든 주기적으로든 유인, 흡수합병, 융합, 합동, 동거, 재조합과 같은 각종의 금지된 결합은 다윈의 상실된 변이의 주된 원천들이다"(205). 아래로 쭉 서로 묶여 있다는 것이 공-생물-발생sym-bio-genesis이 의미하는 것이다. 지상의 생명체는 형상으로든 일시적 존재로든, 가지가 충분히 여러 갈래로 나온 수목이라기보다는 몇 번이고 자신 위에 겹쳐 포갠 액정의 컨소시엄을 닮았다. 보통의 정체성들이 출현하고 적당히 사랑받지만, 그것들은 언제나 비유클리드적 과거, 현재, 미래에 열린 관계의 그물망으로 계속 남는다. 보통의 것이란 서로 얽힌 종에서 발생하고 그리고 서로 얽힌 종이 되는 복수 파트너의 진흙탕 댄스이다. 그것은 그 아래로 쭉 중첩된 거북이다. 접힌 시공의 각 층에서 생기는 구성적인 내부-작용에 앞서서 파트너가 있을 리 없다.[41] 이런 것들이 인간의 예외성을 아직도 몽상하는 사람들이 품는 원초적 나르시시즘을 손상시키는 전염병과 감염일 것이다. 이런 것들이 거듭됨으로써 자연문화에서 반려종의 "함께 되기"에 의미가 부여된다. 쿰 파니스Cum panis, 서로 보고, 뒤돌아보고, 관계하기 위한have truck with 식사 동료:이것이 나의 게임의 이름들이다.

마굴리스와 세이건의 이론 전개의 일면은 반려종이 소화하기에는 불필요하게 어려워 보인다. 하지만 좀 더 쉽게 소화된 이론이 만들어지고 있다. 마굴리스는 유기체에 관한 각종 기계론적인 이론들의 반대편에서 오랜 기간 오토포이에시스autopoiesis 개념에 관여해 왔다. 오토포이에시스는 자기-구축과 관련되고, 자기-보존적 실체(그 생물학적 최소 단위는 살아있는 세포이다)가 그것을 둘러싼 물질과 에너지의 흐름에 의지해서 스스로의 형상을 발달시키고 유지한다.[42] 나는 이 경우 마굴리스가 들뢰즈와 과타리를 참고했다면 더 잘했을 것이라고 생각한다. 들뢰즈와 과타리가 생각하는 세계는 사이버네틱스이든 그렇지 않든, 복잡하고 자기-참조적인 분화 단위나 가이아적 시스템 위에 구축되어 있는 것이 아니라 "그 아래로 쭉 중첩하는 거북이" 위에 구축되어 있고, 가차 없는 타자성이 완전히 경계 획정되거나 완전히 자기-참조적이지 않은 실체들에 짜 넣어져 있는 세계인 것 같다. 나는 발달생물학자인 스콧 길버트로부터 배운 바가 있는데, 그는 오토포이에시스가 물질과 에너지의 보급 외에는 닫혀있는 자기-구축적이고 자기-보존적인 시스템을 강조한다고 비판했다. 길버트는 생물 세계에서 자기를 스스로 형성하는 존재 따위는 없고, 오히려 끊임없는 생성과정에 있는 생명체들 내부와 그 사이에서의 상호적 유도가 공간과 시간을 통해서 크고 작은 규모로, 상호 및 내부-작용의 캐스케이드로서 복잡하게 퍼져가는 점을 강조한다. 발생학에서 길버트는 이를 "종간 후성설"이라고 부른다.[43] 길버트는 이렇게 쓴다. "린 마굴리스와 나의 생각은 매우 비슷하다. 그녀는 성체에 초점을 두었고 나는 그 개념을 배embryos에까지 확장하고 싶다.(과학적으로 그것은 충분히 가능하다고 생각하기 때문이다.) 배에 의한 물리적 신체의 공동구축이 우리가 개체였던 적은 '없었다'는 것을 의미하기 때문에 나는 그 함의가 더욱 넓어진다고 여긴다." 마굴리스와 세이건과 마찬가지로 길버트도 생물 세계에서는 세포(게놈이 아니라)가 구조와 기능의 최소 단위라는 것을 강조하고, "형태 형성의 장은 개체 발생과 진화에

의한 변용의 주요한 단위로 볼 수 있다"고 논한다.[44]

내가 읽어보기로는 길버트의 접근은 마굴리스와 세이건이 경도되어 있는 의미에서의 전체론적 시스템 이론이 아니고, 그의 프랙탈한 "그 아래로 쭉 중첩하는 거북이"turtles all the way down에 관한 논의는 차이화differentiation의 자기-참조적 단위를 상정하지 않는다. 위로 향하든 아래로 향하든 자기-참조적 단위를 상정하는 것은 거북이의 중첩을 속이는 것이다. 소프트웨어 엔지니어인 러스틴 호그니스는 길버트류의 회귀성을 표현할 때 그 아래로 쭉 거북이 중첩하기turtling라는 말을 사용하는 것이 더 적합한 것이 아니냐고 제안했다.[45] 내 생각에, 길버트에게 차이화differentiation라는 명사는 항구적으로 동사이고, 그 내부에서는 부분적으로 구조화된 차이라는 죽을 운명의 매듭이 작동 중이다. 내 관점에서는 마굴리스와 세이건의 공생발생은 그들의 오토포이에시스 이론과는 그리 잘 부합하지 않고, 그 대안은 부가적인 기계론이 아니라 차이화를 더더욱 파 내려가는 것이다.[46] 길버트와 학생들이 거북이의 발생학 그 자체에 전념하고, 복부 표면에 있는 복갑을 야기하는 유도와 세포의 이동에 관해서 연구하고 있는 것은 좋은 이야기다. 거북이 중첩하기의 층들이 바로 그것이다.

이러한 논의들 덕분에, 동물행동학자 셀마 로웰의 실천으로 이야기를 진행시킬 수 있다. 로웰은 랭커셔의 농장에서 소이Soay 종의 양을 사육하고 있는데, 22마리의 양에게 먹이를 주면서도 23번째의 그릇을 놓아둔다. 소이 종의 양은 하루의 대부분을 구릉에서 풀을 먹고 지내는데, 그리 간섭하지 않아도 그들 나름의 사회집단을 형성하고 있다. 대부분의 양 농가에서 양에 대한 과도한 감독을 억제한다는 것은 혁명적 행동일 것이다. 보통의 농가에서는 품종을 막론하고 양이 인간의 과도한 감독 없이 스스로 사는 능력을 잃어버리는 지점까지 그들의 판단 행위를 빼앗는 것이 보통이다. 활력화된 로웰의 양들은 소위 원시적인 품종에 속하고, 식육 산업에 의한 표준화와 행동 파괴에 저항하고 있다. 이 양들은, 로웰이 몇십 년이나 연구해 온 개코원숭이를 비롯한 원숭이들만큼이나 가축화된 양도 복잡한 사회적 삶과 사회적 능력을 갖추고 있음을 알려주었을 뿐 아니라, 그녀가 품고 있는 많은 의문에 답해 왔다. 청동기 시대의 어느 시점에 세인트 킬다

군도의 소이섬에 당도했을 야생 양의 후예인 소이 양은 이제 영국과 미국의 희귀 품종 사회에서 주목받는 존재가 되고 있다.[47]

사료 전환율 같은 것만 중시하고 농산업의 역점 과제밖에 모르는 양 연구자들은, 야생 숫양 집단을 다룬 로웰의 초기 논문을 거절했다. 그러나 훌륭한 과학자는 편견에 맞닥뜨리면 문제를 조금 비켜놓거나 매력적인 데이터를 더하는 것으로 조금씩 편견을 제거해 가는데, 그런 전략은 적어도 가끔은 효과가 있다.[48] 산악 종인 스코티시 블랙페이스, 수적으로는 지배적인 랭커셔의 로웰의 양들, 그리고 태반이 잉글랜드 다운즈의 구릉에 있는 품종인 도싯 화이트 페이스 종, 이들은 그들의 대단히 많은 능력을 어떻게 증명하는지를 잊어버린 것 같다. 그리고 이 양들과 세계 각지의 이에 상응하는 양들은, 학술지 ― 적어도 양에 관한 기사가 게재되는 학술지로, 가축화되지 않은 종이 "자연스럽게" 관심의 대상이 되는 행동생태학, 통합생태학, 진화 관련이 아닌 학술지 ― 의 리뷰를 하는 양 전문가에게 친숙한 양이다. 그러나 오늘날의 글로벌 농산업을 초래한 목장 경영과 농업 실천의 문맥에서, 이 "가축화된" 양인 먹는 기계에게 흥미 있는 질문이 던져지지는 않는다. 그들을 키우는 사람들과 함께 열림the open으로 나오지 않으며 서로 이용 가능하게 되는 경험도 없는 이런 양들이 호기심 많은 과학자와 "함께 되는" 일은 없다.

로웰과 그녀의 양들을 봐 두는 것은 분명 의미가 있다. 로웰은 양들이 식사를 하는 동안 그들에게 여러 가지 질문을 할 수 있도록 거의 매일 양들을 마당에 들이고 있다. 그리고 스물두 마리의 양은 마당에서 스물세 번째의 그릇을 발견하게 된다. 이 검소한 스물세 번째의 그릇은 열림the open이고[49], 그 공간은 아직 규정되지 않았고 규정될 수도 있거나 아닐 수도 있다. 그것은 일어날 수 있는 사건을 위해 놓여 있고, 양과 연구자가 서로 주고받을 때 뭔가 예상 밖의 일이 생길 수 있도록 함으로써 그들에게 현명하게 있으라고 요구하고 있다. 일찍이 영장류의 연구에서 그랬던 것처럼, 로웰은 그녀의 동료와 양들에 대해서 특별히 부드럽게 대하지는 않지만 세속적으로 정중하게 행동한다. "흥미 있는 연구는 사물을 흥미 있게 하는 조건에 관한 연구이다."[50] 점유되지 않은 그릇을 언제나 내어 놓음으로써 사회적으로 독단이 강한 동료 양에게 밀려난 양이 갈 장소가 만들어진다. 로웰의 접근은 언뜻 보기엔 단순하다. 경쟁은 알아차리기 쉽고 먹는 행위는 관찰이 매우 간단할 뿐만 아니라 농가로서는 소비에 관계되는 중대사이기도 하다. 그 이외에 무엇이 일어날 가능성이 있을까? 알아차리기 어려운 일이야말로 양들에게는 그들 진화의 역사에 있어서도, 그리고 일상 행위에 있어서도 가장 중요한 일이 아닐까? 랭커셔의 산악지대와 스코틀랜드 해안의 섬들에서는 수 세기 동안 늑대를 찾아볼 수 없었지만, 포식의 역사와 피식자의 똑똑한 취향에 관해서 다시 생각하는 것으로부터 양의 세계에 관해 놀랄 만한 중요한 뭔가를 알 수 있는 가능성은 없을까?

로웰은 큰 선언보다는 언제나 복잡성에 관한 상세한 이단적 경고로 1960년대에 우간다 숲의 개코원숭이들 — 이들은 이 종이라면 이럴 것이라는 예측을 계속 배신했다 — 에 관해서 쓰기 시작한 것을 비롯해서 원숭이들에 관한 연구를 하는 동안 기회 있을 때마다 인간 동료들을 당혹하게 만들었다.[51] 지금까지 내가 만난 사람 중에서 로웰은 가장 완고하고 경험이 풍부하고 이론적으로 정통하고 자기 재능이나 본심을 감추지 않고 가차 없이 비이데올로기적인 사람이다. 양에 대한 깊은 관심은 제쳐 두고라도, 2003년에 로웰의 랭커셔 농장에서 소란스러운 젊은 수컷 칠면조들 — 로웰은 이 칠면조들이 바람직하지 않은 행동을 할 경우 설득할 것도 없이 바로 도살해 버리겠다고 위협한다 — 에게 쏟는 그녀의 노골적인 애정을 보면서,[52] 그녀가 경솔한 인간 동료와 자신이 평생 연구해 온 완고한 동물들에 대해서 어떤 식으로 대처하는지를 잘 알 수 있었다. 뱅시안 데프레가 자신의 연구에서 강조한 것처럼, 로웰은 양과 인간 양쪽에 관련된 집합체collective에 관한 질문, 즉, "우리가 좋아하는 것은 예상대로 행동할 양인가, 아니면 우리를 놀라게 하고 '사회적으로 되는 것'이 무엇인지에 관한 우리의 정의를 확장해 주는 양인가"라는 질문을 제기하고 있다.[53] 이것은 근본적이고 세속적인 질문이고, 데프레의 동료인 이자벨 스탕제르라면 코스모폴리틱스*의 질문이라고 할 것이다. 여기에서 "코

---

* 코스모폴리틱스는 이자벨 스탕제르가 『코스모폴리틱스』(Cosmopolitics) I, II에서 제시한 개념으로, 칸트의 『영구평화론』에서 제시한 세계정치에 기원을 두고 있지만 그 의미는 아주 다르다. 전쟁을 악으로 규정하고 인류의 영구적 평화를 달성하기 위해 보편적 세계시민주의를 강조한 칸

스모스는 이런 복수의 발산하는 세계들에 의해 구성되는 미지의 것이고, 최종적인 것이 되도록 의도되는 어떤 평화에의 유혹이 아니라 그들이 궁극적으로 실현할 수 있을 절합들articulations이다."[54] 나는 65세에 가까운 로웰과 그녀가 사랑해 마지않는 비목양 반려견과 함께 과학 논문과 여러 가지 잡다한 책이 여기저기 놓여 있는 농장의 주방에서 점심을 같이했다. 그때 내 민속지적인 자아는 이런 반려종의 메뉴에 오이디푸스적 퇴행은 없다는 명료한 느낌을 갖게 되었다.

접촉지대에서의 살아있는 역사 : 늑대의 족적

내가 나의 개를 만질 때, 나는 도대체 누구를 그리고 무엇을 만지는 것일까? 함께 되기는 세속적인 되기라는 실천과 어떤 관계에 있는 것일까? 종과 종이 만날 때, 어떻게 역사를 계승할 것인가라는 물음은 절박하고 어떻게 함께 되느냐는 질문은 중대하다. 내가 개와 함께 되기 때문에 복수종이 묶여 들어가고 상호적인 반응에 의해서 다시 묶이는 매듭으로 내가 끌려 들어간다. 나의 전제는 접촉이 설명책임accountability의 지엽을 넓히고 설명책임의 모양을 만든다는 것이다. 설명책임, 돌보기, 촉발되기, 책임지기 등은 윤리적인 추상개념이 아니다. 이런 세속적이고 산문적인 것들은 서로 관계한 결과일 것이다.[55] 만지는 것은 상대를 작게 만들지 않는다. 왜냐하면 만짐으로써 상대는 세계-만들기를 위한 다수의 결합 부위를 획득하기 때문이다. 만지기, 관심, 뒤돌아보기, 함께 되기, 이런 것들은 우리로 하여금 세계들의 모양에 대해 예측 불가능한 방식으로 책임을 지게 한다. 파트너들은 서로 접촉하고 관심을 가지면서 상호접촉을 있게 한 것들을 우리의 신체에 불어넣는 이종혼효적 진흙 속에 싫든 좋든 존재하고 있다. 접촉하기와 관심을 기울이기는 결과를 낳는다. 그러므로 나는 이 장을 오트르-몽디알리자숑

트와 달리, 스탕제르는 차라리 매번의 대결을 강조한다. 스탕제르가 말하는 코스모스는 그리스인들이 생각했던 질서와 조화로 가득한 전체나 인간만의 범세계가 아니라, 사물이 정치의 주체로 참여하는 비인간과 인간의 공유된 세계이다. 칸트의 세계정치와 구분하기 위해 스탕제르의 **cosmopolitics**는 '코스모폴리틱스'로 번역한다.

이 매우 긴요한 문제가 되고 있는 세 곳, 즉 남아프리카, 시리아의 골란고원, 그리고 프렌치 알프스의 전원에 살고 있는 서로 얽힌 반려종들 – 늑대, 개, 인간을 비롯한 여러 가지 종 – 이 다양하게 엮어내는 세 개의 매듭으로 끝내려 한다.

내가 자주 가는 캘리포니아 산타크루스의 개 공원에서는 사람들이 때때로 귀가 쫑긋 선 조금 큰 셰퍼드류의 잡종개들이 실은 "늑대 잡종"이라고 자랑한다. 가끔 그 이야기가 확실하다고 주장하는 사람들도 있지만, 자신의 개가 특별한 것처럼 보이게 하고 유명한 야생 존재에 가까운 것 같다는 이야기에 만족하는 경우가 대부분이다. 늑대의 피를 이어받았다는 주장은 대개 그 가능성이 극히 낮다. 그 까닭은 개가 그럴 마음이 있어도 늑대를 교배 상대로 쉽게 얻을 수 없기 때문이고, 동일한 불가지론으로 인해 나와 개 세계의 내 스승들은 기원 불명의 큼직한 검은 개는 "래브라도 리트리버 잡종"이라고 생각하는 편이기 때문이기도 하다. 그렇다고 해도 나는 늑대와 개의 잡종이 각지에 서식하고 있다는 것을 알고 있고, 늑대의 피를 이어받았다고 하는 개들과 내 개가 놀아 준 덕분에 내가 돌보기의 그물망에 묶인 것도 사실이다. 돌보기는 호기심이라는 떠들썩한 의무의 주체가 됨을 의미하고, 하루의 시작보다 하루의 끝에 더 많은 것을 알기를 요구하는 일이다. 이를 위해 최소한 늑대와 개의 잡종에 관한 행동생물학을 어느 정도 배워두는 것이 필요한 것 같았다. 그 과정에서 나는 로빈 딕슨이 2004년 10월 17일 『로스앤젤레스 타임스』에 쓴 기사 「부모 잃은 늑대들의 장래는 어둡다」를 통해 한 장소에 당도했다. 그곳은 남아프리카공화국(이하 남아공) 남쪽 해안의 스톰 리버라는 도시 근처에 있는 치치카바 늑대 보호구역이었다.[56]

아파르트헤이트 시대에 준-비밀리에 행해진 일련의 실험에서, 백인 정부에 고용된 연구자들이 북미에서 북방계의 회색 늑대를 수입했다. 긴장이 지속되는 국경지대에서 "불순분자"를 추적하기 위해서 늑대의 지혜와 체력과 후각을 갖춘 공격견을 육종하려고 했던 것이다. 그러나 유감스럽게도 루드플라트 육종회사의 보안-장치 개발자들은 늑대와 개의 잡종이 훈련된 공격견으로 특히 부적합하다는 사실을 알게 된다. 이유는 공격성이나 예측 불가능성의 문제가 아니다 (잡종에 대한 이 문제들은 일반적인 문헌에서도 논의되고 있다.) 훈련이 어렵다는 점도 있지만, 늑대-개들은 일반적으로 인간 무리의 지휘자를 따르는 습성이 있어서 대-게릴라 활동이나 순찰에서 지시를 받아도 인간보다 먼저 행동하지 않는다. 북미 대부분의 서식지에서 멸종위기종이었던 늑대들은 인종적 순수성에 중점을 두는 아파르트헤이트 국가에서 실패한 혼혈 이민자가 되어버렸다.

아파르트헤이트가 끝난 후 범죄에 관한 인종차별적인 언설이 난무하고 사람들이 자신의 안전에 위기를 느끼게 되었던 남아공에서, 신문과 인터넷을 매개로 한 동물 거래가 점점 활발해지면서 늑대와 늑대의 잡종 모두 다시 보안의 기표 signifier가 되었다. 예상대로 수천 마리나 되는 동물이 고향 대륙으로 "귀환"할 수 없게 되었고 역학적으로도 유전적으로도 "순수하지 않은" 이 갯과 동물들은 처분 가능한 "홈리스", 혹은 생태학 용어로는 "적합한 지위가 없는" 문화 카테고리에 들어가게 된다. 새로운 정부는 인종차별주의적인 구체제가 만들어낸 살아있는 장치들이 어떤 일을 당할지 따위를 걱정하고 있을 여유가 전혀 없었다. 구호시설과 피난처는 부유한 기부자들이나 중산계급, 주로 백인들의 기부로 운영되고 있는데 개 애호가들에게 잘 알려진 이러한 시설들은 할 수 있는 한의 노력을 기울이고 있다. 이것은 명예로운 진실도 아니고 인종차별적인 과학적 국가 장치와 부득이하게 "함께 된" 그들 비인간에 대해 사회적으로 인정된 의무를 완수하려는 조정 과정도 아니다. 경제적으로 더할 나위 없이 곤궁하고 아직 손대지도 못한 참상이 만연한 이 나라에서 피난처가 수행하고 있는 것은 사람들이 죽이는 게 더 낫다고 (안락사? 여기에 "좋은 죽음"이 있는가?) 여기는 비인간을 향한 사적인 자선사업이다. 더욱이 재정적인 어려움에 빠진 피난처는 "순종 늑대"밖에 받아들이지 않았고, 2004년 남아공에서 이 관문을 통과할 수 있었던 늑대는 200마리 정도에 지나지 않았다. 신문의 표제가 전하는 "어두운 장래"에 직면하는 수천 마리에 달하는 잡종들에게 돌아갈 재원은 없었다.

이 이야기를 접하고 이에 촉발받은 나를 포함한 다른 사람들은 무엇을 계승한 것일까? 그리고 우리는 어떤 역사들을 살아야 할까? 예를 들면, 생물학의 역사와 국가의 역사가 각기 내포하고 있는 인종차별주의적 담론; 절멸위기종의 세계와 그 보존 장치 및 안전 담론의 세계와의, 그리고 그것들의 범죄성 및 테러 장치와의 충돌; 이런 매듭에 의해서 형성되는 각기 다른 상황 속의 인간과 동물이라는 존재가 더듬어 가게 되는 실제의 생과 사; 늑대와 개, 그리고 누가 어떻게 살고 죽는지 그 귀결을 둘러싸고 다투는 대중적인 이야기와 전문적인 이야기; 인간의 사회복지단체와 동물 복지단체가 공동 형성되는 역사; 사적·공적 동물과 인간 세계의 계급관계로 충만한 재원 장치; 처분 살육이 가능한 인간 및 비인간 세계를 포함하는 카테고리들의 발전; 이 모든 문제들에 있어서 북미와 남아공과의 복잡하게 얽힌 묶임; 캘리포니아주 산타크루스의 개 해변에서조차 늑대-개 하이브리드를 살아갈 수 없는 매듭으로 계속 생산하는 이야기와 실천 등을 들 수 있다. 호기심은 사람을 수렁으로 빠뜨린다. 그러나 나는 그것이 오트르-몽디알리자숑을 실현해 가는 데 있어서 중요한 일종의 "뒤돌아보기"이고 "반려종과 함께 되기"라고 믿는다.

　남아공의 늑대들이 처한 상황을 더듬은 다음, 1967년 이후부터 이스라엘이 점령해 온 시리아의 골란고원으로 눈을 돌려도 상황은 여전히 쉽지 않다. 내가 그 속에서의 삶을 상상해 보았던 최후의 반려종의 매듭들 가운데서 2004년에 보도된 광경을 언급해 두고 싶다. 말을 탄 이스라엘 키부츠[이스라엘의 농업 및 생활 공동체]의 카우보이들이 점령지의 마을과 군사기지의 폐허를 내달리며 유럽 스타일로 방목된 소를 관리하고 있는 광경이다. 나의 수중에 있는 것은 신문에 게재된 스냅 사진뿐인데, 복잡하고 잔혹하고 비극적인 역사가 한창 진행 중일 때의 신문 기사다.[57] 그리고 이 스냅 사진은 내가 개와 놀고 있을 때 개를 만지는 감각을 바꿔버리기에 충분했다. 키부츠에서의 방목은 1967년 직후에 개시되었고, 2004년경에는 시리아와의 평화조약이 후퇴를 계속하는 가운데 33개소에 달하는 다양한 지역의 이스라엘인 약 일만 칠천 명이 그 지역을 점령하게 되었다. 신출내기 카우보이들이 일하는 기술을 익히면서 이스라엘군과 그들의 전차와 함께 토지를 공유했다. 지뢰밭은 지금도 소와 말과 사람에게 위험한 채로 있고 사격훈련과 방목은 비어있는 토지를 두고 경합한다. 꾀가 많은 시리아 늑대나, 소를 탈환하러 오는 시리아 사람들로부터 소를 지키는 것은 터키 악바쉬Akbash견인 흰 대형 가축 보호견이다. 터키는 중동에서 기이한 역할을 하고 있다고 할 수 있다. 『타임』지의 기사는 악바쉬견이 착실하게 일을 하고 있기 때문에 목장주들이 늑대를 쏘는 일은 없다고 말하지만, 소를 탈환하기 위해 오는 시리아 사람들에게 총질을 하는지에 관해서는 일절 언급하지 않았다. 이스라엘인들이 시리아의 부락민들을 내쫓고 손에 넣은 소는 소형이고, 강인하며, 로웰이 기르는 양 같지 않은 양들이 갖춘 것과 동일한 종류의 적응력을 갖추고 있고, 진드기가 매개하는 풍토병에 대한 저항력을 가지고 있었다. 비근대적이라고 여겨진 시리아의 이 소들을 대체하기 위해 수입된 유럽계 소는 조금도 닮은 데가 없었다. 1967년 시리아 패전 후에는 아랍계 부락민들의 수렵활동이 줄어든 여파로 개체수가 증가한 회색 늑대에 대응하기 위해, 이스라엘의 목장주들이 1990년대에 들어서 골란고원에 가축 보호견을 도입하게 된다.

중동의 힘든 자연문화와 전쟁이라는 광대한 캔버스에서 악바쉬견은 신문에 실린 이야기를 일시적인 흥밋거리 이상이 되도록 만드는 구체적인 디테일을 주었다. 윌렘은 내 가족이 친구와 함께 소유하고 있는 캘리포니아의 토지에서 가축 보호견으로 일하는 그레이트 피레니즈 종의 개인데, 나는 그에게 이름을 지어주었다는 의미에서 일종의 "갓휴먼"godhuman이었다. 윌렘과 그의 사육주이자 인간인 수전, 그리고 윌렘의 브리더, 그리고 개의 세계에서 수전과 함께 건강과 유전학에 관한 활동을 실천하고 있는 동료들은 이 책의 중요한 정보제공자들이다. 윌렘 같은 가축 보호견의 애호가들은 오늘날 미국 로키산맥 북부 지역의 개-늑대-목장주-초식동물-환경보호론자-수렵자라는 자연문화의 치열한 경쟁의 영리한 참여자들이다. 윌렘과 나의 카옌은 강아지일 때부터 함께 놀고, 세계의 기쁨을 함께 쌓아 왔다.[58] 이것은 모두 정말 작고 비예외적이다. 이것은 들뢰즈와 과타리가 말하는 "탈주선"과는 그다지 관계가 없다. 그러나 이것은 나와 아마도 우리를 늑대, 개, 소, 진드기, 원생생물, 전차, 지뢰밭, 병사, 추방된 부락민들, 소도둑의 자연문화 정치에 관한 호기심으로 끌어들이기에 충분했다. 이스라엘인 정착자들은 전쟁, 추방, 점령, 대량학살의 역사, 위험의 보편적 확산에 의해 변경이 된 지구의 또 다른 조각에서 카우보이 스타일의 방목을 한다. 이렇다 할 행복한 결말도, 진행 중인 얽히고설킨 사태에 대한 결론도 없지만 꼭 염두에 두어야 할 것은 어디든지 살아있는 실제 늑대와 개들이 진짜로 보인다는 점이고 다툼이 있는 세계-만들기 속으로 인간들을 인도하기 위해 그들이 기다리고 있다는 점이다. "도시 변두리에서 돌아다니고 있는 이 여자를 발견했어. 늑대가 키웠다는군." 숲으로 이주한 그녀의 사촌과 마찬가지로 이 늑대도 명령, 통제, 소통, 첩보의 군사 기술을 전개하는 데 친숙한 통신장비를 등에 지고 있다.

물론 21세기의 첫 10년경에는 이런 종류의 원거리 통신장비가 산속을 걷는 사람들의 표준 장비가 될 수도 있을 것이고 그것이 이 글이 당도할 곳이다. 하지만 여기서는 하이커의 위치를 알려주는 개인용 GPS가 아니라 인쇄된 말을 가지고서 거기에 도달한다. 2005년, 내가 그레이트 피레니즈에 빠져 있는 것을 잘 아는 영장류학인 앨리슨 졸리는 내게 그해 여름에 가족과 함께 프렌치 알프스를 도보여행했을 때 챙겨온 브로슈어를 보내 주었다. 이탈리아어, 프랑스어, 영어 등 3개 국어로 쓰여 있는 등산객을 위한 브로슈어는 한 가지 언어로만 쓰여 있는 미국의 불친절한 산행용 브로슈어와 비교하면 이미 도드라져 보였다. 거기에는 국경을 넘어 알프스를 관통하는 등산로와 그 길을 가면서 만날 수 있는 갖가지 국적의 시간적 여유가 있는 세련된 하이커들이 생생하게 그려져 있었다. 그 표지에는 경고가 있는데, 영리하고 온순한 그레이트 피레니즈의 사진이 있고, "하이커 여러분, 이 지방의 가축 보호견들을 도중에 만날지도 모릅니다. 이 덩치 큰 흰 개는 가축을 지키는 일을 합니다"라는 영어가 사진을 에워싸고 있었다. 다른 면에는 프랑스어로도 쓰여 있었다.

우리는 재발명된 전원-관광 경제의 한복판에 있는데, 그것은 발로 이동하는 인간, 로컬과 글로벌이 뒤얽히는 고기와 섬유의 틈새시장, 유럽연합의 복원생태학과 문화유산 프로젝트, 양치기, 무리, 개, 늑대, 곰, 스라소니 등을 잇는다. 멸종한 지 오래된 포식동물을 지난날의 서식지 일부로 돌려보내는 것은 여러 나라에 걸친 환경 정치와 생물학에서 주요한 이야기다. 동물에 따라서는 포획 상태에서 강도 높은 사육 프로그램을 실시하기도 하고, 서유럽만큼 개발이 진척되지 않아서 멸종을 모면할 수 있던 구 소비에트권 같은 나라에서 동물을 들여오는 식으로 의도적인 재도입이 시행되고 있다. 또한 어떤 포식자들의 경우는, 돌아온 포식자들에 대한 포획과 사냥을 줄이자 그 개체 수가 자연스럽게 회복되고 있다. 프렌치 알프스에서 늘어나고 있는 늑대는, 그 진보성이 별로 신뢰가 가지 않는 이탈리아―늑대를 완벽히 몰아낸 적은 없었던―에서 이동해 온 약삭빠른 개체의 후손인 것 같다. 이 늑대들 덕택에 가축 보호견이 늑대(그리고 관광객)의 약탈로부터 가축을 지키는 직업을 얻게 되었다. 그레이트 피레니즈 견은 두 번의 세계대전과 바스크 지역 목축경제의 붕괴로 한때는 거의 괴멸 상태에 빠졌다. 순혈종 애호가들의 구출 활동과 특히 영국과 미국 동부의 유복한 여성들의 수집 활동이 없었다면, 이 개들이 그 이름의 기원인 피레네의 산에서 알프스로 올 수는 없었을 것이다. 이때 프랑스의 애견가들은 미국의 가축 보호견 애호가들로부터 가축 보호견이 다시 일을 맡을 수 있게 하는 방법들을 배웠다. 이들 미국 가축 보호견 애호가들은 최근 수십 년간 대륙 서부 여러 주의 목장에 가축 보호견을 배치하면서, 유럽의 애호가들과도 교류했던 사람들이다.

재발명된 전원-관광 경제와 생태학이라는 테크노문화적 매듭들은 북미에도 넘치고 있는데, 이 매듭들은 누가 어디에 소속되고, 어떤 번영이 누구와 관계가 있느냐는 가장 기본적인 물음을 제기하고 있다. 이런 물음에 응답하기 위해 개와 그들의 초식동물들과 인간을 따라가노라면, 목축과 농업, 그리고 먹는 일에 도달하게 된다. 원칙적으로 말하자면 개인과 집단의 행동에서 언제나 그렇다고 할 수는 없더라도, 공장식 사육과 그것을 떠받치는 과학과 정치가 재고되어야 한다는 것을 알기는 어렵지 않다. 그러나 그러면 어떻게 해야 할까? 어떻게 하면, 모든 사람(싸고 풍성한 음식이 얼마나 중요한지를 망각할 수 있는 부유한 사람들뿐만이 아니라)의 식량 안전 보장과 복수종의 공동 번영이 현실적으로 결부될 수 있을까? 유럽계의 식민자와 그들이 가져온 동식물이 대륙의 서부 여러 주를 정복했음을 기억하는 것이, 만족감을 주는 개인화된 죄책감의 전율을 유발하는 데 쓰이지 않고 어떻게 해결책의 일부로 활용될 수 있을까? 관심만 있으면 이런 일에 관한 많은 독창적인 공동 작업이 진행 중이라는 것을 알 수 있을 것이다. 비건과 비-비건 양쪽 모두를 포함한 지역사회 먹거리 사업*이 지역 내부와 지역 간의 분석을 통해서 다음의 사실을 분명히 했다. 인간의 안전하고 공정한 노동조건, 신체 면에서도 행동 면에서도 건강한 가축, 건강과 다양성을 위한 유전학 등의 연구, 도시와 시골의 식량 안정성, 개선된 야생동물의 생육환경 등은 서로 연결된 문제라는 것이다.[59] 이런 문제들에 관한 의견들이 간단히 일치하는 일은 없고 어떤 대답일지라도 만족감이 오래 지속되지는 않는다. 그러나 그런 것은 반려종의 목표가 아니다. 오히려, 살기에 더 적합한 "다른 세계들"(오트르-몽디알리자숑)을 세속적인 복잡성 내부에서 찾는 작업에 참가하기 위한 결합 부위들은, 처음 자신의 개에게 손을 뻗쳤을 때 상상할 수 있었던 것보다 훨씬 더 많이 있다.

이 장에서 제시하는 다양한 관계 맺기는 지형, 동물, 식물, 미생물, 사람들, 그리고 기술을 비롯한 상이한 상황 속의 종들의 군집을 잡다하게 서로 얽히게 한다. 때때로 정중한 소개로 인해 준-개별화된 두 존재가 함께 되는 일도 있는데, 유력 신문에 개인의 이름이 실리기까지 하면서 그 역사로부터 조우하고 있는 주체들의 기분 좋은 이야기가 두 개씩 차례로 환기되는 일도 있을 것이다. 크리터들의 구성은, 훌륭한 생태학자, 군의 전략가, 정치경제학자, 민속지학자라면 당연하다고 생각할 "실뜨기"cat cradle 게임을 방불케 하는 다른 패턴들을 더 많이 가진다. 두 개씩 파악되든 얽힘의 상태로 하나씩 파악되든, 종과 종이 만나기 위해서 필요한 결합 부위는 그들이 만진 모든 것을 다시 묶는다. 핵심은 복잡성을 축하하는 것이 아니라 세속적으로 되고 응답하는 것이다. 이런 작업을 위한 생생한 메타포를 고려할 때는 존 로John Law와 아네마리 몰Annemarie Mol이 나의 생각을 돕는다 : "복수성, 진동, 매개, 물질의 불균질성, 수행성, 간섭… 복수적이고 부분적으로 연결된 세계에서 쉴 수 있는 장소는 어디에도 없다."[60]

나의 논점은 단순하다 : 반복하지만, 우리는 끝없이 계속되는 상호 응답하는 복잡성의 층들에서 서로를 형성하는 많은 종들의 매듭에 위치해 있다. 응답도, 존중도, 이런 매듭에 위치함으로써, 그리고 뒤죽박죽인 역사로 끈적끈적해진 동물과 사람이 서로를 돌아봄으로써 비로소 가능하게 된다. 복잡성에 관해서 이

---

* community food projects, 지역 먹거리 안정성 강화를 위한 다목적 사업을 진행하는 프로젝트로 주로 비영리 단위들이 국가나 지방 정부의 지원금을 받아 수행한다. https://en.wikipedia.org/wiki/Community_Food_Projects

해하는 것은 바람직하지만 더 많은 것이 또한 필요하다. 그 "더 많은 것"이 무엇이 될지를 그려내는 일이 구체적 상황 속에 있는 반려종의 일일 것이다. 그것은 코스모폴리틱스의 물음이고 언제나 비대칭적인 살기와 죽기, 기르기와 죽이기에 대한 책임 있는 관계 속에서 예의 바르게 되기를 배우는 방법에 대한 물음이다. 이 장을 등산객을 위한 브로슈어의 엄한 지시, "야외에서는 스스로 최선의 행동을 하시오"로 끝맺으려 한다. 이어서 브로슈어는 일하는 개와 무리들을 향한 정중한 태도가 무엇인지를 구체적으로 설명한다. 평범한 표현이지만, 좋은 매너의 실행으로 인해서, 그 능숙하게 일하는 동물들은 그 사람들이 인정하는 법을 배울 필요가 있는 존재들이 된다.[61] 얼굴을 가진 자는 인간만이 아니었다.

그러면, 철학자는 응답했는가?

1. 이봐, 그리미, 동물보호소에서 네 등에 ID 칩을 심었어.
2. 이제, 네가 어디에 가든, 동물관리자는 네 이름을 알아.
3. 어디 사는지 그리고 예방주사를 확실히 맞고 있는지도 말이야.
4. 그건 〈애국법〉 남용이잖아!

2장

가치를 띤 개와 살아있는 자본

맑스는 상품 형태를 교환가치와 사용가치라는 두 항으로 나누었다. 그러나 죽은 것이 아니고 생식력 있는 상품이 재산의 일부 – 나의 침대 위에서 잔다거나, 뺨 점막을 닦아낸 것을 게놈 프로젝트에 제공한다거나, 지역의 개 보호소가 그녀를 나의 이웃들에게 입양시키기 전에 목의 피하에 컴퓨터로 판독할 ID칩을 심는다거나 하는 살아 숨 쉬고 권리가 있는 개 관련 재산 – 가 되면 어떻게 될까? 카니스 루푸스 파밀리아리스*가 바로 그것이다. 친숙한 것에는 기이한 것이 언제나 숨어 있다. 나아가, 기이한 것은, 시장의 가치부여에 내재하는 모든 탈물질화와 대상화에도 불구하고 가치가 다시 육신이 되는 곳이다.

맑스는 사용가치와 교환가치가 관계성을 명명하는 것임을 언제나 이해하고 있었다. 이것이야말로 시장 등가성의 표층 아래에 이익추출, 축적, 인간의 착취라는 지저분한 영역이 있다는 것을 포착한 통찰이었다. 세상 모든 것을 교환을 위한 상품으로 바꾼다는 것이 이 프로세스의 핵심이다. 상품을 제조하고, 순환시킬 새로운 기회를 계속 창출하도록 세계를 다시 만드는 것이 바로 이 게임의 이름이다. 이것은 살아있는 인간의 노동력을 자비 없이 빨아들이는 게임이다. 자본주의 옹호자에게 아직도 뇌졸중을 일으키게 할 것 같은 맑스의 선명하고 정확한 표현으로 말하자면, 자본은 "머리 꼭대기부터 발끝까지 모든 털구멍에서 피와 먼지를 흘리면서" 세계에 태어난다.[1]

하지만 인간의 노동력이 '살아있는 자본'이라는 이야기에서 단지 일부에 불과하다면 어떻게 될까? 모든 철학자들 중에서도 맑스는 관계로부터 생기는 감각적인 기쁨을 이해하고 있었고, 살아있는 노동에서 생기는 인간과 나머지 세계 사이의 대사metabolism에 관해 깊이 생각했다. 하지만 내가 맑스를 읽은 바로는, 그는 끝내 노동 – 인간이 그 자신을 만드는 것 – 이라는 휴머니즘적 목적론을 벗어날 수 없었다. 결국, 맑스의 이야기에는 반려종도 상호유도도 복수종의 후성유전학epigenetics도 없다.[2] 그러나 만약 살아있는 자본의 체제에 사는 사람들이 관심을 가지는 상품이 자연적인 것과 사회적인 것이라는 카테고리 안에서는 끝내 이해될

---

* Canis Lupus Familiaris. 개의 학명이다. familiaris는 친숙하다는 뜻의 라틴어.

수 없다면 어떻게 될까? 이는 맑스가 거의 재작업할 뻔했지만 인간예외주의에 발목이 잡혀 끝내 손볼 수 없었던 카테고리다. 이런 문제가 결코 새로운 것은 아니지만, 나는 현대 미국의 개와 인간의 행위에 내재하는 본질적인 관계성들―이는 **생명자본**biocapital이라는 용어와는 통상적으로 관련되어 있지 않지만 그것에 필수적인 문제를 제기한다―을 통해서 이런 문제에 접근하고자 한다.

소비 만능과 테크노사이언스가 넘치는 미국의 개 세계에서 전형적인 극단적 상품화가 건재하다는 증거는 부족하지 않다. 나는 독자들에게 이 점을 재확인할 산더미 같은 증거들을 제시하려고 한다. 이것은 우리 좌파들이 아침 식사에 필요할지도 모를 도덕적인 분노와 우리 문화 분석가들이 더없는 즐거움으로 삼을 것 같은 심판에 저항하는 욕망을 불러일으키기에 충분할 것이다. 그러나 만약, 오늘날 맑스에 비견될 누군가가 『생명자본』 제1권을 쓰고 있다면, 그는 미국의 개들이 상품의 소비자이면서 동시에 상품이기도 한 한에서, 문제적인 인간예외주의에서 위안을 얻을 것이 아니라 사용가치, 교환가치, 만남의 가치라는 삼자 간의 구조를 검토해야 할 것이다.[3] 종간 만남의 가치는 일련의 잡다한 살아있는 것들 간의 관계성에 관한 것이고, 그 속에서 거래와 의식, 진화와 생명공학, 윤리와 유용성이 관여한다. 나는 생물학적으로 상이한 종의 주체들이 사소하지 않지만 형용하기 어려운 방식으로 관여하는 "만남"에 특히 관심이 간다. 이런 관계성을 역사적으로 구체적인 살아있는 자본이라는 문맥에서 조금이라도 정리하는 것이 나의 목표다. 나는 나의 맑스에 상응하는 누군가를 반려종, 특히 21세기 초의 자본주의적 테크노문화에 사는 개와 사람들을 위한 가치의 매듭에 결부시키고 싶다. 거기에서는 상황 속의 인간이 된다는 것은 동물 동료들에 의해서 그리고 그들과 함께 형성되는 것이라는 통찰이 가치 부가적 만남을 이해하는 우리의 능력을 깊게 할지도 모른다.

개에게 가치를 매기기 ― 시장과 상품

1950년대의 텔레비전 프로그램처럼, 반려동물의 세계는 뭐니 뭐니 해도 가족과 관련된다. 유럽과 미국의 부르주아 가족이 19세기 자본 축적의 산물이라면, 인간과 동물이 반려인 가족은 오늘날 살아있는 자본의 실천을 가리키는 중요한 지표라고 할 수 있다. 19세기 말의 가족이 중산층 반려동물 기르기를 발명했지만, 그것은 오늘날 반려동물 기르기에 비하면 대단히 미미하다. 친척과 브랜드는 그 어느 때보다 생산적인 포옹으로 묶여 있다. 2006년 미국에서는 약 6,900만 세대(전 세대의 약 63퍼센트)가 반려동물을 기르고 있다. 이들은 7,390만 마리의 개, 9,050만 마리의 고양이, 1,660만 마리의 새와 여타의 크리터들에게 거처를 제공하고 있었다.[4] 마인드브랜치사의 2004년 반려동물 사료 및 용품 시장에 관한 온라인 보고서에 따르면, "사람들은 과거에도 반려동물을 '가족의 일원'으로 여겼을지 모르지만 적어도 양질의 재료를 사용한 반려동물의 사료, 완구, 용품 및 각종 서비스와 건강 등에 대한 지출액의 측면에서 볼 때, 이런 경향은 1998년~2003년까지 5년간 현저히 증가했다."[5] 비판 이론에서 가구 소비 동향은 언제나 젠더, 인종, 계급 등 사회적 존재의 윤곽이 되는 카테고리 형성과정을 이해하는 단서로 여겨졌다. 소비지상주의의 반려종 친척 패턴들은 신생 주체들을 조형하는 관계성을 파악하는 풍성한 장이 될 것이다. 살아있는 자본의 자연문화에서 이 모든 주체가 사람인 것은 아니다. 적절히 변해가더라도 이 세계에서 젠더, 인종, 계급과 같은 고전적 카테고리가 완전히 사라지기는 어렵다. 그러나 관계성에 대한 특별히 흥미로운 신생 카테고리는 단지 개와 고양이에 머물 것이 아니라 새로운 명칭이 부여되어야 한다.

　　미국은 거대한 글로벌 반려-동물 산업의 주축이다. 나의 개와 고양이는 래시* 이후에 우리 세대와 내가 주입한 스타일로 살고 있기 때문에 나는 이런 사정을 잘 알고 있다. 그렇지만 나는 여느 연구자들처럼 사례에 걸맞은 통계 데이터를 입수하려고 했다. 비즈니스 커뮤니케이션사는 시장의 투자 기회와 분야, 각 기업의 재정 상황, 성장률과 축소율 등 투자가를 위한 데이터들의 연차 분석

---

* 1938년부터 잡지에 게재된 에릭 나이트의 소설 『돌아오 래시』(*Lassie Come-Home*)를 말한다. 영국의 목양견인 콜리종을 모델로 하는 이 소설은 이후 영화와 텔레비전 극으로 방영되어 큰 인기를 누렸다.

보고서를 발표한다. 이 장의 초고를 쓰기 위해서 온라인으로 2004년의 『반려동물 산업 – 액세서리, 제품, 서비스』를 확인했다. 흥미를 끄는 장들을 모두 내려받기 할 수는 있었지만, 전부 유료이고 참고하려면 그만큼의 비용을 지불해야만 했다. 문서 전체를 내려받으려면 5천 달러 이상이 든다는 사실은 이 단락 첫 번째 문장의 나의 주장을 입증한다. 대안 자료 출처로는 (자칭 수직시장조사 포털이라는) 글로벌 인포메이션사가 있는데, 이 회사는 반려동물 시장 투자자를 위해 예측, 주식, 연구개발, 세일즈와 마케팅, 비교분석 등의 데이터를 24시간 주 5일 계속 업데이트하며 제공하고 있다. 나는 위험을 무릅쓰고 이들 서비스는 무시하기로 했다.

결국 비즈니스 커뮤니케이션사와 〈미국 반려동물 제품제조자 협회〉의 웹사이트가 무료로 제공하는 2006년판 개요에서 적정 분량의 통계 데이터를 얻었다.[6] 2006년 미국에서만 반려동물 사육주는 반려동물을 위해 약 384억 달러를 지출했다. 1996년의 210억 달러와 비교된다. 2002년의 반려동물 사료 및 관리 제품의 글로벌 수치는 460억 달러로 1998~2002년의 인플레이션을 보정하면 8퍼센트 증가였다. 2003년 한 해 인플레이션 보정치 성장률은 3.4퍼센트로 이는 반려동물 사육주가 고급 사료와 용품을 찾은 결과라고 한다.

어쨌든 반려동물 사료만 보도록 하자. ICON 그룹 인터내셔널은 2004년 2월에 세계 시장 보고서를 냈다. 이 보고서는 "개 사료와 고양이 사료의 소매 시장에 관심 있는 전략 기획자 및 국제 중역과 수출입 매니저"를 위해 작성되었다. 보고서의 요점은 "시장의 글로벌화가 진행되는 가운데 매니저들은 국내 시장만으로 만족하고 있어서는 안 된다"는 것이었다. 그래서 이 보고서는 소매 관련 개 사료와 고양이 사료의 공급국들, 수입품들의 달러 가치, 국가별 시장점유율, 최대 구매국들, 지역시장의 성장 동향과 그에 따른 마케팅 전략의 우선순위 등에 특별한 비중을 두었다. 보고서는 150개국 이상을 분석하고 있었고 이런 수치가 "'광우병', 구제역, 통상 금지, 노동 문제, 군사적 충돌, 테러리즘 등 물류에 분명한 영향을 미칠 여러 사실과 현상"에 의해 극적으로 변화할 수 있는 추정치임을 분명히 하고 있다.[7] 그럼에도 이 보고서는 자명한 배경 사실에 대한 언급을 게을리했

다 : 산업적인 반려동물 사료는 글로벌 공장식 농업이라는 복수의 종의 사슬에서 강력한 고리라는 사실이다.

2003년 11월 30일자 『뉴욕타임스』 일요판에 따르면, 2003년 시점으로 미국 반려동물 사료 시장 규모는 125억 달러라는 숫자를 기록한다(2006년에는 150억 달러를 기록했다). 『뉴욕타임스』의 다른 기사(2003년 12월 2일자)에서 인간의 콜레스테롤을 낮추는 스타틴 제약 산업의 시장 규모가 2003년에 125억 달러에 상당했다는 보고를 읽을 때까지, 실은 나는 이 숫자를 어떻게 생각해야 할지 알 수 없었다. 몇 사람분의 혈중 지질조절약이 몇 회분의 개의 식사와 같은 가치일까? 내 개와 고양이들의 배를 곯릴 바에야 나는 [항콜레스테롤약] 리피토르를 내던져버리겠다. 일찍이 맑스는 교환가치의 순수하게 객관적인 성질은 사용가치의 비교로 생기는 많은 문제를 해결한다고 말했다. 맑스는 또한 우리에게 스타틴이나 고급 개 사료 같은 것이 어떻게 역사적 상황 속에서 신체적 필수품이 되는지에 관해서도 이야기했다. 하지만 내가 보기에 맑스는 복수종이 얽힌 그물망에서 어떤 곤궁한 신체들이 도살 노동, 닭장, 반려동물의 식사, 인간의 약과 같은 갖가지 사항들을 연결하고 있는지는 충분히 주의를 기울이지 않았다.

틈새시장에서 팔리는 나의 어질리티 견의 운동능력을 높인다는 최신 사료와 그녀의 영양학적 필요성과 아직도 건강하게 움직이고 있는 조금 더 나이 든 잡종견의 그것과의 차이를 내가 어떻게 평가할지 결정할 때, 역시 이런 것들을 잊어서는 안 된다고 생각한다. 많은 반려동물 사료들이 관절과 요로 건강, 치석 제어, 비만, 생리학적 필요성, 노화 예방 등의 특정 상태를 강조하고, 이런 제품의 판매고가 증가 추세다. 개와 달리기 위해 어질리티 모임에 갈 때면, 엄청나게 많은 상품 브로슈어와 판매 부스들 때문에 발이 걸려 넘어질 지경이다. 이들 브로슈어와 부스에 나와 있는 제품은 자연식품, 과학적으로 처방된 개 사료, 면역기능 증강용 개 사료, 수제 성분의 개 사료, 비건 전용 개 사료, 비건은 외면할 날것의 유기식품 개 사료, 동결건조된 당근 강화 사료, 지나치게 긴 시간 혼자 있는 개를 위한 사료 급여 장치 등이다. 정말이지 이런 영양학적 생태계에서 식사는 약물과 같은 것이고 "치료" 수요의 창출은 시장에서 성공을 거두는 데 필수적이다. 식사

이외에도 콘드로이틴 황산과 황산 글루코사민 혹은 오메가3 지방산이 풍부한 아마유처럼 식품과 약품의 애매한 경계에 있는 보조식품들을 전부 확인하고 사야 할 것 같은 기분이 든다. 자본주의 테크노문화에서 개들은 "건강하게 살 권리"를 획득했는데, (법적인 함의뿐만 아니라) 그 경제적인 함의는 헤아릴 수 없이 막대하다.

음식이 이야기의 전부가 아니다. 비즈니스 커뮤니케이션사는 반려동물 산업의 전 부문이 계속 성장세이고 기존의 비즈니스 참여자뿐 아니라 신규 참여자도 충분히 승산이 있다고 강조한다. 다양해지는 개 버전의 이 살아있는 자본에서 건강은 대단한 영역이다. 작은 동물을 다루는 수의사들은 이 사실을 잘 알고 있어서 경영 규모가 작아도 경쟁력 유지를 위해서 최첨단의 (매우 비싼) 진단기기와 치료기기를 도입하려고 한다. 1998년에 행해진 특별연구에 따르면, 수의사의 일상적인 진료 서비스가 증가했음에도 치료비는 그에 걸맞게 인상되지 않아서 수입이 비교 가능한 다른 전문가들만큼 늘지 않았다고 했다.[8] 나의 가족 신용카드의 기록을 보면 자주 도움을 받는 수의사들 중 적어도 한 명에게 지급하는 금액은 급격히 늘었다. 2006년 한 해 동안, 미국에서 반려동물 수의 치료비용이 약 94억 달러였다. 사실 확인을 위해서 세계의 80퍼센트를 점하는 15개국의 동물 건강 시장에 관해서 보고한 「2010년까지의 세계 동물건강 시장」을 살펴보았다.[9] 결론: 세계 많은 지역에서 반려동물 건강시장은 견고하며 날로 성장 중이다.

몇 가지 수치와 에피소드에 관해서 생각해 보자. 메리 바티아타는 그녀의 연로한 가족인 애견 베어가 지독한 신경증으로 진단받았을 때 조사한 내용을 바탕으로 2004년 『워싱턴 포스트』에 기사를 썼다. 최초 진찰에 900달러가 들었던 시점에서 바티아타는 사태를 점차 이해하기 시작했다. 바티아타는 MRI를 찍기 위해 워싱턴 D.C.의 '이암스 펫 이미징 센터'를 소개받았다. 아니 오히려 소개받은 것은 베어였고 베어의 보호자이자 소유자인 바티아타는 윤리적, 정치적, 감정적, 경제적 딜레마와 씨름했다. 반려동물의 인간이 자기 개를 죽게 두는, 즉 자기 개를 죽이기에 적당한 때를 어떻게 판단하는 것일까? 어느 선까지가 너무 돌봐준 것이 되는 것일까? 문제가 되는 것이 삶의 질일까? 돈일까? 고통일까? 아니면 누구의 것인지가 문제일까? 베어의 MRI를 위해 400달러를 지불하는 게 세상의 불공평을 조장하는 것일까? 아니면 제대로 된 공립학교를 운영한다든지 습지를 보전한다든지 하는 데 드는 비용과 베어의 진단과 치료에 필요한 비용을 비교하는 것 자체가 잘못된 것일까? 그렇다면 반려동물을 소중히 여기고 MRI 검사를 받게 할 여유가 있는 사람들과, 반려동물을 소중히 여기지만 호스피스(개와 고양이용으로 몇 군데에 개설되고 있다)를 이용하는 것은 물론이고 수의사의 정기검진을 받게 하거나 더 좋은 훈련을 받게 하거나 진드기와 벼룩을 퇴치할 최신 제품을 구매할 여유가 없는 사람들과 비교하는 것은 어떨까? 살아있는 자본이라는 체제에서 도대체 어떤 비교가 적절한 것일까?

반려동물이 받을 수 있는 다른 첨단 치료로는 신장이식, 암 화학요법, 티타늄 관절치환수술 등이 있다. 캘리포니아 대학 데이비스 캠퍼스는 최근 최신의 치료와 연구를 하는 반려동물병원을 오픈했다. 반려동물은 최고 수준의 치료센터에서 인간이 받는 암 치료와 동일한 수준으로 치료를 받을 수 있다. 새로 개발된 동물용 약 ― 그리고 동물용으로 전환된 인간의 약 ― 은 통증 완화와 행동 변용을 강조하고, 이런 일은 래시 시대의 레이더 스크린에는 거의 나타나지 않은 문제이지만 금전적으로 윤리적으로 중대한 딜레마를 안고 있다. 덧붙여서 오늘날 양성되는 수의사들은 인간과 동물의 유대에 관한 수업도 받고 있고, 애정으로 말미암은 가족경제라는 다양화되고 있는 이 영역 또한, 여타의 가족 만들기 실천들, 가령 인간 아기와 부모를 제조하는 보조생식처럼 상당히 상품화되어 있고 사회적으로 계층화되고 있다.[10]

수의사 의료과실보험이 일반화되었듯 반려동물 건강보험도 일반화되고 있다. 여기에는 반려동물이 통상적인 재산으로 평가될 수 없다는 법정 판결이 영향을 끼쳤다. 반려견 "재조달 가격"은 동물의 시장가격이 아니다. 개는 어린이와도, 연로한 부모와도 같지 않다. 혹시 일상생활의 다른 모든 면들 속에서 아직 핵심을 포착하지 못했다면, 반려에 대한 금전상의 손실을 규명하고 대금을 지불하려는 노력으로부터 알 수 있는 것은 부모-어린이, 후견인-피후견인, 소유자-재산은 우리 가운데서 출현하고 있는 새로운 종류의 복수종 관계성에는 형편없는 용어라는 사실이다. 이런 카테고리들은 다시 짜야 할 필요가 있다.

수의사 외에도 반려동물의 수요에 맞추기 위한 각종 건강 전문가들이 등장하고 있다. 나는 나의 스포츠 파트너인 오스트레일리언 셰퍼드, 카옌을 위해 마법의 손을 가진 공인 동물지압사, 지쥐 스콧을 정기적으로 방문한다. 누구도 이를 두고 다른 의무에 쓸 돈으로 부르주아적 퇴폐를 탐한다고 나를 납득시킬 수 없다. 관계성에는 제로섬 게임인 것도, 그렇지 않은 것도 있다. 그러나 핵심적인 사실이 문제 전체를 모양 짓는다. 건강과 가족을 만드는 실천에 대한 권리는 개들은 물론이고 그들의 인간들에게도 심하게 자본화되고 계층화되어 있다.

개 의료 서비스, 영양, 교육사업 이외의 영역에서도 개 소비문화는 끝이 없는 것 같다. 휴가 패키지, 모험 여행, 캠프 체험, 크루즈, 휴가용 의류, 모든 종류의 완구, 데이케어 서비스, 디자이너 침대를 비롯한 동물용 가구류, 개용 침낭과 특별한 텐트와 배낭, 이것들에 관한 출판물 등 일일이 셀 수도 없다. 2004년 9월 24일자 『뉴욕 타임스』에는 225달러짜리 레인코트와 114달러짜리 디자이너 목줄 광고가 실렸다. 부유층과 유명인의 패션 액세서리로서 토이견이 신문의 일상적 화제가 되고 이는 개는 개다워야 한다고 생각하는 사람들에게 심각한 걱정거리를 안겨준다.[11] 〈미국 개집 숙박 협회〉의 2006년 보고에 따르면, 샌프란시스코의 최신 호텔인 왜그Wag 같은 최고급 반려동물 숙박 시설 산업이 성장세다. 왜그의 하루 숙박비는 85달러이고 마사지, 얼굴 마사지, 수영장 서비스도 제공된다. 샌프란시스코 시세의 중간 정도인 1박에 40달러 '포그시티 도그 로지'에서도 여행 중인 사람이 공동 놀이터에 있는 반려동물을 실시간으로 볼 수 있는 웹캠 텔레비전 정도는 기본으로 제공된다.[12] 도서류 상품을 좋아하는 사람들은 반려동물의 인쇄문화를 보시라. A로 시작하는 인류학anthropology에서 Z로 시작하는 동물학Zoology에 이르기까지의 모든 카테고리에서 반려동물 도서 시장은 엄청나지만 나는 일반인 대상의 두 잡지에 눈길이 간다. 내가 열심히 읽고 있는 것은 개의 문학, 예술, 문화를 다루는, 캘리포니아주 버클리에서 발간되는 『바크』 지인데, 그 잡지가 『반려종 선언』을 호평해 주었기 때문에 그런 것만은 아니다. 대서양 연안도 이 시장 부문에서의 그들의 책임에 직면하게 되면서 2004년 11~12월에는 『뉴욕 개』

가 출간되었고, 개 양육권 쟁취법, 맨해튼에서 개와 산책할 장소 베스트 10과 같은 기사로 『보그』와 『코스모폴리탄』 등의 고급 잡지와 경쟁하고 있다.[13] 그리고 이 모든 것들은, 개와 함께하는 사냥, 개와 인간이 짝을 이룬 스포츠, 개와 함께하는 탐색과 구조 자원봉사, 그리고 훨씬 더 많은 것들에 결정적인 미디어 시장은 거의 다루지 않는다. 인간예외주의에 맞서기 위해서는 인간의 상대인 개의 인간화에 저항해야만 한다는 점이 개의 세계에서는 너무 쉽게 망각되는 듯하다. 모피를 두르고 시장에 민감하며 권리를 보유한 자들은 이제 좀 쉴 만도 하다.

이제 충분하다. 아니, 거의 충분할 것이다. 요컨대, 살아있는 자본 시장에서 "가치를 띤" 개는 단지 함께 소비하는 가족 같은 존재인 것만은 아니다(이 장의 다음 절에서 보게 되겠지만 함께 노동하는 자인 것만도 아니다). 육신으로서도 기호로서도 개는 상품이다. 특히 테크노사이언스로 포화한 농산업에서는 자본주의 역사의 한복판에 위치하는 상품이다. 여기서 나는 켄넬 클럽*에 등록된 "순종" 견들 ─ 이들이 농기업과 연관해서 맨 먼저 떠오르는 개들은 결코 아닐지라도, 그리고 이런 혈통서가 붙은 개가 생물사회적인 신체에 뿌리를 둔 19세기의 중대한 경제와 문화 혁신들을 얼마나 상기시키는지에 상관없이 ─ 에 관해서만 생각해 보겠다. 마거릿 데리는 『완벽을 향해 육종된 개들』에서 공공 혈통 데이터 관리(성문화되고 표준화된 보증이 붙은 혈통서)라는 기술혁신이 있고서야 양과 소 같은 가축과 도그 쇼 개나 닭 같은 애호용 가축의 국제 거래가 가능하게 되었다고 했다.[14] 나는 계통과 가족을 만드는 가축도 그랬다고 추가하고 싶다. 제도적으로 기록된 혈통의 순수성 ─ 근친교배만이 아니라 여성의 재생산 노동을 비가시화하는 부계를 강조하는 것 ─ 이 문제였다. 동물의 재생산 관리는 엘리트들과 작업자들의 기억 주머니와 국지적인 노력들에서 혈통부와 연동한 합리화된 국내외 시장으로 이동했는데,

---

* kennel club. 켄넬(kennel)은 한국에서는 보통 개 사육장, 개집을 뜻하는 낱말로 쓰인다. 켄넬 클럽은 개 육종, 도그 쇼, 개 품종 홍보 등의 활동을 하는 단체를 말하며 19세기 중반에 유럽에서 유행하기 시작하였다. https://en.wikipedia.org/wiki/Kennel_club. 이 책의 다른 곳, 예를 들어서 4장 후주 13번에서는 '켄넬'이 '개나 고양이가 보호되거나, 거주하거나, 때로는 품종이 유성되는 창소, 조직, 시설'이라는 좀 더 넓은 의미로 사용된다. 켄넬의 넓은 의미에 대해서는 다음 링크 참조. https://en.wikipedia.org/wiki/Kennel

여기에는 국가·민간기업·연구기관·클럽 모두가 그들의 역할을 담당했다. 데이터 보존 시스템과 함께 발전한 육종 시스템은 과학적 육종이라 불렸다. 그리고 여러 방식에서 이 '종이+육신' 시스템은 동물과 인간의 생식에 관한 다른 과학(그리고 정치)을 비롯한 우생학과 유전학 역사의 배후에 있다.

개의 품종, 즉 여러 가지 모습으로 분화되고 안정화되었다는 의미에서의 품종이 아니라 작성된 혈통서가 붙었다는 의미에서의 품종은 하나의 결과였다. 어느 대륙이든 이런 보증서가 붙은 개는 좋은 가격에 팔릴 뿐 아니라 전통의 발명, 표준의 기록과 유지, 매매계약 성립, 생식질 거래, 건강 감시와 액티비즘, 생식기술의 혁신, 개인과 집단, 그리고 전 국민의 열광적인 관여 등의 놀라운 실천을 촉진했다.[15]

개 품종의 번성과 변화가 세계의 모든 사회 계급과 지리적 영역에 침투했다는 것은 이야기의 일부에 불과하다. 많은 견종이 반려동물 시장을 위해 특별히 만들어졌다. 아주 새로운 종으로 보르조이와 털이 긴 휘핏을 교배해서 실켄 윈드 하운드라고 불리는 작은 시각형 하운드가 만들어졌다. 최근에는 토이 견종과 티컵 견종이 패션 액세서리로 만들어지고 있는데, 의학적으로 문제가 있는 견종도 많다. 혹은 〈미국 켄넬 클럽〉(이하 AKC)의 순종 혈통서가 붙어 오기 때문에 강아지 번식 공장의 개가 유행하고 있다. 내가 분노를 떠나 사랑의 영역으로 옮겨가면서, 경기견 세계뿐만 아니라 사역견의 세계에서 만난 노련하고 지식이 풍부한 성찰하는 애견가들과 그들의 재능 많은 멋진 개들도 떠오른다. 그리고 롤런드Roland를 포함한 내 개들도 생각난다. 롤런드는 사기성이 농후한 AKC 오스트레일리언 셰퍼드 등록증을 가지고 있는데(롤런드의 아빠는 차우차우다), 그것은 롤런드가 생식 능력을 상실해 있는 한, 그들의 모래밭에서 어질리티 경기에 참여할 수 있도록 하기 위해 얻은 것이다.

그러나 롤런드의 생식 능력을 빼앗을 필요가 있을까? 혈통서, 혹은 그런 것의 부재가 페트리접시와 만나면 무슨 일이 일어날까? 세라 프랭클린이 『돌리 잡종들』에서 통찰한 돌리 기술에 관해 생각해 보자. 혈통서가 붙은 양 돌리는 체세포핵 이식으로 복제된 최초의 포유동물이었을지 모르지만, 그 후 클로닝된 많은 크리터들의 선두일 뿐이다. 프랭클린은 대륙, 시장, 종, 과학, 서사 들을 횡단하면서 돌리의 혈통이 가지는 여러 생물사회적인 계보를 추적했다. 이로부터 프랭클린은 새로 등장하는 육신적인 되기의 방법들이 상품과 생산 양식으로서 모두 살아있는 자본의 핵심에 위치한다고 주장했다.[16] 프랭클린은 18세기 후반부터 19세기에 걸쳐서 육종의 부가 새로운 재생산의 부로서 중요했고, 오늘날의 생명자본의 약속과 위협에서는 식물과 동물(그리고 정도는 여러 가지이지만 사람)의 재생산 통제관리가 기본적임을 주장했다. 인간과 동물에 대한 산업화된 농업과 과학적인 의학의 교류는 돌리라는 잡종과 과잉물에서 특히 농후하다. 오늘날의 줄기세포 연구 및 생식용을 비롯한 치료용 클로닝 분야의 기술혁신과 논쟁은 초국가적인, 종을 뛰어넘는 행동의 중심에 있다.

줄기세포와 개에 관한 논의는 불가피하게 황우석과 국립서울대학교로 이어진다. 당시 전 지구적 생물의학의 목표이기도 했던 인간 배아줄기세포(ES세포) 클론 작성이 2004년과 2005년에 『사이언스』에 발표된 이후, 데이터 날조 가능성과 난자 제공에서의 생명윤리 저촉 및 연구비 횡령 가능성이 2005년 12월에 폭로되었는데, 황우석을 둘러싼 이러한 국제적인 스캔들에는 『돌리 잡종들』을 참조해야만 의미가 통하는 개에 관한 진짜 배경이 있다. 미국에서는 감정 상품인 반려동물 시장을 겨냥해 개를 클로닝하는 〈미시플리시티 프로젝트〉가 요란스럽게 실시되었다.[17] 또한 황우석을 비롯한 아홉 명의 한국 공동 연구자들과 미국 피츠버그 대학의 줄기세포 연구자인 제럴드 섀튼은 그렇게 생의학적이라 할 수 없는 개의 복제도 수행했다. 이들은 2005년 8월에 돌리의 기술을 이용해 복제견 아프간하운드 강아지 스너피Snuppy가 탄생했음을 발표했다.[18] 바이오 기술로 접목된 존재인 스너피는 국립서울대학교S(eoul) N(ational) U(niversity)와 강아지(pu)ppy의 머리글자를 조합한 이름으로 불렸다. 황우석의 연구 이력은 농산업의 동물연구가 인간 생의학으로 이동하고 있다는 면에서 바라보아야 할 일이다. 황우석은 국립서울대학교 수의학부 수의산과학 및 생물공학 교수였다. 스너피 이전에도 황우석은 1999년 젖소 복제에 관해 보고했고, 이 분야의 세계적 리더로 널리 인정받고 있었다. 부침이 심한 황우석의 이력에 관해서는 많은 것이 알려지지 않은 채로 있지만, 분명한 것은 농산업 연구와 인간 생의학 사이의 상당한 정도의 종-횡단적 왕래가 인간 줄기세포 기술, 기대할 수 있는 치료 혹은 생식의 경이를 다루는 미국의 "윤리적" 논의에서 애매하게 되는 일이 많다는 점이다.

미국에서 전개되고 있는 고가의 개 동결보존 서비스, 반려동물 시장을 겨냥한 산학협동 개 복제연구, 생물의학 연구 주요 분야에서 첫 번째가 되기 위한 한국의 거국적인 분투는 이러한 살아있는 자본의 오페라에서 유일한 아리아는 아니다. 다종적이고 다성적인 내 가족이 모두 두 눈 부릅뜨고 살아있는 한 롤런드의 핵 클론을 만들 목적으로 AKC-잡종인 롤런드의 세포들을 동결하는 일은 결코 없을 것이라 해도, 어쨌든 돌리로부터 파생된 모든 연구, 특히 스너피 연구는 이 장 다음 절의 논의와 분명하게 이어지고 있음을 시사한다.

개에게 가치를 매기기 — 기술, 일꾼, 지식

도널드 맥케이그는 버지니아주에서 목양견을 기르는 농부이면서 영국과 미국 목양견 보더콜리의 역사적 발자취와 그들의 현재 상황에 관한 글을 쓰는 세심한 작가이다. 그는 작업견인 목양견의 판매 광고를 언급하면서, 개의 카테고리는 가축과 인간 양치기 동료 사이의 어디쯤에 위치한다고 지적했다.[19] 이 개들은 여전히 상품이지만, 반려동물도 가족의 일원도 아니다. 일하는 개는 농가 자본의 일부인 도구이고, 시장 주도의 경제 시스템에서 받는 것보다 더 많은 것을 주는 것으로 잉여가치를 생산하는 노동자이다. 나는 이것이 유비적인 것 이상이지만 정체성은 아니라고 생각한다. 일하는 개는 생산과 재생산을 수행하고, 그들의 능동적인 협력(자기-주도)이 생산과 재생산 업무에 필수적임에도 불구하고, 살아있는 자본과의 관계에서 생산에서든 재생산에서든 그들 자체로 "자기 주도"적인 존재들은 아니다. 그렇다 하더라도 그들은 인간의 노예가 아니고 임금 노동자도 아니다. 그들의 노동을 이런 틀 안에서 이론화하는 것은 심각한 잘못일 것이다. 그들은 앞발이지 손이 아니다. 앞발과 손은 진화적으로는 상동 관계이지만, 차이라는 함의를 통해 분류할 수 있을지를 생각해 보자.

이 작업을 위해, 에드먼드 러셀이 논집 『산업화하는 유기체들』의 서문에서 전개했던 기술이 진화해 온 역사에 관한 논의를 보겠다.[20] 러셀은 유기적 존재와 인공적 기술을 각각 자연과 사회로 나누어 따로따로 취급하지 않고, 자연과 문화의 공동생산과 신체와 기술의 상호침투를 주장하는 최근의 과학기술학 논의를 적용한다. 러셀은 인간의 세계에서 기능성을 위해 형성된 생물을 바이오테크놀로지biotechnology — "인간의 목적을 위해 인간에 의해 형성된 생물학적 인공물" — 로 정의한다.[21] 그는 전체 유기체류의 거시-바이오테크놀로지를, 오늘날의 과학 및 산업의 출판물들에서 바이오테크놀로지 그 자체인 것처럼 집중적인 관심을 받는 세포와 분자류의 미시-바이오테크놀로지와 구분하는 것으로 나아간다.

그런 의미에서 예컨대, 무리를 모으는 것 같은 노동 능력을 위해 의도적인 선택과 강화가 되풀이되어 온 개는 시장을 목표로 한 농업경영이라는 체제 — 비선형적인 과정과 배치들의 뒤죽박죽을 거쳐서 오늘날의 자본 집약적인 농산업으로 진화한 체제 — 아래서 바이오테크놀로지 그 자체라고 할 수 있을 것이다. 러셀은 인간이 진화를 형성한 방법이 인간 자신과 다른 종을 어떻게 변화시켜 왔는지에 관심을 두고 있다. 그러나 자연과 사회라는 딱딱한 상자들로 이 물음을 진지하게 탐구하는 것은 가능하지 않다. 러셀의 주된 노력은 기술로서 유기체를 분석하는 데 맞춰져 있고, 그는 공장·일꾼·생산품으로서 바이오테크놀로지를 바라본다. 비록 러셀이 거의 모든 매개 행위를 인간들 — 내가 기꺼이 인정하는 바로는, 사물을 변경하기 위해 주도면밀한 계획을 세우는 자들 — 에게 부여할지라도, 살아있는 자본이라는 체제에서 바이오테크놀로지, 일꾼, 테크노사이언스 지식생산의 매개자로서 개에게 가치를 매기는 것을 생각하는 데 러셀의 틀은 많은 것을 제공한다.

개는 구이 꼬챙이를 회전시키거나 짐수레를 끄는 것 같은 과거의 크리터들 외에도, 현대의 물질-기호론적인 현실의 여러 부분에서 전체가 바이오테크놀로지이자 일꾼이다. 목양견은 분명 취업 기회가 줄어들고 있지만, 여전히 영리 목적의 (실은 적자인 경우가 많은) 농장과 목장에서 일하고 있다. 목양견 경기에서 그들의 일은 힘들지만 썰매견의 일처럼 일과 스포츠 사이에 위치한다. 가축 보호견은 생태관광과 연계되어 전통적인 포식동물(늑대, 곰, 스라소니)이 재도입된 프랑스

알프스와 피레네산맥 같은 목양산업 지역에서 취업 기회가 늘어나고 있을 뿐 아니라, 포식동물 관리를 위한 독극물 사용이 더는 허용되지 않는 미국의 목장에서도 활약할 기회가 늘고 있다. 개들은 공항에서의 안전 업무, 냄새로 마약과 폭탄을 식별하는 일, 활주로에서 비둘기를 내쫓는 일 등, 국가와 민간 위탁 업무에도 종사하고 있다.

인기 텔레비전 프로그램, 〈일하는 개〉Dogs with Jobs에서는, 프로그램의 로고로 신문 구인란의 도우미 구함 광고를 쓰고 있다. 이 프로그램은 일꾼으로서의 개의 전체상을 파악하는 데 안성맞춤이다.[22] 대부분의 개가 무보수 자원봉사 노동을 하는 것으로 보이지만 전부 다는 아니다. 이들의 일은 간질 발작 경고, 암 발견, 시각장애인 유도, 청각장애인과 휠체어 사용자 보조, 심적 외상을 입은 어린이와 어른의 정신적 보조, 고령자 방문, 극한 환경에서 구조 업무 보조 등 여러 가지에 걸쳐 있다. 이런 일들을 배우고 수행하는 능력을 향상시키기 위해 개들은 연구될 수 있고, 실제로 연구되고 있으며, 구체적으로 육종이 실시되고 있다. 이런 일들 모두가 개와 사람이 주체 바꾸기 방식으로 함께 훈련하는 것을 요구한다. 이 점에 관해서는 뒤에서 다루겠다.

부분으로서의 개들(혹은 탄소, 질소, 물과는 다른 물질적인 바탕에서 권한을 위임받은 전체 혹은 부분으로서의 개)은 살아있는 자본에서 전체로서의 개보다 일거리가 많을지도 모른다. 스너피의 줄기세포 장면에 덧붙여 〈개 게놈 프로젝트〉를 생각해보자. 기록 보관된 개의 게놈은, 수의 제약 기업의 제품 개발연구와 인간의 생의학적인 이익뿐만 아니라 행동유전학처럼 연구자의 눈이 반짝거릴 연구를 수행하는 데도 보물 창고다.[23] 이것이 "통상의" 바이오테크놀로지이다. 2003년 6월에 미국 국립 인간게놈연구소가 개의 완전한 게놈 서열 분석 데이터베이스화에 본격적으로 착수했고, 같은 해에 푸들을 사용해서 약 75퍼센트 완전한 개 게놈 서열 초안을 최초로 공표했다. 2004년 7월에는 개 게놈 전체 초안이 생물의학계 연구자와 수의학 연구자들을 위해 공표되었다. 2005년 5월, 타샤라는 이름의 복서견의 99퍼센트 완전한 게놈 서열이 10종의 다른 견종의 게놈 서열과 비교되어 발표되었다. 이 연구에서 DNA 샘플은 연구자, 각 견종 클럽의 회원, 수의학과에서 관리하던 군집 등의 개들이 제공했다. 매사추세츠공과대학과 하버드대학이 설립한 〈브로드 연구소〉의 커스틴 린드블라드-토Kerstin Lindblad-Toh와 에이젠코트 바이오사이언스사가 이 초안을 작성한 팀을 인솔하고 있었다. 이 초안은 다른 많은 포유동물의 게놈 데이터 저장을 촉진할 방법을 개발하는 과정에서 작성된 것이다. 미국 국립 인간게놈연구소의 대규모 서열 결정 연구 네트워크의 일단을 맡고 있던 〈브로드 연구소〉는 이 일로 3,000만 달러의 연구기금을 받았다. 이런 사업은 미국의 미시-바이오테크놀로지에서 매우 평범한 민관 복합 배치물이고, 일부 차이는 있겠으나 국제적으로도 비슷한 상황이다.[24]

그런데 게놈이 공표되자 캘리포니아 대학 수의학부의 유전학 센터가 개 세계의 여러 가지 영역의 필요성을 다루기 위해 개 사육주와 클럽에 여러 견종의 샘플 제공을 호소했다. 당시 100여 품종의 시료밖에 없던 DNA 데이터뱅크를 400 품종 이상의 국제적인 개 집단 데이터뱅크로 확대하는 일이 목표였다. 개의 유전자, 기관들, 질환, 분자들을 포함하는 많은 연구 프로젝트가 개의 문제뿐만이 아니라 인간을 위한 비교연구에도 사용될 수 있을 것이다. 부분으로서의 개는, 전체로서의 개가 거시-바이오테크놀로지적인 지식과 생산 프로젝트 속에 있는 것처럼, 피실험자(일꾼들)이고 도구이며 제품이다.

테크노문화에서 개들은 또 다른 의미에서 가치 있는 일꾼이다. 실험실의 개들은 그들 자신과 인간들이 놓인 조건에 관한 연구 모델로 일한다. 특히 의료 상품 생산을 위해 "봉쇄"될 수 있는 질환에 대한 모델로 일하는데, 최근에 분명해진 수요에 부응하기 위해 아직 알려지지 않은 서비스의 모델도 포함한다. 물론 이것은 이 개들의 보관 기록인 게놈이 하는 일이다. 그러나 나는 과학과 의학 분야 개 노동의 또 다른 양상을 '살아있는 자본'이라는 문맥에서 더 자세히 보고 싶다. 스티븐 펨버턴은 혈우병을 앓는 개들이 모델 환자가 된 경위뿐만 아니라 1940년대 후반의 미국 노스캐롤라이나대학 채플힐 캠퍼스 케네스 브링크하우스의 연구실에서 시작된 오랜 연구에서 개들이 어떻게 인간의 질환을 연구하기 위한 대리자로, 또 기술로 되었는지를 조사한다. 이 연구 덕분에 인간 혈우병은 표준화된 응고 인자를 이용할 수 있게 되었고 1970년대 초에는 치료 가능한 질환

이 되었다.[25]

혈우병 환자인 개가 연구실 문 앞에 나타난 것은 단지 기성 모델로서 혹은 인간을 위해 무언가를 제작하는 기계 공구로서가 아니다. 개 혈우병 환자는 재현적인 전략, 개 돌봄, 육종과 선택, 생화학적 검사, 새로운 측정 기기의 개발, 혈우병과 다른 대사부전 질환(특히 환자에게 기능상 결핍되어 있는 무언가를 관리함으로써 치료가 가능한 당뇨병과 악성빈혈의 연구에 개가 큰 역할을 했는데, 그 과정에서 개의 장기와 조직을 가지고 작업하는 기술과 장치도 생겼다)의 기호론적이고 물질적인 결합 등을 통해 창출된 존재이다. 브링크하우스가 관절과 체강에서 출혈 징후를 보이는 아이리시 세터 수캉아지들을 연구실에 들여놓았을 때, 그가 직면한 최대의 문제는 어떻게 강아지들을 살려둘 것인가 하는 점이었다. 강아지들이 기술과 모델이 되려면 우선 그 강아지들이 환자가 되어야 했고, 연구실이라는 노동기구 전체의 최우선 과제는 강아지들의 치료였다. 출혈이 있는 강아지는 수혈을 받고 철저히 보살펴졌다. 연구실 요원들이 요양사 역할을 하지 않는 한 연구자의 역할을 수행할 수 없었다. 개들도 환자로서 일하지 않는 한 연구 모델로서 일할 수 없었다. 그래서 연구실은 연구 대상을 위한 임상치료의 소우주가 되었고, 이 소우주는 지난 세기의 실험생물의학의 혁명에서 필수적인 부분이었다. 펨버턴의 말처럼, "과학자들이 실험용 유기체를 어떻게 훈육할까를 아는 것은 이 유기체들이 어떻게 과학자를 훈육하고 돌봄을 강요하는지를 이해하지 않고는 가능하지 않다."[26]

20세기 후반에는 인간을 위해 개발된 (틀림없이 설치류에게 시험했을) 약이 환자에게서 환자로 종 횡단적 수혈에 의해서 개를 위한 구제 약제가 되기도 했다. 환자로서의 개라는 이 광경은 개의 세계에서 성인이 된 내 기원 이야기의 일부이다. 중산층의 어린 시절 내 이야기는 생물의학보다는 1950년대의 조례인 개 목줄 법을 통한 복수종 도시 공유지commons의 제한과 더 관련되어 있었다. 나의 애교 있는 래브라도 잡종견, 소저너Sojourner(무책임한 뒷마당 브리더 때문에 태어나고, 위대한 인간 해방자의 이름을 따서 그 이름이 붙여진 개)는 16세였던 생의 마지막 해인 1995년 말 무렵까지 산타크루즈의 단골 수의사한테 자주 드나

들게 되었다. 나는 미셸 푸코를 읽었고 생명권력과 생물학 담론의 증식적인 힘에 관해서도 모두 알고 있었다. 나는 근대 권력이 얼마나 생산적인지도 알았다. 나는 신체를 의료, 심리학, 교육학이라는 장치로 강화하고 애무하고 관리하는 것이 얼마나 중요한지도 알고 있었다. 근대 주체가 그런 신체를 갖는다는 사실 그리고 노동계급보다도 부유한 자가 먼저 그런 신체를 가진다는 것도 알고 있었다. 나는 내 임상적 특권을 감각 있는 유기체 모두와 감각이 없는 유기체의 일부로 확장할 준비도 되어 있었다. 나는 『임상의학의 탄생』과 『성의 역사』도 읽었고, 사이보그의 기술생명정치에 관한 글도 썼다. 그래서 나는 이제 무엇에도 놀라지 않으리라 생각했다. 그러나 나는 틀렸다. 푸코의 종 중심주의에 속아서 개 또한 기술생명권력의 영역에 산다는 사실을 잊고 있었다. 내가 써야 할 책은 『개집의 탄생』*The Birth of the Kennel*일지도 모른다고 생각했다. 이 책 『종과 종이 만날 때』는 그 순간에 돌연변이 된 알이다.

소저너와 내가 진찰을 기다리고 있는 동안, 사랑스러운 아프간하운드가 치료 방법을 상담하고 있는 자신의 인간을 곁눈질하면서 접수 카운터의 주변을 뛰어다니고 있었다. 이 개의 문제는 강박적인 자해인데, 생계 혹은 개와 무관한 정당화하기 힘든 활동 때문에 그 개의 반려 인간이 하루에 몇 시간씩 집을 비우면 발생했다. 개의 뒷다리에는 상처가 빠끔히 열려 있었다. 수의사는 프로작Prozac 복용을 권했다. 나는 『프로작에 귀 기울이기』[27]를 읽었기에 이 약이 약 처방을 하지 않는 심리치료 전문가들의 주 고객이었던 단조롭고 우울하고 강박적인 환자들에게 새로운 자아를 부여해 주는 훌륭하고 무서운 약이라는 사실을 알고 있었다. 나는 오랫동안, 개와 사람이 상당히 닮았고 다른 동물도 복잡한 마음과 사회생활을 가지고 있을 뿐만 아니라 인간과도 상당 부분 생리와 게놈을 공유하고 있다고 주장해 왔다. 그런데 개가 프로작을 복용해야 한다는 말을 듣고, 지금까지 숨어 있던 무언가를 보게 되는 방식으로 내 현실성이 뒤틀리는 느낌을 받은 것은 왜일까? 다마스쿠스로 향하는 사울Saul은 이웃의 고집쟁이 개에게 프로자이 처방되는 것에 당혹해하는 인간보다 더 많은 개종 이유를 가지고 있었던 게 틀림없다!

그 아프간 견의 인간도 나처럼 당혹해했다. 그녀는 프로작을 복용시키는 대신에 엘리자베스 칼라라는 개 머리를 덮는 거대한 원추형의 장구를 착용시켜서 그 개가 몸의 불행을 빨아내기 위해 습관적으로 핥아대는 곳에 닿지 못하게 하는 편을 택했다. 나는 그 선택에 더욱 놀랐다. 굳이 약이나 구속 장구 따위를 사용하지 않고도 운동과 놀이 시간을 좀 더 가짐으로써 문제를 해결하면 될 텐데 하고 마음속으로 분개했다. 그리고 자신이 먹을 프로작은 자신이 가입한 보험 적용을 받을 수 있지만 개에게 프로작은 너무 비싸다는 사육주의 변명은 듣지 않은 것으로 했다. 정녕, 나는 푸코가 내게 준비해 주었어야 했을 증식하는 담론이라는 메커니즘에 빠졌다. 약, 구속 장구, 운동, 재훈련, 스케줄의 변경, 부적절한 강아지의 사회화 모색, 개의 가족성 강박관념의 증거를 찾기 위한 개의 유전 배경의 조사, 심리적 학대와 신체적 학대에 관한 탐구, 기질을 배려하지 않고 근친 교배로 개들을 생산하는 비윤리적 브리더 찾기, 인간이 집을 비울 때 개의 흥미를 만족시켜줄 좋은 완구를 찾는 노력, 인간에게 끝없이 좀 더 관심을 받고 싶어 하는 개의 자연스러운 리듬과는 장단이 맞지 않게 된 일중독이면서 스트레스에 찬 인간의 생활에 대한 고발. 이제 막 계몽된 나의 머리는 이런 여러 가지 동향으로 가득 찼다.

나는 충분히 체현적이며 근대적 가치를 띤 개와 인간의 관계성을 향한 길 위에 있었다. 개들의 심리적이고 생리적인 고통과 그 밖의 어려움을 줄이고 그들이 가진 능력을 충분히 발휘하도록 돕는 방법에 관한 탐구는 끝이 없다. 더욱이, 나는 이런 것이 소위 제1세계라는 유복한 환경에서 동물과 함께 사는 인간의 윤리적 의무라고 확신한다. 나는 이제 개가 프로작—혹은 특허 기한이 끝나기 전의 개량품—이 필요하다거나 복용해야만 하는 상황에 더는 놀라고만 있을 수는 없다.

21세기의 생명정치에서 실험 개를 환자로 돌보는 것은 의미가 커지고 있지만 애매함도 증대되고 있다. 늙은 개와 사람의 첫 번째 사망 원인은 암이다. 2006년에 미국 국립암연구소는 인간과 개를 묶는 비교 포스트게놈 과학의 미증유의 지원을 받아 수의사 양성기관이 있는 10여 개 이상 병원들의 컨소시엄을 출범시켰다. 가정에 사는 반려견용 약을 시험하고 그들이 인간과 공유하는 악성 질환과 싸우는 데 있을 수 있는 이득을 조사하기 위해서였다. 이것과 병행해서 비영리 그룹이 개와 사람의 암에 관련된 유전자를 정확히 집어낼 목적으로 이 개들의 조직 샘플과 DNA를 수집할 것이다. 반려견들은 이제 개집에 들어있는 실험용 개가 아니라 병원의 환자일 것이고, 연구실의 부담을 경감시킬 가능성이 있으며, 실험용 약제 부담은 조성금과 기업에 의해서 지급될 것이다. 개들이 그런 시험 중인 약제의 수혜를 입을지도 모르지만, 요구되는 안전 기준은 인간을 대상으로 하는 임상시험 수준보다 낮다. 미국 국립암연구소의 최신 시험에 개를 참가시키는 요지는 무엇보다 바로 이 점이다. 반려동물의 소유자는 생체검사와 영상 촬영 등에 드는 고액의 비용을 지불하게 될 수도 있다. 연구자들은 동물권을 주장하는 사람들의 시선을 신경 쓰지 않고, MRI 비용을 포함한 연구실의 개를 돌보는 재정 부담에서 벗어날 수 있다.[28] 반려동물 소유자와 보호자는 그들 개의 경험에 대한 자신들의 느낌을 바탕으로 시험적 치료의 속행을 중단할 권한도 갖게 된다. 이 약제 시험 시스템이 내게는 현행의 시스템보다 우월한 것처럼도 보인다. 왜냐하면, 이 시스템이 고통 부담(과 과학 연구에 참여할 기회)을 증상의 경감이라는 편익을 얻을 가능성이 있는 특정 개체들(즉 인간과 개들)에게 지우기 때문이다. 또한 실험은 연구실의 동물이 일찍이 경험할 수 없었던 열림에서 실시되고, 어쩌면 임상 의사와 과학자뿐만 아니라 반려동물의 소유자라는 다양한 사람들이 좀 더 깊이 생각하거나 느끼는 계기가 될 수도 있다.

내가 여기서 곤란하다고 생각하는 것은, 수의 현장에서 행해지고 있는 돌봄의 표준 내에서 일하고 또 그 표준을 개선해 나가는 것 – 수명을 최대한 늘리는 것이 목표가 아니라 삶의 질을 중심에 두고 암의 부담을 경감시키고 부양하는 돌봄을 수행하는 실천 – 이 아니라, 인간 암 환자가 참고 견디는 것과 마찬가지의 "치유" 탐구에 반려견을 종속시키려는 에토스가 증가하고 있다는 점이다. 현재 개들이 받는 화학요법에서 암의 제거를 목표로 하는 일은 거의 없다. 그 결과 개들은 적어도 미국에서는 환자들 대부분이 어쩔 수 없이 받아들여야만 한다고 느끼는, 사람이 겪는 항암제 부작용으로 인한 지독한 구역질은 경험하지 않는다. 개의 병에 대한 수의사의 온당한 접근법, 그리고 진심으로 슬프고 힘들지만 통상적인 사건으로 죽음을 수용하는 태도가 비교 포스트게놈 의학과 그것과 관련된 감정적이고 상업적인 생명정치의 권력과 마주하면 앞으로 얼마나 견뎌낼 수 있을까?

그래서 개들은 살아있는 자본의 거대한 산업 및 교환 시스템들인 (1) 반려동물 사료, 제품, 서비스, (2) 농산업, (3) 과학적 생의학에서 그들의 선택은 아니지만 행동에 의해서 환자, 일꾼, 기술, 가족의 일원이 되었다. 개의 역할은 다면적이고 다른 자들의 활동을 위한 수동적인 원재료는 아니었다. 더욱이 개는 비역사적인 것으로 간주되는 자연의 질서에 갇혀서 변할 수 없는 동물이었던 적도 없다. 인간 또한 상호작용을 거친 뒤 변화되지 않았을 리 없다. 관계들은 구성적이다. 개와 사람은 역사적 존재로서 서로에 대해 주체와 대상으로서 출현하는데, 그것은 정확히 관계 맺기가 수반하는 동사들을 통해서다. 살아있는 자본이라는 자연문화에서 사람과 개는 서로 적응한 파트너로 출현한다. 지금이야말로, 만남의 가치에 관해서 진지하게 생각할 시간이다.

개에게 가치를 매기기 ─ 만남

만남의 가치를 생각하기 위해 감옥에서 출발하면 어떨까? 지금까지 우리는 살아있는 자본의 여러 거대 산업을 여행해 왔는데 감옥도 거대하지 않은가? 우리가 갈 수 있을 장소는 많이 있다 ─ 예를 들어, 이라크에서는 개가 포로들을 위협하고 있다. 거기서는 적, 고문, 공격견을 모양 짓는 만남이 모든 "파트너들"의 사회적 의미를 사용하여 살아있는 자본에게 특정한 가치를 생산한다. 국제인권기구들(그런데 이 기구들에서 동물권리의 외침은 어떻게 되어버렸을까?), 프랜차이즈된 심문 기능들, 현대 제국주의 전쟁의 도덕적·심리적·재정적 경제들: 이런 것들 모두가 사업과 투자의 핵심에 위치한다는 것을 누가 부정할 수 있을까? 혹은 우리는 캘리포니아의 펠리컨 베이에 위치한 보안이 삼엄하고, 고도로 기술적이고, 죽을 지경으로 따분한 감옥을 여행할 수 있을 것이다. 거기서 우리는 감옥에서 나오는 공격견 생산, 투견 문화, 아리안 갱 사업 등을 살펴볼 수 있을 것이다. 한 젊은 여성이 샌프란시스코에 있는 그녀의 아파트 복도에서 개에 물려 죽었고 (아파트 복도는 아니지만) 공공 장소 일반에 개가 들어오지 못하게 해 달라는 외침이 높아졌다.[29]

감옥에서의 이 모든 개-인간의 만남은 살아있으면서 의미를 생성하는 존재들이 종 횡단적으로 얼굴을 맞댄 조우에 의지하고 있다 : 그것은 이용이 끝나면 안락사가 기다리고 있는 개와, 감옥-산업복합체라는 고수익 사업 수행에 적합한 인간(수형자와 법률가와 간수) 양쪽 모두를 생산하기 위해 모든 파트너들의 핵심을 위협하고 거기에 도달하려는 조우의 권력이다. 그러나 여기서는 감옥의 또 다른 맥락에서 개와 인간의 공동형성에 관해 생각해 보려고 한다. 그것은 내가 종을 가로질러 얼굴과 얼굴을 맞대는 것에 대해 다른 종류의 관심을 기울이게 했고 만남의 가치에 대해서도 그렇게 만들었다. 텔레비전 채널 '애니멀 플래닛'으로 다시 가자. 이번에 볼 것은 〈감방의 개들〉Cell Dogs이라는 프로그램이다.[30] 혈우병의 세계에서 개들이 기술과 환자가 되었다면, 감방이라는 세계에서 그들은 치료사, 반려, 학생, 그리고 수감자가 되었다. 그것은 모두 직무기술서에 쓰여 있다.[31]

애니멀 플래닛은 매주 다른 감옥의 개 훈련 프로젝트에 초점을 맞춘다. 감옥에서의 개 훈련은 개조되고 있는reforming 수형자가 개조되고 있는 개에게 감옥밖에서 여러 직업 기회를 얻도록 매너를 가르치는 프로젝트다. 이야기와 영상의 기호론적인 전개는 매혹적이다. 감방 안으로 들어가는 개들이 감옥 밖에서 생산적인 생활을 하려면, 우선 교육이 필요한 수형자가 되어야 한다. 독방 문이 개 뒤편에서 쾅 소리를 내고 닫히면 각 개들은 한 사람의 수형자이자 견습 교사에게 배속되고 서로 주체-전환을 이루는 동안 같은 독방에서 인간 수형자와 함께 살게 된다. 전문 개 훈련사는 개에게 기본적인 복종훈련을 가르칠 수 있도록 수형자들을 가르친다. 복종훈련은 가족 구성원인 가정의 반려견이 되는 데 필요하다. 때에 따라 도우미견이나 치료견으로 일하기 위해 좀 더 고도의 기술을 가르치기도 한다. 감옥 내의 개들이 자발적이고 활동적이며 적극적인 복종 주체가 되는 등 감옥 밖의 생활을 위해 준비를 거듭하고 있는 모습이 화면에 비친다. 수형자의 제자가 되고 독방의 친구가 된다는 행위 그 자체로 개들은 분명 수형자의 대리 및 모델이 되고 있다.

동물 훈련기술은 감방의 개 프로그램에서는 필수적이다. 이런 기술은 포스트행동주의 담론과 이른바 긍정 강화 훈련법(현대의 학교와 아동상담소에서 실제로 수행하고 있는 많은 교육법과 별로 다르지 않은 훈련)의 장비들을 포함한다. 다소 오래된 기술로는 군대식의 노골적인 위압과 벌에 기초를 둔 쾰러Koehler 훈련법이 있다. 닫힌 공간에서 가족의 일원이나 기분 좋은 룸메이트가 되기 위한 필수 장치들과 몸과 마음의 여러 가지 습관 등도 훈련에 포함된다. 여기서는 또 다른 의미의 기술 또한 작동하고 있다 : 개와 인간은 그들의 개별적인 몸 그 자체로 서로의 자유를 창출하는 기술이다. 그들은 다른 자기를 만드는 상대의 공작기계가 된다. 얼굴을 마주한 만남은 이런 기계들이 새로운 허용 한계를 설정하면서 영혼을 연마하는 방법이다.

감방의 개 프로그램이 작동하기 위해 개는 많은 의미에서 근대적 주체가 되지 않으면 안 된다. 개는 합법적인 권위로부터, 비폭력적이고 필수적이며 종국에는 자신을 보상하는 훈육을 받을 필요가 있고 또한 그 훈육을 모델화한다. 개와 인간 양쪽 모두, 각자가 타자와의 관계에서 얻어야 하는 권위에 대해 비폭력적, 필수적, 자기 보상적 복종을 모델화한다. 이것이 자유와 감옥 밖의 노동에 이르는 길이고 살아남기 위한 길이다. 합격할 수 없는 개에게는 죽음이 기다리고 있다는 것이 이 프로그램에서 되풀이되는 주제이고, 이것이 개 교사들에게 줄 가르침은 짐작하기 어렵지 않다. 인간과 개, 즉 교사와 학생이고, 서로에게 고분고분한 신체들과 열린 마음들인 이들에게 수행과 모델화 사이의 왕래는 농후하다. 감옥-산업 복합체에서 삶과 죽음은 중대한 문제이다. 감옥 개혁 담론이 이만큼 투명했던 적은 없다. 노동이 너를 자유롭게 하리라.Arbeit macht frei.

개와 사람의 상호적 자기 변용을 통해 감옥을 나가는 것은 끝없는 주제이다. 인간은 감옥에 남아서 형기를 마쳐야만 한다(몇몇은 종신수이다). 그럼에도 불구하고 담당했던 개가 성공적으로 바깥의 개 시민-일꾼이 될 때, 인간 죄수도 두

가지 의미에서 감옥을 떠나게 된다. 첫째로, 죄수는 개 학생을 통해서 다른 사람, 자유로운 누군가, 감옥 밖의 누군가가 된다. 그래서 그들은 개라는 대리주체를 통해 그리고 개와 인간 두 육신의 현저한 현존 속에서 자유와 자기-존중을 맛보게 된다. 두 번째로, 그들은 외부와 내부로 분할된 사회에서 자유를 위탁받을 수 있는 복종하는 자, 일하는 주체로서 자신의 교정된 지위를 보여준다. 이 작업의 가치는 인간 수형자가 반려이자 감방 동료인 상대의 이익을 위해서 완전히 몸을 내맡긴다는 점으로 일부 증명된다. 이들은 몇 주 혹은 몇 개월간 그들에게 허용된 육체적인 친밀함과 접촉 그리고 얼굴과 얼굴을 맞댄 관계로 산다. 쌍방을 위한 더 좋은 삶을 실현하기 위해 함께 생활한 반려 수형자를 다른 이에게 맡기는 인간 수형자의 자기희생을 보게 되는 졸업식 장면은 언제나 감동적이다. 당신이 비판적 담론의 칼들을 전부 가지고 있다 하더라도 이를 보고 냉소적이기는 어려울 것이다. 아마도 여기서는 "노동이 너를 자유롭게 하리라"가 전부가 아니고, "접촉이 가능하게 하리라"는 말에 더 가까운 어떤 것이다. 나는 이데올로기 바깥에 있을 수 없으므로 눈을 크게 뜨고 얼굴을 마주 대하며 그것을 받아들이고 싶다. 이런 프로그램에서 억압된 자의 카테고리들을 연결하는 수사는 결코 애매하지 않고, (수형자, 동물, 장애인, 수감된 여성, 흑인, 부랑자 등) 모두 교정훈련 이상의 무언가를 추론적으로 필요로 하는 카테고리에 속해 있다. 그러나 이런 프로젝트는 이런 표현의 방식과 이런 표현을 살아야만 하는 존재가 안고 있는 조건 그 자체를 의문에 붙이는 훨씬 유망한 얽힘을 실현할 가능성이 있다.

외부와 내부로 그리 심하게 분리되지 않은 세계의 주체들을 구축하기 위해 감방의 개들이 마법을 작동시킬 수 있도록 그들을 다시 생각하고 다시 도구화하는 것은 어쩌면 가능할지도 모른다. 맑스는 상품 형태를 교환가치와 사용가치로 분석하는 것이 자유라는 프로젝트의 결정적인 실천임을 이해했다. 만약 우리가 살아있는 자본과 그 "순환하는 바이오기술들" ― 상품, 소비자, 모델, 기술, 일꾼, 친족, 지식과 같은 형태의 기술들 ― 의 덜 분석된 축으로서 만남의 가치를 진지하게 생각한다면, 내가 "반려 만들기"라고 부르는 것 속에서, 동일자의 재생산과 착취라는 그것의 육신에 새겨진 치명적인 로직 이상의 무언가가 어떻게 진행되고 있는지를 볼 수 있을 것이다.

『부모 만들기 : 재생산기술의 존재론적 안무』에서 캐리스 톰슨은 그녀가 "생의학적인 재생산 양상"이라고 부르고, 나도 살아있는 자본 체제의 핵심이라고 생각하는 것과 자본주의적인 생산을 비교 대조한다. 톰슨은 생의학적 보조생식이라는 주체 만들기 및 대상 만들기의 테크놀로지를 통해 부모와 자식을 만드는 것을 연구 중이다. 이 분야는 현재 신체, 담론, 욕망, 도덕, 인식론, 제도적인 재정투자가 매우 활발하다. 톰슨은 현재 미국에서 실천되고 있는 인간에 의한 보조생식에서의 생산, 투자, 상품화 등과 같은 고전적인 과정을 심히 경계한다. 그러나 톰슨은 이 실천의 목적이 차이를 만든다고 단호히 주장한다. 즉, 살아있는 아기를 만듦으로써 부모를 만들어내는 것이야말로 가장 중요한 점이다. 『자본』 제1권~제3권은 이 주제를 다루지 않았다. 『생명자본』의 제1권에서는 이를 반드시 다루어야 한다.

톰슨이 제시하는 생산과 재생산의 비교는 다음과 같다. 나는 그것을 차용하고 축약하며 오용한다.[32]

생산	재생산
(자신의) 노동으로부터의 소외	(자신의) 신체 각 부분들로부터의 소외
축적된 자본	약속되는 자본
효율/생산성	성공/생식성
유한한 삶과 선형의 혈통	삶과 혈통에서 유한성/선형성의 상실
자연적 종류의 본질주의 / 사회적인 종류의 사회적 구성	전략적인 자연화/모든 종류의 사회화

만들어지는 중에 있게 되는 부모들은 자신의 신체 일부가 여러 가지 형태로 대상화되거나 상품화되는 과정을 탐색하고, 견디며, 정교화하고, 이야기한다. 이는 보조 의료에 의한 수태와 임신이라는 육신의 현실성 때문에 여성이 남성보다 훨씬 더하다. 이런 과정에는 많은 종류의 사회적 계층화와 불의가 작동한다. 그러나

그중에는 인간과 인간의 일부에 대한 상품화의 냄새를 맡을 때마다 분노의 응급 조치를 구하는 사람들이 발견하는 종류의 일들이 아닌 것도 많이 있다. 적절히 잘 되면, 살아있는 아기는 자신의 대상화에 만족하는 살아있는 부모를 만든다. 이러한 재생산의 양상에서 다른 행위자들은 비친척으로서 그리고 생식 불능으로서의 그들의 지위를 확실히 하기 위해 비가시화되기도 한다. 친척 만들기의 매력은 재생산이라는 이 약속 게임의 이름이다.

친척-만들기의 존재가 인간만이 아닐 때, 문자 그대로의 아이들과 부모가 문제가 아닐 때, 나는 이런 일에 관심이 간다. 반려종이 문제이다. 그들은 약속이자 과정이고 산물이다. 이런 일은 흔하고 이 장은 실제 사례들로 가득하다. 거기에다 살아있는 자본이라는 체제에서 인간과 동물을 여러 갈래의 복잡한 모습으로 묶고 있는 반려종 세계의 자연사회적 관계성의 더 많은 확산이 추가될 것이다. 그 어느 것도 무구하지도 냉혹하지도 않고 진지한 비판적 탐구에 부적합하지 않다. 그러나 인간만이 진짜 역사를 갖는 진정한 주체라고 주장하는 휴머니즘적인 교의에서, 종을 가로질러 얼굴과 얼굴, 신체와 신체를 마주하는 주체 형성의 육체적·역사적 현실성이 부정되거나 망각된다면 그 어떤 것도 접근이 불가능하다. 그러나 규칙들이 이렇게 변했을 때, 주체나 역사는 무엇을 의미할까? 동물의 권리 담론에서 통상 사용되는, 항구적으로 의존적인 존재("뒤떨어진 인간")이거나 전적으로 자연인 존재("비인간") 혹은 정확히 동일자("털옷을 입은 인간")인 채로 끝나버리는 카테고리로는 그다지 다른 의미를 알 수는 없을 것이다.

주체들의 카테고리도 문제의 일부이다. 나는 지금까지 친척 만들기와 가족 멤버십을 강조해 왔지만, 개들에게 인간 친척에 사용되는 모든 명칭, 특히 "어린이"라는 명칭을 사용하는 것을 거부한다. 그리고 일꾼으로서의 개들과 상품으로서의 개들을 강조해 왔지만, 임금노동, 노예, 의존상태의 피후견자, 무생물 자산과 같은 유비는 거부한다. 그리고 나는 개들이 모델과 기술, 환자와 개조자 reformer, 소비자와 풍부한 견종으로 만들어진다고 주장해 왔다. 하지만 종적 차이가 적어도 종류 횡단적인 연속성과 유사성만큼 중요한 비휴머니즘적인 용어로, 이런 문제들을 특정하는 방법이 필요하다.

『생명자본』 제1권은 개와 인간만으로는 쓸 수 없다. 나는 여러 가지 생명세계와 학문 분야에서 활약하는 나의 동료 동물(과 그 밖의 크리터들) 연구와 살아 있는 자본에 관한 분석자들의 작업을 기쁘게 받아들임으로써 이 슬픈 사실에 대한 나의 실망을 인정하려고 한다.[33] 무엇보다도, 나는 실제의 만남이 존재를 만든다는 것을 확신한다. 이것은 내게 생명자본의 생활세계에서 가치를 부가하는 개들에 관해 말해주는 존재론적 안무이다.

3장

고통 나누기

실험실 동물과 인간의 도구적 관계

낸시 파머의 청소년 소설 『재앙이라는 이름의 소녀』를 읽었을 때였다. 나는 1980년경 짐바브웨의 과학연구 전초 기지에서 아프리카계 그리스도교의 한 종파인 바포스토리에 속한 한 노인과 그가 돌보던 기니피그의 관계성에 관한 이야기에 눈이 번쩍 뜨였다. 여기서는 수면병 연구에 사용되는 실험실 설치류들이 체체파리와 트리파노좀, 소, 그리고 인간을 묶는 매듭의 한복판에 있었다. 노동 시간 중에 기니피그들은 좁은 사육 바구니에 넣어져 있었고, 사육 바구니 위에는 체체파리가 들어 있는 철망 케이지가 놓여 있었다. 털이 말끔히 깎인 기니피그의 피부에는 원충과 체체파리를 박멸할 수 있을 독물이 칠해져 있었다. 체체파리는 기니피그의 피를 양껏 빨았다. 과학의 현장에 나온 것이 처음이었던 쇼나족의 사춘기 소녀, 나모가 그것을 가만히 응시하고 있었다.

"잔혹하지요." 바바 조셉은 인정했다. "그러나 여기서 연구하고 있는 것 덕분에 언젠가는 가축이 죽는 것을 막을 수 있겠지요"라고 말하면서 그는 체체파리의 케이지에 자신의 팔을 집어넣었다. 나모는 손으로 입을 막으면서 비명을 참았다. 체체파리는 그의 살갗으로 몰려와서 피를 빨기 시작했다. "내가 이렇게 하는 것은 기니피그들의 고통을 알기 위해서입니다." 그는 설명했다. "고통을 야기하는 것은 악의가 있는 일이지요. 하지만 내가 그것을 나눈다면, 신이 나를 용서해 주실지 몰라요."[1]

바바 조셉은 나에게 과학실천, 특히 실험실에서 동물과 인간의 노동을 어떻게 생각하면 좋을지에 관한 깊은 통찰을 주는 것 같다. 이 장에서 다루는 동물실험 과학은 주로 의학과 수의학 연구이고, 이런 연구에서 동물들은 사람이 걸리는 심각한 질환을 앓고 있다. 많은 동물실험 과학이 이런 종류의 연구는 아니다. 내게는 인간 종이 실험실 내/외부의 가장 흥미로운 생물학 연구대상으로 특별히 고려되지 않는다. "인간의 적절한 연구 대상은 인간이다"는 생각은 내가 알고 있는 생물학자 대부분에게서 비웃음을 살 일이고, 실제 그들이 호기심을 갖는 대상은 인간 외의 다른 크리터들이다. 호기심은 단지 기능상의 이익이 아니라,

"악의 있는 행위"의 위험을 정당화해 주는 것일지도 모른다. 하지만 바바 조셉은 병든 소와 강제로 병들 수밖에 없는 기니피그와 그들을 둘러싼 인간들을 걱정하고 있었다.

이 동물 관리인은 자신을 실험대상으로 삼는 영웅적 행위(열대의학사에서는 친숙한 표현)[2]를 한 것이 아니라 필멸의 존재자 – 필멸의 인간만이 아닌 – 의 고통을 완화하고, 가능하다면 실험실에서 가장 취약한 행위자의 노동조건을 고통까지 포함해서 나누려는 현실적이고 도덕적인 의무에 종사하고 있었다. 바바 조셉의 물린 팔은 모든 고통에 종지부를 찍는다거나 고통을 야기하지 않는 것과 같은 영웅 판타지의 결실이 아니라, 누구도 부인할 수 없는 도구적 관계에서 위험을 외면하지 않고 계속 연대를 표명한 결과이다. 실험에서 모델 유기체의 사용은 연구에서 공통의 필요성이다. 그 필요성과 정당성이 아무리 강력하더라도 돌보고 고통을 나누어야 할 의무를 없앨 수는 없다. 지식을 획득하는 일이 결코 무구할 수 없는 필멸의 세계에서, 달리 어떻게 필요성과 정당성(정당화)을 평가할 수 있을까? 물론 평가 기준은 이외에도 더 있을 것이다. 그러나 동물들이 당하고 있는 고통이 어떤 것이고 그것에 어떻게 대처할 수 있는지를 알기 위한 고통 나누기의 기준을 망각하는 것은, 어쨌든 이제는 더 이상 허용될 수 없다.

나누기와 응답

실험실의 "공유된 노동 조건"은 우리로 하여금 (인간이나 동물로 상상되는) 소유적인 개체라 불리는 확고한 경계를 가진 실체는, 무엇이 진행되고 있는지를 생각하는 데 있어서 잘못된 단위임을 이해하게 해준다는 점에서 중요하다.[3] 그것은 특정 동물은 문제가 아니라는 것이 아니라, 문제시하는 것이란 언제나 응답을 필요로 하고 응답을 가능하게 하는 구체적 관계, 표면적인 계산과 서열이 아닌 관계의 내부에 있음을 의미한다. 응답response은 물론 응답하는 능력, 즉 책임responsibility과 함께 키워진다. 그런 능력은 오직 다방향의 관계성을 위해서만, 그리고 다방향의 관계성에서만 형성될 수 있다. 되기의 과정에는 언제나 하나 이상의 응답 가능한 실체가 있게 된다. 그것의 의미는 인간들만 특이하게 책임에 대한 의무가 있고 책임을 부여받는 것이 아니라는 점이다. 실험실 일꾼으로서의 동물들, 자신의 세계에 서식하는 모든 동물은 사람과 동일한 의미에서 응답-할 수 response-able 있다. 즉, 책임은 내부-작용으로 창출되는 어떤 관계성인데, 내부-작용을 통해서 실체, 주체 그리고 객체가 의미를 가지는 존재가 된다.⁴ 실험실의 사람과 동물은 양쪽 다 내부-작용의 진행 속에서 서로에게 주체이고 대상이다. 만약 이 물질-기호론적 관계 만들기의 구조가 붕괴되거나 혹은 이 세상에 있는 것이 허용되지 않는다면, 대상화와 억압 외에는 아무것도 남지 않는다. 내부-작용의 당사자들은 미리 설정된 분류학적 계산을 인정하지 않는다. 응답하는 자들은 응답 속에서 동시에 함께 구성되는 자들이지 고유의 속성 체크리스트를 미리 가지고 있지 않다. 게다가 응답하는 능력, 그래서 책임질 수 있는 능력이 모든 당사자에게 대칭적인 모습과 질감을 띨 걸로 기대되어서는 안 된다. 응답은 자기-유사성이라는 관계성 속에서는 출현할 수 없다.

분류학적인 서열로 무게가 더해진 위험-이익 비교 같은 계산은 휴머니즘과 그 파생물처럼 경계가 획정된 자기-유사성이라는 관계 내부에서 완결된다. 체크리스트가 아닌 것에 답하는 것인 응답은 언제나 그보다 더 위험하다. 실험실이 동물과 인간의 계산적인 관계의 무대만 된다면 그 실험실은 폐쇄되어 마땅하다. 잔혹함을 최소화하는 것이 필요하지만 그것만으로는 충분치 않다. 책임은 그 이상을 요구한다. 나는, 동물(혹은 인간)을 죽은 것으로 만드는, 즉 그것들의 반응 reaction을 중시하면서도 인정하기와 돌보기 그리고 고통 나누기를 요구하는 현존이나 얼굴을 갖지 않은 기계로 만드는 근본 원인이 인간과 동물의 도구적 관계 그 자체에 있지는 않다고 생각한다. 도구적 내부-작용 자체는 적이 아니다. 실제로 아래의 논의에서 나는 일한다는 것과 사용한다는 것 그리고 도구가 된다는 것은 신체적으로 얽혀있는 필멸의 현세적 존재being와 되기becoming에 고유한 일이라고 주장할 것이다. 계산에 의해 그리고 위계에 대한 자기 확신에 의해 지배되는 일방적인 사용 관계는 완전히 다른 문제다. 그런 자기만족적인 계산은 신체와 마음을 따로따로 해석하는 원초적 이원론에서 자신감을 얻는다. 이런 이원론은 페미니즘을 비롯한 다른 많은 비판 앞에서 훨씬 이전에 사멸했어야 했다. 하지만 환상에 가까운 이 심/신 이원론은 대단히 회복력이 강하다는 것이 증명되었다. 나는 그 이유 중 하나가 동물들과의 얼굴 마주하기에 실패하는 것, 아니, 얼굴을 마주하기를 거부하는 것이라 믿는다.

우리는 그물망에 연결된 실존들, 관계성 속의 복수의 존재들, 이 동물, 이 아픈 어린이, 이 마을, 이 무리들, 이 실험실들, 도시 속의 이 이웃들, 이 산업과 경제들, 자연과 문화를 끝없이 관련짓는 이 생태계들의 한복판에 있다. 이것은 인간을 포함한 크리터들 사이에서 공유된 존재/되기being/becoming의 여러 갈래로 분기되는 태피스트리이다. 그 속에서 잘 살기, 풍요롭게 되기, "정중"하기(정치적이고 윤리적이고 올바른 관계에 있기)는 공유된 의미론적 물질성 ─ 불평등하고 존재론적으로 복수의 도구적 관계성에 특유한 고통도 포함해서 ─ 안에 있기를 의미한다. 이런 의미에서 동물실험 연구는 필요하고 혹은 필요할 수 있고, 실제로 좋은 것이기도 하지만, 그렇다고 해서 고통과의 관계를 순수하게 규제적이거나, 유리되어 있고 변치 않는 방식으로 "정당화"할 수는 없다. 이 경우 중요한 질문은 역사적 상황 속의 실천에서 책임 있는 "고통 나눔"이란 어떤 것인가이다.

내가 염두에 두는 나눔의 의미는 인식론적이고 실천적이다.[5] 그것은 대리를 위한 대리가 되거나 우리가 고려해야 하는 고통받는 "타자"의 위치에 서는 것도 아니다. 뉴에이지 판의 안이하고 진실성이 없는 "나는 당신의 고통을 느낍니다"와 같은 논조가 필요한 것이 아니다. 아마도 때때로 "희생자의 위치에 서는 것"이 윤리적으로 필요할 것이지만 나는 그것이 나누기라고는 생각지 않고, 동물을 포함해서 고통을 받는 자가 반드시 희생자가 되는 것도 아니라고 생각한다. 만약 실험동물을 희생자로, 인간에 대한 타자로 간주하거나 그렇게 취급하지 않는다면, 실험동물의 고통과 죽음을 희생과 연관시키지 않는다면 어떻게 될까? 만약 실험동물이 기계적 대체물이 아니고 상당한 정도로 자유가 없는 파트너들, 그들과 인간과, 그들 서로서로, 그리고 그들과 다른 유기체들과의 차이와 유사성이 실험실 연구 활동에 빼놓을 수 없고, 실은 실험실의 연구 활동에 의해서 부분적으로 구축되는 존재들이라고 한다면 어떻게 되는 걸까? 만약 이런 일하는 동물들이 자신과 멀리 떨어진 타자가 아니라, 체화되고 체험된 부분적인 차이의 환원 불가능한 세계에서 우리가 결과적으로 생긴 관계를 맺고 있는 중요한 타자라면 어떻게 되는 걸까?

게다가 사람과 도구적 관계에 있는 동물과 관련하여 "자유가 없는"이라는 말이 의미하는 것은 무엇일까? 지금이야말로 동물학의 맑스가 필요한데 도대체 어디에 있는 것일까? 실험동물은 어떤 추상적이고 초월적인 의미에서 "자유가 없는" 것이 아니다. 정말 그들은 좀 더 세속적인 의미에서 여러 자유도degrees of free-dom*를 가지는데, 동물과 여타의 유기체들이 협력하지 않으면 실험을 수행할 수 없다는 점도 여기에 포함된다. 나는 "자유도"라는 은유가 마음에 든다. 실제로 거기에는 채워지지 않은 공간이 있다. 계산 밖의 무언가가 여전히 일어날 수 있다. 인간의 공학적 오만의 과잉 속에서 가축들의 협력이 전적으로 무시될 때, 공장식 식육 산업조차 닭과 돼지의 생존 거부라는 참상을 직면해야 한다. 그러나 이것은 도구적 관계에 있는 동물의 자유를 생각하기에는 지나치게 낮은 기준이다.

노동과 불평등

내 마음속의 맑스는 언제나 나를 노동의 카테고리로 되돌아가게 하는데, 그 카테고리에는 노동자로부터 가치를 추출하는 실제 일을 검사하는 일도 포함한다. 나는 우리가 다른 동물들을 위해 그리고 그들과 함께 책임을 키워가기 위해서는 유사성에 대한 피할 수 없는 집착, 유비, 계산, 그리고 인간이라는 확장된 추상화의 명예 회원 자격을 동원해서 권리의 카테고리를 규명하는 것보다는 노동의 카테고리를 규명하는 편이 더 나을지도 모른다는 생각을 한다. 동물을 생산 시스템이나 기술로 간주하는 것은 그리 새롭지 않다.[6] 사람 또는 동물에 대한

---

* 자유도(degrees of freedom)는 물리학 혹은 통계학에서 쓰이는 용어로 독립변수나 파라미터의 수를 표현한다. 가령 2차원 공간이 도로에서 움직이는 자동차의 자유도는 2인데, 오른쪽 혹은 왼쪽으로 방향 전환을 할 가능성이 있기 때문이다. 이처럼 자유도는 어떤 제약하에서 가능한 움직임, 곧 자유의 정도를 나타낸다.

휴머니즘적 틀의 편안함 없이 동물을 노동 주체로서 진지하게 받아들인다는 것은 아마도 새로운 것이고, 살육 기계에 제동을 거는 데 도움이 될지도 모른다.[7] 내 귓전에 울리는 포스트휴머니즘의 속삭임이 나에게 다음과 같은 것들을 생각나게 해 준다. 동물들이 실험실에서 노동하고 있지만 그들 자신이 설계한 노동환경이 아니다. 그리고 맑스의 휴머니즘은 다른 휴머니즘의 공식들과 마찬가지로, 사람이든 다른 동물들에 있어서든 이런 일을 생각하는 데 도움이 되지 않는다. 무엇보다도, 내가 살아온 이력과 내가 속한 공동체의 맑스주의 페미니즘은 내게, 그 모든 두께 속에서 마음이 있는mindful 신체가 부인되지 않을 것이라면 자유가 필연의 반대로 정의될 수 없다는 점을 상기시킨다. 그러한 부인은 다른 누군가에게 일과 필요를 전가해야만 비로소 자유가 온다는 환상 속에서는 결코 살 수 없는 여성, 피식민자, 그리고 "타자들"의 리스트에 있는 모든 자들처럼 신체 포박에 할당된 자들에게 끔찍한 결과를 가져온다. 도구적 관계는 재평가되어야 하고 재고되어야 하고 좀 더 다른 방식으로 체험되어야 한다.

하지만 맑스주의 페미니스트들이 동물과 얼굴을 맞대는 작업을 선도했다고 하기는 어렵다. 그들은 사회, 문화, 휴머니티 같은 카테고리에 너무 편안하게 있었고, 자연과 생물에, 그리고 다른 크리터들과 함께 구성해 가는 인간의 관계성에 대해 너무 회의적이었다. 맑스주의 페미니스트와 그들의 형제들은 모두 노동(그리고, 성은 아니더라도, 욕망과 섹슈얼리티)의 카테고리를 인간을 위해 비축해 두는 경향이 있었다. 그러나 다른 페미니스트들은 동물들과 함께, 혹은 발 플럼우드Val Plumwood가 인간 이외의 무수한 불균질한 생명체들을 그렇게 지칭한 것처럼 "지구의 타자들"과 함께 진지하게 지구에 공동 서식하고 이해하는 데 있어서 훨씬 이전부터 선두를 달리고 있었다.[8] 이런 페미니즘 이론가들은 문학적이고 신화를 존중하고 철학적으로 사고하고 언어를 사용하는 존재들뿐만 아니라―그 이론가들은 이들에 대해서도 할 말이 많았지만―끈적끈적하기도 하고, 모피나 비늘에 덮여 있기도 하고, 살집이 좋은 다종다양한 동물들(그리고 또한 그 이외의 유기체들)에도 주의를 기울였다.[9] 비록 내가 동물과 인간 사이의 모든 도구적 관계가 성차별주의, 식민주의, 인종주의가 저질러 온 대상화와 억압과 동일한 종류의 대상화와 억압을 내포하지 않을 수 없다고 비난하는 경향과 맞서고 있지만, 나는 이런 페미니즘 속에서 자양을 받고 가르침을 받아왔다. 끔찍한 유사성의 관점에서 비판에 너무 많은 중점이 두어져온 반면, 인간과 동물의 도구적 세계-만들기에서 다른 무엇이 일어나고 있는지, 달리 무엇이 필요한지를 살피는 일은 소홀하게 되었던 것 같다.[10]

서로 사용하는 관계가 되는 것은 부자유와 침해를 정의하는 것이 아니다. 이런 관계들이 대칭적일("동등할" 또는 계산 가능할) 리 없다. 오히려 사용의 관계는 바로 반려종이 무엇에 관한 것이냐는 문제이다. 중요한 타자들의 생태계는 함께 식탁에 앉은 식사 동료를 포함하고, 소화불량이 으레 따르기 마련이지만, 위, 아래, 앞, 뒤로부터의 목적론적인 용도라는 편안함은 없다. 이것은 일종의 자연주의적 환원주의가 아니다. 이것은, 죽기와 살기가 선택 사항도 아니고, 가치 흐름을 추적할 수 있는 경로를 단절시킴으로써 훔친 돈처럼 세탁이 가능하지도 않은, 죽을 운명의 존재로서 책임 있게 사는 것에 관한 것이다. 맑스와 그 후계자들 덕분에 가치의 흐름은 추적이 가능하다. 하지만 이 문제에 대한 응답은 미답의 영역에 발을 들여놓아야 한다. 거기는 믿을 만한 틈에 대한 방향 표식조차 없다.

이 어떤 것도 내가 어떤 의미에서 실험동물은 부자유하다고 했던 사실을 잊게 해주지는 못한다. 그렇게 된 근본 원인은 사용의 관계성이 아님을 기억한다고 그것이 없었던 일이 되지 않는다. 바바 조셉은 동물의 고통을 이해하는 것이 동물들에게 고통을 주는 악의를 사라지게 한다고 말하지 않는다. 그는 단지 자신의 신이 자기를 "용서해 줄지도 모른다"고 했다. 내가 "부자유"라고 말할 때 의미하는 것은, 실제 고통, 즉 죽임을 포함한 신체적인 고통과 정신적인 고통은 종종 도구적 장치에 의해서 직접 야기되고, 고통이란 것은 대칭적으로 만들어지지 않는다는 것이다. 고통과 죽음은 대개, 사람들이 아무리 열심히 응답하려 해도 대칭적으로 생겨나게 될 수 없다. 나의 경우 이것은, 고통을 야기하는 것과 죽이기를 포함해서, 사람들이 결코 실험동물 실험실의 실천에 종사할 수 없다는 것은 의미하지 않는다. 그 의미는 이런 실천이 실천자 스스로를 정의에 대한 확신으로 도덕적인 편안함 속에 있게 두어서는 안 된다는 것이다. 나는 바바 조셉의 경우

악의wicked라는 단어가 적당하다고 확신하지만, "죄책감"이라는 카테고리는 해당되지 않는다.[11] 여기서 필요한 도덕적 감수성은 무자비하게 세속적인 것이고, 목표와 수단의 계산에 의해 누그러지지 않는다. 내가 보기에 필요한 도덕성은, 분류학적 위계로 해결될 가능성이 없고 휴머니즘적인 철학과 종교에 의한 보증도 없이, 영겁에 걸친 복잡성을 마주하고 무엇이 진행되고 있는지를 기억하고 감지할 근본적인 능력을 함양하는 것이며, 실질적으로 응답할 수 있도록 인식론적이고 감정적이고 기술적인 작업을 수행하는 것이다. 글자 그대로 자유도이다. 열림the open은 편안하지 않다.

비모방적인 나눔

바바 조셉은 기니피그를 대신하지 않았다. 오히려 그는 그들의 고통을 가장 기본적인 방식으로 이해하려고 했다. 내가 긍정하는 그의 행동에는 모방의 요소가 있다 : 자신이 관리하는 기니피그가 느끼는 것을 몸소 느끼려는 것.[12] 하지만 나는 그가 행한 것의 다른 측면에 관심이 있는데, 그것은 내가 비모방적인 나눔이라고 부를 요소이다. 그가 체체파리에게 팔을 물린 것은 실험 대상으로서 그 역할을 대신하려는 것이 아니라 실험동물의 고통을 이해하고 그에 대해 자신이 할 수 있는 일을 하기 위해서였다. 고통을 주는 것이 충분히 정당화된 경우조차 용서라고 적절하게 불리는 무언가가 필요하다는 점에 대해서 단지 목격자의 역할을 하는 데 그칠 뿐이라도 말이다. 그는 자기 직장을 그만두지 않았고(그러면 그는 생계가 막히게 되는 것일까? 혹은 공동체 내에서 그의 지위를 "바로" 잃어버리게 되는 것일까?), 실험실에서 반 히든 박사를 돕지 말라고 나모를 설득하려 하지도 않았다. 그는 기니피그를 "자유롭게" 해 주지 않았고 파리를 걱정하지도 않았다. 조셉은 실험실 안팎에서 모든 종류의 동물에 관해서 나모의 호기심을 장려하고 설명해 주었다. 그렇지만 여전히 조셉에게는 그가 용서를 구하는 신이 있었다. 신에게 간구하지도 않고 희생이 행해지지도 않을 때, 용서를 필요로 하는 상태에 있다는 것은 무엇을 의미하는 것일까? 다른 동물과 함께 사는 우리 죽을 운명의 존재가 바라는 용서란 불평등한 취약성을 강제하는 우리의 가장 훌륭한 실천에서조차 분리, 자기 확신, 무구함을 피하려는 세속적인 기품이 아닐까?

「여성남성ⓒ_옹코마우스TM와_만나다」라는 제목의 에세이에서 나는 유전자 조작된 실험실 크리터, 옹코마우스라는 이름으로 특허가 등록된 여성 유방암의 모델을 마주한 적이 있다. 나는 그녀의 고통에 의해 명령을 받고, 백인 여성의 가슴을 하고 가시관을 쓰고 실험실이라는 다국적인 관찰용 방에 서식하는 키메라적인 쥐를 그린 린 랜돌프의 〈옹코마우스의 수난〉에 자극받아서 다음과 같이 논했다 : "'옹코마우스TM'는 나의 형제자매, 아니, 더 적절하게 말한다면, 암수를 불문하고 그/그녀는 나의 자매이다. … 그녀의 약속이 확실히 세속적일지라도 그/그녀는 기독교적인 리얼리즘에서 전개된 의미의 형상이다 : 그/그녀는 우리의 희생양이다. 그/그녀는 우리의 고통을 겪는다. 그/그녀는 문화 특권적인 모종의 세속적 구제, 즉 "암의 치유"를 약속하는 역사적으로 특이하고 강력한 방식으로 우리가 죽을 운명의 존재라는 사실을 상징하고 실천한다. 내가 그녀의 실존과 이용에 동의하든 하지 않든 그/그녀는 나와 나의 자매들이 살아갈 수 있도록 반복해서 신체적으로 심하게 시달리고 있다. 실험적 삶의 방식에서 그/그녀는 실험이다. … 나 자신의 신체가 아니더라도 내 친구들의 신체에서라도 나는 틀림없이 언젠가 옹코마우스TM나 그 후 만들어진 실험동물 친척들의 신세를 크게 지게 될 것이다. 그렇다면 그/그녀란 누구일까?"13 나의 자매인 옹코마우스를 희생제물로 본다는 것은 구미가 당기는 일이다. 과학에서 '고통받는 종servant'이라는 도저히 세속적이라고 할 수 없는 기독교적인 극장 풍의 전개와 실험동물을 희생시킨다는 실험실의 일상 표현은 틀림없이 이런 발상과 관계가 있다. 옹코마우스는 분명히 인간의 신체를 실험에 사용하는 것을 대신하기 위해 만들어진 모델이다. 그러나 생물학자인 바버라 스머츠가 동물과의 공존이라고 한 무언가 덕분에 나는 희생이라는 관용 표현에 쉽게 친숙해질 수 없다.14 옹코마우스를 포함해서 실험실에 있는 동물들은 모두 얼굴을 가지고 있다. 인간이 언제나 주체이기도 하고 대상이기도 한 것과 마찬가지로, 그들도 무언가일 뿐만 아니라 누군가이다. 그런 존재에 대해서 응답할 수 있다는 것은 사용의 관계로 공존하는 것을 인정하는 것이고, 그러므로 이익과 비용의 대차대조표로는 충분하지 않음을 염두에 두는 것이다. 내게 옹코마우스를 죽이거나 만들어내는 그 나름의 이유가 있을(혹은 없을)지도 모르지만, 내가 '이유'Reason라는 위엄과 '희생'Sacrifice이라는 위안은 갖고 있지 않다. 즉, 내게 **충분한 이유** 같은 것은 없고, 세속적인 이유라는 맥락에서 그것이 또한 좋을 수도 있기 때문에 무언가 악의 있는 행위를 저지를 위험이 있을 뿐이다. 더욱이 이런 세속적인 이유는, 제대로 기능하는 경우에는 정서적이고 인지적인 면에서 서로 불가분이다. 느낌이 있는 이유는 충분한 이유가 아니지만 우리 죽을 운명의 존재에게 이유란 그런 것이다. 느껴진 이유의 미덕은 언제나 신중히 재고하는 것에 열려 있다는 점이다.

나는 다른 동물들을 불평등한 방식으로 이용하는 사람들(동물이 감각적인 노동을 수행하기 때문에 직/간접적으로 실험에서 이용하거나 일상생활과 알고 먹는 과정에서 이용하는 사람들)에게 요구되어야 할 것이 무엇인지에 관해 생각해 보려고 한다. 어떤 도구적 관계는 끝나야만 하고 어떤 것은 육성되어야 한다. 하지만 그 어느 것도 응답 없이는, 즉 불평등한 이용이라는 관계 속에 놓인 (인간이든 아니든) 모든 당사자에게 비기계적이고 도덕적으로 잘 배려된 결과 없이는 행해져서는 안 된다. 고통을 나누는 것이 무엇을 의미하는지에 대해 우리가 일반 원칙을 갖게 되지는 않지만, 그 작업은 물질적이고 실제적이며 중대한 일이어야 하고 불평등이 상식이 된다든지, 당연히 아무 문제도 없다고 여겨진다든지 하는 일이 없는 상호관계일 필요가 있다. 이런 불평등은 실험실의 엄밀하고 변경 가능한 노동 실천 속에 있는 것이지, 인간이 동물보다 무언가 초월적으로 우수해서 살해의 혐의를 받지 않고 동물을 죽일 수 있다는 상황 속에 놓여 있는 것은 아니다. 희생이라는 순수한 빛도 지배 권력의 밤눈도 맺어진 관계들을 비추지 못한다.

요컨대, 실험실에서의 불평등은 종교적이든 세속적이든 관계없이 휴머니즘에 관계되는 상황이 아니고, 세계라는 비목적론적이고 비계층적인 다양체의 중얼거림이 평온하게 되는 일 따위는 결코 없는 가차 없이 역사와 관련되고 우발적인 것에 관계되는 상황이다. 그리고 내가 관심을 기울이고 있는 것은, "실험실에서 이루어지는 복수종에 의한 노동 실천이 어떻게 하면 모든 일꾼들에게 죽음에 이르는 일이 더 적고, 아픔을 덜 일으키고, 더 자유로운 것이 될 수 있을까?"라는 물음이고, "어떻게 하면 지상의 유기체들 사이에 책임이 실천될 수 있을까?"라는 물음이다. 도구적 관계에 언제나 고유한 것인 노동 그 자체는 문제가 아니다. 비대칭적인 고통과 죽음이야말로 언제나 절박한 질문이다. 그리고 비모방적인 웰빙이 문제이다.

죽이기

이 성찰에서 자크 데리다는 잠시 뒤로 물러나 있었는데, 이제 그를 초청할 시간이다. 데리다는 특히 그의 독자들에게 책임은 계산할 수 없다는 점을 웅변적으로 가차 없이 상기시킨다. 응답에 공식은 없다. 응답하기는 단지 기계, 논리, 그리고 ─ 대부분의 서양 철학이 주장해 온 ─ 동물에 고유한 고정된 미적분학을 가지고 반응하는 것이 아니다. 데리다가 평생 동료로서 혹은 상대로서 싸운 서양 철학자의 계보에서는 인간만이 응답respond할 수 있고 동물은 반응react만 할 수 있을 뿐이다. 동물Animal은 영원히 메울 수 없는 간극의 맞은편에 놓여 있다. 그 간극은 자신의 목적일 수도 없고 자신의 조건을 알 수도 없는 생활세계의 바로 그 존재론적인 피폐에 의해 인간에게 그 우월성을 재확인해주는 간극이다. 인질의 주관성에 관한 레비나스의 논의를 따라가면서 데리다는 이 간극에는 희생의 논리가 놓여있음을 기억하는데, 그 논리에는 인간 외의 살아있는 세계에 대한 책임 같은 것은 없다.[15]

희생의 논리 안에서는 인간만 살해될 수 있는 존재이다. 인간은 서로에게 응답할 수 있고 응답해야만 하고, 그쪽이 편리한 경우에는 자신의 인간성을 해치는 것을 피하기 위해 다른 유기체에게 고의로 잔혹 행위를 하는 것을 피할 수도 있을 것이다. 이것은 어쨌든 이 주제에 관한 칸트의 가증스러운 '최선의 노력'이라는 것이고, 기껏해야, 동물은 응답할 수 없고 자신의 권리로서 응답을 의무로 삼지는 못하지만 아픔을 느낀다는 것을 인정한다는 논의일 것이다. 인간을 제외한 모든 살아있는 존재는 죽일 수는 있지만 살해할 수는 없고, 인간을 죽여도 되는 존재로 만드는 것은 도덕적인 무도함의 극치이다. 정말로 그것은 집단학살의 정의이다. 반응은 부자유한 존재를 위한 부자유한 존재를 향한 행위이다. 응답은 열림the open을 위한 열림을 향한 행위이다.[16] 인간을 제외한 모든 것은 반응과 계산의 영역에 산다. 동물이 아픔을 느낀 만큼 인간에게는 이익이 생기기 때문에, 덧셈을 하고 그만큼의 동물을 죽이고 그것을 희생이라고 부른다. 만약 인간에게도 같은 짓을 한다면 자신들의 인간성을 상실한다. 지금까지의 긴 역사가 이런 것들 모두가 어떻게 작동하는지 분명히 보여준다. 진행 중에 있는 집단학살의 최신 목록을 확인해 보라. 혹은 미국 감옥의 사형수 목록을 넘겨보는 것도 좋을 것이다.

데리다는 이런 구조, 즉 이런 희생의 논리 그리고 응답 능력의 이런 배타적 소유가 동물the Animal이라는 존재를 생산하는 것이라고 이해했다. 그는 이런 생산을 범죄적이라고, 우리가 동물들animals이라고 부르는 존재에 대한 범죄라고 불렀다. "동물이라는 이 일반적이고 조야한 카테고리 속에서 일어나고 있는 비인간 생명체에 대한 혼란 상태는, 단지 엄격한 사고, 신중함, 명석함, 경험적인 권위에 대한 죄인 것만이 아니다. 그것은 범죄이기도 하다. 정확히 말하면, 동물성에 대해서가 아니라 동물이라는 존재 일반, 그리고 개개의 동물들에 대한 일급 범죄이다."[17] 이런 범죄는 "절멸주의"라고 불려 마땅한, 동물들에 대해 적대적이고 거대한 조직적 폭력의 관점에서 특별한 역사적인 힘의 형태를 취한다. 데리다가 말한 것처럼, "이제, 누구도 이 사태를 부정할 수 없고, 누구도 동물이 전에 없던 비율로 종속상태에 있는 것을 부정할 수 없다. … 지금까지의 두 세기 동안 인류가 동물의 삶에 가해온 산업적, 기계적, 화학적, 호르몬적, 유전적 폭력에 관해 리얼리즘 회화가 얼마나 끔찍하고 참을 수 없는 그림을 그릴 수 있을지 우리 모두 알고 있다."[18] 누구나 그것을 알고 있을지 모르지만, 거기에는 소화불량이 턱없이 부족하다.[19]

종교적 혹은 비종교적 휴머니즘의 모든 형태를 지탱하고 있는 희생의 논리 내부에서 동물들은 희생으로 바쳐진다. 서로 잡아먹거나 형제 살해를 대리와 대체의 논리에 의해 모면한 행위들로 동물들을 죽이고 상징적으로 그리고 물질적으로 그것들을 섭취할 수 있기 때문이다. (데리다는 부친 살해와 형제 살해가 휴머니즘의 논리에서는 유일하게 진짜 살해이고, 법률의 적용 대상이 되는 그 이외의 사람들은 모두 예의상 포함된다고 이해했다.) 대리자, 희생양은 인간Man이 아니라 동물Animal이다.[20] 희생의 논리가 작동한다. 여기에는 죽임의 대상이 될 수 있는 자들의 전체 세계가 있는데, 최종적으로 그들은 누군가가 아니라 단지 무언가, 즉 모델이나 대리의 역할을 맡고, 충분히 자기-유사하고 그래서 영양가 있는 음식이 될 수 있을 정도로 "존재"being와 충분히 가깝지만, 응답을 강요할 수 있을 정도로는 가깝지는 않은 무언가이기 때문이다. 그것들은 같은 존재가 아니고, 다른 존재이다. 같은 종류가 아니고, 다른 종류이다. 데리다는 해체론이 지닌 상당한 정도의 기술적인 힘과 공유된 도덕성에 의해 영향을 받는 인간의 도덕적 감성 전부를 동원해서 이 덫을 물리친다. 동물이라는 존재를 상정한 범죄는 어리석음a bêtise 이상이라고 판단하면서 데리다는 더 나아간다. "그 제스처는 나에게 바로 철학, 즉 철학적 명제 그 자체를 구성하고 있는 것처럼 보인다."[21]

데리다는 인간이 다른 크리처들에 대해 무언가 ─ 그것이 언어이든 죽음에 관한 지식이든, 또는 그 순간 유행하는 거대한 간극에 관한 이론적-경험적 기호가 무엇이든 ─ 를 부정하는 것에 문제가 있는 것이 아니고, 오히려 그런 놀라운 적극성을 인간에게 돌리는 결사적인 오만에 있다고 논한다. "이야기된 동물 총체의 문제는 동물이 말할 수 있는지 없는지가 아니라 응답이 무엇을 의미하는지를 우리가 알 수 있는지 없는지, 그리고 응답을 반응과 식별하는 방법을 아는지로 요약된다."[22] 나는 함께 얽혀 있는 살아있는 존재들인 호모 사피엔스와 다른 종들의 환원 불가능한 복수성을 주어진 것으로 받아들이면서, 이 식별의 문제가 죽이기와 사용의 관계라는 해결되지 않은 딜레마 위를 선회한다고 생각한다.

이 모든 것에 관해 지금까지 생각한 것을 쓰기 시작하는 것은 두려운 일이다. 왜냐하면, 나는 감정적으로, 지적으로, 도덕적으로 잘못 이해할 것이고, 이런 문제는 결과로서 판명되기 때문이다. 주저되지만 어쨌든 써 보겠다. 우선 나는 이 세계의 존재들을 죽여도 좋은 자와 그렇지 않은 자으로 나누는 것은 잘못이고, 죽이기의 외부에 사는 척하는 것도 잘못이라고 생각한다. 같은 종류의 잘못으로 인해 우리는 노동과 필요가 부재한 경우에만 자유를 얻을 수 있다고 생각했고, 이는 서로의 신체 내부에 그리고 서로의 신체를 통해 사는 자들인 모든 죽을 운명의 존재들의 생태학을 망각하는 과오이다. 이는 인정사정 봐주지 않는 포식 관계가 자연이기 때문에 뭐든지 허용된다는 말이 아니다. 자연주의의 오류는 초월적 휴머니즘에 대한 거울상의 잘못이다. 만약 나와 내 친구들이, 직접적인 참여를 통해서든 간접적인 이익과 묵인을 통해서든, 절멸주의와 집단학살을 멈추는 것을 배울 것이라면, 우리가 손을 떼야 하는 것은 "그대, 죽이지 말지어다"Thou shalt not kill라는 계율이라고 생각한다. 문제는, 문제는, "다른" 죽이기가 평소처럼 계속될 수 있고 전례 없는 역사적 비율에 도달하게 되도록 누구에게 이런 계율을 적용해야 하는지 알아내는 데 있지 않다. 문제는, 죽이기의 다양한 필요성과 노동 속에서 책임지며 살기를 배우는 것이다. 그렇게 함으로써 무자비하게 역사적이고 비목적론적인 복수종의 우발성에 대해 응답하는 능력을 찾으며 열림 속에 있게 된다. 아마도 그 계율은 "그대, 죽여도 되는 존재로 만들지 말지어다"Thou shalt not make killable라고 읽혀야 할 것이다.

문제는, 인간이 중요한 타자, 즉 단지 반응만 하는 것이 아니라 스스로 응답하는 자를 죽일 필요성에 대한 허가증을 가지고 있지 않다는 점을 실제로 이해하는 일이다. 노동이라는 관용적인 말에서, 동물은 단지 작업 대상이 아니라 일하는 주체이다. 우리가 아무리 피하려고 노력한다고 해도, 무언가뿐 아니라 누군가가 차별적으로 죽지 않는 삶의 방식은 없다. 대부분의 사람들이 비건이 된다면, 동물을 재료로 하는 어떠한 제품도 먹지 않고 몸에도 걸치지 않는 그들의 행동은 대부분의 가축을 박물관의 전통 컬렉션이라는 지위에 몰아넣거나 종류로서도 개체로서도 철저한 절멸이라는 상황으로 몰아넣는다. 나는 채식주의, 비건주의, 그리고 섬세한 감각의 동물을 실험에 사용하는 것에 대한 반대가 페미니즘의 강력한 입장이 될 수 있음을 동의하지 않는 것이 아니다. 하지만 나는 그것이 페미니즘의 교의Feminist Doxa라는 생각에는 동의하지 않는다. 더 나아가 나는 페미니즘이 희생의 논리 바깥에서, 과학에서 그리고 식탁과 직결된 축산을 비롯한 다른 많은 영역에서 인간과 동물이 함께 얽혀 있는 노동에 어떻게 존중을 표할지를 고안해야 한다고 생각한다. 우리가 "절멸주의"에 이르게 되는 것은 죽이기 때문이 아니라, 죽여도 되게 만들기 때문이다. 바바 조셉은 기니피그들이 죽여도 되는 자가 아님을 이해하고 있었다. 그래서 그는 응답의 의무를 졌다.

나는 이것이 정확히 J.M. 쿳시의 『추락』에서 성희롱의 가해자이자 시詩를 연구하는 중년의 학자인 데이비드 루리가 이해했던 것이 아닐까라고 생각한다. 루리는 셀 수 없이 많이 버려지고 병든 동물을 자신의 진료소에서 안락사를 시킴으로써 그 의무를 다하는 수의사와 함께 일했다. 소설의 마지막에 루리는 자신과 친밀했던 개를 안락사시키러 데려간다. 루리는 자신에게 중요한 존재였던 이 개의 죽음을 지연시킬 수도 있었다. 그러나 루리는 이 개를 희생으로 삼지 않았다. 자신의 인생에서 아마도 처음으로, 그는 떠나지 않고 죽이기의 책임을 다했다. 그는 인도적인 죽임이라는 말로 자신을 위로하지 않았다. 결국 루리는 그것보다 좀 더 정직하고 더 사랑할 수 있게 되었다. 나는 이런 계산 불가능한 도덕적인 응답이야말로 『추락』의 데이비드 루리를, 쿳시의 『동물로 산다는 것』에 등장하는 인물인 엘리자베스 코스텔로 ─ 그녀에게는 실제로 존재하는 동물들이 없는 것처럼 보인다 ─ 와 구별해 주는 것이라고 생각한다. 쿳시의 『동물로 산다는 것』에 나오는 가공의 태너 강연자* 엘리자베스 코스텔로는 동물권의 급진적 언어 속에 산다. 그녀는 숭고한 대의에 대한 열광적인 헌신으로 무장하면서 이런 담론에 따르기 마련인 어떤 보편적 주장들에도 주춤하지 않고 심각한 잔학행위에 이름을 부여하는 데 그 모든 권력을 사용한다. 그녀는 도살의 끔찍한 평등성을 마련하기 위해서 비교역사학이라는 계몽 방법을 실천한다. 고기를 먹는 것은 홀로코스트와 같다. 육식은 홀로코스트이다. 코스텔로가 『추락』에 등장하는 자원봉사 동물 돌보미 베브 쇼Bev Shaw ─ 그녀의 매일의 사랑의 업무는 많은 유기견과 유기묘를 죽음의 평온으로 인도하는 것이다 ─ 의 입장이라면 어떻게 할까? 아마도 그 동물들은 단지 죽어갈 뿐, 평온 따위는 없을지도 모른다. 혹은 코스텔로가 『추락』에 등

---

* 태너 강의(Tanner Lectures)는 1978년 케임브리지 대학에서 미국 연구기 오버트 클리그 태너가 시작한 강의 시리즈로, 복수의 대학에서 진행된다. https://en.wikipedia.org/wiki/Tanner_Lectures_on_Human_Values.

장하는 데이비드의 딸 루시 루리의 입장 — 아파르트헤이트 이후 남아프리카에서 개들과 인간 이웃들과 얼굴을 마주하는 그녀의 삶은 발화 중의 말에 대한 정언적인 권력을 제지한다 — 에 놓여 있다면 어떻게 할까? 심지어 루시의 치욕스러운 아버지인 데이비드 루리 — 결국 그는 보편적 고통이라는 모든 구별이 소거된 엘리자베스 코스텔로의 담론만큼이나 격심하고 진정한 욕망의 담론에 몸을 둔다 — 의 입장이라면? 가차 없이 서로 얼굴을 맞대고, 역사적으로 상황 속에 놓여 있고, 말로는 도저히 표현할 수 없는 『추락』에서의 고통과 도덕적 딜레마는 『동물로 산다는 것』의 지독히도 유형적이고 범주에 묶인 도덕적 욕망과 어떻게 만날까? 그리고 도덕적 탐구에 관한 이 소설들의 실천에서 쿳시가 보여주는 잔학 행위의 역사를 이어받는 극히 다른 방식들에서 동물들과 인간들 중 누가 살고 누가 죽는 것일까?[23]

페미니즘은 역사적으로 상황 속에 있는, 마음이 있는mindful 신체를 단지 첫 (모계의) 출산의 장소로서가 아니라 충실한 삶과 거기서 파생된 실패한 것도 성공한 것도 있는 모든 기획의 장소로서 받아들였다. 나는 이 통찰로부터 인간은 책임 있게 죽이기를 배워야 한다는 점이 도출된다고 생각한다. 그리고 동시에, 응답하고 응답을 인지할 능력을 열망하면서, 그리고 언제나 이유를 가지지만 충분한 이유 같은 것은 있을 수 없다는 점도 알면서, 책임 있는 방식으로 죽임을 당하는 것도 배워야 한다. 우리는 기술 없이, 계산 없이, 이유 없이는 결코 뭔가를 할 수 없지만, 이런 실천들은 우리를 복수종의 책임이 문제가 되는 그런 종류의 열림으로는 결코 데려가지 않을 것이다. 그 열림을 위해 우리는 받을 수 없는 용서 구하기를 멈추지 않을 것이다. 나는 우리가 더 나은 모습으로 죽이기를 마주하기 전까지, 그리고 죽이는 대신 죽는 것을 더 잘하기 전까지는 삶을 양육할 수 있다고 생각하지 않는다. 우리를 죽이는 무엇이든 그것을 "치료"하는 것이 때로는, 우리(누구일까?)가 익숙해져 온 규모로 살육 기계를 유지할 충분한 이유가 아닐 때도 있다.

돌보기

위대한 철학자들을 방문하고 그들 때문에 무서운 장소에 빠져든 후에 실험실로 되돌아온다는 것은 언제나 기운을 돋우는 일이다. 나는 (2장) 「가치를 띤 개와 살아있는 자본」의 혈우병 개로 다시 돌아가려 한다. 거기서 우리는 노스캐롤라이나대학 채플힐 캠퍼스 케네스 브링크하우스의 연구실에서 혈우병에 걸린 개가 1940년대 후반부터 진행된 수년간의 치료 기간에 어떻게 인간의 질병 연구를 위한 모델 환자가 되고 대리자가 되고 기술이 되는지를 보았다.[24] 개의 고통 또는 오늘날 수행되고 있는 실험 참여자의 고통을 나눈다는 것은, 개들이 경험하는 것을 어떤 영웅적 마조히즘의 환상으로서 모방하는 것이 아니라 제대로 주의를 기울이는 일이고 그 고통이 최소한이고 불가피하며 결과적임을 확실히 하는 일이다. 만약 이들 중 그 어떤 보장책도 발견될 수 없으면 — 그것은 언제나 확실한 이유라는 보증 없이 몇 가지 이유 아래 행해지는 것이지만 — 책임 있는 작업이라면 그 실험은 중지되어야 할 것이다. 누구는 죽일 수 있고 누구는 안 된다는 희생의 논리를 타파하는 것은 유비, 권리의 확장, 비난, 금지의 실천보다는 훨씬 많은 변화를 초래할 것이다. 그 예로 실험이 제대로 계획되고 실시되고 있는지를 확인하는 일이 포함될 수 있다. 가령, 결과가 좀 늦어지거나 비용이 더 들거나 연구경력이 불리해지더라도, 그 실험실과 그 실험실과 닿아 있는 세계의 모든 사람들과 유기체를 돌보고, 그들 사이에 돌보기가 실천될 수 있도록 시간을 들이는 것을 들 수 있다. 또 이런 종류의 문제에 정치적·문화적으로 관여하는 시민적 기량의 실천도 들 수 있는데, 거기에는 우리의 과학적 실천의 미덕과 필요성을 인정치 않는 사람들의 언설에 대해 반응하는 것이 아니라 응답하는 것도 포함된다. 이 어떤 것도 악의라는 말을 사라지게 하지 않는다. 나는 위생학적인 개혁을 통한 영혼의 정화를 옹호하는 것이 아니다. 나는 이 세상의 이질적인 존재들은 언제나 이 그물망 속에 있고, 누구도 인간Man이 될 수 없다는 이해를 옹호한다.

식물 분자생물학자인 마사 크라우치는 과학자를 전면적인 코스모폴리틱스에 덜 관여하도록 만드는 경향이 있는 실험과학의 즐거움 중 일부는 피터 팬과 유사한 사춘기에서 온다는 점을 지적했는데, 이때 사춘기란 과학 실천이 갖는 전면적인 기호론적 물질성에 관여하기를 강요받지 않는 시기를 의미한다.[25] 크라우치가 옳다면, 고통 나누기는 아마도 성장하기에 관한 것인데, 그것은 모든 행위자를 위해 모든 복잡성과 함께하기라는 시간과 비용이 드는 어려운 일과 놀이를 떠맡게 되는 것이다. 그것이 충분히 가능하지도 완벽히 계산 가능하지도 않음을 알면서도 말이다. 복잡성과 함께한다는 것은 행동하지 않기, 연구를 수행하지 않기, 정말로 많은 불평등한 도구적인 관계성과 엮이지 않기를 의미하는 것이 아니다. 그것은 고통과 죽을 운명이라는 공유된 상황을 향한 열림에서 살고, 생각하기를 배우는 것, 그리고 그런 삶과 생각이 가르쳐주는 것을 배우기를 의미한다.

내가 기대고 있는 코스모폴리틱스의 의미는 이자벨 스탕제르의 것이다. 그녀는 들뢰즈의 백치, 즉 공동 세계라는 기회를 열기 위해 사물을 느리게 하는 법을 알고, 합의, 새로운 교조주의, 혹은 비난을 향한 돌진을 저지하는 법을 아는 자를 예로 들었다. 스탕제르는 우리가 이상세계의 이름으로 이 세계를 부인할 수 없다고 주장한다. 백치는 그것을 안다. 스탕제르에게 코스모스는 복수의 다양한 실체들에 의해 구성되는, 있을 수 있는 미지의 것the possible unknown이다. 다양한 존재들이 결국은 만들지도 모를 절합들articulations의 한없는 약속인 코스모스는 초월적 평화의 장소 반대편에 있다. 스탕제르의 코스모폴리틱스적인 제안은 공동체주의적 페미니스트 아나키즘과 화이트헤드의 철학적 용어의 정신에 입각하면서, 결정은 어떻게든 그 결과를 떠맡아야 할 자들이 있는 데서 일어나야 한다고 말한다. "어떻게든"이라는 것을 구체적인 모습으로 만드는 것은 기교 있는 조합을 실천하는 일이다. 스탕제르는 숙련된 화학자이고 기교 있는 조합이야말로 그녀의 참모습이다. "~이 있는 데서"를 실현하는 데는 일과 사변적인 창안과 존재론적인 위험도 요구된다. 구성물로 함께 되기 전에는 아무도 미리 그 방법을 알지 못한다.[26]

20세기 중반의 혈우병 개들에 관해 말하자면, 개들의 생리학적 노동이 실험실 사람들에게 요구한 것은, 시험 대상으로서 그들에게 제기된 질문을 다루기 전에 개를 환자로 세심하게 돌보는 응답하는 노동이었다. 물론, 그렇게 하지 않으면 연구가 실패할 것이지만 그것이 이야기의 전부는 아니었다. ─혹은 고통 나누기로부터 생겨나는 결과가 비모방적인 방식으로 더 분명하게 될 때 그것이 이야기의 전부가 되도록 허용하지 말아야 한다. 예를 들면, 실험실을 어떻게 구성하면 필요한 개의 수를 최소화할 수 있을까? 개의 생명을 가능한 최장으로 만들 수 있을까? 응답이라는 관계성 속에서 개들을 마음이 있는 신체로서 실험실에 관여시킬 수 있을까? 생물 행동학 전문가를 실험실의 일원으로 고용해서 실험실 동물과 실험실의 모든 계층의 사람들, 즉 주요 연구자에서부터 동물실의 노동자에 이르기까지 모두를 훈련시킬 재원은 어떻게 마련할까?[27] 어떻게 하면 혈우병 환자인 인간이나 그런 혈우병 사람 환자를 돌보는 인간들을 개를 돌보는 데 끌어들일 수 있을까? 실제 현장에서 어느 정도의 고통이고 누구의 고통이 문제인가라는 미적분의 답을 모르면서, 이런 종류의 실험이 계속 활발히 수행되어도 좋은지 아닌지를 어떻게 질문하면 좋을까? 만일 아니라고 한다면, 누구의 고통이 비모방적 나눔이라는 현실적인 노동을 필요로 하는가? 물론 이 모든 것은 내가 상상한 시나리오이지만, 나는 감각 있는 다른 존재를 사용하는 의사결정 — 불평등한 힘의 관계와 이해관계가 (틀림없이) 있고 무구하지도 투명하지도 않은 상황 — 에 나눔이 편입될 경우 그 나눔이 어떤 모습이 될지를 그려보려 한다.

벨기에인 철학자이자 심리학자인 뱅시안 데프레는 "신체를 다른 신체에 절합하는 것"은 언제나 정치적인 문제라고 논했다. 신체를 탈절합해서 다른 신체를 재절합하는 것도 동일하게 이야기되어야 한다. 데프레는 인간과 동물 사이의 길들이기를 생각하는 방법을 재정식화했다.[28] 나의 연구는 가축과 그들의 인간이 만나는 주요 장소 중 하나인 실험실에 있다. 하지만 농장의 축사와 도살장으로도 발길이 갔다. 바바 조셉의 이야기에서 등장하는 소들, 나모와 주변 사람들의 깊은 애정 아래 사육되고 있는 동물들, 체체파리와 체체파리 체내의 트리파노좀에 의해 냉혹하게 이용되고 있는 동물들, 그리고 농축산업의 죽음의 수용소에 사는 어느 정도 건강하고 기생생물이 없는 육류 생산기계들이 나를 그쪽으로 몰고 갔기 때문이다. 나는 비모방적인 만남과 작업이라는 표현은, 그것이 필요하다고 여겨지는 도구의 일부라 하더라도, 적절치 않을 것이라고 확신하고 있다. 휴머니즘과 종교라는 최면제가 우리를 더는 만족시켜주지 않는 지금, 우리는 연구를 비롯한 각종 활동에서 인간과 비인간 동물들을 연결하는 불평등하고 도구적인 관계성의 내부에서 체험되고 개발되어야 할 물질적-윤리적-정치적-인식론적 필요성을 선명하고 실질적으로 만들어 갈 수 있는 일련의 방법들을 필요로 한다. 다른 동물의 아픔을 비모방적인 방식으로 나누는 것을 인간이 배우는 것은, 내 관점에서는 윤리적 의무이고 실제 문제이고 존재론적인 열림이다. 고통 나누기는 열림을 약속하고 되기를 약속한다. 응답하는 능력이 언젠가 이 땅에서 인식되고 육성될 날이 있을 것이다.

나는 또 한 사람의 인상적인 작가, 엘렌 식수Hélène Cixous와 함께 이 절을 끝내고 싶다. 식수는 자신이 어떻게 어린 시절 기르던 개를 가혹한 배신행위로 실망시켰는지를 기억한다. 수년이 지난 후에 식수는 자신이 그 개를 사랑했다는 사실만, 그 개를 어떻게 사랑할지만을 알았고, 그 개가 어떻게 사랑했는지만을 깨달았다. 2차 세계대전 후 알제리에서 식수는 그녀의 가족이 사는 구역에 매일 같이 던져지는 돌팔매 세례 때문에 사육주를 무는 광기에 내몰려진 자신의 개, 핍스Fips에게 발을 세게 물렸다. 당시 열두 살 소녀였던 식수는 그녀의 가족 모두와 마찬가지로 아버지의 죽음이라는 주체할 수 없는 슬픔을 안고 있었고, 식민 지배하에 있던 주위의 아랍 사람들에게 희생양인 아웃사이더로 거절당하고 있었기에 핍스의 가혹한 운명을 마주할 수 없었다. 체험된 역사의 어떤 복잡함도 식수의 가족을 프랑스계 유대인이라는 이중으로 혐오되는 딱지로부터 구해주지 못했다. 식수의 가족은 식민하의 아랍 사람들과 마찬가지로 죽일 수 있는 카테고리에 속하게 되었다. 끝내 핍스를 구할 해피엔딩의 자비는 없었다. 줄에 묶여 있던 개는 소녀 엘렌이 야단칠 줄 알면서도 그녀의 발을 물었고, 발을 놓아달라는 소녀의 가혹한 매질에도 계속 물고 늘어졌다. 그 일이 있고 난 뒤 식수는 핍스와 마주할 수 없었다. 아프고 외면당한 핍스는 그녀의 형제에게 간호를 받다가 죽었다. 엘렌은 거기에 없었다. 어른이 된 식수는 '개를 농락하다'라는 이야기를 하게 되었다.

이야기는 비극으로 끝난다. … 나는 핍스가, 그런 방식으로가 아니라 이런 방식으로 나를 사랑해 주기를 바랐다. … 그러나 만약 누가 나에게 내가 노예 같은 개를 찾고 있다고 했다면, 나는 그런 것이 아니라고 분개하며 답했을 것이다. 나는 어딘가에서 들은 적 있는 순수하고 이상적인 개를 찾고 있었을 뿐이라고 말이다. 핍스는 한 마리의 동물로서 나를 사랑했고, 그것은 이상과는 동떨어져 있었다. … 핍스의 분노는 나의 왼발과 양손에 새겨졌다. … 나는 핍스의 어둠에 빛을 밝히지 않았다. 나는 모든 동물들이 이해할 수 있는 그 말들을 핍스에게 속삭이지 않았다. … 그러나 병아리콩만큼이나 큰 진드기들이 핍스에게 달라붙어 있었다. … 진드기는 살아있는 핍스를 먹었다. 피할 가능성이 전혀 없는 희생물을 죽이기 위해 창조된 저 피를 마시는 발명품들, 개의 손 없음을 비웃는 부드러운 악마 흡혈귀들의 존재를 증명하는 저들, 그들은 핍스가 죽을 때까지 피를 빨아대고, 핍스는 싸울 틈도 없이 자신의 생명이 그들의 위장으로 흘러 들어가는 것을 느끼고 있었다. … 그런데 나는 핍스에게 다가서지 않았다. 내가 충분히 많이 사랑하지 않았던 자가 눈앞에서 죽어가는 것을 보는 끔찍한 공포 때문에, 그리고 그를 위해 나의 생명을 주지 않을 것이기 때문에, 나는 더는 그의 죽음을 나눌 수가 없었다.[29]

나의 이야기는 흡혈성 곤충이 제시하는 딜레마를 안고 그것이 시작된 곳에서, 그리고 희생의 논리가 의미를 갖지 못하고 관대함을 향한 희망이 사랑을 배우는 것에 좌우되는 시점에서 끝난다. 그 사랑은 계산은 피하지만 사변적인 사고의 발명과 기억하기의 실천, 신체와 신체를 다시 절합하는 실천을 요구한다. 이상적인 사랑도 순종적인 사랑도 아니고 곤충의 순종적이지 않은 복수성을 인식하기조차 하는 것. 그리고 피의 맛까지도.

코다 : 재절합하기

이 장인 「고통 나누기」를 쓸 때, 나는 몇 주 후에 기조연설을 하게 될 〈친족정신(마음이 맞는 영혼들)〉Kindred Spirits이라는 회의를 몹시 의식하고 있었는데, 이 회의의 발표자와 청중 대부분은 비건일 것이고, 동물 운동 활동가들과 다른 사려 깊은 사람들, 그리고 동물실험 연구에 의심의 눈길을 보내는 생물학자들도 참여할 것이었다.[30] 내가 이 글을 거기에서 발표할 계획은 없었지만, 그 회의에서 성의 있게 이야기할 수 있기 위해서는 이 공동체를 마주 보고 제대로 응답하는 모습으로 몇 가지 난제에 관해 공개적으로 글을 쓸 필요가 있었다. 응답적인 현장 연구나 개나 말과 함께하는 훈련에 관해 이야기하는 것은 진지하고 중요한 일이지만, 그것으로 사람들과 동물들에 대한 나의 의무를 다하는 것이 될 수는 없을 것이다. 나는 〈친족 정신〉의 인간 및 비인간 동물 커뮤니티의 일부이고, 이것은 내가 에코페미니스트 세계 – 나는 이들에 대한 응답으로 1985년에 「사이보그 선언」을 썼다 – 의 일부였던 것과 여러 의미에서 같은 상황이다. 나는 과거에도 지금도 실험생물과학 공동체 – 그들에게도 사이보그 논문은 똑같이 강조되었다 – 의 일부이기도 하다.

친구이자 동료인 샤론 가마리-타브리지는 「고통 나누기」의 초고를 읽었고 그녀가 표현한 "공–존재와 응답의 이론에 관한 난제"와 제대로 얼굴을 마주할 것을 나에게 촉구했다.

동물의 서식 환경에 과학자/인식주체가 몸을 둘 수 있는 현장 연구라면, 종–횡단적trans-species 관계성이라는 관념을 사용하는 것은 훨씬 쉽습니다. 그러나 현장 전체가 인간을 전제로 구축되어 있고, 실험실이 환경의 전부인 경우는 더 어려운 문제입니다. 실험실에서는 그 관계성이 불평등할 뿐만 아니라 비대칭적입니다. 그것은 근대 초 휴머니즘적 합리주의의 재료들 속에서 전적으로 형태가 잡히고, 정당화되며, 합법화되고, 의미를 가지게 되었지요. 왜냐하면, 포획하고, 육종하고, 조작하고, 인간의 도구들 속에 동물을 살게 하고, 행동하게 하고 죽게 하는 인간의 능력을 조건으로 삼기 때문입니다. 그것이 어떻게 정당화되어 왔나요? 동물을 지배하는 인간의 권력에 의해서지요. 과거에 신이 부여한 권리와 지배의 위계에 의해서 혹은 다른 존재를 포식할 인간의 필요성에 관한 인간 이성의 허울에 의해 정당화되었습니다.

그래서 당신이 과정철학자들, 현상학자들, 그리고 데리다와 화이트헤드의 포스트-휴머니즘, 반-휴머니즘, 비휴머니즘을 우선시하면서 휴머니즘을 버리려 하더라도, 나는 특히 실험실의 실험 관행이 구체적으로 어떻게 실행되고 정당화되는지를 여전히 알고 싶습니다. 이런 상세한 것과 일상적인 실천들이 계승자 과학 successor science *의 정치가 작동하는 곳입니다.

도나, 내가 말하려고 하는 것은, 금지와 허용의 현실적인 세부 속에서 그리고 실험실의 실험 절차의 세부 실천들 속에서 가장 어려운 난제들을 둘러싼 싸움들이 일어날 것이라는 점입니다.

만약 누군가가 당신을 붙들고 다음과 같이 말한다면, 당신이 어떻게 말할지를 알고 싶습니다 : 생물의학 실험에서의 실험동물 살육을 옹호할 수 있으면 해 보시오. 동물들이 엄청난 고통을 느끼지 않도록 아무리 돌보고 있다고 해도, 결국 동물들은 사회의 이익을 위해 당신이 가한 고통을 최종적으로 겪을 것입니다 : 지식의 탐구 그 자체를 위해 혹은 인간의 목적에 적용하기 위해 당신은 그것을 실행했습니다. 당신은 동물을 죽였습니다. 자, 자신을 옹호해 보십시오.

이러면, 당신은 어떻게 대답하시겠습니까?31

나는 샤론에게 답장을 썼다.

네, 모든 계산이 여전히 적용됩니다. 그렇습니다. 나는 계산상 이익이 더 크기 때문에 허용할 수 있다고 판단한 이유들과 구체적인 물질-기호론적인 조건에서 동물을 죽이는 것을 옹호하려고 합니다. 그렇지만 그것은 결코 충분치 않습니다. 나는 "침범해서는 안 되는 동물의 권리" 대 "인간의 이익이 더 중요하다"라는

---

* 계승자 과학(successor science)은 샌드라 하딩(Sandra Harding)이 제기한 페미니스트 인식론을 일컫는다. 하딩은 페미니스트 인식론이 과학에서의 성차별이라는 문제가 아니라 여성을 위한 참된 앎이란 무엇인가라는 기획으로 옮겨간 역사를 정리하면서 이를 코페르니쿠스, 갈릴레오, 뉴턴의 창조를 이어받은 '진정한' 계승자로서의 새로운 앎으로 지칭한다. 계승자 과학 프로젝트는 여기서 말한 '진정함'의 내용이 무엇이 되어야 하는가에 따라 여러 갈래로 나뉜다. 하딩이 희망하는 진정함이란, 코페르니쿠스, 갈릴레오, 뉴턴이 만든 근대과학이 강고한 중세 신학의 정당성과 합법성을 뿌리째 흔들어버린 것처럼, 근대적 인식론의 밑동을 뽑아 버릴 새로운 앎을 창조하는 것이다.

식의 선택을 거부합니다. 양쪽의 선택지 모두, 마치 계산에 의해 딜레마가 해결되고, 나와 우리가 어느 쪽인가를 선택만 하면 되는 것 같습니다. 나는 임신중절 정치에서도 이런 양자택일이 충분하다고 여긴 적이 없습니다. 우리 페미니스트들은 공적인 담론을 어떻게 형성하면 좋을지 충분히 제대로 배우지 못했기에 법적인 싸움에서도, 좀 더 일상적인 싸움에서도, 합리주의적 선택의 언어를 사용할 수밖에 없었습니다. 마치 그것이 우리의 생명우선(임신중절 반대) 정치를 해결하는 것처럼 말이지요. 그러나 그렇지 않다는 것을 우리는 압니다. 수전 하딩의 용어로 말하면, 임신중절의 가능성을 수호하려는 우리 페미니스트들, 말하자면, 그런 식으로 죽이려는 우리들은, 생과 사에 관해서 우리의 언어로 다시 말하는 법과 윤리에 관한 대부분의 논의를 지배하고 있는 합리주의의 이분법을 받아들이지 않는 법을 배워야 합니다.[32]

계산은 임신중절 결정들과 싸우고 있는 페미니스트들에게 친숙한 또 다른 일련의 물음들을 요구한다 : 이런 어려운 경우에는 예외 없이 언제나 얽혀 있는 복수의 존재가 각기 이해관계를 가지면서 참여하고 있기에, 비용-편익 계산이라는 것은 도대체 누구를 위해서, 무엇을 위해서, 그리고 누구에 의해서 수행되어야 하느냐는 물음들 말이다. 〈친족 정신〉 회의의 토론에서 내가 생물학자인 마크 베코프에게 이 질문을 했을 때, 그는 자신에게 중요한 것은 "연구가 동물들에게 이익이 될까?"라는 물음이라고 망설이면서 말했다. 실험동물이 거대 제약산업 (테크노사이언스적인 제약 연구–산업 복합체), 농축산업, 화장품, 예술 퍼포먼스 등을 위한 기계적인 도구와 제품으로 환원되어 온 역사에서 보면, 이런 물음은 특별한 힘을 갖는다. 이런 질문을 진지하게 묻지 않는 것은, 과학 실천의 범위 밖의 일이거나 범위 밖이어야 한다.

비인간 동물들에게 주의를 집중하는 실천은 필요하지만 충분하지 않다. 그것은 이런 비용-편익의 틀에서 다른 도덕적이고 존재론적인 이익이 경합하기 때문만은 아니고, 반려종의 현실 세계는 다른 식으로 작용한다는 더 중요한 이유 때문이다. 베코프가 제기한 것과 같은 물음은 도덕적으로 절대적인 것이 아니라,

영혼을 마비시키는, 상황 속의 역사에서 필요하고 유한한 중요한 실천이다. 이런 실천은 물음의 힘을 약화시키기는커녕 판단과 행동이 문제시되는 장소인 땅 위의 현실의 장소에 물음을 위치시킨다. 게다가 인간이든 비인간이든 개개의 동물들 자체는 여러 척도와 여러 시간에서 유기체든 아니든 다른 배치들과 묶인 복잡하게 얽힌 관계의 배치들이다. 개체화된 크리터가 문제이다. 그들은 언젠가는 죽을 운명을 가진 신체적인 매듭들이지 존재의 최종적인 단위들은 아니다. 종류들kinds이 문제이다. 그것들 역시 언젠가는 죽을 운명의 매듭들이지 존재의 유형적인 단위들이 아니다. 개체와 종류는 시간과 공간의 어떤 척도에서도 자율생산적인 전체가 아니다. 그들은 세계를 만드는, 유한한, 언젠가는 죽게 될, 존재론적인 놀이 속에 있는 끈적거리고 역동적인 열림과 닫힘이다.

살기와 죽기의 방법이 문제이다: 복수종의 살기와 죽기에서 어떤 역사적인 상황 속의 실천들이 번성해야 할까? 이 필수적인 물음에 답할 외부는 없다. 자기-확신이라는 신의 속임수 없이 어떻게 절합할지를 알아낸 최선의 답들을 주어야 하고, 행동을 취해야 한다. 반려종의 세계는 그 아래로 쭉 중첩하는 거북이와 같은 것이다. 반려종의 접근법은, 무엇이든지 죄다 허용되고 마는 포스트post(혹은 프리pre) 모던의 복잡성이라는 수프로 모든 것을 환원해 버리는 것이 아니라, 신체를 다른 신체가 아닌 몇몇의 신체로 절합하고, 다른 세계가 아닌 몇몇의 세계에 자양을 공급하고, 필멸의 귀결을 떠안으면서, 코스모폴리틱스에 실제로 관여해야만 한다. 존중respect은 레스페체레respecere — 뒤돌아보기, 관심을 갖기, 타자의 시선과 만나는 것이 스스로 얼굴을 갖게 되는 하나의 조건임을 이해하기이다. 이런 것 모두가 내가 말하는 "고통 나누기"이다. 이것은 게임이 아니고, 오히려 캐리스 톰슨이 "존재론적인 안무"라고 부르는 것을 닮았다.[33]

나는 행동한다. 나는 행동에 동기를 부여한 내 계산을 감추지 않는다. 그렇게 해서 부채를 면할 리도 없다. 이것은 부채 이상의 문제이다. 나는 응답-능력에서 면제되지 않는다. 응답-능력은 계산을 요하지만 오늘의 최선의 비용-편익 분석을 실시하더라도 끝나지 않고, 동물의 복지에 관한 최선의 규제를 세부까지 준수하더라도 끝나지 않는다. 계산들 — 이유들 — 은 의무이고 반려종의 현실 세계를 위해서는 근본적으로 불충분하다. 용서나 악의와 같은 말에 의해 열린 공간은 여전히 남아 있다. 비록 이런 말에는 지나치게 무르익은 종교적 색조가 악취처럼 달라붙어 있고, 그래서 우리는 또한 다른 말이 필요하더라도 말이다. 우리는 몇 가지의 이유를 가지고 있지만 충분한 이유들은 아니다. 좋은 이유들(이 경우라면 특정한 실험실 과학을 실시하기 위한 것)을 얻기 위한 실천을 동원하기를 거부하는 것은 어리석은 일일 뿐 아니라 범죄이기도 하다. "인간 이익의 증대가 동물의 아픔에 우선한다"는 진영도, "감각을 가진 동물은 언제나 그 자체가 목적이기에 그런 식으로 사용할 수 없다"는 진영도 모두, '충분 이유'Sufficient Reason를 가진다는 주장이 이분법에 기초한 위험한 환상이고 종교적이며 세속적인 휴머니즘의 '잘못 놓인 구체성'이라는 점을 보지 못한다.

한편으로 은퇴한 원숭이를 위한 집을 지으면서도, 감각성이라는 레이더에 걸려들지 않기에 죽여도 되는 자가 누구인지를 알아내려 하는 것은 수행되어야만 하는 것의 당혹스러운 풍자만화일 뿐이다. 우리에게는 실험실 원숭이들의 삶을 우리가 할 수 있는 만큼 온전하게 만들 (그 비용을 마련하기 위해서 세금을 올려라!) 의무와 용서받지 못할 만큼 강제했던 상황으로부터 그들을 데리고 나갈 의무가 분명히 있다. 실험실 안팎의 발전된 비교행동과학과 감응적인 정치적 윤리적 성찰과 행동에서 알 수 있는 것은, 여러 실험에 원숭이만이 아니라 다른 많은 동물들을 사용하고 포획하는 일을 계속 허용할 수 있는 충분한 조건 따위는 없다는 것이다. 연구 덕분에 우리는 이제 적어도 상당 부분 이것을 안다고 생각한다. 그러나 반복하지만, 이런 계산들—필수이고, 의무적이고, 입 밖으로 내는 공적이고 기초적 행위—은 충분하지 않다.

그러면, 어떻게 하면 그런 응답-능력(이 경우에는 중요한 타자인 동물과의 협력에서 언제나 경험되는)을 강조할 수 있을까? 샤론의 말대로 보편적 원리와 윤리에 문제가 놓여 있는 것이 아니라, 정신과 신체의 관계들, 이 경우에는 크리터들과 실험에 종사하고 있는 사람들과 과학 장비들의 관계들을 다시 절합하는 식의 실천들과 풍부한 상상력의 정치에 문제가 놓여 있다. 예를 들어, 실험쥐들이 무언가 새로운 것을 몸에 익히고 생활에 더 의욕을 가지도록 실험실의 일과에 작은 변화를 주는 것은 어떨까? (실험 대상의 삶을 향상시키는 훈련사는 사소하지만 중대하다.) 바이오테크놀로지의 세계에서 무엇보다 설치류는 전 세계적으로 증대되는 외과적 사용의 목표물이 되고 있다.[34] 실험실과 결부된 인간 어린이를 위해 좋은 돌봄을 제공하는 것에 더해서 재능 있는 동물 훈련사들과 (사육환경을 개선할) 환경 강화 전문가들을 위한 일자리들도 많이 열리기를 바란다. 실험실 사람들이 그 직업에 계속 종사하기 위해, 그리고 연구 허가를 얻기 위해, 자신이 함께 일하는 종을 긍정 강화법으로 훈련시키는 훈련능력 시험에 합격해야 하고 실험실에 특화된 생물행동 생태학 시험에도 합격해야 하는 상황을 상상해 보기도 한다. 실험자들이 이런 시험을 통과해야 하는 것은 오늘날 노동자와 그 상사들이 (성폭력을 규제하는 장치가 종종 페미니스트들이 의도하고 있던 내용을 희화화하는 것처럼 보인다고 하더라도) 성희롱이 현실임을 배워야 하는 것과 같은 이유다. 즉 재훈련되지 않는 한, 다른 동물과 마찬가지로 인간도 보는 법을 아는 것만 계속 보고, 하는 법을 아는 것만 계속한다. 그것으로는 충분하지 않다.

물론 개혁으로 문제가 해결된다고 상상하는 것은 감응적이고 유효한 사유에 실패하는 것이고 책임을 부정하는 것이다. 실천이 변하면 새로운 열림이 나타날 것이고 열림the open은 응답에 관한 것이다. 나는 이런 일들이 훌륭한 실험자와 그들의 크리터들과 함께 언제나 실제로 일어난다고 생각한다. 이 장의 대부분에서 나는 사람들이 자신들의 뇌와 중요한 지점에서 닮았다고 생각하는 상당한 크기의 뇌를 가진 비인간 척추동물과 인간 사이에서 일어나는 도구적이고 불평등한 과학적 관계에 집중해 왔다. 그러나 대부분의 동물은 그와 같지 않다. 비모방적 돌봄과 중요한 타자성은 더 적절히 생각하고 느끼기 위해 내가 매혹되는 것이고, 복수종의 풍요는 환원 불가능한 차이에 관해서도 설명할 수 있는 강건하고 비-의인적인 감수성을 요구한다.

내 동료인 해양 무척추동물 전문가 비키 피어스와 함께한 박사과정 시험위원회에서, 그녀는 내게 실험실에서 컵산호cup coral가 편하게 있도록 산호가 좋아하는 빛의 파장과 시간을 알아내는 방법을 궁리한 이야기를 해주었다. 좋은 데이터를 얻는 것은 피어스에게 중요한 일이고, 동물들이 행복한 것, 즉 실험실에 있는 실제 동물의 복지도 그녀에게 중요하다.[35] 나는 피어스에게서 영감을 받아서 친구인 무척추동물 연구자들에게 과학자로서 자신의 일의 중심에 있는 돌봄에 관한 이야기를 알려달라고 부탁했다. 나는 이렇게 메일을 썼다.

당신이나 가까운 사람이 하는 일 중에서, 동물의 좋은 삶을 위한 실천 사례가 있을까요? 동물의 좋은 삶은 좋은 데이터를 얻는 데 언제나 중요하지요. 물론, 그뿐만 아니라 실험실의 매일의 생활에서도 중요한 문제입니다. 나는 그런 돌봄이, 동물을 죽이거나 고통을 주는 것을 수반하는 실험을 대신하는 것이 아니라 많은 연구자 여러분이 연구 대상인 동물들에 대해 가지는 복잡하게 느껴지는 책임(그리고 의인화를 수반하지 않는 보통의 동료적 관계)에 본질적인 것임을 논하고 싶습니다. 실험실에서는 동물들을 어떻게 행복하게 (혹은 그 반대로) 하고 계십니까? 뛰어난 동물학자는 동물들의 상태가 나쁜지를 어떻게 알아차릴 수 있게 됩니까? 중요한 이야기는 대원칙들에 있다기보다는 세부에 있습니다.

하와이대학의 동물학 교수이자 케왈로 해양연구소의 소장이기도 한 마이클 해드필드가 답신을 보내왔다.

질문을 읽고 생각난 것은 해양연구소의 작은 동물들이 아니라 하와이 나무 달팽이였습니다. 저는 멸종 위기에 있는 이 달팽이의 실험실 서식 환경을 가능한 한 야외의 환경에 가깝게 하려고 필사적인 노력을 거듭해 왔습니다. 그것을 위해 달팽이의 야외 생육환경에 가까운 낮의 길이, 온도, 습도 조건을 설정할 수 있는 고가의 "환경시험기"environmental chamber도 샀습니다. 우리는 나뭇잎이 풍성한 세계와 달팽이가 잎에서 긁어먹을 곰팡이를 충분히 제공하기 위해 신경 쓰고 있습니다. 가장 중요한 것은, 우리가 이 모든 것을 포식자가 없는 환경에서 제공한다는 것입니다. 이런 환경을 제공하는 것은 산에서 이 달팽이를 먹어 치우고 있는 에일리언들〔포식성 달팽이나 쥐 같은 환경 파괴성이 높은 도입종〕로부터 그들을 "구하기" 위해서입니다. 내 눈에는 이 달팽이가 아름답고 그들의 새끼들도 "귀엽습니다." 그러나 이것은 그다지 과학적이라고 할 수는 없겠지요. 여러 가지 이유로 — 그들이 법적인 보호 대상이라는 점도 있지만 — 우리는 달팽이가 실험실에서 다치거나 죽는 일이 없도록 최대한 노력하고 있습니다. 나는 이런 종이 이 세계에서 살아남는 것을 볼 수 있기를 진정으로 바라고 있고, 내가 알기로 현재로서는 우리 실험실에서 하는 작업이 그런 바람을 실현할 수 있는 유일한 방법입니다. 현재 실험실에서는 많은 비용과 노력을 들여서 1,500마리의 나무 달팽이를 사육하고 있는데 이는 이전부터 진행되어 온 이 종의 멸종을 조금이라도 방지하고자 함입니다. 이런 작업의 주요한 부분은 달팽이를 가능한 한 건강하게 "자연" 그대로의 상태로 유지하는 작업입니다. ("자연"이어야 하는 이유는 달팽이들은 언젠가는 야외로 돌아가고 거기서 삶을 이어가야 하기 때문이죠.) 만약 그것이 "그들을 행복하게 해 주는" 것이라면, 그것은 우리를 움직이게 하는 힘입니다.

(우리가 훌륭한 동물학자라고 가정하고 하는 이야기입니다만) 동물들의 상태가 나쁘다는 것을 우리가 어떻게 알 수 있을까요? 대개는 동물이 죽을 때입니다. 달팽이나 애벌레는 죽기 전에 괴로운 비명을 지르지도 않고 상태가 나쁜 징후를 오래 나타내지 않습니다. 나무 달팽이의 경우 사육기마다 개체 수의 증감을 세심하게 체크해서 출산의 여부나 사망률이 출산율보다 높은지 등을 확인합니다. (우리 센터에서는 적어도 두 주에 한 번은 개체 수 조사를 합니다.) 이상 징후가 조금이라도 있을 때는, 나는 실험실 사람들에게 사육 관리체제의 모든 공정을 중지시키고 각 공정마다 체크를 하도록 지시합니다. 환경 전체에 무언가 이상이 생기고 있지 않은지를 조사하기 위해, 환경 시험기 전체(여러 종들이 있는 10개 이상의 사육기들)를 체크해야만 하는 일도 드물지 않습니다. 또한 경우에 따라서는 상황이 충분히 해명되지 않아도 바로 개선책을 강구합니다. 예를 들어 최근에 나는 우리 실험실 사람들이 청소 때마다 사육기에 잎이 무성한 레후아 가지를 너무 많이 넣는다고 결론 내렸습니다. 잎에서 자라는 곰팡이가 달팽이의 먹이이기 때문에 잎이 많을수록 좋다고 생각했던 것이지요. 나는 달팽이

사육기는 통풍이 좀 더 잘되어야 하고 달팽이의 행동은 빛에 의해 조정되는 부분이 상당한데 사육기에 잎이 가득해서 그 중심부에 빛이 거의 닿지 않는다고 설명했습니다. 그렇게 해서 이 점에 관해서는 개선을 끝내고, 지금은 다음 문제와 그 "개선책"을 찾고 있는 중입니다.[36]

수년에 걸쳐서 내가 꾸준히 그 작업을 인용해온 발생학자인 스콧 길버트도 내게 스워스모어 대학의 학부 학생들과 함께 거북이의 신경제세포로부터 유래한 거북이 복갑의 발생학적인 기원을 조사했던 때의 이야기를 들려주었다.

나는 평소에 학생들에게 어떤 동물도 죽이지 못하도록 합니다. 그것은 내가 언제나 중요하게 가르치는 일들 중 하나입니다. 거북알의 노른자위에서 배embryos를 잘라내어, 4퍼센트의 파라포름알데히드 용액에 담그는 것은 특별히 개의치 않습니다. 그 편이 다 큰 거북이나 알에서 막 부화한 거북이를 죽이는 것을 용인하는 것보다 낫기 때문입니다. 그러나 당신이 알려준 체체파리에게 자신의 팔을 물어뜯게 한 노인의 이야기보다 더 자극적인 이야기는 알지 못합니다. 덧붙이자면, 저희 과를 만든 걸출한 인물인 조지프 라이디는 학생에게 개구리와 도마뱀에게 먹이를 주라는 지시를 잊은 것을 알고 필라델피아에서 스워스모어까지 걸어서 돌아왔다는 유명한 이야기가 있습니다.[37]

나는 데프레와 라투르와 스탕제르가 사용하는 의미에서의 "정치"politics라는 말을 좋아하는데, 나는 이 말이 폴리스polis와 정중함polite, 즉 좋은 매너politesse와 상대에게 응답하고 서로 응답하는 것과 관계되는 것으로 여긴다. 해드필드, 길버트, 그리고 피어스도 "정중"하다. 그들의 정중함은 신중한 배려로 신체를 다른 신체에 절합해서 중요한 타자들이 번성할 수 있게 하는 생물학적 코스모폴리틱스의 실천이다. 그들은 동물들(과 학생 및 박사후과정 연구자들)의 생사와 관련된 매일의 사소한 이들에 몰두하여 작업한다. 그들은 동물들을 돌보고, 동물들과 함께 그리고 동물들로부터 배운다. 나는 이런 노동을 "생명윤리"라는 카테고리에 흡수시키는 것에 의구심을 가지고 있다. 하지만 윤리라는 말을 적에게 넘겨줄 생각도 없다. 이것은 사이보그처럼 사람들이 내가 가질 수 없다고 하는 것을 단념하지 않으려는 나의 오래된 거부이다. 나는 내가 납득할 수 있는 최선의 이유 때문에 동물을 죽이는 결정을 회피하지 않고, 그런 최선의 이유를 만들어내기 위해 필요한 일들도 회피하지 않는다. 내가 이야기하는 것은, 그것으로는 문제가 끝나지 않고, 오히려 열릴 뿐이라는 것이다. 어쩌면 비휴머니즘의 의미는 그것이 전부all인지도 모른다. 그러나 "전부"라는 이 단 두 글자에는 무구함과 나름의 이유를 가진 자기만족에 대한 영원한 거부와 뭔가 더 좋은 것을 과감하게 생각하고 상상하며 감지하고 만들어내는 작업으로의 초대가 내재하고 있다. 이것이야말로 언제나 나를 매료시켜온 SF 세계-만들기이다. 그것은 현실의 세계-만들기이다.

스탕제르가 해석한 화이트헤드는 추상abstractions이란 우리가 이전에 가진 추상이 붕괴될 때 유인하는 무엇이라고 이야기한다.[38] 추상에 대한 사랑은 내게 매우 중요한 것 같다. 우리가 애착을 가지고 만들어내기 시작하자마자 붕괴한다는 것을 이해하는 것은 응답-능력의 일부이다. 추상은 우리의 최선의 계산, 수학, 이유를 필요로 하고, 더욱 내용이 풍부하고 제대로 응답할 수 있는 발명, 사색, 그리고 제안 ─ 세계-만들기 ─ 이 진행될 수 있기 위해 부수려고 만들어진다. 스탕제르에 의하면, 화이트헤드가 말하는 명제는 위험이라는 아직 오지 않은 것을 향한 열림이다. 또한 명제는 아직 함께 되지 않은 상대와 함께 되기 위한 열림이기도 하다. 그리고 그것을 실험유기체 혹은 식육동물 죽이기에서 생기는 딜레마 속으로 집어넣으면, 필수적인 "윤리적" 또는 "정치적" 소명은 다시 상상되고, 다시 사색되고, 열린 채로 남아 있게 된다. 왜냐하면 우리는 단지 무엇만이 아닌 누군가를 (우리가 제대로 추상을 구축할 수 있는 경우에는 이치에 맞는 방식으로, 우리가 태만하거나 기술이 충분치 않거나 불성실한 경우에는 좋지 않은 방식으로) 죽이고 있기 때문이다.

우리는 서로에게 반려종인 중요한 타자들과 함께 있으면서 얼굴과 얼굴을 마주한다. 이것은 로맨틱하거나 이상주의적인 것이 아니라 삶을 만드는 사소한 일들 속에서 세속적이고 결과적인 것이다. 필요한 경우에, 그리고 우리가 시행 방법을 알고 있는 최상의 기준에 따라서, 동물들을 죽이는 종류도 포함해서 이 실험 과학은 괜찮다고 말하는 순간 이야기가 끝나버리는 것이 아니고, 그 순간에야말로 우리가 지고 있는 채무가, 모든 장소 모든 시점에서가 아니라, 이 연구의 전통에서 여기라는 구체적이고 세부적인 상황에서, 사변적이고 그래서 가능성이 있는 물질적, 감응적, 실천적인 다시-세계-만들기reworlding를 향해 열리게 된다. 이 "여기"는, 만약 추상이 정말로 잘 만들어지고 연결을 위한 갈고리를 많이 포함하고 있다면, 대단히 넓은 지역일지도 모르고 세계 전체일지도 모른다. 용서와 악의 대신 아마도 SF 세계-만들기 — 사변적 픽션speculative fiction과 사변적 사실speculative fact — 야말로 내가 필요로 하는 표현일 것이다. 진드기와 체체파리는 그렇게 생각하지 않겠지만, 바바 조셉과 식수라면 그렇게 생각하지 않을까? 무엇보다도, 실험 무척추동물학자가 비의인적이고 비모방적으로 세세하게 공들여 돌보았기 때문에 하와이 나무 달팽이는 실험실에서도 야외에서도 자연의 방식으로 살아갈 기회를 가지게 될지도 모른다.

4장

검증된 삶

순혈종 개 세계의 사랑과 지식의 실천들

종류에 대한 호기심과 사랑

한 번 더 물어야 한다 : 내가 나의 개를 만질 때, 나는 도대체 누구를 그리고 무엇을 만지는 것일까? "함께 되기"는 어떤 의미에서 "세속적으로 되는" 실천이라고 할 수 있을까? 반려종의 뒤얽힌 매듭이, 개별 개들이 특정한 인간들과 결합하는 만큼이나 맹렬하게 개들의 종류들과 그들로 인해 **집단적으로 조직된 사람들**을 연결할 때, 이런 질문은 무엇을 의미할까? 반려종에는 각기 특색 있는 종류들이 있지만, 이 장에서 나는 특별하게 오염되고 모순적인 종류로 제도화된 "순혈종"이라는 개의 품종, 구체적으로는 미국에서의 오스트레일리언 셰퍼드들과 함께 식사를 해야 한다. 시작부터 나의 활자 관습에 말썽이 일어나고 있었다. 나는 개들의 종류들에 관해 쓰면서 정관사를 붙여서 그 개*the* dog나, 그 오스트레일리언 셰퍼드*the* Australian Shepherd, 순혈종 개 세계와 다른 곳에서도 관용적으로 첫 글자를 대문자로 쓰는 식으로 유일한 종류로 쓸 마음이 나지 않기 때문이다. 반면, 그 밖의 다른 모든 주격 복수형은 집합임을 나타낼 때 첫 글자를 소문자로(예를 들어서 Australian shepherds로) 쓴다. 혹은 개별적인 개임을 나타낼 때는 카옌Cayenne이라 쓰기보다 따옴표를 붙여서 "카옌"Cayenne으로 쓴다. 반면에 인간이라는 카테고리의 영예로운 회원의 권능을 부여받은 나는 아무런 표시없이 그냥 도나Donna이다. 사소한 특권에서 큰 이야기가 보인다. 활자상의 오류들은 수정을 암시한다. 거듭 돌아보라[레스페체레]Respecere.

이 책을 쓰게 한 많은 일들이 시작될 즈음, 나는 적어도 개의 품종에 관해서는 순진했다. 나는 개의 품종이 겉치레, 학대, 혐오, 동물화한 인종차별적 우생학의 구현이고, 근대인들이 자신들의 도구적 목적을 위해 섬세한 감각을 지닌 다른 존재에 대한 남용을 표상하는 모든 것이라고 알고 있었다. 게다가 이른바 순혈종은 언제나 병에 걸려 있고, 그것은 모든 유전적 조작의 필연적 귀결이라고 알고 있었다. 요컨대, 순혈종은 정말 좋지 않다. 반면 잡종들은 불임수술이 시술되는 한, 인간이 과도하게 통제하지 않는 정도의 낮은 기준으로 긍정적 강화기법에 의해 훈련되는 한, 상황이 허락하면 가죽끈으로 묶지 않고 기르는 한 괜찮을 거라고 생각했다. 불임시술을 받지 않은 거리의 개와 시골 개의 경우도, 그들이 제3세계 또는 개 버전의 휴머니즘 속에서 도덕적으로나 상징적으로나 제3세계에 상응하는 곳에 살고 있기 때문에 좋으리라 생각했고, 그럼에도 불구하고 그들은 구조되어야 한다고 생각했다. 진보적인 미국 중산층 백인인 나의 집에서 나는 '보호견 교회'의 경건한 신자였다. 여기에서 개는 이상적인 희생자이자 희생제물이고 사랑과 돌봄, 개체 수 통제를 적절히 받아 마땅한 존재로 생각되었다. 그러나 나는 잡종견과 동물보호센터 개들에 대한 집단과 개인으로서의 우리 의무에 대해 누구에게도 자비를 베풀지 않고 개종해버렸다. 나는 두 종류의 종류들, 잡종과 순혈종이라는 나의 오래된 그리고 새로운 사랑의 대상에게 복잡하게 묶여버렸다. 이런 죄 많은 상태가 된 것은 동시에 두 종류의 사태에 빠져서인데, 호기심에 사로잡히고 사랑에 빠졌기 때문이다. 더 난감한 건 내가 개별의 개뿐만 아니라 개의 종류들과도 사랑에 빠져버렸다는 것이다. 나는 성도착과 지식욕에 사로잡힌 채로 고생할 수밖에 없게 되었다.[1]

이런 상황에서 연구는 차분해질 수 있다. 내가 개들의 종류에 관한 의문, 특히 생명기술이라는 자연문화 내부에서 건강과 유전학 액티비즘에 관여하는 사람들과 개에 대한 의문 때문에 고민하고 있던 차에 캘리포니아 프레즈노에 사는 여성, C. A. 샤프를 상담자로 추천받았다. 확신컨대, 그녀는 오스트레일리언 셰퍼드 세계의 개의 유전적 건강 문제의 디바였다. 과학학 연구자이자 유사 인류학자인 나에게 이 모든 것은 좋은 알리바이가 되었다. 게다가 남편 러스틴과 나는 오스트레일리언 셰퍼드와 차우차우 잡종인 롤런드와 어질리티 스포츠를 시작했는데, 새 주인에게 분양된 정치적으로 올바르고 성견인 이 개가 사회성을 몸에 붙이고 다른 개들과 함께 있을 때 자신감을 갖게 되도록 가벼운 기분으로 시작한 이 스포츠에서 조촐한 성공을 거둬 기분이 좋아져 있었다. 샤프라면, 물론 그녀가 자신이 종사하는 일 외에는 관계하지 않을지도 모르지만, 목양견에 정통하기 때문에 어질리티를 위해 육성된 운동 능력이 뛰어난 적극적인 개인 어질리티 견을 찾는 데 도움을 줄 수 있을 거라는 점도 작용했다. 나에게 이 정보를 제공해준 사람은 옳았다. C. A.는 그 이상이었다. 샤프는 카옌이 이 세상에 태어나는 것을 도와준 목양견 브리더를 소개해 주었다. 1998년 나의 가슴과 마음에 새로운 반려종의 매듭을 묶은 개 세계에서, 샤프와 나는 연구 교류와 우정을 시작했다. 이 장에서는 수십 년에 걸친 샤프의 호기심과 돌봄의 실천을 추적함으로써 종류들이 문제시되고 있을 때 세속적으로 되는 것이 어떻게 작동하는지에 관해서 해명해 보고자 한다.

그러나 우선은 오스트레일리언 셰퍼드라는 물질-기호론적인 종류가 어떻게 이 세상에 오게 되었는지에 관해서 이야기해 두어야겠다. 이런 개들을 알고 함께 산다는 것은 그들의 가능성에 관한 모든 조건, 이런 존재들과 실제로 관계를 맺는 모든 것들, 그리고 우리를 반려종으로 구성하는 그 모든 파악prehension을 이어받는다는 것을 의미한다. 사랑에 빠진다는 것은, 여러 척도에서, 지역적이고 글로벌한 층위에서, 분기하는 그물망에서 세속적임을 의미하고 중요한 타자성과 중요성을 갖는 타자들의 연결 속에 있음을 의미한다. 나는 내가 알아갈 역사와 함께 어떻게 살아가면 좋을지를 알고 싶다. 일단 접촉이 되면, 응답을 위한 의무들과 가능성들이 변한다.

견종 이야기 : 오스트레일리언 셰퍼드

오스트레일리언 셰퍼드의 기원에 관해 확실한 것이 있다면, 아무도 이 명칭의 유래를 모르고 이 유능한 목양견의 선조와 혈연관계에 있는 종류들에 관해서도 모른다는 사실이다. 이 개가 합중국 서부 목장견이라고 불려야 한다는 점만이 아마도 가장 틀림없는 사실일 것이다. "아메리카"가 아니라 "합중국"이다. 대부분(전부는 아닌)의 선조는 초기 식민 시대부터 영국 제도에서 북아메리카 동해안으로 사육주와 함께 이주해 온 각종의 다양한 콜리 형이라고 생각되는데, 왜 아메리카가 아니라 합중국이라는 것이 문제인지를 설명하겠다. 캘리포니아의 골드러시와 남북전쟁의 여파가 지역적이고 국가적인 내 이야기로 들어가는 열쇠다. 이런 서사적인 사건에 의해 북아메리카 서부 광대한 지역이 합중국의 일부로 편입되었다. 카옌과 롤런드와 내가 어질리티 코스를 달리고 종 횡단적인 가족사를 영위하고 있는 지금, 나는 이런 폭력적인 역사를 계승하고 싶지 않다. 하지만 좋든 싫든 관계없이 나는 육신으로, 얼굴을 맞대고, 개와의 접촉을 통해 이런 역사를 계승하고 있고, 이런 사실들 때문에 이 세계에서 나의 의무는 달라지고 있다. 그것이 내가 이 이야기들을 하는 이유인데, 이는 수 세기 전이 아니라 지금 요청되고 있는 개인과 집단의 응답에 관해 정리하기 위해서이다. 반려종은 진화적이거나 개인적이거나 혹은 역사적인 기억상실증을 받아들일 여유가 없다. 기억상실증은 기호와 육체를 부패시키고 사랑을 하찮은 것으로 만든다. 골드러시와 남북전쟁의 이야기를 함으로써 어쩌면 개들과 그 사육주들에 대한 다른 이야기들도 기억할 수 있을 것이다. 그것은 이주, 선주민의 세계, 노동, 희망, 사랑, 유희 그리고 통치권과 자연문화의 생태적인 개발을 재고함을 통해 함께 살기의 가능성에 대한 이야기들이다.

오스트레일리언 셰퍼드에 대한 낭만적인 기원 이야기는 이렇다. 19세기 후반에서 20세기 초, 바스크 지방의 양치기들이 3등 선실에 청회색 얼룩무늬 털을 가진 작은 개들을 데리고 왔다. 바스크인들이 오스트레일리아에서 양을 치며 머물렀다가, 목가적인 미국 서부에서 영원히 양을 지키기 위해 캘리포니아와 네바다의 목장을 향할 때였다. 그러나 이 이야기는 "3등 선실"이라고 말함으로써 진실이 아님을 드러내고 말았다. 3등 선실의 노동자 계급 사람들은 오스트레일리아나 캘리포니아에 개를 동반하고 갈 처지가 아니었다. 게다가 오스트레일리아에 이주한 바스크인은 양치기가 아니라 사탕수수 노동자가 되었다. 그들이 지구의 반대쪽이라고 불린 개척지에 발을 들여놓은 것은 20세기 이후의 일이다. 이전에 반드시 양치기였을 리는 없는 바스크인들이 경우에 따라 남아메리카와 멕시코를 경유해서 일확천금의 꿈을 안고 19세기에 캘리포니아에 왔고, 꿈이 깨진 사람들은 같은 처지의 다른 광부들에게 식량을 제공하기 위해 양을 치게 되었다. 2차 세계대전 후에도 바스크인들은 네바다의 주와 주를 잇는 고속도로변에서 두툼한 양고기를 내는 식당을 열어서 번성했다. 그들은 지역의 목양견 가운데서 양치기 개를 조달했는데 그 목양견들은 간단히 말해서 혼혈의 무리였다[2]

스페인 선교사들은 인디언의 "문명화"를 위해 양 목장을 강제적으로 장려했다. 그러나 린다 로럼Linda Rorem의 온라인판 오스트레일리언 셰퍼드의 역사에 따르면 1840년경에 이미 이 지역 양의 수는 격감했고 (선주민을 살해하고 강제로 이주시킨 결과 서부 변경의 인구가 감소한 것은 말할 것도 없다) 목축 경제는 부진에 빠져 있었다.[3] 선교사들이 가지고 들어온 양은 이베리안 추라Iberian Churra 양의 자손이었는데, 스페인 사람들은 강건함, 번식력, 순응성의 면에서 이 양들을 높이 평가했다. 애당초 스페인 정복자들이 고기와 양모를 얻기 위해 데리고 온 이 추라(이 양들은 백인에 의해서 그리고 후에는 아메리카 선주민에 의해서 추로Churro로 불렸다)는 17세기에는 이미 뉴스페인의 목장과 마을의 대들보가 되어 있었다. 약탈과 교역으로 이 양들을 손에 넣은 다른 아메리카 선주민들이 이들을 거친 토착 목축환경에 적응시키기 위해 300년 이상을 사육해왔다. 추로는 푸에블로와 나바호 양들로 널리 알려지게 되었고, 그 양모는 방적되고 직조되어서 미국 남서부 선주민의 세련된 직물이 되었다. 나바호 공동체에서 양은 주로 여성이 소유했고, 천을 짜는 일은 언제나 여성의 일이었다. 더욱이 소위 현대와 전통을 결부시킴으로써 21세기의 나바호 젊은이들을 다시 공동체로 불러 모으려는 희망에 넘친 프로젝트 또한 활기를 되찾은 코스모폴리턴 나바호 추로 양의 문화를 전제로 하고 있다. 젠더와 세대가 양의 털가죽과 근육의 섬유들과 함께 성장한다.

1850년대에는 수천 마리나 되는 추로가 골드러시에 몰려든 사람들의 식량용으로 서부로 몰려왔다. 보스케 레돈도Bosque Redondo로의 강제이주와 정복에 대한 선주민의 저항을 응징하기 위한 일환으로 미국 육군은 1860년대에 나바호 양떼 대부분을 학살했다. 20세기 전반에 나바호인들은 "개량된" 유럽계의 양 품종을 강제로 받아들이게 되었고 어쩔 수 없이 가축의 수를 줄여야 했다. 1930년대에는 미국 연방정부 대리인들이 가뭄에 대한 대응책으로 나바호인들이 거주하는 집, 호간hogan을 가가호호 찾아가서 지정된 비율에 따라 양을 죽였다. 정부 대리인들은 나바호인의 집 바로 앞에서 보이는 대로 나바호 추로를 사살했는데, 거칠게 보이는 이 동물들이 매우 가치가 없다는 잘못된 신념 때문이었다. 경험적 사실에 의해서도 과학적 사실에 의해서도, 나바호 추로는 같은 자연문화 조건에서 유럽계의 "개량된" 품종에 비해서 목초와 물이 적게 들고 사람 손도 덜 가지만, 고품질의 양모와 고단백 저지방의 고기를 생산하는 품종이었다. 나바호 노인들은 21세기 초에도 양 한 마리 한 마리가 사살되는 모습을 자세하게 이야기할 수 있었다. 살아남은 양은 얼마 되지 않았다. 나바호 네이션으로 알려진 디네 비케야Diné Bikéyah에서 1970년대에는 이 튼튼한 품종의 양이 450마리 정도밖에 남지 않았다. 양의 종류와 그들에게 헌신하는 사람들, 그리고 이러한 반려종들이 함께 짜는 전통적-현대적인 생활양식은 2000년의 첫 10년에 테크노문화적 농목축주의와 여러 가닥의 실로 짜인 제휴와 자유 프로젝트들에서 복수종의 미래를 위한 기회를 여는 것 같다.

나의 캘리포니아 역사학자 동료들은 스페인의 선교와 인디언의 노동에 연관되어 목양견에 대한 언급은 거의 발견되지 않는다고 했다. 하지만 어떤 시점에 나바호 사람들은 개들에게 양을 위한 일을 시키게 되었고, 그것은 주로 포식자로부터 양을 지키는 일이었다. 그 포식자들 또한 나바호의 개들과 마찬가지로 잉글랜드와 이베리아반도 유래의 서구 기원일 것이고, 당연히 일부는 정복 이전의 개들이 기원일 것이다.[4] 이런 개들이 오스트레일리언 셰퍼드의 성립에 관여했다. 나바호의 개들은, 결코 폐쇄적인 견종으로 표준화되지 않았고 나바호 사람들에게 유용하다면 어떤 개들의 공헌에도 열려 있어서, 오늘날 이 강건하고 다양한 개들은 디네족을 위해, 그리고 기적적으로 살아남았지만 절멸의 언저리에 있는 품종인 추로 양뿐만 아니라 "개량된" 양들의 무리까지 지키면서 일하고 있다. 나바호 추로 양을 포함한 부활과 보호 프로젝트는 지금 미국 서부와 남서부 생명정치의 일부가 되었다. 여기에 포함되는 것으로는 고기와 양모를 팔기 위한 온라인과 지역의 틈새시장 마케팅, 각 지역에 뿌리박은 커뮤니티 육성과 지역 간의 관광에서도 중요한 페스티벌, 희소 품종의 양을 번식시키는 실험시설, 양의 품종에 관한 성문화된 표준과 유전 데이터베이스(예를 들면, 콜로라도주 포트 콜린스의 〈전미 유전자원자료 보존센터〉[NCGRP]에 있는 나바호 추로 양의 유전학적 자료 모음)의 정비, 히스패닉과 나바호의 문화 정치 활동과 교육 프로젝트, 호축견보다 뛰어날지도 모르는 가축보호 라마의 육성, 나바호 네이션의 잉여견 불임수술 프로젝트, 서식 지역 회복 작업 등이 있다. 나바호 네이션과 함께 활동하고 있는 유럽계 미국인 동물학자 라일 맥닐이 1977년에 시작한 나바호 양 프로젝트가 목적으로 한 것은 이런 것이다. "나바호 추로 양의 번식군을 확립하고, 이 번식군으로부터 베 짜기와 양 사육에 종사하는 나바호와 히스패닉계 사람들에게 양을 제공한다. 양, 양모, 직물, 토지와 전통적인 문화 사이의 긴밀한 관계를 인식하여 농경목축 생활을 지원하는 것을 목표로 하고, 이런 문화가 존속해 갈 수 있도록 문화에 걸맞은 경제적 지원을 창출한다."[5] 1991년에는 〈디네 비 이나〉Diné bí' íína(나바호 생활양식)가 비영리 민간조직으로 애리조나주에서 등록되었다. 〈디네 비 이나〉는 〈나바호 네이션 양과 염소 생산자 협회〉를 대표하고 지도 활동, 기술 정보, 개인과 가족에게 경제 개발 보조를 제공하고 양과 양모와 염소 생산과 관련된 전통적인 생활방식을 지원하고 있다. 이 조직은 목양의 지위를 회복시키고, 현대 세계에서 목양을 추구하는 데 필요한 교육을 장려하는 것을 목표로 한다.[6]

이 이야기는 내게 다음과 같은 점을 다시 말해준다. 개(그리고 개와 관계되는 초식동물)를 따라가면 그들의 인간 여행 반려는 더 세속적으로, 말하자면 오늘날 응답을 요구하는 역사의 그물망에 더 복잡하게 걸려들 수밖에 없다. 내가 보기에 응답에는 다음과 같은 것이 포함되어야 하지만 여기에 한정되어서는 안 된다. 그것들은 농업생태학에 따른 목장 운영의 지원, 고기와 양모를 공장식으로 생산하는 것에 대한 반대, 많은 가축과 야생종을 위해 유전적 다양성과 생태계의 회복에 힘쓰기, 토지와 생물자원에 관한 선주민의 경제적·정치적 투쟁에 참여하고 협력하기, 비인간 동물의 제도화된 품종들뿐만 아니라 여러 종류들과 얽혀 있는 인간의 계급·국가·민족성의 복잡한 생명정치에 관해서 좀 더 명민해지기, 그리고 특히 오늘날의 다양한 인간들과 관계하고 있는 동물들의 복지를 위해 개인과 집단으로서 행동을 일으키기 등이다. 나는 응답을 위한 이 최소한의 체크리스트를 깊이 명심하면서, 오스트레일리언 셰퍼드로 이르게 된 이야기의 지류로 그리고 이야기 가운데 얽힌 몇 가지 응답으로 돌아가겠다.

금광의 발견은 캘리포니아를 비롯한 북아메리카 서부 지역의 식량 경제, 종들의 배치, 정치, 인간 및 인간 이상인 존재들의 개체수 동태, 그리고 자연사회의 생태학을 근본적이고 영구적으로 바꿨다.7 대규모 양 떼가 동해안으로부터 케이프 혼Cape Horn을 빙 돌아서 해로를 따라 수송되기도 하고, 중서부와 뉴멕시코로부터 육로로 운반되기도 하고, 강력한 시장 지향의 목축경제를 거느리는 백인 정착자들의 다른 식민지인 오스트레일리아로부터 수송되어 오기도 했다.8 골드러시로 시작된 동향은 남북전쟁 후의 사태로 이어졌는데, 군대의 축소, 서부 지역의 아메리카 선주민에 대한 봉쇄, 멕시코인, [캘리포니아 최초의 스페인계 식민자와 그 후손인] 캘리포니오, 그리고 인디언들로부터 강제로 사들인 토지의 합병, 앵글로계(그리고 언제나 괄호에 넣어 다루어지는 상당수의 아프리카계 아메리카인) 정착자들의 대량 유입이 있었다.

양들의 이동은 곧 목양견의 이동을 의미했다. 이 개들은 예전의 유목적인 유라시아 목축, 즉 판로가 확립되어 있고 계절에 따라서 목초가 무성하고 그 지방만의 곰과 늑대(근년에 특히 진보가 지배한 지역에서 그 수가 격감하고 있지만)가 출몰하는 생태와 경제의 목양견이 아니었다. 오스트레일리아와 미국 백인 정착민들의 식민지는 비인간 포식자에 대해 유럽의 선조보다 더 공격적인 자세로 임했다. 오스트레일리아에서는 딩고가 들어오지 못하도록 퀸즐랜드 대부분을 담장으로 둘러쳤고, 미국 서부에서는 땅 위를 움직이는 날카로운 개 이빨을 가진 유기체는 무엇이든지 덫에 걸리고 독살되거나 사살되었다.9 미국 서부 양의 경제권에 그레이트 피레니즈와 악바쉬 같은 가축 보호견이 모습을 나타내는 것은 1970년대 이후, 환경보호 운동이 효과적인 활동을 수행하는 기이한 시대에 이런 절멸 전략이 불법이 되면서부터이고, 순혈종 가축 보호견 애호가인 약간 열광적인 백인 여성들과의 협업이, 젠더를 막론하고 남성적인 목장 관계자들 중 적어도 일부에게 합리적으로 보이게 된 시기가 되고 난 후의 일이다. 그러나 이것은 또 다른 이야기인데 그 이야기의 성격과 귀결은 더 늑대 같다.

미국 동해안과 오스트레일리아로부터 이주하는 양을 따라가는 목양견은 주로 옛날의 콜리나 셰퍼드 형의 일하는 개였다. 이 개들은 목양견 대회에서 선발된 보더콜리 특유의 날카로운 눈매와 엎드린 자세를 가진 개들이 아니라 "너글너글한 눈매"와 똑바로 선 작업 자세를 가진 튼튼한 다목적 견이었는데, 여기서 여러 애견가 클럽 품종들이 만들어져 나온다. 오스트레일리아에서 미국 서부에 온 개 중에는 털빛이 얼룩덜룩한 "저먼 콜리"가 많이 섞여 있었고 이 개들은 현재의 오스트레일리언 셰퍼드와 많이 닮았다. 이 개들은 영국계의 다목적 목양 "콜리"였지만, 이 개들이 흔하게 있었던 오스트레일리아의 한 지역에 독일인 정착자들이 살았기 때문에 "저먼"이라고 불렸다. 오늘날의 오지Aussie*들의 모습과 많이 닮은 개는, 오스트레일리아나 뉴질랜드에서 온 배에 실렸던 양과의 관련성 때문에 일찍이 그런 이름을 갖게 되었을 수도 있다. 실제로 그 배들에 개가 승선해 있었는지와는 무관하게 말이다. 혹은 그보다 훨씬 후인 1차 세계대전 무렵에 이주해 온 개들과의 연관성 때문에 "오스트레일리언 셰퍼드"라는 이름이 붙었을지도 모른다. 어쨌든 기록은 거의 남아 있지 않다. 오랜 기간 "순혈종"으로 보이는 것은 존재하지 않았다.

하지만 1940년대 캘리포니아주, 워싱턴주, 오리건주, 콜로라도, 애리조나주에서 식별 가능한 계통들이 개발되고 있었다. 1957년 〈미국 오스트레일리언 셰퍼드 클럽〉(이하 ASCA)이 애리조나주 힘멜 파크에서 스무 명 정도가 모여서 처음으로 회합을 열었고 새롭게 형성된 부모parent 클럽은 〈국립 목양견 등록소〉에 이 품종의 등록을 취급하도록 요청했다. 1970년대 중반에서 말경까지는 등록이 일반적이지 않았다.[10] 견종으로서의 범위는 여전히 넓었고 개의 생김새는 특정 가계나 목장과 관련되어 있었다. 기묘하게도 아이다호주 출신의 로데오 선수 제이 시슬러가, 한 종류의 개가 애견가 클럽과 정치가 완비된 존재인 현대의 견종으로 형성되어 온 이야기의 일부가 되어 있다. 시슬러가 아이다호의 목장에서 두 마리의 영리한 강아지 쇼티Shorty와 스텁Stub을 훈련하기 시작한 것은 1949년의 일이고, 그 후에도 시슬러는 다른 오스트레일리언 셰퍼드 여러 마리와 도약이 뛰어난 그레이하운드와 함께 일을 했다. 시슬러의 "블루 독들"blue dogs은 그가 묘기를 보여주는 로데오 쇼에서 햇수로 20년 이상에 걸쳐서 재주를 보여 주었다.[11] 시슬러의 개들은 대부분 오스트레일리언 셰퍼드였지만 등록은 되어 있지 않았

---

* Aussie는 '오스트레일리아 사람', '오스트레일리아의'라는 뜻의 낱말로 오스트레일리언 셰퍼드의 줄임말로도 쓰인다.

고, 그는 등록된 개를 소유하지 않은 것을 자랑으로 삼고 있었다. 그러나 시슬러는 자신의 개들 대부분의 양친을 알고 있었고, 결국 그의 기억이 그 후 긴 계보의 발단이 되었다. 시슬러는 여러 목장에서 개들을 샀고 그중 오스트레일리언 셰퍼드 몇 마리가 이 견종의 기초가 되었다. 나의 개, 카옌의 10세대분의 혈통서에는 2,046마리의 개가 있고 그중에 신원이 확실한 것이 1,371마리인데 그중 7마리가 시슬러의 개다. ("레딩 랜치 독"Redding Ranch Dog이나 "블루 독"Blue Dog이란 이름이 붙은 개가 많고, 20세대에 걸쳐 1백만 마리 이상의 선조 중에서 6,170마리가 알려져 있다. 그러나 이 혈통서는 군데군데 끊어져 있고, 특히 초기의 오스트레일리언 셰퍼드는 전혀 등록되어 있지 않다.)

비키 헌Vicki Hearne이 좋아했을 타입의 숙달된 훈련사였던[12] 시슬러는 1945년경에 손에 넣은 키노Keno를 자신의 개 중에서 최초의 뛰어난 개라고 생각했다.

토네오 송빈 파트너 개 몇 마리와 함께 있는 제이 시슬러

키노는 오스트레일리언 셰퍼드로 확립되는 견종에 많은 자손을 남기지만 현재의 오스트레일리언 셰퍼드 집단에 최대의 영향(선조가 된 비율)을 남긴 개는 시슬러의 다른 개, 존John이다. 이 신원불명의 개는 어느 날 시슬러의 목장에 느닷없이 와서 혈통서라는 문서에 실리게 되었다. 견종의 기반이 된 개에 관한 이런 이야기들은 무수히 많다. 그것들은 반려종과 전통의 문자뿐 아니라 육신으로서의 발명에 관해 생각하는 데 있어서 소우주가 될 수 있는 것들이다.

오지Aussie 부모 클럽인 ASCA는 1961년에 견종의 표준안을, 1977년에는 정식 표준을 제정했는데, 1971년에는 클럽 독자적으로 등록을 개시했다. 1969년에 설립된 〈ASCA 목양견 위원회〉는 가축몰이 시합과 상을 만들고, 목장의 작업견들은 시합을 위해 상당한 재훈련을 시작했다.[13] 도그 쇼와 여타의 이벤트가 활발해지자, 상당한 숫자의 오지 사육주들이 〈미국 켄넬 클럽〉(이하 AKC) 참가를 다음 단계로 생각하게 되었다. 다른 오지 사육주들은 AKC에 인정을 구하는 것이 작업견 견종으로서는 파멸에 이르는 길이라고 보았다. AKC파의 사람들은 독자적으로 〈미국 오스트레일리언 셰퍼드 협회〉(이하 USASA)를 설립했고, 이 협

2002년 캘리포니아주 베이커즈필드에서 개최된 〈미국 오스트레일리언 셰퍼드 클럽〉의 국립 가축견 최종전의 양 부문에서 최고 기록을 획득한 베렛의 애견인 더건 그릿(Dogon Grit). Glo Photo and Gayle Oxford 제공.

회는 1993년에 AKC로부터 정식으로 인정받았다.

현대의 견종에 관한 모든 생물사회 장치가 모습을 나타냈고 여기에는 기술에 정통한 재야의[lay] 건강 및 유전 관련 활동가들도 포함된다. 이를테면, 특정 견종에서 일반적으로 볼 수 있는 유전자 관련 질환을 연구하고 그 결과로 얻어진 수의용 생물 의학 제품을 판매하는 기업을 설립하는 과학자들, 이미 공표된 완전한 DNA 배열, 즉 분류학적인 종에 관해서뿐 아니라 여러 가지 견종에 관해서도 점점 증가하고 있는 배열에 의존하는 비교 게노믹스, 포스트게노믹스, 그리고 줄기세포 연구에 종사하는 과학자와 기업가들, 오스트레일리언 셰퍼드에 특화된 소규모 비즈니스, 어질리티, 플라이볼, 복종게임, 춤추는 개들에게 빠져 있는 공연자들, 주말의 교외와 먼 곳의 목장에서 개최되는 목양견의 시합에 참가하는 사람들, 탐색과 구조를 수행하는 작업견과 사람 들, 치료견과 주변의 사람들, 오스트레일리언 셰퍼드를 이용한 흰개미 발견 사업, 자신들이 승계한 다재다능하고 다양한 목양견의 유지에 헌신하고 있는 브리더들, 목양견으로서의 재능은 검증되지 않았으나 질 좋은 털을 가진 멋진 쇼 견에 매료된 브리더들, 교배에 사용한 개의 가계와 그 자손이 어떤 고통을 받더라도 괘념치 않고 인기 있는 견종으로부터 금전적인 이득을 얻고 있는 강아지 생산자들, 상기의 모든 사람에게 멸시당하면서도 단 한 마리라도 좋으니 자신의 아이들이 눈앞에서 "탄생의 기적"을 보게 된다는 환상(그리고 가끔은 실현되는 일도 있다)에 의해 자기를 정당화하는 뒷마당 브리더들, 그 밖에 다수.

카옌의 브리더이고, 캘리포니아의 센트럴밸리에 사는 게일 옥스퍼드와 섀넌 옥스퍼드 부부는 USASA와 ASCA 양쪽에서 적극적으로 활동하고 있다. 작업견의 번식과 훈련에 전념하면서 도그 쇼와 어질리티에도 참가하고 있는 옥스퍼드 부부는 나에게 "다재다능한 오스트레일리언 셰퍼드"에 관해 가르쳐주었다. 나는 이 담론이 그레이트 피레니스 애호가들이 말하는 "이중 목적견"이나 "완전한 개"와 유사하다고 생각한다. 이런 관용어들은, 스포츠든, 외모의 아름다움이든, 또 다른 무엇이든 전문가의 어떤 한정된 목표를 위해 더욱더 많은 고립된 유전가 풀로 견종이 분할되는 것을 방지하는 역할을 한다. 하지만 오스트레일리언 셰퍼드의 기본 자질을 점검하는 수단이 완벽한 기술로 가축을 몰아넣는 능력이라는 사실에는 변함이 없다. "다재다능"도 목양 능력에서 시작하지 않으면 작업견은 살아남을 수 없다.

이런 사실은 이런 개들과의 접촉의 역사를 어떻게 계승할지, 그래서 덜 폭력적일 수 있는 미래에 그들과 함께 되기를 어떻게 형성할지에 대한 나의 물음의 초점을 분명하게 만든다. 작업견은 식민 지배, 고기와 양모 동물의 국제적인 거래, 미국 서부의 목양 경제와 생태환경, 미국 육군에 대한 아메리카 선주민의 저항, 스포츠와 오락문화 같은 것들의 수단이고 결과이다. 작업견이 아닌 개들은 도그 쇼 세계와 감응적인 반려동물 문화에 뿌리를 둔 계급, 인종, 젠더 형성의 결과물이다.[14] 더욱이, 목양견(혹은 사냥개)과 더불어 진지하게 살면서, 함께 일하는 상대, 고기와 섬유를 생산하는 가축과 야생의 초식 동물에 관한 위의 논의를 신경 쓰지 않는 사람은 없다. 이런 역사에 대해 응답하면서 사는 것은 죄책감과 그것의 결과인 근절주의적인 비-해결책들exterminationist nonsolutions, 예컨대 가축 사육을 전부 그만두거나, 비건식 식사만을 권장하거나, 목양견·반려견·쇼 견의 계획적 번식에 반대하는 것 등과는 관련이 없다.

나는 윤리적 채식주의가 필요한 진실을 체현할 뿐만 아니라 우리와 다른 동물들 사이의 "정상적인" 관계가 갖는 극단적인 잔인성에 대한 결정적 증언으로서의 역할을 한다고 믿는다.[15] 하지만 또한 나는, 우리가 인간예외주의의 근거가 되는 "그대, 죽이지 말지어다"라는 명령이 아니라, 우리로 하여금 양육하기와 죽이기를 필멸의 운명을 진 반려종 얽힘의 불가피한 일부로서 대면하게 하는 명령인 "그대, 죽여도 되는 존재로 만들지 말지어다"를 진지하게 받아들인다면, 복수종 공동의 번영은 동시적이고 모순적인 진실들을 필요로 한다고 확신한다. 죽인다는 행위를 무구하게 만드는 어떤 카테고리도 없다. 죽이기를 면하게 할 수 있는 어떤 카테고리도 전략도 없다. 섬세한 감각을 가진 동물을 죽이는 것은 무언가가 아니라 누군가를 죽이는 것이다. 이 점을 아는 것은 끝이 아니라 세속적인 복잡함 속에서 진지한 설명책임의 시작이다. 나는 인간예외주의의 무도함에 맞서기 위해 인간 이상의 세계에 대한 인간의 요구를 엄하게 제한해야 하고 인간의 수도 철저히 줄여야 한다고 생각한다. (뉴스에서 해변의 모래알처럼 매일 보도되는 살해, 집단학살, 인종차별주의, 전쟁, 학대, 질병, 기아에 의한 것은 아닌 방식으로).

인간예외주의라는 무도함에 맞서기 위해서, 인간과 인간 외의 다른 유기체와의 필멸의 얽힘을 위해서, 보장은 없지만 양호하다고, 마땅히 장래가 있을 만하다고 판단될 수 있는 방식으로 일하는 것이 또한 요구된다. 미국의 상황 속의 역사라는 관점에서, 나는 다른 투쟁은 물론이고 토착민의 투쟁과 연결되고, 그리고 내가 양호하다고 생각하는 무엇, 즉 응답, 감정, 그리고 일하는 것을 요구하는 것으로서 테크노문화에도 삽입되는 현대적인 농목축업을 제안했다. 만일 도덕적인 절대성을 가지고 이런 난제에 접근한다면, 박물관이나 구호소 혹은 전래의 진귀한 크리터들 외의 대부분의 가축 종류들(그리고 개체들)과 그들이 사람들과 함께한 살고 죽기의 방식들은 사라져버릴 것이다. 인간의 살해, 집단 학살, 인종차별주의, 전쟁과 마찬가지로 이런 사라짐 또한 나는 받아들일 수 없다. 절대적인 도덕규범은 내가 근절주의라는 말로 표현하고 있는 것에 공헌한다. 어려운 기원 이야기와 환원 불가능한 얽힘에 직면했을 때 우리는, 자업자득인 병의 원천을 말살하면서 분노할 것이 아니라 과거·현재·미래의 평화라는 꿈 없이 함께 가기 위한 책임감을 키워야 한다.

이것은 철학자, 이자벨 스탕제르가 코스모폴리틱스라는 말로 의미하는 것의 일부이다. 최종적인 해결이라는 꿈(그리고 악몽)도 투명하고 무구한 소통이라는 환상도 모두 금지하는 코스모폴리틱스는 계속 나아가기 위한 실천이고 결과에 노출된 채로 남기 위한 실천이자 가능한 한 많은 성가신 플레이어들과 물질적으로 얽히기 위한 실천이다.[16] 내가 경애하는 개 애호가들은 이상적인 세계를 찾아서 현재 세계를 비난하는 것을 싫어하고, 복잡함과 돌봄과 호기심을 가지고 반려종의 그물망 속에서 행동한다. 이런 검증된 삶의 종류를 더 탐구하기 위해서 개를 좋아하는 한 사람의 비범한 여성 이야기를 하겠다. 그녀는 오스트레일리언 셰퍼드의 도그 쇼의 문화 속에서 출발했으나, 지금은 건강 및 유전학 지시와 액티비즘을 통해서 개 공동체 전체를 위해서 봉사하고 있다.

유전자를 해명하기 : 오스트레일리언 셰퍼드 세계의 C.A. 샤프

　C.A. 샤프는 역사적인 복잡함 속에 있는 어떤 견종에 대한 사랑의 실천을
나에게 보여준다.[17] 샤프가 손수 만들어 발행한 『이중나선 네트워크 뉴스』와
그녀가 설립을 도운 〈오스트레일리언 셰퍼드 건강유전학 연구소〉(이하 ASHGI)
에서도 분명한 것처럼 샤프는 지식을 찾고, 비독단적인 호기심을 기르고 개와
사람들의 복지를 위해 행동한다. 샤프가 자신이 브리더로서 실천해온 내용과
자신이 번식한 마지막 개가 죽고 나서 동물보호소에서 너무 작은 오스트레일리
언 셰퍼드 "시드니"를 입양했던 사실을 비판적으로 성찰했던 것을 여기서 언급
할 필요는 없을 것이다. 샤프의 세상은 아침에 알았던 것보다 저녁이 되면 더 많
이 알게 되는 사람들을 찾아내기 좋은 세상이다. 왜냐하면, 그들은 자신들의
앎을, 종류들로서 그리고 개체들로서 자신들이 사랑하는 자들 덕분이라 여기
기 때문이다.

C.A. 샤프와 애견 오스트레일리언 셰퍼드 시드니. Larry Green의 사진

개 활동가들이 있는 광경이나 개의 코스모폴리틱스는 오늘날 과학기술학의 몇몇 중요한 주제에 대한 사례를 찾을 수 있는 좋은 장소이기도 하다. 가령 개 게 놈과 유전적 다양성 같은 "인식론적 대상"을 만들기·돌보기·먹이기, 개의 건강을 위한 중요한 사실들을 과학적 지위의 위계에 의해 계층화된 공동체용으로 통합하고 강화하는 것, 질환유전자와 같은 경계물boundary objects *이 반려동물의 소유자, 견종 클럽의 브리더, 수의사, 재야의 건강 활동가들, 기업가, 실험실의 연구자와 같은 사람들을 포함하는 다양한 사회 세계를 봉합시키는 힘, 디지털 문화에서의 온라인 커뮤니티의 형성, 민주적인 반려종 데이터 장치가 갖는 의미를 복잡하게 운용하도록 만드는 개방된 건강 등록과 데이터베이스의 개발 등이 그것이다. 테크노문화에서 동시에 여러 가지 일을 하는 사회운동은 샤프와 같은 개 애호가들의 일을 특징짓는다. 그들은 견종 클럽에서는 소수파이지만, 늘 하던 대로만 계속하는 현실을 변화시킬 능력을 갖춘 튼튼한 네트워크를 양성하는 사람들이다. 그들은 반려동물을 잃은 사육주를 지원하는 시스템을 구축하기, 새로운 윤리적 행동 기준을 현장에서 시행하기, 고도로 젠더화된 세계에서 보이지 않는 방식으로 혹은 눈에 띄는 방식으로 네트워크를 만들기, 세련된 재야 과학의 학 지식을 육성하기, 위험도가 있는 공개 정보의 공유를 둘러싼 소송의 위험을 다루기, 광고 캠페인을 진행하기, 모금하기, 그리고 인간 생물의학의 자연문화에서 환자 지지단체가 하는 친숙한 방식으로 과학에서 개 건강의 제창자로서 활동하기와 같은 일들을 동시에 한다.

샤프는 브리더로서 깊은 상처의 기억을 가진 자신의 기원 이야기를 시작한다. 그녀의 이야기는 더 나은 오지Aussie 커뮤니티의 토대를 만들기 위해 수사적으로 동원한 기억이다. 자신이 처음으로 기른 암캐의 임신을 위해 찾은 동물병원에서 샤프는 나쁜 소식을 듣게 되었다. "나는 쇼show와 번식을 위해 처음 오지를

---

* 경계물은 가소성과 강건성을 동시에 가지고 있는 객체로서 여러 집단의 국지적인 제약에 유연하지만 여러 현장을 넘나들면서 공통이 겪은 유지한 수 있을 만큼 강건성을 가지고 있다. 사회학과 과학기술학에서 경계물은 표본, 현장 메모 및 지도와 같은 것이다. 경계 대상이라 번역되기도 한다.

입양하고 일 년 반이 지나서 개의 유전성 질환이라는 현실에 부딪혔습니다."[18] 그녀의 개 패트Patte는 〈동물 정형외과 재단〉(이하 OFA)으로부터 고관절 검사를 받았는데, 번식 프로그램에서 개를 책임 있게 사용하기 위해서 필수적인 승인인 "양호" 이상의 등급을 받을 수 없었다.[19] 순진한 샤프는 패트의 브리더에게 전화를 했다. 그는 오스트레일리언 셰퍼드에 관한 그녀의 멘토였다. 그 멘토는 패트가 강아지를 낳는 것이 허용될 수 없을 거라는 데에는 즉각 동의했다. 하지만 샤프가 패트의 교배 상대였던 개의 주인에게 전화를 해서 교배 취소의 이유를 설명하겠다고 말하자 이 멘토는 친구이자 교사의 입장이라는 힘의 관계를 이용해서 샤프가 죄책감이 들게 만들었다. 그 멘토가 말하기를, 진짜 이유를 누군가에게 누설하면 교배 상대가 되는 종웅 개 주인의 명성뿐만 아니라 브리더로서 멘토 자신의 명성도 손상된다는 것이다. 교배 상대가 될 뻔했던 개는 샤프의 패트와는 관계가 없었다. 하지만 스트레스는 논리를 엉망진창으로 만들었고 샤프는 그 마지막 말 때문에 논리적으로 생각할 수 없게 되었다. 그녀는 완전히 겁에 질렸다. 샤프는 교배 상대의 견주와 전화로 나눈 이야기에 관해 이렇게 썼다. "내가 무슨 이야기를 했는지 기억은 못 하지만, 그것이 거짓말이었다는 것은 알고 있다. … 그리고 아주 불쾌했다."[20] 이 수치스러운 경험을 하고, 유전학 지식(그리고 보복과 대결하는 가운데 보통이 아니게 된 담력)을 몸에 익히면서 샤프는 견종의 건강을 호소하는 재야의 유전학 상담가가 되었다.

이것은 고전적인 회심 이야기이다. 그것은 또한 거절, 비난받을 만한 무지, 침묵을 강요하는 위험, 새빨간 거짓말들이 사람들이 사랑한다고 주장하는 개들을 어떻게 손상시키는지에 대한 사실에 기초한 감동적인 설명이기도 하다. 샤프는 이 암시적인 콤플렉스를 "타조 증후군"Ostrich Syndrome이라고 명명한다. 이 증후군과 그녀가 "구제 불능인 자들"이라고 부르는 사람들이 나의 나머지 이야기를 운명의 실처럼 관통하면서 마찰을 일으킨다. 이 마찰과 부딪히는 가운데 인간과 개의 공동번영의 미래를 상상할 수 있고, 이 세상의 테크노문화적 장소 어딘가에서 그것이 실현 가능하게 된다. 말할 것도 없지만, 어떤 독자들은 이야기라는 형식이 어쩐지 이 세계의 현실성을 빼앗거나 동원하는 것이라고 여길 것이다. 이에 대해 나는 공동으로 산출된 의미 만들기와 세계-만들기는 한배에서 나온 물질-기호론적인 새끼들, 즉 조야하고 까불어대고 오만한 육신의 현실이라고 주장하겠다.

나는 이야기화된 세 가지 변용적 사건을 통해 검증된 삶examined lives을 영위하고 추진하는 샤프의 방법을 추적하겠다. (1) 오지Aussie가 콜리아이 이상증Collie Eye Anomaly(이하 CEA) 유전자를 가지고 있다는 사실을 1990년대 초에 확정시킨 일[21], (2) 유전적 다양성 담론에 관계함으로써 멘델 유전학적인 방향에 경도된 자신을 1990년대 후반에 재검토한 일, (3) ASHGI라는 튼튼한 집단적 운영기관을 2000년대 초에 설립하고, 이번에는 간질과 대결하면서 구제 불능인 자들과 타조 증후군을 다시 물리치는 투쟁을 지원한 일이다. 샤프가 자신의 견종에서 콜리아이 이상증의 유전양식을 결정하는 작업에 관여하는 모습으로부터, 어떻게 "세속적인 재야의" 매개자가 "성직자" 같은 자들이 수행하는 개의 유전학 연구와 성과의 공표라는 틀 속에서 일을 할 수 있는지를 알 수 있다. 이것은 어떻게 하나의 사실이 강건한 존재가 되고 그것에 관여된 사람들을 변화시키는가에 관한 이야기로 확실히 과학학 연구자들이 좋아할 만한 주제이다. 샤프는 1990년대 후반부터 2000년대 전반에 걸쳐 '개 유전학 토론 그룹 리스트서버'(이하 CANGEN-L)*에 참가했다. 이로 인해 샤프의 지식과 도덕이 관여하는 분야는 질환과 관련된 유전자보다는 진화, 생태학, 생물 다양성, 그리고 보존에 주의를 기울이는 팽배한 새천년 전환기라는 맥락에서, 유전적 다양성으로 이동하였다. 마지막으로 ASHGI를 만들어가는 샤프의 노력 과정에는 고풍스럽고 대개 여성이 중심인 네트워킹과 디지털 미디어가 결합해서 효과적이고 정서적인 테크노문화 공동체를 만드는 힘이 묘사되어 있다.

샤프는 1970년 후반에 오스트레일리언 셰퍼드 번식을 시작했다. 그녀는 1980년 초에서 1986년까지 〈ASCA 유전학 위원회〉의 회원이었고 ASCA의 이사회가

---

* Canine Genetics Discussion Group Listserv. 리스트서버는 미국의 'L 소프트 인터내셔널 (L-SOFT International)사'가 판매하는 메일링 리스트용 소프트웨어다. 1986년부터 1993년까지는 누구나 무료로 사용할 수 있는 프리웨어였다. https://en.wikipedia.org/wiki/LISTSERV

1986년에 논란이 많고 설명도 불충분한 조치로 위원회를 폐쇄할 때까지 〈유전학 위원회〉의 회원으로 활동했다. 1993년 겨울, 샤프는 『이중나선 네트워크 뉴스』(이하 *DHNN*)의 집필과 배포를 개시하고, 제1호 *DHNN*에서는 그 자체를 "식탁 이야깃거리"kitchen-table 정도의 사업이라고 표현했다. 1999년에 이르면 약 150명의 사람이 구독했는데, 대부분 브리더였고 개 연구 전문가 몇 사람과 나 같은 부정不正 선수도 한두 명 섞여 있었다.[22] 데스크톱 퍼블리싱*을 배우면서 샤프가 역점을 둔 것은 네트워킹, 정보의 공유, 상호 교육, 유전질환에 대한 브리더들의 타조 증후군에 대한 대처, 책임 있는 유전학에 기초한 견종에 대한 사랑의 실천이었다.

캘리포니아 대학 프레즈노 캠퍼스에서 라디오, 텔레비전, 영화 관련 학사학위를 가지고 회계 일을 해 온 샤프는 지금까지 과학의 내부자 지위를 주장한 적은 없다. 하지만 그녀는 풍부한 식견을 갖춘 전문가의 지위를 적절하게 주장하고, 브리더 공동체와 전문적인 과학자 공동체 양쪽에서 전문가로 간주되고 있다. 그녀는 1990년대 초에는 오지Aussie의 콜리아이 이상증의 유전 양식에 관하여 안과 전문 수의 L.F. 루빈과 공동 저자로 논문을 썼고, 1990년대에 오타와대학의 존 암스트롱 박사와 오지의 근친교배의 계수와 장수 관련성에 관한 공동연구에 관여했으며, 2003년에는 서스캐처원 대학의 실라 슈머츠와 털빛 패턴의 후보 유전자KTLG를 개의 15번 염색체에 매핑하고 그것을 멀merle 유전자에서 제외하는 논문을 공동 집필했다. 그녀는 오지의 유전 데이터 정보 센터로서의 역할을 하고, 특정한 이상을 보이는 혈통을 분석하며, 브리더들에게 멘델 유전학, 분자유전학, 집단유전학 등에 관한 기초적 지식과 도그 쇼용 개의 브리더와 작업견의 브리더가 각각의 계통에서 유전적 질환을 찾아내고 줄이기 위해서 실시 가능하고 필요한 실제적인 수단을 가르치고, 나아가 연구자들과 재야의 개 커뮤니티를 연결함으로써 쌍방 공통의 목적을 위해 노력해 왔다. 샤프는 여러 사회가 교차하는 세계 속에서 논쟁을 일으킬 법한 견해를 표명할 수 있고 감히 표명하는, 스스로 배

---

* desktop publishing. 개인이 PC를 이용해 출판을 하는 것.

우고, 현장 경험이 풍부하고 요령 있는 활동가인 자신의 위치를 활용해서, 실천적 공동체들 사이를 매개하는 위치에 있다.

사실의 탄생

샤프가 눈 장애의 유전적인 근거에 관심을 가진 것은 처음 사육한 암캐가 아직 어린 강아지였던 1975년의 일이다. [미국 캘리포니아주] 파소 로블레스 부근의 '모든 견종을 위한 즐거운 대회'All Breed Fun Match에 참여한 샤프는 안과 진료소를 발견했다. 그녀는 왜 안과 진료소가 있는지를 물었고 강아지를 진찰받은 후 "나는 곧 흥미를 느꼈고, 독학하기 시작했다"고 한다.23 그 후로 그녀는 반드시 개가 눈 검사를 받게 했는데, 즉 일 년에 한 번 정기적으로 지역의 코카 스패니얼 클럽의 진료소를 방문하거나, 몇 시간 거리나 떨어져 있는 스탠퍼드대학 안과 전문 수의병원까지 개를 데리고 갔다. 그리고 필 월드하겐Phil Wildhagen이라는 오스트레일리언 셰퍼드 애호가의 지도를 받으면서 유전학을 공부하기 시작했는데, "그런데 월드하겐은 문자 그대로 로켓 과학자였어요"라고 샤프는 유쾌하게 웃으며 말했다. 1983년경 ASCA의 〈유전학 위원회〉가 데이터 수집을 보조할 사람을 모집했다. "여러 일이 거듭되면서 나는 어느새 위원회의 회원이 되어 있었습니다."

이 시기는 〈유전학 위원회〉가 털색에서 유전성 질환이라는 더 논쟁의 여지가 있는 문제로 관심을 옮기려고 하던 때였는데, 무엇이 오스트레일리언 셰퍼드임을 판단하는 기준이 될지를 성문화된 표준으로서 정리하고 있던 1970년대에는 털색이 관심이 높았던 사항이었다. 마침 그때 어떤 브리더가 〈유전학 위원회〉에 콜리아이 이상증(이하 CEA)이 있는 강아지 두 마리를 데리고 왔다. 그 질환은 오지에게는 발병할 리 없다고 생각되던 것이었다. 이 브리더는 자신의 개에게 CEA가 있다는 사실을 공표했는데, 이 때문에 그는 이런 종류의 나쁜 뉴스를 두려워하는 오지 사육주들로부터 비난을 받고 있었다. 샤프는 〈유전학 위원회〉의 『오지 타임스』에 칼럼을 쓰기 시작했다.24

위원회는 기증을 받은 한 쌍을 시작으로 유전 양식을 조사하기 위해서 일련의 시험교배를 시행했다. 수십 마리의 개와 그 강아지를 참여시킨 이 교배는 샤프를 포함한 위원회 회원 두 사람의 켄넬에서 수행되었고, 수천 달러에 달하는 경비는 그들이 부담했다. 발병한 강아지 대부분은 불임수술 권고와 함께 양부모에게 보내졌고 몇 마리는 추가적인 연구를 위해 대학으로 옮겨졌다. 위원회는 가계 데이터와, 〈개 눈 등록재단〉CERF의 시험교배 조사서와 『오지 타임스』의 칼럼과 소문으로 흥미를 갖게 된 많은 오지 브리더들이 데려온 개들의 검사서를 모았다. 유전 패턴은 상염색체의 열성 유전자를 시사했다. 이제 그런 조건의 사례가 감소하도록 조치를 취하는 것이 기술적으로는 가능하게 되었다.[25] 그러나 현실적인 가능성은 여전히 다른 문제였다.

우선, 오지에게 콜리아이 이상증이 발생한다는 사실을 부인하는 사람들은 이 견종의 브리더들뿐만이 아니었다. 요컨대, "우리가 이 질환과 맞닥뜨리기 시작한 시점에는, 이 질환이 오지에 발병한다는 것 자체가 있을 수 없는 일이었어요"라고 샤프는 설명했다. 가령 샤프가 시험교배에서 태어난 강아지 몇 마리를 프레즈노에서 열린 도그 쇼의 안과 진료소에 데리고 갔을 때, 그녀는 안과의사로부터 오지에게 그런 이상이 발생하는 일은 있을 수 없다는 말을 듣는 것이 고작이었다. 샤프는 건강과 유전학에 관여하는 재야 활동가로서 이런 경우에 대처하는 방법을 잘 알고 있었던 만큼 기술적인 전문용어를 구사한 끝에 간신히 검사를 받을 수 있었다. "이 개들의 어머니는 시각신경유두결손이고, 〔다른 친척 개는〕 맥락막 과형성입니다. 진찰 부탁합니다. … 라고 여러 가지로 이야기를 해서 진찰받았습니다." 샤프는 전국의 브리더들이 자신들의 수의사에게 상담하러 갔지만 수의사들은 오지가 이 병에 걸리는 일은 없고 문헌에도 실려 있지 않다면서 안심하라는 대답밖에 하지 않는다고 이야기했던 것을 회상했다. 결국, 샤프는 "혈연관계의 정도가 각기 다른 40개의 가계와 시험교배 데이터로 무장하고 이 데이터에 관심을 보일 것 같은 〈미국 수의안과 전문의협회〉 수의사 한 명을 찾아 나섰습니다."

과학학 연구자들이 증명을 하기 위해서는 궁정혁명을 필요로 하는 그런 일에는 반드시 따르는 것이지만, 샤프는 혼자 힘으로는 콜리아이 이상증을 "실제로 존재"하는 것으로 만들 수가 없었다는 사실을 강조했다. "대학에서 라디오와 텔레비전과 영화 공부밖에 하지 않은 학사 학위소지자에게는 대단히 무리였습니다." 데이터는 자격을 갖춘 인물이 어울리는 장소에서 발표해야 하는 것이었다. "저쪽의 누군가가 열성이라고 인정하기까지는 열성이 아니고, 열성이라고 인정하면 그때부터 열성이 되는 것입니다." "저쪽"이라는 것은 제도권 과학의 내부를 말한다. 과학학 연구자가 이런 진실의 사회사社會史에 놀라거나, 이런 사정이 "성직자" 문화 내부에서 일하고 있는 "재야"의 탁월한 지식 생산자에 의해서 인식되고 있다는 것에 놀라는 일은 없을 것이다.

잘 알려져 있었고 논란도 많았던 〈ASCA 유전학 위원회〉가 폐쇄되자, 샤프는 갖고 있던 데이터와 분석 내용의 정통성을 널리 이해받기 위해서 공동연구자를 찾기 시작했다. 가능성이 있을 것 같은 몇 명의 연구자들에게 이야기는 해 보았지만, 그들에게는 각기 달리 우선 사항이 있었고 좀처럼 이야기가 진전되지 않았다. 당시 초조해졌던 샤프는 이렇게 주장했다고 회상했다. "보세요, 여러분 중 누군가가 논문으로 쓰지 않으면, 이 병이 실제로 존재하는 것이 아니게 됩니다." 효과적인 교정행위는 사실의 현실성에 의존한다. 관계의 사슬을 더듬어 샤프가 도달한 것은 개 눈의 유전 질환에 관한 저작을 간행하기 직전이었던 펜실베이니아대학의 라이오널 루빈 박사였다.[26] 그 저작은 이미 인쇄에 들어간 상태였기 때문에 오지 이야기는 그 책에 실리지 못했지만, 샤프는 데이터를 정리하고 〈유전학 위원회〉가 실시한 교배에 기초해서 가계도를 작성해 루빈 박사에게 건넸고, 박사는 가계 분석 전문가를 고용해서 최종적인 가계도를 만들었다. 루빈이 샤프와 공동 연구를 개시한 지 2년 후에 논문이 발표되었다.[27] 드디어 제대로 된 가계도를 작성함으로써 상염색체 열성유전 질환으로서 오지의 콜리아이 이상증이 사실로 인정되는 길로 들어서게 되었다.

그러나 그 사실의 현실성은 계속 보잘것없었다. 우리의 1999년 인터뷰에서 샤프는 〈미국 수의안과 전문의협회〉에서 1991년 이후에 출판한 편람의 오지Aussie 섹션에 그 "사실"이 게재되지 않은 것은 독립적인 반복 실험이 요구되었기 때문인 것 같다고 했다. 그녀는 비용도 많이 들고 윤리적으로도 문제가 많은 대형 반려동물에 관한 이런 연구의 반복 실험은 있음 직하지 않다고 강조한다. "현장에 있는 우리가 흥미를 느끼고 무리를 해서 데이터를 긁어모아 오지 않았으면, 이런 일은 처음부터 일어나지 않았을 것입니다." 그러나 그녀는 주장했다. "〈미국 수의안과 전문의협회〉는 오지의 콜리아이 이상증이 열성유전에서 발생하는 것 같다고 왜 말할 수 없었던 걸까요?" 그리고 덧붙이길, "적어도 저쪽 누군가가 지금 나에게 요청한다면 그 논문의 복사본을 보내줄 수 있습니다." 결국 조지 패젯George Padgett이 쓴 개 유전병의 성경이라고도 불리는 책에 샤프의 네트워크가 현실로 만든 사실이 수록되었다.[28] 샤프는 연구 첫 단계에서 유전 양식이 나타나자, 오스트레일리언 셰퍼드의 브리더를 위한 혈통 분석 서비스와 데이터 시스템을 설계하고, 그것을 가지고 개 유전학 자연문화 장치에서 중요한 기관인 미시간주립대학의 패젯과 상담했다. 패젯으로부터 그녀의 접근이 과학적으로 문제가 없다는 것을 확인받고, 샤프는 1993년 DHNN을 발간하기 일 년 전쯤에 서비스를 제공하기 시작했다.

샤프는 코넬 대학 수의안과의 그레그 애클랜드가 오지의 콜리아이 이상증 연구는 단일 유전자에 의한 형질 유전에 대한 연구로는 모든 개 문헌 중에서 가장 인상적인 데이터라고 말했음을 자랑스럽게 이야기했다. 콜리아이 이상증이 열성 유전자라는 사실은 루빈과 패젯, 애클랜드 그리고 재야에서 샤프의 전문적인 실천을 포함하는 튼튼한 네트워크 속에서 더욱더 강고해졌다. 이것은 귀중한, 상황 속의 성취로서의 객관성의 내용이다.[29] 또한 "인민을 위한 과학" ─ 그리고 개를 위한 과학의 내용이기도 하다. 멘델의 유전학은 20세기 후반이라는 시점에서는 결코 새로운 과학이라고는 할 수 없지만 그것의 지식 생산 장치를 유지하고 확장해 가는 데는 여전히 노력이 필요하다.

그러나 사실을 공식적인 과학 "내부"의 것으로 만드는 것만으로는 불충분했다. 이 사실이 현실성과 효력을 가질 수 있게 되기 위해서는 오지 브리더 공동체 내부 역시 중요하다. 이들의 거부는 과학 커뮤니티에서의 거부와는 다른 형태이다. 따라서 사실을 엄연한 현실로 납득시키기 위한 물질-기호론적인 수사도 달라야 한다. 샤프가 혈통분석 서비스를 설립하는 동안, 북부 캘리포니아의 열성적인 브리더 그룹이 탁월한 활동을 개시했다. 시험교배 프로그램과 교배를 기록할 양식을 개발했고 무엇보다 가장 중요한 것은 그들이 그 결과를 공표했다는 점이다. "그들은 단체로 브리더 잡지의 전면 광고를 사서 자신들이 콜리아이 이상증 개를 생산한 사실을 인정하고 질환인자를 가진 개들의 이름 목록을 게재했습니다. 게다가 그 후의 광고에서 그들이 행한 시험 번식의 세부내용을 게재하여 관련된 개를 번식에서 제외할 수 있도록 했습니다."[30] 그들이 단체로 행한 활동은 콜리아이 이상증이 발병한 강아지를 〈유전학 위원회〉에 기증한 사람들에게 가해졌던 종류의 공격을 사전에 방지했다. 구제 불능인 사람들이 이번에는 지하로 쫓겨나고 시험을 행한 브리더들은 브리더 공동체의 명확한 실천 표준을 재정비했다. 표준이 언제나 지켜진다고는 할 수 없을지라도 원칙적으로 무엇이 비밀이고 무엇이 공적인가 하는 것은 완전히 뒤집혔다.

결정적인 일 하나가 콜리아이 이상증을 오지Aussie 세계의 하나의 사실로서 정착시키는 데 도움이 되었는데, 그것은 그들의 혈통에서 그 질환을 발견하는 사람들에 대한 감정적인 지원이었다. 개 애호가는 자기 개의 "결함"을 자신의 결함이라고 생각하는 경향이 있다. 샤프는 오지 유전질환의 세계에서 감정적으로 지원하는 입장이 될 수 없었다. "나한테 자신이 기르고 있는 오지의 유전적인 문제로 전화를 해 오는 사람은 나를 전문가라고 생각하고 연락하는 것이지 동료 의식에서 전화하는 것이 아닙니다." 그래서 샤프는 자신의 이름과 개의 이름을 공표한 북부 캘리포니아 쪽 사람들에게 문자 그대로 "슬픔에 잠긴 브리더들"을 위한 지원 그룹으로 역할을 해 줄 것을 부탁했다.[31] 생명사회성Biosociality은 어디에나 있다.[32]

우리가 정식으로 인터뷰를 한 1999년, 오지의 콜리아이 이상증에 관해 샤프가 받은 보고는 7, 8년 전과 비교해서 훨씬 줄고 있었다. 〈개 눈 등록재단〉(이하 CERF)을 통해 강아지를 검사받는 것은 이제 윤리적으로 당연한 일이 되었고 사려 깊은 브리더는 발병한 개를 교배에 사용하지 않게 되었다. 그런 브리더들로부터 강아지를 구입한 사람들은 강아지와 함께 CERF가 발행하는 보고서 사본을 받고, 그 강아지가 불임수술 계약을 맺지 않은 경우 번식동물의 눈 검사를 매년

받도록 엄밀한 지시가 쓰인 문서도 받는다. 사실은 중요하다.[33]

　우리가 두 번째 정식 인터뷰를 했던 2005년 후반, 코넬대학의 그레고리 애클랜드가 보더콜리를 중심으로 수집된 데이터와 보더콜리 작업견 클럽이 조달한 많은 연구비를 사용해서 콜리아이 이상증 유전자를 발견했고, 자신이 설립한 옵티젠사를 통해서 유전자 검사 업무를 수행했다.[34] 샤프가 *DHNN*에서 열심히 호소하고 전국적으로 개최되는 도그 쇼에 들러서 몇 번이나 설명했음에도 불구하고,[35] 오지Aussie 애호가들이 코넬대학의 연구에 참여한 경우는 많지 않았다. 그렇지만 오지의 진보적 브리더인 컬리 레이Cully Ray는 상당한 액수의 기부금을 제공했고 목적의식을 가진 몇 사람이 콜리아이 이상증이 있는 강아지를 연구에 참가시킨 결과 애클랜드는 오지와 보더콜리(뿐만 아니라 콜리도)도 콜리아이 이상증을 일으키는 동일한 유전자를 가지고 있고, 같은 DNA 검사를 사용할 수 있다는 사실을 확인할 수 있었다. 샤프는 어떤 용기 있는 오지 사육주의 이야기를 해 주었는데, 이 사육주는 자신에게 스토커처럼 접근해서 부정적인 반응을 보였던 이 개 브리더 바로 면전에서 콜리아이 이상증 강아지를 애클랜드에게 제공했다. 구제 불능인 사람들은 잘 구제되지 않는다.

　하여튼 2006년경 오지에게 콜리아이 이상증은 이전만큼 중대한 유전 문제가 아니게 되었다. 건강 활동가들이 열심히 노력한 덕분에 병이 발생한 개와 그것을 전달한 개를 효과적으로 발견하고 적절한 행동을 취하는 일이 일반적이 되었기 때문이다. DNA 검사도 있으면 있는 대로 좋지만, 전통적인 검사 방법(눈 검사)과 가계도 분석을 이용해서 이상 유전자를 가진 개끼리 교배될 확률을 줄이는 방법도 위기관리에 잘 기능했다. 이 병이 일반화된 이유는 1980년대에 인기 있는 소수의 종웅이 과잉 사용되었고, 그 종웅이 우연히 열성 유전자를 보유하고 있었기 때문이었다. 이 문제는 검사되지 않은 인기 종웅이 한 마리라도 유전자 풀에 들어가면 재연될지 모른다. 오늘날에는 지식과 기술이 있다. 하지만 개와 인간의 다른 종류의 공동 번영뿐만 아니라 유전적 건강을 위해서도 매일의 삶을 검증하는 현재 진행형의 작업이 필요하다.[36]

다시 태어나다

하지만 질환 관련 유전자의 세계는 개 유전학 이야기의 하나의 구성 요소에 불과하고, 생물 다양성 담론의 시대에는 특히 그러하다. 유전적 다양성을 증대시키고 보전하는 일은 유전 관련 질환을 방지하고 줄이는 일과 동일하지 않다. 이들 담론은 많은 장소에서 서로 접촉하고 있지만, 그것들의 분기가 많은 개 애호가들의 지적이고 도덕적인 세계를 다시 형성하고 있다. 샤프의 이야기는 여기서도 시사적이다.

1990년대 중반, 샤프는 K₉GENES라는 인터넷 토론 그룹의 회원이었다. 그 메일링 리스트에서 집단유전학자이자 희소견종 번식운동의 활동가이고 〈미국 코통 드 튈레아르 클럽〉의 대표인 로버트 제이 러셀 박사는 유전적 다양성을 줄이는 번식 방법을 비판했다. 그리고 AKC가 유전성 질환의 연구에 자금을 제공하고, DNA에 기초한 친자 감별을 의무화하고 있지만, 유전적 다양성을 줄이는 번식 방법을 그냥 두고 있다고 AKC의 구조도 비판했다. 러셀의 논쟁적인 투고는 메일링 리스트에서 수차례나 차단되었다. 이 일은 러셀로 하여금 다른 이메일 계정으로 로그인하도록 촉발했고 그로 인해 메일링 리스트가 검열되고 있음이 드러났다.

이런 사건들을 거쳐 1997년에는 '개 유전학 토론 그룹'Canine Genetics Discussion Group(이하 CANGEN-L)이 오타와대학의 존 암스트롱 박사의 주도로 설립되고, 브리더와 과학자가 유전학에 관해 자유롭게 논의할 수 있게 되었다. 암스트롱은 2001년에 세상을 떠날 때까지 〈개 다양성 프로젝트〉 웹사이트도 운영했다.[37] 이 사이트에서 사람들은 집단유전학의 초보적인 지식을 얻거나 멸종위기종인 야생의 갯과 동물 보호 프로젝트에 관한 기사를 읽거나 켄넬 클럽 밖에서 행해지고 있는 개 번식에 대해서 활동가들의 견해를 고찰하고 관련 사항을 다루는 사이트로 연결될 수도 있었다. 효과적인 집단의 규모, 유전적 유동, 유전적 다양성의 상실과 같은 개념이 도덕적이고 감정적이고 지적인 영역을 구축했다.

CANGEN-L은 인상적인 사이트였고 거기서는 서로에게 응답하는 가운데 자신의 사고 방법과 때에 따라서는 행동까지도 어떻게 바꾸면 좋을지를 배우고 있는 다른 개 애호가들을 관찰하는 일과 그들과 직접 교류하는 일도 가능했다. 이 메일링 리스트는 30명 정도의 회원으로 시작했고 암스트롱은 100명 정도까지 회원이 늘어나기를 기대했다. 오타와대학의 컴퓨터 자원에 의존하면서 가입자는 2000년 봄에는 300명까지 늘었고 격렬하고 매혹적인 논의가 전개되었다. 참가자 중에는 맥락이 무시되고 있다고 불평하는 사람들도 있었고, CANGEN-L에서는 브리더와 과학자가 서로 배타적인 카테고리가 아니었지만, 브리더들은 기회가 있을 때마다 자신들이 일부 과학자들에 의해서 경시되고 있다는 의식을 표명하고 있었다(그 반대도 있었다). CANGEN-L의 참가자들 중에는 과학자이든 아니든 가끔 분노나 좌절에 사로잡혀 리스트를 떠나는 사람들도 있었다. '진리'를 받드는 몇 사람의 교조주의자가 때때로 토론장을 망치기도 했다.

이 모든 것이 CANGEN이 다양한 행위자에 의해 세련되고 민주적인 논의가 전개되는 훌륭한 사이트였음을 말하는 것이라 생각한다. CANGEN 덕분에 나는 근친교배 계수와 같은 사항을 전혀 모른다는 사실을 깨닫게 되었고, 대학원 때의 이론 집단유전학 노트를 다시 뒤적이고 코넬대학 수의학부의 온라인 개-유전학 코스를 수강하게 되었다. 이것은 온라인 원격 학습으로 제공되는 내용에 대한 나의 엘리트주의적 경멸이 한순간에 깨지는 경험이었다.[38] 개들이라는 종류를 좋아한다고 주장하는 이상, 지금보다 좀 더 많이 알아야 한다는 것을 별안간 깨닫게 된 것은 CANGEN에서 나뿐만이 아니었다.

샤프는 CANGEN에서 과학 관련 논의의 수준이 올라가는 것과 진화 집단유전학이 강조되는 점을 환영했다. 그녀는 통계학 논의에 자극받았고 *DHNN*에 게재한 번식 관련 조언이 구체적으로 어떤 결실을 보았는지에 관해서 알고 싶었다. *DHNN*은 1998년 여름호를 시작으로 방향을 전환했다. 샤프는 우선 "인기종용증후군"이 유전적 다양성에 어떤 비참한 영향을 끼치는지에 관해서 설명하고, 계통교배는 근친교배의 일종이라는 점을 확실하게 하는 기사를 게재했다. 그리고 1998년 가을호에는 질환 관련 유전자를 염두에 둔 엄격한 선발이 폐쇄적인 집단에서의 유전적 다양성 소실이라는 문제를 어떻게 악화시킬 수 있는지를 탐구하는 기사를 게재했다. 이 기사에서 샤프는 바센지(아프리카산의 잘 짖지 않는 작은 개) 클럽이 혈통 등록부에 기재되지 않은 아프리카 태생의 개 수입에 관해서 AKC의 승낙을 얻는 데 성공한 사례를 이 클럽의 승인을 얻어서 소개했다. 이 일은 실제로는 AKC의 집요한 저항 때문에 난항을 겪었던 일이었다.

*DHNN*의 1999년 겨울호 특집기사는, CANGEN의 동료이자 숨김없이 의견을 표명하는 것으로 유명한 헬무트 박텔Hellmuth Wachtel(그는 〈오스트리아 켄넬 클럽〉의 자유 협력자이고 빈의 쉔브룬 동물원의 과학 평의회의 회원이기도 하다)로부터 인용한 것으로 시작하고, 유전적 하중, 치사 상당량, 집단 병목현상, 유전적 유동, 근친교배 계수, 파편화된 유전자 풀이 설명되었다. 1999년 봄호에는 「이단을 말하다 : 교잡 육종에 관한 냉정한 고찰」이라는 글이 실렸다. 샤프의 말에 따르면 이 기사는 "배설물이 생태순환 장치에 명중하게" 만들기를 기대한 기사였다는데, 견종을 향한 사랑은 꽤나 지저분한 일이다.

개의 세계에서 새로운 유전학은 추상이 아니다. 우리가 초소형 위성 표시자를 소유하는 것의 정치학을 고려하든, 상업적 유전자 검사의 상세를 고려하든, 연구의 재원 확보 문제를 고려하든, 기원과 행동에 관해 경합하는 이야기들을 고려하든, 유전성 질환에 고통받고 있는 개를 지켜보는 아픔을 고려하든, 관련 클럽에서의 개 번식의 방법을 논의하는 것에 대한 개인적인 감정을 고려하든, 혹은 다른 종류의 전문 지식을 서로 결부시키는 교차하는 사회적 세계들을 고려하든 그것은 추상이 아니다. 내가 샤프에게 브리더, 유전학자, 개 관련 잡지의 필자들을 비롯한 사람들이 CANGEN이나 다른 곳에서 무엇을 서로 배웠다고 생각하는지를 물었을 때, 그녀는 과거 수십 년간의 유전학의 심오하고 급속한 변모에 화제를 집중시켰다. 샤프는 자신의 유전학 지식의 증가 방식은 분자유전학이라는 장치 전체를 취급하는 능력을 포함해서 CANGEN에 참가하기까지는 자연스럽고 연속적이었지만, CANGEN에 참가함으로써 일변했다고 했다. "유일하게 신의 현현과 유사한 체험을 한 것은 CANGEN에 참가해서 전문가들의 수많은 투고를 읽기 시작한 때였습니다 … 근친 교배에 문제가 있다는 것은 알고 있었지만 집단유전학을 공부할 때까지 문제의 전체상을 파악하고 있지 못했지요." 그 시점에 샤프는 정치 문제를 내포한 야생동물 보전과 생물 다양성 소실과의 유비에 생각이 미쳤고, 개와 관련된 자신의 일과 지역 동물원 안내원으로 일하는 자신의 일이 서로 연결되었다고 한다. 그리고 이 연결은, 2005년에 프레즈노 동물원의 재편과 개혁을 위한 투표를 통한 주민발의 활동에 즈음해서 동물권보호 반대세력과 대결하는 가운데서 다시 부상하게 되었다. 종 횡단적인 시민성은 많은 매듭을 묶지만 어느 것 하나도 무구하지 않다. 확실히 다시 태어났지만 소생한 세계는 복잡함, 호기심, 돌봄의 세계였지 은총이 가득한 세계는 아니었다.

간질을 마주하고

2000년대 초에는 이미 샤프는 견종의 건강, 유전학, 가계에 관한 방대한 정보를 축적하고 있었고, 그녀는 연구자, 브리더, 일반 오지 애호가들을 위해 다양한 서비스를 제공하기 시작했다. 만일 그녀의 신상에 무슨 일이라도 있었다면 그런 데이터는 어떻게 되었을까? 샤프는 자신들의 개와 개들의 장래의 자손보다 도그 쇼 문화에서 켄넬의 명성이 걱정되는 브리더들로부터 소송을 하겠다는 위협을 여러 차례 받았다. 이런 소송에서 브리더들의 승소 확률은 극히 낮다고 하더라도 그녀가 방어를 위해 지출해야 할 개인적인 비용은 힘겨운 일이 될 터였다. 내 경험으로는 그녀의 신중함과 기밀 보호의 실천은 이전부터도 모범적이었다.[39] 그러나 자금력이 있고 악의적인 "구제 불능인 사람들"을 방어하기에 충분치는 않았다. 이 문제는 가계 분석과 데이터베이스 접근성이라는 급소를 때렸다. 그리고 그녀의 네트워크는 비록 개의 건강에 관한 행동주의 특유의 얼굴과 얼굴을 (그리고 컴퓨터 화면을 사이에 두고) 마주한 활동이라는 면은 계속 현저하지만, 초기처럼 부엌의 식탁 위에서 하는 출판과 개인적인 시험 번식, 견종 클럽의 위원회 같은 수준을 훨씬 넘어서 확대되고 있었다.

그것은 또 다른 변환을 위한 시간이었다. 이번에는 오지Aussie의 모든 클럽과 협력하면서도 독립성을 방해받지 않고 활동하는 비영리법인 조직인 개 건강 단체의 설립이 과제였다. 오지 클럽의 DNA 위원회 시절, 동료이고 친구이기도 했던 피트 아돌프슨으로부터도 비슷한 제안을 받았다. 두 사람은 계획을 실현하기 위해서 함께 노력할 결의를 다졌다. 동물학 석사과정을 수료한 아돌프슨은 수생 독성학이 집단유전학에 미치는 영향에 관해 논문을 발표했다. 두 사람은 역시 오지 클럽의 DNA 위원회 멤버였던 조지 존슨을 영입했다. 존슨은 노스캐롤라이나 주립대학에서 식물학 박사학위를 취득했고 오랫동안 오지 견주였고 가끔 브리더 일도 하면서 오스트레일리언 셰퍼드의 유전학에 관한 기사를 번식 잡지『오지 타임스』에 발표하고 있었다. 2001년 〈오스트레일리언 셰퍼드 건강유전학 연구소〉(이하 ASHGI)가 미국 501(c)(3) 조직으로서 법인이 되고, 샤프와 동료들은 2002년 7월에 연구소 설립을 정식으로 발표했다. 웹 디자이너이자 오지 브리더이기도 한 애리조나주에 사는 재능 있는 전문가인, 클레어 거스탑슨의 무상 노동으로 ASHGI는 2003년 1월에 www.ashgi.org로 온라인에서 접속할 수 있게 되었고, 샤프가 대표를 맡았다. 아돌프슨이 이사회를 떠난 후 샤프와 존슨과 함께 이사회의 일원이 된 사람은 카일리 먼야드였는데, 그녀는 머독대학에서 농작물의 유전분석가로 박사후과정을 하고, 지금은 오스트레일리아의 커틴 공과대학에서 분자유전학 강사이며, 자신의 오지와 함께 어질리티와 복종경기, 그리고 최근에는 목양 부문의 경기에 참여하고 있다. 먼야드는 두 사람의 활동가와 함께 〈오스트랄라시아 오스트레일리언 셰퍼드 건강등록소〉를 설립했는데, 이 단체는 오스트레일리언 셰퍼드의 국제적인 건강 데이터베이스를 위한 프로젝트라는 발상을 남긴 채 단명으로 끝나고 말았다.

ASHGI는 처음부터 간질 연구, 행동 유전학, 다중 약물 내성 유전자, 백내장을 비롯한 각 분야의 프로젝트에서 개 유전 연구자들과 파트너 관계가 되었다.[40] ASHGI는 사람들에게 샘플 제공을 장려하면서, 연구를 설명하고, 말을 퍼뜨리고, 연구자들이 각자의 연구를 통해서 의미 있는 방식으로 개의 세계와 연결되도록 돕는다. 그리고 샤프의 친구인 고(故) 베티 넬슨은 콜라이 이상증 연구를 위해 최초로 시험교배를 함께 했던 동지인데, 그녀의 파일도 포함해서 ASHGI는 견종의 건강과 유전에 관한 문서들이 뛰어난 아카이브를 유지하고 있다. 그들은 많은 견종에 걸친 암에 대한 조사를 추진하면서, 기존의 개방된 건강등록부와 오스트레일리언 셰퍼드 사육주들의 자발적인 정보 제공을 통합한 온라인 검색이 가능한 세계 규모의 건강 데이터베이스(《국제 오스트레일리언 셰퍼드 건강 디렉토리》[이하 IDASH])를 만들 계획도 있다. 그리고 ASHGI는 샤프의 혈통 분석을 전산화해서 유료 서비스로 제공할 예정이다.[41] 이미 일 년 정도 IDASH에 대한 구상을 다듬어 온 샤프는 BEACON이라는 이름의 〈비어디드 콜리 건강재단〉 웹사이트로부터 촉발되어 2005년에 〈개 건강재단〉에서 다른 견종, 특히 비어디드 콜리, 버니즈 마운틴 독, 알래스칸 말라뮤트의 활동가들과 함께 회의를 개최했다.[42] ASHGI의 각 프로젝트는 샤프와 협력하는 열심히 일하는 위원회를 가지고 있다. 십여 명의 매우 활동적인 사람들이 연구소가 돌아가게 만들고 있는데 그 90퍼센트는 여성이고 모두 견종뿐만이 아니라 소중히 여기는 개별 개들과 깊이 얽힌 관계 속에서 살고 있다. 그들의 사랑의 노동은 인터넷을 매개로 하는 끊임없는 커뮤니케이션과 상당한 정도의 테크노사이언스적인 전문기술과 독학하는 전문가들이 없다면 뿔뿔이 흩어지고 말 것이다. 나의 언어로 말하자면, ASHGI의 반려종들 가운데는 사이보그들이 있다.

ASHGI에서 나의 관심을 끄는 것은 네트워킹, 돌봄을 지식과 연결하기, 그리고 집합적인 헌신이다. 견종을 향한 사랑 실천의 핵심에 자원봉사자들의 전문적인 기능과 노동이 있다는 사실을 누구도 빠뜨릴 수 없다. 세 가지 활동이 이 일을 생생하게 만들어 간다. 웹사이트의 '전문가에게 물어보세요'라는 코너와 브리더를 위한 프로그램인 '더 건강한 오스트레일리언 셰퍼드를 위한 10단계', 그리고 이 견종의 간질에 대한 폭넓은 행동 지원이 그것이다.

샤프는 오지의 건강과 유전에 관해서 오랫동안 이메일을 통한 질문에 회신해 왔지만, ASHGI 설립과 함께 그녀는 이 견종에서 여러 방면으로 경험을 쌓은 열성적인 자원봉사 전문가 그룹을 조직했다. 각각의 주제별 페이지와 웹사이트의 다른 몇 곳에서도 이메일 링크가 표시되어 관련 자원봉사자들을 사람들과 연결한다. 자신의 전문 지식을 무료로 제공하는 자원봉사자 중 한 사람인 킴 몬터는 원래는 화학자이고 동물의 건강제품을 연구하고 있었지만, 현재는 비즈니스 컨설턴트이다. 그녀는 개와 함께 탐색과 구조활동에 오랫동안 적극적으로 관계하고 도그 쇼와 복종 경기에도 참가했고, 뉴멕시코주에 〈폭스우드 켄넬〉을 가진 브리더이다.[43] '10단계' 프로그램을 담당하고 견인하고 있는 몬티는 또한 이 견종의 간질 발생을 줄이는 활동에도 열성적으로 몰두해 왔다. '10단계' 프로그램은, 〈에피진스〉EpiGENES의 비공개 온라인 채팅 그룹의 브리더 윤리에 관한 농밀한 논의로부터 생겨난 것이고, 국경을 초월한 이 그룹의 참가자는 견종의 건강문화 확장을 상징하고 있다.[44] 참가자들은 준비 단계에서 몇 번이나 초안을 작성하고, 문제에 관한 개방적인 문화, 상호지원, 건강 스크리닝, 그리고 정확히 목표를 좁힌 연구를 육성하기 위해 모든 브리더가 취해야 할 10가지 윤리적 행동을 정리했다. 그 논조와 내용은 다음의 네 가지 서약으로 표현되고 있다 : "나는 나의 거주 지역의 누구라도 접속이 가능한 개의 건강 등록을 이용함으로써, 오스트레일리언 셰퍼드에게 영향을 주는 건강에 관한 모든 문제를 공표하는 것을 지지합니다." "나는 병에 걸린 오스트레일리언 셰퍼드를 생산한 브리더와 교배 프로그램을 비방하지 않습니다." "나는 유전성 질환의 정보를 수집하면서, 병에 걸린 개의 사육주를 진심으로 지원하고 돕습니다." "나의 개가 자국 내에서 검사받게 되는 경우 혹은 DNA 감정이 가능한 나라에 수출되는 경우에 모두, 교배에 이용하기 전에 정식으로 인가된 연구 시설에서 DNA 감정을 받고 그 결과를 공표합니다."

물론 브리더는 자율적으로 10단계의 서약을 한다. 견종 클럽이나 기타의 장소에서 이 서약의 실천을 강제하거나 감독하는 조직은 그것이 더 좋든 더 나쁘든 어디에도 없다. 그러나 이런 일련의 명확한 원칙의 존재는 강력한 교육 수단이 되고, 동료집단 내에서의 유력한 압력 장치도 된다. 서약은 "나"라는 일인칭 단수형으로 행해지지만, 그 표현은 이 문제에 깊이 영향을 받고 자신들 스스로가 진취적인 변화를 일으켜야 한다고 생각한 사람들의 집합적인 노력 과정의 결과이다. 많은 의미에서 이 10단계의 서약은 국경을 넘어선 개의 테크노문화가 생명윤리에 관해서 생각하고 행동한 전형적인 사례라고 할 수 있다. 예를 들면 이 프로그램은 시장 기반의 연구, 검사, 치료 체제를 수반한 종 횡단적인 건강과 병의 유전화에 대한 동시적인 응답이고, 개인적이고 집합적이 책임 있는 행동을 위한 하나의 모델이고, 여성 공동체의 사회적인 운동이고, 윤리적 표현과 장치 속에서 정치적이고 과학적인 행동을 주조하는 과정을 내다보는 창이고, 디지털 문화에서의 얼굴을 마주하는 것뿐만 아니라 화면을 사이에 둔 네트워킹의 성과이고, 개방적인 데이터베이스처럼 디지털 문화에서 중요하게 출현하는 대상들의 가동조건의 적극적 형성이고, 개의 종류들, 개개의 개들 그리고 개의 애호가들과의 감정적이고 인식론적인 관여에 대한 매력적인 형상이다.

10단계 서약은 간질에 초점을 맞춘 비공개 채팅 그룹 〈에피진스〉가 제기한 것이었다. 왜 간질이 오스트레일리언 셰퍼드의 세계를 포함한 현재의 개 세계에서 그토록 중요한 것일까? 왜 채팅 그룹은 비공개여야만 했을까? 순혈종의 개는 언제나 몸 상태가 나쁘고, 발작을 일으키기만 하는 것일까? 이 마지막 질문에 대한 대답은 오스트레일리언 셰퍼드에 관한 한 지금으로서는 "아니다"이다. 오지는 일반적으로는 건강한 견종이고 평균 수명도 12세를 넘는다. 그러나 유전적 질환의 발생은 최근 몇십 년 사이에 증가하고 있다. 이것은 불필요한 사태이고, 허용될 수 없는 사태이기도 하다.[45] 하지만 우리는 소위 특발성 간질이라는 것이 유전적인 질환 혹은 복수의 질환이 복합된 상태라고 정말 확신하고 있는 것일까? 오스트레일리언 셰퍼드의 간질 발생률은 어느 정도이고, 과거 20년간 어떻게 변화해온 것일까? 이런 질문에 대한 답을 알기 위해서는 어떻게 하면 좋을까? 왜 간질은 C. A. 샤프가 그토록 열심히 장려하고 실천해온 검증된 삶에서 중요한 문제들을 복잡하게 만드는 것일까?

1980년대에는 오지 중에서 간질이 화제가 되는 일은 거의 없었지만 25년 후인 현재, 간질은 이 견종에서 가장 발생률이 높은 두 가지 질환 중 하나이고, 그것이 유전에 의한 발병임을 부정하기는 매우 어렵다. 간질은 도그 쇼를 위한 혈통에서 큰 문제가 되고 있고, 쇼와 무관한 혈통에는 적어도 두 혈통에서 발병이 발견된다.[46] 최초의 간질은 1990년대 초에 영국에 수출된 오지 자손의 명백한 가족 집단들 속에서 발병이 보였고, 영국의 브리더들은 그것을 발설하는 사람들에게 침묵과 강압 그리고 위협으로 대응했다. 미국의 브리더들은 그런 영국의 상황을 자신들과는 무관하다고 보는 경향이 있었고, 미국에 있는 개의 장애 보고가 점점 늘어나는데도 미국 브리더들 다수는 영국의 브리더들과 마찬가지로 반응했다. 오진

되기 쉬운 1차성 혹은 특발성(유전성) 간질은 2006년이 되어서도 여전히 다른 원인들을 배제하는 방식으로 진단되었다. 발작은 수많은 이유로 일어나는데 유전성 간질의 원인은 매핑된 단수 혹은 복수의 유전자로는 아직 특정되지 못하고(유전자 제어나 후성유전학적 패턴 형성에 대해서는 아직 손도 대지 못하고 있다), 보통은 성견이 되고 상당 기간이 지나도록 증상이 나타나지 않기 때문에 교배를 피하기도 어렵다. 간질과 함께 사는 것은 개도, 사육주도, 브리더도 어렵기 짝이 없는 일이다. 이런 모든 사정 때문에, 구제 불능인 사람들과 그와 관련된 타조 증후군이 초래된다. 샤프는 말한다. "타조 증후군이 악성화된 사례는 내가 관계하고 있는 견종에서 볼 수 있습니다. … 간질병을 앓는 오지를 데리고 있거나 번식한 적이 있는 타조들은 많이 있습니다만, 검사는 이루어지지 않고 있습니다. 이런 사람들은 현재 진행 중인 연구 프로젝트에 협력하려 하지 않습니다. 그 결과 '현실에서' 일어나는 일은 개가 머리를 부딪히거나 개미용 살충제에 열중하거나 일사병에 걸리는 사태입니다. 실제로 이런 개는 두세 주에 한 번씩은 머리를 부딪히거나 독이 있는 것을 먹거나 열사병에 걸립니다."[47] 이런 일에 관한 한, DNA 수준에서의 직접적인 스크리닝 검사는 테크노문화에서 타조의 머리를 식히기에 알맞은 수단이긴 하지만, 이런 스크리닝 검사의 개발은 보통 문제가 아니다.

독자들은 〈에피진스〉가 비공개 채팅 그룹이었음을 알 것이다. 이 점은 유전성이라고 의심받고 있었던 이 질환의 치욕스러운 성질에 대한 강력한 단서이다.[48] 구제 불능인 사람들이 느낀 치욕과 공격적인 반응의 증거를 찾기는 어렵지 않다. 샤프는 2003년 『오스트레일리언 셰퍼드 저널』에 간질에 관한 강력한 기사를 게재했는데, 이 기사는 최초의 대발작에서 6개월 후인 1993년에 안락사를 시키지 않을 수 없었던 암캐의 가공할 발작 기록을 토대로 한 기사였다. 용기 있는 사육주 팻 컬버Pat Culver가 『오지 타임스』의 9월/10월 합병호에 이 개의 추도 광고를 게재하고 등록된 이름과 죽은 원인, 그리고 2세대분의 가계도를 공표했다. 이 개와 혈연관계가 가까운 개의 브리더 중에는 격앙해서 컬버를 공격하는 사람도 있었지만 건설적인 응답의 필요성을 논한 사람들도 있었다. 컬버만이 아니고, 간질을 가진 동복의 새끼를 2회 출산시킨 적이 있는(그리고 그 후 그 혈통을 번식 프로그램에서 배제했다) 오스트레일리언 셰퍼드 애호가 앤 데샨트Ann DeChant와 샤프도 견종 활동을 조직하려고 했었다. 하지만 2005년 12월에 우리가 했던 인터뷰에서 샤프는 사람들이 두려워했고 관심은 시들해져 버렸다고 했다.

구제 불능인 사람들은 사실을 과감하게 공개하는 사람들을 공격했으며 누구에게도 전혀 알리지 않고 발병한 개의 직계 가족의 개들을 계속 교배에 사용했다. 그뿐만 아니라 이런 사람들은 당시 실시되고 있던 두 가지의 연구 프로그램이 모든 데이터를 비공개로 취급했음에도 발병한 개나 근친 관계에 있는 개의 샘플 제공을 거부함으로써, 병든 개와 사육주의 고통에 대한 건설적인 응답을 지체시켰다. 그러나 2005년에 내가 샤프와 인터뷰할 즈음에는 이미 ASHGI에 모여든 오스트레일리언 셰퍼드 활동가들의 단호한 풀뿌리 운동 덕분에 상황은 역전되기 시작했다. 2006년 봄 무렵에는 오스트레일리언 셰퍼드 간질의 적어도 한 가지 종류에 대해서는 특이적인 DNA 검사가 가능성이 있어 보였고, 풀뿌리 운동이 이런 동향을 만들어낸 하나의 요인이었다. (질환의 유전학적 성질이 모든 견종에 공통되는 것이 아니고, 모든 간질에 적용되는 단일 유전자로부터의 유전은 현시점에서는 근거가 희박하다.)

2002년 캘리포니아주 베이커즈필드에서 개최된 전미 오스트레일리언 셰퍼드 스페셜티 쇼에서, 애리조나의 여성 3명과 미시간의 앤 데샨트가 원대한 다면적 계획을 세우기 시작했는데, 이들 모두는 과거에 간질이 발병한 개를 번식시킨 일도 있고 이 문제에 관해서 뭔가를 하려고 생각하고 있던 사람들이다. 애리조나의 세 사람 중 한 명은 〈오스트레일리언 셰퍼드 유전성 간질 네트워크 및 교육 서비스〉(이하 〈오지진스〉AussieGENES)의 위원장이 된 크리스틴 러쉬이고, 이 서비스는 ASHGI에 합류했다. 두 번째는 ASHGI의 웹사이트를 디자인한 클레어 거스탑슨, 그리고 세 번째는 크리스티나 처칠이었다. 2003년에는 거스탑슨, 러쉬, 처칠과 함께 데샨트가 〈에피진스〉를 시작했고, 한편 거스탑슨과 하이디 모블리는 주요 오스트레일리언 셰퍼드 잡지를 사용해서 세인의 시선을 끄는 광고 캠페인을 입안하고 이전에 간질성의 개를 번식시킨 일이 있으며 이제는 침묵해서는 안 된다고 생각한 사람들의 서명도 게재했다. 〈오지진스〉의 확충된 조직을 만드는 아이디어는 채팅 그룹 〈에피진스〉에서 태어났다. 샤프는 이런 동향을 주의 깊게 지켜보며 고무하고 가능한 부분은 도왔다. 최초의 광고가 실린 잡지인 『오스트레일리언 셰퍼드 저널』 2003년호에 그녀가 「지옥으로 가는 길」을 쓴 것도 이런 일의 일환이다. 이 기사는 주목을 끌었고 2003년에 〈미국 개 작가 협회〉로부터 '맥스웰 상'을 수상했다. 그리고 이 견종의 2대 등록 단체인 ASCA와 USASA 두 곳에서 광고 캠페인 비용의 일부를 부담해 주었다. 2005년의 전미 오스트레일리언 셰퍼드 스페셜티 쇼에서는 퇴역 견과 타이틀 보유 견들의 퍼레이드까지 거행되었고, 이 도그 쇼에 제출되는 경력서에 혈연관계의 가까운 개에게 간질이 나타나고 있다는 정보를 기재하는 사람들도 등장하였으며, 사육주와 함께 자랑스러운 듯이 걷고 있는 타이틀 보유 견 한 마리는 간질을 가진 개의 리스트에 기재되어 있는 개였다. 샤프에 따르면, 그 도그 쇼의 관객들은 놀라고 충격을 받고 깊이 감동했고, 많은 사람들이 병 걸린 개의 사육주에게 다가가서 그 성실함을 칭찬했다고 한다. 공격적인 문화는 침묵을 강요하거나 위협하는 힘을 명백히 잃어가고 있었다.

구제 불능인 사람들은 또 다른 만만치 않은 상대를 만나게 되는데, 반려견 사육주인 팸 더글러스와 고통받고 있는 그녀의 개 토비, 그리고 개의 간질에 관한 세상 사람들의 인지도를 높이고 질환과 싸울 수단을 얻기 위해서 더글러스가 설립한 자선 재단이었다.[49] 동부 해안에서 변호사로 일하다가 캘리포니아로 이주한 더글러스는 남편과 함께 세 명의 아이를 키웠다. 인간 자식들이 독립한 후에 더글러스 부부는 새로운 가족을 맞이하고 싶었다. 그래서 그들은 눈과 고관절에 관한 표준적인 검사를 모두 마친 오스트레일리언 셰퍼드 강아지를 샀다. 이 강아지의 아버지는 도그 쇼의 각 부분에 다수의 개를 입상시킨, 잘 알려진 "영예의 전당" 켄넬의 개였다. 더글러스 부부는 도그 쇼용의 개나 운동 능력이 뛰어난 개를 갖고 싶었던 것이 아니라 반려견을 바라고 있었다. 강아지 토비는 생후 10개월경부터 계속 장애에 대한 오진을 받다가 생후 13개월이 되었을 때 끔찍한 대발작을 일으켰다. 진단 과정과 그 후 질환을 통제하기 위한 노력은 더글러스 부부와 개 모두에게 감정적으로도 신체적으로도 고통을 수반하게 했다. 부부가 지불한 고액의 비용은 말할 것도 없다. 토비는 중대한 장애를 안고 있고 예후도 걱정되었지만, 네 살이 된 지금 심각한 간질은 부분적이나마 통제되고 있고 발작과 투약 때문에 체력이 소모되고 있으나 행복한 나날을 보내고 있다. 토비에게 다행이었던 것은 사육주 부부가 위협에 굴하지 않는 강고한 의지를 가진, 가족 구성원한테는 인간 목양견 같은 인물이었다는 점이다.

강아지의 간질이 밝혀진 후, 아직 순진무구했던 더글러스가 최선을 기대하면서 토비의 브리더와 토비 아버지의 브리더와 연락을 취했고 여러 차례의 대화를 거듭했음에도 아무런 진전이 없었다. 『오스트레일리언 셰퍼드 저널』에 게재된 더글러스에 관한 기사에 따르면, 이 유명한 브리더들은 그들의 아름다운 웹사이트에서(이 사이트는 내가 아는 한, 2003년 4월 이후에는 업데이트되지 않았고, 2002년 12월부터 2006년 12월까지 2만 명 이상의 순 방문자들이 접속하고 있었다) 건강에 관한 기준을 모두 통과한 우량견을 광고하면서도, 토비와 근친 관계인 개의 혈액 샘플을 미주리대학에서 실시되고 있던 개의 유전성 간질 연구 프로그램에 제공해 주기 바라는 더글러스의 요청에는 응답하지 않았다.[50] 더글러스는 사태를 그대로 두지 않았다. 더글러스는 샤프와 오랫동안 상담을 했고, 샤프는 공감하며 그녀의 말에 귀를 기울였다. 그사이에 더글러스는 개의 간질에 관한 과학을 독학하고 개와 그 개의 파트너인 사람이 병을 견뎌 나갈 수 있도록 지원하는 현실적 방안들을 스스로 배웠다. 그 후 2004년에 주요 오지 브리드 잡지에 마음을 사로잡는 컬러 광고를 게재하고, 토비와 근친 관계에 있는 개의 사육주에게 〈개 간질 네트워크〉로 DNA 샘플을 제공해 줄 것을 요청했다. 광고에 붙은 표제는 "간질의 얼굴"The Face of Epilepsy이었다. 〈토비 재단〉의 그 광고는 개의 세계에서는 급진적인 일이었다. 일인칭으로 이야기되는 고전적 전기체의 기호론, 초상화, 가족을 구체적으로 나타내는 기표, 연민을 자아내는 이야기, 행동을 일으키려고 하는 호소, 과학연구 참여를 통한 현대적 자아로의 유인, 그리고 (설령 유전 질환의 징후를 나타내고 있었다 하더라도) 등록된 혈통은 미국 중산층의 문화에서 효과적으로 기능했을 것이다. 나는 이 광고에 감동했고 그것을 자랑스럽게 생각한다. 나도 〈토비 재단〉에 기부했지만 나의 독자 여러분도 그렇게 해 주

간질의 얼굴, 『오스트레일리언 셰퍼드 저널』 5/6월호. Toby's Foundation과 Pam Douglas 제공

광고면의 내용: 쿠타베이 켄넬의 우량한 강아지 토비 / ASCA(미국 오스트레일리언 셰퍼드 협회) 등록번호 N128035 / 미국 켄넬 클럽 등록번호 DL90828201 / 아버지: 문라이트 켄넬의 쇼트 서킷 / 어머니: 쿠타베이 켄넬의 하케 / [강아지 사진] / "생후 12주에 나는 처음으로 공을 물었습니다. / 생후 7개월에 나는 처음으로 수영하러 갔습니다. / 2003년 2월 17일 나는 첫 생일 축하를 받았습니다. / 한 달 후 최초의 간질 대발작이 일어났습니다." // 간질은 우리 품종의 미래를 위협하고 있습니다. 부디 혈액을 제공해 주십시오. / 토비는 특발성 간질(원발성)로 진단받았습니다. 당신의 개가 토비나 간질에 걸린 다른 개와 혈연관계에 있는 것 같으면, 미주리 대학에 DNA 샘플을 제공해 주십시오. 이 난치병에 종지부를 찍기 위해 오스트레일리언 셰퍼드의 유전적 스크리닝 검사를 위한 연구를 수행하고 있습니다.

시기 바란다. 물질-기호론적인 노력이 어떻게 실행되는가를 알아채는 것은 윤리적이고 정치적인 가치를 떨어뜨리는 것이 아니라 그것을 문화적, 역사적으로 위치시키는 것이고 그 안에서는 비환원적인 판단이 가능하다.

토비의 형제자매와 관련된 정보를 제공해준 사람은 아무도 없었지만, 한 통의 전화가 토비를 섀도Shadow와 연결해 주었다. 섀도는 토비의 아버지가 있던 켄넬에서 2000년 11월에 태어났고, 심한 발작 때문에 생후 11개월에 어쩔 수 없이 안락사된 개였다. 섀도의 인간 가족들도 섀도의 추도 광고 작성을 도왔고 연구 협력을 위해 간질이 발병한 개와 그의 근친 개의 혈액 샘플 제공을 호소했다. 목표 유전자의 매핑에는 근친 개체의 샘플을 가능한 많이 모으는 것이 필수이다. 광고를 사용한 캠페인은 공적인 것이 되었고 대단히 효과적이었다. 반려견 사육주들, 혹은 적어도 팸 더글러스와 그녀의 성장하고 있는 네트워크는 반려견 단순 구매자들이 크게 관심을 두지 않는 순혈종 브리더들의 현장에서 그들의 힘을 알릴 수 있었다.

오지의 유전성 간질을 일으키는 단일 혹은 복수의 원인 유전자를 찾고 있던 연구소 중 하나인 벳젠VetGen은 2003년에 연구를 중단했지만,[51] 미주리대학의 〈개 간질 네트워크〉의 게리 존슨의 연구실은 연구를 계속했고, 〈오지진스〉, DHNN, 〈토비 재단〉, ASHGI가 연구자들에게 우선하여 샘플을 제공해 왔다. 토비가 태어난 2003년에 〈개 간질 네트워크〉는 간질이 발병한 16마리를 포함해 오스트레일리언 셰퍼드 샘플을 99개밖에 갖고 있지 않았지만, 2006년에는 샘플의 수가 1,000개를 넘어 다른 어떤 견종의 샘플보다 수가 많았고, 더군다나 수 세대에 걸치는 두 개의 확대 가족의 샘플이 포함되어 있었다. 그 패턴들은 단 하나의 유전자 자리의 상염색체 열성 대립유전자가 이 형태의 간질을 일으키는 주범일 가능성이 있음을 제시했다. 2006년 초에는 유전자 식별분류가 임박한 듯이 보였고, 오지Aussie 세계에서는 이 마지막 분발을 지원하기 위해서 7만 달러의 자금 조달이 진행되고 있었다. 아직도 많은 매듭이, 오지의 간질 유전자처럼 중요한 사실들을 구축하고 안정화하기 위해 필요한 테크노문화의 배치들 속에서 묶여야 한다. ASHGI와 〈토비 재단〉의 활동가들은 유망한 실뜨기 패턴들을 고안해 내고 있었다.

DNA 스크리닝 검사는 만병통치약이 아니고 이미 발병한 개의 치료에는 별 도움이 되지 않는다. 그러나 식별된 변이가 어떤 질환의 원인이 될 확률이 매우 높은 번식 현장에서는, 신뢰할 수 있는 스크리닝 검사가 보인자를 식별할 수 있고 보인자끼리의 교배를 피하도록 지시할 수도 있다. 여기서 열쇠가 되는 것은 검사 및 그 테크노문화적인 장치와 공동체가 맺는 관계이다. 뉴욕시의 아슈케나지계 유대인 공동체에서는 테이-삭스병*을 가진 아기의 탄생을 실질적으로 방지하고 있다. 그들은 우선 연구를 지원하고 그다음 유전 검사를 실시했다. 반면에 연구, 의학, 그리고 유전적인 시민성의 문화적 장치와 아주 다른 관계를 맺고 있는 전 세계의 다른 공동체에서는 병을 가진 아이들이 계속 태어나고 있다.[52] 인간의 세계이든, 개의 세계이든, 유전자 검사에 관한 모든 이야기가 다 탐탁한 것은 아니다. 그러나 이 오지Aussie 이야기는 어쩌면 해피엔딩을 맞을 수 있을지 모른다.

포스트게놈 시대의 행동의 그물망에 관한 나의 얽히고설킨 개 이야기는 오래된 공생, 즉 지식과 사랑과 책임 속의 공생에 관한 것이다. 개의 유전학은 생물공학적인 만큼이나 사회적인 네트워크이다. 초소형 위성표시자도, 10세대분의 혈통도도, DNA 기반의 유전자 검사도 모두 하늘에서 떨어지지 않는다. 그것들은 역사적으로 위치된 자연문화 작업의 결실이다. 견종 표준도, 개의 게놈도, 개의 개체수도 종을 횡단하는 삶들을 역사적이고 종별적인 방식으로 형성되는 물질-기호론적 객체들이다. 이 장은 특정하고 무구하지 않은 자연문화적인 맥락 속에서 개체로서의 개뿐만 아니라 종류로서의 개들에게도 이익이 되도록 과학 지식을 창조하고 유지하기 위해서 어떻게 여러 종류의 전문지식과 돌봄이 요구되는가를 질문해 왔다. C.A. 샤프의 이야기는 테크노문화 속에서의 지식과 감응 사이의 연

---

* 테이-삭스(Tay-Sachs)병은 당과 지질 성분으로 구성돼 강글리오시드라는 성분이 축적으로 인체 중추신경계의 점진적인 파괴를 유발하는 희귀질환이다. 보통은 300,000명 중 1명이 발생하는 빈도이지만 유대인의 경우 3,600명 중 1명으로 나타난다고 보고된다.

결뿐만 아니라 재야의 일과 전문가의 일 사이의 연결을 탐사한다. 개와 인간의 유전적 흐름은 종과 인종에 함의를 가진다. 이를테면, 과학의 문화에서 기원 이야기는 유력하게 유지되고, 다양성과 보존의 이념들을 유지하기 위해 분자 생명 공학을 동원할 수 있다. 인터넷 사회성은 개의 세계에서 동맹과 논쟁을 형성하고, 대중적이고 상업적인 실천은 기술적이고 전문적인 세계에 스며들고 그 반대의 사태도 생기고 있다.

과학학에서 이는 전혀 새로운 것이 아니다. 또한 그 어느 것도 생명부bio-wealth, 생명자본biocapital, 생명정치biopolitics의 모순을 해결해 주지는 않는다. 그러나 나는 연구자이자, 시민, 그리고 개 애호가로서 그 어느 것에서도 눈을 뗄 수가 없다. 샤프와 그녀의 네트워크는 인간과 비인간 삶을 심오하게 형성하는 문제와 씨름한다. 그들은 차이를 만든다. 유기체와 비유기체 양쪽 반려종들의 공생에 관심을 품고 있는 나로서는 이 장을 융합으로 끝내고 싶다. 1950년대에 콜로라도 주 덴버에서 개를 묶어둘 것을 정한 법률이 통과됨에 따라 내 어린 시절의 개-인간 세계라는 공유지commons에도 울타리가 쳐졌다. 새천년 전환의 시점에서 소유 체제와 DNA 검사에 의한 감시 체계가 게놈의 공유지를 매핑해서 담장을 치고, 브리더, 연구자, 개의 소유자와 보호자, 그리고 개 사이에 새로운 관계성을 강요하고 있다. 문화적 다양성과 생물학적 다양성의 고갈에 관한 지역적이고 전 지구적 위기는 새로운 종류의 담장 치기로 이끈다. 동물원, 박물관, 공원 그리고 국가의 토지와 신체에 대한 담장 치기가 그것이다. 어느 한 종류의 개에 관해 이야기하는 것은, 목장과 광산의 역사, 캘리포니아에 최초로 입식한 스페인계 사람들과 선주민의 수탈과 강제 이동, 그렇게 해서 승계한 것의 단편들로부터, 경제적, 생물학적, 정치적, 그리고 윤리적으로 살아남을 수 있는 인간-동물의 농목축업을 구성하려는 현대의 노력들과 같은 것의 복잡성 및 귀결과 타협을 하게 되는 것을 의미하기도 했다. 거기에서부터 우리가 구축 작업을 계속해 나갈 수 있는 여전히 가능한 공통의 삶과 미래에 대한 생생한 감각을 찾아서, 내가 개와 사람들이 함께 만드는 이야기를 응시하고 있는 것은 놀라운 일이 아니다.

다양성 살해

「어느 바이오테러리스트의 고백」[53]이라는 과학학 분야의 진정한 픽션을 쓴 캐리스 톰슨에 대한 경의와 함께, 나는 탐정소설 분야에 손을 대면서 이 장「검증된 삶」을 끝내려 한다. 이야기는 내가 2000년 1월 26일 CANGEN-L에 올린 (재편집된) 글로 시작된다.

그럼, 여러분, 나는 유전자 다양성을 위해 복잡하게 얽힌 개 살해 이야기를 시작할 것입니다. 그리고 이 걸쭉한 기고문을 쓰는 데 합동하여 도와주실 분이 계신지 알고 싶습니다. 세 사람의 친구들이 탐정이 되어 주면 좋겠는데, 세 사람 모두 어떤 연령의 인간 알파 빗치[암캐]bitch이고, 각기 다른 방식으로 개의 세계에 관여하고 있습니다.

한 탐정은 오랫동안 브리더로서 목양견의 번식에 종사해 온 분입니다. 심사숙고한 끝에 목양견 최상의 사례인〈^___^〉오스트레일리언 셰퍼드를 제 마음대로 골랐습니다. 이분은 목장을 경영하는 가난한 집안 출신의 유럽계 미국인 여성이고, 프레즈노에서 별로 멀지 않은 캘리포니아의 센트럴밸리에 살고 계십니다. 오지가 제도화된 견종이 된 이래 40여 년간 그녀는 독보적인 기술로 가축을 모으고, 도그 쇼에서 우승할 수 있고, 복종 경기와 어질리티 경기에서 우수한 성적을 거두며, 품위 있게 반려견 노릇을 할 수 있는 개를 생산하기 위해 엄청난 노력을 기울여 왔습니다. 고등학교를 졸업한 이 여성은 독학자이고 매우 명석하며 개의 세계, 특히 목양견과 작업견 품종에 깊이 연결되어 있습니다. 그녀의 마음속에는 목양견 다음으로 가축 보호견도 특별한 자리를 차지하고 있습니다. 그녀는 유럽과 유라시아의 각종 가축 보호견의 개체 수와 생태학적 역사와 미국과 유럽에서 제도화된 견종으로 구축되어 온 과정을 독학으로 조사해 왔습니다. 1980년대의 오지Aussie 대전쟁에서는 AKC의 반대편에 섰지만, 최근 몇 년은 양쪽에 모두 등록해서 적극적으로 활동하고 있습니다 최근에 그녀는 프레즈노에 사는 개 건강과 유전학의 활동가이자 열성 독자를 거느린 소식지의 발행인과 친구가 되었습니다. 이 탐정은 과학자들이 브리더들을 취급하는 방법이나, 과학자가 번식 방법에 관해서 주장할 때 사용하는 데이터의 견고성을 의심하고 있습니다. 개에 관해서는 완고한 현실주의자이고 개의 복지에 대한 그녀의 성실을 생각한다면 그녀는 어떤 일이라도 할 사람입니다. 그녀는 또한 서부에 늑대를 재도입하는 것에 관해서 목장주와 환경보호주의자 양쪽 모두와 이야기할 수 있는 몇 안 되는 사람 중 하나입니다. 〈나바호 양 프로젝트〉와 〈디네 비 인나〉[디네 생활양식]와의 연대에도 적극적입니다. 〈동물을 윤리적으로 대우하는 사람들〉PETA의 지지자는 아니지만 공장식 식육 산업의 실상을 밝히는 활동에서는 그들과 함께하고 있습니다.

두 번째 탐정은 캘리포니아 대학 데이비스 캠퍼스의 분자유전학자로 주로 소형 애완견toys 품종이 걸리는 유전성 질환의 진단에 필요한 키트의 연구와 판매를 위해서 스타트업 벤처기업을 만들고 있습니다. 그녀의 회사는 진저러스Genes 'R' Us라고 하는데, 토이저러스Toys 'R' Us로부터 상표등록 침해로 소송을 당하고 있습니다. 그녀의 판매 캠페인이 장난감toys과 유전자genes를 적잖이 혼란스럽게 했다는 것입니다. 그녀는 작은 스패니얼의 일종인 페퍼란 품종을 사육 중이고 어질리티 경기 상위등급에 참여하는 중에 거기서 '탐정 1'과 만났습니다. 그녀는 최근에 남부 캘리포니아에서 지원하는 불임 클리닉과 관계하고 있는데, 이 클리닉은 인간 복제를 향한 움직임을 보이고 있습니다. 그녀는 샌디에이고 동물원에 있는 희귀 동물의 유전학적 자료를 저장하는 냉동 동물원 컬렉션에 강한 관심이 있고, 보존식물학과 정치와 같은 국경을 초월한 세계에도 깊은 관심이 있습니다. 그녀는 중국계 미국인 2세이고 그녀의 숙부가 중국에서 판다 식물학자이기도 해서 동물원과 야생 양쪽에서 전 세계적으로 판다 개체군의 회복을 노리는 정치에도 참여하고 있습니다. 그녀는 소수 개체군의 문제를 잘 압니다. 그녀는 페퍼란 네 마리에 더해서 뉴펀드랜드의 강아지 한 마리와 15년 전에 동물보호소에서 인수한 골든 리트리버와 휘핏 잡종 성견 두 마리를 사육 중입니다.

세 번째 탐정은 랠스턴퓨리나사의 영양 생물화학자이고 '탐정 2'와 함께 코넬대학의 대학원에 다녔습니다. 그녀와 같은 세대의 화학 학위를 취득한 다른 아프리카계 미국인 여성들 다수가 그랬던 것처럼 그녀는 학계가 아니라 사기업 쪽으로 취직을 선택했습니다. 자신의 연구 때문에 반려동물의 대사 장애 개선용 식사에 관한 논쟁의 한복판에 내던져져 있었고, 개에 관한 온갖 이데올로기적·상업적 싸움을 겪은 결과, 알레르기, 소화기관의 기능부전, 생식기의 건강장해, 대사질환 부문의 유전적 문제에 관심을 두게 되었습니다. 그녀는 첫 번째 탐정과 함께 유전적 다양성의 상실과 건강장해에 관한 가설을 검증하기 위해서 연구 자금을 얻으려고 했습니다. 그녀는 오늘날의 순혈종 개가 정말 옛날보다 더 "병에 걸리기 쉬운가", 만약 그렇다면 왜 그런가라는 물음에서 시작했습니다. 결국, 그녀는 회사 부서장과 가공되지 않은 개용 "자연식"을 제창하는 사람들에 의해 의심의 대상이 되었습니다. 그녀의 열의에 힘입어서 수의사의 진료 현장에서 좋은 데이터를 저렴한 비용으로 얻을 수 있도록 수의사들과의 연구 컨소시엄들이 만들어졌는데, 그것은 에이즈 커뮤니티의 연구 활동을 모델로 삼았습니다. 이 모든 것은 그녀를 이 세상의 인간과 비인간 동물들 모두를 위한 영양 분석, 기아, 건강, 질환에 관심을 두게 했는데, 이러한 것들은 유전자보다는 정의와 지속 가능한 농업생태학과 더 관계가 깊습니다. 그녀는 이런 모든 활동으로부터 자유로운 시간에는, 두 마리의 차우차우를 생활 지원 공동체에 치료견으로 데려갑니다. 그녀는 차우차우도 온화한 기질을 가질 수 있음을 증명하고 있는 것입니다. 이 여성은 어려운 프로젝트도 삶의 일부로 받아들입니다.

이 세 사람의 여성과 그들의 오스트레일리언 셰퍼드, 차우차우, 페퍼란 견종의 개들이 휴가를 위해 여름 개 캠프에 모였습니다. 이 자리에서 그들이 확인한 것은 최근 개의 게놈 프로젝트가 어떻게 궁극적으로 개뿐만 아니라 인간의 행동 유전학을 밝히게 될 것인가에 관해서 논란이 많은 기사를 『뉴요커』지에 몇 회나 집필한 개 관련 어떤 유명작가가 피살된 것에 대해 각자 몇 가지 생각을 가지고 있다는 것입니다. 이 작가는, 새로운 우생학을 염려하는 사람들에서부터 주문형 복제를 제창하는 사람들, 동물 권리 운동의 활동가들, 과학 연구원들, 브리더들, 개의 복지에 필수적인 윤리 원칙으로서 개가 인간과 다른 점에 전념하는 사람들에 이르기까지 거의 모든 사람을 격노시켰습니다. 그러나 그 살인 사건이 해결되기 전에 탐정들은 자취를 더듬어, 미국 도처의 토크 쇼에 유전적 다양성이라는 화제를 도입시켜 AKC를 굴복시켰던, 상업, 실험실, 환경보전, 개의 번식과 도그 쇼 세계의 과학과 정치 속으로 들어가게 됩니다.

내가 이메일로 써 보낸 투고, "그렇지만 나는 용의자를 찾고 있습니다"에 대한 응답으로, 이 "다양성 살해" 절에서 언급하고 있는 "건강과 유전학의 활동가이자 열성 독자를 거느린 소식지의 발행인"의 모델임이 명백한 C.A. 샤프가 내게 회신했다.

흠⋯아마도, pups.com도 AKC의 DNA-PV〔친자 감별 검사〕를 하는 기업 연구소의 대주주일 것이고, AKC가 강제 검사를 택하도록 압력을 넣어 왔을지도 모릅니다. 공장식 개 번식업자들은 이것을 좋아하지 않습니다. 비상업적인 많은 브리더도 이유는 여러 가지겠지만 반드시 기뻐하지는 않을 것입니다. 아마, 의무적인 DNA 검사와 질환의 공개적인 등록 필요성을 열광적으로 지지하는 사람들은 pups.com의 여러 가지 뒤섞인 동기에 공공연히 반대해 왔을지도 모릅니다.

도나, 당신은 도움이 되지 않고 있어요. 나는 개 유전 프로젝트의 밀린 일을 처리하느라 픽션 쓰는 일을 보류해둔 상태입니다. 그런데, 당신은 개 픽션을 가지고 나를 다시 끌어들이려고 합니다!

나는 이렇게 응답했다.

C.A., 드디어 재미있어지려고 하는군요!! 멋진 생각입니다. 용의자의 리스트가 모습을 드러내고 있습니다. 개 유전 픽션 집필을 동시에 진행하는 것은 어떨까요. 물론 그 유전학 프로젝트들은 완성시키시고⋯.

〔개 복제〕〈미시플리시티 프로젝트〉와 관련되어 있는 새로운 회사의 이름을 아시나요? 지네틱 세이빙스 앤 클론Genetic Savings and Clone이라고 합니다. 『와이어드』 2000년 3월호를 보세요. 이것은, 더불어 쏘프-바가스Thorpe-Vargas와 카길

이 『도그월드』 3월호에 쓴 클로닝에 관한 「유전적 생명의 구제」라는 기사 바로 옆에 실려 있는 라자론 바이오테크놀로지사의 광고를 보고 새로이 다시 느낀 나의 윤리 의무이기도 한데요, 우리가 만들어내고 있는 대중적이고 상업적인 도를 넘는 유전문화가 과학의 문제를 분명하게 생각하려고 하는 우리의 노력에 어떻게 영향을 주고 있는지에 관해서 CANGEN에서 토론할 수도 있다는 생각이 들게 합니다. "생명에 대한 권리" 담론에는 언제나 두드러기가 생기지만 "유전적 생명의 구제"라는 것도 참으로 강력한 알레르기를 유발합니다.

3월 8일, 샤프는 다음과 같이 회신했다.

나는 이미 동시에 여러 일을 하고 있습니다(그렇지 않은 여성이 있습니까?). 그리고 나의 프로세서(나의 남편은 말할 것도 없고)는 에러 메시지를 점멸시키면서, 램RAM 용량이 거의 남아 있지 않다고 경고하고 있습니다!

다음에 계속…. 아마존닷컴에 대한 시리즈를 기대하시라. 거기서는 구입 금액의 1퍼센트가 〈오스트레일리언 셰퍼드 건강유전학 연구소〉ASHGI에 기부된다. 그다음은 수전 코넌트Susan Conant에게 미룬다![54]

5장

잡종견을 복제하고, 호랑이를 구출하기

생명윤리의 불안과 풍요의 문제

개의 품종은 종류를 불문하고 강의 흐름과 같은 것입니다. 그것은 우리에게 도달하기 전에 흐르기 시작했고, 우리의 앞을 지나서 계속 흘러갑니다. …우리가 이 흐름을 진정 사랑한다면, 이 흐름은 지금의 우리와 앞으로 이 흐름을 찾아오는 모든 사람의 것이고 우리가 자신의 개인적이고 즉각적인 이익만을 위해서 이 흐름을 제멋대로 이용하는 일이 있어서는 안 된다는 것을 깨닫게 될 것입니다.

— 린다 와이저, 2000년 1월 8일, Pyr-L@apple.ease.lsoft.com

반려종의 클론 제작은 진화가 자유시장과 조우하는 지점에 있습니다. 비용을 부담할 경제력이 있는 사람들은 자신이 좋아하는 동물은 구하지만 그 이외의 동물은 멸망하도록 내버려 둘 것입니다.

— 루 호손, 지네틱 세이빙스 앤 클론사의 CEO, 2000년 5월 12일

테크노문화 속의 출현자들

　오늘날 개의 세계는 처음부터 끝까지 기쁨과 불안이 넘치고 있다. 천년왕국의 담론에서 테크노문화가 넘치고 있는 이때, 왜 개들은 처음과 마지막 날에 묵시록적으로 짖어 대면 안 되는가? 개들의 이야기는 경청할 만하다. 왜냐하면, 개들의 이야기는 테크노자연적technonatual이고 생명사회적인biosocial 근대성 속에서 다시 써진 자연문화의 생태극장과 진화연극 속 등장인물 이야기이기 때문이다.[1] 나는 한편으로는 유전적 다양성과 관계되고, 다른 한편으로 클론 제작과 관계되고 있는 기술지향의 개 문화에서 이종 간의 풍요, 연민, 그리고 책임 있는 행위에 관한 윤리의 출현이 어떻게 위기에 처해 있는지를 알고 싶다.

　이전에 나는 사이보그, 냉전 상황하에 출현한 유기체와 정보 기기의 일종의 반려종 집체에 관해 쓴 적이 있다. 또한 나는 실험실에서 유전공학적으로 만들어진 옹코마우스®와 같은 유기체에도 관심을 기울여 왔다. 이들은 상업, 아카데미즘, 의료, 정치, 법률 분야들을 묶고 있는 반려종들이다. 양쪽 참여자들의 입장에서 보면 "종적 존재"(철학의 관용 표현)의 시대에 출현한 반려종으로서 개와 인간은 사이보그와 유전자 조작 쥐들에 비해 명료한 역사와 생명을 암시한다.

　반려종이라는 용어는 개와 인간 사이의 오랜 공-구성적 연결을 말하는데, 이 관계에서 개들은 단순히 행위를 수용하는 자가 아니라 행위자였다. 반려종은, 언제나 종별적이고 역사적인 맥락, 즉 일이 있을 때마다 과학·기술·의학을 관여시키는 데 있어서 "견종을 향한 사랑"이나 "개를 향한 사랑"이 실제적이고 윤리적인 책무가 되는, 상이한 실천의 인간 공동체들 간의 인터페이스에서 가능하게 되는 종류들을 가리키는 말이기도 하다. 게다가 반려종은 특정한 존재 방식들이 출현되고 지속되는 인간, 동물, 인공물, 그리고 제도라는 그물망 모양의 생물학적-사회적-기술적 장치들을 지칭한다. 혹은 아닐지도 모른다.

　카테고리의 형성과 해체 사이의 왕래, 친척kin과 종류kind 사이의 유희는 반려종이라는 형상에게는 필수적이다. 무엇이 친족을 위한 비용인가? 무엇이 카테고리의 형성과 해체를 위한 비용인가? 그리고 누구를 위한 비용인가? 어떤 책무이든지, 그 내용은 진행 중인 관계성의, 즉 친척과 종류의 두껍고 역동적인 구체적 사정에 의존하고 있다. 우리에게 던져진 이런 다양한 요구의 공통 매트릭스는 풍요의 윤리이다. 크리스 쿠오모는 생태학적 페미니즘의 윤리적인 출발점을 "개체, 종, 그리고 공동체의 **풍요** 혹은 웰빙에 대한 전념"이라고 말한다.[2] 단순히 고통의 경감이 아닌 풍요야말로 핵심적 가치이고, 테크노문화적인 개의 세계에서, 인간이든 동물이든 관계없이 출현하고 있는 실체들에게로 그것을 확장하고 싶다. 물론 연민의compassionate 행동은 풍요의 윤리에 필수적이다.

반려종의 세계, 친척과 종류가 출현해서 동요되고 또한 생과 사의 귀결이 불평등하게 분포되어 온 세계에 산다는 것은, "회전력"*이 가해진 역장force field에 사는 것이다. 보우커Bowker와 스타Star는 비뚤어지고 꼬인 서로 모순된 카테고리와 계측 시스템 또는 표준화 시스템의 지배를 받는 자들의 삶을 그려내기 위해서 회전력이라는 발상을 전개했다. 삶의 이력과 카테고리가 서로 모순되는 궤적을 그리면서 얽히는 곳에는 회전력이 작용하고 있다.[3] 테크노문화적인 개 세계의 기본구조에는 몇 개의 축을 따라 회전력이 가해지고 있다.

미국의 경우에 개는, 1970년 후반경에 종래의 "애완견"과 "작업 및 스포츠용견"과 대비되는 것으로서뿐만 아니라 추가적인 것으로서 "반려동물"이 되었다. 이는 개를 비롯한 동물이 인간의 건강 및 행복과 어떤 관계가 있는지를 사회적·과학적으로 고찰하는 맥락 속에서 일어난 일이었다.[4] 이런 동향의 중심은 수의학 교실이었는데, 펜실베이니아 대학 수의학부와 〈델타 소사이어티〉의 도우미견 프로그램 같은 곳들이었다. 애완동물에서 반려동물로의 변신이라는 이야기에는 더 많은 줄거리가 있지만, 여기서 나는 세 가지 점만 지적하고 싶다. 첫째, 개들은 비틀리고 얽힌 카테고리를 몇 개나 동시에 살고 있고, 개들의 경력과 그들의 분류는 회전력이 미치는 관계에 있다. 둘째, 용어 체계의 변화는 그 관계성의 성격에 상업적, 인식론적, 감정적, 정치적으로 중대한 변화가 있다는 신호일 수 있다. 셋째, **반려동물**이란 용어에는, 생물다양성, 게놈, 생활의 질 관리, 결과 연구, 그리

---

* torque. 회전력은 물체를 회전시키는 효과를 나타내는 물리량으로 힘과 받침점까지의 거리의 곱이다. 토크 혹은 모멘트라고도 한다.

고 전 세계가 하나의 데이터베이스와 같은, 1980년경쯤에 유효성을 확립한 다른 테크노문화의 카테고리와 우연 이상의 관계가 있다. "새로운" 이름은 친척과 종류라는 존재를 상징적, 물질적으로 다시 만들면서 권력관계의 변화를 각인한다.

기술적 현재라는 시간적 광경에 사는 자들에게는 역사에 대한 묘한 태도가 배어들어 있는 것 같다. 그들(우리들?)은 모든 것을 새로운 것, 혁명적인 것, 미래 지향적인 것으로, 과거 문제의 해결책으로 묘사하는 경향이 있다. 이런 태도가 얼마나 오만하고 무지한지 새삼 설명할 필요는 없을 것이다. 정말 많은 일이 테크노문화에서 "새로운" 것으로 나타나고, 유전학과 정보공학에서의 혁명들과 같은 "혁명들"과 관련되어 있다. 테크노문화 속에서는, 오래된 안정적인 무언가가 흔들리거나 무언가 새로운 카테고리가 우리에게 자신을 주장하거나 하는 일 없이 하루가 저무는 경우는 없다. 개의 세계도 이런 묘한 모습의 경험으로 넘치고 있다. 가까운 예를 들어보자. 예전이라면 인간이 자신의 이를 제대로 닦는 것은 성실한 생물사회적 시민의 증거였다. 하지만 이제는 개의 상아질 손질을 게을리한 것에 대해 단골 수의사의 반감을 느끼지 못하는 견주는 몰인정한 자이다. 마찬가지로 예전에는 인간의 유전병을 검사받는 것이 고작이었지만, 지금은 개의 대표적인 유전병 검사를 받지 않거나 연구를 위해 모금을 하지 않으면 마음에 부담을 느낀다. 치은염과 유전적 생물사회성의 위험을 공유하는 일은 반려종 유대의 일부이다.

여기서의 혁명이 거의 과대 선전이라고 하더라도, 존재의 불연속과 변화된 존재의 방법은 그렇지 않다. 이전에는 존재하지 않았던 테크노문화의 세계에서 카테고리가 넘치고 있고, 이런 카테고리는 문제가 되는 과정적 관계성이 퇴적된 것이다. 출현하는 것들은 과정에 대한 주의, 관계성, 맥락, 역사, 가능성, 풍요를 위한 조건 등을 요구한다.[5] 출현하는 것들은 출현 장치에 관한 것이고, 그들 자신은 회전력이 가해진 관계성 속에서 이질적인 행위자들과 행위로 엮여 있다. 그 자체가 출현한 실체들에 다름 아닌 반려동물들은 "무엇이 이루어져야 하는가," 즉, 몇몇 사람들이 윤리라고 부르는 것 혹은 내가 사는 영역에서는 생명윤리라고 불리는 것에 관한 탐구를 요구한다. 나는 개 게놈의 다양성과 반려견 복제의 실천

및 담론과 관련하여 이 문제를 탐구하고 싶다.

우선, 테크노문화에서 만나게 되는 아마도 가장 지루한 담론의 하나일지 모르는 생명윤리에 관해 감히 언급해 보겠다. 생명윤리는 왜 이리 지루할까? 그것은 두근거리는 생성적인 활동이 끝나버린 후에 규제를 위한 담론으로 기능하는 일이 너무나 많기 때문이다. 보통의 경우 생명윤리는 무엇을 하지 않기에 관한 담론이고, 무언가를 금지·제한·감독할 필요성, 일어날지도 모르는 기술적인 위반 행위에 대한 저지선을 지킬 필요성, 어떤 행위가 일어난 뒤에 뒷정리를 하거나 애초부터 그 행위가 일어나지 않도록 예방할 필요성과 관련된 것이다. 그런 동안에도 그 세계를 다시 형성하는 작업은 다른 어딘가에서 행해지고 있다. 이런 불공정한 만화에서 생명윤리는 확고하게 사회 편에 있고, 반면에 활기차고 유망한 괴물들은 모두 과학과 기술 쪽에 있게 된다. 지난 수십 년간 과학학의 연구자들이 배운 것이 있다면, 그것은 사회와 과학, 문화와 자연 사이의 카테고리적인 이원론은, 반려종의 풍요를 위해 무엇이 이루어져야 하는지를 포함해서 테크노문화에서 무엇이 진행되고 있는지에 관한 파악을 막는 틀이라는 것이다. 생명윤리가 과학학의 일부라면 현실성을 가져야 할 것이다. 생명윤리는 『생명자본』 제1권의 정치경제학에서 더럽혀진 존재론적 노동자가 되어야만 할 것이다.

생명윤리는 유성과 무성, 생체 속과 시험관 속을 불문하고, 거의 모든 친척과 종류들의 생식의 세계에 검경speculum을 삽입했다. 독립적으로 활동하는 라디오 프로듀서인 러스틴 호그니스가 '내셔널 퍼블릭 라디오'의 〈DNA 파일 II〉라는 인간 복제에 관한 5분짜리 작품을 만들었을 때 겪었던 어려움을 생각해 보자. 그것은 2001년 가을에 방송되었다. 호그니스가 인터뷰한 상대인 발달생물학자나 핵이식의 전문가를 비롯한 포유동물의 복제 현장에 있는 생물학자들은 모두, 인간의 경우 윤리상의 가장 중요한 문제는 복제생물학의 물질성에 있다고 입을 모았다. 즉, 핵의 재프로그래밍 과정과 후성유전에서의 유기체의 패턴 형성 같은 것이 거의 이해되고 있지 못하다는 점은, 전 생애 동안 건강하게 살 수 있을 자손의 가능성에 결정적이다. 태아 발달이라는 난관을 극복할 수 있다는 것을 전제하고서 말이다. 현재의 지식과 실천의 조건 속에서 인간 클론을 제작한다면 그것은 손상을 입을 것이 거의 확실한 자손들과 그 부모, 의료진, 연구자, 교사 등이 될 사람들에게도 큰 고통을 줄 것이다. 현시점이나 적어도 가까운 미래의 지식과 실천의 상황에서 태아에게 결함이 있을 경우의 자연 유산이나 인공 유산은 그런 심각한 영향의 시작에 지나지 않는다.

코드가 프로그램을 결정하는 것처럼 코드로서의 유전자가 생물학에서의 모든 것을 결정한다는 문화적 신념이 널리 퍼져 있고, 게다가 과학자 자신이 너무 자주 그런 신념의 발신원이기도 하다. 그 때문에 클론 제작에 관한 일반 논의에서 발달과정의 복잡성은 극히 형식적으로만 언급된다. 유전학과 발달의 중층적인 물질성을 더 구체적으로 파악하기 위해서, 호그니스와 그가 취재한 생물학자들은 백과사전이나 코드 대신 악보와 연주라는 메타포를 이용했다. 그 과정에서 그들은 생물학적 현실성을 구성하고 있는 협동적이고 복잡하며 과정적이고 수행적인 관계성에 주의를 기울이려고 했다. 그런 현실성에 들어갈 수 있다면, 윤리적 관심을 복제 대상과 복제된 대상이 실제로 체험하게 되는 내용으로 향하게 할 수 있을 것이다. 여기서는 윤리적인 것과 기술적인 것의 관계는 손과 장갑, 아마 더 나은 비유로는 핵과 세포질의 관계와 같다.

호그니스가 인터뷰한 연구자들은 모두 인간의 복제는 상당 기간 허용되어서는 안 된다고 했다. 그 이유는 자손과 그 자손들이 낳게 될 사람들 전체가 피해를 입을 가능성이 매우 높기 때문이었다. 조심스럽게 이야기하더라도 풍요를 위한 조건이 충족되지 않는다. 이런 생각은 인간 복제에 대한 관습적인 논의의 "잘못 놓인 구체성"*을 뒤흔들지 않을 수 없다. 생명윤리의 논의에서는 너무나 자주 마치 그것들이 "사회"의 문제인 듯이, 개체를 복사하는 것, 세대 관계를 어지럽히는 것, 신의 역할을 하는 것이 타당한지 아닌지를 묻는다. 그런 반면 게놈 과학과

---

* 화이트헤드는 근대 과학이 순간적인 물질적 배치구조를 단순 정위로 파악하고 그것을 구체적 자연의 근본적인 사실로 간주하는 것에 대해 추상적인 것을 구체적인 것으로 오인하는 과오를 범했다고 비판하면서, 이를 "잘못 놓인 구체성의 오류"(fallacy of misplaced concreteness)라고 지적했다. 해러웨이는 인간의 복제에 관한 논의가 생명의 핵심을 유전자로 보고 그것의 성공적인 복제에만 관심을 집중하는 것은 구체적인 발달과정에서 생길 수 있는 문제들을 생략해버리는 "잘못 놓인 구체성의 오류"임을 지적하고 있다.

후성유전학의 복잡성에 관한 우리의 이해력과 같은 문제는 "과학과 기술"의 카테고리로 내몰린다. 생명윤리 연구자들이 인간 개체들의 아마도 이미 양보를 거듭한 독특성을 위태롭게 만든다거나 자연과정에 대한 과도한 통제라면서 능수능란하게 웅변조로 이야기하는 사이에, 그들의 발밑에서는 존재론적인 재형성의 풍경이 한 차례 더 변이를 일으킨다. 이때 윤리적인 질문은 기묘한 추상론들과 바이오 싱크탱크에서 만들어내는 시나리오들을 따라잡기 바쁠 따름이다.

호그니스는 〈DNA 파일〉 제작에 관계한 편집자들과 프로듀서들에게 인간 복제에서 현재 가장 중요한 윤리 문제는 생물학적인 것임을 설득하는 데 큰 어려움을 겪었다. 매우 짧은 프로그램이어서 생물학적인 기술과 발달 및 유전 과정의 기본조차 그려 넣기 어려운 와중에도 그는 "생명윤리 연구자"를 인터뷰할 것을 몇 번이나 요청받았다고 한다. 사회가 한편에 있고 과학이 또 다른 편에 있는 것이었다. 그러나 생물학자들은 복제 시에 핵의 재프로그래밍과 같은 프로세스에서 무엇이 정말 문제인지를 강조할 수 있는 변화된 메타포를 원했다. 왜냐하면 풍요를 위한 조건의 많은 것이 거기에 있기 때문이다. 윤리는 존재론적 장치 전체 속에 있고, 심오한 복잡성 속에 있고, 그리고 세포들과 사람들을 되기의 춤 속에서 연결하는 테크노문화에서 존재의 자연문화 속에 위치하고 있다.

호그니스가 인터뷰한 과학자 중 한 사람은 〈로슬린 연구소〉에서 양 돌리의 복제를 지휘한 이언 윌머트였다. 그는 많은 생명윤리적 절망의 잘못 놓인 구체성을 완곡하게 언급하면서 이렇게 말했다. "알아차리지 못하는 사람도 있는 것 같지만, 내가 최고의 아이러니라고 생각하는 것은 인간을 복제할 것을 제안하는 이유 중의 하나가 죽은 자식을 다시 찾는다는 것에 있다는 점입니다. 클론 제작에서 가장 있을 법한 결과는 또 다른 죽은 아이인데 말입니다."[6] 발달 단계에서 손상을 입고 태어난 양을 동일하게 고려해야 하는지 아닌지는 별개의 물음이지만 무의미하지 않은 물음이다. 이 물음은 살아있는 양고기라는 골칫거리에 눈을 돌림으로써 부분적으로 이루어진다. 여기서는 개들이 그들인데, 그들 자체가 악명 높은 반려동물 복제실험인 〈미시플리시티 프로젝트〉의 복제 실험 대상이다. 〈미시플리시티 프로젝트〉는 1998년 시작된 프로젝트로 텍사스 A&M 대학의 연구자들에게 개의 생의학 분야에서 지금까지 주어진 보조금 중에서 유례없이 가장 큰 금액인 민간 보조금 230만 달러를 지원받았다. 2002년 사랑받던 잡종견 미시Missy가 죽었고, 그해에 그 프로젝트는 "오직 산업적 파트너십만이 제공할 수 있는 생산성 높은 기술"을 개발하기 위해 대학과 기업의 공동연구에서 민간 기업 체제로 옮겨졌다.[7] 그 후 반려동물 시장에서 5만 달러 정도의 매우 비싼 고양이 두 마리를 복제하는 데 성공했지만, 2006년에 '지네틱 세이빙스 앤 클론사'는 폐업하고, 동결 세포와 생식세포를 농업 동물 바이오테크 기업인 비아젠에 매각했을 때, 모든 계획은 수포로 돌아갔다. 비아젠은 개를 상업적으로 복제하려는 어떤 계획도 갖고 있지 않았다.

생명윤리 연구자들은 강아지를 번식시키는 켄넬에서보다는 간호 현장에서 더 많이 배출되고 있었다. 그러나 개의 세계도 어떤 상이한 윤리상의 물음, 즉 종과 종류를 낳는 행동의 핵심에 있는 물음을 매우 절실히 필요로 하고 있다. 인간 여성 신체의 횡격막 아래에 있는 구조들과 관계성들에 대해 벌어진 생명정치적인 전쟁에서 살아남은 페미니스트라면 누구나 알고 있는 대로 "재생산[생식]"은 강력한 문제다. 서구 철학, 의학, 문화 전반에서 재생산에 얹힌 상징적인 무게는 우리 가운데 가장 재능 있는 인류학 이론가들로 하여금 두꺼운 책들을 쓰게 했다.[8] 이 힘을 (미래에 예정된 존재와 같은 종의, 적절하게 임신한 그대로의 위치인) 자궁으로부터 부분적으로 진료소, 냉동고 속의 배胚, 줄기세포의 컬렉션, 변칙적 종류의 대리 자궁, 그리고 게놈의 데이터베이스로 다시 위치시키기만 해도, 학문적인 의견 표명, 상업적 선전, 생명윤리적 불안과 같은 산업들은 충분히 강화되어 왔다. 재생산이 문제가 되는 경우에는 친척과 종류에 회전력이 걸리고, 삶의 이력과 분류 체계가 삐걱거린다. 이 장은 이런 상징적이고 물질적인 힘 안에서 비틀린 상태로 있다. 복제와 유전적 다양성이라는 양쪽의 담론들도 기업화된 재생산이라는 뒤틀린 장소에 있다.

테크노문화의 개의 생산/재생산 장치 내부로 들어가는 작업은 순혈종 개 세계의 브리더들과 건강 활동가들의 풍요로운 커뮤니티들과 함께 시작된다. 여기서는 순혈종을 만드는 강아지 공장이나 뒷마당 브리더들, 개와 관련된 다른 많은 실천의 세계는 언급하지 않겠다. 그런 논의에는 보다 폭넓은 분석이 필요할 것이다. 그 대신 나는 비판보다 존중에 관해 많은 것을 가르쳐 준 개 브리더들의 작은 커뮤니티에서 시작하고, 나의 분노는 이 장의 끝에서 이야기할 반려동물의 복제라는 광상곡에 이를 때까지 봉인해 두도록 하겠다. 현대의 "순혈종" 개의 육종이 19세기 말에 켄넬 클럽들과 연결되어 시작된 이래, 개의 건강과 윤리적인 번식 실천에 관해서 격심한 논의가 전개되어 왔다. 푸코가 임상의학의 탄생에 대해서 가르쳐 준 것처럼, 켄넬의 탄생은 그것이 최초로 모습을 나타낸 시점부터 모든 구성적인 담론을 제자리에 갖추고 있었다.[9]

일단 다음 두 가지 점을 강조해 둘 필요가 있다. (1) 책임 있는 개의 번식은 과학과 의학의 전문가가 아니라, 그 나름의 비용을 부담하면서 상당수의 개를 오랜 기간 헌신과 열정으로 번식시켜 온 아마추어 커뮤니티와 개인들로 구성된 가내 산업이 떠맡고 있다. 나는 여기서 책임 있는 개의 브리더라는 카테고리에서 도그 쇼에서 우승하기 위해 번식을 수행하고 있는 대규모 브리더들을 제외할 것이다. 의지할 수 있는 직접적인 민속지학 연구가 없다는 것도 이유의 하나이지만, 지금까지 보고 들어 온 개의 문화와 관련 연구 결과를 통해 개의 번식에 비판적이지 않을 수 없었고 그 진부한 논의에 내가 덧붙일 수 있는 것이라고는 아무것도 없어서 관심을 유보하는 것이기도 하다. 나는 윤리적·감정적·분석적 나침반을 가질 수 있는 지점에서 시작하고 싶고, 그것이 나의 방법론상의 원칙이기도 하다. 소규모 브리더들의 세계가 유토피아적인 공동체 같을 리 없지만, 나는 현장 작업을 통해서 만난 "윤리적인 개의 번식"을 목표로 하는 사람들을 존중하게 되었다. (2) 개를 번식시키려고 사육하는 "재야의"lay 사람들은 과학, 기술, 수의학에 정통해 있고 더러는 독학인 경우도 있으며 테크노문화에서 개들과 주위 인간들의 풍요를 위한 효과적인 행위자이기도 하다.

미국 서해안의 가축 보호견인 그레이트 피레니즈의 브리더이고 건강 활동가이기도 한 린다 와이저와 캐서린 데 라 크루즈가 진행하고 있는, 피레니즈의 고관절 이형성증에 대해 브리더가 대처하는 방법을 바꾸려는 노력은 그런 기술 지향과 그것에 부수되는 생물학적, 윤리학적 요구의 좋은 예일 것이다.[10] 와이저는 개 번식의 도덕적 중심은 특화된 종류로서의 그리고 환원불가능한 개체로서의 견종, 즉 개들 그 자체라고 주장한다. 그들에게 피레니즈 세계의 모든 참여자들은 의무를 지고 있다. 이 의무는 개들과 그들의 인간들이 될 수 있는 대로 오래 풍요롭게 될 수 있는 작업을 하는 것이다. 그녀가 말하는 의무는 "견종을 향한 사랑"을 실천하는 틀로서 의인화와 인간중심주의 모두를 기피하는 확고한 반낭만주의 유형의 "타자 중심" 윤리이다.

피레니즈계의 연장자로 존중을 받는 와이저와 데 라 크루즈는 수 세기에 걸친 피레니즈의 역사와 계통에 관해 백과사전적인 지식을 가지고 있고 엄청난 종 횡단적인 친족 네트워크에 몰두해 있다. 그들이 이야기하는 피레니즈의 역사에 귀를 기울이는 것은 개의 형태와 기능에 관한 관용 표현, 층을 이루는 국가적인 역사, 기능하거나 아니면 기능 부전에 빠져 있는 각종 제도, 영웅 혹은 악당인 인간들에 관해 배우기를 요구한다. 두 사람은 20세대 이상 거슬러 올라가기도 하는 수천이나 되는 그레이트 피레니즈의 가계도를 전산화된 가계도 프로그램에 입력했고, 목적에 맞는 견고함을 갖추기 위해 주의 깊게 연구를 수행했다. 두 사람의 방대한 지식은 도그 쇼, 매일의 생활, 그레이트 피레니즈가 그들의 작업을 수행하는 목장의 일에서 사람과 개, 그리고 개와 개가 실제로 얼굴을 마주해 온 결과로서 개인적이고 집단적인 지식이다. 그들이 번식한 강아지들이나 보호소에서 구출한 개들을 각 가정이나 가축을 지키는 일로 연결할 때, 그들은 항구적인 종 횡단적 친족 네트워크로 사람들과 개들을 유도하고 있다. 이 네트워크의 일원이 되면 여러 가지 요구사항을 구체적으로 당면하게 된다. 그러나 그것들은 모두 "견종을 향한 사랑"의 일부이다.

그런 요구사항 중 하나는 번식은 견종 개량에 관계되는 한에서만, 다시 말해 그레이트 피레니즈 견의 풍요에 공헌하는 개체에 대해서만 시행한다는 것이다. "개량"이라는 것이 근대화와 제국주의화의 가장 중요한 담론 중 하나라는 사실을 내가 기억한다고 하더라도 이런 방향성은 거부할 수 없다. 개의 세계에서 무엇이 견종 개량으로 간주되는지에 관해서는 최소한으로 말해도 이론의 여지가 많다. 그러나 1966년 〈동물 정형외과 재단〉(이하 OFA)이 비공개 등록과 임의적 진단을 하는 개의 고관절 이형성증의 문제에 대처하는 기관으로 설립된 이래, 번식 상대는 적어도 엑스레이 촬영을 통해서 고관절을 체크하는 것이 번식 규준으로 요구되었다. 그러나 번식 기준이 나오고, 양심적인 브리더들이 OFA가 고관절의 상태를 양호 혹은 우량으로 인정한 개만 교배를 시행했음에도, 두 가지 이유 때문에 유전적이고 발달적인 복잡한 증상을 대폭 줄일 수는 없었다. 첫째로 등록은 자유의사에 맡겨져 있었고 비공개였다는 점이다. 브리더는 다른 사람의 개에 대한 기록은 열람할 수 없었고, 문제가 있을 법한 개의 브리더가 엑스레이 촬영을 받게 하지 않고 〈미국 켄넬 클럽〉(이하 AKC) 등의 등록기관에 등록할 수 있었다. 둘째로 이것도 문제인데 잠재적 번식 상대만 엑스레이 촬영으로 기록을 남겼고, 함께 태어난 개들과 숙모 숙부와 같은 혈연관계에 있는 다른 개들에 관해서는 아무 기록이 없다는 점이다. 와이저와 데 라 크루즈 같은 사람들은 친척 관계에 있는 가능한 한 많은 개체에 대해 완전한 가계도와 완전히 개방적인 건강 기록을 갖추어서 이런 활동을 실천하는 커뮤니티가 그것들 모두를 열람할 수 있는 공개 등록이 필요하다고 주장해 왔다. 그것이야말로 생물학적이고 기술적이고 윤리적인 "견종을 향한 사랑"이 요구하는 것이다.[11]

어떻게 하면 커뮤니티가 더 좋은 실천을 하게 할 수 있을까? 특히 유전적 문제의 완전한 공개와 같은 일이 무서운 비판을 당하고 숨겨야 할 것이 너무 많은 사람 혹은 잘 알고 있지 못한 사람들에 의해 배척을 당할지도 모른다면, 도대체 어떻게 하면 좋을까? 우선 개의 유전성 질환을 공개 등록하기 위한 기관이 미국에 설립된 것은 1990년의 일이었다.[12] 캘리포니아 대학 데이비스 캠퍼스의 수의학부가 스웨덴 켄넬 클럽의 개방형 등록 제도를 모델로 〈동물유전성질환 관리연구소〉Genetic Disease Control in Animal(이하 GDC)를 설치했다. GDC는 정형외과적인 질환과 연조직 질환 몇 가지를 추적했다. GDC는 매개의 의심이 있는 매개자와 병에 걸린 동물의 목록을 작성하고, 전 품종의 등록부뿐만 아니라 품종별의 등록 부과 데이터베이스를 유지하면서 분명한 조사 이유를 가진 개인들에게 킨리포트KinReport™[친족보고서]를 발행했다. 하지만 2000년에 이르러 GDC는 서비스의 존속이 위태로워지는 사태에 직면했다. 등록을 이용하는 사육주의 수가 너무 적어서 재정위기에 빠져버렸던 것이다. 2001년 GDC는 진보적인 브리더들 및 브리더 그룹과 제휴해서 연구소의 업무를 지원하는 풀뿌리 프로그램을 개시했다. 서비스를 운용하고 공개적인 등록 제도를 촉진하기 위해서는 5,000명의 브리더와 사육주가 필요했다.

와이저와 데 라 크루즈는 그레이트 피레니즈의 브리더로서는 가장 적극적으로 OFA와 같은 폐쇄적인 등록제도가 아니라, GDC의 등록 제도를 이용하도록 동료 브리더들을 설득하는 일을 했다. 생물학과 윤리학은 이러한 개 세계의 생명사회성 속에서 함께 체험되었다. 그러나 공개 등록제도가 암시하는 것은 격심한 싸움을 만들 가능성뿐이었다. 2001년 8월에 데 라 크루즈는 OFA와 GDC 양쪽에서 "분기 보고서를 받았다. 유감스러운 내용이었다. OFA의 보고에서는 45마리의 피레니즈가 괜찮다고 기록되어 있는데, GDC의 보고에는 세 마리뿐이었다. … 브리더라면 누구나 자신이 번식시킨 강아지를 가리키며, '저 개에게 태어나는 강아지는 견종 평균과 비교해서 건강할 것입니다'라고 자랑스럽게 이야기하고 싶을 것이다. 하지만 그 대신 우리가 보고 있는 광고는 시합에서 챔피언이 된 개가 몇 마리 있다거나 몇 개의 쇼에서 우승했다와 같은 것뿐이다. … 나는 다른 브리더 여러분께 듣고 싶다. 여러분은 왜 GDC를 이용하지 않는가?"[13] 데 라 크루즈와 와이저를 비롯한 사람들이 견종을 어떻게든 개선해 나가려고 교육하고 권고하는 무대 뒤쪽에서 일어나고 있는 일들과 함께, 메일링 리스트 Pyr-L에서의 다양한 의견 중 하나는 위와 같은 것이었다. GDC는 기술적 해결책에 불과한 것이 아니었다. 그것은 생물학적으로 그리고 기술적으로 정교하게 전체로서의-개에 접근하는 방식이었고, 개의 웰빙을 위해 인간의 실천에 있어서 쉽지 않은 변화를 요구했다.

2002년 여름, GDC의 등록 제도가 OFA의 유전 건강 데이터베이스와 합병되었다. GDC 쪽의 개방형 데이터로의 접근은 가능했지만 유료가 되었다. 그리고 GDC의 건강 데이터는 모두 공개되어 있었지만, OFA 시스템은 브리더 혹은 사육주가 제3자에게 개의 데이터 접근을 허용할지 말지는 선택사항으로 두었다. 개 세계의 현행 장려 정책하의 선택 시스템에서는 부정적인 정보의 공급은 부족한 형편이다. 그러나 이 합병 때문에 개의 이점은 늘어났을 것이다. OFA의 데이터베이스는 GDC보다 훨씬 크고 재정적으로도 안정되고 이용자도 많기 때문이다. 브리더 교육은 공개 등록제도를 이용해서 가족 전체를 검색하면서 계속되었다. 게다가 이 합병은 OFA와 AKC의 〈개 건강재단〉이 공동 출자한 새로운 프로그램인 〈개 건강정보센터〉의, 많은 견종에 관해서 축적된 데이터베이스와 협조하고 있었다.

공개 등록제도를 향한 와이저와 데 라 크루즈의 고투는 유전학적 생명사회성 속에 사는 "재야" 애견가들의 테크노지향의 좋은 예이다. 이 여성들 및 그들과 같은 생각을 하는 사람들은 광범위한 문헌을 독서하고, 국제적인 개 문화에 정통하며, 수의과학의 주요 유전학 과정을 온라인으로 수강하고, 의학과 수의학의 현황을 점검하며, 늑대의 재도입 프로젝트를 지원하고 인접한 목장들에서 가축보호에 종사할 수도 있는 Pyr-L 회원들이 누구인지 확인하고, 넓은 의미에서 환경보호 정치에 참여하며, 그 밖에도 테크노문화에서 잘 검증된 삶을 산다. 그들의 전문 지식과 활동은 그들이 친척과 종류로서 속속들이 알고 있는 특정한 개들의 세대라는 토양에 뿌리를 두고 있다. 이런 사람들이 유전성 질환에 대한 대처뿐만 아니라 글로벌한 생물 다양성 과학과 정치라는 맥락에서 개의 유전적 다양성을 위한 번식에 필요한 긴급한 요구에 직면한다면, 무엇을 할까?

호랑이 구출하기

집단유전학의 긴 역사와 근대 자연 분야 이론에서의 중요성에도 불구하고, 대부분의 애견가에게 유전적 다양성의 문제는 뉴스로, 그것도 소화하기가 어려운 뉴스로 머무르고 있다. 왜 그럴까? 미국만은 아니지만 특히 미국에서는, 전문가와 비전문가 모두에게 유전에 관한 문화는 의료 분야의 유전학에 의해 형성되었다. 인간의 유전성 질환은 도덕, 테크노사이언스, 이데올로기, 재정 어느 쪽에서 보더라도, 의료 유전학이라는 우주의 중심에 있다. 이 우주에서 유형적인 발상은 거의 점검되지 않은 채 위세를 부리고, 발달생물학과 행동생태학에 관한,

그리고 활발한 상호 작용이 발생하는 역동적이고 복수의 벡터가 소용돌이치는 장들의 접촉점으로서의 유전자들에 관한 미묘한 차이가 있는 관점들은 옥탄가 높은 의료 유전학 연료와 유전자 기수의 레이싱 경력이 충돌할 때 생긴 희생의 일부일 뿐이다.

　진화생물학, 생명사회 생태학, 집단생물학, 집단유전학은 (과학사, 정치경제학, 문화인류학 등은 말할 것도 없고) 대중 및 전문가의 유전적 상상을 형성하는 데 한심할 정도로 미미한 역할밖에 하지 못했고, 유전학 분야 연구의 거대 자금을 끌어들이는 데서도 거의 아무런 역할을 하지 못했다. 개 유전 다양성의 연구는 2000년경이 되어 비교 포스트게노믹스postgenomics가 각광받게 되기까지는 극히 소액의 자금밖에 받지 못했다. 개의 유전 다양성 연구의 개척자들은 1980년대 초 유럽의 과학자들이었다. 개 세계의 유전 다양성에 대한 관심은 국경을 초월하여 글로벌화하는 생물학적 및 문화적 다양성 담론을 구성하는 일련의 파도 사이의 잔물결처럼 고조되기 시작했다. 거기서는 각종의 게놈들이 주역이었다. 1980년대 이래로 정치색을 불문하고 〈세계은행〉, 〈국제자연보호연합〉, 〈경제협력개발기구〉와 같은 비정부조직과 기관의 의제로 생물다양성 담론, 환경보호주의, 지속가능성 원칙이 중대한 위치를 차지했다.[14] 다양성 담론의 악명 높게 문제적인 정치학과 자연문화의 복잡성을 언급하기 위해서는 족히 서가 하나 분량의 책을 필요로 하고 일부는 이미 쓰여 있다. 나는 "자연"으로 간주되는 것의 안팎에 묶인 순혈종 개 및 그 친척들의 게놈과 유전자 풀 담론들을 포함하여, 다양성 담론들의 도덕적, 정치적, 문화적, 그리고 과학적으로 비환원적인irreducible 복잡성에 압도되고 있다.

　위의 몇 단락은 〈개 다양성 프로젝트〉 사이트에 접속하기 위한 사전 준비다. 이 사이트는 존 암스트롱 박사의 것인데, 2001년 8월 26일 세상을 떠날 때까지 그는 오타와 대학 생물학과의 교수였고 표준적인 푸들과 미니어처 푸들의 애호가였다.[15] 암스트롱은 인기가 높았던 어떤 종웅과 특정 켄넬이 표준적인 푸들에 미친 영향에 관한 분석 결과를 널리 공표했다. 그는 메일링 리스트인 CANGEN-L의 주최자로서 개의 건강과 유전학 활동가들과 공동 연구를 하고, 개의 수명과 근친교배 정도의 상관관계도 조사했다. 그들의 결론은 상관관계가 있다는 것이었다. 〈개 다양성 프로젝트〉 웹사이트는 안내문을 통해 개의 브리더들에게 "근친교배의 위험과 인기 종웅의 과잉이용"에 관해서 관심을 갖도록 촉구하면서 1997년에 시작했다. 각국의 적어도 수백 명 이상의 애견가가 이 사이트를 이용하고 있고, 2000년 1월~2001년 6월까지 3만 명 이상의 등록 사용이 기록되어 있다.

린다 와이저는 2000년~2001년에 이 웹사이트의 단골 방문자이고 열성적인 지지자였다. 그러나 그녀는 CANGEN-L의 집단 생물학자들이 지지하는 여러 논점을 그대로 받아들이지는 않았다. 그녀는 변화에 열려 있으나 자신이 수십 년에 걸쳐 구체적으로 경험해온 견종에 관한 내용에 비추어서 다양성 담론을 판단했다. 나도 와이저를 비롯한 다른 애견가들과 함께 이 웹사이트에서 방대한 내용을 배웠다. 정보의 질, 나누어지는 논의, 개와 사람에 대한 배려, 자료의 범위, 문제에 대한 높은 관심 등, 그 어느 것이나 칭찬할 만한 것이었다. 나는 〈개 다양성 프로젝트〉 웹사이트의 기호론적인 기능 — 의미 생성 기계장치 — 에 전문가로서 지금껏 열렬히 주의를 기울이고 있다. 2000년 무렵에는 이 사이트의 몇몇 수사학적 기계장치가 와이저 같은 사람들에게는 거부감을 일으키게도 했다.

사명감으로 활기가 불어넣어지면서, 사이트는 여전히 사용자들을 개혁의 의제로 유인한다. 몇몇 수사적인 장치는 대중적인 자조self-help 실천과 복음주의적 개신교 증인에 그 뿌리를 두는 아메리카 특유의 고전적 말투인데, 이는 미국 문화에 너무나 내면화되어 있어서 대부분의 이용자는 그 역사를 알아차리지 못한다. 예를 들면, 〈개 다양성 프로젝트〉의 홈페이지에 접속하면, 시작 부분에 링크가 걸린 용어들이 들어 있는 안내문 바로 다음의 "당신은 어떻게 도울 수 있습니까"How You Can Help라는 섹션으로 유도된다. 이 표제는 광고나 설교에 나오는 물음처럼 독자에게 기능한다. 당신은 구원받았습니까? 당신은 면역력을 강화할 수단을 강구하고 있습니까?(이 문구는 1980년대 비타민제 광고의 슬로건이다.) 혹은 〈개 다양성 프로젝트〉의 사이트에 나오는 문구로 하자면, "질문하세요 — 당신은 '견종 보존계획'이 필요합니까?" 이것은 주체를 재구축하면서 개종시키고 납득시키는 언설이다.[16]

웹사이트 시작 부분에 강조 표시된 네 개의 용어는 다음과 같다. 첫째는 인기 종웅popular sires이다. 이 용어는 특정 종웅들의 과잉 사용과 그 귀결인 유전성 질환의 확산에 관한 순혈종 개 이야기에서 수년간 공통적이었다. 그다음은 종 보존계획Species Survival Plans으로 이는 개의 브리더를 동물원과 멸종위기종의 보존으로 새롭게 연결하는 용어이다. 그다음은 야생의 사촌들wild cousins, 이 용어는 그들의 분류학적인 친족에 개를 위치시키고, 순혈종 개를 ("야생"이라는 의미에서) 자연 혹은 흔히 멸종위기종이기도 한 과科나 종種이라는 틀 속에서 생각하기를 촉구하는 용어일 것이다. 네 번째인 유전성 질환inherited disease은 마지막 순번이지만 이것이야말로 주된 관심사이다. 왜냐하면 특정 질환에 대한 상염색체 이중열성 유전인자 출현의 높은 빈도수는 순혈종 개의 게놈에 동형접합이 많다는 지표이기 때문이다. 이중열성이 높은 빈도로 나타난다는 것은 과잉 근친교배와 계통교배, 특히 인기 종웅을 과다하게 사용한 것과 관련이 있다. 이 모든 것들이 다양성을 줄어들게 하는 관행이다. 그러나 이 웹사이트의 핵심은 진화생물학, 생물다양성, 생명을 향한 사랑이라는 기호론적 틀 속의 다양성 그 자체에 있는 것이지, 유전성 질환이라는 문제를 해결하기 위한 도구로서의 다양성이 아니다. 그런 의미에서 "견종"은 묵시록적인 야생 생물학이라는 장치를 초대하면서 멸종 위기종처럼 된다.

가르치기 위한 도구로 만들어진 이 사이트는 전문가가 아닌 열성적인 재야의 브리더와 관심이 높은 애견가를 주된 독자로 삼는다. 이런 사람들이 견종 보존계획을 위한 지지를 표명해 주기를 바라는 대상이다. 과학 분야의 연구자들도 이 사이트를 이용함으로써 배울 것이 있을지도 모르겠으나, 그들은 연구자나 학생보다는 오히려 교사로서의 역할이 기대되고 있다. 그런데도 이 〈개 다양성 프로젝트〉에서는 많은 경계물들이 비전문가와 전문가의 실천 커뮤니티들을 링크를 통해 연결하고 있다. 더욱이 웹사이트라는 것은 그 성질상 단일 목적이나 지배적인 표현으로 환원되는 것에 저항한다. 링크는 독자를 많은 장소로 유도하고, 디자이너가 만들기는 하지만 그 통제를 급속히 상실하는 웹 속에서 사용자는 이런 경로들을 탐색한다. 인터넷이 무한히 개방적이기는 어렵지만 기호론적인 자유의 정도는 상당하다.

인기 종웅이라는 링크는 어느 정도 잘 알려져 있어서 유전적 다양성에 관한 생각에 열려있는 대부분의 애견가들을 유혹할 것이다. 관련하여 이 링크는 주요 주의 초점을 개들에게 고정시킨 채, 사이트 사용자를 색다른 생육환경에 사는 멋진 생명체들의 우주로 유도하지는 않는다. 많은 브리더들은 물론이고 개 이외의 생명체에 흥미가 있거나 다른 문맥에서 생태환경에 흥미를 가지고 있는 사람들조차도 다른 생명체들에 대한 내용이 개들을 위한 모델로서 유용하다고 인정하기는 힘들기 때문이다. 한편 종 보존계획은 순혈종 견종의 브리더들에 대해서 논쟁의 여지가 있는 메타포와 실천의 우주를 여는 것인데, 만약 이 계획이 진지하게 받아들여진다면 생각과 행동의 방식에 중요한 변화가 생기지 않을 수 없을 것이다. 첫째로 종 보존계획은 무언가가 위기에 직면해 있다는 것을 넌지시 가리킨다. 최초의 '청교도 언덕 위의 마을'에서 〈스타트렉〉Star Trek과 그 여파에 이르기까지 국민적 상상의 밑바탕에 지복 천년의 여러 가지가 기재되어 있는 미국의 담론에서 세속적인 위기와 성스러운 묵시록 사이의 경계선은 뚜렷하지 않다. 둘째, 〈개 다양성 프로젝트〉 웹사이트에 눈에 띄게 강조되어 있는 종 보존계획의 역할은 자연스러운 종과 순혈종 사이의 생식적인 연결을 요청하는 것이다. 이런 잡종 형성적 연결에서는 자연스러운 것과 기술적인 것이 기호론적으로 물질적으로 밀접한 동료가 된다.

예를 들면, 2000년 봄에 "종 보존계획"Species Survival Plans(이하 SSP)을 클릭하고 이어서 "종 보존계획 소개"를 클릭했을 때, 내 컴퓨터 스크린에 나타난 내용이 머리를 떠나지 않는다.[17] "호랑이 정보센터"가 있는 웹사이트로 들어가게 된 내가 시선을 빼앗긴 것은 당당한 두 마리의 호랑이가 개울을 건너면서 이쪽을 물끄러미 바라보고 있는 사진이었다. 동시에 R. 틸슨, K. 테일러-홀저, 그리고 G. 브레이디의 「지역적이고 세계적인 호랑이 관리」라는 글을 만났다. 개를 좋아하는 사람 중에는 고양이를 좋아하는 사람도 많다. 이것은 인간은 개를 좋아하는 사람과 고양이를 좋아하는 사람으로 구분된다고 하는 고정 관념과는 반대다. 그러나 전 세계 동물원과 "인도에서 중국을 거쳐 러시아의 극동 지역까지, 그리고 남쪽으로는 인도네시아까지 산재하는 삼림"으로 그 분포가 좁아진 호랑이들은 켄넬과 도그 쇼의 무대나 양몰이 시합으로부터는 벗어난 이야기이다. 이 기사에서 나는 호랑이의 여덟 가지 아종亞種 중에서 세 가지 아종은 이미 멸종했고 네 번째는 멸종 위기에 처해 있으며 야생 호랑이 개체군은 멸종의 압력에 노출되어 있다는 것을 배웠다. 이상적으로는, 멸종 위기종에 대한 SSP의 기본 청사진의 목표는 이미 동물원에 있는 동물과 "자연"에서 들여온 몇몇 새로운 "시조"로부터, 생육 가능하고 관리되는 포획 개체군을 창출해서, 현존하는 종의 모든 분류군에 대해 가능한 많은 유전적 다양성을 유지하는 것이다. 그 목적은 야생 개체군을 강화하고 재구성하기 위한 유전자 풀을 제공하는 것이다. 하지만 실제 SSP에서는 "공간적인 제약 때문에 합리적 목표는 100년~200년간 야생 개체군의 유전적 다양성 90퍼센트 달성이다." 나는 이런 종류의 합리성에 내재하는 희망과 절망을 모두 느끼지 않을 수 없다. 호랑이의 "동물원 방주"Zoo Ark 계획은 더욱 대단치 않은 것이 될 것인데, 이용 가능한 자원이 너무 적고 필수 사항은 너무 많기 때문이다.

SSP는 〈아메리카 동물원 및 수족관 협회〉America Zoo and Aquarium Association(이하 AZA)의 상표가 등록된 복합적이고 협동적인 관리 프로그램이다. 이 단체는 종 보존계획에 내몰린 포획하의 개별 호랑이들의 웰빙에 관심 있는 사람들의 관점에서는 그 자체로 논란의 여지가 있다. SSP의 입안과 실행에는 유기적, 조직적, 그리고 기술적인 여러 종류의 긴 반려종의 목록이 관계된다. 극히 조심스럽게 말하더라도, 여기 관계되고 있는 것은 다음과 같다. 멸종위험을 평가하는 〈세계 자연보호 연합〉의 전문가 그룹들, 소속 동물원과 그 동물원들의 과학자·사육 담당자들·평의원들, AZA하의 소규모 관리 그룹, 단일 개체군 기록보존 시스템SPARKS과 같은 특화된 소프트웨어와 그 자매 프로그램인 국제 종 정보시스템ISIS이 만든 개체 수와 유전 분석용의 프로그램을 사용함으로써 지역의 등록부로 유지되고 있는 데이터베이스, 자금 공급자들, 각국 정부, 국제기관들, 계층화된 지역 사람들, 그리고 물론, "멸종위기"로 분류되는 육신을 가진 동물들. SSP에서 결정적인 작업은 다양성과 혈족 관련성을 측정하는 작업이다. 사람들은 시조의 상대적 공헌도를 평준화하고 근친교배를 최소화하기 위한 도구로서 '시조 중요도 계수'founder importance coefficient, FIC를 알기를 원한다. SSP에서는 정확하고 완전한 계통도가 귀중한 대상이 된다. 사회생물학적인 시스템에서는 평균 유연도mean kinship, MK *와 유연치kinship value, KV가 배우 개체 선택의 규칙이다. 야생종의 "강화"는 테크노사이언스적인 생산이라는 글로벌한 장치를 필요로 하는데, 이 장치에서는 자연적인 것과 기술적인 것의 기호론적이고 실천적인 근친교배 계수가 매우 높다.[18]

순혈종 개의 브리더 또한 옛날까지 거슬러 올라가는 가계도를 중시한다. 그들은 견종 표준에 비추어 교배 상대를 평가하는 것이 통례인데, 그것은 복잡하고 정형화되지 않은 예술이다. 근친교배는 새로운 걱정거리가 아니다. 그렇다면 신원조회의 우주로서 SSP에 무엇이 그렇게 획기적이라는 것일까? 개체군과 시조에 대한 정의는 어쩌면 최초일 것이다. CANGEN에 모여 있는 열성적인 브리더들 (즉, 유전적 다양성 문제에 관심이 많아서 특화된 메일링 리스트에 가입하고 투고하고 있는 사람들) 사이의 논의에서 애견가들이 사용하는 계통lines이나 견종breeds과 같은 용어는 야생생물학자나 유전학자의 개체군populations과 동등하지 않다는 것을 알 수 있다. 이들 상이한 단어들에 관련된 행동은 구별이 된다. 전통적인 품종 개량 위주의 동물 사육자들에게서 교육받은 개 브리더는, 빈도의 차이는 있을지라도 때로는 이계 교배도 시행하면서, 계통번식을 실시해서 희귀하고 특별한 진짜 "위대한 개"의 유전적 혹은 혈통적 기여율을 높이려고 한다. 위대한 개란 그 견종 특유의 특징을 잘 체현한 개체이다. 견종 특유의 특징은 고정되어 있는 것이 아니고, 살아있으며 상상 속에 있는 희망과 기억이다. 켄넬 클럽은 뛰어난 개를 배출함으로써 인정받고, 브리더는 자부심에 차서 그들 켄넬의 시조 개를 가리키고, 브리더 클럽의 문서들은 견종의 시조를 명시한다. 집단유전학자의 감각 속에 있는 모든 시조 개체의 기여율을 동등하게 하기 위한 작업이라는 관

---

* 평균 유연도는 동물의 유전학적 중요성에 대한 척도이다. 낮은 MK를 가진 동물은 유전학적으로 중요하게 취급되고 높은 MK를 가진 동물은 덜 사용되어야 한다. MK는 현재의 전체 개체군을 가진 동물의 유연치에 의해 계산된다. 그러므로 동물당 MK는 현재 개체군에 상관적이다. 이는 특정한 동물에 대한 평균 유연도는 개체군이 변화할 때 시간에 걸쳐서 변화함을 의미한다. 예를 들어 동물이 자손을 가질 때마다 평균 유연도는 증가한다.

념은, 전통적인 개 브리더의 담론에서 보면 정말 기이하다. 물론 SSP는 자연과 달리, 그리고 개 브리더와도 달리, 선택이라는 적응 규준에 의해서 작동하지 않는다. SSP의 주안점은 저장 탱크로서 다양성을 있는 그대로의 모습으로 보존하는 데있다. 이런 보존은 수 세대 후 유전적으로 안정화된 세부가 무엇보다 중요한 가혹한 서식 환경에 재도입되는 적응 프로그램에서 슬픈 결과를 낳을 수도 있다.

SSP는 어떤 방식으로 개념화하더라도 보존 관리계획이지 자연이 아니다. 또한 그것은 문서화된 견종 표준도 그런 표준에 관한 브리더의 해석도 아니다. SSP와 마찬가지로 견종의 표준 역시 대규모의 행동 청사진이지만 유전적 다양성과는 다른 목적들을 위한 것이다. 일부 브리더들은 이런 목적을 견종의 원래 목적Original Purpose이라는 식으로 대문자를 써서 강조한다. 다른 브리더들은 그런 의미에서 유형적이지는 않다. 그들은 견종의 역사, 구조, 기능에 대한 부분적으로 공유된 감각 내에서 역동적인 역사와 진화하는 목표를 잘 이해하고 있다. 이런 브리더는 견종의 전체적인 질을 유지 개선하고, 희귀하고 특별한 개를 실현하기 위해 가능한 한 수가 많고 포괄적인 규준을 기초로 선택을 수행하지 않으면 안된다는 것을 예민하게 이해하고 있으며, 책임을 무겁게 받아들이고 있다. 논쟁, 모순, 그리고 실패 같은 것도 다 겪었다. 그들은 자신들의 개가 직면하고 있다고 알고 있거나 의심쩍어하는 문제라는 맥락에서 유전적 다양성에 관해서 배우는 일에 인색하지 않다. 극히 소수라고 생각되지만, 일부의 브리더는 유전적 다양성의 담론과 집단유전학을 적극 수용하고 있다. 그들은 자신들이 번식시키는 견종의 기반이 너무 좁거나 혹은 좁아지고 있는 것이 아닌지 염려한다.

그러나 브리더의 기술이 SSP의 수학적이고 소프트웨어 지향적인 교배 시스템의 채택을 쉽게 품어주지는 않는다. 제대로 된 가계도를 작성하고 근친교배계수 계산을 호소하면서 계수가 올라가지 않도록 노력하고 있는 진일보한 브리더들도 있다. 그러나 내가 만나는 브리더들은 기본 계획 같은 것에 판단을 맡기기를 꺼린다. 그들은 자신의 개나 견종을 생물학적인 개체군 범주로는 중요하게 분류하지 않는다. SSP의 세계에서는 전문가가 지역적인 커뮤니티와 재야의 커뮤니티를 장악하고 있다는 점을 개 브리더들이 눈치채지 못할 리 없다. 내가 우연히

들은 대부분의 브리더는 만약 논의가 이론적인 집단유전학의 수준에 머무른다거나 데이터가 마다가스카르의 여우원숭이 집단이나 실험실 쥐 계통, 혹은 그야말로 초파리로부터 온 것이 아니라 조금이라도 개에게서 온 것이라면 불안해하면서 동요한다. 요컨대 브리더의 담론과 유전 다양성의 담론은 적어도 잡종 제1대F1에서는 원활하게 교잡되지 않는다. 이런 짝짓기는 브리더들이 부자연스러운 이계교배라고 부르는 것인데, 그들은 이것이 해결하는 만큼이나 많은 문제를 불러들이는 위험을 걱정한다.

〈개 다양성 프로젝트〉 웹사이트에는 과거 및 현재의 SSP 링크들보다 훨씬 많은 것이 있다. 이 웹사이트 전체에 관해서 검토할 지면이 있다면, 개의 브리더, 건강 활동가, 수의사, 유전학자와 같은 사람들이 다양성의 문제와 관계해 가는 방식을 보는 데 있어서 좀 더 많은 틈새opening, 거절, 포섭, 매력, 가능성 등이 분명해질 수도 있을지 모르겠다. 웹사이트의 진지한 방문자는 멘델 유전학, 의료유전학, 집단유전학을 비롯한 유전학의 초보적인 교육을 받을 수 있을 것이고, 개별 과학자들과 견종 클럽의 건강 및 유전학 활동가들 사이에서 매력적인 공동작업도 출현할 것이다. 유전 다양성과 근친교배에 관한 애견가들의 사고방식에 여러 가지 차이가 있는 것은 피할 수 없다. 가령, 제프리 브래그와 세팔라 시베리안 썰매 개의 종말론적이고 논의가 분분한 "진화하는 견종들"이 존 암스트롱의 좀 더 온건하고 표준적인 푸들(그리고 그의 좀 더 온화한 액션 플랜 "브리더를 위한 유전학 : 더 건강한 개를 번식시키기 위해서")과 만날 때라든지 혹은 오스트레일리언 셰퍼드 세계에서 리오스 크럴과 C. A. 샤프의 일하는 방식에서의 차이 같은 것들이 있다. 링크를 더듬어 가면, 방문자들은 〈미국 코통 드 튈레아르 클럽〉의 놀라운 윤리 규정과 이 견종의 알파 수컷 유전연구자이자 활동가이기도 한 로버트 제이 러셀뿐만 아니라 보더콜리 웹사이트가 이 재능을 타고난 견종의 유전학에 대해서 설명하는 온라인 문서도 만날 수 있다. 링크를 따라가면서 사이트 방문자는 갯과의 분자적인 진화, 개 유전자 검사의 최신의 리스트, 늑대의 보존과 분류에 관한 논쟁, 달마티안 종 공통의 유전병을 없애기 위한 (포인터와의) 교잡육종과 역교배 프로젝트의 이야기와 유전학적인 딜레마에 대처하기 위해 일군의 새로운 아프리카 바센지를 들여오는 이야기를 접할 수 있을 것이다. 사람들은 클릭을 통해 불임, 스트레스, 헤르페스 감염에 관한 논의에 스스로 들어가 보기도 하고, 링크를 더듬어 환경의 악화가 세계적 규모로 개구리와 사람뿐만 아니라 개에게도 어떤 영향을 끼칠 수 있는지에 대해 생각하기 위한 내분비교란 물질의 담론으로 갈 수도 있다. 암스트롱이 죽을 때까지 〈개 다양성 프로젝트〉웹사이트의 중앙에는 그가 3년간 운영하고 있던 CANGEN-L에 참여를 유도하는 문구가 큰 글씨로 쓰여 있었다. CANGEN-L에서는 재야 애견가와 과학 쪽 애견가들 사이에 때때로 분방하고 격심한 의견교환이 있어서 웹사이트의 교육학적 질서를 교란했다.

그래서 〈개 다양성 프로젝트〉의 웹사이트가 구축되고 활기차 있던 2000년경 호랑이가 아니라 개들 – 멸종위기종이 아니라 견종들 – 이 이 사이트를 지배했다. 그러나 AZA의 '종 보존계획'으로 접속되는 이들 최초의 링크들이 갖는 은유적, 정치적, 과학적, 실천적 가능성은 풀잎에 모이는 진드기처럼 그것들 자체를 붙들어 매고, 순혈종 개 세계의 방문자가 지나가기를 기다리고 있었다. 생물다양성이라고 하는 자연문화의 새로운 존재론은 새로운 윤리적 요구와 결부되어 있다. 개 브리더의 전문지식과 실천은 유전적 다양성 담론과 많은 방식에서 회전력의 관계에 있다. 친척과 종류는 개의 (재)생산이라는 새롭게 출현하는 장치에서 변하고 있다. 반려종이 풍요롭게 될지 아닐지는 과거에도 현재에도 여전히 큰 문제이다.

잡종견의 클론을 제작하다

농기업과 제휴하고 있는 미국의 한 주요 대학에서 진행한 잡종 반려견 복제 프로젝트는 재원도 풍부하고 미디어에 밝고 상업적인 리스크도 높은 프로젝트였다. 이 프로젝트는 개 유전 다양성 세계 내에서 출현하는 과학적이고 윤리적인 실천들과 스펙트럼의 대극에 있는 것처럼 보였을지 모른다. 그러나 이러한 복제 프로젝트도 유사한 문제를 낳는다: 테크노문화적인 개의 세계에서 어떤 종류의 공동 작업이 반려종의 생명사회적 진화를 위해 전문지식을 생산하고 결정을 하는가? 무엇이 풍요의 윤리를 구성하고, 반려종 커뮤니티의 어떤 구성원을 위해서 그런 윤리를 구성하는 것인가? 개방형 개 건강등록 논쟁이나 게놈 다양성 담론과는 달리, 당초의 반려견 복제의 세계는 최신의 재생산 테크노사이언스, 발명의 윤리, 뉴에이지 인식론의 못된 장난, 그리고 마케팅의 진수성찬 등이 뒤섞인 비현실적인 혼합물이었다.[19]

〈미시플리시티 프로젝트〉는 1998년에 시작되었다. 최초 2년간 230만 달러의 기금을 받아서 프로젝트가 시작되었는데, 그 기금은 당초에는 익명이었던 부유한 기부자로부터 받아서 텍사스 A&M 대학의 세 사람의 상급 연구원과 몇몇 기관에 소속된 공동 연구자에게 제공되었다. 2000년에는 이 프로젝트의 정성들여 만든 웹사이트가 개설되었고, 대중들이 보낸 댓글, 복제될 잡종견 미시의 이야기, 연구 목표를 열거한 문서, 연구에서 사용하는 대리모 개의 가정 입양과 개 훈련 프로그램 내용("우리 개들은 모두 클리커를 사용한 긍정 강화 훈련법으로 교육 받고 있습니다")과 최신의 윤리 규정 등이 실려 있었다.[20]

마케팅은 반려견 복제 프로젝트와 밀접한 관계가 있다. 광고는 싸기만 하다면, 개 유전자 지상주의의 문화적 미래의 거래소를 향해 난 손쉬운 창문을 제공한다. 개 복제가 가능하게 되기 전부터 '애니멀 클로닝 사이언스사'(이하 ANCL)는 노년의 백인 여성이 애견 테리어를 안고 있는 사진 위에 다음의 문구를 붙인 선전을 했다. "반려견의 죽음을 앞두고 당신은 더는 비탄에 잠기지 않아도 됩니다. 지금 DNA를 보존해 두면 당신의 반려견을 복제하고 새로운 몸으로 그의 생명을 지속시킬 선택이 가능합니다."[21] 〈X-파일〉과 같은 상식을 초월한 현상을 다루는 프로그램에서조차 다른 개체로 정체성을 이동시키는 실험이 이 선전 문구만큼 성공적이지는 않았다. 반려동물의 복제 기술이 "곧" 실현될 것임을 약속하면서 ANCL은 2000년 현재 595달러로 세포의 동결보존을 제공하고 있었다.

『도그월드』의 광고에서는 세포의 동결보존 사업을 하는 또 다른 기업인 '라자론 바이오테크놀로지'가 "유전적인 생명을 구할 수 있도록" 때늦기 전에 애견의 조직 샘플을 채취해 두어야 한다고 독자를 부추기고 있었다. 이 회사는 루이지애나 주립대학 캠퍼스 내의 〈루이지애나 비즈니스와 테크놀로지 센터〉에서 발생학 연구자 두 사람과 한 사람의 사업 동료가 시작한 것이었다. 이것은 생명우선주의 수사학이 유전자의 시대Age of Genes™ 특유의 방식으로 다소 확대된 것이었다. 라자론의 웹사이트 제일 위에는 "가치 있는 동물의 유전적 생명을 구출합니다"라고 기술되어 있다.[22] 종류를 불문하고 가치가 이 이상의 가치를 가진 적은 없다. 이익이 과학, 보전, 예술, 죽지 않는 '빙상의 사랑'과 만나는 여기에서는 "기업화"된 생명윤리가 번영하고 있었다. 양쪽 기업들 모두 반려동물뿐만 아니라 농업에서 사용되는 종과 멸종위기종도 취급했고, "멸종위기종 구하기"로의 링크는 경멸을 면하도록 가치상의 특징을 부여했다. 우리는 개 게놈 다양성의 맥락에서 이런 방식의 강화를 만났는데 이는 보존과 복제의 담론을 연결하는 경계물이 되었다.

개 복제는 개 브리더로서 과학적인 매력을 느끼게 하는 일일 수 있다. 개의 유전과 건강에 관한 글로 몇 번이나 수상한 경력이 있고, 자신도 브리더인 존 카길과 수전 쏘프-바가스는 개 복제를 통한 유전적 다양성 보존의 이점을 논했다.[23] 그들은 계통번식을 한다든지 인기 종웅을 과잉으로 사용함으로써 특질을 복사하려고 노력할 것이 아니라 바람직한 개들을 복제하는 것이 가능할 수 있다면 유전적 다양성의 상실을 줄일 수 있을지도 모른다고 했다. 그러면 동결보존과 복제가 작은 집단의 게놈을 견종과 종에게 가능한 한 유리하도록 관리해 나가는 하나의 도구가 될 수도 있을 것이라고 논했다. 같은 것을 재생산하는 일에 정신없이 열중하는 테크노문화에서, 유전적 다양성의 상실이라는 피해를 가능한 한 줄이기 위해서 주의 깊게 매칭이 된 이계교배를 실시하고 개방형 건강등록제에 관심을 갖는 것보다는 복제를 하는 편이 일부 개 세계에서는 더 수월하게 팔리는 것 같다!

지네틱 세이빙스 앤드 클론사(이하 GSC)는 2001년 당시 〈미시플리시티 프로젝트〉를 시작으로 복제 연구와 직접 관련된 유일한 동결보존조직 및 유전자은행이었고, 그 회사 웹사이트 수사학의 특징은 진지함에 있었다. 그해 라자론의 지분을 인수하면서 GSC사는 반려동물, 가축, 야생동물, 도우미견과 구조견도 그들의 주요 사업목록에 넣었다. 윤리적, 존재론적, 그리고 인식론적 출현자들 가운데서의 자신의 역할에 대한 이 회사의 자기-인식은 장대했고 대규모의 투자, 최선의 과학, 산학협동을 특색으로 내걸고, 스스로를 복제와 바이오은행 사업을 하는 "알맹이 없는" 기업으로 보지는 않았을 것이다. 이 회사의 생명윤리 선언은 진보적 헌신의 예사롭지 않은 콜라주였다. 이 회사는 스스로 공공의 지식을 최대화하고 소유권은 비즈니스의 목표에 비추어 최소로 유지할 것을 약속했다: 이식 유전자에 의한 개조는 GSC 자문위원회의 엄격한 감독 아래 실시한다. 생물병기(공격견으로 묘사되는)를 생산하지 않고, 이 회사의 동물이 유전자변형생물체GMO로 식품 연쇄에 참여하지 않는다. 인간 복제를 노리는 사람들과 정보를 의도적으로 공유하지 않는다. GSC는 "공장식 농장"이 아니라 "전통적인" 조건에서 동물을 기를 것을 약속했다. "이것은 동물들이 멸균된 축사에서 지속적으로 고독하게 지내는 것이 아니라 날마다 옥외에서 풀을 뜯으며 인간이나 다른 동물들과 함께 지낼 것임을 의미한다."[24] GSC는 유기농법을 비롯한 생태계를 의식한 실천까지도 표방했다.

GSC가 전통적인 방식으로 키우고 복제한 동물들과 대리모는 유기농 제품을 많이 함유한 식사를 하게 될 거라는 것이었다. 이런 고도로 윤리적이고 진지한 맥락에 아이러니가 들어갈 여지는 없었다. 실제로, 이 회사의 말을 액면 그대로 받아들일 수밖에 없었고 이 회사의 목가적 자세에 공권력이 밀고 들어갈 일도 없었다. 노래 가사처럼 "누가 이 이상 무엇을 더 바랄 수 있을까?"

우리는 사실 〈미시플리시티 프로젝트〉에서 더 많은 것을 얻었다. 이 프로젝트의 목표는 멸종위기종(예를 들면 늑대)을 다시 정주시키는데 필요한 개 생식생물학의 기초지식, 야생견과 반려견 개체군의 산아제한 관련 기초 지식, "특히 맹도견과 재해 구조견과 같은 사회적 가치가 높은 특정의 예외적인 개"의 복제를 특히 중시했다.[25] 이 기업은 도대체 어떻게 수익을 올릴지 사람들이 의아해했다. 그리고 2006년에 GSC가 도산하고 일천만 달러 이상의 연구비가 물거품처럼 사라졌을 때, 사람들은 그 답을 알게 되었다.

1998년 당시, 〈미시플리시티〉의 과학 창설팀은 2,400명의 교수진과 3억 6천 7백만 달러의 연구예산을 소유하고 "토지, 해양, 우주 전 분야의 연구보조금을 받는 기관"인 텍사스 A&M 대학 같은 연구기관에서 횡단적 테크노사이언스의 소우주였다.[26] 책임 연구원인 마크 웨스터신 박사는 핵이식 전문가이고 수의생리학과 약리학과의 교수이기도 했다. 그의 연구실은 규모도 크고 농업적으로 중요한 몇 가지 포유동물의 복제 연구로 다수의 논문을 발표해 왔다. 배embryo 이식 전문은 수의학 박사인 두에인 크레머 박사였다. "그와 그의 동료는 세계 어느 그룹보다 많은 종들의 배 이식을 직접 하고 있었다."[27] 크레머는 "노아의 방주 프로젝트"의 공동 설립자이기도 했는데, 이 프로젝트는 멸종위기로 몰리거나 멸종할 것을 대비해서 많은 야생 생물종의 게놈을 보존하는 국제적인 프로젝트이다. 또한 그는 필요에 따라서 체외수정과 동결보존을 시행할 수 있도록 기동력 있는 위성 연구소를 세계 곳곳에 설치하기를 원했다.[28] "노아의 방주 프로젝트"는 1990년대 중반에 텍사스 A&M 대학 학생들의 "세계 멸종위기종에 대한 염려"에서 발단이 된 것이었다.[29]

새천년으로 들어올 무렵, "멸종위기의 [카테고리를 고르시오] 구하기"는 테크노사이언스에서 "가치"에 대한 과장된 절대적 기준으로 등장했고, 공적인 것과 사적인 것, 친척과 종류, 활기와 중지를 조형하는 장치에 관한 다른 고려들을 제압하고 회피하게 했다. "멸종위기종"은 존재론적으로 이종 혼교적이고 왕래가 있는 개 세계를 회피하는 폭넓은 윤리적 우회로로 판가름이 났다.

이 절을 마치면서 스탠퍼드 대학의 '사회의 윤리' 프로그램이 지원한 장대한 공개 프로그램을 언급하고 싶다. 2000년 5월 12일 GSC의 최고경영자이고 〈미시플리시티〉의 프로젝트 조정자이기도 한 루 호손Lou Hawthorne이 "반려동물 복제의 윤리"라는 패널에서 발표를 했다.[30] 그 밖에 이 패널에는 스탠퍼드 대학의 철학 교수 두 사람, 퍼시픽 신학대학의 신학과 윤리학 교수 한 사람, 루이지애나 주립대학 발생공학연구실의 디렉터였던 라자론 대표이사 리차드 데니스턴도 있었다. 공식적인 강연 후의 질의에서, 〈미시플리시티 프로젝트〉는 잡종견이 대상인데 이 프로젝트가 순종견 브리더에게 어떤 영향을 주었느냐는 질문이 있었다. 데니스턴은 절대표준인 멸종위기종을 언급하고 잡종은 "하나밖에 없다는 의미에서 멸종위기종"이라고 갈파했다. 호손은 좀 더 온건하게 잡종견이란 한 마리 한 마리가 아주 특별하고 특정의 견종으로 육종하는 것이 불가능하기 때문에 GSC 는 "잡종을 칭송"한다고 말했다.

　호손은 미디어 대응에 숙달된 재능 있는 논객이고, 허먼 멜빌과 P. T. 바넘, 그리고 뉴에이지계의 현자들이 그렇게나 잘 이해했던 아메리카 전통에서의 사기 꾼이었다. 호손은 종 횡단적인 테크노사이언스에서 사려 깊고 복잡한 행위자이 기도 했다. 책략가나 사기꾼은 이유와 가치를 붙이는 것의 선善을 시험하고, 아 마도 공적인 지식에서 황금으로 통용되고 있는 것의 야비함을 드러내거나, 적어 도 테크노사이언스의 경이에 "찬성" 혹은 "반대"하는 경건한 자들의 확실성을 흔 들 것이다. 21세기 미국의 사기꾼은 지구를 지키면서 돈을 버는 것, 그것도 가능 하면 많은 돈을 버는 것을 좋아하는 것 같다. 과학학 연구자인 조셉 듀밋은 이런 인물이 "유희적 진실"playful truths과 깊이 관계되어 있다고 본다.[31] 무구한 진실은 아니다. 원래 놀이는 무구한 것이 아니다. 놀이는 고정된 것 속에서 자유도degrees of freedom를 열 수 있다. 그러나 고정성을 상실하는 것이 반려종 사이의 풍요를 위한 새로운 가능성을 여는 것과 같은 것이 아니다. 나는 호손을 테크노사이언

"Actually, we're only taking tissue samples."

"사실대로 말하자면, 조직 샘플을 모으고 있을 뿐인데…."
J. P. Rini, CartoonBank.com. Copyright *The New Yorker* collection, 1997. All rights reserved.

스의 고수로 읽었는데, 그의 책략가적 요령이 그의 적지 않은 진지함을 능가하고 있는 것 같았다.

스탠퍼드 대학에서 호손은 〈미시플리시티 프로젝트〉 윤리 규정에 관한 논의를 기원 이야기와 여행 이야기로 무대에 올렸다. 호손은 생물기술이나 생명윤리의 지식 없이, 실리콘밸리에서 미디어와 기술 분야의 컨설턴트로 시작했다. 1997년 7월, 그는 "부유한 익명의 클라이언트"로부터 늙은 잡종개를 복제할 수 있는지 조사해 달라는 의뢰를 받았다. 이 연구는 그를 생명기술 세계의 많은 멋진 장소로 연결했고, 거기에는 1997년 8월, 타호Tahoe에서 열린 〈농업에서 유전자이식 동물〉Transgenic Animals in Agriculture이라는 회의도 포함된다. 거기에서 호손은 도덕적인 제한 없이 조작이 가능한 "생물반응기"bioreactor로서의 동물에 관해서 들었다. 그는 "두 가지의 통찰"에 생각이 미치게 되었다 : (1) 사전 인쇄물에 따르면 "만일 우리가 대부분의 생명공학자들이 취하고 있는 무엇이든 좋다는 경망한 태도와 거리를 두고자 한다면," 〈미시플리시티〉에는 강고한 생명윤리의 규정이 필요하게 될 것이다. 그리고 (2) 자신이 과학적인 훈련을 받지 않았다는 것이 이점일지도 모른다.

많은 서구의 탐구자들처럼, 호손은 동양에 도달한다. 1984년에 선禪을 다룬 다큐멘터리를 촬영한 경험으로 되돌아가면서 호손이 기억해낸 것은, "힌두교에서 차용한 불교의 핵심 가치이며 통상 '불살생'으로 번역되는 개념인, 아힘사ahimsa였다. 불교 대부분의 개념과 마찬가지로 아힘사도 공안公案, 즉 명료한 답이 없는 수수께끼이고 각자가 규명에 매진하는 과정을 거쳐야만 완전하게 풀 수 있다.…나는 이 불살생을 〈미시플리시티〉의 윤리규정의 필두에 내걸기로 했다."32 그는 그의 탐구가 출현하고 있는 테크노문화의 세계, 즉 친척과 종류가 고정된 것이 아닌 곳에서 책임을 지고 사는 방법에 도달했다고 믿었다.

윤리규정에 관한 호손의 설명은 다음과 같은 것들의 멋진 콜라주였다 : 교류심리학(모든 파트너 − 인간과 개 − 에게 이익이 있어야 한다), 불교에서 빌려온 것들, 가족 중시("〈미시플리시티 프로젝트〉에서 역할은 끝낸 개는 모두 애정이 있는 가정에 의해 거두어져야 한다"), 동물보호소의 죽이지 말라는 정책, 그리고 산아제한의 담론("유효한 개 피임약을 개발함으로써 ─ 탄생 그 자체를 미연에 방지한 다면 ─ 몇 마리의 개를 죽음에서 구할 수 있을까?"). 만약 마거릿 생어*가 개 활동 가였다면, 생어는 자신의 자손을 자랑스럽게 생각했을 것이다. 동물의 권리, 장애 인의 권리, 생명에 관계되는 권리 담론은 〈미시플리시티〉의 윤리규정에 반향되었 고, 연구 대상의 개가 어떻게 취급되는지, 다시 말해서, 대상으로서가 아니라 주 체로서 취급되는지에 대해서 실제적으로 영향을 미쳤다. 얼마나 여러 번 동양을 여행하든, 서양의 윤리는 그 정신 깊숙한 곳에서 권리의 담론과 표리일체이다. 어 쨌든 만약 내가 연구용 개라면, 텍사스 A&M 대학과 GSC에서 〈미시플리시티 프로젝트〉 ─ 복제의 선빠이 슬로건 이상이었던 프로젝트 ─ 에 참여하기를 원했을 것 이다. 게다가 그런 장소야말로 "최고의 과학"이 영위되는 장소이다. 호손이 이야 기한 것처럼, 개의 복제는 인간의 복제보다 어렵다. 〈미시플리시티〉는 이런 두 발 보행 동물의 복제에는 어쨌든 반대하는 입장이었고, 그 보상으로 미시Missy의 인 간hominid 반려종은 더 첨단의 연구를 할 수 있게 되었다.

돈벌이가 지식의 생산에 결코 뒤진 적이 없는 대학인 스탠퍼드에서 호손의 뛰어난 발표 중 결정적인 문구는 GSC를 "텍사스주 칼리지 스테이션이 본거지이 긴 하지만 인터넷도 충분히 활용하고 있습니다"라고 소개했던 것이었다. 분산 네 트워크는 신경회로망이나 활동가들에 한정되어 있지 않았다. GSC는 〈미시플리 시티〉에서 생성되는 막대한 양의 정보를 상업화하는 첫걸음에 해당했고, 사적인 복제 요구도 밀려있었다. 호손은 반려견(혹은 2001년에 계승된 프로젝트에서는 고양이)의 복제 가격이 "3년 이내에 2만 달러 아래까지 내려갈 것입니다. 처음에 는 그 열 배 정도 들지도 모르지만"이라고 예측했다.

이런 수치들이 호손을 위대한 예술작품들 ─ 보존된 유일한 종류의 창조물 들 ─ 이라는 생각으로 이끈 것에 놀랄 것까지는 없다. "나는 이 생각을 전하면서 강의를 마치고 싶습니다. 위대한 반려동물은 예술작품과 같은 것입니다.…이런 명작을 알아차린 이상, 그 유일무이한 유전적 재능이 멸실되기 전에 포착해 두는

---

* 마거릿 생어(Margaret Sanger, 1879~1966)는 간호사로, 산아제한 운동을 활발히 벌였던 여성 운 동가이다.

것은 이치에 맞는 정도가 아니라 틀림없이 지상 명령이라고 생각합니다. 그것은 불타는 미술관에서 위대한 예술작품을 구출하는 것과 마찬가지일 것입니다." "유일무이의 유전적 재능"은 백인 정착자의 식민지에서는 너무나 흔한 그런 종류의 "구출"을 필요로 하는 "멸망하고 있는 선주민"과 같은 존재가 된다. 이 선禪의 생명윤리는 유전학적 생명을 구하는 것뿐만 아니라 유전학적 예술 구하기를 요구하고 있는 것 같다. 과학, 비즈니스, 윤리와 예술은 기술적 현존의 기원에서 새롭게 부흥하는 친숙한 파트너들인데, 여기서 "진화가 자유시장과 만납니다. 비용을 부담할 경제력이 있는 사람들은 자신이 좋아하는 동물을 구출하고, 그 이외의 동물은 없어지게 내버려 둘 것입니다." 그것은 마치 피터 팬 같은 무서운 최고경영자들이 출연하는 연극처럼 들린다. 복제된 개들을 세계에 출현시키기 위해 여러 자원을 동원하는 과정에서조차 호손은 "잡종견 박물관"의 돈을 많이 들인 책략가적 자기선전에서 공식적인 진실을 "장난스럽게" 비틀었다.

이 장을 마치면서, 린다 와이저의 검소한 메타포와 그녀가 성실하게 쌓아 온 작업, 즉 피레니즈 애호가들에게 공개 건강 유전 등록을 활용하고, 견종의 개선을 이룰 수 있는 개만을 번식하도록 설득하며, 반려종의 친척과 종류의 풍요를 돕는 노력으로 돌아가기로 하겠다. 나는 많은 종류가 출현하는 과정에 몰두하면서, 〈미시플리시티 프로젝트〉의 여러 측면에서 가치를 발견했다 ─ 그렇지 않았다면, 끝내 맹비난이 있었을 것이다. 나는 분명코 호랑이들이 가까스로 살아남은 나라에 사는 사람들의 편에 서는 것뿐 아니라, 멸종 위기에 있는 호랑이들의 편에도 서고 싶다. 유전 다양성은 인간뿐만 아니라 개에게도 귀중한 패턴이고, 고양이는 개와 유사하다. 중요한 문제는 언제나처럼 디테일에 귀를 기울이는 데 있다. 누가 결정하는가? 무엇이 이런 새로운 종류의 존재를 생산하는 장치인가? 누가 풍요하고, 누가 아닌가? 그리고 어떻게? 어떻게 우리는 린다 와이저의 과학 지향적 강독에서 기술적 현재라는 안개에 질식하지 않고 머물 수 있을까? 만약, "멸종 위기에 있는〔빈칸을 채우시오〕구하기"가 지구에 언제나 출현하고 있는 친척이 해를 입지도 부끄러워하지도 않으면서 묻은 마신 수 있도록 개인적, 집단적으로 강을 청소하는 일을 의미한다면 더 이상 무엇을 바랄 수 있을까?

2부
스포츠 기자 딸의 노트

6장

유능한 신체와 반려종

1981년 11월 3일

아버지께,

아버지가 덴버 『포스트』*Post*를 퇴직하신 일이 요 몇 주 동안 쭉 마음에 걸렸습니다. 이 기회에 아버지의 일이 소녀 시절 이래로 제게 무엇을 의미해왔는지를 편지로 써 보려고 합니다. 저는 언제나 제 주변의 중요한 사람들에게 이렇게 말합니다. "내 아버지는 스포츠 기자입니다. 아버지는 자신의 일을 사랑하십니다. 그리고 아버지는 그 일을 잘하시고 일이란 생계유지만큼이나 살아가는 방식이라는 감각을 내 마음속에 심어주셨습니다." 아버지 일의 중심에 있었던 것은 말을 사랑하는 자세였다고 생각합니다. 아버지는 말을 즐기셨습니다. 아버지는 당신 자식들에게 말이 생활을 충실하게 다듬는 도구임을 보여주셨습니다. 저는 수년간 아버지가 쓴 이야기를 읽었고, 중요한 이야기를 하는 견실한 솜씨를 매일 배웠습니다. 아버지는 일을 통해서, "이야기를 쓰는 일"이 "생계를 꾸리는" 매우 세련된 방법이라는 것을 가르쳐 주셨습니다. 저는 아버지가 사람들에 관해 쓸 때 그 사람의 긍정적인 부분을 쓰려고 항상 신경을 쓰시는 것을 보았습니다. 그건 사람들의 추한 면을 숨기려는 것이 아니라 아버지가 사람들에게 그들의 아름다움을 허용했기 때문입니다. 저는 그것이 아버지께서 시합 이야기를 가장 좋아하시는 이유라고 생각합니다. 저는 아버지가 극적인 장면, 의례, 뛰어난 재주, 기술, 약동하는 마음이 있는 신체를 계속 기록하시는 것을 보았습니다. 아버지는 스포츠 기사에서 삶을 더 크고 풍부하고 관대하게 만드는 이야기를 쓰셨습니다.

저는 1950년대에 그 오래된 덴버 베어즈 구장에 가려 했던 일을 기억합니다. 그 시절은 오빠 빌Bill과 그의 친구들이 야구에 빠져있던 때였지요. 저는 야구선수가 될 수 없다는 것이 분했고 같은 식으로 예수회 수도사가 될 수 없다는 것도 분했지요. 그래서 미닫이문이 달린 벽장 속에서 인형의 고해를 듣고 화장대 위에서 미사를 거행했습니다. 그 이래로 저는 어린 가톨릭 신학도에서 무구하다고 할 수 없는 페미니스트 작가로, 가톨릭계 학교의 농구 포워드에서 자신의 게임 이야기를 쓰는 작가로 변신했습니다. 아버지는 저에게 아버지가 오빠 빌과 동생 릭에게 주었던 것과 같은 기술을 주셨습니다. 아버지는 우리 모두에게 스코어 매기는 법을 가르쳐 주었습니다. 그때는 우리가 막 읽기를 배우기 시작할 무렵이었습니다.[1] 1958년의 그날 밤, 논란의 여지가 있었던 야구 시합에서 심판과는 의견이 달랐던 아버지와 『로키마운틴 뉴스』의 기자였던 체트 넬슨 씨는 제가 어떻게 스코어를 매겼는지 물어보셨고 제가 매긴 스코어를 사용해 주셨습니다. 그때 아버지는 저에게 소중한 무언가를 주셨습니다. 아버지가 자신의 작업에서 저를 인정해 주셨습니다. 아버지는 저에게 관심을 가져 주셨지요.

내 아버지는 스포츠 기자입니다.

사랑을 보내며,
도나

진정, 신체는 만들어지고 있는 중이다. 이 장은 스포츠 기자 딸의 노트이다. 이것은 내가 써야만 하는 글이다. 왜냐하면 그것은 육신에 계승된 유산에 관한 것이기 때문이다. 신체의 해체를 받아들이게 되기 위해, 나는 그것의 되기becoming를 기억할 필요가 있다. 나는 특별한 생의 매듭, 내 아버지 프랭크 우튼 해러웨이를 만들었던 살아있거나 살아있지 않은 모든 구성원들을 인식할 필요가 있다.

남편 러스틴과 나는 연로한 부모님들과 그들 여생의 얼마 동안을 함께하는 특권을 가졌다. 2005년 9월 29일, 나와 나의 형제들은 아버지가 돌아가시는 동안 곁을 지켰는데, 그때 아버지는 정신이 또렷했고 존재감을 잃지 않았다. 우리는 아버지가 더는 거기에 존재하지 않게 되는 과정 내내 그를 안고 있었다. 이것은 특이하게 그가 한 영혼, 한 마음, 한 사람의 인간, 한 내부, 한 주체로서 더는 존재하지 않게 되는 과정이 아니었다. 그의 신체가 차가워짐에 따라 그의 신체는 더 이상 거기에 없었다. 사체는 신체가 아니다. 오히려 신체는 언제나 만들어지는 중에 있다. 그것은 언제나 이질적인 척도, 시간, 그리고 육신의 현존 속으로 거미줄이 쳐진 여러 종류의 존재들의 활기찬 얽힘이고, 언제나 어떤 되기이고, 언제나 관계 맺기 속에서 구성된다. 재가 된 사체를 땅에 묻는 것은, 떠나는 것이 단순히 그 사람이나 그 영혼만이 아니라는 인식이라고 생각한다. 우리가 신체라고 부르던 매듭으로 묶여있던 것이 떠났다. 그것은 풀려버렸다. 내 아버지가 풀려버렸다. 그것이 내가 그를 기억re-member*해야만 하는 이유다. 나를 비롯해서 아버지와 얽혀 살았던 모든 것들이 아버지의 육신이 된다. 우리는 죽은 자와 친척이다. 왜냐하면 그들의 신체가 우리를 접촉해왔기 때문이다. 아버지의 신체는 내가 딸로서 알았던 신체이다. 나는, 내가 물질적 기호론과 기호론적 물질성이라고 부르는 것에서 텍스트와 신체를 연결하는 육신으로서, 물질적 문채文彩와 물질적 실수로 아버지의 신체를 계승한다.

나의 이야기는 세대들의 이야기로 일련의 원호를 그린다. 나의 이야기는 반복적으로 되돌아오면서 딿아진 이야기들, 게임 이야기를 쓰는 기술을 계승하는 것에 관한 것이다. 1916년에 태어난 아버지는 44년간 덴버 『포스트』의 스포츠 기자였다. 1981년 퇴직한 후에도 덴버의 스포츠계에서 일을 계속했는데, 콜로라도 로키스Colorado Rockies의 내셔널 리그에서는 공식 점수기록원으로, 그리고 덴버 너기츠Denver Nuggets의 농구 시합과 브롱코스Broncos 풋볼 시합에서는 기록 담당으로 일하셨다. 마지막으로 하신 일은 2004년 9월의 시합인데, 아버지는 그때 87세였다. 자신의 묘비명에 쓰신 것처럼, 아버지는 스포츠 기자로서, 혹은 그가 말한 대로 자신이 좋아하는 것을 하면서 돈을 번 한 사람의 스포츠 팬으로서 살다가 돌아가셨다.

나도 스포츠 애호가이려고 하고, 우리는 그 이야기로 돌아올 것이다. 대학에서 나 또한 하고 싶은 것을 하면서 돈을 받고 있다. 이 장에서 나는 저널리스트의 딸이고 스포츠 기자의 딸임을 계승하는 것에 관해서, 그리고 아버지로부터 관심을 받고, 인정받고, 그리고 아버지가 나의 스포츠, 나의 게임에 관해 써주시도록 어떻게든 해보려고 했던 나의 노력에 대해서 쓴다. 나는 어른의 사랑에 부응하려

---

* 해러웨이는 기억하다(remember)를 re-member라고 씀으로써 기억하다는 '다시 멤버가 되다'라는 의미를 함축하고 있다고 여긴다(도나 해러웨이, 『트러블과 함께하기』, 최유미 옮김, 마농지, 2021, 47쪽 참조).

는 어린이의 욕구로부터 쓴다.

　나는 완고하게 이성애적인 부친의 다소간 이성애적인 딸이고, 아버지로부터 이성애적인 눈길을 받은 적이 없는 여자아이였다. 지금 와서 나는 아버지가 잠재적 근친상간의 시선을 의식적으로 삼갔다고 생각한다. 나는 아버지가 젠더-관습적인 성별 구분으로 다른 여자들과 소녀들을 대하는 것을 싫어하면서도 그것을 부러워했다. 나의 시누이인 수즈Suze와 나는 서로의 아버지에 관해 이야기했는데, 수즈의 아버지도 나의 아버지도 자신의 딸들을 아름다운 신체로 볼 수 없었다. 감히 그럴 수 없었기 때문이었다. 그러나 나는 다른 면에서 활기찬 신체적 방식으로 아버지의 관심을 받았다. 나는 아버지의 존중respect을 받았다. 이것은 세대 간의 이어짐에 관한 다른 거울specular 경제이다. 그것은 그야말로 신체적이고, 욕망과 유혹으로 넘치고, 법을 의심하고, 시합 감각에 차 있는 경제이다. 그러나 그것은 그 딸로 하여금 기쁨과 슬픔 속에서 기억하도록 이끄는 어떤 경제이다. 이런 종류의 시선이 작가로서 그리고 스포츠를 하는 여성으로서의 삶 속에서 나의 신체를 지금의 모습으로 만들었다. 나는 이 전통의 일부를 통해서 우리를 그리고 나를 파악하고 싶다.

　"관심을 가지다"regard와 "존중하다"respect에 관해서 좀 더 생각해 보자. 나는 아버지와 함께 그리고 아버지로부터 보았고 경험했던 이런 적극적인 보기/관심 갖기(둘 다 라틴어에서는 동사이며, 레스페체레respecere와 레스펙투스respectus가 된다)라는 어조에 이끌리고 있다.[2] 이런 종류의 관심이 갖는 구체적인 관계성이 나의 주의를 붙잡는다 : 관심을 갖기, 다른 방식으로 보기, 중히 여기기, 뒤돌아보기, 계속 관심 갖기, 계속 지켜보기, 다른 사람의 관심을 느끼기, 유념하기, 보살피기. 이런 종류의 관심은, 모순어법적이고, 필수적인 '관계성 속의 자율성'을 해방하고, 동시에 그 속으로 해방되는 것을 의도하고 있다. 관계의 결과로서 그리고 그 내부의 자율성. 트랜스-액팅trans-acting*으로서의 자율성. 문화이론에서 통상 연구 대상이 되는 응시/시선과는 정반대의 것! 그리고 근친상간적 시선의 산물은

_____

* 분자생물학에서 trans-acting은 다른 분자로부터의 작용을 말한다. trans-acting과 대비되는 것으로는 같은 분자로부터의 작용인 cis-acting이 있다.

확실히 아닌 것.

　반려종에 관해 이야기하고 쓰는 요즘, 나는 관심을 가지기/존중하기/서로 바라보기/뒤돌아보기/만나기/시각적-촉각적 조우라는 어조 내부에서 살려 했다. 종과 존중은 시각적/촉각적/정서적/인지적인 접촉 관계에 있다 : 그들은 함께 식탁에 있다. 그들은 한솥밥을 먹고, 반려이고, 동료로서 빵을 나눈다cum panis. 나는 또한 "종"species에 내재된 모순어법을 사랑한다. 그것은 언제나 논리적 유형이면서 가차 없이 개별적이고, 항상 라틴어 스페체레specere와 묶이면서 레스페체레respecere를 향해 갈망/직시한다. "종"은 카테고리로서 동물과 인간, 그리고 도저히 그것만으로는 다 담을 수 없는 더 많은 것을 포함한다. 그것들 가운데 어떤 카테고리가 구성적으로 조우하는 가운데서 작동 중이고 육신과 논리로 서로를 형성하는지를 미리 가정하는 것은 경솔한 일일 것이다.

　어떤 점으로 보아도, 내가 생각하고 느끼려는 관심은 휴머니즘이나 포스트휴머니즘에 적합하지 않은 무언가의 일부다. 반려종 – 온갖 종류의 세속성과 신체성 속에서 아래로도 쭉 함께 형성되는 – 은 그 속에서는 모든 종류의 종이 문제시되는 비-휴머니즘을 위한 나의 어색한 용어이다. 내게는, 우리가 사람들에 관해서만 이야기할 때조차, 동물/인간/살아있는 것/살아있지 않은 것의 카테고리 분리는 관심을 가질 가치가 있는 조우 속에서 풀어져 너덜너덜해지는 것 같다. 내가 이야기하고 쓰려고 하는 윤리적인 관심은 다양한 종들의 차이를 횡단하는 방식으로 경험될 수 있다.[3] 우리가 자세히 보고, 뒤돌아봄으로써만 비로소 알 수 있다고 하는 점이 멋진 부분이다. 거듭 돌아보라[레스페체레]Respecere.

　지난 몇 년간, 나는 반려종이라는 기호 아래 글을 써 왔다. 그것은 어쩌면 종에는 종 특유의 적절한 행동이 있다는 내 동료들이 가진 감각을 꼬집으려 한 것일지도 모른다. 그들은 대단히 참을성이 있었다. 실제로 그들은 "반려종"은 후기 제국주의 사회에서 응석 부리면서 자란 '모피코트를 입은 (혹은 지느러미나 날개가 달린) 어린이'처럼 취급되어온 자그마한 동물들을 의미하지 않는다는 것을 이해한다. 반려종은 영원히 논증 불가능한 카테고리, 그 관계를 존재와 분석의 최소 단위로 주장하는 '의문시되는 카테고리'이다. 캐런 배러드의 행위적 실재론과 내부-작용에 관한 이론에 빗겨서 생각하는데, 종이라는 말로 내가 의미하는 것은 그것의 지위가 인공물, 기계, 풍경, 유기체, 인간과 같은 식으로 미리 결정될 수 없는 일종의 내부-존재intra-ontics/내부-익살스러운 행동intra-antics이다.[4] 단수이고 복수인 종species은 논리적인 유형들, 철저하게 개별적인 존재, 압인 가공된 동전, 가톨릭 성찬의 그리스도의 실제 현존, 다윈주의자의 종류들, SF의 에일리언, 그 밖의 여러 가지의 음조와 공명한다. 종은 신체와 마찬가지로 내적으로 모순어법을 안고 있고, 그들 자신의 타자들로 충만하고, 식사 동료로 충만함은 물론, 반려로도 충만하다.

모든 종은 복수종 집단이다. 인간예외론은 반려종이 용인할 수 없는 것이다. 반려종의 면전에서 인간예외론은 신체를 환영, 동일물의 재생산, 근친상간으로 비하하고, 그래서 기억을 불가능하게 만드는 유령으로 자신을 드러낸다. 반려종의 물질-기호론적 기호 아래서 내가 관심이 있는 것은 중요한 타자성의 존재ontics와 익살스러운 행동antics이고, 그 자신이 만들어지는 것을 통해 상대도 만들어지는 진행 중의 과정, 게임에서 신체의 모습으로 구체화된 삶이 만들어지는 과정이다. 파트너는 그들의 관계 맺기에 선행하지 않는다. 파트너는 정확히 육신을 갖추고, 중요하며, 기호론적-물질적인 존재가 상호 및 내부 관계를 맺은 결과로 출현하는 것이다. 이것이 캐리스 톰슨이 이야기하는 존재론적인 안무ontological choreography이다.[5] 나는 형상화, 존재들, 만들어지는 중의 신체들, 식사 동료들 모두가 인간만은 아닌 놀이에 관한 계속 되돌아오는 이야기를 말하고 있다.

사실, 아마도 이것은 딸의 지식일 것이고, 아버지가 주었던 관심/존중과 같은 것에 의해 가능하게 된 지식 — 우리가 인간이었던 적이 없었기 때문에 마음과 물질, 행동과 열정, 행위자와 도구와 같은 홑눈의 함정에 잡히는 일이 없는 지식 — 일 것이다. 우리가 철학자가 말한 인간이었던 적이 결코 없기 때문에, 우리는 땋아진 존재이고 익살스러운 관계 맺기 속에 있는 신체들이다.

그래서 우리는 그 게임 이야기를 쓴다. 여기서 내 아버지의 식사 동료인 존재, 나의 주의를 끄는 구성적인 반려종의 매듭들은 나 자신이나 어떤 다른 생명체가 아니고, 한 쌍의 목발과 두 대의 휠체어이다. 이것들은 좋은 인생살이라는 게임에서 항상 아버지의 파트너였다.

아버지는 생후 16개월 때 넘어져서 엉덩이를 다쳤다. 결핵도 그때 시작되었다. 결핵은 한 차례 좋아졌지만 1921년, 기름을 먹인 마루에 넘어졌을 때 다시 재발했다. 결핵은 무릎에서 대퇴골과 골반에 걸쳐 자리를 잡았는데 이때는 아직 치료법이 없던 시대였다. 아버지의 신체 역사의 이 판본은 아버지가 10학년 숙제로 쓴 「프랭크 해러웨이 자서전」에 실려 있었다. 이 자서전은 아버지가 돌아가신 후, 모든 것들이 정연하게 모여 있는 파일 속에서 발견됐다.[6] 아버지의 아버지는 테네시와 미시시피(살고 있던 집은 실제로 주 경계에 있었다)에서 콜로라도 스프링으로 이사를 했다. 로키산의 온천 도시에서 폐결핵을 치료하기 위해서였다. 온천 도시는 내게 『마의 산』을 생각나게 했다. 아버지가 어린 시절에 결핵을 앓았다는 것은 매우 어릴 때부터 고통 없이는 움직일 수 없었음을 의미한다. 그는 8살에서 11살 때까지 가슴에서 무릎까지 단단하게 깁스로 고정된 상태로 침대 위에서 보냈고, 학교에 갈 수 없었기 때문에 가정교사로부터 배웠다. 누구도 아버지가 살 수 있으리라고 생각지 않았지만 그는 가까스로 회복했다. 하지만 고관절은 석화되어서 굳어버리고 대퇴골을 돌리고 구부리는 것도 할 수 없었다. 그는 어느 방향으로도 양다리를 벌릴 수 없었다. (이 사실 때문에 나는 사춘기 시절에 부모님들이 어떻게 자식을 만드는 위업을 이루었는지 궁금했다 — 꼬임을 가진 평범한 지식 욕구였다. 우리 집에는 이 문제에 관한 농담이 많았다.)

내 아버지의 아버지는 대공황이 시작되고 몇 년까지는 돈이 있었다. 할아버지는 스포츠 기획자였고 콜로라도의 피글리 위글리Piggly Wiggly 식품 잡화점의 주인이기도 했다. 사업가이자 지역의 명사이기도 했던 할아버지는 덴버에 베이브 루스와 루 게릭 같은 스포츠 명사들을 오게 했다. 그들은 꼼짝 못 하고 누워 있는 아버지를 위해 집에까지 와서 야구공에 사인을 해 주었다. 할아버지를 비롯한 지역의 사업가 동료들은 우리가 알고 있는 현재의 프로농구보다 훨씬 이전에 백인 농구 리그를 만들었다. BF 굿 리치, 에크론 굿이어, 피글리 위글리를 비롯한 중서부와 서부의 실업 농구팀 선수들은 모두 중간관리자의 지위가 약속된 백인 남성이었다. 인종화라는 신체적 실천은 많은 형태를 취할 수 있다. 가족, 스포츠,

비즈니스가 뒤섞인 계보는 그 전형일 것이다. 아버지는 스포츠 기자였다. 그것은 나의 백인으로서의 존재 방식이나 게임 이야기를 구성하는 일부이다. 인종과 돈은 아버지가 스포츠 기자가 된 경위를 구성하는 일부이다.

　내 할아버지는 아버지가 침대와 깁스에서 해방되자마자 그에게 휠체어를 주셨다. 그래서 그는 오래된 머천트파크 구장에서 야구 시합을 관전할 수 있었다. 그러나 그는 단지 관중이기만 했던 것은 아니었다. 아버지는 허리가 말을 듣지 않았기 때문에 반쯤 드러누운 자세이긴 했지만, 휠체어에 앉아서 근처에서 야구를 했다. 나는 아버지가 당시 열두세 살 정도였던 그의 동생 잭Jack과 둘이서 헐렁한 야구 유니폼 바지를 입고 코카콜라 병을 쥐고 찍은 사진을 가지고 있다. 아버지는 휠체어에 앉았고, 트레이드마크가 되기도 한 빠진 이를 드러내고 웃고 있다. 빠진 이를 드러낸 웃음은 수년 후, 봄 야구 훈련 시즌 초기에 밥 보위가 그린 스포츠면의 만화에 등장한다. 다른 사진에서 여드름 난 얼굴의 아버지는 세련된 폼으로 스윙을 하고 있다. 아버지는 동네 사람들에게 야구를 잘한다는 평판을 들었다고 한다. 적어도 인기는 있었을 것이다. 사진 속의 휠체어는 그 소년과 반려종 관계에 있었다. 그의 전신은 유기적 육신일 뿐 아니라 나무와 금속이기도 했다. 그 선수는 바퀴 위에 있었다. 미소를 띤 채로. 그러나 그가 언제나 미소를 띠지는 않았을 것이다. 가족에게 전해지는 이야기에 따르면, 동네 시합 막판에 이미 너덜너덜해진 야구공이 완전히 못 쓰게 되었을 때 아버지는 이웃 아이들의 성화에 못 이겨서 베이브 루스와 루 게릭이 사인해준 그 공을 가지고 나갔다. 아버지는 이제 아웃 하나만 잡으면 되기 때문이라고 생각했을 것이다. 타자가 친 공이 아버지의 눈앞에서 외야수가 뻗은 글로브를 지나가 버렸다. 그 공은 도랑에 떨어져 하수도로 빨려 들어갔고, 거기서 그것은 상실과 향수에 관한 이야기들이나 시합에서의 수많은 감동적인 플레이에 관한 이야기들을 계속 기름지게 한다.

　아버지는 휠체어를 타고 랜들 사립 고등학교를 다닌 후 그곳을 졸업했을 때는 목발을 짚었다. 그는 덴버 대학(이하 DU)을 다녔는데, 거기서 아버지는 대학 신문인 DU『클레리온』스포츠면의 편집자가 되었다. 그러나 다리가 부러져서 입시로 목발을 짚고 있던 풋볼 선수와 아버지가 비공식 경주를 한 후에는 덴버 대

덴버 『포스트』에 실린 밥 보위의 만화, 1950년대. 프랭크 해러웨이가 베어스 구단의 춘계 야구 훈련장에 도착한 장면. 해러웨이가[家] 소장

"지금부터 다음 시즌의 호박 추수 때까지, 우리 덴버 베어스 구단의 모든 기쁨, 슬픔, 시련과 고난은 F. 오스카 해러웨이가 꼼꼼히 취재하고 기록할 것입니다. … 덴버 『포스트』 측은 서류 가방과 타자기를 제공하십시오!!" / "정말 반갑군그래!" / 프랭클린 O.는 월요일부터 그가 사랑하는 자들과 텍사스주에서 합류할 것이고 락커룸에서 홈 플레이트까지 무슨 일이 일어나는지 여러분께 알려드릴 예정입니다.…" / "우리 노예들이 보기에는 고통에서 벗어난 6개월간의 휴가와 다름없는 시간을 즐기면서 말입니다!!" / "밥 (책상에 사슬로 묶인) 보위"

학에서의 경주 이력은 곧 종지부가 찍혔다. 이 경주는 풋볼 구장을 둘러싼 트랙 위에서 벌어졌고 다른 운동선수들이 신호총과 모든 것을 준비해서 마련되었다. 아버지는 정든 벚나무 목발을 겨드랑이에 끼고 길게 아크를 그리며 질주해서 간단히 승리를 거두었다. 그러나 상대는 넘어져서 다른 쪽 다리까지 골절되었고, 아버지가 이런 경주를 더는 하지 못하게 해달라고 코치에게 요청했다. 이 목발은, 관계적이고 권능을 부여하는 대상화로 구축된 생명, 아버지가 스포츠 기자로서 활기차게 활동하고 실적을 올릴 수 있게 한 휠체어, 침대, 깁스, 목발의 물질성과의 융합을 통해 태어난 생명 속에 신체적으로 산다.

목발의 도움을 받으면서, 아버지는 서거나 일부만 움직이는 무릎으로 작은 보폭으로 움직일 때 "지팡이" – 아버지는 목발을 이렇게 불렀다 – 없이도 자세를 유지할 수 있는 균형감각을 길렀다. 이렇게 해서 아버지는 1930년대의 콜로라도주

야구를 하는 프랭크 해러웨이와 남생 색. 1929년 무렵. 해러웨이가[家] 소장.

탁구를 하는 프랭크 해러웨이.
1930년대. 해러웨이가[家] 소장.

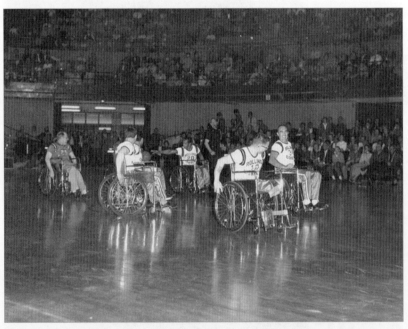

덴버 『포스트』의 기자로서 취재 중의 프로 농구 게임 하프타임에 동료들과 함께 휠체어 농구를 하는 프랭크
해러웨이. 1960년 무렵. 해러웨이가[家] 소장.

탁구 선구권 대회에서 3회 연속 우승을 했다. 상대가 되받아치기 불가능한 서브 — 그 서브들은 몇 년 후에 규칙 위반이 되었다 — 를 구사했고, 운 좋게 타이밍도 겹쳐서다.[7] 한 번이라도 탁구를 본 적이 있다면 자신의 다리로 테이블 주위를 움직이는 것이 이 스포츠에서 필수임을 알 것이다. 그러나 그것은 정확히 아버지가 할 수 없는 것이었다. 아버지가 이길 수 있었던 것은 손과 눈의 동조, 균형, 근성, 상체의 강인함, 마음과 신체의 창의성, 그리고 욕망 때문이었고, 또한 자신의 신체와 관계를 맺음에 있어서 단 1분이라도 그것을 거부하거나 부동의 상태(즉, 신체 바깥에서 사는 것)를 실행 가능한 선택지로 상정한 적이 없이 살았기 때문이다.

반려-종의 관계성 속에 있는 것이 아버지에게는 생존 가능한 삶의 방식이었다. 휠체어와 목발, 그리고 그의 부모님들과 친구들의 돌봄과 자원을 포함한 연이은 파트너 사슬을 가진 아버지는 운이 좋았다.[8] 그 활력은 그 모든 파트너들과 관련된 삶으로부터 나왔다. 아버지의 파일에서 나온 또 다른 사진에서도 이것을 알 수 있다. 우리는 이 사진을 영안실에서 아버지의 관 옆에 놓았다. 카메라맨은 아버지가 눈치채지 못하게 뒤에서 사진을 찍었는데, 선수들이 늦은 오후의 시합 전 배팅 연습을 하고 있던 때였다. 아버지는 3루 코치 박스에서 피처 마운드 쪽을 보고 있다. 확실치는 않지만, 40세 정도로 보이고 여느 때처럼 체크무늬 스포츠 셔츠를 입고 있다. 얼핏 보면 아버지는 목발을 약간 여덟 팔∧ 자로 벌리고 느긋하게 쉬면서 서 있는 것처럼 보일 것이다. 그러고 나면 그의 무릎이 90도로 구부러져서 구두 바닥이 카메라 쪽을 향하고 있는 게 보인다. 아버지는 목발을 짚고 느긋하게 쉬면서 서 있다. 정지한 채, 평온하게, 그리고 완전히 공중에서.

아버지는 어른이 된 후는 목발로, 그것도 매우 빠른 스피드로 살았다. 어린 시절의 일로 기억나는 것은 아버지와 외출할 때는 내가 언제나 종종걸음으로 따라가야 했다는 것이다. 결코 장애가 있는 사람과 함께 걷는 것 같지 않았다. 그럼에도 불구하고 변경 중인 신체가 어떻게 작동하는지를 이해하기 위해서 잠시 걷는 것으로 되돌아갈 필요가 있다. 나는 일찍부터 오빠 빌과 동생 리, 이 두 사람의 걸음걸이가 아버지와 똑같다는 것을 알아챘다. 이 둘 모두 특별히 허리에 장애가 있었던 것이 아니다. 그런 눈으로 보면, 그들은 지금도 아버지의 걸음걸이를 체현한 것처럼 걷는다. 이 사실은 가족 속에서는 그다지 화제가 되지 않았다. 무엇보다 아들이 아버지를 닮는 것은 보통이지 않은가? 이런 모습은 아버지와 아들이라는 이야기로 표현된 남성 신체를 관통하는 모방적인 루프였지, 장애나 어떤 이상한 것을 모방하는 것으로 여겨지지 않았다. 가족들이 장애라는 용어를 사용하는 일은 없었는데, 목발의 필요성에 관해 부정적인 생각이 있었기 때문에 그런 것이 아니고, 이런 대상들이 모든 의미에서 아버지다운 장비의 정상적인 일부였기 때문이다. 확실히 그것들은 내 남자 형제들의 신체를 형성한 재생산 장치의 일부였다.

베이스 구장에서 배팅 연습을 지켜보는 프랭크 해러웨이. 1960년대. 해러웨이가[家] 소장.

걸음걸이를 서로 나눈다는 것은 삶을 형성해 가는 방식으로 우리 아버지의 신체를 인지해 가는 작업이었다. 어떤 의미에서 아버지의 목발은 가족 모두의 신체에 공생적으로 스며들어 있었다. 오빠 빌과 동생 릭 그리고 나는 자연스럽게 아버지의 목발을 빌려서 시험해 보고 우리가 얼마나 빨리 갈 수 있는지 보곤 했다. 우리 모두가 그렇게 해 보았지만 내 남자형제들만 아버지가 걷는 것처럼 똑같이 할 수 있었다. 나는 아버지의 걸음걸이를 따라 할 수 없었지만, 언어에서 아버지의 방법을 승계했다. 내 남자형제들도 또한 그랬다. 오빠 빌은 비즈니스맨이었던 할아버지의 언어와 핏줄을 이어받아서 재무 상담사가 되었고, 동생 릭은 어머니의 기본방침을 이어받아 사회운동가이자 인권운동가가 되었다. 우리 어머니, 도로시 맥과이어의 기본방침은 가톨릭 특유의 환경에 영향을 받은 것으로, 나중에 "가난한 자 우선"이라고 불리게 된 것을 원칙이자 삶을 긍정하는 양식으로 삼는 것이다. 학부모회PTA에서 회계 보고를 하게 되었을 때 어머니는 몇 번이나 연습했고 그런데도 떨었다. 어머니는 사람들 앞에서 이야기하는 것은 질색이었지만 사람들이 필요로 하는 일이나 사람들의 아픔을 자신의 마음으로 떠맡을 때, 말이 피와 살이 된다는 것을 잘 알고 있었다. 내가 지나치게 진지하고 사색적인 어린이 판타지에 신성한 말을 사용하는 것이 죄가 될지도 모른다고 걱정하면서 어머니를 곤란하게 했을 때도, 어머니는 웃으면서 라틴어 단어를 가지고 나와 함께 놀아 주셨다. 내게 어머니는 멋진 조언을 해주는 달변가였는데, 비록 신앙에 포박된 그녀의 몸과 마음이 가톨릭의 모순이 묻힌 지뢰밭과 그 교의를 거스르는 말할 수 없는 갈망으로 인해 산산이 폭파되었다는 것을 내가 알았을 때조차도 그랬다. 어머니는 우리 가족 속에서 대단히 사색적이고 자기 분석적인 의식을 갖고 계셨지만 표현 도구가 없었다. 가족들이 모두 학교와 직장에 나간 1960년 10월의 어느 월요일 아침, 어머니는 심장마비로 돌아가셨다. 나는 아버지가 그녀의 덫에 관해서는 전혀 모르고 계셨지만 그녀의 재능은 알고 계셨다고 생각한다. 나는 신체성을 통해서 아버지와 관계를 맺고 아버지의 관심을 받게 되었는데, 그것은 말의 관능성과 쓰는 행위를 통해서였다고 생각한다. 우리는 말에 관해서 이야기하고, 말장난을 하고, 저녁 식사로 말을 먹었다. 그 말들은 우리의 음식이기도 했다. 어머니가 요리를 해 주시는 가운데, 그녀의 외로움과 우리가 거의 눈치채지 못한 그 신체적인 허약함 속에서, 우리가 그녀의 마음─몸을 먹고 있는 사이에도, 그 말들은 우리의 음식이었다.

아버지는 80대가 되자 눈에 띄게 목발에 의지하게 되었고, 집안에서조차 그랬다. 그러면서 넘어지기 시작했다. 2005년 1월, 아버지는 심하게 넘어져서 골반이 골절되었다. 어릴 적 앓은 결핵으로 몸의 여러 부위가 석회화되어 있었기에 걷거나 하다못해 다시 설 수 있는 절반의 기회라도 줄 수 있도록, 산산조각 난 뼈들을 잡아줄 수 있는 핀이나 외부적인 안정장치를 쓸 방법이 아예 없었다. 그래서 아버지는 침대에서 해방된 후 수십 년이 지나 다시 마지막 8개월을 침대에서 보냈다. 그는 끝없이 엄습해 오는 고통 속에서 어떻게 하면 다리 없이 이동할 수 있을지에 대해서 다시 배우게 되었다. 여기서도 아버지의 뼛속 깊이 스며있는 상대를 위한 관심은 그 자신을 실망시키지 않았다. 아버지는 여느 때와 같은 유쾌한 이성애적인 자신감 ─ 이것은 내 페미니스트 영혼을 괴롭혔고 내 잠재된 질투도 일으켰다 ─ 으로 간호사인 클라우디아와 로리, 마사지 테라피스트인 트레이시와 사정없이 농담을 했다. 아버지는 남성 요양사 ─ 금발의 덴버 젊은이 존과 가나에서 이민 온 럭키 ─ 와도 다정하고 믿음직한 신뢰 관계를 형성했는데, 그들의 신뢰 관계는 농담이라는 반사적인 언어 도구에 도움을 받지 않았고, 인종과 계급, 그리고 친밀한 신체적 의존성이라는 거리를 넘어서 만들어졌다. 아버지를 돌봐준 여성들은 아버지가 농담을 했기 때문이 아니라 아버지가 농담을 했음에도 불구하고 친구가 되어 주었다. 그들은 덜 분명하나마 다른 종류의 관심이 더욱더 강하게 작동하고 있다는 것을 알았다. 그들은 지금도 우리 가족에게 전화하는데, 남성들도 여성들도 우리의 안부를 묻기 위해 연락을 한다.

마지막 몇 개월에 아버지는, 내가 옛날 사진에서 본 1920년대 고대 전차와는 근본부터 다른 성능이 우수한 사이보그 휠체어를 구했다. 광고 브로슈어는 날 수 있는 것만 빼고 모든 것을 약속해 주었다. 아버지는 친절하고 유능한 휠체어 세일즈맨 드루Drew와 농담을 주고받는 친밀한 사이가 되었다. 물리치료사인 쇼나Shawna는 아버지를 위해 우리가 '로키 로드'라고 부르는 재활센터 복도에 오렌

지색 교통용 원뿔을 일렬로 늘어놓았다. 어떻게든 걸을 수 있는 다른 환자들을 넘어뜨리는 일 없이, 아버지가 조종 연습을 할 수 있도록 한 것이었다. 얼마 뒤, 우리는 아버지의 책임보험 한도를 올려야 했다. 아버지는 칩이 심어진 과잉 스펙의 이 휠체어에 반쯤 드러누운 자세로 운전해서 쇼나의 시험을 통과해야 했다. 그는 이 휠체어를 잠시라도 신뢰한 적은 없었지만 혼자서 타고 내릴 수 없었음에도 자랑스럽게 생각했다. 이 휠체어는 사랑하는 중요한 타자는 결코 되지 못했다. 이 파트너는 압도적으로 출구 없는 상실에 관한 것이었다. 이 휠체어는 아버지가 젊은 시절 사용했던 것보다 훨씬 고급품이었지만, 회복된다거나 게임에 나가는 것을 더는 의미하지는 않았다. 이 휠체어, 신중한 반려종들 사이의 교류는 죽음 연습에 관한 것이었다. 그렇다고 해도 이 휠체어는 장치와 사람 양쪽 다인 많은 종의 반려와 함께 이 과정을 도와주고 있었다. 그것은 세계 속에서 움직임이 갖는 활력을 추구하는 스포츠 기자의 눈을 계속 자극하는 방식이었다.

반려종의 장치는 게임을 보기 위한 위성방송 장치와 새로운 텔레비전 세트를 포함할 뿐 아니라 스포츠에 대한 아버지의 직업적인 관계를 지속하고 일생에 걸친 즐거움을 계속하기 위한 친구나 동료의 전화와 방문도 포함되어 있다. 동생 릭과 올케 로버타는 아버지를 차에 태워서 아버지의 이름이 붙어 있는 내셔널 리그의 기자석에 모시고 간 적도 있었다. 그러나 그것은 너무 힘들었고 고통이 커서 두 번 다시 할 수는 없었다. 종을 초월한 아버지의 파트너들은 그가 가능한 한 오래 게임 속에 머물러 있도록 아버지와 우리가 생각할 수 있는 모든 수단을 강구했다.

그러고 나서 아버지는 게임에 머물 수 없었다. 그는 폐렴에 걸렸고 치료는 하지 않기로 했다. 아버지는 돌아가시는 쪽으로 마음을 정하셨다. 어떤 의미에서도 자신이 더 이상 게임과 함께할 수 없다고 판단하셨기 때문이다. 아버지의 게임 이야기는 파일에 간직되었다. 아버지 책상 위의 플라스틱 사진 틀에는 라이벌 신문인 『로키마운틴 뉴스』의 로고가 있는 쪽지가 붙어 있었는데, 거기에는 우리가 음미하도록 아버지의 마지막 게임 이야기가 연필로 쓰여 있다. "실의 뜻으로 내가 그토록 사랑하는 게임에 더 이상 나갈 수 없게 된다면, 가족을 사랑하고 사람들을 사랑하고 자신이 본 것을 글로 쓰며 돈을 받은 스포츠 애호가였던 행복한 인간으로 나를 기억해 주면 좋겠다." 우리는 목발을 유해와 함께 화장해야 하지 않을까 하고 잠시 고민했다. 아버지와 목발은 항상 함께였고 하나의 살아있는 신체였기 때문에 함께 가야 했다. 결국 목발은 릭이 집에 가져가서 거실에 두기로 했고, 거기서 목발은 우리 모두를 우리의 선조들, 즉 다른 많은 종류의 존재적이고 익살스러운 시간에 사는 반려종과 연결한다.

아버지는 특별히 자기반성적인 사람은 아니었고 그런 문제를 이론화하지도 않았다. 유감스럽게도 내가 말할 수 있는 것은, 내가 질리지도 않고 나의 틀에 아버지를 밀어 넣으려고 했다는 것이다. 어렸을 때 아버지에게 가톨릭으로 개종해 달라고 간청했던 것을 비롯해서, 커서도 아버지가 책을 읽고 세상 속의 모든 것을 분석해 주셨으면 싶었다. 그러나 아버지는 이런 분기하는 모방에 관해서 숙고하지 않았고, 반려종들과 관계함으로써 세계 속의 현존으로 태어나게 되는 마음—몸의 거듭 되돌아오는 이야기를 숙고하시지도 않았다. 아버지가 자신의 일이나 자신의 삶과 맺고 있던 관계는 게임에 관해 쓰고 그 속에 있는 것이었다는 생각이 든다. 그는 칼럼니스트가 되거나 대도시 신문의 스포츠 부문에서 일하는 것을 조금도 고려한 적이 없었다. 아버지가 프로스포츠를 가능하게 만드는 상업적, 사회적, 정치적인 장치에 관한 이야기를 쓸 마음이 전혀 없었다는 것은 분명하다. 나의 첫 남편 제이가 여러 번 진지하게 아버지에게 물었지만, 허리가 자유롭지 못한 남자가 성인 인생의 상당한 부분을 락커룸에서 아메리칸 풋볼 선수들의 궁둥이를 두들기면서 보내는 것이 어떤 것을 의미할 수 있을지에 관해서도 그는 생각하지 않았다. 제이는 게이이고 성적이든 아니든 동성끼리만의 신체적인 성질에 굉장한 흥미를 갖고 있었다. 그렇기 때문에 아버지가 도대체 무엇이 진행 중인지를 생각해 주시기를, 그것도 아버지가 남자들과 맺는 그 자신의 다중적인 신체 관계를 통해서 그런 것을 생각해 주셨으면 했다. 하지만 그런 것들은 아버지의 존재 방식이 아니었다. 그런 것들은 아버지 자식들의 문제였고 그들의 일이었다. 아버지는 게임 이야기를 쓰는 남자였고, 게임 속에 계속해서 있었고, 아버지로서 그의 관심은 나에게 끊임없이 필요한 것이다.

그런 유심히 보기의 필요는 모든 선수들에게도 있을 것이기 때문에, 나는 침대, 깁스, 휠체어, 목발, 그리고 다시 휠체어로 되돌아가면서 더듬어 온 이 이야기를, 다른 스포츠 이야기를 하면서 끝내려고 한다. 몇 년 전, 나는 50대 여성으로 다른 종의 생명체인 개와 함께하는 상당히 힘든 스포츠를 시작했다. 나의 애견 카옌은 오스트레일리언 셰퍼드 작업견으로 육종된 클링온* 전사이자 공주였다. 카옌의 스피드와 운동 재능은 최고이지만, 그녀의 파트너인 나는 열의와 적성은 그렇다 치고, 그저 그런 재능에다 절도가 없는 생활을 해 온 세월 때문에 힘이 부친다. 이 스포츠는 어질리티agility라고 불리는데, 게임에서는 30×30제곱미터의 코스에 20개의 장애물이 심판이 정한 패턴으로 만들어지고 개와 인간의 팀 스피드와 퍼포먼스의 정확도를 판정한다.

카옌과 어질리티를 하게 되면서, 수천 시간이나 함께 일하고 놀고, 지금은 마스터 등급의 게임에 나가고 있다. 그 과정에서 깨달은 것은 반복해서 되돌아오는 존재와 익살스러운 행동들 그리고 행위 자체 속에서 선수들의 신체를 변용하는 생성 중의 파트너십이다. 어질리티는 팀 스포츠이고 두 선수가 육신 속에서 상대를 형성한다. 선수들의 주된 과업은 같이 게임을 한다는 사실을 배우는 것, 서로 바라보기를 배우는 것, 처음으로 함께 움직이는 것 같지만 어느 누구도 고립된 존재가 아닌 것처럼 움직이는 것이다. 생물학적으로 다른 종에 속하는 파트너와 이런 것을 하는 것은 속여먹고 말을 구사하는 인간 파트너와 함께하는 것과는 다르다. 카옌과 나는 우리의 전 존재를 통해서 커뮤니케이션해야 하고 전통 언어학적 의미의 말은 대개 방해가 된다. 카옌과 내가 경험하는 고양감은 집중과 훈련 그리고 민감한 반응을 보이는 결합된 빠른 움직임에서 나온다. 그 움직임은 경기 시간 내내 마음—몸이 함께 장해물 패턴을 달릴 때 나오고, 문제의 시간은 시합에 따라 25초에서 50초이다. 스피드만으로는 불충분하다. 시시각각 변화하는 서로의 상태를 주시하지 않으면 스피드는 양쪽 모두에게 카오스가 된다. 그것은 심판이 내리는 모든 벌점으로 알 수 있다. 우리 둘 모두가 사랑하는 강도inten-

---

* 클링온(Klingon)은 영화 〈스타트렉〉에서 알파 사분면에 분포하는 외계 종족의 이름이다.

sity는 우리를 망쳐버리는 패닉과 절묘하게 구별된다. 우리에게 있어서 "지대"zone 는 틀림없이 스피드에 관한 것이지만, 그 스피드는 관절에, 즉 정말 좋은 달리기를 "느린" 달리기로 만드는 주체 변환의 춤에 유기적으로 짜인 것이다. 즉 우리는 서로를 보고 그리고 느낀다. 우리는 서로의 눈을 들여다보고, 움직이는 서로의 신체를 느낀다. 무모한 돌진이 아니라, 훈련된 관심.

어질리티 시합을 위해 훈련을 시작한 후부터, 나는 열의에 넘쳐서 연로하신 아버지에게 이 경기가 어떤 경기인지 보여 드리려고 했다. 아버지가 허리를 다친 후에도 그야말로 몇 번이나 권유했지만 아버지는 전혀 봐주시지 않았다. 그것은 야구, 배구, 풋볼도 아니다. 그것은 복싱, 하키, 테니스, 또는 골프도 아니다. 그것은 개나 말의 경주도 아니다. 아버지가 생계를 위해서 적어도 한 차례씩은 기사로 써야만 했던 이런 경기들은 모두 그 어느 것이든 아버지의 세대, 인종, 계급에 걸맞은 것이었다. 나는 그렇지 않다고, 이번에는 아버지가 어질리티를 이해하셔야 한다고 주장했다. 중년 여성과 재능 있는 개가 함께 몰두하는 스포츠. 지금은 월요일 밤의 황금시간대를 아메리카 풋볼이라 불리는 인간을 깨부수는 그 스포츠가 차지하고 있지만 언젠가는 그 시간에 방영하게 될 경기. 아버지가 고통으로 정신을 못 차리고 진통제 때문에 환각을 보고 있을 때도 나는 국제 수준의 상급 코스 도판을 보여드리고, 기술적으로 어떤 것들이 필요한지 설명하고, 〈미국 개어질리티 협회〉USDAA 전국 대회 비디오를 보여 드렸다. 그리고 카옌과 나의 희비가 교차하는 자초지종도 적어서 보내 드렸다. 아버지는 돌아가실 수 없었다. 스포츠 기자였기 때문에, 그리고 나의 아버지였기 때문에. 나는 아버지의 관심을 원했고, 아버지의 인정을 원했고, 내가 하는 것을 제대로 알아주시길 바랐다. 나는 아버지가 보고 있거나 듣고 있다고 생각하지 않았다. 아버지가 "네가 좋아하는 것이 있어서 정말 다행이다"라는 식으로 매우 아버지다운 어조로 중얼거리며 격려해 주신 것을 제외하고는 말이다. 이 스포츠는 아버지 같은 유형의 스포츠 기자의 레이더에는 걸리지 않았다.

그 후, 2005년 여름, 아버지는 재활센터를 나와서 요양 시설의 자신의 방으로 이사했다. 그즈음에는 통증도 제법 가라앉아 있었다. 나는 순전히 재미로 아버지에게 카옌과 내가 〈미국 켄넬 클럽〉의 시합에서 코스를 달리고 있는 비디오를 보내드렸다. 나는 말했다. "이건 우리가 지난 주말에 했던 것이에요. 이건 다른 많은 선수가 했던 거죠. 시합의 모양은 이런 식이에요." 아버지는 시합 이야기를 보내오셨는데, 프로 문장가로서의 솜씨가 아낌없이 주입되어 있었다.[9] 아버지는 달리기를 분석하고, 일관된 부분과 그렇지 않은 부분을 빈틈없이 지적하셨다. 아버지는 무엇이 문제였고, 개와 인간 선수들이 어떻게 움직이고 있고, 무엇이 잘 되었고 무엇이 그렇지 않았는지를 자세히 보셨다. 마치 자신이 메이저 리그 야구팀의 스카우트인 듯이, 아버지는 시합 이야기를 쓰셨다. 단지 시합의 내용을 이해하기만 했던 것이 아니라 대가를 받고 쓴 것처럼, 전문가 수준으로 시합을 분석해서 나와 카옌에게 보내주셨다. 아버지는 나에게, 우리에게 관심을 보여 주셨다. 그것이 아버지가 생활비를 번 방법이다.

두 개의 코다 : 슬픔, 추억, 그리고 이야기

I. 2004년 8월 25일

도나에게,

놀랍구나! 이것이 예순이 다 된 딸이 젊고 에너지가 넘치고 번개처럼 빠른 개와 높은 기량을 겨루는 대회에서 함께 달리는 걸 본 최초의 감회였다. 나는 너와 카옌이 거의 순간적인 타이밍에 서로 의사소통을 해야만 하는 것에도 혀를 내둘렀다. 그래, 이따금 신뢰 관계가 흔들린 경우도 볼 수 있더구나. 그러나 네가 달리기 시작하면 눈 깜짝할 사이에 원상으로 되돌아오더구나. 정말 감동적이었다. 아장아장 걷던 너를 팔에 안고 있었을 때는 설마 네가 나이 예순에 개를 달리게 하는 시합을 할 줄은 생각지도 못했다. 비디오를 몇 차례나 다시 보았다. 정말 재미있었다.

주사위는 던져졌다. 금요일 밤 브롱코의 기록 담당 일을 하기로 했다. 행운을 빌어다오,

사랑을 담아,

아버지가

그 게임이 아버지의 마지막 일이었다. 그리고 1년 후에 돌아가셨다.

「스포츠 기자의 딸의 노트 : 반려종」을 쓸 때, 나는 이 편지가 2004년이 아니라 2005년 8월의 일인 것처럼 기억했다. 나는 편지에 쓰여 있던 것보다 훨씬 상세히 기억하고 있었다. 아버지께 받은 편지로부터 인용을 추가하려고 파일에서 편지를 꺼내고 각주를 위한 날짜를 확인한 것은 글을 다 쓰고 난 후였다. 그때, 나는 어떻게 슬픔이 진실을 재가공하고, 또 다른 진실을 말하는지를 내가 알고 싶었던 것 이상으로 이해하게 되었다. 나는 너무도 정확하게 이 편지에 들어 있는 애정을 기억하고 있었다. 그러나 나는 시간을 바꿔 썼고, 시간은 나의 잘못을 지적했다. 나는 가족 이야기에서 픽션과 진실의 경계선이 거실을 관통하고 있다는 것을 통감할 수 있었다. 연구자로서 전거를 드는 관행을 생각하면 가슴이 저미지만, 그것들은 이야기를 되돌릴 수 없다. "생성 중의 신체들 : 침범과 변용", 그것은 이야기가 기록한 내용 그 자체이다. 이야기는 재구성되면서 기억에 머문다re-member.

II. 시합 후 : "34번가에서 조금 벗어난 곳에서"

2005년 12월 11일, 스포츠 기자의 딸의 파일링.

'34번가의 기적'이 생각나게 하는 이 계절에, 여기 캘리포니아의 결코 도시라고는 할 수 없는 센트럴 밸리에서 크리스 크링글* 이상의 기적이 카옌과 내게 일어났다. 이런 기적은 두 번 다시 일어나지 않을 것이다. 내가 꿈을 꾸고 있는지도 모르겠다. 나는 이것이 꿈일까 봐 이야기하는 것이 주저된다. 아마도 나중에 다시 쓰는 것이 좋을지도 모르겠다. 아니다. 이야기를 함으로써 진

---

* 〈34번가의 기적〉은 1994년 개봉한 크리스마스 시즌 영화이다. 크리스 크링글은 주인공 캐릭터의 이름이다.

짜라는 것을 확인하고 싶다. 이야기는 이렇다 ….

카옌과 나는 랜초 뮤리에타에서 금요일과 토요일에 열린 〈새크라멘토 도그 훈련 클럽〉의 AKC 시합에서 네 번의 레이스(ExB Std, ExA JWW)*에서 모두 완벽한 예선 점수를 받았다.

내 입으로 자랑하기는 그렇지만, 말해 버렸다. 하늘에는 아직 해가 멀쩡히 떠 있으므로 다 이야기해도 문제가 없을 것 같다. 만약 대지가 흔들리면 그때 이야기를 멈추면 된다.

세 번의 경주에서 A와 B 두 섹션 최우등 등급의 개들 중에서 오직 국제적인 경쟁자 샤론 프레일릭의 리프Rip만 우리보다 앞섰다. 토요일의 "위브**와 함께 점프하기" 경주에서도 우리는 샤론과 리프에게 0.5초 미만으로 뒤처졌을 뿐이다. 세상에. 이건 꿈이 아니다.

무모하게도 나는 계속했다.

남은 경주인, 엑설런트B 스탠더드에서 우리는 5등을 했다. 샤론의 개들, 리프와 설크Cirque를 포함해서 명성을 자랑하는 일군의 꾀죄죄한 보더콜리들의 뒤를 이어 우리는 다섯 번째로 들어왔다. 2등과 5등의 차이는 3초였다. 내가 포즈 테이블에서 내리자고 진정으로 제안할 때 카옌이 부시 정권의 최신 스캔들에 관해서 토론하려고 하지 않았다면, 우리는 1등이 되었을지도 모르고 틀림없이 2등은 됐을 것이다. 그래서 우리는 엑설런트A JWW에서 1등을 두 번 했고, 다른 엑설런트B 스탠더드에서 2등(리프에 뒤이어서, 이건 이미 이야기했나?)을 했다. 그 모두가, 예리한 회전, 고도의 집중, 비디오 교본에 나

---

* 단체마다 규정이 다르지만, 〈미국 켄넬 클럽〉이 제공하는 일반적인 어질리티 시험에는 3단계(level)가 있다. 초보자(Novice), 오픈(Open), 엑설런트(Excellent, Ex)이다. 엑설런트는 다시 A와 B 그룹으로 나뉜다. 이 세 단계는 각각 세 개의 등급(class)으로 나뉘는데 스탠더드(Standard, Std), 위브와 함께 점프하기(Jumpers with Weaves, JWW), 15개 장애물과 센드 타임(Fifteen and Send Time)이다. https://images.akc.org/pdf/events/agility/Agility_Brochure.pdf와 http://traineddogsrock.com/agility-dogs/what-are-the-various-agility-courses-by-levels-and-classes/ 참조. 본문에 따르면 해러웨이와 카옌은 엑설런트 B단계의 스탠더드 등급(ExB Std) 그리고 엑설런트 A단계의 위브와 점프하기 등급(ExA JWW)의 레이스에 참여했다.

** Weaves는 어질리티 도구이자 종목의 일종으로, 땅에 꽂힌 여러 개의 폴대 사이를 개가 누비듯 오가도록 하는 것이다. weave라는 영어 낱말에는 누비다는 뜻이 있다.

오는 위브, 그리고 빛나는 시간의 산물이다. (완벽과는 좀 거리가 있는 우리의 스타트 라인 대기 기술에 대해서는 언급하지 않으려고 한다. 아직 하늘에 해가 떠 있고 대지도 흔들리지 않는 이유가 거기 있는지도 모르지만 말이다.)

행복하냐고? 카옌은 클링온 전사이면서 공주냐고? 물론이다. 어떻게 아느냐고? 아직 해가 떠 있기 때문이다.

7장

우정으로 맺어진 종

이 장은 1999년에서 2004년까지 내가 연구 동료, 개 세계의 멘토들, 어질리티 경기의 훈련사와 동료들, 그 외 여러 친구들에게 보낸 이메일의 콜라주이다. 이 글들은 저널리스트였던 아버지를 그리워하여, 스포츠 지향의 반려종 세계에 분출하는 흥분, 강도, 곤혹, 통찰, 친교, 경합, 사랑, 지지, 그리고 취약성 같은 것들을 찾기 위해서 시작한 「스포츠 기자의 딸의 노트」의 일부이다. 이 글들의 범위는 개 목줄을 풀고 놀 수 있는 해변에서 개의 행동에 관해 명상한 것에서부터 죽음을 눈앞에 둔 나의 시어머니와 내 개들 사이에 공유된 편안함의 화용론을 목격한 것까지 여러 가지에 걸쳐 있다. 이 이메일들은 필드 노트, 편지, 개인적인 일기 등의 기이한 혼합이다. 그것들은 어질리티 시합에서 나의 파트너들인 특별한 개들, 롤런드와 카옌에게 보낸 러브레터처럼도 읽힌다. 이런 "노트들"Notes은 이 책의 다른 장에서도 군데군데 얼굴을 내민다. 이메일의 사회성이 아카데미즘의 적당한 주제가 되는 오늘날, 아마 이 글들도 분석을 위한 것은 아닐지라도 데이터에 추가될 것이다. 『종과 종이 만날 때』에 이런 글들을 넣게 된 동기는 학술적 가치의 유무가 아니다. 그보다는 개의 세계에서의 여러 가지 만남들, 즉 사람들과 개들의 여러 가지 만남이 얼마나 농밀한 모습으로 시작되었는지를 기록으로 남기고 싶었기 때문이었다. 이런 만남에 의해 사물에 대한 나의 느낌이나 생각, 그리고 글쓰기가 다시 조형되어갔다. 당초에 상정했던 상대가 아닌 독자들에게 이 글을 드러내는 것은 참으로 두려운 일이지만, 개 세계 초심자의 강도와 당혹의 일단이 전해진다면 다행이겠다.

해변의 메타-리트리버들

경험이 풍부한 개 훈련사이면서 숙달된 문장가인 비키 헌Vicki Hearne은 1990년대 후반 CANGEN-L에서 이메일 상대였다.

1999년 10월
비키에게,

롤런드의 "포획 충동"이나 "무리를 모으는 능력," 당신이 말한 근원적 기질을 제가 옳게 이해했다면, 그것은 그의 기질입니다만, 그것과 관련하여 요전에 제가 이야기한 것은 틀린 것 같습니다. 어쨌든 가르쳐 주신 내용을 새기면서 지난주에 롤런드를 관찰할 때, 저는 그러한 것들이 다차원적이고 상황적이라는 것, 그리고 개의 기질을 묘사하는 데는 제 능력을 넘는 더욱 치밀한 논의가 필요하다는 것을 상기하게 했습니다.

우리는 산타크루스에서 개의 목줄을 풀어놔도 되는 절벽으로 둘러싸인 넓은 해변에 거의 매일 갑니다. 거기에는 주로 두 종류의 개들이 있습니다. 리트리버와 메타-리트리버들. 롤런드는 메타-리트리버입니다. (남편 러스틴은 거기에는 실제로 세 번째 종류도 있다고 했습니다. 세 번째 종류의 개는 여기서 주로 하는 종류의 게임에 참가하지 않습니다.) 롤런드는 가끔은 우리와 함께 공을 가지고 놀기도 하고, 우리가 한두 개의 리버 쿠키*를 줄 때는 공을 가지러 달려가기도 하지만, 이 게임에 마음을 쏟지는 않습니다. 그에게 이 활동은 전혀 매력적인 게임이 아닙니다. 그가 내켜 하지 않는 모습을 보면 그것을 알 수 있습니다. 그러나 [리트리빙을 주시하는] 메타-리트리버로서 움직이는 모습은 전적으로 다른 문제입니다. 리트리버들은 누군가 공이나 막대기를 던지려고 하면 그 수 초 사이에 그들의 모든 운명이 걸려 있는 것처럼 그 모습을 주시합니다. 메타-리트리버들은 리트리버들의 투척 방향에 대한 정묘한 감수성이나 백만분의 일 초 단위의 도약을 가만히 보고 있습니다. 이 메타 개들은 공이나 인간을 보지 않습니다. 그들은 개의 가죽을 걸친 반추동물 대리자들을 보고 있습니다.

메타 모드의 롤런드는 플라톤 철학 수업용의 오지-보더콜리 모형처럼 보입니다. 신체의 전반부를 낮추고, 일촉즉발의 균형 속에서 앞다리를 약간 떼어 한쪽 앞다리를 다른 쪽 앞으로 조금 내밀고 목덜미를 약간 곤두세우고 눈은 잔뜩 초점을 맞추고 균형 잡힌 동작으로 온몸을 움직일 준비를 가다듬

---

* liver cookie. 동물 간으로 만든 강아지 간식을 말한다.

고 있습니다. 리트리버 개들이 던져진 공을 쫓아 달려 나갈 때, 메타 개들은 긴장했던 눈을 거두고 숙달된 기술로 즐거운 듯이 머리를 흔들고 뒤꿈치를 놀리며 무리를 모으고 흐름을 자릅니다. 그리고 뛰어난 메타-리트리버들은 한 번에 한 마리 이상의 리트리버를 상대할 수도 있습니다. 뛰어난 리트리버들은 메타 견으로부터 슬쩍 몸을 비킨 다음 멋진 도약으로, 혹은 던져진 곳이 바다라면 훌쩍 파도를 타면서 던져진 공을 잡습니다.

해변에는 집오리나 다른 대리 양이나 소도 없기 때문에, 리트리버들이 메타를 위한 의무도 해야 합니다. 어떤 리트리버 애호가들은 자신들의 개가 이런 멀티태스킹을 하는 것에 대해 반대합니다. (그것을 비난할 수는 없습니다.) 그래서 메타 견을 가진 우리 같은 사람들은 가끔 개가 내켜 하지 않는 게임으로 우리 개들의 정신을 산만하게 하려고 합니다. 저는 롤런드를 보면서 목요일의 라슨Larson의 만화가 떠올랐습니다. 관절염에 걸린 올드 잉글리쉬 쉽독과 붉은 삼색 무늬의 귀여운 오지와 여러 종류의 보더콜리 잡종이, 자신의 개에게만 필사적으로 막대기를 던지려는 끝까지 리버럴한 개인주의자의 주위를 돌아다니는 한 마리의 셰퍼드-래브라도 잡종, 잡다한 골든 리트러버들, 그리고 한 마리의 경기용 포인터를 빈틈없이 둘러싸고 있습니다. 그리고 저 멀리 맞은편에는 구조견 휘핏이 등이 기울어진 풍채 좋은 저먼 셰퍼드에게 쫓겨서 로드러너[땅에서 잘 달리는 뻐꾸기과의 새] 모양으로 모래를 먹고 있었습니다.

저는 소노마 카운티의 우리 집 옆에 있는 삼림벌채용 도로에서 롤런드가 사슴을 뒤쫓는 것을 대부분의 경우 중단시킬 수 있습니다. 롤런드의 입장에서 보면 사슴을 쫓는 것은 오지-차우가 굳이 해야 할 메타-리트리버의 일이 아니지요.

산타크루스 비치에는 테리어들도 있습니다. 그야말로 온갖 종류의 테리어 잡종들이죠. 테리어들에 관해서도 봐두지 않으면 안 되겠군요. 자세히 듣고 봐야겠습니다.

흥미로운 신경증적인 에어데일-블랙 래브라도 잡종견 이야기로 이 글을 마치겠습니다. 그 개는 굵기가 7~8센티미터, 길이가 1미터 약간 못 미치는 몬테레이 사이프러스 마른 가지를 모래에 파묻으려고 날이면 날마다 모래사장에 있는 동안 내내 구덩이를 팝니다. 무엇이든 다른 놀이를 하자는 사육주의 애원은 무시되지요. 이 곱슬곱슬하고 뻣뻣한 털로 덮인 귀여운 잡종견은 자기 마음대로는 결코 되지 않는 큰 가지의 한쪽 끝만이라도 묻으려고 좁고 깊은 구덩이를 계속 파고 그것 외의 다른 것은 거들떠보지도 않습니다.

개 세계의 해변에서,

도나

신출내기의 경기, 신출내기 경기자들

2000년 9월

C.A.〔오지의 건강과 유전 활동가이면서, 개 세계의 선배이자 친구이다〕에게

일요일에 롤런드는 완전히 힘이 넘쳐 있었습니다. 무엇보다 그는 하루 종일 무척 행복했습니다. (우리는 9시간을 어질리티 경기에 있었고, 거기에 더해 4시간 운전을 했습니다.) 그는 그사이 내내 기분이 좋았고 모두에게 흠뻑 주목을 받았으며, 휴식을 하거나 걷거나 뛰는 주변의 개들을 관찰하기에는 자신의 연습용 우리(그것은 그에게 처음이었습니다)가 딱 좋은 장소라고 생각했습니다. 롤런드는 옆에서 마구 짖고 있는 잭 러셀 테리어 한 쌍을 무관심한 눈으로 바라보고, 코스를 도는 데 필요한 동작도 도중에 몇 번 하품을 한 것 이외에는 스트레스 징후를 보이지 않고 요구 성적을 충족했습니다. 롤런드의 달리기는 탄탄했고, 저의 희망적 관측으로는 그리 멀지 않은 장래에 특별한 고생 없이 초급 자격을 딸 수 있을 것 같습니다.

하지만 우리는 스탠더드 코스에서 예선 통과에 필요한 점수를 따지 못했습니다. 왜냐하면 위브 폴에서 첫 번째 폴을 놓쳤는데 몇 번을 다시 해도 두 번째 폴부터 들어갔기 때문입니다. 〈미국 개 어질리티 협회〉(이하 USDAA)의

초급 단계의 규칙에는 합격점을 얻기 위해서 몇 번이라도 위브 폴에 다시 들어갈 수 있지만, 세 번째 들어가는 데 실패했을 때 롤런드가 하고 싶어 하는 대로 위브를 달리게 하면서 코스를 같이 달렸습니다. 위브 들어가기는 집에서나 훈련 시간에 연습하면 됩니다. 롤런드는 달리기에서 빠르지는 않았지만 허용 시간 이내였고, 저와 마음을 맞추어서 달렸던 것 같습니다. 저는 무심코 롤런드보다 앞서 달려버리는 경향이 있습니다. 부분적으로는 카엔과 함께 달리는 것과는 사정이 전혀 다르기 때문이었고, 또 부분적으로는 제가 마음으로는 보더콜리이기 때문입니다. 그러나 저는 롤런드의 리듬에 더 세심하게 주의를 기울일 수 있게 되어 갑니다. 롤런드가 제게 너무 바짝 붙어 있기 때문에 우리는 점프를 2~3회 계속 뛰면서 좀 더 앞을 향해 힘차게 달려 나갈 수 있도록 연습을 쌓아야 합니다.

점퍼즈 코스에서 롤런드의 달리기는 아주 좋았습니다. 다만 윙 점프 다음

베이 팀 어질리티 시합에서 점프하고 있는 롤런드, 2001년. Tien Tran Photography 제공

의 첫 핀휠에서 조금 늦어졌고 그다음 점프에서 무리를 하는 바람에 백크로스와 빠른 피벗을 마무리하려던 제 계획은 좌절되었습니다. 그의 기질을 잊지 않고 팀을 유지하면서 경기를 해야 합니다. 아마도 제가 최초의 핀휠 점프 직전 윙 점프 지점에서 롤런드를 혼란스럽게 만들었던 것 같고, 그 결과 그는 가장 서투른 지점에서 늦어지게 되었습니다. 점프 코스의 마지막 3분의 2는 저도 롤런드도 힘껏 달릴 수 있었습니다. 롤런드는 저보다 훨씬 빠르게 두 번째의 핀휠과 허들도 즐겁게 빠져나갔고 더블 점프도 확실히 성공시켰습니다. 우리는 달리기의 끝부분에서는 완전히 몰두했고 정확하고 깨끗하게 코스를 마무리할 수 있었습니다.

우리의 초급 클래스는 그날의 마지막 행사였는데, 오지 구호소에서 참가한 친구 몇 사람이 자신들의 순서가 끝난 후에도 롤런드의 마지막 달리기를 보기 위해 두 시간 가까이나 남아 주었습니다. 고마운 일입니다. 수전 코딜이 롤런드의 달리기를 포함해서 여러 가지 시합을 비디오카메라로 촬영해 주었습니다. (수전은 그레이트 피레니즈인 윌렘의 사육주로 지금 제 소유의 토지에 살고 있습니다.) 우리의 달리기를 후에 다시 보는 것은 유용합니다. 우리의 다음 경기는 9월 16일 AKC의 프랜시스 드레이크 경Sir Francis Drake 시합입니다. 저는 어질리티에 홀리고 있는 것 같습니다.

이제 곧 카옌이 첫 번째 생일을 맞이합니다. 한 해가 어쩌면 이렇게 빨리 지나가는지요. 오늘 아침도 카옌이 롤런드에게 놀자고 유혹하는 것을 보고 있었는데 저도 모르게 웃음을 터뜨리고 말았습니다. 카옌은 롤런드가 마침내 체념하고 자신을 뒤쫓아 와줄 때까지 롤런드의 얼굴에 장난감을 밀어붙이고 도망가기를 되풀이합니다. 그 후 둘이서 그 장난감으로 줄다리기를 하고 있었습니다. 카옌은 롤런드의 주위를 뱅글뱅글 뛰면서 돌고 일부러 잡히려고 하지 않는 이상 절대 잡히지 않습니다. 이것은 제가 받은 인상이지만, 카옌은 롤런드를 게임 속에 붙잡아두기 위해서 마당에서 롤런드가 상대적 우위에 설 수 있는 장소, 그러니까 체중이나 체력적인 면에서 우위인 롤런드가 카옌을 담이나 도랑에 몰아붙이고 움직일 수 없도록 누를 수 있는 장소에 일부러 가는 겁니다. 카옌이 장난감으로 관심 끌기만 한다거나 너무 빨리 달린다거나 갑자기 방향을 회전하는 것만 계속하면 롤런드는 흥미를 잃어버립니다. 카옌이 롤런드를 정말 놀고 싶은 마음이 들도록 만들면 롤런드는 배를 드러내고 드러눕기도 하고, 오랫동안 카옌과 몸싸움을 하기도 하고, 일부러 아래쪽으로 가서 불리한 자세를 취하고는 위에 타고 있는 카옌이 제멋대로 하는 동안에도 카옌이 좋아하는 부위를 적당히 깨물어 주기도 합니다. 카옌은 피레Pyr* 친구 윌렘과도 그의 나풀거리는 꼬리 밑둥이에 매달린 채로 뜰 안을 끌려다니기도 하고, 꼬리를 놓아주는가 하면 윌렘의 주위를 빙글빙글 돌고 자신이 원하는 장소까지 윌렘을 유도하기도 합니다. 아침에 이렇게 기쁨에 찬 개들의 시작을 목격하면 기분이 나쁘기는 어렵습니다. 물론 커피도 한 잔 있다면 더 좋겠지요.

신출내기가 되려고 훈련 중인

도나

위브 초보

2001년 2월

친구 여러분,

어질리티에 중독된 여러분, 그리고 참을성 많은 멘토 여러분께 전할 속보입니다. 어제 우리 집 뒤뜰에서 미즈 카옌 페퍼의 위브 훈련 등급이 올라갔습니다. 그녀는 폴 6개를 1인치씩 번갈아 비켜 세운 세팅과 6개를 일렬로 세운 세팅에서 연습했는데, 이제 12개를 일렬로 세운 세팅으로 훈련에 들어갔습니다. 카옌은 정확하고 빠르게 일렬로 늘어선 폴을 빠져나갑니다. 들어가는 것은 개선의 여지가 있습니다. 입구를 지나쳐버리는 일이 있는데다가, 그런 경

---

* 그레이트 피레니즈(Great Pyrenees) 견종을 나타내는 줄임말이다.

우 어떻게 다시 들어가야 할지를 잘 모릅니다. 우리는 커스틴 콜Kirstin Cole에게 배운 아이디어 몇 가지를 사용해서 연습하려고 합니다. 그런데 어제 오후 카옌은 폴 12개를 완벽하게 처리했습니다. 그것도 양쪽 끝에서 각각 네 번씩 전부 여덟 번이나 말이죠. 그리고 나서 그녀는 위브 폴을 빠져나와서 45도 각도에서 점프한 후에 계속 달리기까지 문제없이 처리했습니다. 사방에 특별 선물입니다! 그녀는 점프(16인치 연습 높이)도 하고, 45도로 돌아서 정확하게 폴 입구로 들어가서 12개를 위브하고, 거기서 다시 90도로 돌아서 타깃/터치 연습용으로 사용하는 상자의 경사면에 올라가서 정확한 자세, 그러니까 앞발 둘은 상자 위에 뒷발 둘은 지면에 두는 자세로 정확하게 멈추었습니다. 그리고 상을 받는 것까지. 카옌은 해냈습니다!

오른쪽, 왼쪽과 같은 기본적인 명령을 사용할 수 있게 되었기 때문에 우리 뒤뜰 바깥에 몇 개의 서펀타인[어질리티 게임 장애물의 일종]에서 이 명령들

베이 팀 어질리티 시합에서 위브를 하는 카옌, 2003년. Tien Tran Photography 제공

이 통하는지 시험에 보려고 합니다. 카옌은 스윙이나 어라운드 명령도 잘 이해하고, 3미터 정도 떨어져서 뒤따라가면서 지시를 해도 장애물을 순서대로 처리하고 있습니다. (물론 카옌이 내 지시에 따라 움직인다고 할 수는 없겠습니다. 그렇지만 그렇게 생각하면 내가 뭔가 경기장에서 할 일이 있다고 느끼게 됩니다. 카옌은 정말 경기를 하고 있습니다!) 카옌은 가끔 1인치씩 좌우로 비켜서 늘어놓은 위브 폴을 [핸들러가 뒤에서 명령해서 시행하는] 센드-어웨이로 처리할 것이고, 터널에 센드-어웨이로 들어가는 것이나(지난주 어린이용 장난감 터널을 카옌이 망쳐버릴 때까지의 일이지만) 한두 번 정도의 점프를 뛰는 것도 확실히 할 수 있게 되었습니다(순서의 끝부분 터치 판에 좋아하는 것을 놓아두지 않는 한 아직 세 번의 점프는 할 수 없습니다). 그리고 실제의 장애물을 식별하는 작업은 아직 못하고 있습니다.

카옌이 개 공원에서 다른 개들을 정말 시끄럽게 열심히 모는 모습은 꽤 볼 만한 장면입니다. 이 공원에 오는 사람들은 카옌을 개 공원의 감독 같은 자로 보고 있습니다. 문제는 카옌이 이 작업에 너무 열중한다는 것입니다. 다른 개들을 너무 노골적으로 성가시게 하는 경우 그것을 중지시키는 우리의 명령을 카옌이 좀 더 잘 따를 수 있게 해야 합니다. 특히 리트리버 견이 자기 일에 몰두할 때 이렇게 하면 큰일이기 때문입니다. 어제도 카옌은 다른 어린 오지를 싸움에 말려들게 해서 중지시켜야만 했습니다. 카옌이 "가만있어"라는 지시에 따르지 않고 다른 개들을 계속 성가시게 하면 우리는 바로 카옌을 줄에 묶어서 공원 내의 다른 장소로 가버립니다. 그래도 괜찮을까요? 이런 난처한 행동을 제어할 수 있는 다른 방법이 있다면 좋겠습니다. 모든 개가 좋아하는 놀이와 미즈 카옌의 소란을 조성하는 행동을 분명히 구분하기는 쉽지 않습니다.

카옌이 공원에서 하는 짓과 비교하면 롤런드는 지켜보는 것을 재미있어 합니다. 롤런드는 거리를 두고 사태의 경과를 지켜봅니다. 롤런드는 맛있는 간식이나 칭찬을 조를 수도 있을 자신의 늘어나는 팬클럽 인간 회원들을 모으는 작업을 합니다. 만약 어린 개들이 그것을 방해한다면 결코 그냥 두지 않습니다. 뒤쫓기도 하고 놀기도 하는 개들이 소란스럽게 되면 롤런드는 금새 자세를 바꿉니다. 인간에게 초점을 맞추면서 "나처럼 순한 개는 본 적이 없지?"라고 말하는 것 같은 방식으로 말입니다. 그러니까 친구도 될 수 있고 약삭빠르게 상도 받을 줄 아는 방식으로 "바로 어제까지 늑대였던 알파 견"의 모습(털을 부분적으로 곤두세우고, 꼬리를 높이 올리고, 똑바로 앞을 향해 머리를 쳐들고, 눈을 반짝이며 근육을 빛내면서 의기양양한 걸음걸이를 한 모습)으로 자세를 바꾸는 것이지요. 이렇게 되면 이제 롤런드의 유일한 관심사는 다른 개들입니다. 키가 단숨에 한 뼘이나 커진 것처럼 보이는 롤런드는 떠들고 있는 개들 사이를 돌아다니며 카옌과 함께 놀고 있는 개를 엉덩이로 부딪히면서 밀어내는 일도 드물지 않습니다. 롤런드는 흡사 챔피언 개가 양의 무리를 가르는 것처럼 개들의 소란을 진정시킬 수 있습니다. (롤런드는 소란스러운 장면에 참여해서 그 장면의 일부가 될 수도 있습니다만, 카옌과 같은 방식으로 그렇게 하는 것은 아닙니다. 왜냐하면 롤런드는 타고난 목양견인 카옌과는 다르고, [오지 사역견 공급 단체인] 〈슬래쉬 V〉의 딸로도 알려진] 카옌은 다른 개들이 개-공원용의 가면을 벗으면 거친 소가 나온다고 믿고 있어서 다른 개들이 소의 모습을 드러낼 때까지 짖고, 추격하고, 앞길을 방해하고, 방향을 바꾸고, 물고 늘어지는 습성이 몸에 배어 있습니다. 하지만 롤런드는 그렇지 않기 때문이겠지요.)

글자를 누비면서,

도나

가정 조사

2001년 3월 19일

친구 여러분,

  뜻밖의 일이었지만, 이번 주에 캐서린 데 라 크루즈로부터 산타크루스 그레이트 피레니즈 견 구호센터의 가정 평가 작업을 의뢰 받았습니다. 그레이트 피레니즈종인 윌렘이 제 소유의 땅을 점유하고 있어서 이 일을 저에게 의뢰한 건지도 모르지만 산타크루스에는 그녀가 알고 있는 피레니즈 애호가가 특별히 없고, 캐서린이 돌보고 있는 개 한 마리를 키우고 싶어 하는 여성에 대한 보고서를 원했기 때문에 그랬던 것 같습니다. 저는 동생인 릭에게 인간 구호센터의 경우 입양을 위한 가정 조사를 어떻게 하는지 물어보았습니다. 릭은 랄리Raleigh에서 가톨릭 가정서비스 이사장으로 있는데, 어린이들에게 새로운 가정을 찾아주기 위해 그는 사전에 많은 평가를 했습니다. 릭은 제게 이 일은 입양이 되는 쪽의 입장을 항상 배려하는 자세로 수행되어야 함을 재차 강조했습니다. 왜 저는 이토록 겁내고 있을까요? 저는 울타리 만들기에는 아직 초보자 수준에도 이르지 못하고 있습니다. (보호견으로 거두어들인 피레를 위해서는 좋은 울타리가 필수입니다!)

초보자에 대해 말하자면, 롤런드와 저는 마데라에서 토요일에 열린 USDAA의 전형에서는 점수를 얻을 수 없었습니다. 우리는 몇 가지 흥미로운 실수를 했고 거기서 배울 점이 많을 것 같습니다. 우리 선생님인 게일 프레이저는 신출내기 핸들러의 여린 자존심이 상하지 않도록 신중하게 타이밍을 맞추어서 롤런드와 내가 스탠더드 코스에서 실패한 원인을 전술적으로 지적해 주었습니다. 그것은 제가 시합 중에 롤런드에게 필요한 정보를 제대로 전하지 못했기 때문이었습니다. 요컨대 기본에 문제가 있었다는 것인데 게일의 지적은 지당합니다. 겜블러즈 부문에서는 규정 타임을 0.25초 넘겨버렸지만, 점수는 받을 수 있었고, 초급 코스에서는 비록 짧기는 하지만 순서대로 소화해야 할 장애물들도 처리할 수 있었습니다. 규정 시간을 넘긴 것은 점프를 마치고 겜블 부분의 터널로 들어가는 지점에서 저와 롤런드의 의사소통이 잘 되지 않아서 롤런드가 터널 입구에서 들어가야 할지를 망설이다가 제가 있는 곳까지 일부러 의논하러 돌아왔기 때문입니다. 우리의 의논에 몇 초가 더 걸려버렸습니다. 다음에 할 때는 달리기 전에 롤런드와 꼼꼼하게 협의를 해두어야겠습니다. 좋았던 것은 롤런드가 제대로 터널에 들어갔다는 것, 그리고 겜블 순서도 틀리지 않고 마칠 수 있었다는 사실입니다.

어제는 아버지와 전화로 이야기를 했습니다. 저는 마데라에서 있었던 어질리티 전형에서 저와 롤런드가 했던 실수에 대해 아주 자세히 이야기하기 시작했습니다. 아버지는 스포츠 기자이기 때문에 하나하나 자세히 듣고 싶어 할 거로 생각했기 때문입니다. 그런데 아버지는 이야기를 가로막고 야구 이야기를 하시기 시작했습니다. 그런데 앤디 코헨을 기억하고 있니? 네가 어렸을 때 덴버 베어스의 매니저로 있었던 그 앤디 말이야, 라고 말씀하셨어요. 물론 저는 기억하고 있다고 말하고, 그건 베어스가 양키즈의 2군 팀이었을 때의 일이지 않으냐고 덧붙였는데 아버지는 그렇다고 하시고는 계속 회상을 하셨습니다. 어느 해 봄 캠프에서의 일이었는데, 외야수가 타격 연습하는 것을 앤디가 보고 있었어. 그 외야수는 수비 위치가 센터 필더였고, 그 시즌 베어스의 유망주라고 할 만한 선수였는데도 공을 스치지도 못하고 계속 헛치기만 했지. 그래서 앤디는 이 타자의 어디가 이상한지 분석하기 시작했는데, 타자의 상태는 나빠지기만 했고 넌더리가 난 앤디는 타자에게 타자석에서 나가라고 말했어. 그러고는 앤디가 타자석에 들어가서 성층권 끝까지 공을 날릴 기세로 배트를 겨누었어. 거기에 피처가 공을 던졌지. 앤디가 스윙을 했지만 공은 맞지 않고 배트가 바람을 가르는 소리만 들렸단다. 이런 꼴사나운 장면이 열 차례 정도나 반복됐어. 휘두를 때마다 앤디는 계속 헛스윙을 했지. 그러자 앤디는 타자석에서 나와서 땅 위에서 꼼지락거리고 있는 딱정벌레를 겨냥해 담뱃진 섞인 침을 퉤 내뱉고는 이 운 나쁜 타자에게 배트를 돌려주고 바지에다 손을 닦으며 이렇게 말했어. "네가 지금 어떻게 하고 있는지 잘 봤겠지?"

자동차의 범퍼 스티커에는 이렇게 쓰여 있죠. "닥치고 훈련"

도나

집행자 Enforcer

2001년 4월 8일

친구 여러분,

오늘 오후 개들을 위한 해변에서 있었던 멋진 사건을 전해 드립니다. 후플푸프* 기숙사의 마음씨 고운 집행자인 롤런드는 발정기의 수컷 대형견들의 싸움에 당장이라도 끼어들 것처럼 보였고, 싸움은 이미 시작되고 있었습니다. 러스틴과 제가 곁에 있었는데, 제가 "그냥 둬, 이리 와, 앉아!"라고 단호하게 말하자 기적같이 그는 그 자리를 떠나 우리 쪽으로 와서 앉았습니다. 휴~ 하고 가슴을 쓸어내리면서 생각난 것은, 그레이트 피레니즈 견의 알파 비치** 인 캐서린 데 라 크루즈와 린다 와이저가 해준 대형견의 싸움을 뜯어말린 이야기입니다. 너무 어려운 일이라서 저 따위는 그런 일에 어림도 없습니다. 러스틴은 저보다 용감하기도 하고 이 세상 누구도 상처 입는 일이 없도록 언제나 마음 쓰고 있습니다만, 그도 종류는 분명치 않은 어떤 신에게 감사하고 있는 것처럼 보였습니다.

그때 제 귀에는 믿을 수 없는 말소리가 들렸습니다. 그건 개 해변에 모인 나의 동료 인간들이 속사포처럼 내뱉는 말이었습니다. "어머나, 어머나, 봤어. 저 개 말이야, 싸움을 멈추고 돌아와 앉았어. 저 사람들은 도대체 어떻게 그렇게 할 수가 있는 거지?" 좋은 질문이죠. "리버 쿠키"가 현실적인 답인 것 같습니다. 그러나 그때, 저는 결코 대중적인 종교 수준을 넘어서지 못하고 있었습니다. 적어도 제가 예수회 수사가 되는 꿈을 버린 이후로는 말입니다.

『더 바크』지 발행인란에 쓰여 있는 것처럼, "개는 나의 부조종사"입니다.

경건한 마음을 담아,

도나

---

* HufflePuff. 해리포터에 나오는 호그와트 마법마술 학교의 네 개의 기숙사 중의 하나. 이 기숙사에서는 근면, 인내, 정의, 그리고 성실이 중요한 가치 기준이다.
** alpha bitches. 거침없고, 무례하며, 까칠하고, 라이벌이 없는, 리더십 있는 여성을 뜻하는 속어. https://www.urbandictionary.com/define.php?term=Alpha%20Bitch. 위 링크에 따르면 보통은 부정적인 의미로 쓰이지만 해러웨이는 반어법으로 사용하고 있는 듯하다.

클링온 전사 겸 공주

2001년 5월 31일

친구 여러분,

우리의 카옌 페퍼 양이 드디어 자기 종족의 참모습을 보여주었습니다. 카옌은 한창나이의 클링온 암컷입니다. 여러분이 요즘 텔레비전을 자주 보지 않거나, 그래서 저처럼 〈스타트렉〉 세계의 오래된 팬이 아닐지도 모르겠습니다만, 클링온 암컷이 만만찮게 성적인 존재이고 더군다나 그 취향이 치열하기 짝이 없다는 뉴스는 다들 아실 거라고 생각합니다. 우리가 살고 있는 곳에는 20개월 된 아직 동정인 피레견 윌렘이 있는데, 4개월짜리 어린 강아지 때부터 카옌의 놀이 친구였습니다. 카옌은 6개월 반 정도 됐을 때 난소 제거를 했는데, 언제나 기쁜 듯이 윌렘의 부드럽고 유혹적인 둔부를 머리 쪽에서 꼬리 쪽을 향해 엎드려 올라타고, 윌렘은 땅에 드러누워 카옌의 발을 물기도 하고 빠르게 지나가는 카옌의 성기 주변을 핥기도 합니다. 그러나 이번 5월 말 참전용사의 날 주말을 힐즈버그에서 지내는 동안 사태는 순식간에 달아올라 버렸습니다. 아주 조심스럽게 말하더라도 말이지요. 윌렘은 아직 경험이 없는 발정 중의 마음씨 고운 청년기의 수캐인데, 수전은 윌렘이 다른 암캐를 임신시키지 않도록 제대로 담장으로 둘러싸서 사육하고 있습니다. 카옌은 자신의 체내에 발정 호르몬이 없습니다(그러나 부신피질은 건재하고, 수컷이든 암컷이든 포유류 욕망의 원천이라고 인정되는 알도스테론과 안드로겐을 분비하고 있습니다). 그러나 카옌은 윌렘과 함께이면 작은 암캐가 되고 윌렘은 카옌에게 흥미를 갖습니다. 카옌은 그 개가 "동정"이든 아니든 다른 개와는 그런 걸 하지 않습니다. 카옌과 윌렘의 성적 유희는 기능적인 이성 간의 성적 교섭과는 전혀 관계가 없습니다. 윌렘이 카옌에게 올라타려 하거나 카옌이 암컷의 매혹적인 궁둥이를 밀어붙이거나 성기 냄새를 맡거나 교성을 지르거나 보조를 맞춰 몸을 움직이지도 않습니다. "생식 관련"이라고 할 수 있는 것은 아무것도 없습니다. 이것은 1960년대에 노만 오 브라운 Norman O. Brown을 읽고 성인이 된 우리 세대의 심금을 울리는 순수한 다형 도착일 거라고 생각합니다. 윌렘은 눈을 반짝이며 드러누워 있고, 카옌은 희희낙락하면서 윌렘과는 반대 방향으로 윌렘의 머리 위에 자신의 성기 주변부가 오도록 윌렘 위에 겹치고 하반신을 격심하게 흔들고 있습니다. 그것도 매우 열심히 그리고 빠르게요. 윌렘은 자신의 혀를 카옌의 성기에 가져가려고 필사적으로 분발하는데, 결국은 카옌이 윌렘의 머리 위에서 어긋나버립니다. 이 모습은 로데오를 생각나게 합니다 — 사나운 야생마에 걸터앉은 카옌은 가능한 한 오랫동안 흔들면서 떨어지지 않고 버틸 수 있도록 노력하고 있습니다. 카옌과 윌렘에게 이 게임에서의 목적은 약간 다르지만 둘 다 흠뻑 빠져 있습니다. 그 모습이 제게는 에로스처럼 보이는데, 적어도 아가페가 아닌 것만은 틀림없습니다. 카옌과 윌렘은 다른 것은 아무것도 하지 않고 5분 정도 이 행동을 계속하고는 다시 또 한 라운드를 시작합니다. 그리고 또다시 되풀이합니다. 수전과 저는 웃음을 참을 수 없습니다. 그리고 우리가 소리 내어 웃든 말든 둘 다 개의치 않고, 카옌은 활동 중의 클링온 암컷이기라도 한 것처럼 이를 드러내고 신음합니다. 세상에! 카옌의 연기는 걸작입니다. 그리고 윌렘은 성실하게 집중합니다. 윌렘은 클링온은 아니지만, 이해심 많은 연인 그 자체입니다.

거세한 암컷과 함께하는 수컷에 대해 이 같은 일을 무엇이라도 보신 분이 계십니까? 아니면, 이런 일에 대한 다른 조합이 있습니까? 카옌과 윌렘의 젊음과 활력은 생식에서의 이성애 헤게모니나 나아가서는 금욕을 위한 거세를 조롱하고 있었던 것 같습니다. 그래서 우리 서구의 인간들이 어떻게 자신의 사회 질서와 욕망을 동물들에게 망설임 없이 투사해 왔는지에 관해 너무나 악명 높은 책들을 써온 저로서는, 나의 거세한 오지견의 에너지와 수전의 침 흘리는 커다랗고 부드러운 혀를 가진 재능 있는 토지 파수견에게서 노만 오 브라운의 『사랑의 몸』Love's Body을 확인하고 끝낼 것이 아니라 더 제대로 알아야 할 필요가 있다고 생각합니다. 그건 그렇다 하더라도, 지금 무엇이 진행되고 있는 걸까요? (힌트 : 이것은 던진 것을 주워 온다거나 사냥감을 쫓는다거나 하는 게임은 아닙니다.)

제가 〈스타트렉〉 세계의 작가들에게 지구상 현실의 클링온에 관해 뭐라도 이야기를 해 줘야 할까요?

현실의 일로 돌아갈 때가 됐습니다!
도나

스컹크에게 당하다

2001년 9월 3일
친구 여러분,

이번 주말에 롤런드는 USDAA의 초급 스탠더드에서 세 번째 합격점을 땄기 때문에 정식으로 유자격 견 – 어질리티 견 – 이 되었습니다!

이를 축하하기 위해서 러스틴과 저는 롤런드와 카옌, 그리고 토요일 경기 후에 게일 프레이저의 캠핑카에서 바비큐를 하고 있던 인간들을 소유한 모든 개들에게 스테이크를 대접했습니다.

그러고 나서 어질리티 견 롤런드는 스컹크에게 분비물 세례를 받았습니다. 가엾다고밖에 표현할 길이 없습니다. 모텔에서 그날 일과를 끝내고 있을 때 얼굴에 분비물 세례를 받은 것입니다. 밤 11시에 러스틴은 헤이워드 부근의 24시간 영업하는 약국까지 달려가서 과산화수소, 베이킹소다, 그리고 [피부 전용 세제] 테크누Tecnu를 사왔습니다. 테크누는 옻이 올랐을 때와 동일한 메커니즘으로, 그러니까 유분을 피부에서 유리시키고 비누와 물로 씻어내는 작용을 합니다. 러스틴이 돌아올 때까지 저는 주차장에서 악취로 범벅된 유자격 견을 안고 기다리고 있을 수밖에 없었고, 그러고는 롤런드를 타일 깔린 모텔 욕실로 데리고 가서 저도 옷을 벗고 함께 욕조로 들어갔습니다. 러스틴과 저는 한밤중에 개의 얼굴과 목에서 스컹크의 악취를 제거하는 고매한 의식을 시작했습니다. 어쨌든 제가 이야기할 수 있는 것은 일요일 아침에는 롤런드의 냄새가 (인간적으로 말해서) 사회적으로 용인될 수 있을 정도는 되었고, 헤이워드 배가본드 모텔은 여전히 개를 받고 있습니다. 저는 그들이 그 지역에 사는 스컹크를 퇴치해 주기를 바랍니다.

어질리티를 하면서 맛보는 굴욕은 참으로 여러 가지가 있습니다. 그것도 정신적 성장을 위해 피할 수 없는 수련임에는 틀림이 없지요!

카옌은 세 번을 달렸지만 한 번도 합격점에는 도달하지 못했습니다. 그러나 우리의 실수는 흥미로운 것이었습니다(몇 시간의 연습과 운까지 따라준다면 극복할 수 있는 실수였다는 겁니다). 무엇보다 월요일 오후의 점퍼즈에서 카옌은 훌륭하게 달리기를 해 주었고 쾌주의 결과는 5위였습니다. 카옌의 속도는 현기증이 날 정도로 **빨랐지만** 점프에서는 여러 번 최단 코스를 택하지 못했습니다. 그러나 그만큼 모퉁이를 크게 돌았지만 코스를 실수하지 않았다는 건 훌륭한 거지요. 카옌은 즐거워했지만 볼 부문에서의 기록은 비참하게도 28.74초였습니다.

저의 다친 아킬레스건은 괜찮았습니다. 네오프렌 붕대, 그러니까 많은 돈을 쏟아 붓는 우주개발 경쟁이나 풋볼 덕분에 개발된 소재로 둘둘 감고 달렸습니다. 경기가 전부 끝난 후 러스틴은 제게 얼음찜질을 하고 이부프로펜을 복용하라고 했습니다. 그래서 오늘 저녁은 발을 약간 절뚝거리기만 할 뿐입니다. 상주 훈련사가 있다는 것은 좋은 일입니다. 온전한 결합조직* 자체만큼이나 좋습니다.

내일은 게일의 훈련장에서 다음 레슨이 있습니다. 작게 턴할 수 있도록 연습을 쌓아서 이번에는 5위였지만 1위로 끌어 올리려고 생각합니다.

팸 리처즈와 저는 이번 10월에 마데라에서 열리는 USDAA 시합에서 초급 2인조 부문에 참가할 예정입니다. 팸은 카푸치노와 저는 카옌과 나갈 겁니다. (카푸치노와 카옌은 1999년 9월 24일 태생의 한배의 새끼들인데, 둘 다 털색은 레드 멀이고, 얼굴 반쪽 색깔이 다릅니다. 격렬하게 뛰는 **빠른 스피드**

---

* 아킬레스건도 결합조직이다.

의 개들입니다. 카푸치노는 형제 중에 제일 키가 크고 카옌이 제일 작습니다. 그 외에 그들의 형제들과 다른 점은 팸과 카푸치노는 잘 훈련된 전국대회 수준의 선수들이라는 사실입니다. 참, 둘은 성별이 다른데, 언제나 그렇지만 이점은 거의 문제가 되지 않습니다.) 계속 소식을 기다려 주세요.

그럼 이만,
도나

워블리즈*

2002년 4월 1일

관대한 개 친구 여러분,

전사 겸 공주인 카옌은 토요일에 〈북아메리카 도그 어질리티 협회〉(이하 NADAC)에서 초급 어질리티 증서를 받았습니다! 분발한 보람이 있었습니다. 정확하게 달릴 수 있는지 아닌지는 차치하고, 카옌은 타고 난 스피드와 분투력, 양쪽 다로 관객을 열광시킬 수 있습니다. 저도 물론 우리가 같은 코스를 달리면 즐겁습니다. 카옌이 심판의 배치도와는 관계없이 제멋대로 코스를 달리거나 이따금 점프 바에 부딪히거나 터널을 뛰어넘어버리는 데 탐닉하지 않을 때는 말이지요. 이번 일요일, 저는 카옌이 정확한 접촉 장애물 처리에 저항하는 아나키스트 파업을 조직하는 워블리라는 것을 확신했습니다. 오픈 레벨에서 달리기 시작하자마자 카옌은 모든 접촉지대**를 세차게 내달렸고, 한두 개는 우연히 접촉했는지도 모르지만 계산된 의도가 아닌 것만은 분명합니다.

---

* 〈세계산업노동자연맹〉(IWW)의 조직원들을 워블리즈(wobblies)라고 부른다.
** contact zone. 이 책 8장의 제목에도 등장하는 이 용어는 어질리티에서는 다음과 같은 의미다. 어질리티 3등급(class) 중에 스탠더드 등급은 A자 프레임, 두 그 워크, 시소 등의 접촉(contact) 장애물로 이루어져 있다. 이는 각 장애물의 끝에 노랑색으로 표시된 접촉지대가 있다는 의미이다. 어질리티 견은 장애물을 통과하면서 적어도 한 발이 접촉지대에 닿아야 감점을 면할 수 있다.

터널 부문을 이야기하자면, 토요일 NADAC의 새로운 게임인 "터널러즈"Tunnelers에서도 여유 있는 합격점으로 4위였습니다. 이 4위는 상급 수준의 개도 포함한 모든 20인치 카테고리 개들 중에서의 결과입니다. 우리는 빨랐고, 카옌은 오른발 왼발로 능숙하게 균형을 잘 잡았고, 참으로 스릴 만점의 시합이었습니다.

이 마성의 개와 굳게 사랑하는 관계에 빠져 있습니다. 좋은 일이지요.

다음 어질리티 경기는 5월 6~10일의 파워 포즈 캠프입니다. 이 모든 것을 "스포츠 기자 딸의 노트" 발표를 위한 연구라고 부를 수 있는 것은 행운입니다. 국세청이 동의해 주길 바라면서 ….

현자들의 말처럼, "닥치고 훈련!"

도나

디바

2002년 5월 28일

안녕하세요, 게일.

우리는 아침에 만나겠지만, 먼저 "스포츠 기자의 딸의 노트"를 위한 원고를 보내야 합니다. 이번 기회에 참전용사의 날 연휴에 엘크 그로브에서 있었던 NADAC 시합의 설욕을 해야 합니다. 적어도 기초부터 제대로 연습하고 전력 보강이 필요하다고 생각합니다.

미즈 카옌 페퍼는 새로운 이름이 필요합니다. 성격이 격하고 재능이 넘치는 예측불허의 오페라 스타라는 생각이 듭니다. 디바 견입니다. 토요일 아침 카옌은 오픈 겜블러즈 코스를 71점으로 빠져나왔습니다. 합격 레벨이었고 게다가 1위였습니다. 위브에서 폴에 접촉하지만 않았더라면 81점을 받을 수 있었습니다. 휘슬이 울릴 때까지는 아직 시간이 남아 있었지만 우리는 정해진 위치에 있었습니다. 겜블에서 카옌은 규정된 2, 4, 6, 8점짜리 장애물을 끝낸

다음 선택 부문인 10점짜리 장애물을 해치웠습니다. 카옌은 터널러즈에서도 2등으로 합격 수준이었고 초급 자격을 딸 수 있었습니다. 카옌과 1위를 한 개 (말하기 그렇지만 보더콜리 종입니다)의 시간 기록은 모든 등급과 크기의 터널러즈 경기에 참가한 개들 – 모두 합쳐서 약 백 마리 정도 – 가운데서 가장 **빠**른 두 개의 기록이었습니다.

그런데 일요일이 되자 카옌은 어떤 정체를 알 수 없는 마성의 개 리듬에 맞추어 자신의 세계에 숨어버렸습니다. 출발선에 선 카옌은 야생의 눈을 하고 근육이란 근육은 모두 경직시키고, 내가 아무리 누그러뜨리려 해도 출발 신호까지는 쭉 긴장한 채였습니다. 그리고 첫 번째 장애물을 넘고 난 다음은 컨트롤을 못 하게 되었습니다. 카옌은 이날 온종일 출발선에 서서 기대로 몸이 굳어 있는 것 같기도 하고 자신만의 무중력 공간을 떠다니고 있는 것 같기도 했습니다. 모퉁이를 자꾸 크게 돌고 접촉 장애물도 방향 구별 없이 잘못 건드리기만 했습니다. 지시 방법이 잘못되었을 수도 있고, 훈련에 일관성이 없었을 수도 있고, 뭔가 다른 이유도 있었을 겁니다. 어쨌든 카옌은 집중력을 잃은 야생의 모습이었고 저도 신경질이 났는데, 그 분위기가 카옌에게 전해져 버렸던 것이지요. 경기장을 뒤로하면서 저는 스스로 타일렀습니다. 지금은 여리고 재능 있는 어질리티 후보선수에게 베팅하고 있는 거라고. 그리고 가까운 장래에 그렇게 될지도 모르지만, 1백만 달러에 카옌을 양도해 달라는 제안을 거절하는 장면을 떠올리면서 몽상에 빠지기도 했습니다. 프랭크 부테라가 로카와 몇 년 전에 했던 고생에 대해 이야기해 준 것이 기억났습니다. 로카는 카옌과 같은 부모에게서 카옌보다 더 일찍 태어났습니다. 그 때문에 저도 기분이 진정되었습니다. 러스틴도 몹시 침울해진 제 기분을 북돋워 주었습니다.

월요일에는 롤런드와 함께 달리는 시합만 신청했습니다. 롤런드가 이렇게 달라질 수 있다니요! 롤런드는 점퍼즈 초급에서 4위를 했습니다만 합격점에는 도달하지 못했습니다. 왜냐하면 허들을 돌 때 폭을 세운 인간에게 확인을 구하느라 기준 타임에서 1.8초 부족했기 때문입니다. 롤런드는 터치 앤 고

Touch'n Go 초급에서 4위를 하고 합격점을 받았습니다. 롤런드는 오프닝에서 그저 그런 정도로 33점을 딴 후 겜블에서 실패했습니다(겜블 부문의 점수는 6점). 덧붙이자면, 초급 20인치 클래스에서 겜블 부문을 해낼 수 있었던 개는 한 마리뿐이었습니다. 그리고 카옌의 동생뻘인 렌조 ― 옥스퍼드에서 렌디와 버드 사이에서 가장 마지막으로 태어난 것 가운데 한 마리이고, 폴 커크가 최근 입양한 개 ― 가 겜블러즈 경기에서 최고 점수를 땄지만, 렌조도 합격점에는 도달하지 못했습니다. 터널러즈 경기에서 롤런드는 합격점에는 확실하게 도달했지만 만족할 만한 타이밍은 아닙니다. 마지막으로 스탠더드 경기에서 롤런드는 완벽하였고 시간 내로 마쳤습니다. 롤런드와 함께라면 즐겁게 그리고 안심하고 달릴 수 있습니다. 롤런드는 믿음직한 파트너입니다. 실수는 모두 분명히 핸들러 잘못일 것이고 롤런드 덕분에 코스에 대해 생각할 시간을 많이 가질 수 있었습니다. 카옌은 롤런드가 주목을 한몸에 받고 있는 것이 전혀 믿기지 않는다는 표정이고, 케이지 속에서 기다리고 있어야 했습니다. 제가 좀 매정했습니다.

제가 카옌과 사랑에 빠져있고 함께 있으면서 다정하게 해 주고 싶다는 것이 골칫거리일지 모릅니다. 욕망은 레드 멀 색깔의 개에게 골칫거리입니다.

그럼, 아침에 봐요
도나

납골당의 미스터리

2002년 9월 17일, 화요일
게일에게

롤런드는 일요일에 훌륭하게 해냈습니다. 그러나 카옌은 단연코 최악이었습니다. 롤런드는 오픈 스탠더드에서 2위를 하면서 두 번째 합격점을 받았기 때문에 앞으로 한 번만 더 합격점을 받으면 오픈 자격을 받을 수 있습니다. 제가 카옌에게 집중하느라 롤런드는 오픈 스탠더드에서 지난 2월에 한 번 그리고 이번 일요일까지 합쳐 두 번밖에 달리지 못했습니다. 저는 그 녀석을 자랑스럽게 생각하고 있고, 그도 자기 자신을 자랑스러워합니다. 적어도 자기 자신이 잘하고 있다는 것을 분명히 알고 있는 것 같습니다. 롤런드는 털의 광택도 좋고, 몸이 둥그스름하고 보기 좋습니다. 자신에 찬 표정으로 눈을 번득이고, 온몸으로 팀의 일원인 제게 의식을 집중하는데, 말하자면 코스 내에서도 코스 밖에서도 우리는 서로 커뮤니케이션하고 있습니다.

이제 "납골당의 미스터리"*입니다!

토요일 카옌은 스탠더드 초급에서 A자 프레임 접촉지대를 마구 달려버렸습니다. 다른 부분은 대체로 잘 되었고, 사다리꼴의 도그워크** 접촉도 (해제 지시가 나올 때까지 대기하는 것도 포함해서) 정확히 소화했지만, 시소 위에서 충분히 시간 대기를 할 수 없었고 저도 그 지점에서 제가 원했던 것을 분명하게 전할 수가 없었습니다. 시소를 마친 다음, 코스를 뒤로하고 A자 프레임과 도그워크에 돌아와서 시소 부분에서의 실패에 관해 조용히 타일렀습니다. 그러나 카옌은 고도의 스트레스 상태로 가만히 있질 못했습니다.

집에서는 카옌이 2-온 2-오프***(시소의 경우는 4-온)를 실패한 적이 없고, 제가 지붕에 올라가서 햄버거를 던져도 카옌은 해제release 명령을 제대로 기다립니다(무슨 의미인지 잘 아시지요). 교실에서는 카옌이 접촉을 언제나 정확히 해내고 있지만, 제가 이상하게 행동하거나 너무 기다리게 해서 흥분해버리면 해제 명령 전에 대기 위치에서 움직여 버립니다. 지금까지 시합에서 카옌은 A자 프레임 접촉에 성공한 적이 거의 없고, 도그워크도 반 정도는 날려버렸습니다. 도와주세요!!!!

일요일에 카옌은 그냥 거칠기만 했고 자신만의 세계에 갇혀 클링온의 전

---

* Tales from the Crypt, 단막극 형식의 호러 영화들을 모은 미국 드라마.
** dog walk. 어질리티 경기 스탠더드 등급의 장애물 중 하나로 경기견이 건너서 걸어가 히 는 구름다리이다. 그 끝에는 노랑색으로 표시된 접촉지대가 있다.
*** 뒷발을 터치 존에 놓은 채 앞발을 지면에 붙이는 동작.

사 겸 공주가 돼 있었습니다. 스탠더드 시합에서는 곳곳에서 접촉을 마구 건너뛰어 버리고, 점퍼즈에서도 집중력이 떨어졌습니다. 스트레스로 무너지고 응답 불능이 된 것 같았는데, 이전에 롤런드가 함께 있었을 때도 그런 적이 있었습니다. 그래서 당분간은 롤런드와 카옌을 따로 데리고 나가는 것이 좋을 것 같습니다.

내일은 접촉 부분 문제를 어떻게 하면 개선할 수 있을지 저와 함께 생각해 주시겠다니 감사합니다.

주말에는 딕슨에서 시합이 있습니다. 소식을 기다려 주세요!

본업으로 돌아가야 합니다.

카옌의 불안정한 훈련사 겸 당신의 무능한 제자,

도나

홀딱 반함

2003년 1월

참을성 많은 개 친구 여러분,

이제 즐겁고도 쑥스러운 "자랑거리"에 빠져 보려고 합니다.

이번 주말에 스타 플리트에서 열린 오트 도그 NADAC 시합에서 미즈 카옌 페퍼는 정말 훌륭했습니다. 우리는 오픈 클래스의 모든 시합에 출전했습니다.

기적이라고나 해야 할지, 카옌의 네 개의 발은 모든 접촉지대를 제대로 밟고 있었고, 4분의 3(실제의 수)에 해당하는 접촉지대에서는 발에 접착제를 바르기라도 한 것처럼 깔끔하게 2-온 2-오프 자세를 유지했습니다. 이것이 1백 퍼센트가 아니라는 건 잘 압니다. 이 정도로 만족해서는 저의 인격도 카옌의 미래도 문제가 되겠지만, 제가 엉겁결에 "어이쿠! 앉아!"라고 말한 후에도 우리는 계속 달렸습니다.

주말의 마지막 경기 성과는 최고였습니다. 점퍼즈에서는 네 개의 점프가 세 줄로 같은 간격으로 겹치듯 늘어서 있고, 그 점프 구역의 바깥에 U자형 터널이 두 개 놓여 있었는데, 바로 12월에 게일의 훈련장에서 팸이 보여준 것과 비슷한 배치였습니다. 엘리트 코스에서는 터널이 양쪽 다 트랩으로 되어 있고, 오픈 코스에서는 한쪽은 트랩으로 되어 있고 다른 한쪽은 심판이 승인한 부메랑 발사 장치였습니다. 코스 전체는 X자형 코스와 180도 턴과 서펀타인이 조합된 것인데, 엘리트 코스에서는 여기에 작은 루프가 더 추가되어 있습니다.

호^{Xo}와 크리스^{Chris}는 엘리트 코스에서도 멋진 모습으로 빠져나갔는데, 마치 도베르만 암컷과 인간 남성이 급류를 우아하게 흘러가는 것처럼도 보였습니다. 오픈 코스는 비스듬한 직선으로 점프 네 개를 뛰면서 단숨에 달리고 거기서 180도 돌고 직선으로 점프 세 개를 뛰면서 달리고, 두 번째의 180도 턴과 직선으로 점프 세 개를 뛰면서 돌아서 이번에는 서펀타인 곡선을 점프 세 개를 뛰면서 빠져나가고 그 기세로 터널에 뛰어들고, 거기서 점프 네 개를 뛰면서 비스듬하게 사선으로 달리는 것인데, 카옌은 이 코스를 정확하게 질주해 갔습니다.

1위를 한 카옌은 17.83초였는데 이것은 표준 코스 타임보다 9초 빠른 것이고 또한 주말 내내 우리 뒤를 쫓아 왔던 발 빠른 멋진 오지보다 6초 빠른 시간입니다. 저는 지켜보고 격려하고 때때로 지시하기 위해서 손을 흔들기도 했는데, 아마 매끄럽게 하지는 못했던 것 같습니다. 그나마 카옌의 시야가 미치지 못하는 곳에서 그랬다는 것이 다행이었습니다. 저의 발과 어깨는 있어야 할 위치에 제때 있었던 것 같고, 숨이 찼던 걸 보면 제대로 달렸던 게 틀림없습니다. 카옌이 급히 진로 변경을 하는 일이 없었던 걸 보면 카옌도 코스를 제대로 분석하고 있었던 것 같습니다. 제가 "가!"라는 말을 한 번인가 두 번 한 것 같습니다. "뛰어넘어!"라는 지시는 하지 않은 것 같은데 그런 지시는 원래 불필요한 것이지요. 점프는 뛰어넘을 수밖에 없는 것인데, 달리 뭘 이떻게 하겠어요.

이번 주말에 카옌은 품종과학 연구에 공헌했습니다. 캘리포니아 대학 데이비스 캠퍼스에서 수행하고 있는 [기생선충과 진드기 구충약인] 이버멕틴 관련의 약물 대사에 관한 유전자분석 프로젝트에 뺨 세포를 제공했습니다. 면봉을 사용해서 세포를 채취하던 연구자에게 물어보았더니 샘플은 장래의 연구에 대비해서 영구히 보존된다고 합니다.

이제 현실의 일로 돌아가야 합니다.

산타크루스에서 홀딱 빠져 있으면서,

도나

신문의 개인 광고

2003년 12월 29일

개 친구 여러분,

미즈 C. 페퍼는 일요일 〈새크라멘토 투 리버스 어질리티 클럽〉TRACS에서 잘 뛰었습니다. 엑설런트 A 스탠더드에서도 JWW에서도 각기 한 번씩의 실패 때문에 합격점에는 이르지 못했는데, 실패의 원인은 모두 저의 불분명한 지시에 있었습니다. 카옌은 JWW의 Ex A 스탠더드 코스 시간 모두 12초 빨랐지만 제 지시 때문에 마지막 점프를 처리하지 못했습니다. 가슴 아픈 일입니다. 눈 깜박할 사이의 극히 짧은 지체였지만 장소가 나빴고, 그것을 심판이 놓치지 않았습니다. 언젠가는 완벽하게 해낼 것이지만 그게 언제가 될지는 자신이 없습니다.

그런데 지방 신문의 개인광고란에서 신경 쓰이는 광고를 봤습니다. 광고의 내용은, "올림픽 수준의 개에 걸맞은 핸들러를 찾고 있습니다. 전화로 상담 바랍니다!"

설마 카옌이 광고를 낸 건 아니겠지요.

버림받을 위기에 겁을 먹으면서,

도나

마음이 통할 때의 편안함

러스틴의 어머니는 치매를 앓으면서 2004년 후반에 돌아가실 때까지 4년간 우리와 함께 살았다. 이하는 반려종에 관한 두 가지의 이야기다. 하나는 캐런 맥 날리 앞으로 쓴 것인데, 캐런은 캘리포니아 대학 산타크루스의 동료이고 지구과 학 전공이다. 1997년에 당시 두 살 된 롤런드를 우리에게 준 사람도 캐런이다. 두 번째 이야기는 어질리티 친구들 앞으로 쓴 것이다.

2002년 3월 26일

캐런에게,

오늘 아침 롤런드의 모습은 마음을 부드럽게 녹이는 것이었습니다. 나는 부엌 싱크대 앞에서 우연히 곁눈질로 보고 있었는데, 롤런드는 러스틴의 어머 니 캐서린이 2층에서 계단을 내려오는 낌새를 알아차리고서 계단 밑까지 살 짝 이동해서 거기 앉았습니다. 캐서린은 여느 때와 마찬가지로 등은 폈지만 비틀거리는 걸음걸이로 내려왔는데, 롤런드는 기분이 좋은 듯이 귀를 뒤로 늘어뜨린 모습으로 몸가짐을 침착하게 하고 나풀나풀한 꼬리를 앞뒤로 흔들 면서 기다리고 있습니다. 일 층과 이 층 사이의 문에서 나온 캐서린은 롤런드 와 다정하게 시선을 교환하고 잠시 동안 서로 평온하게 바라본 다음 천천히 난간을 붙잡고 남은 몇 계단을 마저 내려왔습니다. 아래까지 내려온 캐서린 이 손으로 부드럽게 얼굴을 쓰다듬어 줄 때까지 롤런드는 매우 침착한 표정 으로 기다렸고, 그녀가 잠시 얼굴 여기저기를 어루만져 주는 동안에도 그 부 드러운 표정으로 가만히 앉아 있는 모습에 나도 모르게 눈물을 흘리고 말았 습니다. 그러고는 캐서린은 롤런드의 곁을 지나, 기름기 도는 향기로운 커피 가 가득 담긴 이탈리아산 도자기 커피잔을 내미는 나에게 아침 인사를 건넸습니다. 과연 반려종입니다.

도나

2004년 10월 27일

어질리티 동료 여러분,

러스틴의 어머니 캐서린은 가끔 분노를 폭발시키고 편집증 증세를 보이는데, 대개는 돈에 관한 것입니다. 캐서린의 기억은 끊어졌다 이어졌다 해서 때때로 자신에게는 전적으로 현실로 느껴지지만 실제 현실 세계에서는 전혀 일어나지 않았던 경험을 이야기하기도 하고, 남은 기억을 서로 이어서 실제와는 다른 연속성을 만들어냅니다. 그렇지만 캐서린의 입장에서는 이런 경험들이 현실적이기 짝이 없고 어린 시절 이후의 소중한 기억들보다도 더 선명할 수 있습니다. 이런 초현실적인 경험 중에는 멋진 경험도 있습니다. 예를 들면 알래스카 장기 여행 같은 것들인데, 전혀 일어나지 않았던 일들을 자세히 담아 이야기합니다. 어떤 때는 그날 막 개봉한 영화를 이전에 봤다고 우기고, 영화 보러 함께 간 사람들 이야기까지 자세히 해 주기도 합니다. 그런데 그렇지 않을 때 캐서린이 만들어 내는 기억은 난폭하고 주위에 상처를 주기도 하고 통제되지 않고, 다른 사람에게 속았다거나 상처받았다고 생각되는 자기 자신에 대한 두려움으로 가득 찬 것들입니다. 어제도 러스틴이 자기에게 거짓말쟁이라고 했다면서 소리를 쳤는데, 러스틴은 도발에 응하지 않고 테니스를 치러 가버렸습니다. 러스틴은 "현실" 세계의 반복되는 설명의 고리(이 경우의 이야기는 러스틴이 지금까지 이미 몇 차례나 캐서린에게 반복해서 해준 적이 있는 치과의사의 청구서에 관한 설명)에 갇히면 캐서린이 점점 더 불안해질 뿐이라는 것을 잘 알고 있었습니다. 러스틴은 어떤 일이 일어나도 믿을 수 없을 정도로 차분합니다. 늙고 도움이 필요한 부모를 모시는 건 간단한 일이 아닙니다.

러스틴이 테니스 치러 나간 후 캐서린은 잠시 조용했지만, 이번에는 흐느껴 울면서 거의 히스테리 상태로 계단 아래로 내려와서 러스틴에게 자신이 뭔가 가혹한 말을 했는데 그게 뭔지를 모르겠다는 겁니다. 캐서린을 달래는 데 오래 걸렸습니다. 껴안고 몸을 천천히 흔들면서 가혹한 말은 아무것도 없었고, 설사 했다고 하더라도 때로는 말한 것을 잊거나 분노에 사로잡힐 권리는 누구에게나 다 있는 거라고 이야기해 주었습니다. 그리고 캐서린이 늘 하는 일들의 긍정적인 측면들, 그리고 러스틴과 제가 얼마만큼 캐서린을 필요로 하는지, 캐서린이 우리와 함께 살고 싶다고 해서 얼마나 기뻤는지를 계속해서 이야기했습니다. 그것은 진실입니다. 진실의 전부는 아니지만 말입니다. 어쨌든 진실의 전부가 필요할까요? 캐서린은 다시 안정을 찾았고 몇 차례나 껴안은 후에 설거지를 하러 돌아갔고 설거지를 하면서 조금 평온을 찾은 것 같았습니다.

그러나 특기할 만한 것은 캐서린과 제가 무엇을 하고 있었는지가 아니라, 캐서린이 죄책감, 수치심, 그리고 곤혹스러움 때문에 소리치고 평온과 안도를 간절히 바라고 있는 동안에도 그녀와 개들이 무엇을 하고 있었는지입니다. 캐서린은 소파에 걸터앉고, 저는 무릎을 꿇은 자세로 손을 캐서린의 무릎에 올려놓고 몇 번이나 캐서린을 껴안아 주었습니다. 카옌은 저와 캐서린 사이에 비집고 들어와서 (카옌은 캐서린에게 거부당한 적이 없습니다) 캐서린의 무릎에 가만히 올라와서 머리를 캐서린의 가슴에 밀어붙입니다. 그리고 머리를 기울여 그녀의 얼굴을 쳐다보고, 기회 있을 때마다 얼굴을 핥고는 다시 캐서린의 가슴에 머리를 밀어붙입니다. 캐서린의 무릎 위는 양보 불가능한 카옌의 절대적인 자리입니다. 캐서린이 안정될 때까지 카옌은 움직이려고 하지 않습니다. 그러는 동안에 롤런드는 자신의 머리를 저와 캐서린 무릎 사이에 집어넣고 저의 손과 나란히 자신의 머리를 캐서린의 무릎에 올려놓고 체중 전체를 실어 캐서린에게 기댑니다. 롤런드도 캐서린이 안정을 되찾을 때까지 떠나지 않습니다. 그 사이 내내 캐서린은 개들이 몸을 쓰다듬고 있었습니다. 한 번은 이쪽 개, 한 번은 저쪽 개. 캐서린은 자신이 무엇을 하고 있는지를 의식하지 못했지만 캐서린과 롤런드와 카옌이 서로를 어루만지는 위안의 힘은 놀라운 것이고, 마지막에 가서는 개들이 캐서린을 웃게도 했습니다. 평온을 줄 뿐만 아니라 자신들의 평온을 구하기도 하면서 말입니다. 이날 오후의 이 웃음 이후로 캐서린은 슬픔과 상실감을 잊어 갔습니다.

개의 세계로부터,

도나

접촉지대에서의 훈련

어질리티 스포츠에서 권력, 놀이, 그리고 발명

개는 나의 부지를 풍부하게 해순다.

— 이언 베데, 「개와 산책하기」, 『수지 맞추기』

주의를 기울이기

로디지안 리지백 품종인 빈센트는 어질리티 견이 아니었다. 빈센트는 개를 매우 좋아하는 뉴질랜드(마오리어로 아오테아로아) 작가, 이언 베데가 산책이나 달리기를 할 때 함께하는 반려였다. 베데와 빈센트는 발이 빠른 목양견 카옌과 함께하는 어질리티 스포츠에 관해서 나에게 많은 것을 가르쳐 주었다. 카옌은 언제나 나의 무지를 풍부하게 해준다. 카옌과 함께 경기를 하고 있으면 인간과 개의 모순적이고 근대적인 관계를 이해하는 데 도움이 된다. 상대방과 기량을 겨루는 스포츠에서 높은 수준의 성과를 내기 위한 훈련. 함께 훈련한다는 것, 그것도 추상적인 인간Man과 동물Animal이 아니라 특정한 여성과 특정한 개가 함께 훈련한다는 것은 권력, 지식과 기술, 그리고 도덕에 관한 질문들로 가득 찬 접촉지대에서, 역사적으로 위치된 복수종이 주체를 만들어내는 조우이다. 그리고 그것은 일인 동시에 놀이인 종-횡단적 공동 발명을 위한 기회이기도 하다. 카옌과 함께 이 장을 쓴다는 것은 문학적 거드름에서 하는 말이 아니라 노동조건이다. 내가 캘리포니아 대학의 연구원인 것과 마찬가지로 카옌도 법적으로 캘리포니아 대학의 연구견이다. 산타크루스의 의식사 과정 연구실을 함께 차지하려면 이 지위가 필요하다. 나는 당초에 카옌을 위해 이 지위를 구한 것이 아니라 그냥 직장에서도 나의 반려로 함께 있고 싶었을 뿐이었다. 그러나 이 대학에서는 단지 친구일 뿐인 개는 금지되어 있었다. 그 이유가 좀 애매했는데, 삼십여 년 전 이 대학의 오래된 헛간 부근에서 개가 당나귀를 죽인 일과 모종의 관계가 있는 것 같다. 그러나 실제로는 세상의 일들을 처리하는 관료들의 놀랄 만한 문제해결 전략과 관계가 있을 것이다. 만약 어떤 개인들(감시받지 않은 개들과 영문을 모르는 인간들)을 연루시켜야 하는 귀찮은 사태가 일어나는 경우, 그들은 그 문제를 풀기(캠퍼스 전체의 재교육?)보다는 그 집단에 속하는 모든 구성원을 금지하는 방식을 취한다. 물론 실제로 금지는 인간이 아니라 개들만 당했다. 하지만 이 문제를 검토하는 것은 다른 기회로 미루겠다. 훈련을 통한 카옌과 나 사이의 물질-기호론적 교환이 이 장의 주제이고, 이것은 한쪽만의 문제가 아니다. 캠퍼스의 동물관리 책임자는 카옌을 지적 노동자로 인정해 주었다. 꼼꼼한 기질 테스트(카옌에게 실시된 테스트. 나의 충동 제어능력은 카옌보다 취약하지만 나는 테스트를 면제받았다)와 우리 둘이 질서를 잘 지킬지를 확인하는 실제 면접을 실시한 후, 카옌과 같이 있어도 된다는 허가 서류를 작성해 주었는데, 거기에는 "연구"라는 항목에 체크가 되어 있다.

인간의 목적을 위해 동물이 종속되는 것을 걱정하는 많은 비판적인 사상가들은 감각을 가진 다른 유기체들이 가축화된 것은 역사적인 불행이고 시간이 지남에 따라 사태는 더 나빠지기만 한다고 생각하는 것 같다. 사람들은 자신들만이 유일한 행위자이고, 다른 동물은 단지 원재료나 도구적 지위를 가진 존재로 폄하한다. 이런 분석에 따르면, 동물의 가축화는 자연으로부터 인간을 분리한 일종의 원죄이다. 그 결과 초국가적 공장식 식육산업 단지 같은 잔학 행위가 생겼고 끝없는 상품 문화 속에서 반려동물은 응석을 부리지만 자유가 없는 패션 액세서리에 불과한 경박한 자가 된다. 혹은, 패션 액세서리는 아니더라도 무조건적인 사랑을 대량 생산하는 살아있는 엔진, 요컨대 감정 노예로 받아들여지고 있다. 하나의 생명체가 다른 생명체의 목적을 위한 수단이 되고, 도구를 사용할 권리를 동물이 "그것" 스스로는 결코 갖지 않지만 인간 자신들은 가지고 있다고 믿는다. 하지만 누구나, 다른 누군가가 무언가일 때만 누군가일 수 있다. 동물이라는 것은 정확히 인간이 아니라는 것이고 그 반대도 마찬가지다.

이 문제는 주요 참고 도서나 신문 등의 편집 방침에서, 문법적으로 드러난다. 동물에게는 *who*와 같은 인칭대명사는 허용되지 않고, *which*, *that*, 혹은 *it*으로 지시되어야 한다. 다만 현대의 문법 참고서에서는 예외를 인정하는 경우가 있는데 특정 동물에 대해 그 이름과 성별을 알고 있는 경우, 인칭대명사로 지시되는 영예를 안을 수도 있다. 이런 경우, 그 동물은 성별화되고 이름이 붙은 덕분에 일종의 2등 인간이 된다.[1] 이처럼 반려동물들은 인격화되고 친밀하게 됨으로써 신문에서 이름을 가질 수 있게 된다. 그러나 그들은 자신의 권리에 의해 누군가가 될 수 있는 것이 아니고, 인간 개인이나 가족과의 친교에 의해서 그런 것은 더욱 아니다. 이런 틀에서는 인간의 지배로 인한 종속을 모면한 종래의 서구적인 의미에서의 야생 동물만이 자기 자신으로 있을 수 있다. 즉 야생 동물만이 누군가일 수 있고 수단이 아닌 목적이 될 수 있다. 이런 입장은 (서구적인) 인간과 유사한 섹슈얼리티와 친족관계에 가장 잘 편입되어 있는 동물들에게만 파생적인 인격을 부여하는 문법 참고서의 기술과는 정반대이다.

가축화에 관한 다른 사고방식들도 있는데, 그것은 과거와 현재의 잔학행위에 대처하고 복수종 특유의 사회성 속에서 사는 더 나은 방식을 육성하기 위해 역사적으로 더 정확할 뿐만 아니라 더 강력하다.[2] 이 장에서는 밀도 높은 복잡한 직물 속에 있는 몇 가닥의 실을 추적함으로써 국제적인 경기 스포츠에서 훌륭한 성적을 남기려고 노력하는 인간과 개의 사례에 관해 검토한다. 이 사례는 상당한 시간과 돈을 경기에 쏟아 넣을 여유가 있는 글로벌화된 중산 계급의 소비문화의 일이기도 하다. 함께 훈련한다는 것은 참가자들을 도구적 관계와 권력 구조의 복잡함 속으로 집어넣는다. 어떻게 이런 관계 속에 있는 개와 인간이 가축화에 관한 우리의 생각과 실천 과정의 재형성을 요구하는 방법들에서 서로에게 수단이 되고 목적이 될 수 있을까?

벨기에의 철학자이자 심리학자이기도 한 뱅시안 데프레는 가축화를 재정의하고, 역사적 상황에 놓인 상호관계성 속에서 동물과 인간 쌍방을 구축하는 "인간–동물–생성실천"anthropo-zoo-genetic practice이라는 개념을 소개한다. 데프레는 서로에게 신체를 절합articulate하는 것은 언제나 집합적인 삶의 정치적 문제라는 점을 강조하면서, 동물과 인간 쌍방이 서로에게 더 관심을 두게 되고, 더 꾸밈없이 놀랄 수 있게 되고, 더 현명하고, 더 "정중하고", 더 창의적인 존재가 되는 방식으로 서로를 이용할 수 있게 되고, 호흡을 맞출 수 있게 되는 실천들에 관해서 탐구한다. 데프레가 탐구하는 종류의 "가축화"는 새로운 정체성들을 추가한다. 파트너들은 서로 "촉발되기"를 배운다. 그들은 "사건에 이용할 수 있게" 된다. 그들은 "곤혹을 감추지 않는" 관계성에 관여한다.[3] 이런 상황에 필요한 인칭대명사 *who*는, 그 대상이 사람이건 동물이건 간에 파생적, 서구적, 민족 중심적, 인간 중심적인 개성과는 무관하고, 오히려 중요한 타자들 또는 내가 다른 곳에서 반려종, 즉 함께 테이블에 앉아 빵을 나누는 식사 동료, '쿰 파니스'라고 부른 것들 사이의 진지한 관계성에 특유한 물음과 관계가 있다.[4] 여기서 동물과 인간 사이에서 교환되는 물음은 이런 것이다. 당신은 누구who입니까? 그러므로 우리는 누구who입니까?

훈련이라고 부르는 공-구성적인 관계에서 *who*는 관계대명사가 아니라 의문대명사이다. 모든 당사자들은 무언가 흥미로운 일이나 새로운 일이 일어날지에 관해 물음을 던지고 물음을 받는다. 게다가 *who*는 공동으로 형성되는 적극적인 관계를 통해 만들어지는 파트너들을 말하는 것이지, 서로 얽히고 함께 되기 전부터 경계와 본성이 정해져 있는 소유욕 강한 인간이나 동물 개체를 말하지 않는다. 개와 인간은 자신들이 함께 되는 누구와 무엇을 바꾸는 방식으로 어떻게 서로에게 주의를 기울이게 되는 것일까?[5] 나는 이 문제에 일반론으로 답하지 않고 카옌과 내가 조촐한 자격증을 받을 정도까지 어질리티 경기를 할 수 있게 된 과정을 정리하는 것으로 답하고자 한다. 덧붙이면 이 상급 어질리티 견 타이틀을 받기까지는 수년간에 걸친 수천 시간의 웃음, 눈물, 노력 그리고 놀이가 필요했다. 우승이 우리를 비켜갈지라도 카옌은 언제나 나의 무지를 풍부하게 해 준다.

경기는 진행 중이다

어질리티는 어떤 스포츠일까?[6] 넓이가 900제곱미터 정도 되는 정사각형 모양의 잔디밭이나 흙이 덮인 승마장을 상상해 보기 바란다. 심판의 계획에 따라 15~20개 정도의 여러 가지 모양의 장애물이 그 안에 놓인다. 장애물의 배치 방식과 패턴의 난이도는 초급에서 상급까지 경기 수준에 따라 다양하다. 장애물에는 싱글, 더블, 트리플 바 점프, 패널 점프, 브로드 점프, 여러 가지 길이의 개방형 및 폐쇄형 터널, 일렬로 세워진 6~12개의 폴을 지그재그로 누비듯이 달리는 위브폴, 정지 테이블, 그리고 시소, A자 프레임(높이는 1.65미터에서 1.95미터 사이인데 단체에 따라 다르다), 두 그 위크르로 분리는 접촉 장애물이 있다. 마기막에 열기된 장애물들은 오르내리는 끝부분의 색칠된 영역에 최소한 발톱은 접촉해야 하기 때문에 접촉 장애물이라 부른다. 개가 접촉지대를 뛰어넘어 버리면, "통과 실패"로 판정을 받고 높은 벌점이 부과될 수 있다. 점프 높이는 개의 어깨, 즉 기갑[등의 두 견갑골 사이의 융기]의 높이에 의해 정해진다. 점프 패턴의 많은 부분이 말의 도약 경기에서 유래했고 실제로 개 어질리티 스포츠는 상당 부분 말 경기에서 나왔다.

인간 핸들러는 개와 인간이 실제로 달리기 전 10분에서 15분 정도 코스를 미리 걸어볼 수 있다. 그렇지만 개는 사전에 코스를 전혀 볼 수 없다. 장애물의 순서를 숙지하고 인간과 개가 빠르고 정확하게 그리고 무난하게 코스를 빠져나갈 계획을 세울 책임은 인간에게 있다. 개가 점프하고 장애물을 통과해 나가는 동안 인간은 개에게 정확한 위치에서 알맞은 타이밍에 정확한 정보를 전달해야 한다. 상급 코스에는 지시 타이밍이 정확하지 않거나 잘못된 정보 때문에 걸려들 수 있는 장애물 함정이 많이 배치되어 있다. 그러나 초급 코스에서는 코스를 정확하고 안전하게 빠져나가는 기본 지식이 시험되고 특별한 기술이 필요하지는 않다. 잘 훈련된 팀의 경우, 인간과 개 모두 자신이 무엇을 해야 하는지를 잘 알고 있다. 지식이 풍부한 관찰자라면 코스에서 생기는 잘못 중 압도적 다수가 인간의 핸들링 실수로 생긴다는 점을 간파할 수 있다. 나쁜 타이밍, 과한 지시, 주의 부족, 애매한 지시, 지시 내리기에 부적절한 위치, 개의 눈에 코스가 어떻게 보일 것인가에 관한 이해 부족, 사전에 해야 할 기본 훈련 부족들이 잘못을 유발한다. 이런 참사라면 내가 너무나 많이 경험했기 때문에 잘 안다. 높은 등급에 합격하려면 규정 시간 내에 완벽한 점수로 코스를 완료해야 한다. 모든 팀은 정확함과 스피드로 평가되고 1백분의 1초 단위의 시간 차가 문제가 된다. 그래서 낭비 없는 방향 바꿈이나 효율적인 경로 선택이 중요하다.

어질리티는 1978년 영국 크러프츠Crufts에서 개최된 도그 쇼에서 시작되었는데, 당시 시합에 출장한 작업견의 훈련사였던 피터 민웰Peter Meanwell은 고급 도그 쇼를 보러 온 손님들이 본 경기를 기다리는 동안 즐길 수 있도록 개 점프 이벤트를 기획해 달라는 의뢰를 받았다. 어질리티는 1979년, 정규 경기 이벤트로 크러프츠에 돌아왔다. 1983년경부터 어질리티는 영국, 네덜란드, 벨기에, 스웨덴, 노르웨이, 프랑스 등으로 확산되었고, 그 이후 유럽뿐만 아니라 북아메리카, 아시아, 오스트레일리아, 뉴질랜드, 라틴아메리카에서도 경기가 개최되고 있다. 〈미국 어질리티 협회〉가 1986년에 설립되었고, 이후 미국과 캐나다에서 몇 개의 관련 단체가 만들어졌다. 2000년에는 〈국제 개 스포츠 연맹〉(이하 IFCS)이 러시아와 우크라이나 주도로 설립되었고, 이 IFCS는 많은 나라의 개 스포츠 단체를 한데 모으는 방식으로 국제 대회를 개최한다.[7] 최초의 IFCS 세계대회는 2002년에 열렸다.[8] 어질리티 경기의 출전자 수는 폭발적으로 늘었고 수천 명이나 되는 사람들이 단체마다 조금씩 다른 규칙으로 개최되는 경기에 참가하고 있다.

워크숍, 훈련 캠프, 세미나 등도 많이 열린다. 경기자로 성공한 사람 중에는 어질리티를 가르치는 일을 시작한 사람들도 있었는데, 그것으로 생계를 꾸릴 수 있는 사람은 소수였다. 캘리포니아는 어질리티가 특별히 활발한 지역 중 하나이다. 이 주에서는 일 년 내내 주말만 되면 이곳저곳에서 어질리티 대회가 개최되고 대회마다 200~300쌍 정도의 개와 사람들이 경합한다. 내가 알고 있는 개와 인간 팀 대부분은 주 1회 정도로 정식 훈련을 받고 비공식 훈련은 항상 하고 있다. 내가 정확히 비용을 기록 해봤던 해가 있는데, 훈련, 이동, 그리고 시합 참가비 등의 합계가 1년에 약 4천 달러 정도였다. 이는 많은 사람들이 스포츠에 들이는 금액보다는 상당히 적은 액수이다. 미국의 어질리티 경기 참가자는 수적으로는 대략 40~60대의 백인 여성이 많다. 그러나 참가자의 피부색, 성별 등은 다양하고 연령도 10대 초반에서 70대까지 다양하다. 내 경험으로 보면, 참가자 중에는 자신의 취미에 비용을 지불할 수 있는 전문직에 종사하는 사람들이 많고, 아니면 이미 일에서 은퇴했지만 자유롭게 쓸 수 있는 돈이 어느 정도 있는 사람들이 대부분이었다. 그렇지만 또 한편으로는 돈을 거의 벌지 못하는 사람이나 중노동을 하는 계층 사람들이 경기에 참가하는 경우도 꽤 있었다.[9]

경기에는 다양한 견종과 잡종견이 참가하지만, 키 높이 별로 나뉜 각 등급에서 상위에 입상하는 것은 보더콜리, 오스트레일리언 셰퍼드, 셰틀랜드 쉽독, 파슨 잭 러셀 테리어 등이다. 동기부여가 잘 되어 있고 집중력 있고 운동능력도 높은 개와 적극적인 데다가 침착하고 운동감각도 뛰어난 인간으로 짜인 팀이 좋은 성적을 거두는 경향이 있고, 어질리티 뉴스에도 많이 등장한다. 그러나 어질리티는 아마추어들의 스포츠이다. 진지한 의지로 훈련을 거듭하고 개의 요구가 무엇보다 우선한다는 점을 인정하고 유머 감각을 갖고 기꺼이 유쾌한 실수를 할 수있는, 그러니까 실수를 유쾌한 것으로 받아들이는 마음가짐으로 플레이를 한다면 대부분의 팀은 경기를 즐기면서 달리기도 합격할 수 있고 입상도 할 수 있다.

어질리티에서 사용되고 있는 훈련법은 주로 긍정 강화 훈련법인데, 이것은 행동주의가 주창하는 조작적 조건화*의 일종이다. 다른 방법을 사용한다면 누구라도 비난받는 가십거리가 될 수 있다. 개를 거칠게 벌주지 못하도록 언제나 코스를 감시하고 있는 심판의 눈을 용케 피해 퇴장은 당하지 않는다 하더라도 말이다. 개들도 주변의 인간이나 다른 개에게 거칠게 굴면, 자유는 거의 없다! 캐런프라이어는 1963년에 하와이의 해양생물공원에서 해양포유류 훈련을 시작했다. 프라이어는 아마추어 및 프로 개 훈련 커뮤니티뿐만 아니라 많은 인간-동물 커뮤니티에 긍정 강화 훈련법을 전해 온 중요 인물이다. 과학과 실천적인 시범을 섞은 프라이어의 방법은 큰 충격을 주었다.[10] 그렇다면 긍정 강화 훈련이란 어떤 것일까?

간단히 말하자면, 긍정 강화 훈련법이란 표준적인 행동주의 접근법인데, 이방법은 행위behavior라고 부르는 바람직한 행동action을 표시하고, 효과적인 타이밍으로 행동 중인 동물에게 적절한 상을 줌으로써 차이를 만들게 한다. 긍정강화를 하는 것이다. 행동주의에서 강화는, 그것이 무엇이든 어떤 행동과 함께 일어나고 그것에 의해 그 행동이 일어날 확률에 변화가 생길 경향이 있는 무엇으로정의된다. "행동과 함께"라는 부분이 중요하다. 타이밍이 전부이다. 훈련을 통해정보를 주고받기에는 내일이면, 혹은 대상이 되는 행동의 5초 후라 하더라도 너무 늦다. 행동은 세상 속에서 발견되기 위해 그냥 기다리고 있는 것이 아니라 동물심리학의 역사를 통틀어 인간, 유기체, 그리고 장치를 비롯한 내부-작용적인일련의 행위자들에 의해 종합되는 창의적인 구축물이고 생성적인 사실-픽션이

---

* operant conditioning. 어떤 반응에 대해 선택적으로 보상함으로써 그 반응이 일어날 확률을 증가 혹은 감소시키는 방법.

다. 시간 속에서 이동하는 신체의 흐름으로부터 세세한 부분이 다듬어지고 더해져서 다른 패턴의 움직임이 만들어진다. 행동은 연구실에서 어질리티 훈련 시간으로 이동하는 자연-기술의 실체이다.

동물이 뭔가 바람직하지 않은 행위를 할 때는 무시할 것. 그렇게 하면 그 행동은 강화되지 않기 때문에 저절로 "소멸한다"(이는 그 바람직하지 않은 행동이 동물에게 뭔가 좋은 것이 없는 한 그렇다는 것인데…, 행운이 함께하기를!). 그리고 상대가 무엇을 하고 있는지 서로 알아차릴 수 없고 적절한 사회적 인지를 해줄 수 없는 경우 그 행동은 개와 사람 모두에게 강력한 부정적 강화를 일으킬 수 있다. 아마 "타임아웃"과 같은 온건한 부정적 강화는 미국의 어질리티 훈련이나 인간의 학교 등에서 흔히 볼 수 있을 것이다. 내가 경험했거나 들은 한, 어질리티에서 제지, 강압, 그리고 처벌 ─ 예를 들면, 귀를 잡아당기는 행위와 같은 ─ 은 어떤 경우에도 결코 해서는 안 되는 짓이다. 심히 초조하거나 소통이 잘 안되고 냉정함을 잃을 때 나오는 "안돼!"no라는 강한 부정의 말도 엄격히 제한되고 있다. 이런 말은 훈련에는 사용하지 않고 위험할 때나 긴급사태용으로 남겨두어야 한다. 나처럼 포부는 있지만 미숙한 재야 훈련사의 경우는 강한 부정적 강화나 벌의 사용은 불필요할 뿐만 아니라 어리석은 짓에 불과하다. 잘못된 대응은 효과보다 해가 더 많기 때문이다. 긴장으로 경직된 소극적인 인간 앞에서는 개가 꼼짝도 하지 않는다. 잘 달리기 위해 개가 어떤 흥미로운 준비도 하지 못하고 주저하는 모습을 보기만 해도 그것을 알 수 있다. 긍정적 강화가 적절히 시행되면, 즐거운 예감 혹은 세계가 얼마나 흥미로울 수 있는지를 시험해 볼 자발적인 창의적 제안이 잇달아 유발된다. 한편, 부적절한 방식으로 긍정적 강화가 시행되면 리버 쿠키나 씹는 장난감의 재고가 바닥나고 행동과학에 대한 대중적 신뢰도 흔들리게 된다.[11]

악마는 물론 디테일에 있다. 약간 자세하게 되겠지만 구체적인 예를 들어 보겠다.

· 자신이 표시하고 있다고 생각하는 대상을 표시하는 적당한 방법(예를 들면,

크리켓으로 딸깍 소리를 내거나, 다소 정확함이 떨어지긴 하지만 "예스!"라고 말을 한다든지 해서)을 익힐 것.

- 타이밍(즉, 표시를 한 후 얼마 내에 상을 주어야 하는지를 알고 그 시간 내에 상을 줄 것. 그렇지 않으면 개는 상을 받기 직전의 일이 상을 받은 이유라고 생각한다.)

- 개(와 인간)가 긍정적 강화의 대상이 될 수 있는 흥미 있는 행위를 할 수 있는 방식으로 작업과 놀이를 할 것(미끼로 유인하는 행위는 새로운 뭔가를 훈련하는 초기에는 도움이 되지만, 그것으로는 강화되지 않고 금방 훈련에 방해가 된다).

- 훈련하는 상대에게 무엇이 정말 상이 되고 흥미의 대상이 되는지에 관해서 알아 둘 것.

- 눈앞에서 무슨 일이 실제로 일어났는지를 정확히 볼 것.

- 훈련 상대가 실제로 무엇에 주목하고 있는지를 알 것.

- 복잡한 패턴인 경우, 표시해서 상을 줄 수 있는 기술적인 작은 행동들로 분해할 것.

- 행동들을 연결하여 어떤 유익한 행동 연쇄가 되도록 하는 방법을 알아둘 것.

- 행동 연쇄의 마지막 부분에서 첫 부분으로 되돌아가는 행동 연쇄(역연쇄)를 가르치는 방법을 알아 둘 것. 개가 이미 알고 있는 행동 연쇄의 일부를 그 직전 행동의 상으로 사용하는 것도 방법이다.

- 몇 회 정도 반복하는 것이 교육적이고 효과가 있는지, 몇 회 정도 반복하면 스트레스나 지루함으로 그 이상의 효과를 바랄 수 없게 되는지 알아 둘 것.

- 최종 목적 행동에 근접한 것을 인정하고 상을 줄 수 있도록 할 것(좌로 돌기, 우로 돌기를 가르칠 거라면, 원하는 방향으로 자발적으로 눈을 돌릴 때 그것을 표시해 주고 포상하는 것으로 시작할 것. 재촉하지 말 것. 그렇지만 너무 천천히 가면 당신의 개는 늙어 죽든지 지루해 죽을 것이다.)

- 만약 뭔가가 잘 안될 때 어느 시점에 어떻게 중단하면 좋을지를 알아 둘 것.

- 고난도의 훈련이 잘 안될 때, 어떻게 그리고 어느 시점에 낮은 난이도 혹은 훈

련 대상이 이미 잘 알고 있는 훈련으로 돌아가면 좋을지를 알아 둘 것.

- 특정의 과제에 관해서, 기분이 좋고 나쁨에 관계없이 상상하지 말고 바른 응답이 얻어지는 실제 빈도를 정확히 기록해 둘 것.
- 훈련 상황이 훈련 대상에게 즐겁다고, 즉 재미있다고 인식할 수 있도록 할 것.
- 개, 인간 그리고 팀이, "행동"을 해야 할 가능성이 있는 모든 상황에 대해 무엇을 어떻게 하면 되는지를 실제로 이해하고 있는지 여부를 평가해 둘 것(막상 어질리티 시합에 임하면, 필요한 변수가 훈련되어 있지 않은 채로 있을 가능성은 의외로 크다. 자신의 역할을 알고 있는 혹은 그렇다고 생각되는 개가 어떤 변수 때문에 장애물을 날려버리고 말았는가? 어떤 변수 때문에 인간이 상황을 읽을 수 없게 되어버렸는가? 훈련으로 돌아가는 방법밖에 없다).
- 개나 기구에 발이 걸려 넘어지지 않도록 할 것.
- 유인하기 위한 미끼 혹은 상과, 아무 낌새도 못 채고 있는 개의 머리에 부딪혀 버린 미숙한 핸들러가 던진 로프와의 차이를 이해해 둘 것.
- 연습장의 여기저기에 간식이나 클릭커가 떨어져 있지 않도록 할 것.
- 모든 것이 실패로 끝날 것 같을 때, 자신이나 파트너에 대해서 어떻게 상을 주면 좋을지를 생각해 둘 것.

인간은 자신의 파트너가 자신과는 다른 종의 성숙한(혹은 미성숙한) 개체이고, 그렇기 때문에 그 종 특유의 관심 대상이나 그 개체 특유의 습관을 지니고 있다는 점, 그리고 『야생의 부름』*에 등장하는 개처럼 모피를 걸친 어린이가 아니며, 인간의 지향이나 판타지의 연장이 아니란 점을 이해하는 것은 분명히 중요하다. 이것을 이해하지 못하는 사람들은 슬플 정도로 많다. 함께 훈련한다는 것 자체는 매우 평범한prosaic 작업이지만 이런 이유로 다른 생물 종 멤버와 함께 훈련하면 너무나 흥미롭고, 힘들고, 상황에 놓인 차이로 가득 차고, 감동적이다.[12] 어질리티 수업이나 경기의 여러 가지를 메모한 나의 필드 노트에는 여태까지 경험한

---

* Call of the Wild. 험난한 삶 속에서 야생의 본성을 되찾는 한 동물의 생명력을 그린 잭 런던(Jack London)의 소설.

적이 없었던 방식으로 자신과 자신의 반려, 인간과 개를 이해할 수 있게 되었다는 어질리티 동료들이 자주 하는 이야기들이 기록되어 있다. 중년 이상의 여성이 다른 종의 멤버와 기량을 겨루는 새로운 경쟁적 스포츠를 배우고 진지하게 경기를 하면, 권력, 지위, 실패, 기술, 달성, 수치, 위험, 부상, 컨트롤, 반려 관계, 신체, 기억, 기쁨 그리고 그 밖의 여러 가지에 관한 강렬하고 생각지도 않았던 감정이나 지금까지의 사고를 깨뜨리는 발상이 환기되는 것 같다. 이 경기를 즐기는 남성들은 거의 예외 없이 현저한 소수자이고, 그들도 그것을 느끼고 있는 것 같다. 당연하게 받아들여지는 것처럼 보이는 (그렇지만 경험적으로는 반드시 그런 것도 아닌) 인종, 섹슈얼리티, 그리고 계급이라는 배경에 대해서 젠더, 연령, 그리고 종의 주체-변화의 접합을 피하는 것은 상당히 어렵다.[13]

매번의 훈련 날, 인간은 그날이 시작될 때는 알지 못하던 자신의 파트너, 자신, 그리고 세계에 관한 무언가를 하루를 마무리할 때는 실제로 알아야만 한다. 악마는 디테일에 있다. 그리고 신 또한 디테일에 있다. 『바크』지의 표지에 "개는 나의 부-조종사"라고 쓰여 있는데 이는 어질리티 동료들에게 보내는 이메일에서 내가 항상 주문처럼 외치고 있는 모토이다. 내 경험으로는 인생에서 지식이나 태도에 관해 이렇게 높고 할 만한 가치가 있는 표준을 설정한 일은 거의 없었던 것 같다. 결국은 개도 배우기를 배우는 데 놀랄 만큼 능숙하게 되고 우수한 과학자의 최고의 의무를 다하게 된다. 개가 논문을 짊어지고 온다.

접촉지대

길 위의 피

2003년 8월 26일

친구 여러분,

카옌이 일요일에 〈미국 어질리티 협회〉로부터 상급 어질리티 견 타이틀을 받았습니다. 그래서 우리는 지금 마스터스 링에서 달립니다! 카옌은 타의 추종을 불허하는 빠르기로 1등 타이틀을 획득했습니다. 너무나 대견스럽습니다. 우리는 스티플체이스의 예선에서도 빠르고 정확하게 달렸습니다. 그리고 전미 챔피언이 된 적도 있는 37마리의 훌륭한 개들과 다른 마스터스나 상급의 22인치 클래스 개들도 달리는 가운데 낭낭히 8위에 입상했습니다. 상위 10개 조가 최종 시합에 나가게 됩니다.

그런데 우리는 최종 시합에서 실패하고 말았습니다. 카옌이 저의 신호를 기다리지 않고 A자 프레임의 접촉 장애물에서 이탈해버렸을 때 제가 카옌을 코스에서 내보내 버렸기 때문입니다. 이처럼 몇 번이고 되풀이되는 실수를 훈련하기 위해 최근에는 이런 방법을 쓰고 있습니다. 그러나 달리기를 끝내기 전에 코스를 떠난다는 것은 정말 어려운 일이었습니다. 왜냐하면 우리에게는 입상 기회가 남아 있었고, 이날 이 시합은 특별히 볼 만한 행사였기 때문입니다. 그러나 우리는 코스를 떠났고 제 스승이나 조언자분들도 안심하셨을 거라고 생각합니다. 카옌에게 아무런 격려의 말도 건네지 않고, 과자도 주지 않고, 시선조차 보내지 않고 크레이트에 다시 넣어버리는 것은 힘든 일이었습니다. 링을 나와 크레이트로 가는 동안은 피가 얼어붙는 느낌이었습니다. 그리고 그 직후의 스누커 게임에서 A자 프레임의 접촉 장애물 3개를 완벽하게 통과할 수 있었고, 카옌은 스트링치즈를 상으로, 저는 잘했다는 자기 인식을 상으로 받았습니다. 카옌은 상기된 얼굴로 마치 개 썰매 경주처럼 저를 세차게 크레이트 쪽으로 끌고 갔습니다. 마주 보고 웃는 얼굴과 산더미 같은 간식을 받을 수 있을 거라고 생각했겠지요.

저는 이 경기를 통해 정직함에 관한 이러한 기본적인 사항들을 배우고 있습니다. 이런 것들은 어릴 때 (혹은 대학교수가 되기 전에) 배워 놓아야 했습니다. 그러나 기본을 소홀히 하면 어떤 결과가 기다리고 있는지에 관해 저는 한 번도 배운 적이 없었습니다. 저는 이 게임에서 인생의 어느 시기보다 허세를 부리지 않고 정직한 태도를 취하게 되었습니다. 마음이 긴장됩니다. 언제나 재미있는 것은 아니지만 말입니다. 한편, 카옌을 향한 저의 지대한 사랑은 제 신체가 더 깊이 있고 격조 있는 온화함을 담을 수 있는 더 큰 심장을 만들도록 요구했습니다. 아마도 그것이 저를 정직할 필요가 있도록 하는 것이겠지요. 아마도 이런 종류의 사랑이 실제로 일어나고 있는 모든 일을 어쩔 수 없이 직시하게 만드는 것인지도 모릅니다. 사랑하는 상대가 그것을 받을 만하기 때문입니다. 이것은 사람들이 그들의 개에게 돌리는 무조건적인 사랑과는 전혀 다릅니다. 기묘하고도 멋진 것입니다.

헬즈버그에서 축하하며,
도나

자, 그럼 다시 시소나 도그워크, 그리고 A자 프레임의 위쪽과 아래쪽 끝에 노란색으로 칠해져 있는 길이가 약 2피트쯤 되는 접촉지대로 돌아가자.[14] 그런 다음, 도그워크와 시소는 잊어버리자. 왜냐하면 카옌과 나는 그 지대들의 엄격함이 직관적으로 명백하다는 것을 알아보았기 때문이다. 그 이유는 여신만 안다. 그러나 적어도 내가 알고 있는 어떤 살인 미스터리는 A자 프레임을 죽음을 초래하는 도구로 채택하고 있다.[15] 나는 그 줄거리를 매우 잘 이해하고 있다. 카옌과 나는 이 접촉지대에서 하마터면 서로를 죽일 뻔했다. 문제는 단순했다. 우리는 서로를 이해하지 않았다. 우리는 소통하지 못했다. 아직 우리가 서로를 얽는 접촉지대를 가지고 있지 않던 것이다. 그 결과는 이러했다. 그녀는 어김없이 아래쪽 접촉지대를 건너뛰었는데, 노란색으로 칠해진 부분에 발가락조차 접촉하지 않고 코스의 다음 장소로 내달려버렸다. 하물며 내가 그녀에게 해제 명령(잘했어)으로 다음 코스 장애물로 향하는 것을 허가할 때까지 뒷발은 접촉지대 위에 있고 앞발은 땅에 붙이고 있지도 못했다. 나는 그녀가 무엇을 이해하지 못하는지 알아챌 수 없었고, 그녀는 나의 애매하고 끊임없이 변하는 시작 신호나 퍼포먼스 기준이 무엇을 의미하는지를 이해할 수 없었다. 앞뒤가 맞지 않은 나의 모습을 마주한 그녀는 마치 거기에 전류가 흐르기라도 하듯 그 영역을 우아하게 뛰어넘었다. 바로 그것이었다. 그것이 우리 둘을 밀어냈다. 그 후 우리는 다시 단결된 팀으로 결합했지만 예선 달리기는 쓰레기통에 들어가 버리게 되었다. 연습 때는 접촉지대에서 정확히 경기할 수 있었지만, 시합에 나가서는 비참하게 실패해 버렸다. 그리고 어질리티 훈련을 함께하고 있는 개와 인간이 경험하는 이 공통의 딜레마 속에서 결코 혼자가 아니었다. 노란색으로 칠해진 접촉지대는 카옌과 내가 힘과 지식 그리고 얽힘의 의미 있는 물질적인 세부 사항들을 가장 엄격하게 배운 장소이다.

사실, 내가 가까스로 기억해낸 것이지만, 카옌이 태어나기 7년 전에 나는 이미 나의 정치적 및 학구적 생활 속에서 시작하고 있던 식민과 탈식민 연구에서 접촉지대를 잘 알고 있었다. 『제국의 눈』에서 메리 프랫이 '접촉지대'contact zone라는 용어를 만들어냈다. 이 말의 근원이 된 것은 "언어학에서 사용되고 있던 '접촉어'contact language라는 용어인데, 이는 상호 안정된 소통이 필요한 서로 다른 원어민들 사이에서 발달한 즉석 언어이다. … 나는 식민지에서의 조우가 갖는 상호 작용적이고 즉흥적인 언어의 차원들을 전면에 내세우려고 한다. 그것은 전파주의자가 쓴 정복과 지배의 기록에 의해 너무나도 쉽게 무시되고 뭉개져 버린 것이다. '접촉'이라는 관점은 어떻게 대상들이 상호관계 속에서 그리고 상호관계에 의해서 구성되고 있느냐를 강조한다. … 그것은…종종 권력의 근본적 비대칭적 관계 속에서 공존, 상호관계, 서로 얽힌 이해와 실천이라는 의미에서…관계를 다룬다."[16] 프랫의 고찰 속에서, 나는 A자 프레임의 바닥에서 행해지는 개-인간의 행동에 섬뜩할 정도로 합치하는 무언가가 있음을 발견했다. 카옌과 나는 분명히 다른 모국어를 가지고 있다. 물론 나는 식민주의와 가축화 사이의 과장된 유사성을 받아들이지 않는다. 그렇지만 카옌의 생사가 무능한 내 수중에서 얼마만큼이나 좌지우지되고 있는지는 충분히 잘 알고 있다.

나의 동료인 짐 클리퍼드는 국경을 초월한 다양한 문화 사이의 절합과 얽힘을 섬세하고 자세히 읽음으로써 접촉지대에 관한 나의 이해를 풍부하게 해 주었다. 그는 어떻게 "새로운 패러다임이 역사적 접촉에서 시작되는지, 또한 그것이 어떻게 지방, 국가, 초국가적으로 교차하는 수준에서의 얽힘에서 시작되었는지를 설득력 있게 논증했다. 접촉에 대한 접근들은 차후에 관계로 이행되는 사회문화적인 통일체들을 전제하는 것이 아니라 오히려 이미 관계적으로 구성된 — 그리고 역사적 매체의 과정을 통해서 새로운 관계로 들어가는 시스템들을 전제한다."[17] 큰리퍼드의 열려 있는 망태기에 나는 단지 자연문화적 문제들과 복수종 문제들을 추가할 뿐이다.

접촉지대에 관해 알고 있는 대부분을 나는 과학소설에서 배웠다. 거기서는 에일리언들이 혹성 밖의 술집에서 만나고 분자 하나하나를 새로 고쳐서 서로를 만든다. 가장 흥미로운 만남은 〈스타트렉〉의 만능 번역기가 작동이 되지 않아서 커뮤니케이션이 예상 밖의 전개를 보였을 때이다. 페미니스트 과학소설은 개-인간 커뮤니케이션의 딜레마와 (다양한 성질을 가진 심술궂은) 기쁨에 관해서, 과학소설 속에서 발견되는 비정하고 냉혹한 제국주의 판타지들보다 훨씬 더 유연한 방식으로 내가 생각할 수 있도록 준비를 시켜주었다. 내가 특별히 기억하고 있는 것은 나오미 밋치슨의 『여성-우주인의 회고록』이다. 그 책에서 우주 탐험 중인 홍보 담당관은 많은 지각동물과 "방해받지 않는" 접촉을 할 수 있는 방법을 알아내야 했다. 그 결과 기이한 자손이 생겼다. 『모국어』라는 작품부터 시작해서 이어지는 수제트 헤이든 엘긴의 범-생물종 언어학 과학소설도 내가 개와 훈련할 준비를 시켜주었다. 엘긴의 소설에는 만능 번역기 같은 것은 없다. 거기에는 종들의 언어를 작동 가능하게 만들어 내는 고된 일이 있을 뿐이다. 그리고 만약 접촉지대에서 모습을 바꾸는 기술이 목표라면 새뮤얼 R. 딜레이니의 『바벨 17』을 잊어서는 안 된다. 거기에서는 데이터 흐름을 방해하려는 음모가 일상다반사로 여겨진다.[18]

어질리티 훈련에서 딜레마에 직면한 가운데 뒤늦게나마 기억이 난 것은 이행대ecotone라고 불리는 접촉지대였다. 식물의 경우 쾌적대comfort zone의 바깥에 주변효과에 의해서 생물학적 종의 배치가 만들어지고, 여러 종이 얽히는 주변은 생태학적·진화적·역사적 다양성을 찾아보기에 적합한 풍성한 장소가 된다. 내가 살고 있는 곳은 캘리포니아주 중북부의 연안 지역인데 지질학적 규모로 여러 가지 일이 일어난 결과, 고대 북방계와 남방계 종들의 대단한 배치가 혼합되어 놀라울 정도로 복잡한 상태가 되어있다. 우리 집은 깊은 계곡을 흐르는 개울을 따라 있는데, 남쪽과 북쪽 사면을 오를 때 마주하는 생태학적으로 뒤섞인 종의 배치들은 각기 전혀 다르다. 자연문화의 역사는 이런 토지 위에 기록되어 있다. 과거의 자두 과수원, 양의 목초지, 벌채의 패턴이 지질학적인 토양 종류와 습도의

변화와 겨루고, 오늘날 이 땅에 사는 인간과 인간 아닌 생명체를 형성해 왔다.[19]

더군다나 후아니타 선드버그가 보존의 문화정치학을 위해서 마야 생물권 보호구에서의 여러 가지 조우들을 분석하는 것처럼, 보존 프로젝트는 멀고 가까운 행위자들에 의해서 형성되는 만남과 접촉의 중요한 지대가 되어 왔다.[20] 이런 접촉지대는 여러 가지 종류의 불평등한 힘이 소용돌이치고 언제나 예측된 방향으로 나아가는 것은 아닌 복잡함으로 가득 찬 장소가 된다. 인류학자인 애나 칭은 그녀의 아름다운 책 『마찰』에서 최근 수십 년 사이에 인도네시아에서 일어난 보존과 정의를 구하는 싸움에 관계된 인간과 유기체들을 선명하게 그려낸다. "무성한 잡초"에 관한 장은 자연문화의 부 와 종의 다양성에 관한 감동적이고 예리한 분석이다. 화전 농업에 의해서 형성된 소위 이차림이 합법적 혹은 비합법적 벌채와 산업적 규모의 단일 작물 재배로 향하는 동안 토지나 생활은 난폭하게 그 모습이 바뀐다. 칭은 자신보다 나이가 많은 친구이자 정보 제공자이기도 한 우마 아당Uma Adang이 멸종의 위기에 처한 생물들을 수집하고 명명하는 모습을 애정을 담아 기록한다. 인간과 비인간 생명체들이 함께 사는 장소, 종의 배치라는 접촉지대는 칭의 민속지에서 핵심을 이루는 현실성이다. 칭은 세계사의 그물망에 관한 의미를 형성하기 위해 버섯을 추적하는 에세이에 이런 내용을 써넣고, "종의 상호의존은 이미 아는 사실이다. 그런데 인간들에 관한 한 사정은 달라진다. 인간예외주의는 사물을 보이지 않게 한다"고 이야기한다. 인간에 의한 자연의 지배를 예찬하거나 규탄하는 이야기를 고집한 나머지 시야가 좁아진 사람들은, 인간 본성이 그 세부에서 문화적으로 아무리 다양하더라도 본질적으로 ― 이는 종종 "생물학적으로"라고 불린다 ― 일정하다고 가정하는 반면, 인간은 분자에서부터 생태계에 이르기까지 다른 것들을 개변시키고 있다고 생각한다. 칭은 인간을 식물·동물·미생물을 비롯한 다른 유기체와 긴밀히 연결시키는 "가축화"에 관해 재고하면서, "우리가 만일 인간 본성을 종간 상호의존이라는 다양한 그물망과 함께 역사적으로 변천해 온 것으로 상상해본다면 어떨까?"라고 묻는다. 계속해서 칭은 말한다. 상호의존의 그물망은 "뒤죽박죽인 가장자리"unruly edge이고 "인간 본성은 종간 관계다."[21] 칭의 허가를 얻어 내가 추가하는 것은, 이것이 개에게도 적용된다는 것, 그리고 이 장의 접촉지대와 다루기 힘든 비옥한 가장자리에 관한 나의 고찰을 지배하고 있는 것은 인간과 개의 얽힘이라는 것이다.

마찬가지 정신에서, 인류학자인 에두아르도 콘은 에콰도르의 아마존 상류 지역에서 복수종의 접촉지대를 조사하고 있다. 콘은 케추아어를 쓰는 루나와 함께 그들이 삶을 일구는 여러 가지 동물 속에서 민속지를 집필하면서, 개가 중심에 있는 종 배치의 자연문화적·정치적·생태학적·기호론적 얽힘을 추적한다. 그는 이렇게 쓰고 있다. "아마존의 인간 현실은 다분히 비인간 동물의 기호론적인 자기와의 상호관계의 산물인데, 일종의 식민 지배의 산물이기도 하다…. 특별히 이 에세이에서는 샤머니즘적인 변태metamorphosis(그 자체가 모든 종류의 비인간 자기와 함께 그 과정의 윤곽이 흐릿해져 가는 상호관계의 산물이다)의 기술에 눈을 돌리고, 이것이 어떻게 지배의 조건을 바꾸고(신체는 세계의 이 부분에서 매우 다른 종류의 실체이다) 어떤 정치적 가능성의 공간을 묘사하고 있는가에 관해서도 생각하고자 한다."22 카옌과 나는 샤머니즘적인 변태에 다가갈 방도는 없지만, 둘로부터 어떤 종류의 하나를 만들기 위해 형태를 다시 만드는 것은 우리가 추구하고 있던 그런 종류의 후형질적인 재배치이다.

A자 프레임의 노란색 페인트가 칠해진 정해진 구획 속에 있는 카옌과 함께 발달지체 상태에서 겪을 변태와 고통을 생각하고 있던 나는, 삶에 있어서 무언가를 변형시키는 대부분의 일이 접촉지대에서 일어나고 있음을 재확인하고 안심했다. 그래서 발달생물학에서 연구된 상호유도 현상에 관한 통찰에 기대기로 했다. 1960년대에 예일 대학 생물학과 대학원생이었던 나는 형태 형성적 상호작용, 그러니까 발달 중인 배의 세포와 조직이 화학적이고 촉각적인 소통에 의해 서로 상대를 형성하는 상호작용에 관해서 공부하고 있었다. 이런 복잡한 상호작용을 추적하는 기술과 훌륭한 이론적 개념을 구축하는 상상력은 지난 20년 사이에 장족의 발전을 이뤘다. 1985년 초판이 나오고, 여러 버전으로 거듭 출판된 스콧 길버트의 『발달생물학』은, 세포 운명의 상호적 공동 형성을 통해 생물의 구조가 완성되어 가는 과정에서 상호유도가 핵심임을 점점 더 분명하게 파악해가는 과정을 보여준다.23 요컨대 접촉지대야말로 활동의 장소이고, 현재 진행 중인 상호작

용이 다음의 상호작용을 변용시킨다. 확률이 변한다. 위상이 변태한다. 발달은 상호유도의 결과로서 방향이 잡힌다.[24] 접촉지대는 놀라운 방식으로 주체 – 모든 주체 – 를 변용시킨다.

분류학적으로 확실히 구별할 수 있는 생물끼리의 상호작용 – 하나의 생물 구조는 적절한 타이밍에 다른 관련 생물들과 상호작용하지 않고는 정상적으로 발달하지 않는다 – 은 최신의 생물학에서의 이론 및 실험적인 종합의 핵심이고 생태발달생물학ecological developmental biology이라고 불리고 있다. 이 분야의 중심인물이 스콧 길버트이다.[25] 예컨대, 마거릿 맥폴-나이에 의하면 유프림나 스콜롭스Euprymna Scolopes 성체에 있는 발광 비브리오를 품은 주머니는 어린 유프림나 스콜롭스가 비브리오에 의해 감염되지 않으면 형성되지 않는다. 감염의 결과로 주머니가 형성되고 발광 비브리오는 그 속에서 공생자가 된다.[26] 마찬가지로 인간의 소화기 조직도 세균 무리의 정착이 없으면 정상적으로 발육할 수 없다. 지구상의 생물은 움켜쥐기를 잘하고, 기회주의적이고, 언제나 생각지도 못한 파트너들을 무언가 새로운 것, 공생발생적인 것 속으로 엮어 들어가게 한다. 상호구성적인 반려종과 공진화는 규칙이지 예외가 아니다. 생태진화발달생물학은 페미니즘 사상가, 이론물리학자, 그리고 행위적 실재론과 내부-작용이라는 틀을 제창하고 있는 캐런 배러드, 종내 및 종간 존재론에 접근하는 아스트리드 슈레더를 비롯한 과학 학자들과 풍부한 접촉지대를 형성할 수 있는 분야이다.[27]

어쩌면 어질리티 접촉지대에서 경험한 문제들로 인해서 나는 신경증적으로 샛길로 빠졌고 결국 다른 종류의 뒤죽박죽인 가장자리들unruly edges 쪽으로 지나치게 탈선해 버렸는지 모른다. 이는 비대칭적인 차이를 가로지르는 소통에서 실패를 거듭하면 그로부터 무언가 좋은 것이 생겨날 수 있다고 스스로를 안심시키기 위해서였는지도 모르겠다. 그럼에도 불구하고 카옌의 접촉지대와 나의 것을 재훈련하기 위해서 그 모든 요소들이 이제 조립된다.

첫째로, 훈련의 상호유도에서 권위의 관계라는 문제를 생각해 보자. 어질리티는 인간이 생각해낸 스포츠이다. 이 장에서는 곧 다시 놀이로 돌아가겠지만, 이것은 자연스럽게 발생한 놀이가 아니다. 카옌은 어질리티를 좋아한다. 그렇다고 판단할 수 있는 충분한 이유가 있다. 그녀는 내가 장애물 연습장에 같이 들어가 자고 하기 전까지 연습장 문 앞에서 의욕이 넘치는 모습으로 앉아 있다. 또한, 우리가 차를 몰고 시합에 나가는 날 아침에는 언제나 경기 장비 뒤를 졸졸 따라다니고, 차 옆에서 기다리면서 문을 열라고 눈으로 명령한다. 그것은 여행을 하거나, 혹은 놀이터로 향하는 그런 즐거움이 아니다. 어질리티 운동장에서 장애물에 몰두하는 것 이외에 달리 우리가 하는 것은 없다. 그곳이야말로 그녀가 가고 싶어 하는 장소이다. 구경꾼들은 카옌의 달리기를 보고 그들이 느끼는 즐거움에 대해 이야기한다. 그들은 카옌이 전심전력을 다해 그녀 나름의 코스를 완성하는 뛰어난 능력을 느끼기 때문이다. 예를 들면, 출발선에 앉아서 시작 신호를 진지하게 기다리고 있을 때, 그녀가 하고 싶은 것은 코스로 내달리는 것인데 상으로 음식을 내민다면 이 개는 아마 틀림없이 화를 낼 것이다. 달리기는 카옌이 가장 중요시하는 긍정 강화이다. 그녀는 높은 집중력을 가진 작업견이다. 작업 현장으로 다가서면 마음과 몸 전체가 변화한다. 그렇지만 어질리티가 평등의 유토피아라거

"이봐, 여기에도 쓰여 있잖아! '개와 핸들러는 한 팀'인 거야. 한 팀!!!"
제임즈 리들의 『어질리티 시합과 시련』에 수록된 만화. 출판사 Howln Moon Press 게재 허락으로 재인쇄

나 자생적인[저절로 생겨나는] 유토피아라고 주장한다면 나는 거짓말쟁이가 될 것이다. 양쪽 종 모두에게 규칙은 자의적이다. 그것이 스포츠라는 것이다. 즉, 스포츠란 규칙에 묶이고, 숙련을 요하고, 비교에 의해 평가되는 활동이다. 개와 인간은 그들이 복종해야 하는 기준에 지배되고 있다. 그러나 그 기준은 그들 자신이 선택한 것이 아니다. 코스는 인간들이 설계한 것이고, 참가 응모 용지에 기입하고 클래스에 들어가는 것도 인간들이다. 개의 수행을 평가하는 적절한 기준이 무엇인지를 결정하는 것도 인간이다.

그러나 여기서 잠깐 멈출 필요가 있다 : 인간은 개가 하는 실제 수행의 권위에 응답해야만 한다. 개는 이미 인간의 지리멸렬함incoherence에 응답했다. 현실의 개―자신이 투영된 환상이 아닌―는 세속적인 방식으로 여기에 있다. 응답할 초대장이 제출되었다. 노란색 페인트의 망령에 의해 교정되면서, 인간은 근본적인 존재론적 물음을 묻는 것을 마침내 배워야 한다. 그것은 인간과 개를, 하이데거의 전통 속에 있는 철학자들이 "밝힘"the open, lichtung *이라고 부른 것 속으로 집어넣는 것이다. 당신은 누구인가? 그렇다면 우리는 누구인가? 우리는 여기에 있다. 그러면 우리가 되어야 할 것은 무엇인가?[28]

이 질문과 진지하게 씨름한 이전의 희생자들이 자유와 자연에 관한 내가 좋아하는 이야기의 일부가 되었다. 이런 이야기는 내가 카옌과 함께 평생 그 속에 살고 싶은 것이었지만, 우리의 내부-작용, 특히 카옌에게 아픔을 수반하는 모순을 낳는 것이라는 점이 판명되었다. A자 프레임에서의 수행을 평가하는 규준은

---

* "the open"은 독일어 "lichtung"의 영어 번역어이다. 하이데거는 숲속에 빛이 비춰서 그 빈터가 드러나는 것에 비유해서 존재가 드러나는 사태를 "lichtung"으로 표현한다. 하이데거 번역서에서 lichtung를 "밝힘" 혹은 "환히 밝힘"으로 번역한 예가 있기에 여기서는 이 단어를 "밝힘"으로 번역한다. 그러나 해러웨이는 자신이 말하는 "the open"은 세인의 삶에 대한 '깊은 권태'로부터 비롯된 하이데거의 그것과는 다른 것임을 분명히 한다(이 장 28번 후주 참조). 일상의 삶에 가려져 있던 것이 드러난다는 의미로 쓰이는 하이데거의 "밝힘"과는 달리 해러웨이의 "the open"은 극히 평범한 일상의 관계 속에서 존재에 대한 새로운 이해가 충격적으로 다가오는 것을 의미하기에 은폐된 것이 드러나는 것과는 다르다. 이 책의 서두에 있는 해러웨이의 물음, 내가 내 개를 만질 때 나는 누구/무엇을 만지고 있는 것일까라는 물음이 이럴 것이다. 이 물음은 세인이 삶에 대한 깊은 권태로부터 묻게 되는 것이 아니라 상대를 만진다고 하는 아주 평범한 일상이 상대에 대한 기존의 이해를 뒤집어버릴 때 발생하는 물음이다. 그래서 해러웨이의 the open을 "열림"으로 번역한다.

개에게도 인간에게도 자연적인 것이 아니라 계승되었을 뿐만 아니라 발명된 자연문화적인 가능성에 의거한 달성도이다. 나는 카옌이 점프하는 것을 보면서 어질리티를 하는 것이 개의 타고난 재능을 위한 공간을 넓힌다고 생각할 수는 있었지만(정확히 말하자면 이것도 옳지는 않은 것으로 판명되었다), A자 프레임의 실수를 고쳐나가는 것은 나로 하여금 훈련이라는 교육 장치들과 이 장치에 내재하는 자유와 권위의 관계들과 마주하게 했다. 급진적인 동물권 활동가 중에는, 인간이 다른 크리터"를"of 훈련하는 것에 비판적인 사람도 있다. (나는 "와 함께"with가 가능하다고 주장한다.) 그들은 내가 가장 잘 아는 개들이 취득한 정중한 태도나 아름다운 기예라고 생각하는 것을 인간에 의한 과잉 지배의 강력한 증거나 가축들의 퇴화 징후로 본다. 훈련된 동물에 대한 비평가들의 말에 따르면, 늑대는 개보다 훨씬 고귀한(자연스러운) 존재다. 왜냐하면, 그들은 인간이 하는 일에 대해서 무관심하기 때문이다. 동물을 인간과의 긴밀한 상호관계 속으로 끌어들이는 것은 그들의 자유를 침해하는 것이라고도 한다. 이런 입장에서 보면, 훈련은 리버 쿠키로 상대를 입맛대로 만드는 반자연적인 지배이다.

행동주의자들은 (인간이든 아니든) 유기체에 있어서 자연스러운 (생물학적으로 의미가 있는) 행동이 무엇인지에 대해 무신경한 것으로 악명이 높다. 그들은 그런 영역을 동물행동학자와 그 후계자들에게 맡겨버리고 있다. 만약 어떤 행동이 발생하는 확률이 바뀔 수 있다면, 행동주의자에게 그 행동은 그 유기체나 다른 누군가에게 아무리 의미가 없는 것이라 할지라도 조작적 조건화의 기술을 위한 재료가 된다. (적응에 관련되고 그래서 진화이론과 관련되는) 기능성과 (내부성의 문제와 결합되어 있는) 동물에게 있어서의 의미라는 두 가지 문제를 둘러싸고 행동주의의 역사에 깊숙이 내재하는 이런 불가지론도 부분적으로 원인이 되어, 돌고래나 호랑이처럼 소위 포획된 야생동물을 훈련하는 캐런 프라이어 같은 훈련사들은 종종 자연에는 없는 행동을 도입해서 야생동물을 망치고 있다거나 생명체들을 자극–반응 기계로 취급함으로써 로봇으로 만들고 있다는 비난을 받아 왔다. 이에 대해 프라이어를 비롯한 긍정강화 훈련법의 훈련사들은 자신들의 작업이 포획된 동물의 삶을 개선하는 것이고, 통상의 관리나 환경을 융성하게 하는 일의 일부로 봐야 한다고 답한다.[29] 훈련(교육)에 관여하는 것은 인간의 경우와 마찬가지로 동물에게도 재미가 있다. 번식적응도를 위한 공헌이라는 그럴듯한 이야기가 커리큘럼에 들어갈 수 있는지 어떤지는 별개로 하더라도 말이다.

나는 오히려 동물과 함께 훈련하는 것은 야생동물이라고 불리든 가축이라고 불리든 그 동물이 강제적 재생산 생명정치의 기호론과 기술에서 놓여나는 부분일 수 있다는 생각을 좋아한다. 이것은 내가 인간의 학교에서도 보고 싶은 프로젝트이다. 기능이 없는 지식은 놀이의 품위와 사랑의 생성에 매우 가까이 접근할 수 있게 한다. 물론 나는 행동주의가 인간을 포함한 모든 크리터들에 대한 잠재적으로 유희적인 교육학적 연구방법을 장악한다는 생각에는 경악한다. 이런 관점에서 보면, 동물원이나 다른 포획하의 동물 시설에서 일하는 행동주의자 훈련사들의 '삶의 이익 증진'과 '관리' 작업을 지지하는 아이러니는 이런 것이다. 이런 장소를 위해 겨우 남아 있는 강력한 정당화 중 하나는 서식 환경의 소실로 인해 개체와 종들이 절멸하지 않도록 지키기 위해서는 그들을 보살피는 행동주의자 훈련사들이 필수적이라는 것이다. 동물원의 동물들은 행동주의가 주는 상을 물리도록 먹고 있긴 하지만, 21세기의 오늘날 이상으로 강제적 재생산 생명정치에 말려들어 있었던 적은 없었다!

그러나 내가 인정해야만 할 것은, 이런 기이한queer 정치학의 아이러니가 일상생활과 스포츠를 위해 내가 카옌과 진지하게 훈련하고 있는 이유가 아니라는 사실이다. 혹은 모든 아이러니가 그렇다고는 할 수 없지만, 어쩌면 어질리티 훈련의 중심에 기이한 정치학이 있는지도 모르겠다. 왜냐하면, 예기치 않은, 새롭고 자유로운, 함수와 계산 규칙의 바깥에 위치하며 동일자를 재생산하는 논리에 지배되고 있지 않은 무언가가 존재하게 되는 것이야말로 서로 함께 훈련한다는 것일지도 모르기 때문이다.[30] 그것이야말로 내가 알고 있는 훈련된 사람과 개들이 실천하고 있는 자연스러운 일이 갖는 의미 중 하나라고 생각한다. 훈련에는 계산, 방법, 규율, 과학이 필요하지만, 그것은 내부-작용을 경험하고 있는 모든 파트너를 위해 아직은 가능하다고 알려져 있지 않지만 가능할지도 모르는 무언가를 열기 위한 것이다. 훈련은 분류학에 의해 길들여지지 않은 차이들에 관한 것이거나 혹은 그럴 수 있는 것이다.

나는 생물학자로서든 인문학과 사회과학 연구자로서든, 학계에서 있으면서 행동주의를 진정한 생물학과는 거리가 먼 기껏해야 지루한 과학일 것으로, 그리고 내심으로 이데올로기적인 결정론적 담론 정도로 치부했다. 그런데 갑자기, 카옌과 나는 숙달된 행동주의자들이 우리에게 가르쳐줄 수 있는 내용을 필요로 하게 됐다. 나는 경멸했던 지식 실천에 따르게 되었다. 행동주의는 틈새시장의 간식에 의해 선동되는 기계론적인 사이비 과학에 대한 나의 풍자만화가 아니고, 육신의 세계에서 일어나는 물질-기호론적 질문에 대한 흠이 있고 역사적 상황 속에 있고 결실 있는 접근법이라는 것을 이해해야만 했다. 이 과학은 내가 안고 있는 문제에 대처해 주었고, 카옌의 문제에도 그랬다고 생각한다. 나에게는 행동주의뿐만 아니라 동물행동학과 좀 더 최근의 인지과학도 필요했다. 그리고 나는 비교인지 동물행동학자들이, 수학과 컴퓨터를 이용한 계산 모형으로 만들어낸 마음을 갖지 않은 기계 풍의 동물 애니메이션을 작동시키는 것이 아니란 것도 이해해야만 했다.

나는 훈련 관계에서 인간의 통제와 권력에 대한 거부가 개에게 주는 악영향에 정신이 팔려 있었기에 지금껏 개의 실제 수행이 갖는 권위에 응답해야 할 인간 의무의 또 다른 측면을 충분히 강조하지 않았다. 어질리티에서 숙련된 인간 경기자는, 제대로 된 일생의 반려는 말할 것도 없고, 어느 시점에 인간이 개를 신뢰해야 하는지를 정확히 알아차릴 수 있어야 한다. 개는 일반적으로 인간이 신뢰를 얻은 시점을 매우 잘 인식한다. 그러나 나를 비롯한 내가 아는 인간들은 상호 신뢰에 서투르다. 스포츠 용어로 말하자면, 내가 카옌의 수행을 "지나치게 핸들"하기 때문에 그녀와 내가 점수를 잃고 실격한다. 예를 들면, 내가 자신이 없기 때문에, 그녀가 어려운 위브 폴을 빠른 속도로 진입할 수 있는 기술을 벌써 다 익혔다는 것을 잊어버리고 쓸데없이 앞서 나가다가 진로를 막아버리는 일이 자주 있다. 진실로, 내가 카옌을 신뢰하고 있을 때는 패턴이나 장애물에 상관없이 결코 급하게 돌진할 필요가 없다. 그녀와 같은 속도로 달릴 필요조차 없다 (나에게는 다행스러운 일이다). 단지 정직하기만 하면 된다. AKC 시합에서 엑설런트 스탠더드 클래스의 어려운 달리기에 참가할 때였다. 우리보다 먼저 경기한 높은 등급의 경기자들 대부분이 위브 폴 경기에서 실패했다. 그 경기에서 나는 카옌이 획득한 권위를 인정하고 거기에 응답할 의무를 완수하는 데 실패했다. 나는 첫 번째 폴로부터 약 2피트 지점에서 몸을 구부리고 불안한 마음으로 컨트롤하려고 해서 그녀의 진로를 막아버렸다. 나중에 웃으면서 나를 나무란 친구들이 카옌이 나를 밀어내고서 합격 점수를 받은 이야기를 해 주었다. 구경하던 사람들의 이야기로는, 내가 다가가면 카옌은 그때까지 매끄럽게 커브를 그리며 달리고 있던 기세를 약간 떨어뜨리고 재빨리 몸을 돌려 나를 피하면서 "방해하지 마!"라고 외쳤다고 한다. 그리고 멋지게 첫 번째 폴과 두 번째 폴 사이를 미끄러져 빠져나간 다음, 아주 빠른 속도로 리듬을 타면서 열두 번째 폴까지 빠져나갔다. 나의 어질리티 스승인 게일 프레이저가 내게 말한 "당신의 개를 신뢰하세요!"라는 말이 몇 번이나 들려오는 것 같았다.

개의 권위에 대한 정직함과 응답은 여러 모양을 취한다. 실제로 나는 그녀만큼 빨리 달릴 필요는 없지만, 될 수 있는 한 건강한 몸 상태를 유지하려 하고 속도를 내고 있을 때도 나의 자세를 컨트롤할 수 있도록 한다(이 때문에 에어로빅 클래스에 다니게 되었다). 크로스 훈련도 마찬가지다(카옌이 없었더라면 이런 여러 종류의 운동을 균형 있게 할 수 없었을 것이다). 필드에서 카옌에게 정확한 정보를 주기 위해서라면, 나는 익히기 어려운 것이라도 기꺼이 연습한다. 그리고 내가 코스의 어려운 부분에서 몸을 구부리고 허둥지둥 헤매는 짓을 하지 않음으로써 그녀를 완전히 성숙한 어른으로 취급한다. 지난주 클래스에서 나의 빈틈없는 지도자인 로리 플러머가 이야기해 준 바에 의하면, 코스의 한 구역에서 내가 또 어린애를 돌보듯 허리를 굽히고 있었다고 한다. 나는 자신감을 잃었지만 카옌은 그런 일이 없었다. "등을 펴고 똑바로 서라!" 이 말은 어질리티 교사들이 그들의 고집 센 인간 학생들에게 끝없이 반복하는 주문이다. 나는 이 주문이 필요하다고 믿는다. 우리는 개의 권위를 사실상 인정하지 않고, 이도는 좋았을지 모르나 개들을 모피 코트를 걸친 아장아장 걷는 아기처럼 취급하는 일이 허다하기 때문

"또 코스를 잊어버렸지?" "개야, 그만 좀 쩌려 봐."
제임스 리들의 『어질리티 시합과 시련』에 수록된 만화. 출판사 Howln Moon Press 게재 허락으로 재인쇄

이다. 미국의 개 문화가 집요하게 인간 파트너를 "엄마"나 "아빠"라고 부르는 상황에서 어질리티에서 그렇게 하지 않기는 어렵다. "핸들러"*는 약간 더 나을 뿐이다. 핸들러라는 말은 나로 하여금 어질리티의 파트너인 인간들이 개의 몸속에 있는 자연의 조타장치를 마음대로 좌지우지하고 있다고 생각하게 만든다. 어질리티에서 인간들은 결코 핸들러가 아니다(후견인도 아니다). 그들은 숙련된 어른들로 구성된 종 횡단적 팀의 멤버들이다. 접촉지대에서 들리는 비대칭적이지만 가끔은 방향성이 있는 놀라운 권위의 음색에 귀를 기울임으로써, 나는 "파트너"라는 말을 한층 더 좋아한다.

훈련이라는 각종 실천이 뒤섞인 작업에는, 동물들이 어떻게 행동하는지뿐만 아니라 실제로 어떻게 느끼고 생각하고 있는지에 관한 과학과 이야기 들 속을 여행하여 풍부한 경험을 가질 것이 요구된다. 훈련사들은 그들이 파트너들과 의미 있는 커뮤니케이션을 할 수 있다는 것을 너무나 당연하게 여기고 있다. 우리가 가

---

* handler라는 영어 낱말에는 조종하는 사람, 통제하는 사람, 조련사라는 뜻이 있다.

어질리티 경기에서의 카옌과 나, 2006년. Copyright Richard Todd Photographer. 인쇄 허가 받음

진 것은 모두 재현이고 동물들이 생각하고 느끼는 것에 다가갈 수 없다고 하는 철학적이고 문학적인 자만은 잘못이다. 인간은 확실히 지금까지 알고 있었던 것 이상을 알고 있거나 알 수 있고, 지식을 평가할 권리는 역사적이고 흠이 있지만 생성적인 종 횡단적 실천에 뿌리를 둔다. 물론 우리는 "타자"가 아니고, 그래서 그런 환상적인 방법(사체 절도? 복화술? 채널링?)으로 알 수는 없다. 게다가 생물학과 심리학, 그리고 인간과학 등의 지속적인 연구를 통해서 우리는 "자기"도 아니고 "자기 속에 투명하게 존재하고 있는 것"도 아님을 배웠다. 따라서 우리는 그런 정보원으로부터 초월적인 지식을 기대할 수는 없다. 자신의 머리든 타인의 머리든 거기에 올라가 그 내부로부터 이야기 전체를 얻는다는 환상을 멈춘다면, 우리는 복수종의 기호론적인 진전을 다소는 꾀할 수 있을 것이다. 비록 불완전할지라도, 서로 그리고 다른 크리터들과 소통하고 서로 그리고 다른 크리터들을 이해하는 것이 불가능하다고 주장하는 것은 우리가 그것에 책임이 있고 그 속에서 응답하는 필멸의 얽힘(열림)을 부정하는 것이다. 기술, 계산, 방법, 이 모두는 불

가결하고 엄격한 것들이다. 그러나 그것은 응답이 아니고, 응답은 계산으로 환원 불가능하다. 응답은 주체를 만드는 연결이 현실임을 이해하는 것이다. 응답은 얽힌 관계성의 접촉지대에서 얼굴을 마주하는 것이다. 응답은 열림 속에 있다. 반려종은 이것을 알고 있다.

그래서 나는 개와 함께하는 스포츠의 훈련에서 인공적인 것과 자연문화적인 기술을 마음 편하게 대할 수 있게 되는 걸 배웠다. 그러나 나는 카옌이 코스를 떠나 숲속을 어슬렁거리고 목줄을 풀고 놀 수 있는 공원을 방문해서 자유롭게 지낼 수도 있다고 상상했다. 내가 그녀에게 가르쳤던 것은 그 자유를 정당한 것으로 인정하는 필수적인 소환 신호이다. 나는, 좋은 소환 신호를 어떻게 가르쳐야 할지 모르고, 자유에는 악명을, 도망 다니는 사슴에게는 부당하게 공포를 주는 어리석은 개들의 견주들에게 잘난 체하는 초심 훈련사만큼이나 성미가 고약했다.[31] 나는 동료 어질리티 경기자이자 친구이기도 한 팸 리처즈가 카옌의 동복 형제 카푸치노와 어떻게 훈련하는지를 지켜보았다. 나는 일상생활의 활동 속에서 그녀가 카푸치노와 집요할 정도로 함께 움직이고, 카푸치노는 그녀를 주목하고 그녀는 카푸치노를 주목하고 있는 모습을 은근히 비판적으로 생각하고 있었다. 나는 카푸치노가 자신이 하는 일 속에서 얼굴이 기쁨으로 빛나는 것을 알았지만, 여전히 카옌이 동물로서 더 큰 행복을 느끼고 있다고 생각했다.[32] 나는 팸과 카푸치노가 어질리티에서 우리가 감히 따라갈 수 없는 실적을 달성하고 있는 것을 알았고 그들을 자랑스럽게 생각했다. 그리고 팸은 우리를 동정해 주었다. 내가 정말 카옌과 좀 더 일관성 있고 알아들을 수 있는 소통을 하고 싶어 한다고 판단한 그녀는 우리가 알지 못하고 있던 것을 상세히 보여주겠다고 제안했다. 내 머릿속에 있는 자유 이야기들로는 도저히 인정되지 않는 방법으로 카옌이 자유롭고 명석하게 될 수 있도록 나는 팸의 조언을 받아들이게 됐다.[33]

팸의 좋은 점은 그 철저성이다. 팸은 우리를 지지해 주었다. 그녀는 카옌과 내가 각자의 일을 제대로 알 때까지는 카옌을 A자 프레임에 올려서 경쟁시키는 것을 금했다. 팸은 내가 장애물 퍼포먼스에서 "시험"해 보지 않은 기본적인 방법이 열 가지 정도는 있음을 보여주었다. 그래서 나는 카옌을 영어가 모국어인 원어민이라고 여기던 환상을 멈추고 실제로 동작을 해제시키는 말의 의미를 가르치기 시작했다. 시합의 긴장된 세계와 유사한 상황에서 내가 선택한 "두 발-붙이기, 두 발-떼기" 퍼포먼스를 더 확실하게 만들기 위해서, 실용적으로 방해 요소를 추가하는 것에 대해 생각하기 시작했다. 나는 카옌을 A자 프레임에 태워서 끝까지 내려오게 할 수 있었고, 불가사의한 두 발-붙이기, 두 발-떼기의 발 포지션을 잡게 하는 것을 배웠다. 내가 어디에 있든지, 움직이고 있든지 정지해 있든지, 장난감이나 음식이 공중에서 날아오거나 혹은 주변에 있는 여러 종의 친구 개들이 날뛰면서 소란을 피우고 있더라도 말이다. 우리를 보고 있던 팸은 신랄하게 코멘트를 하면서 우리를 다시 처음 위치로 되돌려 보냈다. 내가 카옌을 아직 가르치지 않아서 그녀가 자신의 할 일을 모른다는 것이었다. 마침내 팸은 내가 충분히 일관성이 있고 카옌도 충분히 총명해서 함께 A자 프레임 경기를 할 수 있을 거라고 말해 주었다. 그건 연습할 때 예사롭게 할 수 있게 된 수행 기준과 같은 수준으로 시합에서도 할 수 있다는 가정하에서만 말이다. 어쨌든, 행동주의의 큰 망치인 결과가 중요했다. 만일 내가 카옌을 다음 장애물로 가게 함으로써 접촉지대에서의 적절한 수행에 합법적인 보상을 하였지만, 그것이 우리가 고생해서 획득한 기준에 들어맞지 않는 수행 이후에 벌어진 일이라면, 그것은 우리가 서로에게 두고두고 좌절하고 상호신뢰 상실에 빠지게 만드는 일이 될 것이었다. 카옌이 두 발-붙이기, 두 발-떼기 포지션을 취할 수 없고 해제의 명령을 기다릴 수 없을 때는, 말도 안 걸고 거들떠보지도 않고 코스를 나가게 하고 상도 주지 않고 크레이트에 밀어 넣고는 사라져버려야 한다는 것이었다. 그렇지 않다면, 나는 카옌보다 나의 환상을 존중하는 셈이 되고 말 것이기 때문이다.

우리는 2년 넘게 A자 프레임 접촉지대 때문에 초심자 시합 등급에서 더 나가지 못하고 있었다. 자유와 권위에 관한 팸의 이야기를 따르면서 카옌과 내가 서로를 더 정직하게 재훈련한 후, 실제 시합에서 나는 그녀를 코스 바깥으로 한 차례 나가게 한 적이 있었고, 그 후 1년 동안 완벽하게 접촉 장애물을 처리할 수 있었다. 우리의 마지막 초급 경기에서 친구들은 마치 우리가 월드컵에서 우승이라도 한 것처럼 결승선 너머에서 응원해 주었다. 우리가 한 것이라고는 약간의 일관성을 이룬 것이 "전부"였다. 아직도 가끔은 접촉지대에서 실패가 있지만 재빨리 회복되고, 카옌은 눈을 반짝이며 즐겁다는 듯이 온몸으로 거침없이 내달려 이 퍼포먼스를 순조롭게 통과한다. 다른 경기자들 사이에서 카옌은 접촉 장애물의 명수로 알려졌다. 무작위 강화 스케줄도 그녀를 시달리게 하지 않는다. 카옌의 경기를 향한 사랑 – 일을 향한 사랑 – 은 우리 둘에게 진정한 구원이다.

하지만 어질리티 코스를 벗어나서 카옌이 느끼는 독립된 동물로서의 행복감은 팸과 카푸치노 사이의 '주목의 유대'와 비교할 때 과연 어떤 것일까? 이 점에서 나는 팸과 내가 서로의 이야기와 자유와 기쁨의 실천을 변화시켰다고 여긴다. 나는 그다지 한가하지만은 않은 카옌과 나의 시간을 채울 "나는 당신에게 주목하고 당신은 나에게 주목하는" 게임을 더 많이 해야 할 필요에 직면해야 했다. 카옌이 다른 개들에게는 눈길을 주지 않고, 꾸준히 나에게 더 흥미를 느껴 주었을 때 나는 내 실낙원적 감각과 타협을 해야 했다.[34] 우리 사이의 유대가 강화된 것에 대한 대가는, 말하자면 속박이었다. 나는 지금도 그렇게 깨닫고 있다. 그것은 카옌과 나, 우리 둘을 위한 정신적이고 육체적인 커다란 기쁨의 달성인 동시에 상실처럼도 느껴진다. 우리의 유대는 무구하고 무조건적인 사랑이 아니다. 우리를 잇고 있는 사랑은 분자마다 우리를 고쳐 만든 자연문화적인 실천이다. 상호유도가 그 게임의 이름이다.

팸은 카옌과 내가 즐기면서 경기를 하는 모습이 보기 좋다고 이야기한다. 그녀는 그것이 수행 기준 면에서 대가를 요구할 수 있다는 것을 안다. 팸과 내가 카옌과 카푸치노를 풀밭에 데리고 가서 우리를 잊어버리고 함께 놀게 할 때는 언제나 신들이 미소를 짓는다. 팸의 파트너인 재닛도 카옌과 카푸치노가 함께 놀고 있으면, 텔레비전에서 흥미진진한 여자 농구 시합을 하고 있더라도 그것을 제쳐놓고 비할 데 없는 기쁨으로 개들의 모습을 주시한다. 그러나 카옌노 카푸치노를 그렇게 자주는 놀이에 유인할 수 없다. 카푸치노는 공을 던지는 팸의 팔과 그녀가 어딘가로 던져서 숨겨진 공의 행방만을 눈으로 쫓기 때문이다. 하지만 카옌이 메타커뮤니케이션 기술을 동원해서 이 동복의 형제에게 필사적으로 간절히 부탁해서 둘이 놀고 있을 때는, 둘이서 세계 아름다움의 총량을 증대시킨다. 그래서 세 사람의 인간 여성과 두 마리의 개는 열림 속에 있다.

함께 훈련하는 동물과 인간이 어떻게 "사건에 이용될 수 있게" 되는지를 생각하면서, 뱅시안 데프레는 다음과 같이 제안한다. "만사는 신용의 문제, 신뢰의 문제이다. 이 방식으로 우리는 기대들의 역할, 권위의 역할, 권위를 부여하고 사물이 생성되게 만드는 사건들의 역할을 이해해야 한다."[35] 그녀는 숙련된 인간 기수와 숙련된 말을 연구하는 과정에서 발견한 것을 서술한다. 프랑스의 동물행동학자 장-클로드 바레이는 숙련된 승마에서 볼 수 있는 "의도하지 않은 움직임"에 관해서 상세히 분석하고, 말과 인간 양쪽에서 정확히 동시에 상동의 근육이 불거져 나오고 축소한다는 사실을 제시한다. 이 현상을 표현하는 말로 아이소프락시스isopraxix가 있다. 말과 기수는 서로에게 조율된다. "재능 있는 기수는 말처럼 행동하고 움직인다…. 인간의 몸은 말의 몸에 의해서 변화하고 말의 몸으로 변형한다. 누가 영향을 주고, 누가 영향을 받는 것인가? 이 이야기 속에서 이것은 더는 대답을 받을 수 없는 문제이다. 인간과 말은 함께 서로의 움직임의 원인이고 결과이다. 서로가 유도하고 유도당한다. 그리고 촉발하고 촉발을 받는다. 양쪽이 서로의 마음을 체현한다."[36] 상호유도, 내부-작용, 반려종.[37] 어질리티에서의 멋진 달리기는 이것과 매우 유사한 성질을 띤다. 어질리티의 몇몇 패턴에서 그런 일이 분명히 일어난다고 확신하지만, 모방에 의한 근육군의 조화가 통상 그 요점은 아니다. 왜냐하면, 개와 인간은 코스에서 공동 수행을 하고 있지만, 동선도 서로 다르고 돌발적인 디자인의 장애물 속을 공간적으로 서로 떨어져서 행동하기 때문이다. 서로에 대한 비모방적 조율이 마음과 육신의 분자 악보와 공명한다. 그리고 그 둘로부터 이전에는 거기에 존재하지 않았던 누군가가 만들어진다. 그것이야말로 접촉지대에서의 훈련이다.

데몬이 찢어지다

2006년 4월 2일

어질리티 친구 여러분께,

2주 전쯤 왓슨빌 부근에서 롭Rob과 연습하고 있었을 때의 일입니다. 카옌과 나는 여러분도 관계가 있을지 모르는 흥미 있는 경험을 했습니다. 이 클래스는 밤 8시부터 9시 30분까지인데, 거기에는 꽤 많은 팀이 있습니다. 간단히 말해서, 이 클래스는 사람이 많고 때로는 좀 어수선합니다. 어쨌든 그때쯤이면 우리 중 대다수는 지쳐서 녹초가 되어 있습니다. 내 집중력이 밤에는 대체로 흐릿한 편이지만, 그날 밤만은 카옌과 내가 서로 마음이 딱 맞았습니다. 어려운 시퀀스와 디스크리미네이션[장애물 식별]이 있는 코스를 몇 번이나 달렸지만 한 번의 실수도 없었습니다. 그렇게 해서 9시 25분, 마지막 달리기를 했습니다. 장애물은 열 개뿐이었습니다. 디스크리미네이션이 두 개 있었는데, 그것이 그날 밤의 테마였습니다. 우리는 이것을 모두 무난히 완수했습니다. 마지막 디스크리미네이션까지 우리는 완벽했습니다. 그러나 그야말로 눈 깜짝할 사이에 우리는 문자 그대로 산산조각이 났습니다. 서로 다른 방향으로 갔습니다. 우리 둘은 곧 멈춰 섰지만, 이미 같은 코스는 아니었습니다. 둘 다 노골적으로 혼란스러운 표정을 한 채 의문이 가득한 눈으로 서로를 바라보았습니다. 서로의 신체-마음은 파트너를 잃어버렸습니다. 맹세컨대, 우리가 흩어지는 순간 나는 벨크로 테이프가 찢기는 소리 같은 것을 들었습니다. 우리 둘은 이제 "하나"가 아니었습니다. 나는 곧 바른 위치에 돌아왔고, 내가 할 부분을 기술적으로도 제대로 했습니다. 카옌도 제대로 바른 위치에 돌아왔습니다. 그때, 우리는 그냥 서로를 잃어버렸습니다. 이것이 전부입니다. 맹세코, 그것은 우리 둘 중 어느 누구의 단순한 "기술적인" 실수는 아니었습니다. 롭은 무언가가 잘못되었다고 생각하지 않았고 무슨 일이 일어났는지도 알지 못했습니다. 맹세컨대, 카옌과 나는 둘 다 벨크로 테이프가 찢기는 소리를 들었습니다. 잘 달리고 있을 때는 언제나 결합되어 있던 우리의 종 횡단적인 마음-신체가 그때 산산조각이 나고 말았습니다. 나는 전에도 마음속으로 그녀를 잃은 적이 있습니다. 물론 그녀도 마찬가지였겠지요. 그럴 때는 코스 위에서 일어나는 실제적인 현실의 오류, 대개가 작은 것이지만 타이밍상의 결정적인 문제가 이처럼 서로 간의 상실의 조짐이 되었습니다. 하지만 이날 밤은 달랐습니다. 게다가 훨씬 강렬했습니다. 그것은 아마도 우리 둘이 너무 피곤했고, 하룻저녁 내내 부지불식간에 그러나 강하게 결합하여 있었기 때문이겠지요. 그녀는 버림받은 것처럼 보였고, 나도 내가 버림받았다는 느낌을 받았습니다. 서로에게 준 혼란스러운 시선이 상실감과 간절한 갈망으로 넘치는 것을 느꼈습니다. 또한 진정 표현이 풍부한 개로서 그녀의 존재가 비명을 지르고 있었다고 생각합니다. 플레이바우*가 그 자체의 맥락에서 분명한 것처럼, 우리 사이의 의사소통은 명백하고 애매함이 없었다고 생각합니다. 플레이바우는 서로 응답하는 파트너들을 놀이의 위험을 무릅쓰도록 묶습니다. 그것과 마찬가지로 어찌 된 까닭인지 우리는 서로를 경기에서 풀어버렸습니다. 무언가가 우리를 분리해 버렸습니다. 이 모든 것이 눈 깜짝할 사이에 일어난 일이었습니다.

필립 풀먼의 연작 『황금 나침반』, 『마법의 검』, 『호박색 망원경』을 읽은 적이 있으신가요? 그 속에서는 인간-데몬의 연결이 소설 세계의 중요 부분을 이루고 있습니다. 데몬은 인간에게 절대적으로 필요한 친숙한 생명체이고, 데몬에게 인간도 마찬가지입니다. 그 연결은 매우 강하고 통일체를 이루는 데 필요한 것이라서 의도적으로 자르는 것이 소설의 줄거리를 이끌어 가는데, 그것은 흉악한 범죄가 됩니다. 어느 지점에서 화자는 다음과 같이 이야기합니다. "윌Will도 또한 그의 데몬이 있던 곳에서 아픔을 느꼈다. 그곳은 지독한 아픔이 있는 화상을 입은 곳이고, 호흡할 때마다 숨이 차가운 갈고리가 되어 그곳을 쥐어뜯는다"(『호박색 망원경』, 384). 그 이전에 화자는 데몬과 인간을 분리하는 죄에 관해서 쓰고 있습니다 : "접속이 있는 동안에는 물론 연결이 유지된다. 그때 칼날이 둘 사이를 내리쳤고 바로 연결이 끊겼다. 그 후 둘은 별개의 존재이다"(『황금 나침반』, 273).[38]

확실히 나는 카옌과의 괴리를 드라마틱하게 표현하고 있습니다. 그것은 중부 캘리포니아주에 있는 승마장에서 비 내리는 3월의 수요일 늦은 밤 조그만 어질리티 디스크리미네이션 – 타이어 아니면 점프? – 에서 일어난 일입니다.

---

* 개가 가슴을 바닥에 낮추고 앞다리를 쭉 뻗고 꼬리를 흔들면서 놀자는 의미를 표시하는 자세.

그러나 존재의 직물에 생긴 이 조그만 균열이 나에게 무언가 중요한 것을 이야기했습니다. 그것은 결합된 삶의 게임 ─ 그 속에서 각각은 하나보다는 많고 둘보다는 적습니다 ─ 에서 반려종을 묶을 수 있는, 자기 전부를 내맡기는 그런 헌신들이 만들어내는 짜임에 관해서입니다. 우리는 이와 같은 연결을 발전시키기 위해서 열심히 훈련에 힘썼습니다. 정말 몇 년 동안이나 말이지요. 그러나 그런 규율은 그 연결의 생성과 분리를 가능하게 하는 것일 뿐, 그 연결을 만드는 것은 아닙니다.

제가 말이 되는 이야기를 하고 있는 것일까요?

소노마 카운티에서 산산이 조각나 버린,
도나

낯선 자들과 놀기

어질리티는 스포츠이고 종 횡단적인 일과 놀이를 묶은 끈 위에 구축되는 일종의 게임이다. 나는 지금까지 일에 관해서는 많은 것을 이야기했지만, 놀이에 관해서는 거의 언급하지 않았다. 노는 법을 모르는 강아지를 만나는 일은 거의 없다. 그런 강아지는 심각하게 장애가 있을 것이다. 전부 다는 아니라 하더라도, 대부분의 성견은 노는 법을 잘 알고 있다. 그리고 그들은 일생을 통해서 기회만 있으면 개 파트너나 다른 파트너들을 골라서 논다. 어질리티에 참가하는 사람들은 자신의 개와 함께 노는 법을 배워야 한다는 것을 안다. 긍정 강화 훈련법에서 놀이 그 자체는 엄청나게 큰 도구인데, 대부분의 사람은 오로지 이 도구를 능숙하게 활용하기 위해서 그들의 개 파트너와 함께 놀이를 하고 싶어 한다. 놀이는 파트너 사이의 강력한 애정과 인지의 유대를 만든다. 놀이를 허락하는 것은 개와 인간이 신호를 정확히 따른 것의 극히 귀중한 보상이다. 어질리티에 참가하는 사람들 대부분은 또한 순수하게 개들이 즐거워하는 모습을 보고 싶기 때문에 개와 함께 뛰어논다. 그럼에도 불구하고, 매우 놀랍게도 어질리티에 참가하는 사람들 대다수가 개와 함께 노는 법을 모른다. 그들은 보충 교육이 필요할지 모른다. 그것은 모피 코트를 입은 환상 속의 어린이들이나 복식 테니스를 치는 인간의 모습을 한 파트너들이 아니라, 진짜 개들에게 응대하는 방법을 배우는 것부터 시작해야 할 것이다.[39] 누군가가 실제로 하고 있는 것을 이해하는 데는 인간보다 개 쪽이 더 낫다. 이 점에 관해서 개는 제법 훌륭한 교사가 될 수 있다. 그러나 개와 정중히 그리고 창조적으로 노는 것을 배우기 위한 인간의 능력에 정나미가 떨어져서 낙담해버린 개는 그렇게 드물지 않다. 사람들은 주의를 기울이는 방법과 의미 있게 소통하는 방법을 배워야 한다. 그렇지 않으면, 그 놀이가 제안하는 새로운 세계로부터 소외된다. 그렇게 이상할 것도 없이, 놀이의 기술이 없으면 갯과와 인간과의 어른들 모두 발달이 저지되고, 존재론적·기호론적 발명을 초래할 주요한 실천들을 익히지 못하게 된다. 발달생물학의 용어를 빌리자면, 그들은 상호유도가 나쁘게 되는 지경에 이른다. 그들의 접촉지대는 빈곤을 초래하는 국경 분쟁으로 악화된다.

나는 사람들에게 개를 낯선 자로 만나는 법을 배워야 한다고 말한다. 그것은 개가 누구인지에 관해 우리가 이어받은 정신 나간 가정이나 이야기들을 잊어버리기 위해서이다. 개를 존중하는 데는 적어도 이 정도의 자세는 요구된다. 그러면 낯선 자들이 어떻게 함께 놀기를 배우게 될까? 우선 여기 한 가지 이야기가 있다.

"사피Safi는 위스터에게 개처럼 물고 늘어지면서 싸우는 법을 가르쳤다. 그리고 그녀는 그에게 입으로 막대기를 들고 다니도록 설득하기까지 했다. 하지만 위스터는 그걸 가지고 무엇을 해야 할지 전혀 모르는 것 같았다. 위스터는 사피에게 빠른 속도의 추적을 하자고 유인했다. 둘은 함께 언덕 쪽으로 달려 나가 사라졌다. 그리고 늑대가 사냥감을 찾는 것처럼 주변 일대를 탐색했다. 무심코 그렇게 한 것이지만, 위스터는 때때로 사피를 발굽으로 강타했다. 그러면 사피는 비명을 지르며 아파한다. 이런 일이 일어날 때마다 위스터는 완전히 꼼짝할 수 없게 되는 것 같았다. 사피가 벌떡 일어나서 그녀의 머리로 위스터의 코를 몇 번 치게 하면서 말이다. 그 모습은 사피가 '네가 나를 다치게 했어'라고 말하고, 위스터는 '그럴 생각은 없었는데'라고 말하는 방식인 것처럼 보였다. 그리고 나서 그들은 다시 놀기 시작하곤 한다. 경주에 싫증이 나면, 사피는 종종 위스터 아래에서 몸을 뒤집어 드러누웠다. 그러고는 놀랄 만한 신뢰를 보이면서 죽음을 부를지도 모르는 위스터의 발굽에 그녀의 취약한 복부를 드러냈다. 위스터는 사피의 배에 코를 갖다 대고는 커다란 앞니로 사피가 즐겨 긁는 장소인 꼬리의 뿌리 약간 윗부분을 조금씩 긁는다. 사피는 더없는 기쁨에 눈을 감았다."[40]

사피는 생물인류학자인 바버라 스머츠의 개인데, 체중 80파운드의 저먼 셰퍼드와 벨지언 쉽독의 잡종이었다. 위스터는 이웃집의 당나귀였다. 와이오밍주의 외진 곳에서 만난 개와 당나귀는 5개월간 서로 가까이서 살았다. 위스터는 바보가 아니었다. 그는 자신의 선조가 사피 선조의 점심 식사였다는 사실을 알고 있었다. 때문에 위스터는 다른 개들이 있으면 귀에 거슬리는 큰 소리로 힘차게 울고 상대가 위협을 느끼도록 힘차게 발길질을 하면서 예방조치를 강구했다. 물론 재미 삼아 하는 포식동물의 추적 놀이에 그들을 초대하는 일도 없었다. 사피를 처음 만났을 때, 위스터는 그녀에게 돌격하면서 발길질을 했다. 그러나 스머츠의 이야기에 따르면, 사피에게는 고양이나 흰족제비 그리고 다람쥐에 이르기까지 다양한 크리터들을 친구로 만든 긴 역사가 있었다. 사피는 자신에게는 처음인 몸집이 큰 초식동물 친구 위스터에게 능숙하게 거듭 권유하고 초대했다. 그리고 마침내 위스터는 카테고리를 벗어난 우정이라는 위험으로 크게 도약했다.

물론 포식자로 분류되는 개는 먹이로 분류되는 당나귀를 어떻게 보아야 할지 자세히 알고 있고, 그 반대도 마찬가지다. 이런 사정은 진화의 역사에서 분명하고, 인간-동물 역사에서 목축 경제의 전모를 보더라도 입증될 수 있다. 개는 광범위한 자연문화 생태계에서 양을 비롯한 초식동물 무리를 몰아 왔다.[41] 만약 개가 양을 이해하는 방법을 알고 있더라도 양이 개를 이해할 수 없다면, 프로세스 전체는 작동하지 않을 것이다. 또한 초식동물과 갯과의 동물은 지금까지 서로 함께 일하는 것을 배워 왔지만, 그것은 포식자-먹이라는 기호론이 아니라 사회적 결합과 서식지 식별이라는 공유 가능한 의미와 실천에 의존하는 다른 방법에 의해서다. 가축 보호견들과 초식성의 피보호자들과 동료들이 이 기술을 증명하고 있다. 그러나 완전히 성장한 사피와 위스터는 포식동물-먹이라는 당초의 역할을 급습하여 그것을 낱낱의 성분으로 나누어 재결합하고, 행동 패턴의 질서를 바꾸어서 서로의 자잘한 행동들을 도입하고, 대개는 어떤 일을 발생시킴으로써 함께 놀았다. 그러나 그것은 기능이나, 과거나 미래 생활을 위한 실천 혹은 일에 관한 어느 누구의 생각에도 맞는 것은 아니었다. 정확히 말하자면 개와 당나귀는 당초부터 서로 낯선 사이는 아니었다. 하지만 그들은 동종의 한배에서 난 새끼들도 아니었고, 한쪽 구성원이 만들어낸 무조건적 사랑이라는 판타지에 서식하는 종횡단적 파트너들도 아니었다. 개와 당나귀는 서로의 종별적인 유창함을 해석하고 감응의 기호론적인 내부-작용을 통해서 그들 자신의 레퍼토리를 재발명하는 비전형적인 방법을 만들어내야만 했다.

나는 놀이에서 일어나는 일을 설명하는 데에 언어라는 말의 사용을 피하기 위해 마지막 몇 단락에서 문장을 뒤틀어 매듭으로 만들었다. 다종다양한 동물과 인간의 행위들을 유사하게 생각하는 데 있어서 언어의 문제들과 관용구들이 지나치게 큰 비중을 차지해 왔다.[42] 특히 개나 당나귀 같은 생물들 사이의 세계-만들기와 지적인 내부-작용을 생각함에 있어서 그들이 행하는 인지적이고 상호소통적인 기술이 언어라고 부르기에 적당한지 아닌지 묻는 것은 위험한 함정에 빠지는 것이다. 이런 문제의 틀을 아무리 자유롭게 확장하더라도 언어에 있어서 인간은 언제나 동물보다 뛰어나다는 결론에 이른다. 철학사나 과학사는 무엇을 언어로 간주할 것인가를 기초로 인간과 동물 사이에 그어진 선을 교차해 온 역사이기도 하다. 어질리티 훈련의 역사 역시 개도 인간이 어떤 말로 의미하는 것과 같은 의미로 이해한다고 여기는 것에 따르는 끔찍한 결과들로 어지럽혀져 있다.

나는 인간과 비인간 동물을 다루는 언어에 관한 질문들을 둘러싸고 오늘날 활발히 수행되는 이론 및 실증 연구에 무관심하지 않다. 설치류, 영장류, 갯과의 동물, 조류를 비롯한 광범위한 많은 종의 동물이 대부분의 과학자가 예상하지 못한 행위를 실제로 한다는 것은 이제 의심의 여지가 없다(동물들이 하는 행위를 어떻게 인식할 수 있을지를 생각해 내지 못했다고 하는 편이 좋을 것이다. 이유 중의 하나로는, 거의 아무도 흥미로운 결과가 나올 것으로 예측하지 못했고 적어도 검증 가능하고 풍부한 데이터를 얻을 수 있는 방식으로 그렇게 될 거라고는 예측하지 못했기 때문이다).[43] 최근 보고되고 있는 동물들의 이런 재능은 대중문화뿐 아니라 여러 분야의 과학에도 자극을 주고 있고, 무엇을 언어라고 해야 할 것인지에 관한 대화나 논의가 곳곳에서 행해지고 있다. 언어학이라는 경성과학hard science이 인간은 말을 하지만 동물은 하지 못한다는 사실을 증명한다는 신앙으로 오랫동안 유명했던 노엄 촘스키조차, 아직껏 순수한 그의 동료들의 분노의 대상이 되고 있으며, 이런 생각을 완전히 단념하든지 아니면 적어도 특이하다고 생각할 새로운 동료들과 더불어 다른 관점에서 이 문제를 다시 생각하도록 요청받고 있다. 이런 현상을 볼 때, 우리는 진화론적인 비교 인지과학 분야에서 무언가 큰 사태가 진행 중이라는 것과 그 메뉴에 실려 있는 것이 언어라는 사실을 알 수 있다. 특히 MIT 대학의 촘스키와 그의 하버드 재학 시절 동료였던 마크 하우저와 테쿰세 피치는 다음과 같이 말했고 그 말은 활자화되어 있다. "그러나 현재 이용 가능한 데이터로 보건대, 여태까지 생각해 왔던 것보다 발화능력과 관련하여 동물과 인간 사이에 훨씬 강한 연속성이 있다고 여겨진다. 그래서 연속성 가설은 귀무가설*의 지위를 얻을 만하고, 인간의 특별함이 입증될 수 있다는 주장에 앞서서 비교연구에 의해 거절되어야 한다. 지금으로서는 발화능력의 영역에서 진정 새로운 특징이 보이지 않는 이 귀무가설은 성립하고 있는 것같이 보인다."[44] 이제 증명되어야 할 것이 무엇인지와 관련하여 형세는 멋지게 역전되었다!

잠시 연속성이라는 말에 관해 이야기를 계속해 보자. 왜냐하면, 나는 이 말이 촘스키, 하우저, 피치의 귀무가설로 간주되던 것의 재설정의 힘과 급진성을 부정확하게 전하고 있다고 생각하기 때문이다. 인간과 **동물**이라는 기이한 단수 단어들은 과학이나 대중적인 관용어 속에서 슬플 정도로 매우 흔하고 서양 철학의 전제나 존재의 계층적인 연쇄 속에 뿌리내리고 있어서, 연속성은 단지 하나의 연속체가 차이의 하나의 깊은 틈을 대신하고 있음을 쉽게 암시한다. 하우저와 그

---

* 통계학적 방법으로 가설을 검증할 때 쓰이는 가설로, 기본적으로 참으로 추정되며 이것을 거부하기 위해서는 증거가 요구된다. 발화능력의 연속성이 귀무가설이 되었다는 것은 발화능력에서 인간만 독특한 무엇을 가지고 있다는 것이 증명되어야 할 문제가 된 것이다. 만약 비교언어학 연구가 발화능력에 있어서 인간의 독특함을 증명한다면 연속성 가설이 기각되어야 하겠지만, 그렇지 않다면 참으로 가정되는 것이다.

의 동료들은 그 설득력 없는 차이의 형상을 철저하게 파괴해 온 비교인지과학자와 신경생물학자의 집단에 속한다. 그들은 풍부한 차이의 장 속으로 단수형들을 그 구성 요소로 분해해 넣는다. 그것도 이종의 규모이든 특정한 크리터의 뇌 조직의 규모이든, 시스템이나 서브시스템의 구축, 특성과 능력의 연결과 분리 같은 기하학적 배열들과 더불어 그렇게 한다. 마치 단 하나의 눈금의 축만 있는 것처럼, 인간과 비인간 동물들 사이의 "의식"이나 "언어"와 같은 것을 비교하는 것은 과학적으로 더 이상 가능하지 않다.[45] 최근의 이런 강력한 과학적 비교진화론의 학제성이 갖는 급진주의의 일부는 그것들이 의식과 언어에 관해 묻는 것을 무효화하지 않는다는 점이다. 오히려 복잡성과 비선형적 차이와 필요한 기호론적 형상들의 육신 속에서 질문은 풀리지 않을 정도로 풍부해지고 상세하게 된다. 인간과 다른 동물 사이에서 일어나는 조우는 이 그물망 속에서 변화한다. 특히 사람들은 그들과 다른 모든 자들과의 차이를 특징짓는 하나의 무언가를 탐구하는 것을 멈추게 되고, 그들이 많은 중요한 타자와의 풍부하면서 대개는 미지의 것인, 물질-기호론적인, 육체와 육체를 맞댄, 그리고 얼굴과 얼굴을 맞댄 연결 속에 있음을 이해하게 될 것이다. 이런 것이 요구하는 것이 접촉지대에서의 재훈련이다.

언어의 문제와 유사한 논의가 있다. 사람 이외의 크리터들은 과연 "마음의 이론"을 가지고 있느냐는 것이다. 즉 다른 존재가 자신이 가지고 있는 것과 같거나 유사한 종류의 동기와 생각을 하고 있음을 알고 있는지에 관한 논의이다. 스탠리 코렌은 다음과 같이 말한다. "개들은… 다른 생명체들이 그 자신의 견해와 정신 기능을 가지고 있다는 것을 이해하고 있는 것 같다."[46] 코렌의 주장에 따르면, 사회생활을 영위하는 종과 포식동물-먹이 동료들에 있어서 이 능력은 매우 유리하다. 게다가 이 능력의 발달은 자연선택에 의해서도 매우 선호된다. 코렌을 비롯한 여러 사람들이 수많은 서술과 설명을 제출하는데, 그 가운데는 다음과 같은 것이 있다. 개를 포함한 다른 많은 종에, 다른 견해들을 인식하는 이 능력이 있다는 것을 인정하는 것은 타당해 보이고, 또한 그 반대를 상정하는 것은 극단적인 인식론적 단식과 이야기의 역류를 나타내는 지적인 거식증처럼 보이기도 한다는 이야기다.

그럼에도 불구하고, 나는 정확하고 상대적인 실험적 시험은 극히 중요하다고 생각한다. 그것은, 만약 사람들이 그들의 개에게 "마음" 같은 것은 없고 다른 동물의 "마음"에 주의를 기울일 능력도 없다고 믿을 터이면, 그 능력의 결여는 대체로 고도의 통계적 유의성 수준에서 보여야 하는 것이라는 귀무가설에 기초해서 시행되어야 한다. 확실히 종별화된 유사성은 정반대의 것이라기보다는 논박되어야 하는 위치에 있어야 한다. "마음"이나 "다른 자의 견해를 인정한다"는 것이 무엇을 의미할지는 개뿐만이 아니라 적어도 오늘날의 인간에게도 중요한 문제이다. 인간과 개를 포함해서 의사소통을 꾀하는 모든 잡다한 생명체들을 공정하게 평가하는 단일한 차이의 축은 없고, 그래서 단일한 연속이라는 가정도 없다. 줄잡아 말해도, "마음"은 인간만 가진 것은 아니다. 필요한 종류의 실험 작업을 하는 방법 ─ 그 속에서는 이종 간의 물질-기호론적인 얽힘이 규범이 된다 ─ 을 해명하는 것은 매우 즐겁고 과학적으로도 매우 창조력이 풍부해야 한다.[47] 이런 절실한 연구가 대체로 이루어지지 않은 채로 있다는 사실은 서양 전통 속에서 연구에 종사하고 철학적 사색에 열중해 온 인간들이, 설령 타자성을 두려워하지는 않는다 하더라도, 얼마나 금욕적이었는지에 관해 꽤 유용한 단서를 제공해 준다.

서로를 인식하는 존재, 그리고 중요한 타자의 현존에 응답하는 존재 사이에는 무언가 맛있는 것이 문제가 된다. 즉, 바버라 스머츠가 수십 년에 걸쳐 개코원숭이와 침팬지, 고래, 그리고 개들에 관해 주의 깊게 과학적 현장 연구를 한 후에 이야기하고 있는 것처럼, 공존은 "우리가 사용하는 무언가라기보다는 오히려 우리가 맛보는 무언가이다. 상호관계 속에 있으면서, 우리는 이 타자의 신체 안에 '누군가의 주거'가 있다는 것을 느낀다. 그것은 동등한 관계에서 공유된 현실을 함께 창조할 수 있는 우리 자신과 유사한 누군가이다."[48] 내가 거주하는 어질리티의 접촉지대에서 나는 "동등"에 관해서 그다지 확신을 가질 수 없다. 어떤 부인에도 불구하고 관계를 형성하는 권력과 통제를 행사하지 않는 척하는 것이 초래할 중요한 타자들에 대한 결과들을 나는 두려워한다. 그러나 나는 공존의 맛에 대해서, 그리고 다른 세계를 함께 만들고 있는 것에 대해서는 확신이 있다.

여전히 언어와 마음에 관한 형상들은 카옌과 내가 경기 속에서 경험하는 발명성 같은 것으로 나를 데리고 가지 않는다. 놀이가 우리를 새로운 것이 되게 해주는 실천이다. 그것은 우리를 하나도 아니고 둘도 아닌 무언가로 만드는 실천이고, 목적도 기능도 한 차례 쉬게 하는 열림으로 데려가는 실천이다. 충만하게 깨어있는 인간과[체]와 갯과[체]의 육신 속에서 낯선 자들인 우리는, 함께 놀면서 서로에게 중요한 타자가 된다. 언어의 힘은 그것이 잠재적으로 지닌 무한한 발명성이라고 할 수 있다. 기술적인 의미("불연속의 무한")에서는 충분히 진실일 것이다. 그러나 놀이가 지닌 발명의 잠재성은 언어라고 불리는 방식이 아닌, 그들 자신의 이름을 받아 마땅한 방식으로 존재들을 다시 만든다. 게다가 놀이 파트너들에게 흥미로운 것은 잠재적으로 무한한 표현성이 아니고, 오히려 그것은 반려종의 유한하고 서로 유사하지 않은 자연문화적 재능 속에서만 필멸의 모습을 취할 수 있는 예기치 못한 비목적론적 발명들이다. 이런 종류의 발명의 또 다른 이름은 기쁨이다. 사피와 위스터에게 물어보시라.

그레고리 베이트슨은 그런 멋진 개와 당나귀는 알지 못했지만, 인간 딸이 있었다. 그는 그 딸과 위험한 놀이를 했다. 놀이는 비대칭적 힘의 외부에 있지는 않지만, 메리 캐서린과 그레고리는 「메타로그:게임과 진지함에 관하여」에서 아버지-딸의 접촉지대 속에서 그 힘의 장을 느꼈다.[49] 그들이 노는 것을 배운 곳은 힘의 장이었지 그 외부에 있는 에덴 공원 같은 곳이 아니었다. 그들의 놀이는 언어적인 것이었다. 하지만 두 사람이 말해야 했던 것은 설령 위스터와 사피가 누구나 인정하는 그 기술의 일인자들이라고는 하더라도, 카옌과 내가 배운 일과 궤를 같이한다. 이 메타로그는 다음과 같이 시작된다(14).

딸:아빠, 이 대화가 진지한가요?

아버지:물론이고말고.

딸:저와 벌이는 일종의 게임은 아니죠?

아버지:당치 않다⋯ 하지만 우리가 함께하는 일종의 게임이긴 하지.

딸:그럼 진지한 게 아니잖아요!

이렇게 그들은 놀이란 무엇인가, 진지함이란 무엇인가, 그리고 그들이 세계를 재발명하고 기쁨의 은혜를 찾기 위해 어떻게 서로를 필요로 하는가에 대해서 결코 순진무구하지 않으면서 놀고 싶은 마음으로 가득한 탐구를 시작한다. 두 사람에게 어울리는 결말을 향한 유일한 궤적을 더듬어 갈 수 있는 완전히 기능적인 능력에도 불구하고, 철석같은 논리를 느슨하게 하는 것이 첫 번째 스텝이다. 아버지는 희망을 품고 말한다. "우리는 바로 몇 개의 발상을 얻을 수 있다고 생각해. 그리고 어수선한 혼란이 도움이 될 거야." 그는 말한다. "만약 우리 둘이서 언제나 논리적으로만 이야기한다면 아무리 시간이 지나도 잘 되지 않을 거야"(15). 새로운 무언가를 이해하려면, 너는 "기성의 발상을 모두 깨부수어 조각내고 그 조각들을 뒤섞어야 해"(16).

　아버지와 딸은 게임을 하고 있다. 하지만 게임은 놀이가 아니다. 게임에는 규칙이 있다. 어질리티에도 규칙이 있다. 놀이는 규칙을 부수고 뭔가 다른 것을 일으킨다. 놀이에는 규칙이 필요하지만 규칙에 의해 규정되지 않는다. 이 혼란 속에 있지 않으면 게임을 할 수 없다. 딸은 곰곰 생각하다가 무심코 혼잣말을 한다. "혼란이라니 좀 궁금해요. 우리의 조각난 생각을 질서 속에 유지해야만 하나요 ─ 엉망이 되지 않도록 말이죠?" 아버지는 동의한 다음 덧붙인다. "그렇지만, 나는 어떤 질서인지는 모르겠는걸"(16). 딸은 아버지와 놀이를 할 때 언제나 규칙이 바뀌고 있는 것이 불만이다. 나도 카옌과 서로에 대해서 그런 식으로 느끼고 있다는 걸 알고 있다. 딸이 말한다. "아버지가 모든 것을 혼란스럽게 하는 방법은 일종의 속임수예요." 아버지는 이의를 제기한다. "아니야, 절대 그렇지 않아(17). 딸은 초조하다. "하지만 아빠, 그건 게임이 맞나요? 저를 상대로 이기려고 하는 건가요?" 아버지는 어린이와 부모가 색깔 블록을 가지고 함께 놀고 있는 모습을 예로 들면서, 어떤 일관성을 노리고 있다. "아니야, 나는 그걸 너와 내가 블록을 상대로 놀이를 하고 있는 걸로 생각해"(17). 이것은 사피와 위스터가 종의 유산이라는 규칙을 상대로 놀이를 하는 그런 것일까? 카옌과 내가 우리의 접촉지대인 노란색 페인트가 칠해진 임의의 구획에서 놀이를 하는 그런 것일까? 아버지는 자세히 설명한다. "블록은 그 자체로 일종의 규칙을 만들지. 어떤 위치에서는 균형을 유지할 것이고 다른 위치에서는 균형을 잃어버릴 것이야"(18). 어떤 접착제도 허용되지 않는다. 허용된다면 그것이야말로 속임수일 것이다. 놀이는 열림 속에 있지 아교 냄비 속에 있지 않다.

내가 이해했다고 생각했을 때, 아버지는 딸의 말을 다른 말로 바꿔서 표현한다. "우리가 혼란에 빠졌을 때, 미치지 않기 위해서는 어떤 질서에 충실해야 할까?" 아버지는 자신이 바꿔 말한 것에 대답한다. "내가 생각하기에는, 게임의 '규칙'은 그런 질서의 또 다른 이름인 것 같구나." 딸은 이제 자신이 해답을 찾았다고 생각한다. "그래요. 그리고 속임수가 우리를 혼란에 빠지게 해요." 짓궂은 사람은 쉴 틈이 없다는 것이 아버지의 모토이다. "그렇지만 게임에서 가장 중요한 것은 우리가 혼란 속으로 들어가서 그것을 극복하는 데 있음을 잊지 말아야겠지"(19). 어질리티 훈련에서 실수를 재미있는 것으로 만드는 장난스러운 실천이 우리를 이해시켜주려고 하는 그런 무엇인가? 실수는 피할 수 없고, 특별히 계몽적인 것도 아니다. 실수를 재미있게 만드는 것이 세계를 새롭게 만드는 것이다. 카옌과 나는 좀처럼 없는 귀한 순간에 그것을 경험했다. 우리는 실수와 함께 논다. 실수가 우리에게 그 가능성을 부여해준다. 그것은 모두 재빨리 일어난다. 아버지는 솔직히 인정한다. "그렇다. 규칙을 만드는 것은 나다. 결국, 나는 우리를 미치게 하고 싶지는 않거든." 딸은 가만히 있지 않는다. "규칙을 만드는 건 아빠죠. 아빠. 그게 공평한 건가요?" 그러나 아버지는 뉘우치지 않는다. "그래, 애야, 나는 계속해서 규칙을 고친단다. 전부는 아니고, 그중의 몇 개이지만 말이야." 딸이 말한다. "규칙을 바꿀 때는 제게 말해주면 좋겠어요!" 아버지가 말한다. "그렇게 할 수 있으면 나도 좋겠다〔실제로는 하지 않는다〕. 그렇지만 좀 달라… 분명히 그건 체스나 카나스타[카드 게임]와는 달라. 오히려 새끼 고양이와 강아지가 하는 놀이에 가까워. 아마도 그럴 거야. 나는 잘 모르겠구나"(19~20).

딸은 이 말을 듣고 가만있지 않는다. "아빠, 새끼 고양이와 강아지는 왜 놀이를 하나요?" 놀이는 어떤 목적을 위한 것이 아님을 파악하고 있는 아버지는 기죽지 않고, 내 추측으로는 의기양양하게, 이 메타로그를 끝낸다. "나도 모른다. 나도 몰라"(20). 또는, 이언 베데가 빈센트에 관해 이야기한 것처럼, "그는 나의 무지를 풍부하게 해준다." 그리고 위스터가 사피에 관해서 말한 것처럼, "나는 이 개에게 기회를 줄 생각이다. 언제나 변치 않는 그녀의 인사는 내가 점심이 아니라는 뜻일지도 몰라. 내가 오해받지 않도록 하는 게 좋겠어. 내가 그녀의 초대를 받아들였다는 것을 그녀가 아는 것이 좋겠어. 그렇지 않으면 그녀는 한 마리의 죽은 개이고, 나는 몹시 야만스러운 한 마리의 당나귀에 지나지 않아."

우리는 베이트슨이 데려가 주는 또 다른 지점에 다다른다. 메타커뮤니케이션, 커뮤니케이션에 대한 커뮤니케이션, 그것은 놀이의 필수조건이다. 언어는 이 미묘한 문제를 처리할 수 없다. 오히려 언어는 언어와는 다른 이 기호론적 프로세스에 의존하고 있다. 몸짓에 의하고 결코 글자가 아니고 언제나 암시적이며 공존의 위험과 또 다른 차원의 커뮤니케이션 위험을 무릅쓴 신체적인 초대에 의존하고 있다. 또 다른 메타로그로 돌아가 보자. 딸은 말한다. "아빠, 왜 사람들은 그냥, '나는 너에게 화난 게 아니야'라고 말할 수 없는 거죠? 그리고 왜 그럴 때 넘어가지 않나요?" 아버지가 말한다. "아, 이제 우리는 진짜 문제에 도달하고 있는 것 같구나. 중요한 것은, 우리가 몸짓으로 교환하고 있는 메시지는 말로 그것을 번역한 것과는 실제로 같지 않다는 거야."[50]

베이트슨은 원숭이와 돌고래 등 다른 포유류도 관찰하고, 그들의 메타커뮤니케이션 놀이와 실천을 자세히 연구했다.[51] 그는 아무리 표현이 풍부하더라도 지시적인 메시지를 탐구하지는 않았다. 그는 다른 기호가 그것이 다른 경우에 의미하는 것을 의미하지 않는다고 말하는 기호론적 기호들을 찾고 있었다(그다음에 오는 것이 공격이 아님을 지시하는 놀이 제스처처럼 말이다). 이것들은 관계를 가능하게 하는 종류의 기호들이다. 그리고 베이트슨에게는, "언어능력을 습득하기 전의" 포유류의 커뮤니케이션은 그 대부분 "관계의 규칙과 우발성들"에 관한 것이었다.[52] 놀이를 배우면서 그가 탐구했던 것은 "싸움" 이전에 행해지는 인사 의례와 같은 것이었다. 이 인사 의례는 싸움이 아니고, 참가자들(그리고 영광스럽게도 볼 수 있게 된 생명체들에 대해 뭔가를 애써 배우려는 인간 참관자들)도 싸움이 아니라고 알고 있는 것이다. 놀이는 이처럼 문자로부터 손을 떼는 위험을 무릅쓰려는 사람들 사이에서만 일어날 수 있다.[53] 적어도 카옌과 나 같은 어른들에게 있어서는 이것은 큰 위험이다. 이런 멋진 기쁨을 불러내는 플레이바우와 속임 동작과 같은 신호는 우리를 의미의 세계로 통하는 문턱으로 데려다준다. 그세계란 그것들이 일견 의미하는 것처럼 보이는 것을 의미하지 않는 그런 의미들의 세계이다. 그것은 언어학자가 말하는 "불연속의 무한"도 아니고, 비교신경생물학자가 말하는 "연속"도 아니다. 오히려 기능으로부터 해방된 의미의 세계는 접촉지대에서 행해지는 공존의 게임이다. 동일자의 신성한 이미지를 재생산하는 것이아니다. 이 게임은 모방적이지 않고 차이로 가득 차 있다. 개는 이 게임을 극히 잘한다. 따라서 사람들은 배울 수 있다.

생물학자인 마크 베코프는 많은 시간을 들여서 개를 포함한 갯과 동물의 놀이를 연구해 왔다. 놀이가 가끔은 당시에 혹은 생의 후반부에 기능적인 목적에복무한다 하더라도, 베코프는 그러한 해석은 놀이를 설명하는 것도 아니고, 사람들에게 놀이의 발생을 인정하도록 하는 것도 아니라고 주장한다. 그 대신 베코프와 그의 동료 J. A. 바이어즈는 놀이의 정의를 다음과 같이 제시한다. "출생후에 행해지는, 목적이 없어 보이는 모든 운동 활동, 거기에는 종종 다른 맥락의운동 패턴이 수정된 형식과 시간적인 순서의 변경을 거쳐 사용될 수 있다."[54] 언어와 마찬가지로 놀이도 새로운 의미를 만들어내기 위해서 요소들을 새로운 순서로 재배열한다. 그러나 1980년대의 베코프와 바이어즈의 정의에서는 놀이가뭔가 명백하지 않은 것을 요구하고 있는데, 다시 말해 그것은 순수한 행위에서의기쁨이다.[55] 나는 그것이 "목적 없음"이라는 말이 의미하는 것이라 생각한다. 만약정신분석적인 의미의 "욕망"이 인간의 언어가 구성한 주체에 대해서만 적절한 것이라고 한다면, 감각을 즐겁게 하는 "기쁨"은 놀이가 구성한 존재의 경험에 적당한 것일 것이다. 기쁨은 공존처럼 뭔가 우리가 맛보는 것이다. 그것은 우리가 지시적으로 아는 무언가가 아니고 도구적으로 사용하는 무언가도 아니다. 놀이가 열림을 만든다. 놀이가 제안한다.

나는 잠시 이 변경된 시간 배열에 머무르고 싶다. 기능적인 패턴은 머지않아동작의 순서에 제법 심하게 구속을 가한다, 가령, 처음에는 몰래 접근하다 그러고는 측면으로 달려든다. 그다음, 앞지르고, 무리 속에 들어가서 선택한 먹이를 분리하고, 찌르고, 물어 죽이고, 절단해서 끌고 간다. 동종 간의 심각한 싸움이나 생계를 꾸리기 위한 다른 어떠한 중요 행동 패턴에서도 동작의 순서는 다 다르다. 그런데도 통제는 순차적으로 이루어진다. 그러나 놀이는 생계를 꾸리는 일이 아니다. 그것은 삶을 열어서 보인다. 시간은 펼쳐진다. 기독교의 은총처럼, 놀이 또한 기쁜 결과와 함께 최후의 것이 최초의 것이 되는 것을 허용할 수 있다. 이언 베데가 로디지안 리지백 종인 빈센트와 함께 걸었던 일에 대한 고찰은 시간의 열림에 관해 뭔가 중요한 것을 나에게 말해 준다. 그것은 나와 내 생각에는 카엔도, 우리가 함께 놀 때 경험하는 것이다. 그것은, 날째게 움직이는 두 신체의 운동 감각의 조화 속에서 규칙과 발명의 춤을 추면서 좀 더 조직화된 어질리티 경주일 수도 있고, 둘이서 뒤를 쫓는다거나 맞붙어서 몸싸움을 하거나 서로 잡아끌면서 해나갈 수 있는 더 느슨한 놀이 패턴일 수도 있다. "나는 개의 시간 감각을 숙고하는 일에 관여하는 반인반수 신 숭배에 관해서는 자신이 없다. 내가 알고 있는 것은 시간 감각을 함께 체험하고 있다는 어느 정도의 상호관계뿐이다. 나의 경우 그것은 지속과 기억에 더해서, 속도를 맞추기, 공간, 초점거리 등도 포함하게 되었다. 현재에 대한 나의 감각은 한층 생생한 것이 되었다. 그리고 동시에 나와 속도를 공유하는 것이 빈센트에게 요구된다면 그의 지각적인 보조 맞추기도 변했다. 우리의 결합된 시간은 나의 강화된 감각과 그의 변경된 보조를 포함한다. 우리는 함께 생생한 시간의 전경 속에 고정되어 있었다."[56]

카엔과 내가 함께 노는 경험, 이 낯선 자들의 놀이에서는 파트너들 양쪽 다 베데가 느낀 바뀐 시간의 감각을 경험한다. 함께 변경하였으나 여전히 동일한 것이 아닌 감각 속에서, 순서를 매긴다는 의미에서 시간도 또한 열린다. 놀이를 하는 와중에 창조적으로 움직이는 파트너들의 미처 생각지 못한 결합과 일치는 양자를 붙잡아 어떤 열림으로 몰아넣는다. 그것은 영원한 현재나 일시적 시간의 정지, 행동 중에 함께 도달하는 "깨달음"의 고양감, 혹은 내가 기쁨이라고 부르는 것과 같은 느낌이 드는 것이다. 어떤 리버 쿠키도 그 기분과 겨룰 수 없다. 어질리티 애호가들은 그들이 개와 함께하는 어질리티 경기에 자신들이 "중독"되어 있는 것에 대해서 종종 서로 농담을 한다. 그들은 많은 시간, 많은 돈, 끝없는 실패의 경험, 자신의 어리석음을 공개적으로 드러내는 일, 그리고 되풀이되는 부상 같은 것을 도대체 어떻게 정당화할 수 있을까? 그리고 함께하는 개들의 중독에 관해서는 어떨까? 어떻게 출발선에 선 그들의 개들은, 과학소설 속의 다리가 둘인 에일리언과 협력해서 미지의 장애물들이 늘어선 경기장을 가로질러 달리게 하려는 신호를 항상 그렇게까지 열심히 들을 준비가 되어 있는 것일까? 인간에게도 개에게도 훈련의 규율은 재미없는 것이 많다. 여행의 고됨과 자신의 경기 차례를 기다리는 동안의 갇혀 있는 지루함에서 오는 소모는 말할 것도 없다. 그렇지만, 개와 인간은 다음의 달리기, 놀이가 제안하는 다음의 경험으로 서로를 꼬드긴다.

게다가 기쁨joy은 재미fun와 같은 것이 아니다. 나는 대부분의 사람들이 어질리티를 계속하는 것이 단지 재미 때문이라고 생각지 않는다. 어질리티에서 함께 재미를 얻는다는 것은 그다지 미덥지 않고 오히려 그런 재미는 다른 곳에서 더 쉽게 얻어진다. 나는 카옌이 어떻게 좋은 달리기와 그저 그런 달리기의 차이를 알고 있을까를 묻는다. 둘이서 잘 달렸을 때 그녀의 몸 전체는 마치 인광을 발하는 바다에 담갔던 것처럼 찬란히 빛난다. 그녀는 여기저기 뛰어다닌다. 그녀는 마음속으로부터 빛나고 있다. 그녀는 자신의 주변을 온통 기쁨으로 전염시킨다. 다른 개나 팀도 그들이 불타오르고 "좋은 달리기"를 할 수 있을 때는 마찬가지다. 카옌은 그저 그런 달리기에서도 충분히 기뻐한다. 그녀는 즐거운 시간을 보낸다. 무엇보다 그녀는 여전히 스트링치즈와 많은 지지를 얻는다. 달리기가 좋았든 나빴든 나 역시 좋은 시간을 보낸다. 나는 어질리티에서 귀중한 인간 친구들을 만들었고 많은 개를 숭배하게 된다. 그리고 하루하루가 깔끔하고 즐겁다. 하지만 카옌과 나는 우리가 열림을 맛볼 때 그 차이를 안다. 창의로 넘치는 아이소프락시스의 기쁨 후에 우리가 뿔뿔이 흩어져 단순히 기능적인 시간과 분리된 동작으로 갈라져 버릴 때, 우리는 둘이 결합되었던 되기의 직물이 찢어지는 것을 알아챈다. 놀이에서 "함께 되기"becoming with의 맛은 두 종의 도제 금욕주의자를 꾀어내어 생생하게 감각적인 현재의 열림 속으로 다시 데려온다. 이것이야말로 우리가 그것을 하는 이유이다. 그것은 나의 질문, '당신은 누구입니까? 그렇다면 우리는 누구입니까?'에 대한 대답이다.

좋은 플레이어들(능숙한 개를 보라. 혹은 메리 캐서린과 그레고리 베이트슨의 메타로그를 다시 읽으라)은 레퍼토리의 범위가 상당히 넓다. 그래서 그들은 파트너들의 활동에 대한 관심과 몰두를 일으키거나 지지할 수 있고, 파트너가 키울 실수에 대한 우려를 진정시켜서 위급함을 알리는 요소와 장면으로 만들 수도 있다. 베코프가 암시하고 있는 것은 다음과 같다. 공동의 "페어" 플레이―거기서는 파트너들이 이제껏 함께 위험을 무릅쓴 것 이상으로 위험을 무릅쓰면서 한층 더 도를 넘고 상궤를 벗어난 뭔가의 제안을 감히 할 수 있다―를 시작하고 돕고 지지하는 이와 같은 동물의 다양한 능력이 공정과 협력, 관용과 도덕성의 진화의 근저를 이루고 있다.[57] 기억해야 할 것은, 우연히 당나귀 위스터가 사피의 머리를 발로 세게 찼을 때, 위스터가 사피에게 그녀의 머리로 자신의 코를 강타하게 한 일이다.* 나는 또한, 카엔과의 훈련에서 내가 요청하거나 응답하는 대신 일관성이 없거나 마음을 상하게 했을 때 카엔에게서 받은 느낌을 내가 얼마나 여러 번 그녀의 용서와 다시 하겠다는 기꺼운 마음으로 해석했는지도 기억한다. 나는 정식 훈련 외에 그녀와 함께 놀 때도 같은 식의 관대함을 경험하는데 그때도 그녀의 요청과 선호, 혹은 경고들을 오해한 것이다. 내가 이런 식으로 사물을 이야기하면서 "의인화"(동시에 의수화도) 하고 있다는 것도 분명히 안다. 그러나 그것들을 이와 같은 방식으로 말하지 않는 것은 더 나쁘다고 생각한다. 부정확하고 무례하기 때문이다.[58] 베코프는 우리의 주의를 우리가 신뢰라고 부르는 놀랍고도 세계를 바꾸는 자연문화적인 진화로 향하게 하고 있다. 나 자신도 놀이의 비문자적인 열림 속에서, 시간과 공간이 어떤 그물망의 규모가 되더라도, 거기서 행하는 우리의 모든 일에서 서로를 위한 그리고 서로에 대한 도덕규범과 책임의 가능성의 근저에는 항상 관능적인 기쁨을 느끼는 경험이 있을 것이라는 생각을 매우 좋아한다.

그런 까닭에 이제 이 장의 끝부분에 이르러서 나는 3장 「고통 나누기」에서 만난 이자벨 스탕제르에게로 돌아가려고 한다. 그것은 공존이 요구되는 코스모

---

* 원문에서는 사피가 코로 위스터를 강타한 것으로 표현되어 있으나 앞 내용과의 일관성을 위해 달리 표현함.

폴리틱스라는 생각에 대한 그녀의 소개이다. 여기서 내가 스탕제르를 필요로 하는 것은 화이트헤드의 명제라는 개념에 대한 그녀의 독해 때문이다. 스탕제르는 「제6일에 관한 화이트헤드의 설명」이란 논문에서 다음과 같이 쓰고 있다. "명제는, 존재한다고 말해질 수 있는 것, 그 자체로 현행적 실체의 기술記述에 의해 요구되는 것의 짧은 형이상학적 목록의 구성요소들이다. … 새로운 명제가 존재에 이르기 위해서는 어떤 사회적 환경이 필요할지도 모르고, 그리고 필요할 것이다. 그러나 그것은 사회적인 용어로는 설명되지 않을 것이다. 존재에 이르는 사건은 되기becoming를 위한, 예상에서 벗어나는 새로운 폭넓은 가능성의 열림을 나타낸다. 그리고 그 때문에 그것은 일반적으로 계속성의 중단을 나타내는데, 사회 격변이라고 불리는 것이다."[59] 나는 어질리티의 접촉지대에서 파트너와 훈련에 몰두할 때와 같은 의욕으로, 사변적인 과정 철학과 화이트헤드의 용어로 들어가는 이 일탈을 감행하겠다. 이것은 서로 모르는 자들과의 또 다른 놀이이다. 스탕제르의 말에 따르면, 화이트헤드의 전문 용어가 갖는 개념적인 역할은 "그것들의 절합articulation에 의해 생산되는 창의적인 도약에 있다. … 그것들의 의미는 즉시 밝혀질 수는 없다. 동물에게 즉시 접근할 수 없는 것과 마찬가지다. 두 경우 모두, 조금 천천히 하기 그리고 그들이 무엇을 요구하는지 그리고 어떻게 행동하는지를 잘 지켜보는 것이 필요하다"(1). 그것은 개념적으로 격식을 갖춘 예의 그리고 코스모폴리틱스에 관한 것인데, 바로 이런 알지 못하는 자들과 노는 법을 배우기에 관한 것이기도 하다.

나는 "놀이가 제안한다"고 말했다. 그리고 사람들이 서로 알지 못하는 자로서, 중요한 타자로서 개와 만나는 법을 배워야 한다고 주장했다. 이는 양쪽 모두 이종 간의 신뢰에 관한 신체의 기호현상을 배우고 뭔가 새로운 것을 모험하는 열림으로 들어갈 수 있기 위해서이다. 어질리티는 보통의 스포츠이자 게임이고, 그 속의 규칙과 발명의 싱코페이션 댄스는 플레이어들을 재형성하는 안무법이다. 화이트헤드가 그가 생각하는 명제의 의미를 자세히 이야기했을 때, 그가 개-인간 어질리티 겨루기를 염두에 두고 있지 않았다는 것은 나도 알고 있다. 하지만 스탕제르는 명제라는 사변적인 일과 놀이에 홀딱 반해서 그것을 전도유망하게 자유롭게 다루고 있다. 나도 스탕제르로부터 격려를 받아 어질리티에서의 "좋은 달리기"는 "일관성의 양식"이고, "파악 합생"이고, "심오한 밝혀짐"의 사건이라고 제언한다 ─ 모두 화이트헤드의 용어이다.

화이트헤드에게 일관성이란 상호 모순되는 용어로만 보였던 것들을 함께 해석하는 것을 의미한다. 스탕제르는 화이트헤드의 다음과 같은 말을 인용한다. "현행적 실체의 되기에서, 이접적 다양성 속에 있는 많은 실체들의 잠재적 통일성이 현행적 실체의 현실적 통일성을 획득한다"(12).[60] 달성된 현행적 실체는 시간의 바깥에 있다. 그것은 내가 완전한 기쁨이라고 부르는 것 속에서 시간을 초과한다. 기쁨은 함께 만드는 동작 속에서 다른 신체들이 함께 될 때 느낄 수 있다. 그것은 "깨달음"과 같은 것인데, 각 파트너를 하나 이상 둘 이하로 만든다. 현행적 실체는 세계의 다양성을 증대시킨다. "다수는 하나가 되고, 하나에 의해서 증대된다"(23). 이것이 통상의 상호유도다. "되기는 입증되어야 할 것이 아니다. 그것은 전적인 밝혀짐의 문제이다. 거기에 비해, '어떻게 실체가 되는가?'라는 질문은 그 때문에 일관성에 대한 요구가 적극적으로 작용할지도 모를 질문이다"(13). 이성, 실험, 힘든 훈련, 실수를 흥미롭게 만들기, 객관성, 원인, 방법, 사회학, 심리학, 결과: 여기는 이것들이 진가를 발휘하는 장소이다. 인간(그리고 다른 생물)은 이성을 신체로 실행하는 것을 필요로 한다. 이성을 필요로 한다. 기술을 필요로 한다. 하지만 그것들이 망상이 아닌 한 ─ 다수는 망상이지만 ─, 인간(그리고 다른 생물)이 갖고 있지 않은 것은(수학 증명이나 논리 증명의 매우 특수한 의미를 제외하고) 초월적인 충분 이유이다.

열림이 손짓하여 부른다. 그다음 사변적인 명제가 유혹한다. 세계는 끝나지 않았다. 마음-신체는 거대한 계산 운동이 아니라 놀이 속의 위험이다. 그것이 내가 생물학자로서 배운 것이고, 어질리티 접촉지대에서 다시 배운 것이기도 하다. 사람들은 이해될 필요가 있는 것, 즉 밝혀져야 할 필요가 있는 것에 대해 동어반복 ─ 그냥 그런 냉혹한 기능 이야기 ─ 을 사용해서 발뺌해서는 안 된다. 나는 스탕제르 또한 종을 가로질러서도 같은 것이 적용되리라는 점에 동의할 것이라고 생각한다.

만약 우리가 인간예외주의의 어리석음을 확실히 인식한다면, 결과가 문제가 되는, 즉 세계에 누가 있는지가 문제가 되는 접촉지대에서는 되기란 언제나 함께 되기임을 알 수 있다. "화이트헤드에게 있어서, 제6일에 중요하게 되는 경험은 아직 실현되지 않은 대안적인 가능성에 대한 강한 감정과 관련되는 것이다"(16). 스탕제르는 철학의 목표는 변형시키는 힘이 있는 밝힘이고, 명제의 유효성은 인간에 한정되지 않음을 주장한다. "명제는 언어적인 문장과 혼동되어서는 안 된다. … 명제의 유효성은 제6일의 창조물에 한하지 않는다. … 명제는 환원 불가능한 이유를 부여하기 위해서 필요하다. … 우리가 목격하게 될지 모르는, 굴과 나무조차 살아남기를 잊고 있는 것처럼 보이는 그런 종류의 사회적 지속의 혼란이 올 가능성을 위해서 말이다"(18). 명제는 아직 존재하지 않는 무언가에 관한 것이다. 명제는 아직 실현되지 않은 이상("추상"이라고 불리는)에 유혹되어 나오게 된 사회적 모험이다. 그리고 그것은 스탕제르와 화이트헤드가 "방랑"이라고 부르는 것, 베이트슨이 "뒤죽박죽"이라고 이름 붙인 것, 베데와 내가 놀이의 위험이라고 말하는 것에 의해서 가능하게 된다. 이것은 기이한 이론이다. 실제로 재생산의 목적론 바깥에 있고 카테고리에서 벗어나 있다 — 즉 토픽에서 벗어나고, 토포스topos(적절한 장소) 밖에 있고, 트로포스tropos(수사)로 향한다 (일탈해서 의미를 새롭게 만든다).

신은 분명 기이하지queer 않다. 창세기 1장 24~31절의 창조의 제6일에, 하느님은 — 도움이 되도록 영어로 말씀하시면서 — 다음과 같이 말했다. "'땅이 살아있는 창조물을 그 종류대로 내게 하라.' … 그리고 하느님은 땅의 짐승을 그 종류대로, 가축을 그 종류대로, 땅에 기는 모든 것을 그 종류대로 만드셨다. 하느님 보시기에 좋았더라." 하느님은 종류들을 뚜렷하게 구분하기 위해 좀 지나치게 초점을 맞추시고, 곧바로 자신의 모습을 닮은 인간(남과 여)을 만드는 일에 착수하고, 둘 모두에게 땅을 공유하는 모든 범위에서 번성하라는 명령과 함께 너무나 많은 지배권을 부여했다. 내 생각에, 제6일은 '이 세상에 공동으로 사는 생명체들의 연대의식' 대 '인간예외주의'의 문제가 유대교와 기독교 일신론 제1장에서 예리하게 제시된 지점이었다. 이슬람교도 이 점에 관해서 더 나을 것이 없었다. 우리에게는 많은 종류가 있지만 관계는 한 가지뿐인데, 그것은 하느님의 지배하에 있는 인간의 지배라는 관계이다. 모든 것은 인간을 위한 양식糧食이고, 인간은 단지 자기 자신을 위한 그리고 하느님을 위한 양식이다. 이 잔치에는 어떤 반려종도 어떤 카테고리 횡단적인 식사 동료도 식탁에 앉아 있지 않다. 유익한 소화불량 같은 것은 없고 있는 것이라고는 인간이 사용할 비축으로서 모든 땅의 인가된 경작과 축산뿐이다. 포스트휴머니티 ─ 나는 이것을 "일신론 이후"라는 말의 또 다른 표현이라고 생각한다 ─ 는 또 다른 종류의 열림을 요구한다. 주의하라. 때가 왔다.

접촉지대에서 마치며 : 악마는 디테일에 있다

2001년 8월 28일

어질리티 친구 여러분,

지금까지 미즈 카옌 페퍼가 포즈 테이블에 끌렸다는 이야기는 하지 않았을 겁니다. 오늘 아침의 일이었습니다. 러스틴이 새로운 포즈 테이블의 모래로 덮인 까칠까칠한 표면에 현란한 노란색 페인트로 마지막 칠을 하고 있을 때였습니다. 이 테이블은 그가 내 생일 선물로 만들어 준 것입니다(정말 프로 같은 솜씨로 A자 프레임, 브로드 점프, 시소와 함께 만들어 주었지요). 새로 보는 것이지만, 카옌은 자신이 이 접촉 장애물에 뛰어오르기를 아주 좋아한다는 것을 알리려고 한 것 같았습니다. 갓 칠한 밝은 색의 페인트 위에 철썩 소리를 내며 뛰어올랐습니다. 내가 강하게 말했지만, 그것을 태연하게 무시했습니다. 평소 같으면 내 말을 듣고 일찌감치 밖에 나가 신문을 가지고 코딜의 우편함으로 달려가 의무를 다하면 심부름 값으로 맛있는 비타민정을 받았을 겁니다.

나의 스승인 게일 프레이저의 증언에 의하면, 카옌은 훈련 중이나 시합을 할 때 해제 신호를 듣기 전에 포즈 테이블에서 뛰어내리는 일이 잦았다고 합니다. 그러나 이번에는 그렇지 않았습니다. 그녀는 신념을 가지고 테이블에 달라붙어 있었습니다. 벌점 2점은 없습니다. 페인트에 배를 붙이고, 카옌은 나에게 말하고 있었습니다. 우리는 이제 특별히 노력하지 않아도 테이블 위에 자동적으로 앉을 수 있게 되었고, 이것도 우리 둘이 열심히 노력한 덕분이라고 말이지요. 타이밍이 전부입니다.

이번 주말 USDAA 시합을 위한 경기 준비를 마친,

도나

3부
얽힌 종과 종

9장

크리터캠
자연문화 속의 겹눈

체현된 존재와 그것을 둘러싼 세계의 이러한 상호접속에서는 인터페이스에서 일어나는 것이 중요한 것이다.

— 돈 아이드, 『테크놀로지의 몸』

손가락 눈은 그야말로 보는 사람을 물질화된 지각 속으로 몰아넣는다.
— 에바 숀 헤이워드, 「무척추동물의 이미지 : 해양 테크노아트에서 조우의 양상으로서의 몰입, 서식, 친밀」

동물이 카메라맨이라면 무슨 일이든 일어날 수 있다.
— 크리터캠[동물 몸에 부착하는 카메라] 광고

접힘, 그리고 판사의 방

돈 아이드Don Ihde와 나는 기본적으로 함께 전념하고 있는 것이 있다. 아이드는 이렇게 말한다. "내가 기술을 이용하거나 고용한다는 것은 동시에 그 기술에 의해 이용되고 고용된다는 것이기도 하다. … 우리는 기술들 속의 몸들이다."[1] 그러므로 기술은 우리와 세계의 다른 부분을 매개하는 무엇이 아니라 오히려 메를로-퐁티가 "육신의 접힘"이라고 부른 무언가에 있는 기관들이고 완전한 파트너들이다. 나는 세계를 형성하는 만남의 춤을 암시하는 말로 인터페이스interface보다는 접힘infolding을 좋아한다. 접힘에서 일어나는 것이 중요한 것이다. 육신의 접힘은 세속적인 체현이다. 이 말을 생각하면, 주사전자현미경이 보여주는 고배율의 세포 표면이 역력히 떠오른다. 우리는 이 그림들 속에서 매끄러운 인터페이스라고는 결코 상상할 수 없는 산과 계곡의 기복, 얽힌 세포소기관과 박테리아들, 그리고 복잡하게 얽힌 표면의 겹침을 시각-촉각optic-haptic으로 느낄 수 있다. 인터페이스는 상호작용하는 움켜잡는 장치들로부터 만들어진다.

게다가 세속적인 체현은 구문론적으로도 물질적으로도, 언제나 동사이거나 적어도 동명사이다. 언제나 형성 중에 있어서, 체현은 진행 중이고, 동적이고 구체적 상황의 한복판에 있으며 역사적이다. 그 춤을 위한 케미컬 스코어*가 무엇이든지 간에 – 탄소, 실리콘, 혹은 다른 어떤 것이든 – 육신의 접힘에서 파트너들은 이질적이다. 즉 서로에 대한 타자들의 접힘은 우리가 존재들이라고 부르거나, 어쩌면 브뤼노 라투르를 따라 더 낮게 말한다면 사물들이라 부르는 매듭을 구성하는 무언가이다.[2] 사물들은 물질적이고, 종별적이고, 자기동일적이지 않고, 기호론적으로 활동적이다. 살아있는 것의 영역에서 크리터critter는 사물의 또 다른 이름이다. 이 장에서 다루고 있는 것은 크리터들이다.

사물들은 그 자체로 결코 순수하지 않은 복합체compound이다. 그것들은 다른 사물들, 즉 조화를 이루어 힘을 증대하고, 무언가가 일어나게 하고, 세계를 관

---

* chemical score는 단백질의 영양가를 평가하는 화학적인 방법이다.

여시키고, 해석이라는 육체적인 행위의 위험을 안는 사물들의 조합으로 구성된다. 기술들은 언제나 복합체이다. 그들은 다양한 해석 행위자^{agent}, 기록 행위자, 그리고 관계적 행위를 연출하거나 증폭하는 행위자들로 구성되어 있다. 이런 행위자는 인간이라는 존재 혹은 그 일부일 수도 있고, 다른 생물들 일부 혹은 전부일 수도 있고, 많은 종류의 기계, 혹은 여러 가지 힘들이 접합된 기술 복합체 안에서 작동하기 위해 동원된 다른 사물일 수도 있다. **복합체**는 "그 안에 주택이나 공장이 있는 둘러싸인 구역"이라는 의미도 있는데 거기에는 아마도 감옥 혹은 사원도 있다는 것을 기억해야 한다. 마지막으로 동물학 용어로서 군체 동물 compound animal은 개개 유기체들의 합성물, 개충들[군체를 이루는 개별 생명체들]의 울타리, 하나로 접혀 들어간 일군의 크리터들이다. 크리터캠의 눈줄기 ─ 즉 복합된 가시화 실천들의 순환장치 ─ 에 의해 연결된 개충은 테크놀로지이고, 테크놀로지는 개충이다.

그래서 복합체는 합성물^{composite}이기도 하고 울타리^{enclosure}이기도 하다. 이 장에서 나는 비인간 해양동물, 인간 해양과학자, 일련의 카메라와 관련 기기, 〈내셔널 지오그래픽 소사이어티〉, 텔레비전의 인기 자연 프로그램과 그 웹사이트, 해양과학 저널에 실린 진지한 논문들로 구성된 21세기 초의 복합체가 갖는 이 양쪽 측면들에 대한 탐구에 관심이 있다.

언뜻 보기에, 오스트레일리아 서쪽 샤크베이의 바다거북, 알래스카 남동부 연안의 혹등고래, 남극의 황제펭귄과 같은 크리터들에게 장착된 최신의 소형 비디오카메라가 가장 중요한 주인공이다. 17세기 유럽에서 있었던 카메라 루시다*와 카메라 옵스큐라**에 대한 최초의 과열된 논의들 이래로 테크노문화 내부에서 카메라(기술에 의한 눈)는 한편으로는 철학의 허세와 자기 확신의 중심 대상인

---

* 카메라 루시다는 화가들이 그림의 초안을 잡거나 디테일한 부분을 정확하게 묘사하기 위해 사용했던 19세기의 광학 장치로 사진이 발명되기 전까지 활발하게 사용되었다. 관찰자는 프리즘에 135도 각도로 설치된 두 개의 반사경으로부터 비춰지는 이미지를 볼 수 있고 이로부터 물체의 정확한 길이, 비례, 위치, 각도 등을 잡을 수 있었다

** 카메라 옵스큐라는 방을 어둡게 하고 창틈의 작은 구멍으로 빛이 들어오게 하면 외부의 상이 거꾸로 비춰지는 광학 현상이다.

것 같고, 다른 한편으로는 문화적 회의주의와 인공물에 의한 진본 파괴력의 중심 대상인 것 같다. 카메라의 원래 의미는 둥근 천정의 방이나 판사의 방이었는데, 사진술, 즉 "빛-쓰기"라는 새로운 기술의 결과로 19세기에는 엘리트들의 라틴어에서 저속하고 대중적인 어휘로 이미 옮겨가 있었다. 카메라는 외계의 광경을 재현적이고 유심론적이고 활짝 갠sunny 기호의 경제에 등록할 때 사용하는 블랙박스가 되고, 머리 좋고 빈틈없이 다 아는 인간 – (설령, 머릿속에서는 서로 가까운 이웃이더라도) 몸과 마음이 서로에게 수상쩍은 낯선 자들 – 의 보는 눈의 유비가 된다. 그럼에도 불구하고, 카메라가 아무리 디지털화된 광학의 힘으로 요란하게 장식되었을지라도 판사실의 기능을 잃은 적은 없다. 카메라 속에서는 세계의 여러 사실들 – 실제로는 세계의 크리터들 – 이 시각적 설득력과, 적어도 같은 정도로 중요한 것으로 시각적 새로움이나 자극의 강렬함과 같은 표준에 의해 판정되고 있기 때문이다.

그러나 다시 생각해 보면, 듀공과 얼룩상어에 탑재된 크리터캠, 즉 소형 첨단 광학기술인 판사실은 이질적인 육신의 접힘 속에서 우리를 동원하고 복합적으로 만든다. 크리터캠이 아무리 우수한 시각적 자질을 구비하고 있더라도, 이런 육신의 접힘은 스스로 보고하는 중심적인 주인공들에게 가능한 것보다 훨씬 더 흥미로운 연출법을 요구한다. 이런 점들을 어떻게 생각할지가 이 장에서 다루는 내용이지만, 우선은 시각적 자명성과 인간-동물-기술이 복합된 생활세계에 대한 희화화적 인식론에 우리를 한정하려는 매우 예측 가능한 각종 기호론적 장애물을 헤쳐 나가야 한다.

광경 1

2004년, 내셔널 지오그래픽 채널은 〈크리터캠〉이라는 텔레비전 프로그램 시리즈를 제작했다.[3] 이 프로그램의 제작 발표와 구성 이야기는 우월감에 사로잡힌 득의만면한 이데올로기 비평가의 적당한 목표가 된다.[4] 부착된 카메라를 자신의 수중 세계로 가지고 들어가는 동물은, 인간의 간섭을 받지 않고 혹은 인간의 부재하에서 있는 그대로의 수중 세계를 보고하는 홈 무비[자가 제작 영화] 작가로 제시된다. 1998년 〈미국과학진흥협회〉의 온라인판 '사이언스 업데이트'의 표현처럼, 우리는 "왜 한 해양생물학자가 그의 연구 대상인 해양 생물에게 직접 캠코더를 장착하기 시작했는지와 그 결과가 매우 특이한 홈 무비 몇 가지임"을 알게된다. 2004년 텔레비전 방송에서 해설자로부터 우리는 크리터캠이야말로 "숨겨진생태를 밝힐 수 있습니다"는 말을 듣는다. 이 카메라는 "위기에 처한 종들에게 탑재된 내셔널 지오그래픽의 하이테크 과학 비디오 도구입니다." 절멸 위기에 직면해 있고 육체적으로도 인식론적으로도 구출을 필요로 하는 신성하고-세속적인장소에서 이런 보고서들이 온다. 그런 장소에서 나오는 보고서는 특별한 힘을 가진다. 2004년 2월에 캘리포니아주 연안의 허스트 캐슬 선물 가게에서 본 이 시리즈의 브로슈어에는 "동물이 당신의 카메라맨이라면 무슨 일이든 일어날 수 있습니다"라고 쓰여 있었다.

내셔널 지오그래픽 채널의 웹사이트는, 식별을 통해서 분리와 재구성에 대한시청자의 흥미를 자극한다. "우리의 카메라 스태프를 만나보지 않겠습니까? 그들은 모두 동물들입니다! … 느긋하게 앉아서 상상해 보세요. 세계에서 제일 큰 포유동물의 등에 탄다든지, 펭귄의 눈을 통해서 그들의 생활을 보는 것을 말입니다. 이번 크리터캠 시리즈는 당신을 동물 세계와 가장 가까운 지점으로 데려갑니다." 카메라는 물리적 "첨단 기술"이면서 다른 세상의 내부로 유도하는 비물질적인 통로이기도 하다. 문자 그대로 타자의 신체에 붙은 카메라 눈을 통해서 우리는 카메라가 장착된 크리터 그 자체의 감각을 완전하게 경험하는 것을 약속받는다. 인간인 채로 있어야 한다는 저주는 이제 없다. "물의 흐름을 느끼고, 윙윙거리는 바람 소리를 듣고, 먹이를 사냥하는 전율을 느끼고… . 인간은 절대 갈 수 없는 동물의 서식지에서 잠수하고, 헤엄치고, 사냥하고, 살아보세요." 2004년 2월 6일 온라인판 『크리터캠 크로니클』에서는 어린이들을 향해 이렇게 말한다. "야생동물이 되면 어떨지 생각해 본 적이 있나요? … 야생 동물이 경험하는 그대로의생활을 경험할 수 있습니다." 성인들을 향해 내셔널 지오그래픽이 하는 이야기는, 크리터캠이 "인간의 개재를 없애고, 그렇지 않았으면 사실상 접근이 불가능한 서식지로의 접근을 우리에게 허용함으로써" 사이언스 픽션을 급속하게 현실로 바꾸고 있다는 것이다.

타자성에 대한 즉각적인 경험, 새로운 자기로서 타자의 삶을 사는 것, 간섭이나 상호작용의 오염 없이 한 묶음으로 주어진 감각과 진실:이것들이야말로 텔레비전 프로그램으로서의 〈크리터캠〉과 기계장치로서의 크리터캠의 유혹일 것이다. 이런 선전 문구를 읽으면서 문득, 내가 1970년대 초반 여성해방운동의 어떤 의식화 그룹이나 영화 프로젝트의 현장으로 돌아간 것 같은 기분이 들었다. 당시는 직접적인 경험을 스스로 보고하는 것이 충분히 달성 가능한 일로 생각되었다. 특히 여성이 카메라를 가지고 그 카메라로 자신을 촬영한다면 말이다. 자기 눈을 통해서 자신을 봄으로써 자신이 된다. 내셔널 지오그래픽의 〈크리터캠〉이 이와 다른 것은 자기가 타자의 자기가 되는 점이다. 이제 그것이 크리터캠의 눈의 위치이고 사물의 관점이다!

광경 2

내셔널 지오그래픽 웹사이트에는 크리터캠 그 자체의 기원에 관해서 약간의 우화가 실려 있다. 1986년 벨리즈Belize 연안에서 잠수 중이던 생물학과 대학원생이면서 영상작가인 그레그 마셜에게 대형 상어가 다가와 지느러미를 힘차게 두세 번 흔들고 사라졌다. 멀어지는 상어의 뒷모습을 열심히 좇던 마셜의 눈에 들어온 것은 조그만 **빨판상어***였다. 상어가 살아가는 현실의 드러나지 않는 목격자로서, 큰 포식자인 상어에 들러붙어 있는 작은 물고기인 빨판상어였다. "마셜은 상어에 관한 빨판상어의 심오한 지식을 선망하면서 빨판상어에 상당하는 기계를 생각했다. 그것은 해양동물에 부착할 수 있는 방수 케이스에 넣은 비디오카메라이다." 이렇게 해서 우리의 기원 이야기는 점점 흥미를 더해 간다. 이제 우리는 더는 무매개성과 도둑맞은 자기의 희화화적 이데올로기 내부에 있지 않다. 대

---

* remora. 빨판상어는 상어에 들러붙어 살기 때문에 이런 이름을 갖게 되었지만 농어목의 바닷물고기이지 상어가 아니다.

신 마셜은 상어의 생활에 대한 빨판상어의 내밀한 관점을 갈망하고 구축했다.[5] 아직도 얼마간의 사체-절도는 여전히 여기서 진행 중이다. 그러나 얽힌-종의 세계에서 빨판상어-되기는 훨씬 더 유망하다. 투시력이라는 제2의 눈을 갖춘 우리는 이제 육신이 접힌 복합적인 세계에 들어갈 수 있다. 왜냐하면 우리는 자기 동일성의 정원을 뒤로해 왔고, 대리물과 대체물 그리고 조수助手의 갈망과 관점을 실현하는 데 감히 발을 들여놓았기 때문이다. 결국 우리는 성장하게 된다. 달리 말하면, 현실적이게 된다. 우리는 냉소적이지도 순진하지도 않게 리얼리티 엔진들에 관해 알 수 있게 된다.[6] 아이드의 말을 빌리자면, 우리는, 멈출 수 있는 주름 없는 장소는 어디에도 없이 접힘이 계속되는 가운데 기술 속에 있는 몸이다.

만일 우리가 빨판상어를 크리터캠의 유비로서 진지하게 생각한다면, 빨판 카메라를 체표면에 걸치고 헤엄치고 있는 동물과 인간의 관계성은 어떤 것일지에 관해 생각해 봐야 할 것이다. 헤엄치는 상어와 붉은 바다거북은, 인간이 내밀하고 다소나마 공공연한 협동 서식 관계를 함께 형성해 온 목축견이나 다른 크리터들에 견주어 본다면, "반려동물"의 관계가 아님은 분명하다.[7] 카메라와 빨판상어는 협동이라기보다는 동행의 관계이고, "쿰 파니스"cum panis, "함께 빵을 나누는" 관계라기보다는 "함께 타는"의 관계일 것이다. 빨판상어와 크리터캠은 사람들에게도 상어에게도 한솥밥을 먹는 동료가 아니다. 그들은 편리片利 공생자들이지 후원자나 기생자가 아니고, 자신의 목적하에 누구/무엇이 편승하는 도구이다. 그래서 이 장은 결과적으로 기술에 의한 편리 공생적 생활세계에 관한 것이 된다. 같은 장소에 살고 있어도 식사는 같이하지 않는다. 같은 복합체나 목적은 별개이다. 진공발생기에 의한 빨판이거나 강력한 접착제로 접합되어 잠시 함께 지내는 상태. 빨판상어를 닮은 기술적 대리물 덕분에 〈크리터캠〉의 제작진은 그들이 관심을 기울이는 동물의 행위 속에 결코 부재하지 않다. 이야기의 내용은 완전히 반대임에도 불구하고 말이다. 기술을 영위하는 인간들은 최선을 다해 붙잡고 매달리면서 동승하게 된다.

이 지점에서, 과학기술학 연구자는 여러 가지가 궁금해지기 시작한다. 크리터캠은 어떻게 설계되고 제작되었는지, 2004년까지 40여 종의 탐구 대상 생물에 장착된 테크노-빨판상어는 어떻게 설계 변경을 거듭해 왔는지, 일부 카메라 설치 각도는 아무래도 이상하게 보이는데 부착된 카메라로부터는 어떤 광경이 보였는지, 이 장치의 기술사적·사회사적 경위는 어떤 것인지, 대상 동물에 어떻게 잘 접합해 있을 수 있는지, 접합상태의 해제나 데이터의 회수는 어떻게 실시하는지, 시청자(과학자와 일반인, 어린이와 성인)는 동물의 홈 비디오를 보기 위해 필요한 기호론적 스킬을 어떻게 배우는지 그리고 자신이 보고 있는 것이 무엇인지를 이해하고 있는지, 이 장치는 영상 정보 이외에 어떤 데이터를 모을 수 있는지, 이런 데이터를 어떻게 다른 방법으로 모은 데이터와 통합하는지, 내셔널 지오그래픽의 크리터캠 프로젝트는 이미 진행 중인 다른 동물 연구 프로젝트와 어떤 관계를 맺는지, 이런 횡적인 관계는 기생적인지, 협동적인지, 편리 공생적인지, 그리고 누구(동물과 인간)의 노동·유희·자원이 이 모든 것을 가능하게 만드는지가 그 궁금증들이다. 신과 함께 혹은 신이 되어 바다 깊이 잠수한다거나 외전外轉된 얼굴에서 성스러운 바람을 느낄 수 있다는 등의 어처구니없는 서사들을 일단 지나고 나면, 텔레비전 프로그램 자체와 그 프로그램의 관련 웹사이트로부터 이 모든 의문들이 조명될 수 있다.

〈크리터캠〉 프로그램을 보고 있으면, 운동선수 같은 능숙한 인간들이 그들의 육신과 카메라의 육신을 크리터들의 몸에 잇달아 접어 넣는 장면을 보고 지치고 들뜨지 않을 수 없다. 그 모든 순전한 신체성physicality은 크리터캠이 텔레비전 화면을 점령하고 있다는 점이다. 보트, 물보라, 파도, 거대한 고래와 미끈한 듀공, 스피드와 다이빙, 근사한 항해, 멤버끼리의 상호작용, 그리고 크리터캠이라는 수많은 카메라와 다른 데이터 수집 장치의 엔지니어링과 이용이라는 물질성들에 대한 몰두를 앞에 두고, 어떻게 유심론적인 "카메라의 눈" 이야기가 화면을 장악할 수 있을까? 실제로, 텔레비전 에피소드의 시각적 구성은 신체들, 사물들, 부분들, 물질들, 감각적 체험, 타이밍, 감정을 강조한다. 이 모든 것이 크리터캠 생활세계의 농후한 구성요소들이다. 장면은 빠르게 바뀌고 시야는 어지럽고 등장하는 사물들과 크리터들의 인간 신체에 대한 상대적 크기가 눈 깜박할 사이에 변하기 때문에, 시청자는 뭔가를 자기와 상응시키면서 신체 수준에서 납득할 수 있다는 환상에 잠겨 있을 틈이 없다. 유기체의 신체 전체보다는 유기체 신체의 일부와 테크놀로지의 장면들이 지배적이다. 내레이터가 무엇을 이야기해도, 〈크리터캠〉의 시청자가 시각적 혹은 촉각적으로 신체성과 붐비는 현존들의 부재를 상상하는 것은 허용되지 않는다. 여기에서 말은 육신이 되지 않을지 모르지만, 그 이외의 모든 것이 육신이 된다.

우선, 보트와 보트에 타고 있는 사람들, 그리고 그들이 쫓고 있는 동물들을 생각해 보자. 텔레비전 프로그램 시청자가 금방 알 수 있는 것은 개개의 〈크리터캠〉 프로젝트는 쾌속선이 필요하다는 점이다. 그리고 숙련된 조종사도 필요하고, 인간과 얼싸안는 것을 특별히 좋아하지는 않을 것 같은 유영 중의 대형 크리터를 언제라도 바다에 뛰어들어서 포옹하는 몸이 가볍고 장난스러우며 골격이 튼튼한 과학자 겸 다이버도 필요하다. 서오스트레일리아 연안의 푸른 바다거북과 붉은 바다거북이 등장하는 방송에서, 호스트를 맡은 마이크 하이트하우스Mike Heithaus는 시청자를 향해, "거북을 뒤쫓는 것은 스턴트 드라이브를 하는 것 같다"고 말했다. 당연한 일이지만, 팀원들은 우선 이 편리공생적인 빨판상어 카메라를 설치할 동물을 찾아야 한다. 코스타리카 연안에서 장수거북을 찾기 위해서 크리터캠 촬영진은 지금은 관광가이드가 된 이전의 밀렵꾼들과 함께 해파리를 먹고 사는 멸종위기에 처한 거북, 이 지상 최대의 해양 파충류를 찾는 작업을 하고 있었다. 크리터캠의 과학자들과 오락 프로그램의 프로듀서들은 최신 비디오카메라일지라도 동물에 따라 장착이 불가능할 수 있다는 점을 고려해야만 한다. 짐이 너무 무거우면 동물이 일찍 죽어버리기 때문이다. 그래서 이 빨판상어 카메라가 좀 더 소형화되지 않는 한 소형 거북에게 장착할 수 있을 것 같지는 않다.

내셔널 지오그래픽의 원격 촬영팀과 텔레비전 작업팀이 듀공을 찾고 있던 샤크베이에서는 오스트레일리아 지역 선주민들이 추적 담당으로 보트 위에서 일하고 있었다.[8] 이렇게 일하게 된 속사정에는, 이 선주민들이 이전에는 듀공 사냥꾼이었다가 지금은 듀공을 보호하고 연구 허가와 생태관광이 협동관리가 된 복잡한 변모의 경위가 있다. 일생을 바다에서 보내는 초식 포유동물인 듀공은 해

양에 서식하고 있지만 코끼리의 친척이고, 약 2,500만 년 전까지는 공통의 선조를 가진 사이였다. 프로그램에서 호스트를 맡은 하이트하우스는 박사학위를 가진 과학자로서 해양동물들 사이의 포식-피식 관계를 연구하고 있는데, 상어를 좋아하는 이 과학자는 매 프로그램마다 빠뜨리지 않고 시청자를 안심시키는 환경보호 메시지를 보낸다. 메시지는 이런 것들이다. 연구용 보트는 멸종위기에 있는 동물에 접근하는 특별 허가를 얻었다는 것, 개입은 최소한이고 동물을 지치게 만드는 일은 결코 없다는 것, 그 모든 작전은 멸종의 위기에 처해 있는 유기체와 서식지를 구하기 위한 활동이라는 것이다.

자연사라는 현란한 무대에서 이런 것은 식민주의적인 것이든 탈식민주의적인 것이든 언제나 논의되어 왔던 일이고, 어쩌면 진실인지도 모른다. 현 상황에서 지식에 의해 무언가가 구해진다는 것은 믿음이 필요한 문제다. 또는 적어도 종의 존속이나 번영을 위해 과학이라고 불리는 유한하고 세속적인 지식은 충분치는 않지만 필요조건임은 틀림없다. 그런 의미에서 나는 이 종교에 일단 등록해 둔다. 그러나 나는 아직도, "멸종위기에 있는 [빈칸을 채우시오]를 구하기"라는 관용구와 장치의 바깥에서 복수종의 번영을 숙고하는 관용구를 갈망하고 있다. 이 갈망은 종교적 혹은 비종교적 구제가 아니라, 필멸의 세속성에 대한 전념에 근거하고 있다. 그래서 나의 갈망은 이자벨 스탕제르의 코스모폴리틱스에 필수인 이질적인 행위자들과 함께해야만 한다.

크리터캠을 동물에 장착하는 일이 반드시 동물에게 환영받는 것은 아니다. 굴 껍데기 같은 피부에 빨판이 붙을 수 있을지, 에폭시 접착제가 나을지 혹은 다른 장착 방법이 필요한지를 생각하는 것 이외에도, 크리터캠 관련자들은 듀공, 혹등고래, 얼룩상어, 황제펭귄과 같은 서로 전혀 다른 동물에게 비디오카메라 패키지를 장착하는 방법을 **구체적으로**physically 고안해야만 한다. 알래스카 남동부 연안의 혹등고래의 예를 보자. 이 경우 원격 촬영 엔지니어들이 특별한 빨판을 설계했는데, 컴퓨터 시뮬레이션 기술이 도움이 되었다. 우리는 텔레비전에서, "고래에게 이 정도로 접근하기 위해서는 테크놀로지, 팀워크, 그리고 연방정부의 허가가 필요합니다"라는 내레이션을 듣는다. 몇 주가(어떤 때는 거의 한 연구 시즌 전부가) 걸려도 고래에게 카메라를 장착할 수 없게 되는 경우가 있지만 텔레비전에서는 이 힘든 노력이 겨우 몇 분으로 단축된다. 카메라는 긴 막대 끝에 매달리고 배 위에서 그 막대를 조작하는 방법으로, 돌아다니는 거대한 고래에게 설치되는데, 거듭 실패하는 장면이 비춰진다. 최종적으로 배치된 크리터캠(하나가 약 1만 달러 정도)은 16대였다. 고래로부터 떨어져 버린 카메라를 회수하는 작업은 그 자체가 하나의 서사시다. 바닷속에서 카메라 한 대를 회수하기 위해 책임 엔지니어인 메디 박티아리Mehdi Bakhtiari는 90마일[약 145킬로미터]을 이동하고 잘 잡히지도 않는 초단파VHF 신호에 의지하여 헬리콥터를 7시간이나 탔다. 감사하게도 고래에 붙어 있던 빨판상어는 주위가 잘 보였던 것 같다. 더 이상의 것은 다음에.

텔레비전 화면에서 크리터캠의 각 부품이 조립된다. 부착 도구들(빨판, 죄는 클램프, 혹은 접착제 장착), 일체형 비디오 캠코더와 데이터 기록 장치, 마이크, 압력계와 온도계, 헤드라이트, 카메라 (아직 동물에 붙어 있는 것과 동물로부터 떨어진 것 모두) 추적용 장치, 그리고 원격 분리 버튼과 같은 것들이 모두 화면에 비춰진다. 하지만 기술이 종합되는 과정은 너무 빨리 지나가서 각 부품이 잇달아 비추어질 뿐 시청자는 정보를 전달받기보다는 어리둥절할 뿐이다. 카메라가 마음을 가진 비물질적 블랙박스라는 시각적 인상을 얻는 것은 여전히 불가능할 것이다.

흥미가 있는 시청자는, 인터넷으로 크리터캠의 기술적인 설명과 그것의 변천사를 좀 더 차분하게 읽을 수 있다. 우리가 알 수 있는 것은 2004년 시점에는, 카메라의 기록에 Hi-8이나 디지털 비디오테이프를 사용했다는 점, 여러 가지 다른 조건들에 맞게 상자도 개조되었고 촬영 장치가 들어있는 티타늄 상자에는 2천 미터 이상 떨어진 곳에서도 기록할 수 있는 영상 강화 기능이 들어 있다는 점, 현장에 퍼스널 컴퓨터를 가져오면 프로그램을 수정할 수 있다는 점, 센서를 사용하면 염분, 깊이, 스피드, 밝기, 음향 등 다른 데이터도 기록할 수 있다는 점, 그때그때의 연구 과제에 따라서 데이터나 영상의 샘플링을 각각 다른 스케줄로 행한 수 있다는 점 등이다. 우리는 또한 타임샘플링 스케줄이나 데이터 기록 장치의 용량도 알 수 있다. 2004년경에 3시간 분량으로 컬러 영상을 기록할 수 있었다는 사실과, 특히 그 시간을 3분마다 20초 기록하는 식으로 분할해서 쓸 수 있었다는 점은 꽤 인상적이다.

인터넷에서 우리는 크리터캠이 소형화를 거듭했고 1987년 최초의 모델은 직경이 7인치나 되었지만 2004년에는 2.5인치까지 작아졌고 데이터 기록 능력이 대폭 늘어났다는 사실을 알 수 있다. 크리터캠의 복잡한 몸체 대부분은 전매상표가 붙어있지만 소니와 JVC의 기존 장치를 기초로 만들어졌다는 사실도 웹사이트의 서사에서 은밀히 이야기된다. 성능은 중요하다. 당연히, 대상에게 어디까지 접근할 수 있는지가 중요하다. 대상에 다가갈 수 없으면 크리터캠은 의미가 없다. 우리는, 그레그 마셜이 처음에는 자금을 잘 모을 수가 없었고 과학계의 신용을 얻는 데 실패했으나, 〈내셔널 지오그래픽 소사이어티〉의 지원을 받고 개발이 궤도에 올랐던 것, 그렇게 되기까지 내셔널 지오그래픽 텔레비전 프로듀서인 존 브레다의 전문가다운 직관이 주효했다는 것, 1992년에는 유영 중의 상어와 바다거북에게 크리터캠을 처음으로 잘 탑재할 수 있었다는 것, 그레그 마셜이 내셔널 지오그래픽의 원격 촬영 프로그램을 이끌게 되었다는 것, 이 프로그램이 전 세계의 연구기관과 협력관계에 있다는 것도 알게 된다. 물론 미래의 꿈도 소홀함이 없이 이야기되는데, 언젠가는 크리터캠으로 심전도와 위[胃]의 온도와 같은 생리학적 변수도 측정할 수 있게 될 것이다. 엔지니어들은 가까운 장래에 2인치 카메라를 만들 예정이다. 이것들은 미래의 취향을 반영한 홈 무비들이다.

〈크리터캠〉 방송의 텔레비전 화면 구성도 주목할 만하다. 즉 크리터캠으로 촬영된 장면이 방영되는 화면에서, 시청자는 스크린의 기호학적인 설계에 의해 비디오 게임의 플레이어 역할을 맡게 된다. 자연을 느끼게 하는 것은 전부 차단되고, 화면은 문자 그대로 게임 공간처럼 배치되고, 동물의 머리에서 촬영된 장면은 비디오 게임의 아바타처럼 앞을 향해 움직이는 것 같은 감각을 준다. 우리는 탐색자, 먹는 자, 포식자가 자신의 서식지에서 가지게 될 시각을 획득한다.

그러나 어쩌면 가장 놀라운 것은 수중의 동물이나 그들의 서식 환경을 촬영한 영상이 방송 대부분을 차지하는 가운데, 정작 크리터캠이 실제로 포착한 영상은 아주 조금밖에 없다는 점이다. 실제로 크리터캠에 의해 촬영된 영상은 대체로 지루하고 무엇을 찍고 있는 것인지 이해하기 어렵고, 어떤 의미에서는 자궁 속 태아의 초음파 영상과 닮았다. 내레이션이 없는 영상은 현실을 들여다보는 것이라기보다는 약물에 의한 환각과 비슷하다. 카메라는 동물의 머리 위에 비스듬히 혹은 아래쪽을 향해 고정되어 있을지 모르는데, 그 때문인지 계속해서 별 중요성이 없는 잡다한 것들이나 물만 비추어지고 그사이에 간혹 다른 유기체가 보이는데, 이 부분은 상당한 양의 별도의 시각 작업이나 내레이션의 작업 없이는 크게 의미가 없다. 아니면, 비디오카메라는 정확히 장착되어 있지만 촬영을 하는 대부분의 시간 동안 수중에서는 대단한 일이 아무것도 일어나지 않았는지도 모른다. 크리터캠 영상에 시청자가 흥분하는 것은 고도의 제작을 통해 만들어진 효과이다. 결국 홈 무비의 유비로 생각하는 것이 맞을 것이다.

프로그램 중에서, 시각적으로 가장 흥미 있고 양적으로도 압도적으로 많은 수중 영상은 어떤 기술적인 설명도 없이 비추어진다. 크리터캠으로 촬영한 것이 아닌 이 대량의 화상을 누가 촬영했는지, 어떤 카메라를 사용했는지, 동물과 스태프가 어떻게 교류했는지는 이야기되지 않고, 프로그램의 크레딧도 그다지 도움이 되지 않는다. 한편으로 이런 장르의 영상은 해양 자연지를 다룬 영화나 텔레비전 프로그램을 많이 보는 이들에게는 친숙한 영상이다. 물론 낯익다고 해서 그 가치가 줄어드는 것은 아니다. 장 팡르베와 즈느비에브 하몬의 1965년 영화 〈문어의 애정 생활〉을 분석한 에바 숀 헤이워드의 시각에 초점이 맞춰져서인지, 나는 〈크리터캠〉의 "관습적인" 영상에서도 표면에서의 친밀함, 축척의 재빠른 변경, 여러 가지 배율의 이용, 다양한 매체 횡단적인 굴절에 의한 몰입형 광학이라는 마찬가지의 즐거움을 경험한다.[9] 팡르베와 하몬의 영상은 미적 관점에서 보면 〈크리터캠〉의 배치보다 훨씬 자기 의식적이고 숙달되어 있기도 하지만, 배율과 축척의 춤이 어떻게 촉각과 시각의 결합상태를 형성해서 헤이워드의 "손가락 눈" — 이것은 생물학적인 아트 필름의 작업에 의해서 가능하게 된다 — 을 생성하는지를 알게 되면, 더욱 폭넓게 그런 형태의 영상을 찾게 되고 발견하게 된다. 또한 〈크리터캠〉이 촉각과 시각의 심포니일 수 있는 것은 수중이라는 신체성 속에서 모든 것이 진행된다는 설정 때문에 가능한 것이다. 그 때문에도 나는 테크노-빨판상어를 장착한 동물의 피부로부터 찍힌 기이한 앵글의 해저 영상을 많이 보게 될 것이다.

〈크리터캠〉 프로그램은 다른 것도 약속하는데, 그것은 과학 지식이다. 동물의 생활에 관해 알게 되는 내용은 매우 큰 의미가 있다. 이런 점이 없다면 구성 전체가 붕괴해 버릴 것이다. 내가 부분 대상들에 대한 시각적-촉각적 즐거움과 넘실거리는 물속에서 약동하는 젊은이와 동물들의 운동경기와 같은 거동을 엿보는 즐거움만을 위해 이 프로그램을 계속 보는 것은 무리이고, 내 생각에는, 누구든지 마찬가지일 것 같다. 나는 지식 생산이라는 기술-사회적 장치가 문화 속에서 어떻게 자리 잡고 있는지 계속 응시하고 있지만, 이 점에 관해 냉소적 태도를 취하지 않는다. 테크노문화에 사는 사람들은 모종의 감각적인 관계를 필요로 하는 것과 같은 정도로 새로운 지식을 탐하는 신선한 엔도르핀 상승이 필요하다. 결국, 뇌는 화학적으로 탐욕스러운 감각 기관이다.

〈크리터캠〉 프로그램에서 매회 강조되는 것은, 내셔널 지오그래픽의 원격 촬영팀이 오랜 기간 연구를 수행하고 있던 해양동물학자들과 함께 작업한다는 내용이다. 〈크리터캠〉 관계자들은 매 방송마다 설령 가능한 경우가 있다 하더라도 다른 기술로는 쉽사리 접근할 수 없었던 흥미롭고 생태학적으로 중요한 문제 해결에 그들의 장치가 도움이 되리라는 점을 내비친다. 장기간의 프로젝트들은 서식 환경, 서식 동물, 연구 현안들, 서식 환경의 악화와 개체 수의 감소 우려에 관한 근거에 대해 거의 모든 정보를 제공했다. 예를 들면, 서오스트레일리아 연안의 샤크베이에서는, 〈크리터캠〉 프로그램이 등장하기 전부터 5년에 걸쳐서 650마리 이상의 바다거북이 포획되어 표식이 붙여졌고, 그 결과 상어와 거북이라는 포식자-피포식자의 생태 관계를 이해하는 데 필요한 정보가 얻어졌다. 그러나 〈크리터캠〉 관계자들은 크리터캠을 등에 진 동물들과 함께 지금까지는 달리 갈 수가 없었던 곳으로 가서, 우리가 아는 것을 변화시키고, 그리고 그 결과로서 우리가 어떻게 행동해야 하는지를 변화시켜 주는 사물들을 확인하는 수단을 제공했다. 물론, 이것은 그 생태계에서 복잡하게 얽힌 동물들과 사람들의 웰빙을 제대로 배려하는 것을 배워야 가능한 것이지만 말이다.

내가 실생활에서 목축견과 함께 일하고 놀기 때문인지 모르지만, 혹등고래와의 협동 작업은 이런 점을 구체적으로 생각하기에 적합한 예이다. 크리터캠이 이곳에 도착하기 이전부터 남서 알래스카 앞바다에서 혹등고래의 생활이나 사냥의 모습을 15년에 걸쳐 조사해 온 과학자들은[10] 소리나 꼬리의 갈라진 모습으로 고래의 개체 식별이 가능했다. 고래들이 거대한 입에 청어를 가득 모으는 모습을 관찰하면서, 생물학자들은 고래의 협동 수렵에 관해서 확고한 생각을 갖게 되었다. 그러나 훈련된 보더콜리 목양견이 랭커셔의 시골에서 조를 짜서 양을 모으는 것처럼, 고래들이 짜인 역할 분담 속에서 제각기 위치를 지키면서 실제로 그런 협동 수렵을 하고 있는 것인지는 증명할 수 없었다. 고래 연구자들은 개체 식별된 혹등고래들이 수십 년간 공동으로 지식을 쌓으면서 어업을 영위해 온 것이 아닐까 생각했지만, 혹등고래와 함께 바다에 잠수할 수 없었기 때문에 눈에 보이는 증거를 얻을 수 없었다. 단념해 버리면, 좋은 데이터를 확보할 수 없다. 크리터캠에 의해서 연구자들은 빨판으로 들러붙은 어류처럼 고래를 수행해서 사진을 촬영할 기회를 얻게 되었다. 브뤼노 라투르의 과학기술학적 표현을 빌리자면, 과학자들과 자연사의 엔터테인먼트를 좋아하는 자들이 멀티태스킹하는 크리터캠 패키지와 이 장치를 등에 지고 자신의 세계로 유도해 주는 고래에게 일의 일부를 "위임"한 것이 된다.[11]

고래의 체표면에 카메라를 고정하고, 그 후에 회수한다는 것이 얼마나 대단한 작업인지에 관해서는 이미 이야기한 대로이다. 시즌 끝 무렵부터는 크리터캠을 16개나 설치할 수 있었고 그것은 정말 값진 것이었다. 과학자들이 검증하고 싶었던 가설은, 다른 고래들이 밀집된 무리 속으로 몰아넣은 청어를 둘러싸고 가두기 위해 특정 고래들이 의도적으로 아래쪽에서 거품을 뿜어 올리면서 그물처럼 둘러싼다는 것이었다. 그러면 고래들이 일제히 부상하면서 힘껏 벌린 입속으로 청어를 가득 채우고 식사를 한다. 표면에 끓어오르는 거품이라면 연구자들도 관찰할 수 있었지만, 그 거품이 어떻게, 어디서, 어떤 고래에 의해서 뿜어 올려졌는지를 실제로 볼 수 없었고, 고래가 노동과 수렵을 사회적으로 분업하고 있는지 어떤지는 확실치 않았다.

15회째까지 크리터캠에서 얻어진 영상은 생물학자들이 필요로 하는 영상이 아니었다. 텔레비전에는 서스펜스가 가득했고, 서스펜스와 불안은 텔레비전이 아닌 연구실에도 퍼져 있었다고 생각된다. 거기서는 크리터캠이 갖고 돌아온 어질 어질하고 현기증 나는 영상을 이해하기 위해 노력하고 있었다. 그런 와중에 드디어 16회째가 되었고, 크리터캠을 등에 진 고래 무리의 한 멤버가 갖고 돌아온 영상에, 겨우 몇 초간이지만 어떤 고래가 다른 고래들이 몰아넣은 청어 떼 밑에 들어가서 그물 모양으로 거품을 뿜어 올리는 모습이 선명하게 비치고 있었다. 신호 담당, 거품 담당, 무리를 몰아넣는 담당 등을 모두 특정할 수 있었다. 몇 대의 카메라가 촬영한 짧은 영상들을 한데 모으자 거기에는 보더콜리 목양견과도 흡사한 고래들이 물고기-양을 모으고 놓치지 않게 둘러싸고 먹어대는 스토리가 시각적으로 펼쳐졌다. 물론 유능한 보더콜리는 둘러싼 먹이를 먹지 않지만, 그들의 친척이나 선조, 그리고 사회적 수렵을 하는 늑대는 그렇게 한다.

혹등고래의 사회적 수렵 이야기에서 예기치 않은 지식도 크리터캠 덕분에 보너스로 나왔다. 크리터캠을 고래로부터 떼어낼 때 고래의 피부가 빨판에 소량 붙어 있기 때문에, 개체 식별된(그리고 이름도 붙어 있는) 고래들, 즉 연구자들이 서로의 사진과 서식 환경의 사진을 촬영해 온 고래들의 피부 DNA를 해석할 수 있다. 그 결과 알 수 있었던 것은, 사회적 수렵을 집단으로 영위하는 고래들이 가까운 친척이 아니라는 점이다. 수년간의 밀접한 팀워크는 생태학적으로나 진화론적으로 뭔가 다른 방식으로 설명되어야 한다. 나는 이 결과에 기쁨을 억눌러야 한다는 걸 안다. 그러나 나는 협동하는 고래들의 가족을 초월한 사회 세계를 위해 캘리포니아 와인으로 건배를 한다. 나의 엔도르핀은 고조 상태에 있다.

광경 3

그래서 크리터캠이라고 불리는 식민주의적 유기체의 겹눈은 절합된 렌즈들로 가득 차 있고, 이 렌즈들은 많은 종류의 조화롭게 조정 통합된 행위자적 개체들, 즉 역사적으로 상황에 놓인 접힘이 동시대적 자연문화의 육신이 되는 기계·인간·동물 존재들로부터 유래한다. 푸가의 반주는 주제이지, 인간이 절제하며 한발 물러서서 동물에게 자신을 묘사하게 만듦으로써 매개 없는 진실을 말하게 하려는 것이 아니다. 거기까지는 명료하다는 생각이 든다. 그러나 지금까지의 나의 이야기에는 뭔가가 빠져 있다. 그것은 크리터캠이라는 해석의 망에서 우리가 친숙해야 할 필요가 있는 무언가이다. 내가 뒤로 미뤄온 의문은 묻기는 간단하지만, 대답하기는 어려운 질문이다. 크리터캠의 해석이라는 노동에서 동물의 기호론적 행위자성agency이란 어떤 것일까?

그들은 인간들과 (위임에 의해서) 기계라고 불리는 데이터 수집 주체들에게 단순한 객체들, 즉 의도적인 타자들의 영향력과 행위에 대한 단순한 "저항"이거나 "원재료"인 것일까? 글쎄, 대답은 25년간의 페미니즘 이론과 과학학을 상기할 것까지도 없이, '아니요'이다. 그렇다면 동물은 완벽하게 대칭적인 행위자들일까? 다시 말해 동물들의 행위자성과 지향성이 그다지 특별할 게 없는 인간의 행위자성과 지향성이 표면적으로 변형된 것일 뿐일까? 같은 25년간의 페미니즘 이론과 과학학에서 보면, 이것도 '아니요'이다.

부정적인 측면을 강조하기는 쉽다. 크리터캠 회집체에서 동물들의 해석 행위는 자발적인 것이 아니고, 일인칭적 카메라맨의 그것이 아니고, 의도적이지도 않고, 나의 보더콜리 유비에도 불구하고 함께 일한다거나 반려동물이라거나 하는 그것들과도 다르고, 언제나 강한 인간 해석 게임의 약한 버전도 아니다. 크리터캠에 의한 구체적인 자연문화적 조우에서 동물에 의한 해석 노동의 긍정적인 내용을 특정하는 것은 어렵다.

그러나 시작이 불가능하지는 않다. 우선, 이 구체적인 테크노-유기적 세계의 육신의 가차 없는 얽힘 바깥에서는 이 문제를 생각조차 할 수 없다. 인간의 의미 만들기를 설명하는 일반론이 없는 것과 마찬가지로, 행위자적 주체로서 동물이 의미에 관여하는 문제에 관해서도 일반적인 대답은 없다. 돈 아이드는 인간과 테크놀로지의 해석적인 관계에서 테크놀로지가 인간에게 적응하고, 그 반대도 마찬가지라고 주장했다. 인간 신체와 테크놀로지는 구체적인 프로젝트와 생활 세계와 관련하여 공-서식한다. "내가 테크놀로지를 사용하는 한, 나도 테크놀로지에 의해서 사용된다."[12]

이 같은 통찰은 동물-인간-테크놀로지의 해석적 관계에서도 적용된다. 해석적인 영향력은 관계적인 문제이다. 그것은 마치 동사로서의 접힘이 아니라 명사로서의 물질인 것처럼, 누가 해석의 행위자성을 "가지고 있는지"에 관한 문제가 아니다. 내가 (그리고 나의 기계가) 동물을 사용하는 한에서는, 동물(과 동물에 장착된 기계)에 의해서 나도 사용된다. 구체적인 지식 프로젝트에서 동물들을 나와 나의 인공물에 적응시키기 위해 몇 년 동안이나 작업을 하고 있을 때조차, 나도 이 동물들에 적응해야 한다. 그들이 살기 위해서 하는 여러 가지 행위가 나의 일에서 의미 생성의 원천이 되고 있을 때도, 특정의 생태와 역사를 사는 특정한 종류의 동물들은 나를 그들에게 적응시킨다. 만약 이런 동물들이 내가 만든 무언가를 장착하고 있다면, 우리의 상호적인 그러나 동일하지는 않은 공-적응은 달라질 것이다. 동물과 인간, 그리고 기계는 모두 특정의 생활 세계에서 함께 살아간다는 물질-기호론적 요청 때문에 해석이라는 노동(과 놀이)에 깊이 관여하고 있다. 그들은 접촉한다. 고로 그들은 존재한다. 그것은 접촉지대에서의 행위에 관한 것이다.

이런 종류의 통찰은 우리로 하여금 상황 속의 인간은 동물에 대한 인식론적-윤리적 의무가 있다는 것을 깨닫게 해준다. 특히, 우리는 하나로 환원되지 않는 그들의 타자성 속에서 그들이 누구인지를 배워야 하는데, 그것은 주의 깊게 구성된 다감각적 복합 언어에 기초해서 우리가 대화하기 위해서이다. 동물은 인간이 동물들에게 요구하는 것과 정확히 같은 정도로 인간과 그들의 테크놀로지에게 요구한다. 그렇지 않으면, 카메라가 바다 밑으로 떨어지는 등 모든 이의 시간과 자원이 소용없게 된다. 이 부분은 "대칭"이지만, 요구의 내용은 전혀 대칭이 아니다. 이 비대칭성이 갖는 의미는 크다. 상대의 행위에 대해 수동적인 것은 아무것도 없지만, 모든 접힘은 상황 속의 물질-기호론적인 존재, 육신의 구체적 디테일에서만 일어난다. 동물을 동반하는 인간의 특권은, 어떻게 이런 비대칭의 관계성을 제대로 된 관계성으로 만들 것인가에 달려 있다.[13] 겹눈은 상이한 굴절률,

상이한 물질, 상이한 유체를 사용해서 초점을 맞춘다. 이런 것을 배우는 데 물이 가득한 지구의 바다 이상의 장소는 없다.

10장

치킨

수탉 : 나는 말하노라 : 꼬끼오.

닭들 : 으스대던 수탉이 외친다. 그런데 농부가 왔다.

— 『꿀꿀, 성 도모인코 사일로 수도원의 돼지고리안 성가』

치킨은 겁쟁이가 아니다. 사실, 전사인 이 새는 유사 이래 어느 시점에 남아시아 혹은 동남아시아 어딘가에서 인간을 위해 일할 것에 동의한 이후로 전 세계에서 투계로 생업을 꾸려 왔다.[1]

그러나 용감하달 수는 없는 치킨 리틀Chicken Little*은 오랫동안 하늘이 무너지지 않을까 걱정하고 있었다. 그는 이 문제를 생각하는 데 있어서 제법 적절한 위치에 있다. 치킨은 자신들을 속인 동료, 호모 사피엔스에게 꼭 다가붙어서 거의 모든 문명화의 큰 사건을 목격하고 참가해 왔기 때문이다. 치킨은 이집트의 피라미드에서 노동을 했는데, 보리를 가로챈 파라오들이 그 조류와 함께 징용된 인간노동자를 먹이기 위해서 세계 최초의 대규모 계란 산업을 시작했을 때였다. 상당히 세월이 흐른 뒤에 – 이집트 사람들이 보리 물물교환을 정식 화폐로 대체하고, 그 지역의 교역 상대들도 언제나 원했던 것으로 보이는 진보적인 자본가로서 행동하기 시작한 얼마 뒤 – 줄리어스 시저는 "고대 영국"의 닭 품종인 도킹Docking과 함께 팍스 로마나를 영국으로 가져갔다. 치킨 리틀은 역사History의 충격과 두려움을 죄다 알고, 신/구를 불문하고 글로벌화의 경로를 추적하는 데 명수이다. 그는 테크노사이언스도 잘 알고 있다. 게다가 인간과 함께 가금으로서 지내온 5천 년간 진행된 놀라울 정도의 품종 다양성을 상기하든, 19세기부터 지금까지 자본주의에 의한 계급형성을 동반한 "품종개량"에 관해서 생각하든, 치킨은 생물 다양성이나 문화 다양성에 관해서도 많이 알고 있다. 우생학의 역사를 속속들이 알고 있는 현란한 "순종" 닭들 없이 지역농업박람회를 생각할 수 없다. 닭의 세계에서 두려움으로부터 충격을 가려내는 일은 어렵다. 하늘이 무너져 내리든 아니든, 치킨은 하늘의 반을 족히 떠받치고 있다.

서기 2004년 치킨 리틀은 다시 한번 전투용 갈고리를 발에 부착하고, 정세 때문에 피할 수 없게 된 말words의 전쟁에 출장했다.[2] 성별 미상의 치킨은 LGBT

---

* 〈치킨 리틀〉은 2005년 개봉한 미국의 애니메이션 영화이고 그 주인공의 이름이 치킨 리틀 (Chicken Little)이다. 해러웨이는 이 글의 주인공을 Chicken, 혹은 Chicken Little이라는 이름을 가진 개별자로서의 닭으로 설정하고서 글을 쓴다. 그래서 이 장에서는 chicken의 번역어로 '치킨' 과 '닭'을 문맥에 따라 혼용한다. 이 장의 첫 문장과 관련하여 영어 낱말 chicken에는 '겁쟁이'라 는 뜻도 있다.

그룹에 참가하여 탈식민적이고 초국가적인 열 받은 폐계이자 정신 나간 페미니스트로서 전에 없이 잘 싸웠다.[3] 치킨은 그녀/그가 www.extremechickfights.com에서 알게 된 (인간) 여성만으로 구성된 지하 전투 클럽의 영향을 받은 것을 인정했다. 극단적이든 아니든, 병아리chick *에 관련된 성차별주의와 닭의 명칭을 비방하는 포르노 산업과 아동 성도착 장면은 무시하고, 우리의 새Bird는 이런 싸우는 여자들을 역사History에서 해방하여, 전쟁의 강자와 산업계의 거물과 대결하기에 적합한 성도착적 SF 세계에 집어넣는다. 그녀/그는, 친척인 불사조의 위업뿐만 아니라, 그녀/그 자신도 예수 부활의 형상, 역사의 바비큐 잿더미로부터 그들이 불쑥 나타나리라는 것을 신자들에게 약속해 주는 존재였던 시대를 회상했기 때문에 이 열광적인 힘을 감지했다.

바비큐. 말하기 곤란하지만, 이것이야말로 치킨 리틀이 똑똑히 집중해야 할 문제일 것이다. 왜냐하면, 밀레니엄 마지막 해였던 2000년에는 미국에서만도 100억 마리의 닭이 도살되었기 때문이다. 세계적으로 보면, 50억 마리의 닭이 산란을 계속하고 있고, 그중 75퍼센트가 배터리식 닭장이라고 불리는 여러 마리가 함께 사는 비좁은 주거지에 갇혀 있다. 그 필두는 중국의 닭들이고 미국과 유럽의 닭들이 뒤따른다.[4] 태국의 닭고기 수출은 15억 달러에 달하고, 일본이나 유럽연합의 시장에 닭고기를 공급하기 위해 수십만 명의 태국 시민이 고용되고 있다. 세계의 닭고기 생산량은 6천5백60만 톤에 이르고, 매년 4퍼센트의 성장세를 기록하고 있다. 정말 산업계의 거물이다. 세계가 불타고 있는 중에도, 치킨은 새의 주요한 천직이 아침과 저녁 식사가 되는 것이라고 결론지을 수 있을 것 같다.[5]

국경을 넘어 전개되는 동물권 운동의 성가신 친구들의 견해와는 달리, 우리의 기회주의적인 새는 두 발로 보행하는 인류와 날개 달린 가금류 모두를 길들인 자연문화의 계약 협정에서 쪼는 권리와 바꾸기 위해 얼마간의 살을 내놓는 것에 반대하지 않는다. 그러나 오늘날 복수종의 글로벌 계약 이론에는 참으로 중대한 하자가 있다.[6]

---

* 영어에서 chick은 한국어에서 '영계'가 그렇듯이 젊은 여자를 뜻하는 속어다.

빙산의 일각이지만, 사소한 것을 한 가지 이야기하자면 이렇다. 공장식 닭고기 생산의 중심지 중 하나인 오클라호마 털사Tulsa에서 진행된 3년간의 연구에 따르면, 상수도의 반이 가금류 폐기물로 위험할 정도로 오염되었다. 항간에서 추천하는 것처럼 부엌의 스펀지를 전자레인지로 멸균해도 좋겠지만, 가금류와 동맹을 맺은 창의성 풍부한 박테리아가 한 수 위일 것이다.

사소한 것 한 가지 더. 가슴살을 신속하게 키우기 위해서 1950년대 이후 유전적 조작을 받아온 닭들은 진통제가 가미된 먹이를 고르는 선택권이 주어진다. "지속 불가능한 성장률"은 닷컴 판타지와 팽창하고 있는 주식시장에 관한 것이어야 할 것이다. 그러나 치킨의 세계에서 이 용어는 (적당히) 맛있는 어린 새를 생산하기 위해 매일의 제물로 강제 성장과 기관의 불균형적 발달이 바쳐진다는 것을 의미한다. 이 새들은 걷거나 날개를 퍼덕거리기는커녕 똑바로 설 수도 없다. 진화의 역사와 종교적 상징주의 속에서 비상, 성의 과시, 초월에 대한 종교적 상징과 연결되었던 근육이 이제 국제적인 성장 산업을 위해서 근육 강화 운동을 한다. 그래도 만족할 수 없는 농산업 연구자들 일부는 더욱더 부드러운 가슴살을 노리고 포스트유전학 연구로 눈을 돌리고 있다.7

영원히 실내에 갇히고, 테크노사이언스의 고급 유전 기술, 사료 전환율의 연구, 그리고 기적의 약(진통제가 아니라 항생제와 호르몬)에 기반을 둔 자동화된 장치에서 노동하게 된 최초의 축산 동물이 닭들이었다는 사실을 생각하면8, 2000년에 맥도날드사가 마지못해 밀려서 맺은 합의에 대해 치킨이 별 감명을 받지 못했던 것도 특별히 실례는 아닐 것이다. 이 합의에서 맥도날드는 치킨 맥너겟과 에그 맥머핀에 사용될 고기를 납품하는 업자에게 닭 한 마리당 공간을 50퍼센트 늘릴 것을 요구했다. 맥도날드사는 지금까지 과소평가되어 온 조류의 뇌가 아픔과 괴로움을 느끼는 것을 인정한 세계 최초의 기업이 되었다. 치킨이 만족하지 못한 것도 무리는 아니다. 오늘날까지 미국이나 캐나다에서 닭들이 은혜를 받을 수 있는 "인도적인" 도살에 관한 법은 거의 없기 때문이다.9

1999년에 유럽연합은 배터리식 닭장 사육을 2012년부터 금지할 것은 가까스로 결정했다. 원활한 전환이 허용되어야 한다. 독일은 언제나 준비되어 있는 홀로코스트의 유비에 민감한 탓에 이런 식의 닭장 사육은 2007년에 불법이 될 예정이다. 시장 지향이 높은 미국에서는, 치킨의 희망은 오메가3 지방산에 신경을 쓰는 구매층을 위한 디자이너 달걀이나, 양심의 가책에 괴로워하면서 순수한 식단을 추구하는 구매층을 위해 증명서가 첨부된 방목 유기농 닭에서나 찾을 수 있을 것 같다.[10] 최근의 윤리 결벽주의자라면, 마거릿 애트우드의 SF, 구체적으로는 사변적인 허구나 소설이라는 의미에서의 SF인 『오릭스와 크레이크』(2003년 출판됨)의 주민들처럼 닭고기 요리를 조달할지도 모른다. 메뉴에는 "치킨놉스"ChickenNobs가 올라 있는데, 그것은 유기체가 없는 맛있는 기관, 특히 아픔을 새기고 가금의 정상적인 생활이 어떠해야 하는지를 생각할 법한 성가신 머리를 갖지 않은 기관이다. 유전자 재조합에 의해서 얻어진 '동물 없는 근육'은 정확히 세라 프랭클린이 디자이너 윤리라는 말로 의미하는 것 그 자체인데, 이것의 목표는 적시 "하이테크" 신기술로 문화적 갈등을 우회하는 것이다.[11] 성가신 일은 디자인을 구사해서 없애 버리면 방목을 주장하는 아나키스트들은 두 번 다시 오지 않는다는 것이다. 그러나 잊어서는 안 된다. 닭은 머리가 잘려도 운다.

법률에 기대할 수 없다. 양계 산업에서는 인간 노동자들도 몹시 착취당하고 있다. 배터리식 닭장 사육으로 산란하는 닭들을 생각할 때 치킨 리틀의 뇌리에는, 조지아주, 아칸소주, 오하이오주 등지에서 닭고기를 처리하는 불법 이민자, 노조에 가입되지 않은 남녀 노동자, 유색인, 전과자들이 떠오른다. 이라크에서 포로를 고문한 미국 여군 중 적어도 한 사람은 입대 전에 닭고기 산업에서 일했다는 사실도 놀랄 일이 아니다.

이것만으로도 예민한 새를 아프게 만들기 충분한데, 다른 것 못지않게 초국가적 정치라는 바이러스도 있다. 2004년 겨울, 아시아 7개국에서 조류 인플루엔자가 발생해 세계를 놀라게 했고, 2007년 현재도 전 세계적인 감염 확산의 두려움이 여전히 남아 있다. 1918년에서 1919년 사이 수천만 명이 죽은 것과는 달리, 다행히도 2006년 중반까지 인간 사망자 수는 약 130명 정도에 머무르고 있다. 가금류의 질병 발생이 확인되는 경우, 공적으로 권장되는 것은 대량 살처분이고 철새가 살처분될 위험성도 없지 않다.[12] 치킨 리틀은 조류의 병사와 살처분에 의한 전 세계 사망 추정치를 찾을 수가 없었다. 그러나 2004년 연말까지 태국에서만 약 2천만 마리의 닭이 예방 목적으로 도살되었다. 전 지구의 텔레비전 뉴스에서는 방호복을 입지 않은 인간 작업자들이 셀 수 없이 많은 닭을 자루에 넣어 산 채로 구덩이에 던져 넣고 석회를 뿌리는 장면이 방영되었다. 태국의 99퍼센트의 양계장은 세계 기준으로는 "소규모"(1천 마리 이하. 8만 마리 이상이어야 "대규모"로 취급된다)이고, 인간과 새들의 생물학적 안전은 확보할 수 없었다. 뉴스 진행자들은 다국적 산업이 위협받는 것에 관해서는 웅변조로 말하지만, 농부들과 닭들의 생명에 관해서는 단 한 마디도 하지 않았다. 2003년, 인도네시아 정부 대변인은 자국이 청정 지역이라면서 조류 인플루엔자의 존재를 부정한 반면, 인도네시아의 여러 수의사 단체들은 그해 10월에 이미 몇백만 마리나 되는 닭들이 조류 인플루엔자 징후를 보이고 있었다고 주장했다. 그 후 2006년이 되자 인도네시아는 인간 사망자 수 세계 1위의 불명예스러운 기록을 달성한다.

2004년 1월 27일자 방콕 『포스트』의 만화 — 북쪽에서 온 철새가 태국이라는 지리적 신체에 폭탄, 즉 H$_5$N$_1$ 계통의 조류 인플루엔자 바이러스가 가득 찬 새똥을 투하하고 있는 그림 — 야말로 이 우주 전쟁, 말의 전쟁, 이미지 전쟁을 정확하게 파악한 것일지도 모른다.[13] 국경을 넘나드는 바이오테러리즘을 다룬 이 탈식민적 농담은 남쪽에서 오는 모든 종들의 이민에 대한 유럽과 미국의 공포를 보기 좋게 뒤집어버린 것이다. 요컨대, 테크노사이언스의 수출지향적인 유행병에 쉽게 영향을 받는 닭고기 산업의 원형은, 유아용 가공 우유와 더불어 평화봉사단의 중요한 과제(나중에는 〈관세 무역 일반 협정〉GATT에 의해 채택된 주제)였다. 고기 냄새가 진동하는 진보의 교만한 선구자인 미국은 민주주의 가치관을 몸에 익힌 표준화된 구이용 영계와 알을 낳는 닭으로 아시아에서의 냉전에서 승리하려는 당찬 희망을 품고 있었다. 동남아시아의 가공의 나라 사르칸을 무대로 한 유진 버딕과 윌리엄 J. 레더러의 1958년 소설 『어글리 아메리칸』에서, 아이오와주에서 양계를 하는 농업 교사 톰 녹스가 거의 유일하게 건실한 미국인이었다. 녹스와 그의 뒤를 이은 개발 전문가들은 아시아에서 수천 년에 걸쳐 다양하게 변모하면서 펼쳐져 온 닭과 인간의 생활은 별반 배려하지 않는 것 같았다. 2006년, 텔레비전 뉴스는 표준화되지 않은 닭들이 평범한 사람들과 가깝게 접촉하면서 사는 모습을 방영하였는데, 이는 후진성과 공중위생에서의 실패를 드러내기 위해서였던 것으로 보인다. 텔레비전 뉴스는 사이사이에 유럽연합과 미국에 살고 있는, 부유한 다국적 틈새시장으로 출하될 맛있는 방목 닭들에 대한 언급을 끼워 넣었다. 하지만 방목 닭들조차 H_5N_1이 내습할 때는 실내로 들어가지 않을 수 없다.

사하라 사막 이남 지역 아프리카가 비참하기 짝이 없는 방식으로 다시 한번 이야기에 들어왔는데, 이는 언뜻 보기에 자연스러워 보였다. 식민지 독립 후의 불의는 말할 것도 없고, 탈식민의 수사도 그것을 요구한다.[14] 2006년 2월에 H_5N_1조류 인플루엔자가 나이지리아 북부의 농장 세 곳에서 확인되고 대규모의 살처분이 시작되었다. 공중위생 대책을 특히 어렵게 만든 것은, 사람과 닭이 밀접하게

〈평화 치킨〉 Copyright Dan Piraro. 허락받고 재인쇄.

사는 종래의 닭고기 생산 방식이 이제 막 시작한 농산업의 닭고기 생산―아이오와의 톰 녹스가 기세등등하게 자만할 수 있는―과 밀접하게 함께 있는 현실이었다. 2006년 8월경, 조류 인플루엔자의 인간 감염이 확인되고, 수십만 마리나 되는 닭들이 죽고, 가금 시장은 폐쇄되었고, 〈세계보건기구〉WHO는 5천만 달러의 자금을 승인해서 문제를 어떻게든 수습하려고 했다.

나이지리아의 바이러스 확산에 원인을 제공한 것으로 의심되는 두 가지는 모두 법 규제가 못 미치는 국경을 넘나드는 이동이 일어났음을 보여주는데, 그것들은 철새, 그리고 불법 병아리 수입이다. 그러나 감염된 농장의 지리 분포를 정밀히 조사한 결과 글로벌한 신자유주의 상품에 비하면 철새는 그 의미가 크지 않았음이 판명되었다. 가장 경제적 모험사업의 성격이 뚜렷한 배치에 연루된 세계에서 가장 빈곤한 인구들의 불법 무역이 문제였다.[15] 나이지리아 사람들은 안정적인 온도조절 설비를 갖춘 부화장이 없었기 때문에 법의 규제를 받지 않고 중국에서 병아리를 수입해서 수익성 있는 글로벌 가금 무역에서 돈을 벌려고 했다. 아프리카와 중국 사이의 밀수는 그것이 무엇이든 뉴스거리가 되지 않는다. 아프리카의 평범한 농민들의 추가적 빈곤화와 결부된 질병의 세계적인 유행이 그 결과 중의 하나일지도 모른다는 점을 일부 사람들이 알아차리면서 눈을 떴지만,[16] 충분히 많은 사람이 그것을 알아차리고 있지는 않았다.

지정학적으로 전쟁이 끊이지 않는 구 소비에트연방의 몰다비아, 트랜스-드니에스트리아, 그리고 우크라이나가 접하고 있는 지역에서 닭고기의 불법 매매가 무기 암거래보다 더 수지가 맞는다는 뉴스에 놀랄 지상의 선량한 시민은 정말 어느 정도 있을까? 이 이야기를 장식하는 것은 밀매된 닭의 뒷다리에 현지에서 붙여진 명칭이다. 미국의 닭고기를 소비에트연방에 수출하려고 했던 1990년대 초반 아버지 부시의 프로그램을 흉내 내어 붙여진 이름은 "부시 다리"Bush legs였다.[17] 세계적으로 보면, 각종 불법 동물 교역의 총액은 마약 밀매 다음으로 많다.

치킨은 물론 정치 질서에 관한 논쟁에서 초심자가 아니다. 우리들의 가금은 마음과 본능의 본성에 관한 석학들의 논의에서 사랑스러운 동물이었고, "철학자의 병아리"는 19세기 유럽 학자의 언어에서 기본이었다. 그리고 유일하게 적절한 글로벌 언어로 번역된 결과, 세계는 1920년대에 비교심리학의 유명한 실험에 의해서 쪼는 순서*라는 용어를 부여받았다. 치킨 리틀은 진지한 닭 애호가이자 연구자였던 노르웨이의 토르라이프 쉘더럽-에버의 이 연구가, 문화적 상상력 속에 강고히 자리 잡은 생명정치의 경직된 지배 위계 같은 것이 아니라 가금류 특유의 복잡한 사회적 배치를 생생하게 묘사했다는 점을 기억하고 있다.[18] 인간과 다양한 비인간 종들에 관한 행동과학은 지배와 복종 외에는 생각이 미치지 못하는 것 같다. 치킨은 동물들 사이, 그리고 동물과 인간 사이의 동물의 행위에 관해서 더 나은 방식으로 서술하는 것이 더 살기 좋은 정치를 되찾는 데 중요한 역할을 할 수 있다는 것을 알고 있다. 그러나 닭들에게는 고난의 세월이 먼저 찾아왔다. 야망에 불타는 지역사회들, 기업가들, 그리고 국가 건설자들의 과학적·상업적·정치적 꿈들에 대한 종속이 아직 끝나지 않았기 때문이다.

1920년대에는 도시의 빈곤을 벗어날 길을 찾던 수백 명의 유대 가족들이 "세계의 닭 바구니", 캘리포니아주 페탈루마라는 작은 도시에 오면 먹고는 살 수 있을 거라는 말을 듣게 된다.[19] 이들은 이상주의, 세속수의, 사회주의를 막론하고 동유럽의 작은 유대인 마을과 뉴욕 로어이스트사이드의 저임금 공장에서 온 사람들이다. 한때는 번영했던 공동체가 2차 세계대전 후에는 경제 위기와 이스라엘과 소비에트연방에 대한 좁혀질 수 없는 논쟁으로 거의 분열되어 버렸다. 그러나 그보다 이른 시기에 치킨은 〈페탈루마 유대 민요 합창단〉과 폴 로브슨을 공연에 함께 불러 모았다. 하지만 치킨은 일이 그렇게 잘 풀리지는 않았다. 페탈루마는 동물생명 산업화의 중심 도시였고, 이 시기의 사회주의와 공산주의는 인간이 아닌 노동 주체를 위한 전략은 아무것도 가지고 있지 않았다. 아마도, 부분적으로는 공동체주의적인 자유를 향해 어떤 방식으로 작업할지를 가장 잘 이해하고 있는 자들의 전망에서 격차가 있었기 때문에, 철저히 착취당하는 노동 주체인 닭과 인간은 21세기 초두까지도 이 가공할 글로벌 산업에서 함께하고 있는지도 모른다.

---

* pecking order. 모이를 쪼아 먹는 순서로, 사회의 서열/계층을 의미할 때 쓰이는 표현이다.

치킨 리틀의 연구에서 유대인 양계 농가의 희망과 비극에 찬 정치가 다시 한 번 나타났는데, 이번에는 이 가금이 과학소설을 읽는 과정에서다. 뉴저지 주립 대학인 러트거스 대학은 20세기 초 이후 주 정부로부터 토지 공여를 받아 설립된 미국의 다른 대학과 마찬가지로 가금 과학을 견인해 왔고, 이는 미국과 세계의 농업에서 양계의 산업화와 관련되어 있었다. 2차 세계대전 후에는 많은 퇴역 군인들이 양계에서 활로를 찾으려 했다. 1940년대 후반, 이 러트거스 가금학과의 열성적인 학생 중에 전쟁 중에 육군에서 사진첩보 활동을 했던 젊은 여성이 있었다(그녀는 그 후 1952년부터 1955년까지 미국 중앙정보국CIA 설립에 종사하고 1967년에는 실험심리학으로 박사학위를 받는다). 이 가금과학의 학생은 1960년대 후반 제임스 팁트리 주니어라는 은퇴한 남성 작가로 SF 세계에 알려지게 되었지만, 1940년대 당시 그녀는 아직 앨리스 셸던이었고 남편 헌팅턴 셸던 대령과 함께 1946년부터 1952년까지 뉴저지주에서 조그만 양계장을 운영했다. 팁트리의 전기를 쓴 작가는 앨리스와 헌팅턴이 얼마나 러트거스 대학에 애착이 있었는지를, 그들이 배운 과학과 학교 운영, 그리고 동료 관계에 이르기까지 자세하게 기록하고 있다. "학우들의 대부분은 그들과 마찬가지로 퇴역 군인들이었고, 그중에 몇 명은 농업 기술을 가지고 새로이 제안된 국가 이스라엘에 공헌하기 위해 팔레스타인으로 향했다."[20]

그 필명이 제임스 팁트리 주니어이든 앨리스 셸던이든 라쿠나Racoona 셸던이든 상관없이, 치킨 리틀에 맞먹을 만큼 카테고리를 분간키 어려운 이 작가는 종, 세대교체, 생식, 감염, 젠더, 장르, 그리고 각종 대량 학살 등을 무자비하게 농락하는 과학소설을 썼다. 그녀의 기발한 SF적 상상력과 불온한 페미니즘적 사고 실험에 그 닭들은 어느 정도나 영감을 주었을까? 팁트리는 "언젠가 동료 SF 작가인 본다 맥킨타이어에게 자신이 소행성의 닭 부화장에 관한 플롯을 생각하고 있고, 그 부화장은 여성들이 운영하고 있으며 거대한 가공식품 회사와 경쟁한다"고 이야기한 적이 있었다.[21] 팁트리의 닭들은 벌레를 쪼아 먹으며 자란 자연 방사 닭들이었을까? 아니면 전후에 발달하고 있던 동물-사업 복합체의 부화장치에서 부화한 닭들이었을까? 라쿠나 셸던은 옥외에서 생활하는 미국 닭들의 최대의 위협인 교활한 너구리에 공명한 것일까? 1950년대에 시작된 산업적 닭고기 생산의 가속화된 잔학성이 팁트리가 집필한 에일리언을 다룬 많은 생물학적인 어두운 이야기 중 어떤 것에라도 원동력을 제공했던 것일까?[22]

치킨 리틀의 머리에서는 산란계와 유정란이 끝까지 떠나지 않는다. 고집스럽게 그녀/그는 여전히 가능한 자유 프로젝트와 새로운 외경awe의 재료를 거기서 찾아낸다. 영국의 점토 애니메이션 영화 〈치킨 런〉(2000)에는 강제 노역의 삶을 강요당한 1950년대 요크서 암탉들이 나온다. 로드아일랜드레드 종의 로키가 출현해 해방 드라마의 촉매가 되지만, 이것은 종들이 함께 가축화되기 이전 어떤 시기의 "심층 동물 권리"의 상상에도, 천년왕국의 건설자들과 닭고기 자유무역주의자들에게도, 안심을 주지 않는다. 쪼는 암탉의 날개 밑에는 다른 생명정치적인 책략이 들어 있다.

어쩌면, 영국의 〈희소 품종 보호협회〉(이하 RBST)와 세계 각지에서 희소 품종을 보호하고 있는 단체들이야말로 사회주의자, 공산주의자, 시오니즘 신봉자, 아시아의 신흥국, 캅카스의 민족주의자, 다국적 양계산업 연구자, 그리고 아이오와주의 민주당 지지자들이 상상할 수 없었던 것을 부화시키고 있는 것인지도 모른다:그것은 동물-인간 얽힘의 복잡한 역사에 충실한 닭-인간의 현재진행 중인 삶, 즉 전적으로 현대적인 그리고 야생과 가축 양쪽 영역 모두에서 복수종 자연문화의 번창하는 미래에 전념하는 삶이다.[23] RBST는 공장식 농업의 전제와 실천에 대해 여러 층위에서 반대하고, 동물을 박물관에 장식된 잃어버린 과거의 표본처럼 취급하거나 그들을 피보호자로서 영원히 보호하에 두는 일—이 경우에는 고기를 먹는 것을 포함해서 동물과 인간의 실리적 관계는 모두 혹사라고 규정된다—은 일절 하지 않는다. RBST는 산업적인 표준화에 의해 소멸 위기에 노출되어 있는 닭 품종의 데이터베이스를 유지한다. RBST는 조류 인플루엔자를 비롯한 전염병 재앙에서 희소품종 닭들이 살처분되어 멸종되지 않도록 보호할 방법을 사전에 계획하고, 동물과 인간 모두의 전체 유기체의 웰빙에 이바지할 축산을 지원하고, 새로운 품종을 포함해서 각 품종의 경제적 및 생산적 이용에 관해 연구하고, 수송·도살·매매에서 동물 웰빙을 위한 유효한 활동을 요구한다. 어느 활동도 무구하지 않고 그런 접근들의 성공도 보증되지 않는다. 그러나 그것은 세속적 실천으로서의 "함께 되기"가 의미하는 것이다.

치킨 리틀은 마지막에 달걀 ― 수백만 명의 어린 인간들에게 발달 중인 아름다운 병아리 배아의 정교하고 동적인 아키텍처를 관찰하는 특권을 주었던 학교 생물 실험실의 유정란 ― 로 돌아간다.[24] 껍질에 금이 가서 열린 이 달걀은 무구한 아름다움을 제공하지 않았다. 그러나 발달Developement에 대한 식민주의적 혹은 탈식민주의적 오만함을 정당화해 온 것도 아니다. 병아리 배아의 접촉지대는 플로리다와 워싱턴의 부시 2세들보다 알을 낳는 암탉이 복수종, 복수문화, 복수질서의 연합에서 살아남고 번창하기 위해 맺어야 할 동맹을 더 잘 알고 있는 세계에서, 외경의 의미를 새롭게 할 수 있다. 닭을 따르라 그리고 세계를 발견하라.

하늘은 무너지지 않았다, 아직은.

11장

테크노문화에서 반려종 되기

떠돌이 동물feral 되기 : 21세기의 시골 캘리포니아주 소노마 카운티의 고양이들

2002년 10월 4일 어질리티 동료들에게 보낸 이메일

안녕하세요, 친구 여러분.

소파에 의젓하게 앉아 여왕으로 변신한 이전의 길고양이, 모제스가 5년 전에 스물한 살로 죽은 후부터 러스틴과 저는 세계와 고양이의 부재라는 관계를 맺고 살아왔습니다. 하지만 더 이상은 아닙니다. 올해 봄 헛간 부근에서 새끼 네 마리를 낳은 비쩍 마른 회색빛 얼룩무늬 고양이가 있었는데, 불쌍하게도 밀 크릭 로드에서 차에 치였습니다. 우리는 그때까지도 얼마 동안 조금씩 먹이를 주고는 있었지만, 5주 된 이 새끼 고양이들을 영예로운 헛간 고양이의 일을 할 수 있도록 거두어들였습니다. 낡은 헛간 옆에 주차해 놓은 우리 차가 진취적인 쥐들의 집이 되고 있었습니다. 따뜻한 엔진 룸에서 쥐들이 활기 있는 쥣과의 공동체를 구축하는 것 같았지요. 차의 전기선을 감싸고 있는 비닐이 그들에게 필요한 미량의 영양소를 보충해 주고 있는 게 틀림없습니다. 어쨌든, 쥐들에게는 색깔 있는 합성수지를 씹는 즐거움이 있었을 겁니다. 우리는 고양이들에게 다소나마 포식자로서 쥐의 제거에 공헌해주길 바란 겁니다.

새끼 고양이들은 네 마리 모두 건강하게 자라고 있고 아직도 길들여지지 않은 그대로입니다. 검은 고양이 중 한 마리는 후에 수컷으로 판명되었고 『미녀와 뱀파이어』에 나오는 검은 복장의 스파이크로 그 이름을 계승했습니다. 이 녀석은 내가 안거나 어루만지도록 허락하는데 나머지 세 녀석은 인간으로부터 먹이와 물 같은 형태의 서비스는 받아들이지만, 그 외에는 자기들끼리 어울리거나 헛간의 쥐들과 지내는 것을 더 좋아하는 것 같습니다. 스파이크는 길들여져 있는 편이고 함께 태어난 고양이들 중에 가장 자기도 합니다. 그는 이번 겨울 학기에 산타크루스를 배회하는 집고양이가 될지도 모릅니다.

스파이크 자신이 그 변화를 받아들이고, 제가 카옌에게 고양이와 함께 소파를 나누는 것에 동의를 얻어야 가능한 일이지만 말입니다.… 어쨌든 지금 카옌은 고양이에 대한 공포(이것은 카옌의 인간 대부모의 고양이인 슈가가 주입한 것입니다)와 고양이 따위는 대수롭지 않다는 생각 사이에서 혼란스러워하는 것 같습니다.

새끼 고양이들이 생후 6개월 정도 되었을 때, 소노마 카운티의 떠돌이 동물을 위한 구호단체의 도움으로 한 마리씩 덫으로 포획해서 불임 수술을 시켰습니다. 광견병과 디스템퍼 백신도 접종시켰고요. 이 단체의 도움을 받을 때의 계약에 따르면, 우리는 그들이 포획해준 고양이에 대해 그 고양이들의 생존 기간 동안 먹이를 공급해 줄 것을 약속해야 합니다. 그것은 아마 약 8~10년 정도로 예상이 됩니다. 인간이 정기적으로 먹이를 줄 리 없는 길고양이의 수명이 1년에서 2년이고, 밤에는 규칙적으로 실내로 들어와서 보살핌을 받는 집고양이의 수명이 15 내지 20년인 것과 비교하면 말입니다. 협력하고 있는 수의사와 덫을 빌려주는 농기구 상점주에 의하면, 소노마 카운티에는 이미 이런 식으로 수천 마리나 되는 길고양이가 불임 수술을 마치고 먹이를 제공받고 있다고 합니다. 이 수의사는 덫을 사용할 것을 강조하면서 고양이를 자기에게 데려올 때 통상의 크레이트에 넣어 오지 말아 달라고 했습니다. 이전에 수술 준비를 하다가 길고양이에게 심하게 할퀴고 물렸던 적이 있었다고 합니다.

우리의 희망사항은 우리가 헛간 옆에 차를 주차하더라도 쥐의 재생산을 위해 에어덕트라는 따뜻하고 값싼 주거지를 제공하지 않도록 이 고양이들이 확실하게 점검하면서 살아가는 것입니다. 근처의 다른 길고양이들이 눌러살지 못하도록 하는 것도 우리 길고양이들이 해야 할 일입니다. 그들이 이 계약을 이해하길 바랍니다! 한편, 새끼 고양이들은 텔레비전 드라마 〈버피〉와 〈다크 엔젤〉에서 이름을 받은 만큼, 스파이크(검은색 수컷), 자일즈(검은색 수컷), 윌로우(짙은 회색 얼룩 암컷), 그리고 맥스(옅은 회색 얼룩 암컷) 모두 통통하게 살찌고 예쁘고 건방집니다. 곧 와서 만나보시기를. 얼룩 고양이 맥스의 이름은 물론 〈다크 엔젤〉에 나오는 바코드가 붙은 맥스로부터 따온 것입니다.

텔레비전에 나오는 다른 바코드가 붙은 캐릭터가 있다면 윌로우의 이름을 바꾸고 싶습니다. 좋은 생각이 있으신지요?

같은 부지에 사는 수전 코딜과 러스틴의 생각으로는, 우리 고양이들이 에일리언에게 납치되는 결정적 사태를 경험했다는 겁니다. 고양이들이 신원도 모르는 이상하게 생긴 거인에 의해 갑자기 집에서 납치되어 어둠 속에 상당 시간 격리되고 금속과 빛으로 채워진 의료 시설에 끌려 들어가 바늘에 찔려 거세된 후에 원래 있었던 장소로 돌려보내져서 아무 일도 없었던 것처럼 풀려났고 언젠가 다시 납치될 때까지 그곳에서 지낼 것이 예상된다는 거죠.

고양이들은 외과 수술과 백신 접종을 받은 자들이고 그러므로 근대 생명정치적 국가 속으로 호명되어 들어간 존재로서, 자신의 역사적인 정체성과 주체로서의 위치에 걸맞은 이름을 얻었습니다. 인간과 고양잇과의 공동의 역사에서 죽은 길고양이의 자손이 다음과 같은 상황에 놓일 시기와 장소가 과연 달리 있을 수 있을까요?

1. 과학적 훈련을 받은 학력 과잉의 중년 반전 운동가들의 가정에 거둬진다.
2. 준-야생의 이데올로기와 더불어 동물의 권리 이야기를 특별히 좋아하는 동물복지 자원봉사자 조직의 도움을 받는다.
3. 남북전쟁 후에 농학부 설립을 조건으로 토지 공여를 받은 이과계 대학을 졸업한 수의사와 그의 기술진이 무상으로 제공하는 시간과 서비스의 수혜자가 된다.
4. 살해로 도덕적 얼룩을 남기지 않고도 해로운 짐승을 처분하기 위해 설계된, 풀어주는 기능이 붙어 있는 덫의 기술(국립공원 등에서 야생 동물을 이송시키기 위해서 설계된 것과 같은 기술)로 포획된다.
5. 면역학의 역사, 특히 파스퇴르와 관련이 있는 혈청을 받는다.
6. 국가의 표준 기구에 의해서 인증되고 식품 표시 관련 법률로 규제된 특별

하게 제조된 새끼 고양이용 먹이를 받는다.

7. 미국 텔레비전 드라마에 등장하는 10대의 뱀파이어 킬러와 유전자 조작된
   캐릭터를 본떠서 이름이 지어진다.
8. 그리고 아직도 야생 동물의 지위를 유지하고 있다.

이것은 뮤어*가 의미했던 것일까요? 우리의 희망은 야생성에 있습니다…….

사랑을 담아서,

도나

추신 : 철학적 입장의 후기

　호명interpellation은 프랑스의 포스트-구조주의자이자 맑스주의자인 철학
자 루이 알튀세르의 이론에 나오는 용어입니다. 그는 어떻게 구체적인 개인이
이데올로기를 통해 근대 국가의 주체 위치로 "호명"됨으로써 주체로 구성되
는지를 이론화했습니다. 20세기 초에 프랑스어는 퇴화 상태(1700년 이전 영
어와 프랑스어에서 to interpellate는 "말을 방해하거나 끼어드는 것"을 의미했
습니다)에서 이 말을 구출하였고, 이 어휘는 정부의 정책 설명을 듣기 위해 입
법부의 회의실로 장관을 호출하는 것을 의미하게 됩니다. 오늘날 동물들의
삶에 관한 우리의 이데올로기를 담은 서사를 통해, 동물은 동물인 우리 인간
을 "불러들여" 그들과 우리가 살아가야 할 체제에 관한 설명을 요구하고, 우
리도 우리의 자연과 문화의 구축물 속으로 그들을 "불러들이"는데, 그 중요
한 결과는 생과 사, 건강과 병, 장수와 소멸입니다. 우리 또한 이데올로기에 의
해서 소진되지 않는 방식으로 그 육신 속에서 서로 함께 살고 있습니다. 우리
의 희망도 거기에 있습니다…….

---

* 미국의 박물학자·탐험가·저술가 존 뮤어(John Muir, 1838~1914)는 "우리의 희망은 야생성에 있
다"는 격언을 남겼다.

재추신 : 2006년 12월부터의 업데이트

생명표의 통계는 인정사정없이 현실이 되고, "떠돌이 동물"이라는 카테고리는 언제나 거기에서 살고 죽을 수밖에 없는 자들에게 그들의 현실을 들이댑니다. 우리를 가장 잘 따르고 아침에 먹이를 내밀면 맨 먼저 재롱을 부려온 스파이크는 두 살 때 차에 치였습니다. 마침 이웃 사람이 배수구에 쓰러져 있는 고양이를 발견하고, 우리 고양이가 아닌지 보라고 연락해 주었습니다. 우리는 어느 날 윌로우가 앞다리가 찢긴 채 죽어있는 것을 발견했습니다. 필시 너구리 ─ 우리가 먹이를 줄 생각은 없었지만, 먹이와 힘에 관해서는 그들 나름의 생각이 있었던 동물 ─ 에게 당한 것입니다. 낮에는 스텔리 까마귀가 밤에는 너구리가 침착하게 고양이의 먹이를 노리면서 우리와 고양이들과 군비경쟁을 펼치고, 우리는 우리를 포함한 각종 생명체들의 '자물쇠와 열쇠' 문제의 해결 능력을 실제 현장에서 시험하게 되었습니다. 비교심리학의 아버지들도 아마 만족했을 겁니다. 우리가 열심히 대처하게 되었던 것은 고양이들 때문이지 까마귀와 너구리 때문은 아니었습니다. 왜냐하면 우리는 먹이에 대한 경쟁 관계를 조성했고, 고양이가 우리에게 준-의존적인 상황에 놓이도록 초대 ─ 실제로는 공작 ─ 을 했기 때문입니다.

자일즈와 맥스는 2006년 12월에도 여전히 살아있습니다. 그러나 둘 다 다리와 복부에 심하게 싸운 상처가 있는데, 완전하지는 않지만 거의 다 나았습니다. 그들에게는 촌충뿐 아니라 아마도 다른 기생충도 있을 것 같습니다. 항문 근처에 마른 촌충 같은 것이 붙어 있는 것도 볼 수 있습니다. 그들의 생활은 분명히 취약합니다. 그들은 반려동물이 아니고, 중산층의 집고양이가 받는 돌봄을 받지 못하고 있습니다. 그러나 그들과 우리에게는 기대의 의례들이 있고 매일의 친밀한 접촉이 있습니다. 고양이들은 안전하게 사방을 볼 수 있는 곳에서 우리를 기다리거나, 러스틴과 내가 산타크루스에 있을 때는 같은 부지에 사는 수전을 기다립니다. 고양이들은 우리가 나타나면 기뻐서 지갈 속에서 모래 목욕을 하고, 인간들의 발에 착 달라붙어서 고양이 애호가라면 모두 잘 아는 몸짓으로 먹이를 조르고 쓰다듬어 달라고 조르기 시작합니다. 맥스가 올해 여름에 하복부에 입었던 상처는 아직 아물지 않았습니다. 작년에는 길게 찢겨 있던 자일즈의 뒷다리 상처는 치유되었고, 그 후의 순환 기능부전이나 만성 궤양도 벗어난 것 같습니다. 설치고 다니는 그들을 수의사에게 데려가려 했다면 아마도 상처를 악화시켰을 뿐이었을 겁니다. 그만큼 그들은 야생입니다. 그래서 무엇일까요? 떠돌이로 자란 고양이는 하나는 도시, 하나는 시골이라는 서로 다른 두 영역으로 여행 중인 중산계급 아카데미의 반려동물이 될 수 있는 걸까요? 접촉이 시작되고 나면 복잡하게 얽힌 삶의 경험으로부터 어떤 의무가 생기는 것일까요?

이 고양이들의 털은 반지르르하고 눈은 맑습니다. 고양이용의 고급 건조 식품은 영양학적으로 만들어졌고, 아마도 그 때문에 그들이 전염병에 걸리지 않게 된 것일지도 모릅니다. 사료에 들어 있는 양$^{¥}$ 단백질은 있어서는 안 될 산업적인 사육과 도살 시스템의 산물이고, 캘리포니아 농산업의 물에 관한 정치를 접하면서 사는 사람이라면 누구든지 알고 있는 것처럼 쌀은 복수 종의 정의와 복지와는 동떨어져 있습니다. 다른 한편, 부유한 우리 인간은 자신을 위해서는 그런 특별한 (값싼) 고기는 사지 않고, 지속 가능한 친환경 농업을 영위하는 농가로부터 유기농 곡물을 사려고 합니다. 누가 누구를 속이고 있는 것일까요? 아니면, 나의 이러한 비꼬인 소화불량은 개인적으로나 집단적으로 반려종으로서 더 잘하려 노력하기 위한 가책일까요? 설령 무엇이 더 좋은 것인지를 영원히 재검토하더라도 말입니다. 고양이들은 열심히 사냥하고, 심한 상처를 입고서도 서로 장난치고 있습니다. 스텔라 까마귀의 날개 깃털들이 고양이들의 사냥터에 흩어져 있어도 저는 별로 신경 쓰지 않습니다. 이 근처에서는 조류 개체군이 가축인 고양이들에게 위협받는 일은 없는 것 같아서입니다. 저는 여러 지역에서 명금류가 빈틈없이 보살핌을 받는 집고양이에 의해서도 죽임을 당하고 있다는 통계를 기억합니다. 그것은 개체군을 불안정하게 하고 이미 위기에 직면한 종들에게 위협을 더하기에 충분합니다. 우리 지역의 관련 숫자를 알 수 있으면 좋겠으나, 알 수가 없습니다. 만일 제가 우리 떠돌이 고양이들이 지역의 메추라기를 비롯한 조류에게 문제를 일으키고 있다는 걸 알았다고 해서, 그들을 죽여야 할까요?

설치류(나의 불안정하게 우스꽝스러운 어조에 부채질을 해대는 유해 동물이라는 암묵적인 카테고리에 대해서는 조사하지 않은 채로 남겨 두겠습니다)에 대해 우리가 맺은 계약을 말하자면, 우리 고양이들은 포식자로서 설치류를 통제하기보다는 방목 상태에 두고 있는 것 같습니다. 나는 고양이들이 과잉의 성년 수컷 설치류만을 포획하고 임신한 암놈들을 주의 깊게 가려내어 그들에게 우리 차 속의 쾌적한 보금자리를 제공하고 있다고 확신합니다. 적어도, 헛간의 다양한 설치류 개체군은 고양이들과 함께 있는 가운데서도 크게 번성하고 있는 것 같습니다. 거무스름한 숲 쥐나 사슴 쥐 개체군에 문제가 있다면 제가 알 수 있을까요? 떠돌이 고양이들에게 먹이를 주고 있는 이상, 작은 지역에서의 종 다양성과 생태계 균형이라는 문제와 씨름할 의무가 있을지도 모릅니다.

여기서 스케치하고 있는 복수종의 관계성 어느 하나도 사람들에게 감정적으로, 작업적으로, 지적으로, 윤리적으로 단순하지 않고 다른 생명체에게도 명료하게 선이거나 악이 아닙니다. 이런 특별하고 상황에 놓인 관계성의 모든 것이 동물의 복지와 권리에 영향을 받은 시골이나 교외의 중산층 테크노사이언스적 문화의 내부로부터 형성되고 있습니다. 내 인간 가족 구성원에 비해 그 이상도 그 이하도 아닌 에일리언이고, 여느 때 같으면 4년 전에 집 밖에서 죽었을 크리터들과 내가 4년간 이 땅에서 매일 얼굴을 맞대고 상호 기회주의적이고 애정이 담긴 관계성을 살아 온 ─ 강요해 온 ─ 지금, 한 가지는 분명할 것 같습니다. 떠돌이가 되는 것은, 다른 종들의 얽힘이 그렇듯이 세속적이 될 것을 요구 ─ 그리고 초대 ─ 한다는 겁니다. "떠돌이"는 모든 행위자에게 있어서 우발적인 "함께 되기"의 다른 이름입니다.

교육된다는 것 ; 수노마 카운티의 커뮤니티 칼리지에서 미국 역사를 가르치기

떠돌이 고양이들이 추적용 번호를 부여받고 백신 접종 의무가 있다는 것 외에 커뮤니티 칼리지[전문대학]의 학생과는 어떤 관계가 있을까? 우선 간단한 대답으로는 양쪽 모두 역사적인 상황 속의 테크놀로지 속에서 내부-작용을 통해 "교육"된다는 점이다. 『종과 종이 만날 때』는 반려종을 형성하기 위한 상호 유도 과정을 통해 작동하는 테크노문화에서 여러 존재가 어떻게 얽혀 있는지에 관한 것이다. 지금까지 이 책의 주역은 가축이었지만, 이제는 테크놀로지의 배치와 커뮤니티 칼리지의 학생도 포함해서 존재들의 많은 카테고리가 "종"이 될 수 있음은 자명할 것이다. 이때의 종이란 어떻게 세속적이 되는지, 어떻게 응답하는지, 어떻게 존중을 실천하는지를 배우는 실천 속에 말려드는 존재들이다. 2006년 봄, 철학과 출신으로 과학기술학의 동료인 에반 셀린저가 자신이 공동 편집하고 있는 책에 나도 참여하라고 권했다.[1] 이 책은 철학자로 관대하게 분류된 연구자들에게 일련의 다섯 가지 질문을 던지는 책이었다. 이하의 짧은 에세이는 셀린저의 질문 즉, "만약 테크놀로지의 문제를 강조하는 방식으로 관념들의 역사를 이야기한다면, 그 이야기는 지금까지 이야기되어 온 것과 어떻게 다를 것인가?"라는 질문에 대한 나의 답변에서 발췌한 것이다.

"관념들"은 그 자체로 물음을 추구하는 테크놀로지들이다. 관념들은 실천들에 내장되어 있을 뿐만 아니라 관념들 자체가, 상황 속에 놓인 종류들의 테크놀로지 실천들이다. 그렇기는 하지만 이 문제에는 또 다른 접근도 있을 수 있다. 수년 전 남편 러스틴 호그니스가 가르치고 있는 캘리포니아주 힐즈버그의 커뮤니티 칼리지에서 야간에 1학년을 대상으로 하는 미국 역사 수업을 나도 수강한 적이 있다. 이 학교의 역사학과에서는 학생 수에 따른 엄격한 상대평가가 요구되었기 때문에, 내가 들어가서 수강생 수가 늘어나고 러스틴이 나에게 F 학점을 매기면 그만큼 실제 학생들에게 좀 더 좋은 평점을 줄 수 있게 된다. 당시 러스틴은 소프트웨어 엔지니어이기도 해서 휴렛 패커드HP의 조그만 지사에서 엔지니어 동료들과 함께 일하고 있었는데, 러스틴의 동료들도 전원 F 학점을 목표로 수강하고 있었다. 러스틴과 학생들이 상대평가는 잊어버리고 수업에 집중할 수 있도록 하기 위해서였다. 수년 전에 러스틴도 F를 받기 위해 수업을 들은 적이 있었는데 그때는 동거인이자 친구이기도 했던 제이 밀러가 가르치고 있을 때였다. 커뮤니티 칼리지는 이전 교육기관에서 성적증명서를 받아오지 않아도 되고, 또한 그 후의 교육이나 경력에 많은 흔적을 남기는 일 없이도 쉽게 수강할 수 있었다.

우리 가짜 학생들은, 연령도 경력도 다양한 다른 학생들에게 자신들의 정체나 목적을 누설하지 않고 제법 착실히 공부에 힘쓰고 토론에도 언제나 참여했다. 러스틴은 테크놀로지의 역사로 수업을 구성하고, 남북전쟁 당시의 구두의 목형, 총, 외과수술, 통조림 고기 같은 것에 중점을 두었다. 로키산맥 서쪽 지역의 철도, 목장, 광산들, 그리고 토지 공여 대학의 식품 과학과의 열량계와 노동쟁의와의 관계, P. T. 바넘Barnum이 자신의 쇼에 오는 손님의 혜안을 어떻게 시험했는지 (그것이 속임수였을까? 진짜였을까? 나에게는 유명한 철학적인 질문으로 상기되는 것 같다)와 같은 것이었다. 수업에서는 과학과 테크놀로지가 어떤 모양을 취할 수 있을지를 더 잘 생각하기 위해 철학, 정치학, 문화사 등 폭넓은 질문이 동시에 제기되었다. 테크놀로지가 삶과 죽음을 형성하는 관계적인 실천이라는 관념은 추상 개념이 아니라 생생한 현존이었다. 관념의 역사도 국가의 역사도 테크놀로지의 형태를 취하고 있었다. 통상의 필수 교과서를 통해 배우는 과정에서, 1947년의 지그프리트 기디온[n]의 『기계화가 명령한다』와 1934년 루이스 멈포드의 『기술과 문명』과 같은 나름의 역사가 있고 중요한 책들도 도움이 되었다. 진짜 학생도 가짜 학생도 이 수업을 매우 좋아했고, 학기가 끝날 즈음에는 정보나 열역학 같은 것뿐만 아니라 노동, 선주민의 토지권, 전쟁, 정의 등도 포함해서 "관념의 역사"에 관해서도 많이 알게 되었다.

러스틴은 가르치는 것을 좋아하고, 과학과 테크놀로지의 능숙함과 그것을 읽고 쓰는 능력은 민주적이어야 마땅하다고 믿고 있다. 그는 수업에서 가능한 한 체험 학습을 도입하고, 대중과학과 보다 민주적인 사회를 위한 투쟁의 역사에 총명한 눈을 돌려 왔다. 우리가 만난 것은 1970년대 중반 존스 홉킨스대학의 과학사학과에서였는데, 당시 대학원생이었던 러스틴은 특히 19세기의 프랑스와 미국의 대중과학을 공부하고 있었다. 그는 또한 볼티모어 실험고등학교에서 역사와 사회과학뿐 아니라 자연과학과 수학을 가르치고 있었다. 거기서 그는 학생들을 연구실, 병원, 공장, 기술박물관 등에 데리고 나가서 정치, 역사, 과학, 테크놀로지가 인종, 성, 계급의 순탄치 않은 역사가 있는 공업 항만도시 볼티모어와 뗄 수 없는 일부임을 피부로 느끼게 했다. 러스틴은 우리 집 부엌을 문자 그대로 화학실험실로 바꿔 놓았고, 학생들에게는 과학에 대한 즐거움을 양육하고 노동의 분업과 지위가 과학과 테크놀로지에 어떻게 작용하는지 더 잘 감지할 수 있게 양육하는 방법으로 요리의 과학과 테크놀로지뿐만 아니라 공업 화학에 관해서도 생각하도록 지도했다.

그보다 몇 년 전 베트남 전쟁 기간의 일인데, 반전 평화주의자였던 러스틴은 병역을 거부하고 필리핀 남부의 이슬람권에서 2년간 대체 복무를 했다. 러스틴은 작은 수산대학에서 수학과 철학을 가르쳤는데, 몇 년 후 그가 가르친 학생들 대부분은 분리주의자와 미국이 지원하는 마닐라 혁명운동 양쪽 모두의 억압에 의해 죽었다. 러스틴의 눈꺼풀에는 글로벌화와 "반테러리즘"의 테크놀로지에 관한 질문이 지울 수 없게 기록되어 있고, 그의 대뇌를 통해 작동하는 모든 신호는 이런 질문과 밀접히 연결되어 있다.

러스틴 아버지 쪽의 조부 쏘르핀 호그니스는 맨해튼 프로젝트의 물리화학 부문을 이끌었고, 전후에는 핵 과학기술의 통제에 대한 시민 과학자 투쟁에 참여했다. 러스틴의 형제들과 사촌들 대부분이 그들의 직업 생활과 공동체에서의 현존에서 "테크놀로지의 관점에서 보는 관념들의 역사"에 직접적으로 관여한 것은 아마도 그 결과일지 모르고, 그 반대로도 이야기할 수 있을지 모른다. 이런 가족의 역사에 관해 언급하는 것은, 우리가 테크놀로지라고 부르는 것과 철학적 관점에 의해 우리가 의미하게 될지도 모를 무언가를 함께 묶고 있는 공적인 세계와 친밀한 세계의 매듭에 초점을 맞추기 위해서다. 문제에 접근하는 이런 방식이 전통에 따르고 있는지 아닌지에 관해서는 확신이 없다. 그것은 어떤 전통에 초점을 맞추는지에 따라서도 변할 것이다. 하지만 과거에 A 학점을 받은 산더미 같은 이수 과목들 그 어떤 것보다 인생에서 유일하게 낙제 점수를 받은 이 과목에서 미국 역사, 철학사, 그리고 테크놀로지의 역사에 관해 더 많이 배운 것은 틀림이 없다.

12장

마지막 식사

영양가 있는 소화불량

안다는 것은 직접적인 물질적 개입, 그것의 역동적인 물질적 구성, 그것의 진행 중인 절합에서 세계의 일부로서 세계와 내부-작용하는 실천이다.…윤리는 물질화에 관한 것, 새로운 구성, 새로운 주체성, 새로운 가능성을 포함해서, 우리가 그 일부인 얽힌 물질화를 고려하는 것에 관한 것이다. 여기서는 가장 작은 절단들도 중요하다.

— 캐런 배러드, 『우주와 중간에서 만나기』

누구도 결코 전적으로 혼자서만 먹지 않는다. 이것이 "우리는 잘 먹어야 한다"라는 말을 시시아는 규식이나.…나는 반복한다. 책임은 과잉이다. 그것이 아니면 책임이 아니다.

— 자크 데리다, 「잘 먹기 또는 주체의 계산」

오스트레일리아에서 '오지bush의 불도저'라고 불리는 북쪽털코웜뱃이 퀸즐랜드주 중부의 에빙 포레스트 국립공원의 메마른 삼림지를 열심히 파내고 있는 모습을 떠올려 보자. 암컷의 하복부에 있는 육아낭은 뒤를 향해 붙어 있기 때문에 흙이 들어가기 어렵고, 유두에 달라붙은 어린것도 지킬 수 있다. 체중이 약 25~40킬로그램인 이 북쪽털코웜뱃은 21세기 초에는 생식 연령의 암컷이 25마리밖에 없었다. 장난꾸러기 같지만 상처 입기 쉬운 이 유대목 동물은 지구의 대형 포유동물 중 가장 희소한 부류에 속한다.[1] 잡다한 것들이 모인 초소형 크리터인 믹소트리카 파라독사Mixotricha paradoxa, 글자 그대로 '털이 뒤섞인 역설적인 존재'도 생각해 보자. 믹소트리카 파라독사라는 이름의 이 크리터는 직경이 500미크론 정도의 크기로, 사람 눈으로 간신히 볼 수 있다. 국립공원의 카리스마 있는 대형 동물의 형상이 아니라 숲의 영양 분해 사이클의 필수 요원인 이 근면하게 일하는 선유질 분해성 원생생물은 오스트레일리아에 서식하는 마스토테르메스 다위니엔시스Mastotermes Darwiniensis라는 이름의 흰개미 후장에 살고 있다.[2] 오스트레일리아에서 다윈의 이름과 전통은 이렇게 유지되고 있다.

퀸즐랜드 웜뱃의 수를 헤아리는 것은 비극적으로 간단할지 모른다. 야행성으로 어스름에 활동하고 보통은 한 마리씩 행동하는 과묵한 이들 크리터들이 만약 서식 개체수 조사원 앞에 스스로 출두한다면 말이다.[3] 하지만 믹소트리카의 수를 세려고 하면 다른 종류의 수적인 딜레마에 봉착한다. 믹소트리카는 주사형 전자현미경의 자극을 받으면, 마치 숫자를 세는 것에 항의라도 하듯 털을 곤두세운다. 현미경 배율이 낮을 때는 단세포의 섬모로밖에 보이지 않지만, 전자현미경으로 보면 매우 가느다란 수많은 트레포네마Treponema 스피로헤타로 판명되는데, 살아있는 기간 내내 그들의 함께 사는 식사 동료는 이 스프로헤타의 움직임에 의해 이동하고, 이 원생생물의 원추 전단에 튀어나온 네 개의 편모에 의해 조타된다. 진핵 세포와 네 가지 종류의 박테리아 미생물(그 종류는 약 2백에서 25만 개의 세포들에 이른다)로 구성되고, 5개의 서로 얽힌 게놈을 가진 "믹소트리카 파라독사는 모든 식물과 (우리를 포함한) 동물이 어떻게 다수를 내포하는 존재로 진화해 왔는지를 보여주는 궁극의 사례이다."[4] 그래서 결론 부분이 될

이 장에서는, 남반구 대륙에 고유한 크리터들 사이의 임신, 섭식, 소화에서의 구멍, 갈라진 틈, 깍지 낌에서 번영해온 반려종 이야기부터 시작하겠다.

에바 헤이워드의 손가락 눈에서 가르침을 받은[5] 나는 "함께 되기"를 "세속적으로 되기"로 기억한다.『종과 종이 만날 때』의 목적은 부착 부위를 구축하고 점착성의 매듭을 묶음으로써, 주체 – 그리고 대상 – 를 변화시키는 응답과 관심 속에서, 내부-작용하는 사람을 포함한 크리터들을 서로 결부시키는 것이다. 만남이 조화로운 전체를 생성하는 것은 아니고, 사전에 문제없이 구성된 실체는 출발 지점에서 만나지도 못한다. 이런 존재는 부착은 물론이거니와 접촉할 수도 없고, 출발 지점도 없다. 단수도 복수도 아닌 종에게는 다른 방식의 상호인정이 필요하다.[6] 세계라는 탐욕스러운 접촉지대에서 만남은 우리가 누구이고 무엇인지를 아래로 쭉 중첩된 거북이들(표면에 달라붙어 공생하는 존재도 포함해서)의 방식으로 형성한다. 일단 "우리"가 만나버리면 우리는 두 번 다시 "동일자"일 수 없다.

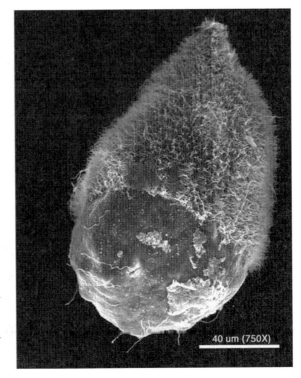

믹소트리카 파라독사. 주사형 전자 현미경사진, 750배 확대, 매사추세츠 대학교 애머스트의 딘 술리아와 린 마굴리스의 작품.
Lynn Margulis 제공.

반려종끼리의 호기심이라는 풍미 있지만 위험한 의무에 의해 추진되는 이상, 우리는 일단 알아버리면 모르기는 불가능하다. 만약 우리가 손가락 눈으로 탐색해서 잘 알게 되면 우리는 돌보게 된다. 이런 과정을 거쳐서 책임이 자라난다.

린 마굴리스와 도리언 세이건은 공생발생 덕분에 진화의 과정에서 무수한 생명체들이 다양성과 복잡성을 발달시켜 왔으며, 공생발생을 통해 뒤섞인 게놈과 살아있는 협력체들이 식탁에 둘러앉은 식사 동료들 ─ 모두가 메뉴에 올라와 있는 ─ 사이의 섭식과 뒤이은 소화불량의 유력한 자손임을 제시했다. 성적 교섭과 감염, 그리고 먹기는 옛날부터 깊은 관계가 있고 면역에 의한 선별 작용의 미묘함에 의해 방해받는 일은 거의 없으며 그 물질적이고 구문론적인 내부-작용이 친척과 종류를 탄생시키는 데 결정적이다. 그러면 필멸의 존재, 서로 동화될 수 없고 또한 동화해서는 안 되지만 더 잘 먹을 수 있도록 배워야만 하고, 적어도 돌봄, 존중, 그리고 차이가 열림에서 번영할 수 있을 정도로 더 잘 먹는 것을 배워야만 하는 반려종에게 자양이 될지도 모를 이별의 식사를 제안하겠다.

첫 번째 식사에서, 우리는 북쪽털코웜뱃으로 돌아간다. 이번에는 예기치 못한 반려들도 함께한다. 멜버른을 거점으로 활동하는 예술가 퍼트리샤 피치니니는 북쪽털코웜뱃을 비롯한 오스트레일리아 대륙의 멸종위기종들을 지키기 위해, '그럴듯한 반려종' ─ 피치니니의 용어 ─ 을 만들어냈다. 피치니니는 이 도입된 크리터들에게 자신감에 넘치기보다 수상쩍어하면서 호기심 어린 눈길을 보낸다. 비록 그들의 주된 서식 지역이 예술 전시와 웹사이트, 그리고 카탈로그일지라도 말이다.[7] 피치니니의 그림, 설치, 조각은 보는 사람들에게 위험과 가능성 둘 다를 의식시키면서, 그녀가 자신의 SF적인 생명체와 사랑에 빠졌다는 것을 분명하게 호소하고 있고, 그녀 덕분에 확실히 나도 그렇게 되어 버렸다. 피치니니는 오스트레일리아와 아오테아로아 뉴질랜드에 도입된 인간과 비인간 종들의 자연문화사를 기억하고 있는데, 거기에는 남아메리카와 중앙아메리카의 수수두꺼비 같은 최근의 예도 물론 포함된다. 수수두꺼비는 설탕에서 나오는 돈으로 자식들을 먹여 살려야 하는 노동자들을 통째로 삼켜버린 사탕수수를 먹어대는 딱정벌레를 구제할 목적으로 1935년에 하와이에서 북퀸즐랜드로 이입된 생물이다.[8] 피치니니는 또한 선의로 도입된 반려종이 초래한 근절이라는 결과도 기억하고 있다. 이 경우에는 대식가이자 다산이며 행동 범위가 넓은 수수두꺼비에게 느닷없이 먹이가 되어 버린 종들인 이 지방의 토종 양서류들에게 다가온 근절이라는 결과이다. 피치니니는 백인 개척지의 유럽산 소를 먹이기 위해 도입된 아프리카 버펄로 풀이 북쪽털코웜뱃의 먹이였던 재래의 풀을 물리쳐 버렸다는 것, 멸종의 위기에 처한 웜뱃들이 음식과 서식지를 확보하기 위해 소와 양 그리고 토끼들과도 싸우고 있다는 것을 잘 알고 있다. 이런 유대목 동물들은 훨씬 더 옛날에 도입된 동물로, 현재는 생태계에서 대형 동물의 지위를 획득한 오스트레일리아산 들개 딩고 – 유럽인들에게는 오랫동안 해로운 동물이었고 선주민에게는 훨씬 긴 세월에 걸쳐 반려종으로 지내온 종 – 의 포식의 대상이 되고 있다. 그러나 오늘날 생태계 복구 작업 과정에서 소가 내쫓기고 버펄로풀도 같은 처지가 된 후에도, 옛날의 지위로 복귀되어 민족주의자가 된 딩고는, 북쪽털코웜뱃이 흙을 파고 식사를 할 수 있는 유일한 장소인 퀸즐랜드의 반건조 초원과 삼림에 들어가지 못하도록 울타리를 쳐서 침입하지 못하도록 방지되어야 한다.

한편 피치니니는 또한 매듭투성이의 동적인 생태계에 사는 살아있는 존재가 이상주의적이라기보다는 기회주의적이라는 점도 알고 있고, 다른 토지와 물에서 잠입해 들어온 침입자들이 가져온 자원 덕에 수많은 재래종이 새로운 토지와 옛날의 토지 양쪽에서 번성하는 게 놀라운 일이 아니라는 점도 잘 알고 있다. 원래의 서식지에서 쫓겨나고도, 유럽에서 온 찌르레기와 함께 도입종인 해충 달팽이와 민달팽이를 잡아먹는 대형 물총새를 상기해 보기 바란다. 요컨대, 피치니니는 (다른 수계, 다른 대륙, 혹은 다른 상상 세계로부터) 종을 도입하는 것이 종종 세계를 파괴하는 처사이기도 하지만, 다른 한편으로는 회복 혹은 경우에 따라서는 다른 종류의 번영으로 향하는 계기가 되기도 한다는 점도 잘 알고 있다.[9] 멸종위기종에 대한 피치니니의 우화화된 반려종은 많은 파괴적 침입자 중 하나이기보다 많은 신참자들에 또 하나 추가되는 적합한 신참자이거나, 자주 있는 일이지만, 그 양쪽 모두일 수 있을 것이다. 중요한 질문은 이들이 (자연이란 의미에서) 원래의 것이고 순수한가가 아니라, 토지와 그 크리터들에 대해 (자연문화라는 의미에서) 어떤 공헌을 하느냐는 쪽이어야 한다. 이 질문은 관계가 끊어진 "자유주의적인" 윤리나 정치를 요청하는 것이 아니라, 함께해 나가는 몇몇 방법의 번성을 돕는 위험을 감수할 검증된 삶을 요구한다. 오스트레일리아 선주민들은 유럽인들이 "떠돌이"feral라고 경멸하는 동물들에 대해 대체로 긍정적이고, 서구인들이 새로운 것과 오래된 것을 다 포함해서 "종 회집체"라고 부르는 것을 그들은 인간과 비인간이 계층적이고 끊임없이 변용하고 배려하면서 살아가는, 영어 상용자들의 말로는 "컨트리"country라고 부르는 세계를 무엇이 지탱하고 있느냐는 관점에서 평가하는 경향이 있었다.[10] 배러드가 서구의 철학과 과학에 친숙한 사람들에게 맞춰 표현하는 것처럼, "체현이라는 것은 세계에서 종별적으로 상황에 놓인 존재에 관한 문제라기보다는 역동적인 종별성 속에서 세계라는 존재에 관한 문제이다…. 따라서 윤리는, 근본적으로 외부/외부화된 존재로 여겨진 타자에 대한 응답에 관한 것이 아니라 우리도 그 일부인 되기가 갖는 살아있는 관계성들에 대한 (응답)책임과 (설명)책임responsibility and accountability에 관한 것이다."[11] 호기심은 그런 의미에서 상황에 놓인 지식과 거기서 분기하는 의무들을 윤택하게 해야 할 것이다.[12]

피치니니는 테크노문화와 그 일부인 바이오테크놀로지와 명시적으로 응답과 대화를 하면서 일을 진행하고 있기도 하다. 피치니니는 '자연의 작은 조력자들'Nature's Little Helpers이라 불리는 연작에서 환경 보존과 보조생식 실천에서 중심이 되는 얽히고설킨 자연문화적 삶의 현실을 탐구한다. 이런 테크노문화적 장치는 어느 것이나 다 『종과 종이 만날 때』의 중심에 있는데, 그 속의 "멸종위기종"이라는 카테고리에는 그 카테고리에 불행하게 내포되어 버린 행위자들의 아픔과 희망이 끝없이 넘쳐흐르고 있다. 그 취약한 존재가 "단지" 개와 그들의 복수종이라는 종류들, 즉 역사적으로 역동적이고 상황에 놓인 삶의 방식들일 뿐일 때조차도 그러하다.

실리콘, 유리섬유, 모발, 가죽, 그리고 여신만이 아는 다른 재료들로 창조된, 《북쪽털코웜뱃의) 대리자, 2004》라는 제목의 크리터는 '자연의 작은 조력자들'의 하나이다. 《(앉아 있는) 제임스, 2006》라는 그림에서, 대리자와 인간 아기가 마주 보고 앉아 있다.[13] (왼손잡이인) 조그만 제임스는 상대를 약간 불안해하면서도 강한 호기심을 가지고 당장에라도 손을 내밀 것 같다. 나는 아기가 동물을 움켜쥐어서 다치게 하는 경우가 종종 있다는 걸 안다. 신체의 협조성이 나쁘고 아직은 사물에 대한 책임이 결여된 작은 인간들 — 난감하게도 발달의 너무 이른 시기에 손으로 물건을 잡을 수 있게 되어버린 — 의 호기심 어린 과잉행동을 개들이 참고 견디게 될 수도 있지 않을까 하여, 우리 집 개와 대학원생들로부터 빌려온 어린이들이 함께 훈련을 한 일도 있었다. 대리자도 그 점에 관해서 제대로 교육을 받고 있는 것일까? 그녀/그에게 그럴 필요가 있는 것일까? 대리 동물과 아기는 가까이에 있고, 인간 어린이와 보호자인 에일리언 종 — 좋은 존재라는 느낌은 들지만 그냥 생각에 잠겨 있는 것처럼도 보인다 — 은 어쩌면 지나치게 가까이 있는지도 모르지만, 그렇게 부분적으로밖에 보이지 않는 얼굴에서 누가 표정을 알아챌 수 있을까? 『또 다른 세계에서』 카탈로그의 컬러 표지에는 이 대리 동물이 똑바로 이쪽을 향해 있는 것이 게재되어 있지만, 그것이 나의 의문이나 피치니니의 의문에 답해 주지는 않는다. 아무리 테크노키메라적으로 재배치되고 대동물인 웜뱃의 임신 욕구에 이질적일지라도, 이 생명체의 배 쪽 표면에는 보통의 배꼽이 붙어 있어서 포유동물과 일종의 유연관계가 시사되고 있다. 요컨대, 이 대리자는 호모 사피엔스를 지키기 위해 만들어진 것이 아니라, 제임스의 친척이 도입한 바로 그 종에 의해 동료들과 서식 환경이 엉망진창이 된 라시오리너스 크레프티*를 지키기 위해 만들어졌다. 나로서는 퀸즐랜드의 선주민이 북쪽털코웜뱃을 실제로 뭐라고 불렀는지는 잘 알 수 없다. 오늘날의 환경보호 문맥에서 북쪽털코웜뱃의 토착민 고유의 명칭(그러나 어떤 토착민의 명칭일까?)인 "야미논"Yaminon이 있지만, 이 명칭을 고안해낸 인간이나 비인간의 역사적인 자연문화에 관해서는 논의되지 않는다. 따라서 각 지역의 다른 선주민들이 등에 갑각을 짊어진 이 대리 동물을 어떤 이름으로 불렀을지는 짐작도 할 수 없다.[14] 고유 명칭이 무엇이든, 이 대리자는 제임스와 그 동류들이 자신의(그일까 그녀일까?) 보호 영장 범위 밖이라는 것을 무

---

* Lasiorhinus kreftii. 북쪽털코웜뱃의 학명.

리 없이 판단할 수 있다.

등의 멋진 갑각은 이 대리 동물의 뒷면을 따라 물결치듯이 늘어진 흥미 있는 구조의 극히 일부이다. 웜뱃의 세 가지 발육단계별로 양육하는 세 쌍의 육아낭이 보호자인 반려종의 척추를 따라 아래로 늘어서 있다. 붉은 캥거루 같은 다른 유대동물과 마찬가지로 웜뱃의 대리 재생산은 회임하는 신체에 배아를 넣기 위해 "적시생산방식"just-in-time 원칙이 작동되고 있는 것 같다. 산도(누구의 산도일까?)에서 막 나와서 방금 배아가 된 웜뱃은 대리자의 모피를 간신히 기어올라 웜뱃이 될 순번을 기다리며 육아낭의 첫째 단에 서식한다. 젖꼭지에 들러붙은 상태일까? 이 대리 동물은, 고리 모양의 괄약근을 가진 염낭처럼 생긴 그 기이한 육아낭 속에 젖꼭지를 가지고 있는 것일까? 없으면 어떻게 될까? 정상적인 북쪽털코웜뱃의 경우 한 개의 육아낭이 뒤를 향해 붙어 있고 젖꼭지가 두 개밖에 없기 때문에 체외에서 한꺼번에 세 마리를 양육할 수 없고, 일 년에 한 번, 한 마리씩만 출산한다. 태어난 새끼는 8~9개월을 육아낭 속에서 보낸다. 그러나 만약 웜뱃

퍼트리샤 파치니니, 〈(앉아 있는) 제임스〉, 2006. 종이에 연필. 작가 제공

이 캥거루와 마찬가지라면, 먼저 태어난 새끼가 죽는 경우 — 혹은 에일리언에 의해 사라진 경우 — 에는 생애주기를 재촉할 수 있도록 생육을 정지시킨 배아를 준비하고 있을지도 모른다. 북쪽털코웜뱃은 우기에 새끼를 배는 일이 많은데, 물기가 많던 풀이 말라버리면 새로 교체될 새끼가 육아낭에 들어가는 것이 늦어지게 되고 이는 어쨌든 생식 주기에는 좋은 징조가 못 된다. 어쩌면 이 대리 동물은 웜뱃의 암컷으로부터 방금 막 나온 새끼를 탈취해서 자신의 육아낭에 넣고, 이 웜뱃이 다음의 배아를 빨리 낳도록 재촉함으로써 한 시즌에 양육할 수 있는 새끼의 수를 늘리고 있는지도 모른다. 진화·생태학적인 구제 기술로서 강제적 재생산을 이용하는 것은 이것이 처음은 아닐 것이다. 종 보존 계획의 데이터베이스에 실려 있는 호랑이에게 물어보라. 피치니니가 또 다른 세계another world를 의심하면서 허용하는 것도 놀라운 일이 아니다.

대리자의 육아낭 중간 단에는 조금 성장했지만 아직 털이 나지 않은 웜뱃의 새끼들이 있다. 바깥 세계를 탐험하고 다니는 것은 아직 무리다. 젖꼭지와 주머니 그리고 경계를 게을리하지 않는 대리 동물의 갑각을 걸친 척추가 있으면 그것으로 충분하다. 육아낭의 세 번째 단에는 성숙하고 털이 난 웜뱃의 아기들이 있다. 한 마리는 당장에라도 더 넓은 세계로 기어 나와서 모험적인 만남을 시작할 참이다. 이 어린것은 처음 몇 개월은 위험한 상황이 되면 주머니로 다시 뛰어 들어가거나, 풀 대신 젖을 보충할 수 있지만, 아무리 잘 만들어진 자궁이나 육아낭이라도, 그것이 에일리언의 것이든 토착종의 것이든, 보호를 받을 수 있는 시간은 잠시 동안이다.

이번에도 나는 이 대리 동물이 수컷인지 아니면 암컷이고 어머니다운 생명체인지가 마음에 걸린다. 나에게 있어서 젠더 카테고리는 제국주의화를 수반하는 것이기에 사정이 간단치가 않다. 물론 이 질문은 나의 역사적으로 상황에 놓인 신경증(그리고 생물학적, 재생산적 담론)에 기초하는 것이지 대리 동물에게 근거하는 것은 아니다. 여기서 내가 상기하는 것은, 북쪽털코웜뱃의 새끼를 임신할 수 있는 생식기를 가진 암컷 개체는 지구상에 약 25마리밖에 없다는 사실이다. 이런 세계에서 암컷이라는 사실은 그 가치에 걸맞은 대가를 지불하지 않고는 가능하지 않을 것이다. 피치니니 자신이 대리자의 도입을 독촉받고 있다고 느꼈던 것도 당연한 일로 생각된다. 나는 이 대리자를 "퀴어"라고 부르고 싶고, 보통 이성애자로 정체화하는 사람들은 어떤 부담도 없이 즐기는 해방감을 남긴 채로 이 문제를 지나치고 싶기도 하다. 하지만 내가 이 정도에서 멈춘다면 피치니니는 틀림없이 이미지 사용 허가를 철회할 것이다. 그래서 이 대리자는 소화불량, 즉 퀴어 이론의 전부라고 해야 할 적정한 장소와 기능에 관한 일종의 위장장애에 자양을 주는 생명체로 남아있다. 이 대리자는 무엇보다도 장소에 어울리지 않는 임신이라는 중얼거림mutter/물질matter이 아니라면 아무것도 아닌데, 그것은 재생산이라 불리는 암컷을 암컷답게 하는 기능에 대한 충분치는 않지만 필요한 절단이다. 장소에 어울리지 않는다는 것은 종종 위험에 처하는 것이지만, 경우에 따라서는 가치나 목적에 의해 고정되어 있지 않다는 의미에서 자유롭고 열림 속에 있는 것이기도 하다.

육아낭의 네 번째 단은 없다. 제임스가 대리 동물과 맞서고 있을지도 모르지만, 이 이야기의 회화적 묘사 속에서 웜뱃의 아기와 인간 아기는 조만간 만날 거라고 나는 자신 있게 말할 수 있다. 그러면 그 후 반려종의 세계가 어떻게 될 것인가는 열려 있다. 지난 과거에 비추어 본다면, 백인 개척자 인간과 웜뱃들의 관계를 낙관하는 것은 당치도 않은 일일지도 모른다. 그러나 세계를 다시 만들기 위한 풍부한 제안을 하는 데 있어서 과거는 결코 부족하거나 비어있지 않다. 케이티 킹은 그녀가 "과거현재들"pastpresents이라고 이름 붙인 재연reenactment 작업을 생각하기 위한 이론 도구를 제공한다. 킹은 이렇게 쓴다. "나는 과거현재들이 과거를 현재로부터 그리고 현재를 과거로부터 순수한 방식으로는 추려낼 수 없다는 알기 쉬운 증거라고 생각한다. 과거도 현재도, 방해, 장애, 신/구의 편성 방식, 중재, 방향 전환, 회전하는 역동성을 가지고 나에게 도전한다."[15] 이런 물질-기호론적인 도구를 반려로 해서, 과거, 현재, 미래는 서로 깊이 짜 넣어지고, 서식 환경의 재구축이라는 작업과 놀이에 필요한 것들, 즉 덜 해로운 호기심, 물질적으로 얽힌 윤리와 정치, 공생발생을 통해 연결된 에일리언과 자생적인 종류들에 대한 열림으로 가득 차 있다. 배러드의 표현을 빌리면, 우리는 내부-작용과 행위적 실재론의 세계-만들기 프로세스의 한복판에 있다.

임신과 소화불량을 잇는 물질-기호론적 관절 – 젠더를 불문하고, 임신 경험이 있다든가 임신 경험에 대해 공감할 수 있는 유대목 동물, 포유동물, 지구 밖의 생물은 잘 알고 있는 연관 – 을 갉아먹으면서, 두 번째 이별의 식사를 권하고 싶다. 내가 캘리포니아 대학 산타크루스 캠퍼스 의식사 프로그램의 페미니스트 이론 분야의 종신 교수직에 응모한 것은 1980년의 일이었다. 실제로는, 낸시 하트삭과 나 두 사람이 자리를 공유하려고 응모한 것인데, 낸시는 응모를 그만두고 볼티모어에 남게 되고 이 자리에 욕심이 있던 내가 캘리포니아까지 왔다. 자리를 공유하려고 했던 일로 낸시와 내가 연인 관계라고 생각한 사람들도 많았던 것 같은데 이런 식의 섹슈얼리티 유추 방법도 참 재미있다! 유감스럽게도 이 책은 이미 충분히 복잡해서 이런 문제까지 다룰 수는 없다. 채용 면접이 있던 날, 공항에서 나를 태워 숙소인 '드림 인'Dream Inn(그 외에 어떤 장소가 있을 수 있을까?)까지 데려다준 사람들은 의식사 대학원생 케이티 킹과 미샤 애덤스였다. 그들은 산타크루스의 산골짜기에서 열리는 출산 축하 파티에 가려고 서두르고 있었다. 페미니스트이자 재야에서 활동하는 한 산파가 출산을 돕고, 태반을 먹는 축하 자리가 열린다고 했다. 존스 홉킨스 대학의 테크노사이언스와 바이오메디컬의 과잉 상태와는 너무나 다른 모습에 매료되었던 나는, 아기 인간을 맞아들임에 있어서 공동체에 의한 승인이라는 피비린내 나는 물질성을 전적으로 축하하고 싶었다. 다만 먹는 태반은 남편(태반의 남편? 아기 엄마의 남편? 친족관계가 불분명한 채로)이 조리한다고 들었다. 이것이 이 향연을 다소 여피족yuppie스럽게 만들었던 것 같고, 가톨릭적 성장 배경 때문에 내가 존중을 품고 있던 필멸인 자들의 성찬과는 거리가 있어 보였다. 향신료가 들어간 소스로 먹는 것일까? 적어도 나의 몸에 밴 동해안적 발상으로 보면 이 일들이 상궤를 벗어난 것이었지만 채용 면접이 임박한 내가 그것을 걱정하고 있을 여유는 없었다. 케이티와 미샤는 당시의 의식사에 물을 공급하고 있었던 페미니즘과 아나키즘이 충만한 이교적 사이버 마녀의 산으로 떠났다.[16]

면접이 끝나자 초청했던 사람들이 나를 저녁 식사에 데리고 갔고, 케이티와 미샤도 합류했다. 레스토랑 인디아 조즈에서 각지의 음식이 정교하게 배합된 다채로운 식사를 즐기는 동안, 심혈을 기울인 나의 발표와 시각 자료들에 대해 언급하는 사람은 아무도 없었고, 나를 포함해서 모든 사람의 관심은 누가 태반을 먹을 수 있는지, 먹어야 하는지, 먹어서는 안 되는지에 집중되었다. 의견의 일치는 없었다. 모두가 철학, 종교사, 민속학, 과학, 식사에 관한 민간의 신조, 미학과 같은 것을 총동원해서 그 어떤 사람은 단백질은 단백질이지 어떤 단백질인가는 문제가 아니고 태반도 생화학적인 음식에 지나지 않는다고 주장했고, 또 어떤 사람은 제2바티칸 공의회 이전의 가톨릭교도는 금요일에 태반을 먹을 수 있었을지를 물었다. 단백질 환원주의자는 자신이 심해의 급류에 흔들리고 있다는 것은 알아챘고, 태반을 먹는 근거로 고대의 모권제나 자연과의 토착적 일체감을 언급한 사람들은 백인 개척자 식민지의 선의의 후예들의 원시화 지향에 주의하려는 사람들로부터 제지의 시선을 받게 되었다.

케이티와 미샤가 전해준 바에 의하면, 모인 사람들은 축하라기보다는 장엄한 표정으로 — 양파와 함께 조리된 — 태반의 작은 조각을 서로 나누고, 이 시작의 순간에 엄마와 아기가 필요로 하는 영양을 친구들이 서로 나누었다고 한다. 이것은 내가 생각하는 지상의 성찬 그 자체였다. 케이티와 미샤에 따르면, 이 모임은 각자 음식을 가지고 모이는 형식이었고 가지고 온 요리는 태반 의식과는 별도로 먹었다고 한다. 이것은 여피가 아니라 히피의 세계일 것이다. 케이티는 자기 집 부엌에서 만든 두유를 가져갔다고 했다. 인디아 조즈 식당에서 함께 식사한 사람 중에 건강에 관심 있는 채식주의자들은 섬유질이 적은 태반이라는 음식에는 저항이 있었던 것 같았다. 반면 같이 식사한 급진적 페미니스트인 비건은 태반을 먹어야만 하는 유일한 사람은 자기들 동료 비건들뿐이라고 결론 내렸는데, 이유는 그들이 죽음으로부터가 아니라 삶을 통한 음식을 추구하기 때문이라는 것이었다. 즉 태반은 도살되거나 착취된 동물에서 나온 음식이 아니라는 의미였다. 사람의 태반에는 — 특히, 어머니가 먹이 사슬의 상위에 있는 것을 먹는다고 알려진 경우 — 유해물질이 많이 축적되어 있지는 않을까 걱정하는 이들도 있었지만, 누구도 태반을 통한 인수공통전염병의 위험은 인식하지 않았던 것 같다. 어쨌든 그곳에 있던 누구도, 어머니와 아기 사이의 임신이라는 교역에서 자기와 타자의 관계를 컨트롤하는 이 육신을 먹는 행위에 내재한 종 횡단적 관계를 간파하지는 못했다. 맑스주의-페미니즘의 볼티모어 서식지에서 막 나왔고 구조주의 논의 속에 넌더리가 나 있었던 나는 날 것과 익힌 것 사이의 계급 놀이에 여전히 트러블을 겪고 있었다.

한 가지는 분명했다 : 나는 드디어 영양분이 많은 공동체를 발견했다. 이 공동체의 구성원들이 자신들이 먹을 수 있는 음식에 관해서 생각하면서 안색이 약간 창백해지기 시작했지만 말이다. 이 공동체를 구성하고 있는 사람들은 각자 나름의 지적 재주와 특권을 동원해서 놀이를 실천하고, 진지하게 농담을 하고, 서로가 영양을 주고받음에도 동화되기를 거부하고, 즉흥적으로 결합 부위를 만들고, 어수선한 종들이 만나는 출현하는 세계의 의무를 탐색하는 작업에 종사하고 있다. 이런 사람들이 나를 동료로서 맞아들여 주었다. 그리고 나의 식욕은 결코 멈추지 않았다.

그러면 세 번째이자 마지막 이별의 식사로 옮겨가자. 이 식사는 종과 종이 만날 때, 어떻게 일들이 진행되는지를 생각하기 위해 필요하다. 어떤 공동체도 음식 없이, 함께 먹는 일 없이는 작동하지 않는다. 이것은 도덕의 문제가 아니라, 사실에 관한 의미론적이고 물질적인 결과를 만드는 문제이다. 데리다도 말한 것처럼, "누구도 결코 전적으로 혼자서만 먹지 않는다."[17] 이것은 순수하게 식사만 하기를 원하는 자에게는 몹시 불안감을 주는 사실이다. 이런 공상적인 욕망에 사로잡히면, 식사를 하는 자에게 유일하게 허락되는 음식은 자기 자신이며, 끝없이 같은 것을 섭취하고, 소화하며, 임신하는 자가 되어버릴 것이다. 신이라면 고독한 식사도 가능할지 모르나 지상의 크리터들에게는 가능하지 않다. 우리는 먹을 때, 우리를 현재의 우리로 만드는 차별적 관계성들, 그리고 응답과 관심이 어떤 개인적이고 정치적인 의미라도 갖게끔 하고자 할 때 우리가 무엇을 해야 할지를 구체화하는 차별적 관계성들의 가장 깊숙한 곳에 있다. 죽이지 않고 먹는 방법은 없고, 우리가 설명책임을 가지는 다른 죽은 은명이 존재들과 함께 되지 않고 먹는 방법도 없으며, 무구와 초월 혹은 최종 평화를 가장할 방법도 없다. 왜냐하면, 먹기와 죽이기를 위생적으로 분리할 수 없다는 것은 먹고 죽이는 방법이 어떤 것이어도 좋고, 단지 기호와 문화의 문제일 뿐임을 의미하지 않기 때문이다. 복수종의 인간, 비인간이 살고 죽는 방식은 먹기의 실천에서 문제가 된다. 배러드가 세계를 만드는 관계성에 관해서 이야기한 것처럼, "가장 작은 절단들도 문제가 된다."[18] 데리다는 현실적인 책임은 과잉이어야만 한다고 논했다. 관심과 응답의 실천에 미리 설정된 한계는 없다. 그러나 인간예외주의를 단념하는 것은 하루가 시작되었을 때보다 그 하루가 끝날 때 더 많이 알 것을 요구하고, 종과 종이 얽혀서 결코 안정되는 일이 없는 생명정치 속에서 특정한 삶의 방식을 골라잡을 것을 요구한다. 덧붙여 말하자면, 다음의 세 가지에 유혹됨이 없이 다른 삶이 아니라 어떤 삶의 방식을 골라잡아야 한다 : (1) 자기 확신을 갖는 것, (2) 다르게 먹는 자들을 해롭고 축복받지 못하는 것이고 미개하다는 하위 분류로 몰아넣는 것, (3) 어떻게 더 잘 – 함께 – 먹을까에 관해 과학적으로 아는 것도 포함해서 더 알려고 하고, 과학적으로 느끼는 것도 포함해서 더 느끼려는 것을 포기하는 것.

인간, 비인간 동물의 공동의 웰빙에 깊이 관여하는 동물 권리 활동가를 위시한 사람들로부터 제기된 필수적이고 어려운 윤리와 정치 문제와 관련하여, 나는 이 책에서 현실성 있는 현대적 농목축업을 위한 투쟁과 식육산업 복합체에 대항하는 투쟁을 다루었다. 나의 대화의 많은 부분은 행간에서, 미주와 전문 사이에서, 텍스트 상호 간의 놀이에서 생긴다. 그러나 테크노문화적 사회에서 일어나는 현대의 수렵, 죽이기와 먹기가 특히 가까운 이 활동에 관해 내가 이야기할 수 있는 것은 거의 없었다. 이것은 거대하고 복잡한 주제이고, 나는 그 깊은 곳까지 들어갈 생각은 없다. 그러나 나 자신의 학문 공동체에서 있었던 식사를 상기함으로써, 왜 내가 적대자를 미개의 틀에 끼워 맞추는 성급한 입장에 직면할 때마다, 미개할 거라고 짐작되는 쪽으로부터 내가 필요로 하고 우리가 필요로 하는 진실의 실천을 발견하게 되는지를 이야기하고 싶다. 이것은 그 이상이 되어버린 직접 경험한 사실이다. 이 사실은 내가 세속적이 된다는 것을 일상적인 보통의 것으로부터 출현하는 부착 부위를 비롯해서 찐득거리는 매듭을 양육하는 과정으로서 경험하는 이유이다. 나의 이야기에서, 이 보통의 것은 교직원과 대학원생들을 위해서 매년 열고 있는 평범한 학과 파티의 모습을 띤다. 개들은 수렵의 반려, 친구, 스포츠의 상대로서뿐만이 아니라 복수종의 친족성의 매개자로서 적당하게 이 이야기의 광경 속으로 되돌아온다.

나의 동료이자 친구인 게리 리스Gary Lease는 종교학자인데, 모든 종류의 교조적인 신학에 대해 설령 티끌만 한 것일지라도 전형적인 알레르기를 보인다. 리스는 동물을 제물로 하는 각종 관행의 육신적인 세부에 이르기까지 의례의 역사에 관한 예리한 전문지식을 가지고 있다. 이런 관행은 벤 다이어그램에서는 수렵의 관행과 교차하지만 같은 것이 아니다. 동물 희생과 수렵을 합치거나 분리하는 것에 대한 이해는 많은 이유에서 중요하다. 오랜 기간 나에게 소중했던 공동체인 에코페미니스트 몇몇과 더 최근의 식사 동료인 데리다 같은 철학적으로 세련된 사람들도 포함해서, 반대하는 입장과 지지하는 입장 양쪽 모두에 의한 정체성 주장으로부터 내가 어느 정도 거리를 두는 것도 이 이유 중 하나이다. 수렵이라 불리는 인간-비인간 동물의 관계에서, 역사들은 복잡하고 역동적이다. 그것들은 적대적인 논쟁, 교조적인 순수성, 대개는 인간-사냥꾼 장르에 속하는 진부한 기원 이야기를 목표로 하지 않는 이상 유형적인 환원에는 적합하지 않다. 그렇지만 우리가 함께 더 잘 먹고, 특정 부류의 존재들은 죽여도 좋은 것으로 치부하기를 거부하고, 죽이기를 포함해서 우리가 아는 것과 행하는 것의 결과들 속에서 거주하는 방법을 찾아가는 데 있어서 그 어떤 실천도 안이한 상대주의로 환원할 수 없는 것과 마찬가지로, 우리는 상황 속에 놓인 수렵 실천에 관한 안이한 상대주의라는 신의 속임수로 이 문제를 환원할 수 없다. 반복하지만, 에덴의 바깥에서 먹는다는 것은 직/간접으로 죽이는 것을 의미하고 더 잘 죽이는 것은 더 잘 먹는 것과 마찬가지의 의무이다. 이것은 인간이라는 육식 짐승뿐만 아니라 비건에게도 해당한다. 악마는 디테일에 있다는 것은 여기서도 마찬가지다.

리스는 완벽한 사냥꾼이자, 요리사, 호스트, 그리고 풍부한 지식과 정서적인 헌신을 바탕으로 행동한다는 면에서 공적으로나 사적으로나 정평이 있는 환경 보호론자이다. 리스는 자신이 죽이는 동물에 관해 철저히 알고 있고, 동물들이 어떻게 살고 죽는지, 무엇이 그 동물들과 그 동물들이 먹거나 이용하는 대상에게 위협이 되는지를 잘 알고 있다. 그의 접근방법은 생태학적 담론에는 결연히 동조하지만, 개개의 동물이 권리의 어법으로 복화술을 사용해서 제기하는 요구에는 귀를 기울이지 않는 것 같다. 나의 잠 속에는 이런 중얼거림이 출몰한다. 그러나 리스는 개개의 동물과 사냥꾼이 서로에 대해 요구하는 깊은 (그리고 다양한) 감정적, 인지적 내용을 듣지 못하는 귀머거리가 아니다. 비인간 동물의 감각에 관한 기술 지식이 논란의 여지가 많은 문제라 하더라도, 리스는 비인간 동물을 문자 그대로 감각이 있는 존재로 인정하고 걱정한다. 리스는 자신이 사냥해서 잡는 동물이 아픔을 느끼고 감정도 풍부함을 잘 이해하고 있다. 그는 세계 각지로 다니면서 사냥을 하고, 지역에서도 틈날 때마다 사냥을 하기 때문에 집에는 사냥한 것이 풍성해서 공장식으로 생산된 고기가 식탁에 오르는 일은 없다. 리스 덕분에 우리 학과에서 매년 관례로 열리는 회식이 즐거움과 소화불량의 주연이 되는 것도 당연할 것이다!

나는 몇 년 전 어느 봄날 저녁, 캘리포니아 산타크루스에 있는 리스의 집 뒤뜰에서 멧돼지 통구이를 함께 먹었던 이야기에 초점을 맞추겠다. 멧돼지는 해로운 짐승이고 토착 생명체가 살아야 할 산비탈을 황폐하게 만드는 환경 파괴꾼으로 유명하기 때문에, 멧돼지라니 별것도 아니라고 할 독자도 있을지 모른다. 멧돼지는 보통 "회전식 경운기"라고 불린다. 만약 구멍을 파는 웜뱃이 멧돼지만큼 수가 많다면(그리고 용납되지 않는 것이라면?), 통칭 "오지의 불도저"라는 웜뱃 쪽이 생태 공동체에서 더 많은 혐오를 받았을지 모른다. 품위 있게 말하자면, 멧돼지는 "도입종"인데, 이민을 싫어하는 이종배타적 표현으로 말하자면 어떤 대접을 받아도 어쩔 수 없는 침입자이다. 나는 "에일리언 침입자"Alien Invaders라는 독자가 많은 웹사이트의 기사에서 관련 내용을 추적해 보았다.[19] 멧돼지는 인간 사냥꾼에 의한 포식 압력이 필요하지만, 그 압력이 충분치는 않다. 근절이 목표는 아니라고 할지라도 말이다. 모두 사실이다.[20]

그러나 멧돼지와 관련된 사정은 간단치 않다. 멧돼지들은 매우 영리하고, 기회주의적이고, 사회적으로 능숙하고, 잘 무장되어 있고, 게다가 감정이 풍부한 무리이고, 멧돼지들끼리도 그리고 사냥꾼들 — 사람과 개 모두 — 에 대해서도 확실히 격한 감정을 품고 있다. 당신은 자신에게 배분된 것 이상으로 세계의 자원을 먹어대고 있는 들개나 반려견을 죽이고 먹을 것인가? 누가 그런 배분을 판단하는가? 사회적 복잡성, 정서적 복잡성, 그리고 인지적 복잡성이 지표라면, 멧돼지는 삶에 관해서 개만큼이나(그리고 사람은 어떨까?) 말하고 싶은 것이 있을 것이다. 데리다는 옳았다. 인간과 비인간 동물 사이에서 생과 사의 관계들을 정리하는 합리적이거나 자연스러운 분할선 같은 것은 없다. 그런 분할선들이 사태를 "기술적으로" 정리한다고 생각한다면 그것은 변명이다.

생태학이라는 표현으로 제기되든 동물 권리라는 표현으로 제기되든, 생명에 대한 권리 담론은 리스의 집 뒤뜰에 드러누운 맛있어 보이는 멧돼지가 던지는 문제에 답이 되지 않는다. 멧돼지가 언덕 비탈, 하천 수역, 그리고 종의 다양성에 끼치는 피해는, 캘리포니아의 산업적인 와인 산업이 끼치는 해에 비하면 사소하고 부동산 산업에 비하면 훨씬 작다. 공장식 돈육 산업은 돼지(와 사람)를 계산 가능한 생산 단위처럼 취급한다. 이 산업은 하천 수역 전체를 오염시키고, 그 결과 사람을 포함해서 문자 그대로 수천의 종들에게 악영향을 끼친다. 리스와 같은 숙련된 사냥꾼들은 돼지를 그 나름의 생활을 가진 교활한 동물로 취급한다. 리스가 멧돼지를 쏘아 죽이는 데에는 나무랄 데 없는 생태학적 이유가 있다. 그러나 그는 멧돼지뿐 아니라 환경에 대한 광적인 연쇄 살인마로 간주되지 않는 다른 많은 동물들도 사냥한다. 하지만 리스는 엄격한 환경보존 실천에 따라서(위기에 처한 사람들을 위해 현지에서 지속 가능하고 숙련을 요하는 일을 제공하는 프로젝트도 돌보면서), 그리고 심증 가능하고 수정 가능하고 틀릴 수도 있는 지식에 따라 사냥을 한다. 리스는 자신의 죽이기가 공포와 아픔을 적게 수반하도록 자신의 기술로 할 수 있는 모든 일을 철저히 한다. 리스가 야기하는 공포와 아픔은 너구리가 고양이를 찢어발긴다거나(이것은 내가 실제로 본 적이 있다), 쿠거가 돼지를 죽인다거나(이것은 상상일 뿐이지만) 하는 것에 비하면 훨씬 덜할 것이다. 그렇더라도 대부분의 사람이 고기를 먹지 않아도 되는 데 비해서, 고양잇과 동물은 통상 고기를 먹어야 한다. 사람들의 경우에는 더 평화적인 대안이 있다. 그러나 고통과 선택의 계산법이 학과 파티의 딜레마를 해결해 주지는 않을 텐데, 그 이유가 그 어떤 대안을 택하더라도 누가 살고 누가 죽을지, 그리고 어떻게 죽을지에 대한 부담을 감수해야 하기 때문만은 아니다. 파티가 직면한 위기는 인간예외주의를 가지고서도, 혹은 모든 생명체를 하나로 파악하는 것으로도 별 구제의 방법이 없는 코스모폴리스적인 것이었다. 모든 입장이 근거를 충분히 갖추고 있었다. 어떤 신의 속임수도 없이, 그리고 결과를 감수하면서 함께 검증할 필요가 있는 것은 매우 다른 삶과 죽음의 방식들에 대한 전념들이었다.

맷돼지의 수렵, 도살, 조리, 서빙, 그리고 먹기(혹은 먹지 않기)는 그 과정의 모든 단계에서 사적으로 공적으로 매우 친밀한 행위이고, 공동체에도 유기적인 전체론의 선을 따라서는 구성될 수 없는 ─ 그리고 그래서도 안 되는 ─ 중요한 영향을 끼친다. 그해 봄 리스의 마당에 모인 손님 몇 사람이 리스가 대접한 육즙이 흐르는 돼지고기를 거부했을 뿐 아니라 사냥한 고기를 손님에게 내놓다니 있을 수 없는 일이라면서 열변을 토했다. 그들의 주장에 따르면, 이런 종류의 접대는 동물에 대해서뿐만 아니라 학생과 교수들에 대한 공격 행위라는 것이었다. 학과는 비건식을 채택해야 했고, 적어도 학과 전체가 동물의 신체를 통째로 눈앞에 두고 집단으로 먹는 일은 피했어야 한다는 것이었다. 그러나 맷돼지와 사냥꾼들, 그것을 먹는 자들, 먹기에 저항하는 자들 모두가 난잡한 식사에 얽혀 있는 반려종이고, 각자의 소화를 안정시킬 달콤한 디저트 같은 것은 없다. 어쨌든, 설탕은 수렵에 대한 적절한 역사적 제산제가 될 수 없다! 자유주의적인 상대주의도 어떠한 종류의 자신에 찬 명령도 정당한 선택지가 되지 못한다면 무엇을 해야 할까?

실제로 일어난 일은 리스가 학과를 위해 맷돼지를 사냥해서 요리를 해 주는 일은 두 번 다시 하지 않았다는 것이다. 우리는 모두 싸움을 피했다. 얇게 저민 델리풍 고기들은 겨우 허용되는 것 같았고 초미의 과제인 삶과 죽음의 방식에 실제로 집단적으로 개입하는 일은 일어나지 않았다. 이런 종류의 고상한 모임답게, 의무적인 "좋은 매너" 앞에서 코스모폴리틱스는 자취를 감췄다. 나는 우리 모두가 피할 수 없는 진실 주장을 했다 하더라도 상이한 접근들이 모두 서로 동화될 수 없는 이상, 이는 큰 손실이었고 진행 중의 힘든 소화불량보다 훨씬 더 좋지 않다고 생각한다. 혹은 적어도, 나는 그들이 모두 나의 내장을 맞당기고 있는 것처럼 느꼈고, 나는 혼자가 아니었다. 나는 인디아 조즈 식당에서의 식사를 떠올리면서 조리된 태반이 환기시킨 진지한 놀이를 갈망했다. 그러나 태반은 산골짜기에 있었고, 다른 것과 맞서고 있었다. 그리고 리스의 집 뒤뜰의 멧돼지는 학과의 회식과 맞서고 있었다. 게다가 사냥꾼이 돌아다니는 산골짜기에는 감정이 요구되는 지각력 있는 태반이 그리 많지는 않았다.

나는 서로 심히 다른, 느껴지고 알려진 다수의 유한한 진실에 사람들이 응답하고 최종적인 평화 없이 함께 더 잘 살아야만 할 때 코스모폴리틱스의 질문이 일어난다고 생각한다. 만약 사람들이 수렵은 신학적으로 옳은지 그른지 혹은 동물의 권리에 관한 입장이 교리에 맞는지 틀리는지를 알고 있다면, 코스모폴리틱스적인 개입은 생기지 않는다. 어쩌면 나는 이 분야에서의 나의 개인적이고 정치적인 경험을 지나치게 투사하는지도 모르겠고, 직접 대면을 통해(혹은 책을 통해) 세계가 다른 누군가에게 어떤 존재인지를 알아가면서 우정에 의해 너무 쉽게 편향되고 있는지도 모르겠다. 하지만 이런 자질이야말로 우리와 같은 사회적 동물의 재능을 규정하는 것 중 하나일 것이고, 종과 종이 만날 때 이것들을 더 많이 활용해야 한다고 생각한다. 내가 이 책을 통해 육성하려고 한 의미에서, 나는 리스의 수렵 실천을 뼛속 깊이 존중하고 그의 음식을 고맙게 먹는다. 같은 의미에서, 나는 동물에 대한 사랑 때문에 공장식 농업뿐만 아니라 모든 종류의 육식이나 수렵에 반대하는 학자들이고 활동가들인 캐럴 애덤스, 린다 버크, 그리고 마크 베코프 같은 친구와 동료들을 존중한다.[21] 행동생물학자이고 지칠 줄 모르는 동물보호론자이기도 한 베코프는, 리스와 같은 사냥꾼들이 자기가 죽이는 동물에 대해서 사랑을 느끼고 사랑을 실천한다는 것을 인정하면서, 그런 사냥꾼들이 자기를 좋아하지 않아서 다행이라고 이야기한다. 상상하기 어려울지 모르지만, 결론적으로 말해서 리스와 베코프는 너무 많은 의미에서 식사 동료이다. 둘 다 박식하고 적극적인 동물 옹호론자이고 의인화가 아닌 방식으로 여러 동물들이 가진 다른 능력을 알아차리고, 세계적으로 정평 있는 환경보호론자이고, 비인간 동물들과 일하고 놀고, 잘 알고 잘 먹는 것에 열심이다. 내가 이 모두를 지감적으로 느끼는 것은 상대주의가 아니고 동시에 진실이면서도 조화 불가능한 복수의 사물이 낳는 그런 종류의 아픔이다. 변증법은 모순을 다룰 수 있는 강력한 도구이지만, 베코프와 리스는 모순을 체현하고 있는 것이 아니다. 오히려 그들은 나와 세계에 대해 유한하고 주문이 많고 감정적이고 인지적인 요구를 체현하고 있는데, 이것은 어느 것이나 해결되지 않은 채로 행동과 존중을 필요로 한다. 이것이 자양이 있는 소화불량, 즉 함께 더 잘 먹기 위해서 필요한 생리적 상태에 관한 나의 생각이다.

12월의 늦은 오후, 우리 집의 갯과 동물과 인간이 함께 달리러 나가고, 그들이 집에 돌아오면 저녁 식사 준비를 해야 하는 시간이다. 복수의 종이 구체적인 장소와 시간에 함께 사는 일상의 매듭으로 돌아갈 시간이다. 이 단순한 사실을 무시하면, 결연한 개의 앞발이 키보드로 올라와서 내가 삭제 방법을 알지 못할 수도 있는 이상한 코드를 입력하기 시작할 것이다. 이 책에서 내가 질문하려고 한 것은 '이런 것들을 진지하게 받아들이는 것이 어떻게 우리를 세계 속에 위치시키고 돌보게 하고 정치를 자유롭게 상상하고 관계할 수 있게 하는가'였다. 약 8년 전, 내가 카옌이라고 이름을 붙인 성미가 격한 붉은 개와 예기치 않게 자유분방한 사랑에 빠졌다. 21세기 초의 미국 중산계급의 집에서 카옌이 친척을 만드는 역할을 했다는 것에 특별히 놀랄 것은 없지만, 이 사랑이 얼마나 많은 친척과 종류를 구체적으로 만들어 냈는지, 카옌의 키스가 도대체 얼마나 많은 종류의 결과를 낳게 되었는지를 더듬어 보면 놀랄 수밖에 없었다. 이 중년 여성과 개의 얽힘으로부터 퍼져나간 끈적끈적한 실들이, 시리아 골란고원의 이스라엘 입식자들의 목장, 파리의 프렌치 불도그, 미국 중서부의 감옥 프로젝트, 인터넷의 개 용품 문화의 투자 분석, 생쥐를 취급하는 연구실과 유전 연구 프로젝트, 야구와 어질리티 같은 스포츠 현장, 학과의 회식, 알래스카 연안의 카메라를 몸에 두른 고래, 공장식 닭고기 가공 공장, 커뮤니티 칼리지의 역사 수업, 웰링턴에서의 예술 전시회, 떠돌이 고양이 포획-해방 프로그램의 농자재 공급자 등에게로 안내해 주었다. 학계나 재야의 철학자, 여러 종류의 생물학자, 사진가, 만화가, 문화이론가, 개 훈련사, 테크노문화의 활동가, 저널리스트, 인간 가족, 학생, 친구, 동료, 인류학자, 문학자, 역사가들이 모두 카옌과 나 사이의 사랑과 놀이의 결과

를 더듬을 수 있도록 해준다. 이언 베데의 개, 빈센트처럼 카옌은 나의 무지를 풍부하게 해준다.[22]

『종과 종이 만날 때』는 호기심과 때로는 예기치 못한 돌봄이 인도하는 곳에서 연결을 만드는 것에 의해, 응답하려는 것에 의해서 작동한다. 어떤 장도 최종 결론은 없지만, 코스모폴리틱스의 대화를 개입시키기 위해 행과 행 사이 그리고 전문과 미주 사이의 왕래를 간신히 담았다. 동물들은 도처에 있고 세계-만들기와 함께 되기에 있어서 빈틈없이 완전한 파트너이다. 인간과 비인간 동물은 우리가 더 잘 먹는 방법을 알고 있느냐 아니냐에 관계없이, 반려종이고 함께 식탁에 앉는 식사 동료이다. 많은 힘이 담긴 슬로건들이 최종적인 평화라는 목적인 없이 차이 속에서 함께 번영하는 법을 더 배우려는 우리를 고무시킨다. 개의 세계에서 자주 듣는 거친 말은 "닥치고 훈련!"일 것이다. 하지만 나는 이 책을 끝내면서 한 가지 기원을 하고 싶다. 훌륭한 어질리티 선수들은 멋진 달리기를 한 선수들을 보고 감탄하면서 이렇게 말한다. "그녀가 그녀의 개를 만났어!" 나도 언젠가는 이 말을 듣게 되기를.

1. 해러웨이의 물질-기호론

선언manifesto으로 대표되는 도나 해러웨이의 글쓰기의 중요한 방법은 아이러니를 통한 내파이다. 이러한 해러웨이의 글쓰기는 물질-기호론material-semiotics에 기대고 있다. 물질-기호론은 해러웨이를 중심으로 하는 페미니즘 이론에서, 그리고 브뤼노 라투르를 중심으로 하는 행위자네트워크 이론ANT에서 각기 독립적으로 전개되어 온, 사회를 분석하는 일련의 접근법이다. 이 접근법의 기본 전제는 세계는 하나의 패턴이나 그림이 아니라 다양한 형태와 스타일로 만들어지는 사회적이고 물질적인 그물망 혹은 직물이고 여기에서 행위자는 인간만이 아니라는 점이다. 세계라는 직물은 관계적으로 구성되고 의미를 실어 나른다는 점에서 기호론적이고 동시에 세계는 물리적인 것이자 그것의 관계성에 의해 모양 지어진다는 면에서 물질적이다. 물질-기호론은 세계라는 직물을 짜기 위해 어떻게 실들이 짜여 들어가는지를 탐사하기 위한 도구로 인류학, 문화연구, 탈-식민연구, 지리학 등에서 광범위하게 사용되고 있다.

해러웨이의 페미니스트 물질-기호론은 내러티브, 즉 말의 수사와 형상이 관계를 어떻게 구부리는지에 주목해 왔다. 말은 중립적인 것이 아니다. 말은 우리가 무엇을 알고, 보고, 느끼고, 하는지를 선택하고 조직한다. 그 때문에 수사나 형상을 바꾸면 다른 이야기가 만들어진다. 해러웨이는 사회를 더 나은 방향으로 직조하는 말의 형상을 만든다. 가령 첫 번째 선언인 「사이보그 선언」에서 해러웨이는 통상적인 사이보그의 이미지인 인공보철물을 두른 우주전사를 여성-동물-기계의 잡종으로 그 모습을 바꾼다. 이렇게 수사와 형상이 바뀌면 테크노사이언스와 우리의 관계는 어떻게 바뀔까를 묻는 것이다.

두 번째 선언인 「반려종 선언」에서 해러웨이는 "정치적으로 가장 올바른 사이보그와 보통 개의 차이는 중요하다"고 하면서 개에게로 옮겨간다. 특별할 것도 없는 보통의 개가 이런 전복적 이미지의 사이보그보다 페미니즘과 과학을 연구하기에 더 유용하다는 것이다. 새로운 사이보그 형상은 여전히 정치적 올바름이라는 당위에 기대야 하지만 보통의 개는 자연과 문화의 이분법에 균열을 내고, 새로운 정치와 윤리를 이야기하게 한다. 통념적인 개는 야생에서 끌려 나온 종신형의 죄수이거나 주인(아버지)에게 복종하는 오이디푸스적 존재로 표상된다. 그러나 개와 인간의 물질-기호론은 인간의 일방적인 투사와는 상관없이 아주 다른 이야기를 만들 수 있다. 해러웨이는 개와 인간의 오랜 공서의 역사를 더듬으며, 통념과는 아주 다른 이야기를 이끌어낸다 : 개는 처음부터 "인류 진화의 공범자"로 코요테처럼 교활하게 에덴에 있었다. 이렇게 수사와 형상을 바꾸면 비인간과 인간의 오랜 관계는 아주 다른 이야기로 바뀐다. 우리는 이 이야기들로부터 무엇을 계승할지 그리고 무엇과 단절할지를 배워야 한다.

2. 열림과 세속성

무구한 자연, 문화의 재료인 자연, 문명 너머의 비밀을 간직한 텍스트인 자연은 인간의 관념 속에서나 있는 것이다. 에덴에서부터 함께 살아온 개와 인간은 자연 아니면 문화 어느 한쪽에 소속된 자들이 아니다. 개와 인간의 상호 협력적인 함께 살기에 의해서 자연과 문화는 더는 분리되지 않고 자연문화natureculture로 출현한다. 해러웨이는 이러한 파트너 관계를 "반려종"companion species이라고 부른다. 빵을 함께 나눈다는 어원적 의미를 가진 반려companion에 생물학적인 분류인 종species를 붙인 것이다. 그러나 반려종은 지배가 없고 사랑과 평화가 흘러넘치는 아름답기만 한 관계가 아니다. 이들 관계의 핵심은 모두가 식사 메뉴에 올라와 있고, 서로를 교활하게 이용해야 하지만 상호적 돌보기가 없으면 함께 망하고 만다는 데 있다.

『종과 종이 만날 때』는 『반려종 선언』에서 제시된 주제들을 깊이 있게 다루는 이론서이고 그 첫 번째 부의 제목은 "우리는 결코 인간이었던 적이 없다"이다.

이 제목은 발달생물학자인 스콧 길버트가 그의 동료들과 함께 쓴 논문 「생명에 대한 공생의 관점 : 우리는 결코 개체였던 적이 없다」(*The Quarterly Review of Biology*, vol. 87, no. 4, Dec. 2012)와 브뤼노 라투르의 책, 『우리는 결코 근대인이었던 적이 없다』(갈무리, 2009)에 대한 반향으로 보인다. 이 책에서 해러웨이의 핵심적인 물음 중 하나는 "내가 내 개를 만질 때, 나는 도대체 누구를 그리고 무엇을 만지는 것일까?"이다. 이 물음은 무능력을 지시하는 '동물'animal이라는 단수명사와 유능함을 지시하는 인간 사이의 대 분기(브뤼노 라투르의 용어)를 의문에 붙이는 것이다. 해러웨이의 이 물음은 개를 사유의 대상으로 삼아 숙고를 거듭하면서가 아니라 자신의 개를 만지면서 혹은 개에게 만져지면서 제기된다. 서로를 만지는 그리 특별할 것 없는 세속적인 만남이 존재에 대한 근본적인 물음을 불러일으킨 것이다.

해러웨이의 이 물음은 하이데거식의 세인의 삶에 대한 깊은 권태에서 비롯된 일상에 대한 철저한 부정, 일상을 모두 비워버린 비은폐성으로부터 비로소 보이게 되는 존재의 자리에 관한 것이 아니다. 근본적인 존재의 물음은 일상을 치워버리는 것이 아니라 다른 자들과 함께하는 세속적인 삶 속에서 그에 대한 다른 이해에 도달하는 충격에 의해서다. 통념에 젖기 쉬운 세속적인 삶이 존재론적 물음을 불러일으키게 되는 것은 복수종과 함께하는 일상이란 철학자들이 생각하듯이 그리 단순한 것이 아니기 때문이다. 복수종의 얽힘이 만드는 구체적인 일상은 수많은 이야기들이자 끝없는 이야기들이기에 언제나 열림the open 속에 있다.

이 책의 두 번째 질문은 "함께 되기는 어떤 의미에서 '세속적이게worldly 되는' 실천이라고 할 수 있을까?"이다. 자연문화에서 반려종이 된다는 것은 서로에게 중요하게 되는 것이지만 무구한 것과는 거리가 멀다. 필멸의 육신들은 서로를 이용해야 하지만 또 그만큼 돌보지 않으면 살아갈 수 없다. 그렇기 때문에 함께 되기becoming with는 필멸의 육신이 서로에게 얽혀드는 "세계-만들기"worlding의 실천이다. 그러나 세계-만들기는 조화로운 합일을 약속하지 않는 세속적인 실천이다. 세속적이게 된다는 것은 무구한 위치를 점하는 것도, 죽이기와 고통 주기를 어떤 정당화로 둘러대는 것도 아니다. 세속적인 차이들이 어떤 결과를 낳는지, 그리고 어떤 존중과 응답을 요구하는지를 살피는 것이 중요하다.

3. 고통 나누기

　세속적 차이들은 불평등을 낳는다. 우리는 인간에게는 차마 하지 못할 일들을 동물들에게는 한다. 동물실험을 한다든지, 동물을 먹는다든지 하는 일들이 그것이다. 해러웨이는 동물실험은 절대 안 된다거나 동물을 먹는 일은 결코 없어야 한다고 여기지 않는다. 그는 동물권 운동을 지지하지만 그 주장이 충분히 세속적이어야 한다고 믿는다. 우리가 마주한 문제는 일반화할 수 있는 문제가 아니라 "이 동물, 이 아픈 어린이, 이 마을, 이 무리들, 이 실험실들, 도시 속의 이 이웃들"이기 때문이다.

　이 때문에 해러웨이는 레비나스의 "그대, 죽이지 말지어다"라는 계율의 탈세속성의 위험성을 지적한다. 이 계율은 결국은 죽여도 되는 존재를 만들어서 그 죽임을 정당화할 수밖에 없기 때문이다. 가령 신경계의 유무, 외래 유입 종인지 여부 등이 중요한 정당화의 구실이 된다. 세속성을 벗어난 이러한 단순한 금지가 오히려 대량 학살을 유발할 수 있음을 지적한 것이다. 해러웨이는 "그대, 죽이지 말지어다"를 "그대, 죽여도 되는 존재로 만들지 말지어다"로 바꾼다. "그대, 죽여도 되는 존재로 만들지 말지어다"는 세속성을 위한 계율이다. 세속적인 이 계율은 적당한 타협이 아니라 더욱 근본적인 계율이다. 필멸의 육신을 가진 우리는 결코 죽이기 바깥에 위치할 수 없다. 이 때문에 우리가 만들어야 하는 세속적인 윤리는 죽이기를 정면으로 마주하고 누구와 무엇을 위한 죽임인지, 어떻게 책임 있는 죽이기를 시행할 것인지, 그 때문에 고통받는 존재에게는 어떻게 응답 책임을 다할 것인지에 관한 것이다.

　가령 『재앙이라는 이름의 소녀』에 나오는 바바 조셉은 기니피그를 죽여도 되는 존재로 만들지 않았다. 그는 체체파리가 옮기는 수면병으로 해마다 많은 가축이 죽어 나가는 것을 안타까워하고, 그것을 막기 위해 이 연구가 꼭 필요하다고 여긴다. 하지만 그는 고통받는 기니피그에 대해서도 응답 책임을 다하려고 한다. 해러웨이가 말하는 세속적 윤리란 이런 것이다. 가령 실험실의 하급 기술직인 바바 조셉이 기니피그의 고통을 알리는 노력은 기니피그의 고통을 기술적으로 경감시킬 수도 있다. 실험자들이 실험동물의 고통을 안다면 고통을 조금이라도 경감시킬 수 있는 실험방법을 기술적으로 마련할 수 있기 때문이다.

요즘은 이런 식의 동물실험은 동물실험 전문회사로 외주화되는 경우가 많고 거기에는 실험동물만큼이나 과중한 노동에 시달리는 실험노동자들이 있다. 그들은 실험동물에게 고통을 가하는 역할을 맡고 있지만 실험동물의 적이 아니다. 실험실의 가장 하위 직급인 하급 기술직의 실험자들의 노동환경이 개선되고 이들과 이들의 실험동물이 노동자로서 서로 연대할 수 있다면 실험동물과 실험노동자의 삶은 훨씬 나아질 수 있을 것이다.

물론 이렇게 문제가 종결되는 것이 아니고, 인간과 인간의 가축을 위해 기니피그가 고통받는다는 사실이 없어지는 것도 아니다. 또한 바바 조셉은 기니피그에게 응답 책임을 다하려 했지만 체체파리에게는 그렇게 하지 않았다. 세속성이란 모든 존재를 돌보는 것이 아니기에 무구할 수 없다. 하지만 우리는 불가능한 무구함을 추구하는 것이 아니라 오히려 무구하지 않음을 마주하고 그것과 씨름하는 것을 통해서만 현실 세계에 대처할 수 있게 된다.

4. 내부-작용

이 책에는 매우 사적으로 보이는 글들이 「스포츠 기자 딸의 노트」라는 제목으로 묶여 있다. 해러웨이는 하반신 마비의 불편한 신체를 가지고서도 평생 스포츠를 사랑하고 그것으로 생계를 꾸렸던 자신의 아버지, 프랭크 우튼 해러웨이를 회고하지만 그것은 단지 사적인 소회가 아니다. 해러웨이는 아버지의 임종을 지켜보면서 자신의 아버지를 만들었던 모든 구성원들을 인식한다. 아버지에 대한 회고를 담은 6장의 제목은 「유능한Able 신체와 반려종」인데, 하반신 마비의 장애인disabled인 프랭크 해러웨이를 유능한 신체라고 표현한 것이다. 실제로 프랭크 해러웨이의 신체는 유능했다. 휠체어에 앉아서 탁구와 야구를 하고, 목발을 짚고 달리기를 했으며, 평생을 현역 스포츠 기자로 경기장에서 살았다. 프랭크 해러웨이가 이토록 유능한 신체로 자신이 하고 싶은 일을 하면서 살 수 있었던 것은 장애를 극복하려는 불굴의 의지가 아니라, 그의 몸과 일체였던 휠체어와 목발 덕분이었다. 해러웨이는 이 도구들을 아버지의 반려종이라 부르고 이 반려종들이 어떻게 자신의 아버지를 만들었는지를 쓴다.

도구적 관계란 사용하는 자의 목적을 위해 복무하기만 하는 비대칭적 관계라고 오인하기 쉽지만 세상에 그런 관계는 존재하지 않는다. 프랭크 해러웨이가 목발과 휠체어를 능숙하게 사용할수록, 그들은 그의 신체를 유능하게 만든다. 목발을 짚고 두 발은 공중에 떠 있는 채로 편안히 서 있는 프랭크 해러웨이의 뒷모습은 이 파트너들이 그의 신체를 어떻게 만들었는지를 여실히 보여준다. 함께 유능한 신체를 만들어 온 이 파트너들을 부르는 이름이 반려종이다. 이 파트너들은 관계 이전에 미리 존재하지 않고, 상호 및 내부-작용intra-action을 통한 결과로 출현하는 것이다.

내부-작용은 캐런 배러드의 행위적 실재론agential realism에 나오는 개념이다. 행위는 행위하는 주체가 있음을 전제로 하지만 배러드의 행위적 실재론은 이 전제를 의문시한다. 배러드에 따르면, 존재하는 것은 현상뿐인데 현상 속에는 존재론적으로 분리되지 않는 성분들이 서로 얽혀 있다. 현상 속에서 얽혀 있는 성분들은 행위적 절단agential cut에 의해서 주체와 대상으로 나타난다. 배러드는 이를 내부-작용이라고 명명하면서 상호-작용inter-action과 구분한다. 상호-작용은 현상을 구성하는 성분들이 이미 개별적인 것으로 분리된 이후를 전제하는 말이지만 현상을 구성하는 성분들은 행위적 절단 이전에는 서로 얽혀 있어서 개별화되지 않는다. 때문에 이들 사이의 작용은 상호-작용이 아니라 내부-작용이다. 예컨대, 프랭크 해러웨이가 평생에 걸쳐서 자신의 신체와 조율해온 목발은 그의 신체의 일부이기에 상호-작용적이기보다는 내부-작용적으로 그의 신체를 유능하게 만든다.

어질리티 선수, 혹은 반려견과 그의 인간인 카옌과 해러웨이의 관계 또한 상호-작용적이기보다 내부-작용적이다. 책의 서두에 해러웨이가 제기한 질문, "내가 내 개를 만질 때, 나는 도대체 누구를 그리고 무엇을 만지는 것일까?"는 내부-작용에 관한 것이다. 어질리티 경기의 관습으로는 인간이 핸들러이지만 카옌을 비롯한 어질리티 견들은 무선 조종기로 조종당하는 장난감 자동차가 아니다. 잡지 『바크』의 발행인란에 쓰여 있는 "개는 나의 부조종사co-pilot입니다"라는 문구처럼, 개와 그들의 사람은 조종하고 조종당하는 것이 역동적으로 전환되는 한 팀으로 살아왔다.

이를 위해서는 상호 훈련과 돌봄이 필수이고 이를 통해 일과 놀이에서 서로가 서로의 파트너가 되어 왔다. 프랭크 해러웨이와 목발이 그랬고 카옌과 해러웨이가 그랬던 것처럼 파트너는 하루아침에 만들어지지 않는다. 따라서 반려종이 된다는 것은 아침에 알았던 것보다 저녁이 되면 더 많은 것을 알게 될 것을 요구한다.

5. 번역의 반려들

어질리티 경기에서 접촉지대contact zone는 개가 두 발을 정확하게 접촉하고 지나가야 하는 까다로운 구역이다. 카옌과 해러웨이가 연습에 가장 많은 시간을 보낸 장애물이기도 하다. 해러웨이는 이로부터 복수종이 만나는 접촉지대 또한 얼마나 오해하기 쉽고 실패가 다반사인 어려운 지역인지, 이를 위해서는 훈련이 얼마나 필수적인지를 이야기한다. 번역 또한 접촉지대에서의 일이다. 접촉지대를 SF에서 가장 많이 배운 해러웨이는 〈스타트렉〉의 만능 번역기가 작동하지 않아서 커뮤니케이션이 예상 밖의 전개를 보였을 때를 가장 흥미로운 만남으로 기억한다. SF에서야 흥미로운 전개가 되겠지만 번역자에게 그것은 악몽일 것이다.

해러웨이의 글은 이야기의 주인공들에 대한 물질-기호론적 설명들이 언제나 따라붙고, 단어의 선택도 대단히 치밀하다. 그러나 번역의 결과물에서 독자들로 하여금 그의 글맛을 느끼게 하기는 역부족이고 이 때문에 좌절감을 느끼기도 했다. 하지만 이 작업을 가능하게 한 많은 반려들 덕분에 끝을 낼 수 있었다. 무엇보다 이 번역의 중요한 반려는 인터넷이다. 찾고 싶은 모든 자료나 예문 등등… 인터넷의 도움이 없었다면 이 작업은 불가능했을 것이다. 비인간 반려뿐 아니라 많은 인간 반려들이 함께해 주었다. 연구실에서 혹은 여러 곳에서 나의 해러웨이 강의를 들어준 분들 덕분에 나는 아침에 알았던 것보다는 저녁에는 이 책에 대해서 조금은 더 알게 되었던 것 같다. 책의 앞부분 교열 작업을 도와주신 정일영 선생님과 책 전체를 원문과 대조해 가면서 오역을 꼼꼼히 고쳐주신 이정기 선생님은 우정으로 맺어진 반려들이다. 갈무리 출판사의 김정연 편집자와 프리뷰어 선생님들 또한 이 작업의 반려들임은 두말할 필요가 없다. 이들 반려가 없었다면 이 작업을 끝맺지 못했을 것이라는 말은 의례적인 인사치레가 아니다. 그러나 A 자 프레임의 접촉지대에 두 발을 정확하게 착지하는 것은 온전히 플레이를 하는 카옌의 몫인 것처럼, 많은 반려들의 도움에도 불구하고 번역의 책임은 온전히 나의 몫이다. 이제 화살은 던져졌다.

2022년 8월
최유미

:: 후주

1장 종과 종이 만날 때

1. 베아트리스 프레시아도는, 바르셀로나의 현대미술관에서 젠더 테크놀로지를, 파리에서는 퀴어 이론과 보철 테크놀로지, 그리고 젠더에 관해서 가르치고 있다. 그녀가 나에게 '대안-세계화'(alter-globalisation)과 '오트르-몽디알리자숑'(autre-mondialisation)이라는 용어들의 미묘한 의미와 코스모폴리턴인 개 페파(Pepa)를 소개해 주었다. 페파는 프랑스의 레즈비언 개의 전통 속에서 유럽의 여러 도시를 걸어서, 그녀 나름대로 일종의 세속성을 각인하고 있다. 물론 오트르-몽디알리자숑에는 많은 삶들이 있고, 그중의 몇몇은 인터넷에서 추적할 수 있다. 그러나 프레시아도가 내게 준 버전들이 이 책을 생생하게 한다. 2006년 8월에 프레시아도가 내게 보내 준 글에서, 그녀는 다음과 같이 썼다. "19세기 말에 프렌치 불도그와 레즈비언은 주변부의 괴물에서 공진화의 과정을 거쳐 미디어의 생명체가 되고, 팝(pop)과 시크(chic) 소비의 몸통이 되었다. 이 둘은 함께, 살아남는 방법을 발명하고, 인간-동물의 생의 미학을 창조한다. 홍등가로부터 예술 존으로, 그리고 더 나아가서는 텔레비전으로까지 천천히 이동하면서, 그들은 함께 종의 무더기로 올라갔다. 이것은 상호 인정, 변이, 이동과 퀴어한 사랑의 역사이다. … 프렌치 불도그의 역사와 일하는 퀴어 여성의 역사는 산업 혁명과 근대적 섹슈얼리티의 출현에 의해 야기된 변화에 얽혀 있다. … 이윽고, 이른바 프렌치 불도그는 파리 사창가나 카페 등에서 툴루즈 로트렉과 드가 같은 화가들의 묘사의 대상이 되던 '밤의 여자들'(Belles de nuit)의 사랑받는 반려가 되었다. 〔이 개의〕 (관습적인 미의 기준에 따른다면) 추한 얼굴은, 헤테로섹슈얼한 여성미의 규범에 대한 레즈비언의 거부를 반영하고 있다. 프렌치 불도그는 근육이 발달한 강한 신체의 소형견으로 몰로시아(molosse)견으로부터 만들어졌고, 산보를 좋아하는 여성과 방랑하는 여성 작가, 그리고 매춘부의 이상적인 반려였다. 19세기 말 성장하고 있는 유럽의 도시에서 불도그는 시가와 정장, 혹은 쓰는 일(그 자체)과 함께, 남자 같은 여성, 레즈비언, 매춘부, 그리고 젠더 난봉꾼들의 정체성을 나타내는 액세서리, 그들의 젠더적이고 정치적인 표식, 그들의 생존 격량을 함께하는 특별한 반려가 되었다. … 사실 프렌치 불도그의 생존을 위한 기회는 1880년에 시작되었다. 그해 파리에 있던 브리더들과 팬들로 이루어진 한 그룹이 매주 정기적으로 모임을 조직하기 시작했다. 프렌치 불도그 사육주들이 모인 그룹의 최초의 멤버 중 한 사람이 팔미르 부인이었다. 그녀는 '몽마르트르'와 '물랑 루즈'가 있는 센강 하류의, 클럽 '라 수리'(La Souris)의 소유주였다. 이 근방은 백정, 마부, 옷 장사, 카페 주인, 행상인, 작가, 화가, 레즈비언, 매춘부 등의 만남의 장소였다. 카튈 망데스, 코페, 앙리 캉텔, 알베르 메라, 그리고 레옹 크라델 등의 모더니즘 작가들뿐만 아니라, 레즈비언 작가인 르네 비비앙, 내털리 크리포드 바니, 콜레트 등도 '라 수리'에 불도그를 데리고 모였다. 툴루즈 로트렉은 팔미르의 프렌치 불도그, '부불르'(bouboule)를 불멸로 만들었는데, 그는 개가 매춘부와 산보하거나 매춘부들과 테이블에서 무언가를 먹고 있는 모습을 그렸다. 소위 위험한 계층을 표현하는 불도그의 짓이겨진 쭈글쭈글한 얼굴은 남자 같은 레즈비언의 얼굴처럼 현대의 미적 전환의 일부였다. 게다가 팔미르의 친구이고 '라 수리'의 고객이기도 했던 프랑스 작가 콜레트는 그녀의 프렌치 불도그들, 특히 그녀가 가장 사랑한 '토비-르-시앙'과 함께 언제나 기꺼이 초

상화에 그려진 최초의 작가이자 정치 행동가였다. 1920년대 초에는 프렌치 불도그가 문학, 회화, 그리고 신흥 미디어에서, 해방된 여성과 작가의 삶문화적 반려가 되어 있었다."

2. 접촉지대에 관한 더 상세한 논의는, 8장 「접촉지대에서의 훈련」을 참고하라.

3. 이 언급과 캘리포니아 대학 산타크루스 캠퍼스에서 2006년 11월에 개최된 "복수종 살롱"의 기획에 관해서 의식사학과의 대학원생 에벤 커크시에게 감사한다.

4. "손가락 눈"(fingery eyes)은 에바 헤이워드가 카메라와 해양생물의, 특히 카메라와 무척추동물의 촉각-시각적 접합에 관해서 사용한 용어이다. 그 접합은 물, 공기, 유리 그리고 다른 매질의 복수의 인터페이스에서 행해지는데, 예술이나 과학에서 시각적인 접촉은 그것들을 통해 생긴다. Eva Hayward, "Fingery-Eyes: What I Learned from *Balanophyllia elegans*," *Encyclopedia of Human-Animal Relationships*, ed. Marc Bekoff (Westport, Conn.: Greenwood Publishing Group, 2007)를 참고하라.

5. 내부-작용은 캐런 배러드의 용어이다. 이 용어를 빌려서, 나는 또한 짐의 개 속의 그녀를 만진다. Karen Barad, *Meeting the Universe Halfway: Quantum Physics and the Entanglement of Matter and Meaning* (Durham, N.C.: Duke University Press, 2007).

6. Paul Rabinow, *Essays on the Anthropology of Reason* (Princeton, N.J.: Princeton University Press, 1996)은 호기심의 미덕을 주장하고 있다. 의무와 즐거움에 관한 나의 관점이 어떻든 간에, 미국 문화에서 호기심의 미덕을 주장하는 것은 어렵고 종종 신랄한 비판에 직면하게 되는 일이며 높은 평가를 받고 있지 못하다.

7. A. N. Whitehead, *Science and the Modern World*, Lowell Lectures, 1925 (New York: Mentor Books, 1948) [A. N. 화이트헤드, 『과학과 근대세계』, 오영환 옮김, 서광사, 2008]. 화이트헤드는 다음과 같이 이야기하고 있다. "사건은 온갖 양상의 패턴의 통일성을 파악해 들어가는 것이다. 그것 자체 너머에 있는 어떤 사건의 효과성은 다른 사건들의 파악된 통일성들을 형성하게 될 그 자신의 여러 양상으로부터 초래된다."(III)

8. 이러한 종류의 테크노문화적 이미지에 관해서는, Donna Haraway, *Modest_Witness@Second_Millennium* (New York: Routledge, 1997), 131~72, 173~212, 293~309 [다나 J. 해러웨이, 『겸손한_목격자@제2의_천년. 여성인간ⓒ_앙코마우스TM를_만나다』, 최석현 옮김, 갈무리, 근간]에서 논하고 있다.

9. *Politics of Nature: How to Bring the Sciences into Democracy* (Cambridge, Mass.: Harvard University Press, 2004)와 *We Have Never Been Modern*, trans. Catherine Porter (Cambridge, Mass.: Harvard University Press, 1993) [브뤼노 라투르, 『우리는 결코 근대인이었던 적이 없다』, 홍철기 옮김, 갈무리, 2009]에서의 브뤼노 라투르와 나의 동맹관계는 명백하고, 어떻게 "우리는 결코 인간이었던 적이 없었나"에 관한 나의 탐구에서도 자주 그러하다. 이 암시적인 표제는 또한 Eduardo Mendieta, "We Have Never Been Human or, How We Lost Our Humanity: Derrida and Habermas on Cloning," *Philosophy Today*, SPEP Supplement (2003): 168~75와 Brian Gareau, "We Have Never Been Human: Agential Nature, ANT, and Marxist Political Ecology," *Capitalism, Nature, Socialism* 16, no. 4 (December 2005): 127~410에서도 유사한 효과를 내며 사용되고 있다. 또한 나는 메를로-퐁티의 "육신의 접힘"(infoldings of the flesh)에 대한 해석과 다른 많은 것들에 관해서 Don Ihde, *Bodies in Technology* (Minneapolis: University of Minnesota Press, 2002) [돈 아이디, 『테크놀로지의 몸』, 이희은 옮김, 텍스트, 2013]의 논의에 빚지고 있다.

10. '대 분기'에 더는 사로잡혀 있지 않은 수많은 세계들에 관해서는 Bruno Latour and Peter Wei-bel, eds., *Making Things Public : Atmospheres of Democracy* (Karlsruhe : ZKM Center for Arts and Media ; Cambridge, Mass. : MIT Press, 2002)을 참고하라.

11. '테크놀로지', '자연', '유기적' 등 이 모든 말들은 변화무쌍한 의미의 망들을 만들어내고, 그런 문제들은 역사적 세부 사항들과 함께 상세하게 이야기되어야 한다. 그러나 여기에서 나는, 여전히 쉽게 들을 수 있는 반대를 그리고 여전히 통용되는 표현들이 가정하는 의미의 투명성을 강조하고 싶다.

12. Jacques Derrida, "And Say the Animal Responded?" trans. David Wills, in *Zoontolo-gies : The Question of the Animal*, ed. Cary Wolfe (Minneapolis : University of Minnesota Press, 2003), 121~46, 138. 2006년 9월 1일의 이메일에서 스탕제르는 프로이트가 자기도취적인 마음의 상처와 그 치료라는 장치를 무기로 그 자신의 무의식 이론의 배타적인 선전전을 행하고 있다고 나에게 상기시켜 주었다. 인간예외론이 유일한 서양 전통이었던 것은 아니며, 보편적인 문화적 접근법은 더더욱 아니었다. 스탕제르가 특히 거슬려 하는 것은 제3의 마음의 상처이다. 거기서는 프로이트가 데카르트 상사(Descartes and Cie)를 향해 호소하고 있는 것 같다. "그러나 그것은 또한 전통적인 마음 치료의 기술에 대한 전면적인 판단을 필요로 하고, 순전한 암시에 흡수된다." 데리다는 이 문제에 관해서는 언급하고 있지 않다. 정통 데카르트의 전통이 그의 목표이기 때문이다. 유감스러운 것은 이 전통이 서구를 나타내고 있다는 것, 즉 철학과 비판이론 속에서 마찬가지로 지지되고 있다는 것이다. 그것에 대해서는 다른 논자와 마찬가지로 나도 그 과오에 책임이 있다. 그것에 대한 중요한 교정 수단으로서는, Erica Fudge, *Brutal Rea-soning : Animals, Rationality, and Humanity in Early Modern England* (Ithaca, N.Y. : Cornell University Press, 2006)을 참고하라. 데리다가 착수하는 질문은, "언어가 없고, 응답하는 능력도 없이", 단지 반응하는 것만으로 "존재하고 있는, 동물-기계라고 하는 데카르트의 전통을 어떻게 떨쳐버리는가"라는 것이다(121). 그것을 위해 주체를 "파괴하는 것"만으로는 충분치 않다. 동물 일반과 인간 일반을 뚜렷이 위치 부여하는 '대 분기'의 지형학은, "경험과 생명-형태의 분화된 영역 전체"를 위해서 버리지 않으면 안 된다(128). 데리다의 주장에 의하면, 인간예외론과 지배권을 사실로 상정하는 데 있어서 정말 철학적으로 가증스러운(그리고 정신분석적으로 드러나는) 움직임은, 긴 능력의 목록("발화능력, 이성, 죽음의 체험, 걸치레 속이기, 증거의 은폐, 선물, 웃음, 눈물, 존중, 등 — 리스트는 필연적으로 제한이 없다")을 동물에게 부여하기를 거부하는 것에 있기보다는, 엄밀하게 인간 그 자신에게 귀속하는 "그 자체를 인간적이라고 부르는 것," 즉, 자기를 구성하는 그러한 속성들을 인간에 부여하는 것에 있다(137). "흔적은 (스스로) 지워진다. 다른 모든 것과 마찬가지로. 그러나 흔적의 구조는, 그것은 누가 전력을 다해 없애려고 해도 없앨 수 없는 것이다. … 구별은 섬세하고 부서지기 쉬운 것처럼 보인다. 그러나 그 취약성은 우리가 추적하려고 하는 과정에서 내보이는 모든 견고한 반대도 부서지기 쉬운 것으로 만들어버린다."(138)

13. 다윈주의의 비목적론적 핵심에 대한 유익한 분석은 Elizabeth Grosz, *The Nick of Time : Poli-tics, Evolution, and the Untimely* (Durham, N.C. : Duke University Press, 2004)를 참고하라.

14. Yudhijit Bhattacharjee, "Evolution Trumps Intelligent Design in Kansas Vote," *Science* 313 (August 11, 2006) : 743.

15. 유럽 32개국과 미국에서 2005년에 행해진 성인 대상 조사와 일본에서 2001년 실시한 유사한 조사의 결과, 유독 터키 사람들만 미국 사람보다 인간의 진화에 관해서 의심을 품고 있는 사람

이 많았다. 한편, 아이슬란드에서는 85퍼센트의 사람들이 "우리가 알고 있는 인간은 원시적인 동물종으로부터 진화해 왔다"고 하는 생각을 불편해하지 않았다. 같은 조사에서, 미국 성인 약 60퍼센트가 진화를 "믿고" 있지 않거나 의심을 표명하고 있었다. 지난 20년에 걸쳐 미국 성인 중에서 진화를 받아들이는 사람의 비율은 45퍼센트에서 40퍼센트로 줄었다. 자기 입장에 대해 확신을 갖고 있지 못한 성인의 비율은 1985년 7퍼센트에서 2005년에는 21퍼센트로 늘었다. Jon Miller, Eugenie Scott, and Shinji Okamoto, "Public Acceptance of Evolution," *Science* 313 (August 11, 2006) : 765~66 ; *New York Times*, 2006년 8월 15일 화요일, D2를 참고하라. 나는 인간의 진화사를 둘러싼 이런 의심들이 특정한 종류의 공학(engineering)에 대한, 그리고 전쟁을 일으키고 이윤을 추출하는 테크놀로지에 대한 신뢰의 이상 증폭과 함께 일어난다는 사실이 조금도 이상하지 않다. 과학은 하나가 아니다.

16. 위대한 진화의 모험 과정에서, 소금기 있는 바다에서 건조한 대지로 이동하기 위해 복부 표면에서 자라는 작은 발을 갖기에 이른 다윈 물고기는, 일반적으로 차의 범퍼나 시민의 냉장고 문에 붙은 기독교의 (발 없는) 예수 물고기에 대한 패러디적 대응물로 이해되는 상징이다. www.darwinfish.com을 검색해 보라. 상품을 판매할 기회는 결코 간과되지 않는다. 예수 물고기에 '게필테'(gefilte)라고 글자가 새겨진 디자인도 살 수 있다[gefilte fish는 뼈를 발라낸 어육에 계란과 맛초를 섞어서 경단처럼 만든 것이다. ― 옮긴이]. 위키피디아(http://en.wikipedia.org/wiki/Parodies_of_the_ichthys_symbol)가 이야기하는 대로 "다윈의 물고기는 범퍼 스티커에서 작은 군비 경쟁을 일으켰다. 큰 '예수 물고기'가 다윈의 물고기를 먹고 있는 디자인이 만들어졌다. 큰 물고기는 '진리'(TRUTH)라는 단어의 철자들을 품고 있다. 한 걸음 더 나아가서, 두 마리의 물고기가 그려지고 발이 있는 물고기에는 "나는 진화했다"라고 쓰여 있고, 발이 없는 다른 물고기에는 "너는 진화하지 않았다"라고 라벨이 붙어 있다."

17. John Paul Scott and John L. Fuller, *Genetics and Social Behavior of the Dog* (Chicago : University of Chicago Press, 1965). 생물학, 정치학, 문화의 문맥 속에서 수행된 이 연구 프로젝트의 논의에 관해서는 Donna Haraway, "For the Love of a Good Dog," in *Genetic Nature/Culture*, ed. Alan Goodman, Deborah Heath, and M. Susan Lindee (Berkeley and Los Angeles : University of California Press, 2003), 111~31을 참고. 앞의 글에서 나는 Diane Paul, "The Rockefeller Foundation and the Origin of Behavior Genetics," in *The Politics of Heredity* (Albany : State University of New York Press, 1998)를 많이 참조했다. 1999년 8월 27일, 페이 긴즈버그가 내 앞으로 이메일을 보내왔다. "폴 스콧은 나에게는 아저씨와 같았습니다. 그리고 우리 아버지는 인생의 대부분을 사회적 과정으로서의 개 행동의 진화를 연구하는 일을 하며 보냈습니다. [나는] 어릴 때 [아버지가 기르고 있던] 늑대와 놀았습니다. 그리고 조심스러운 개나 다른 불행한 생명체들과 논 것은 말할 것도 없고 말입니다. … 나는 『룩』(*Look*)지의 1963년 12월 3일호에 게재된 기사를 찾아볼 건데, 내가 늑대와 뛰어놀고, 매우 공격적인 동계 교배된 토끼와 논다!!!는 기사가 있습니다." 그 연구실은 딩고[오스트레일리아산 야생견]도 가지고 있었다. 페이가 찾아낸 기사에는, 늑대와 소녀가 얼굴을 서로 마주하고 인사를 하고, 놀고 있는 모습의 큰 사진이 몇 장 붙어 있었다. 사진과 그 이외의 것에 관해서는, "Nurturing the Genome : Benson Ginsburg Festschrift," June 28~29, 2002, http://ginsburgfest.uconn.edu/을 참고. 페이 긴즈버그는 신체장애와 공공문화 외에도, 토착민의 디지털 미디어 생산과 소비에 관해서 연구하고 있다. Faye Ginsburg, "Screen Memories : Resignifying the Traditional in Indigenous Media," in *Media Worlds : Anthropology on New Terrain*, ed. Faye Ginsburg, Lila

AbuLughod, and Brian Larkin (Berkeley and Los Angeles : University of California Press, 2002)를 참고.

18. 이 구절은 Donna Haraway, *The Companion Species Manifesto : Dogs, People and Significant Otherness* (Chicago : Prickly Paradigm Press, 2003), 1~3 [도나 해러웨이, 「반려종 선언 : 개, 사람 그리고 소중한 타자성」, 『해러웨이 선언문』, 황희선 옮김, 책세상, 2019]에서 가져온 것이다.

19. 나는 뱅시안 데프레의 "The Body We Care For : Figures of Anthropo-zoo-genesis," *Body and Society* 10, no. 2 (2004) : 111~34로부터 함께 되기(becoming with)라는 용어를 빌려와 나의 상황에 맞추어서 사용한다. 그녀는 콘라트 로렌츠의 갈까마귀 이야기를 다시 묘사했다. "내가 제안하는 것은, 갈까마귀가 어떤 의미에서 '갈까마귀와 함께 인간'(human-with-jackdaw)이 된 것처럼, 로렌츠도 '인간과 함께 갈까마귀'(jackdaw-with-human)가 되었다고 하는 것이다. … 이것은 '함께함'(with-ness)을 새롭게 분절하는 것으로, '함께되기'(being with)의 미결정된 분절을 나타낸다. … 그는 촉발되는 법을 배운다. … 연구되는 생명체를 어떻게 이해할지를 배우는 것은 과학 이론적 이해의 '결과'가 아니다. 그것은 이러한 이해의 '조건'이다"(131). "함께 되기"의 페미니즘적 확장에 관해서는, Maria Puig de la Bellacasa, "Thinking with Care," 2006년 11월 2일~4일 브리티시콜롬비아 밴쿠버에서 열린 〈과학사회학 학회〉(Society for Social Studies of Science)에서 발표된 논문을 참고하라.

20. 교차성(intersectionality)의 기초를 구축한 이론가들은 미국의 유색 페미니스트들이었다. Kimberle Crenshaw, "Demarginalizing the Intersection of Race and Sex," in *Feminist Legal Theory : Foundations*, ed. D. Kelly Weisberg (Philadelphia : Temple University Press, 1993), 383~98 ; Angela Davis, *Women, Race and Class* (New York : Random House, 1981) ; Chéla Sandoval, *Methodology of the Oppressed* (Minneapolis : University of Minnesota Press, 2000) ; Gloria Anzaldùa, *Borderlands/La Frontera* (San Francisco : Aunt Lute Books, 1987)를 비롯하여 다른 많은 자료들이 있다. 입문서로서는, "Intersectionality : A Tool for Gender and Economic Justice," *Women's Rights and Economic Change* 9 (August 2004), www.awid. org/publications/primers/intersectionality_en.pdf가 있다.

21. 날카로운 분석으로서는 Katherine Hayles, *How We Became Posthuman : Virtual Bodies in Cybernetics, Literature, and Informatics* (Chicago : University of Chicago Press, 1999) 그리고 Cary Wolfe, *Animal Rites : American Culture, the Discourse of Species, and Posthumanist Theory* (Chicago : University of Chicago Press, 2003)를 참고하라. "포스트휴머니티"는 내가 학문적 대화를 쫓아가는 데 도움이 되는 개념인 것 같다. 정치적 실천으로서의 ("논쟁"과 대비되는) "대화"에 관해서는, Katie King, *Theory in Its Feminist Travels* (Bloomington : Indiana University Press, 1994)를 참고. 킹의 신간 *Network Reenactments : Histories under Globalization* (근간)은 현대의 대학 내외에서 여러 가지 횡단적 지식 작업과 재현을 오가는 데 필수적인 안내서이다. 킹의 과거현재(pastpresent)의 개념은 특히 역사의 계승방법을 생각하는 데 유익하다.

22. "교차성"에 관해서는, 20번 주석을 참고하라. 캐럴 애덤스는 *Neither Man nor Beast : Feminism and the Defense of Animals* (New York : Continuum, 1995), 71~84에서 설득력 있게 논하고 있다. 그것은 동물, 그리고 충분히 "남성"으로 간주되고 있지 않은 카테고리의 인간들에게 향해진 과도한 억압과 이기적인 착취에 대해 필요한 대항 연대에 관한 유추적이 아닌 교차적인 접근을 이야기하고 있다. 애덤스는 이렇게 쓰고 있다. "즉, 가령 동물만큼은 아니라고 하더라도 동물

처럼 취급되어 온 억압된 사람들의 인간 중심적인 관점에서 보면, 저항의 정치에 동물을 도입하는 것은, 또다시, 저항에 있어서도 인간을 동물과 동일시한다는 것을 시사하게 된다. 그러나 이것은 지배의 서로 얽힌 시스템으로 억압을 이해하는 것이 아니라, 부가적인 것으로서 보는 유추적인 사고의 결과이다."(84) 샌도벌은 *Methodology of the Oppressed*에서, 미분적인 대항의식 이론을 발전시켰다. 그것은 계층화된 유비적인 움직임을 영원히 막는 의식이다. 유비적인 움직임 속에서는 억압이 동등화되고 순위가 매겨진다. 힘의 불균등에 주의를 기울이는 서로가 함께 되는 또 하나의 얽힘을 활성화하는 것으로 되기보다는 말이다. 이런 문제를 다루는 여러 가지 방법에 관해서는 이하의 문헌들을 참고하라. Octavia Butler, *Fledgling* (New York : Seven Stories Press, 2005) [옥타비아 버틀러, 『쇼리』, 박설영 옮김, 프시케의숲, 2020] ; Alice Walker, "Am I Blue?" in *Living by the Word* (New York : Harcourt Brace, 1987), 3~8 ; Angela Davis, "Rape, Racism, and the Myth of the Black Rapist," in *Women, Race and Class*, 172~201 ; Marcie Griffith, Jennifer Wolch, and Unna Lassiter, "Animal Practices and the Racialization of Filipinas in Los Angeles," *Society and Animals* 10, no. 3 (2002) : 222~48 ; Eduardo Mendieta, "Philosophical Beasts," *Continental Philosophy Review* (리뷰 중). 그리고 Mendieta, "The Imperial Bestiary of the U.S.," in *Radical Philosophy Today*, vol. 4, ed. Harray van der Linden and Tony Smith (Charlottes – ville, Va. : Philosophy Documentation Center, 2006), 155~79. 아쉴 음벰베는 변형(metamorphosis)의 또 다른 논리를 찾는 와중에 *On the Postcolony* (Berkeley and Los Angeles : University of California Press, 2001)을 썼고 철학과 역사 속에서 묘사된 아프리카인의 잔인성, 수성, 식민지성 등을 추적했다. 이 화제에 관해서 쓴 나의 경험을 돌이켜보면, 동물을 진지하게 생각한다는 것이 쉽게 유색인종의 동물화로 들리게 되는 것은 해방을 목적으로 하는 담론들에조차도 식민적(이고 인간중심적)인 유비 도구들이 얼마나 강력하게 남아있지를 충격적으로 상기시켜 준다. 이러한 상기가 필요하다면 말이다. 권리 담론은 이 전통과 투쟁한다. 반려종에 대한 나의 희망은 우리가 남성의 모든 허구적 타자들을 연결하는 유비와 위계가 만들어낸 것들과는 다른 악마들과 싸우게 될지 모른다는 데 있다.

23. 과학소설과 종교, 어슐러 K. 르 귄, 불가사의, 아프리카 미래파, 사이언톨로지[L. 론 허바드가 창립한 종교], 역사적 의식으로서의 과학소설 양식 등에 관해서 쓰고 있는 샤 라 베어는, "종"에 대한 과학소설적 어조에 내가 주목하도록 해주었다. Sha La Bare, "Science Fiction : Theory and Practice," PhD dissertation in progress, History of Consciousness Department, University of California at Santa Cruz.

24. Anna Tsing, "Unruly Edges : Mushrooms as Companion Species," in *Thinking with Donna Haraway*, ed. Sharon Ghamari-Tabrizi (Cambridge, Mass. : MIT Press, 근간). 또한 Anna Tsing, *Friction : An Ethnography of Global Connection* (Princeton, N.J. : Princeton University Press, 2004), 특히 5장 "A History of Weediness"도 참고.

25. Jacques Derrida, "The Animal That Therefore I Am (More to Follow)," trans. David Wills, *Critical Inquiry* 28 (Winter 2002) : 369~418. 이 글은 1997년, 제3회 Cerisy-la-Salle 회의에서 데리다가 행한 열 시간에 이르는 강연의 첫 부분이다. Jacques Derrida, *L'animal autobiographique*, ed. Marie-Louise Mallet (Paris : Galilée, 1999)를 참고하라.

26. "이 포괄적인 개념 속에 갇혀서, 동물의 광대한 야영지 속에, 일반적 단수형으로… 인간이 자신의 동료로도, 이웃으로도, 형제로도 보지 않는 모든 살아있는 것이 있다. … 나는 동물에게 관심이 있다 … 나는, 그것이 누구이든, 플라톤으로부터 하이데거에 이르는 위대한 철학자 편에서는,

혹은 철학적인 질문 그 자체로서, 동물에 관한 질문이라고 불리고 있는 질문을 떠맡고 있는 자들의 편에서는 결코 그것을 말하지 않을 작정이다. … 나는 원리의 반론을 알아채고 있었다. … 동물(the animal)이라는 일반적 단수형에 대한 반론을. …동물이라는 이 일반적이고 조야한 카테고리 속에서 일어나고 있는 비인간 생명체에 대한 혼란 상태는, 단지 엄격한 사고에 대한 죄가 아니고, …동물(the animals)에, 동물들(animals)에 대한 일급 범죄이다"(402, 403, 408, 416).

27. 내가 "일단 프로토콜이 적절하게 확립되고 나면"을 강조하는 이유는, 잠재적으로 무한한 목록에 나열된 능력의 유무를 체크함으로써 인간 동물들과 관련하여 비인간 동물들을 평가하는 실천, 즉 데리다가 올바로 거부한 과정과, 질의될 필요가 있는 종류의 질문을 구별하기 위해서이다. 다른 프로토콜을 확립할 때 문제가 되는 것은, 인간 혹은 인간 이외의 동물에게 있어서, 결코 표시적으로 알 수 없는 응답의 관계이다. 데리다는 벤담의 의문이 딜레마를 피했다고 생각했는데, 벤담은 서로에 대해 평가되는 적극적인 능력을 지적하는 것이 아니라, 우리가 고통과 취약성, 필멸성 등에 있어서 다른 동물과 공유하고 있는 "능력(power)의 중심에 있는 무능력(non-power)"을 지적함으로써 회피했다. 그러나 나는 이 결론에 만족하지 않는다. 그것은 필요하다고 생각되는 재형식화의 일부에 지나지 않는다. 거기에는, 아래에서 바버라 스머츠가 우리가 알고 있는 무엇이라기보다는, 오히려 우리가 맛보는 무언가라고 부를, 이름 붙이기 어려운 공존 속의 있음/함께 됨(being/becoming with)이 있다. 그것은 쌍방의 모든 취약한 필멸성 속에서, 고통 '그리고' 표현의, 상관적 생명력에 관한 것이다. 나는 (불충분하지만) 그것을 표현의, 필멸의, 세계를 형성하는 생명력 '놀이' 혹은 "일"이라고 부르고 있다. 그렇지만, 그것은 그것과의 관계에서 존재들이 계급 부여될 수 있는 고정 가능한 능력을 지정하기 위해서가 아니라, "능력의 중심에 있는 무능력"의 일종이면서 고통이 아닌 어떤 것을 긍정하기 위해서이다. 아마도 이를 위해 시용할 수 있는 말은 기쁨일 것이다. "필멸성 … 우리가 동물과 공유하고 있는 유한성을 생각하는 데 있어서, 가장 근본적인 사고의 수단으로서의 필멸성"은 고통 속에만 있는 것은 아니라고 생각한다.(인용은 둘 다 "The Animal That Therefore I Am," 396에서.) 능력(놀이)과 무능력(고통)은 양쪽 다 필멸성과 유한성과 관련되어 있다. 그것과 다른 사고방식이 지배적인 서양철학 대화들의 계속 중인 기이함으로부터 오는데, 그 속에는 데리다가 잘 알았고, 대부분의 경우 그렇게나 잘 기각했던 것들도 포함되어 있다. 불교의 표현 중 일부도 여기서 잘 기능할지 모르겠다. 그리고 그것은 데리다가, 고통에 관해 질문하기 위해 벤담의 것과는 다른 프로토콜을 확립함으로써 의미했던 것에 더 가까울지도 모르겠다. 그러나 다른 표현도 여러 가지로 뒤섞인 많은 전통들로부터 나오는데, 그 속의 몇 가지는 "서양의 것"이다. 내가 바라는 것은, 고통 이상으로 많은 것에 관해서 묻는 다른 프로토콜인데, 이것은 적어도 미국식 표현들에서는 별 예외 없이 자기충족적인 권리 추구와 남용을 통한 부정으로 귀결된다. 동물은 고통받을 수 있는가의 물음에 대해서, 적절한 프로토콜이 확립되어 있지 않을 때 동물들은 단지 담론적 희생양만이 될 것이라는 점을 데리다가 걱정할 법한 것보다 나는 더 염려하고 있다. 이 장에서 이 미해결의 문제에 관해서 내가 깊이 생각하도록 해 준 캐리 울프에게 감사한다.

28. Emmanuel Lévinas, "The Name of a Dog, or Natural Rights," in *Difficult Freedom: Essays on Judaism*, trans. Sean Hand (Baltimore: Johns Hopkins University Press, 1990), 151~53. 레비나스는 보비라고 불린 들개 이야기를 감동적으로 하고 있다. 보비는 독일의 강제노동수용소에서 매일 일터에서 돌아오는 유대인 전쟁 포로들을 따뜻하게 맞았다. 그것은 유대인들에게 인간다움의 자각을 되찾게 했다. "보비에게 있어서, 우리가 인간이라는 것은 의문의 여지가 없었다. … 이 개는, 행동 원칙과 동인을 일반화하는 데 필요한 뇌를 갖고 있지 않았지만, 나치 독

일에 남아 있던 최후의 칸트 철학자였다"(153). 이렇게 해서, 개가 표정으로 표현한 서비스를 감지할 수 있는 레비나스와 같은 민감한 인간에 의해서조차, 보비는 '대 분기'의 저쪽에 위치해 버렸다. 보비의 문제 그리고 동물은 레비나스적 의미의 "얼굴"을 갖고 있는지의 문제를 파고든 동물학과 동물철학 분야의 글 중에서 내가 가장 선호하는 것은 H. Peter Steeves, "Lost Dog," in *Figuring the Animal : Essays in Animal Images in Art, Literature, Philosophy, and Popular Culture*, ed. Catherine Rainwater and Mary Pollack (New York : Palgrave Macmillan, 2005), 21~35이다. 또한 H. Peter Steeves, *The Things Themselves : Phenomenology and the Return to the Everyday* (Albany : State University of New York Press, 2006)도 참고하라. 보비가 "인간과 동물을 구성하는 상반된 한계를 되풀이해서 추적하는" 그 많은 방식들을 충실히 설명한 것으로서는 David L. Clark, "On Being 'the Last Kantian in Nazi Germany' : Dwelling with Animals after Lévinas," in *Animal Acts*, ed. Jennifer Ham and Matthew Senior (New York : Routledge, 1997), 41~74, 70을 참고하라. 동물에 관한 대륙의 철학적 규범 속의 데리다와 여타의 사람들에 관해서는, Matthew Calarco, *Zoographies : The Question of the Animal from Heidegger to Derrida* (New York : Columbia University Press, forthcoming)을 참고하라.

29. 이 논문과 그 후속 연구에 기초해서 쓰인 책은, Barbara Smuts, *Sex and Friendship in Baboons* (Cambridge, Mass. : Harvard University Press, 1985). 나는 *Primate Visions : Gender, Race, and Nature in the World of Modern Science* (New York : Routledge, 1989), 168~69, 176~79, 371~76에서 스머츠에 관해 썼다. 또한 Shirley Strum, *Almost Human : A Journey into the World of Baboons* (New York : Random House, 1987)을 참고하라. 『영장류 시각』(*Primate Vision*)을 썼을 때, 나는 데리다가 그랬던 것처럼 호기심의 의무를 다하는 데 실패했다. 나는 동물, 특히 급속한 탈식민지화와 젠더의 재배열이 진행되는 시기의 이른바 제3세계에 사는 다른 영장류에 관해서 쓸 때, 서양의 철학과 문학, 그리고 정치적인 유산에 너무나 지나치게 몰두했다. 그 때문에 나는, 남녀를 불문하고, 다수의 생물학자와 인류학자가 행하고 있는 근본적인 실천을 거의 놓쳤다. 그들은 그 저서로 나를 도와주었다. 그것은 즉, 동물에 관해 끊임없이 호기심을 갖고, 엄격한 과학적 실천으로서, 그리고 로맨틱한 판타지는 아니게, 이러한 다종다양한 동물들과 "함께" 서로 관계하는 길을 암중모색하는 것이었다. 『영장류 시각』의 정보제공자 대부분은 동물이란 어떤 자인가라는 의문을 실제로 중요하게 생각하고 있었다. 그들이 기본적으로 언제나 실천했던 것은, 인류의 적정한 연구 대상은 인간이라는 전제에 대한 웅변적 저항이었다. 나도 또한 종종, "나의" 과학자들 대부분이 이야기한 과학철학과 과학사의 종래의 표현들이 그들이 스스로 한 것을 묘사한 것인 줄로 오인하고 있었다. 그들은 과학에서 이야기풍의 실천이 어떻게 작동하는지, 그리고 사실과 픽션은 어떻게 서로를 공동으로 만들어내는지에 관해서 내가 이해한 것을 자신들이 힘들게 얻은 과학을 개인적인 스토리텔링으로 격하시켜 버린 것이라고 오해하는 경향이 있었다. 나는 우리가 서로를 필요로 했지만 응답의 방법에 관해서 거의 아무것도 몰랐다고 생각한다. 앨리슨 졸리, 린다 페디건, 셜리 스트럼, 그리고 셀마 로웰 같은 사람들뿐만 아니라, 스머츠도 그때도 그 이후에도, 나와 더불어, 내가 관대한 의심이라고 부르는 주의 모드에 계속해서 관계하고 있다. 관대한 의심은 내가 반려종의 가장 중요한 인식론적 덕목으로 여기고 있는 것이다. 내가 상호적인 관대한 의심으로서 확인하고 있는 일종의 존중으로부터, 우리는 내가 대단히 고맙게 생각하고 있는 우정을 만들어냈다. Shirley Strum and Linda Marie Fedigan, eds., *Primate Encounters* (Chicago : University of Chicago Press, 2006)을 참고하라. 만약 내가 데리다에게 요구했던 호기심을 높이는 방법을 1980년에 알고 있었다면, 과학

자와 원숭이, 유인원들과 함께 있었던 현장에서, 위험에 노출된 시간을 더 많이 보냈을 것이다. 즉, 이러한 민족지적인 현장 연구 ─ 거기에서는 인터뷰와 기록의 분석이 잘못된 방법으로 인도한다 ─가 인간이나 동물들에 관한 진리를 초래한다고 하는 안이한 환상 속에서가 아니라, 미리 알 수 없는 응답을 요구하는 테마를 형성하는 얽힘의 시간을 보냈을 것이다. 나 또한 현실의 동물들을 소중히 생각하고 있다는 사실은 알고 있었다. 그러나 나는 뒤돌아보는 방법을 알지 못했고, 그러한 습성이 결여됐다는 것도 알지 못했다.

30. Barbara Smuts, "Encounters with Animal Minds," *Journal of Consciousness Studies* 8, nos. 5~7 (2001) : 293~309, 295.

31. 나는 "분석 가능한 최소 단위들"이라고는 쓰지 않았다. '단위'란 말은 우리를 잘못 인도해서 차별적인 내부 관계성으로부터 만들어지는 궁극의 원자가 있다는 듯이 생각하게 만든다. 그것은 오토포이에시스와 여타의 유기적 형태 이론들의 전제인데, 다음에 논의될 것이다. 나는 도처에서 사물을 움켜잡을 수 있는 거북이들을 볼 뿐이다.

32. 많은 영역에 있는 사물들의 평범성과 근접성이 가진 상상력, 특수한 경험적 환경의 연속, 경험하기 전에 경험의 관념에 매달림으로써 생기는 경험의 오인, 그리고 다른 사물의 질서들이 어떻게 해서 동시대적으로 한데 모이는지 등에 관해서는, Gillian Goslinga, "The Ethnography of a South Indian God : Virgin Birth, Spirit Possession, and the Prose of the Modern World," PhD dissertation, University of California at Santa Cruz, June 2006을 참고.

33. Barbara Smuts, "Embodied Communication in Nonhuman Animals," in *Human Development in the 21st Century : Visionary Policy Ideas from Systems Scientists*, ed. Alan Fogel, Barbara King, and Stuart Shanker (Toronto : publication of the Council on Human Development, 근간).

34. 어질리티 경기에서 달리기가 제대로 되지 않았을 때, 나는 개 스포츠 동료들이 개와 인간에 관해 이렇게 말하는 것을 듣는다. "지금까지 그들은 한 번도 얼굴을 마주한 적이 없는 것 같아. 개에게 자기소개를 해야지." 좋은 달리기는 지속적인 인사 의식으로 생각할 수도 있다.

35. Gregory Bateson, *Steps to an Ecology of Mind* (Chicago : University of Chicago Press, 1972), 367~70 [그레고리 베이트슨, 『마음의 생태학』, 박대식 옮김, 책세상, 2006].

36. Gilles Deleuze and Félix Guattari, *A Thousand Plateaus : Capitalism and Schizophrenia*, trans. Brian Massumi (Minneapolis : University of Minnesota Press, 1987), 232~309 [질 들뢰즈·펠릭스 가타리, 『천 개의 고원』, 김재인 옮김, 새물결, 2001]. 나는 여기에서 "트럭"(truck)을 통한 채소의 커뮤니케이션과, 들뢰즈와 과타리가 이야기하는 늑대 무리의 '야성의 부름' 버전의 음색과 놀고 있다. 온라인(www.word-detective.com/)에서 단어 검색을 하니 다음과 같은 것을 가르쳐 주었다. " 'truck'의 옛날 의미에는 '거래, 소통, 교섭, 교역' 등이 있다. 그리고 오늘날 많은 경우에, '~와 거래하지 않다'(have no trade with)라는 의미로 '~와는 관계하지 않는다'(have no truck with)라는 문구가 사용된다. 'to truck'이라는 말은 13세기에 등장해서, '물물교환을 하다'라는 의미로 사용되었던 것 같다. 'truck'의 이런 의미로 지금까지 남아 있는 것은 'truck farm'으로 '시장에 팔기 위해 생산된 야채'라는 의미이다." 여기서 곧 보게 될 것은, 소규모 시장을 위한 생산이 스물세 번째 그릇을 내어놓는 것과 중요한 타자와 함께 되기에 관한 나의 이해와 어떤 관계가 있는가 하는 것이다.

37. Steve Baker, *The Postmodern Animal* (London : Reaktion Books, 2000), 102~34. 스티브 베이커는 들뢰즈와 과타리의 "동물-되기"에 관한 일을 나보다 훨씬 높이 평가하고 있다. 그러나 베이

커 역시 반려견과 반려 고양이에 대한 그들의 처신에 대해서는 달가워하지 않는다. 나는, 문학에 등장하거나 신체를 가진 개와 고양이를 소중히 생각하고 있지만, 들뢰즈와 과타리의 "동물-되기"와 관련해서 말하자면, 동물들의 웰빙이 나의 중심적인 걱정은 아니다. 내 생각에, 베이커는 들뢰즈와 과타리가, 일상적인 모든 것에 관해, 특히 늑대/개의 대조에서 명백하지만 그것들로는 환원할 수 없는 모든 것들에 대해서 그들의 책에서 내뱉고 있는 체계적인 역겨움을 놓치고 있다. 오이디푸스 콤플렉스와 자본주의자의 고정성의 덫에 잡혀 있지 않은 다양체, 변태, 그리고 탈주는 그런 방식으로 작용되는 것이 금지되어야 한다. 숭고한 탈주선에 떨어지는 휴머니즘 투석기의 여러 가지 버전을 피하기 위해서는, 때때로 헤라클레스와 같은 노력이 필요했다. 그러나 그것은 근골이 늠름한 이례적인 신들에게만 적당하다. 나는 오히려 영어에서 관용적으로 "개인들"이라고 불리는 관계를 품는 얽힘을 인정하고 싶다. 그 끈적거리는 실이 다른 배치들과의 풍성한 공간과 시간 속에서 매듭을 만든다. 어떤 것은 (인간 그리고 비인간) 개인들이나 사람들로서 인식될 수 있다. 그리고 어떤 것은 정말 인식이 될 수 없다. 개인들은 실제로 중요하다. 그리고 그들은 그들 자신에게 있어서조차 유일한 영향을 미치는 배치는 아니다. 그 혹은 그녀가 현실의 생명체가 겪는 고통이나 그들의 능력을 염려할 때마다, "무비판적 휴머니즘" 혹은 휴머니즘의 동물 등가물이라고 "비난"을 받는다면, 나는 나 자신이 위압적인 '하나의 진실에 대한 신앙' 속에 있다고 느낀다. 그것이 포스트모던이든 아니든 상관없이 말이다. 물론, 나는 "배치들" 속에서 생각하는 능력에 관해서 누구보다도 들뢰즈와 과타리에게 고맙게 은혜를 받고 있다.

38. 들뢰즈와 과타리는 1970년대 프랑스나 다른 어디에서도 이런 일 대부분을 알지 못했기 때문에, 다음과 같은 나의 생각은 부당한 것일지도 모른다. 훈련을 받은 치료견은 자폐증 어린이들을 사회, 즉 인간과의 접촉이 더 이상 그다지 두렵지 않은 곳으로 데리고 나가준다거나, 반려견이 노인들을 더 넓은 삶에 대한 관심으로 다시 이끌어준다거나, 또는 휠체어를 탄 중증의 뇌성마비를 앓는 어린이들에게 개가 다가붙어서 문을 여는 일상의 일과 다른 인간들과의 교류 등을 돕는다는 것이 그것이다. 내가 생각하고 있는 것은, 평범한 개 공원에서, 그들의 개 친구들을 보면서 인간들이 나누는 모든 대화에 관해서이다. 대화는 푸프 백[개의 똥을 넣는 봉지]과 개의 먹이에 관한 정보의 교환은 물론, 사람들을 더 넓은 시민의 세계, 그리고 미적인 세계로 이끌어준다. 그것은 동물-되기가 아니라, 극히 보통의 일상적인 함께-되기이다. 나에게는 그것은 대단한 오이디푸스 콤플렉스처럼은 보이지 않는다. 경계가 있는 개체화나 퇴행에 관한 주장은 언제나 경험에 의해서 점검될 필요가 있다. 진짜 개는 기꺼이 은혜를 베푼다. 인간과 개 사이에서, 실제로 어떻게 해서 세계를 형성하는 관계가 발전해 가는 것인가, 그것이 동물행동학 연구의, 그리고 민족지 연구의 주제이다. 그 기선을 잡은 것이 태즈메이니아의 에이드리언 프랭클린이었다. Adrian Franklin, Michael Emmison, Donna Haraway, and Max Travers, "Investigating the Therapeutic Benefits of Companion Animals," *Qualitative Sociology Review* ("Animals and People" 특별호) 3, no. 1(2007) : 42~58을 참고하라. 프랭클린은 또한 식민지민족주의와 탈식민민족주의를 저해하는 데 있어서, 개를 포함한(이 경우는 딩고) 동물들이 어떻게 주역을 맡았는지, 그 사정에 정통하다. Adrian Franklin, *Animal Nation : The True Story of Animals and Australia* (New South Wales : New South Wales Press, 2006)을 참고하라.

39. 『천 개의 고원』 속에서 여성-되기와 어린이-되기에 관해서 쓰인 1장은, 많은 주석서의 테마가 되고 있다. 그것은 들뢰즈와 과타리가 "속박 외부의 여성성"(feminine-outside-confinement)을 수용하고 있다는 것, 그리고 그 수용이 불충분하다는 것 양쪽에 관해서 논하고 있다. 아무리 의도된 것이 아니었다 해도, 이 책의 원시주의적이고 인종차별주의적인 어조는 주목을 피할 수

없었다. 침착하게 생각해 보면, 들뢰즈와 과타리가 성취한 것이 뭔지도 알고, 이 책이 비-오이디 푸스적 인종차별반대주의자의 페미니즘에 공헌할 수 없었던 것이 뭔지도 안다. 로지 브라이도 티는 나를 안내해서, 들뢰즈(그는 『천 개의 고원』보다 더 많은 것을 썼다)로부터 많은 것을 배우 게 해 주었다. 내 생각에, 그녀는 오트르-몽디알리자숑을 향해 훨씬 많은 것을 제시하고 있다. Rosi Braidotti, *Transpositions : On Nomadic Ethics* (Cambridge, U.K. : Polity, 2006) [로지 브 라이도티, 『트랜스포지션 : 유목적 윤리학』, 박미선·이현재·김은주·황주영 옮김, 문화과학사, 2011]을 참고하라. 어느 정도는 『차이와 반복』(*Difference and Repetition*, trans. Paul Patton 〔New York : Columbia University Press, 1995〕[질 들뢰즈, 『차이와 반복』, 김상환 옮김, 민음 사, 2004])에서 들뢰즈가 보인 감성에 의해 형성된 훌륭한 책으로서는, Kathleen Stewart, *Or-dinary Affects* (Durham, N.C. : Duke University Press, 2007)을 참고하라. 이 책은 우리가 신 자유주의와 고도 소비자 자본주의와 같은 것으로 부르는 신흥 세력의 미묘한 이면 이야기다.

40. Lynn Margulis and Dorion Sagan, *Acquiring Genomes : A Theory of the Origins of Species* (New York : Basic Books, 2002)

41. 『천 개의 고원』(244)에서 언급되고 있는 로렌스의 "거북이-되기"가, "중첩하는 거북이의 이야 기"의 많은 버전과 어떤 관련이라도 있었는지 누가 알겠는가! 비목적론적인 무한 회귀 ─ 끝없 이 이어지는 거북이들 위에 있는 그 거북이 위에 있는 코끼리의 위에 놓인 세계 ─ 에 관해서 말 하는 이 이야기에 대해 실증주의적인 접근과 해석주의적인 접근 모두를 더듬어가고 싶은 사람 은 http://en.wikipedia.org/wiki/Turtles_all_the_way_down을 참고하라. 스티븐 호킹, 클리퍼 드 기어츠, 그레고리 베이트슨, 그리고 버트런드 러셀이 모두, 이 준-힌두교의 이야기를 다시 만 드는 일에 발을 들였다. 이자벨 스탕제르는 "중첩하는 서북이"의 이야기를 *Power and Inven-tion : Situating Science*, trans. Paul Bains (Minneapolis : University of Minnesota Press, 1981), 61~62의 같은 이름의 장에서, 윌리엄 제임스, 코페르니쿠스, 그리고 지적인 노부인을 등 장시켜 가면서 이야기하고 있다. 또한, Yair Neuman, "Turtles All the Way Down : Outlines for a Dynamic Theory of Epistemology," *Systems Research and Behavioral Science* 20, no. 6 (2002) : 521~30(온라인에서 이용 가능)도 참고하라. 노이만은 다음과 같이 요약하고 있다. "인 식론의 연구가 직면하고 있는 가장 중요한 문제는, 어떻게 반복적인 앎의 시스템 내부에 강고한 인식론의 기초를 확립하는가라는 것이다. 이 논문이 노리는 바는, 이 문제에 답하기 위해서 인 식론의 역동적인 이론을 위한 개요를 얼마간 제공하는 것이다. 이론이 넌지시 암시하고 있는 것 은, 가장 기본적인 흔들림 없는 인식론의 단위가, 자기 참조적인 행동인 차별화의 프로세스라고 하는 것이다. 논문은 이 주장에 관해서 상세히 서술하고, 그것이 피아제의 발생적 인식론에서의 체현성 문제를 해결하는 것에 관련되어 있음을 설명한다"(521). 자기 참조적인 부분은 트러블 이다. 나는 양자 모두를 위한 관용구 ─ 그리고 그 밑으로 어디까지 가도 쭉 "자기-타자 참조적 인" ─ 쪽이 좋다고 생각한다.

42. "'오토포이에시스(문자 그대로의 의미는 "자기형성")'란, 살아있는 세포가 지닌 자기보전의 화학 적 성질을 말한다. 세포보다 덜 복잡한 어떤 물질 대상들도 나머지 자연과 구별되는 고유성을 가지면서 그 자신과 경계를 유지할 수 없다. 살아있는 오토포이에시스적인 실체들은 자신의 형 태를 적극적으로 유지하고, 가끔 그 형태를 변화시킨다("발달한다"). 그러나 그것은 언제나 물 질과 에너지의 흐름을 통해서이다." Margulis and Sagan, *Acquiring Genomes*, 40. 그들의 목표 는 바이러스, 혹은 유전자가 "생명의 단위"라는 개념에 있다.

43. 오토포이에시스에 대한 비평으로서는, Scott F. Gilbert, "The Genome in Its Ecological

Context : Philosophical Perspectives on Interspecies Epigenesis," *Annals of the New York Academy of Science* 981 2002) : 202~18을 참고하라. 또 Scott Gilbert, John Opitz, and Rudolf Raff, "Resynthesizing Evolutionary and Developmental Biology," *Developmental Biology* 173 (1996) : 357~72, 368도 참고하라. 상호유도에 관해서는, 8장 「접촉지대에서의 훈련」을 참고하라.

독자가 "중첩하는 거북이"를 지나치게 신화적이거나 문학적이라고 생각하지 않도록, 길버트는 나를 예일 대학의 거북이-에피바이온트-프로젝트(Turtle Epibiont Project, www.yale.edu/peabody/collections/iz/iz_epibiont.htm)로 향하게 했다. 길버트는 다음과 같이 쓰고 있다. "재미있게도, 거북이가 세계를 운반하고 있다고 하는 생각은 여러 문화 속에서 보이는 테마입니다. 그리고 거북이가 만물을 떠받치고 있지 못한다고 하더라도, 거북이는 그 등에 상당한 에코시스템을 짊어지고 있습니다." 길버트가 해러웨이에게 보낸 이메일, 2006년 8월 24일.

이 논의와 면역학의 현상들과의 관련성에 관해서는, Donna Haraway, "The Biopolitics of Postmodern Bodies : Constitutions of Self in Immune System Discourse," in *Simians, Cyborgs, and Women* (New York : Routledge, 1991), 205~30, 251~54 [다나 J. 해러웨이, 「포스트모던 몸의 생물정치학 : 면역 체계 담론에서의 자아의 구성」, 『유인원, 사이보그 그리고 여자』, 민경숙 옮김, 동문선, 2002]를 참고하라. 최신 정보에 관해서는, Thomas Pradeu and Edgardo Carosella, "The Self Model and the Conception of Biological Identity in Immunology," *Biology and Philosophy* 21, no. 2 (March 2006) : 235~52를 참고하라. 프레두와 카로셀라는 다음과 같이 요약하고 있다. "자기/비자기의 모델은 F. M. 버넷에 의해서 처음으로 제창되고, 그 후 현재에 이르기까지 60년 동안 면역학을 지배해 왔다. 이 모델에 의하면, 어떠한 외부 요소는 유기체의 면역반응을 일으키는 도화선이 될 수 있는 반면에 내부 요소는 보통의 경우에는 면역반응을 일으키지 않을 것이다. 이 논문에서 우리가 제시하는 것은, 자기/비자기의 모델이 더는 면역학의 실험 데이터를 설명하는 데 적정하지 않다는 것이다. 그리고 이 부적절성은 생물학적인 정체성에 대한 너무 강한 형이상학적인 개념에 그 뿌리를 두고 있을 것이다. 우리는 연속성의 사고에 기초한 또 하나의 가설이, 면역 현상에 더 좋은 설명을 부여해 준다는 사실을 제안한다. 마지막으로 우리는, 면역학에서 자기로부터 연속으로의 이러한 형이상학적인 디플레이션과 정체성에 관한 실체론과 경험론 사이의 철학적 토의와의 매핑을 강조하고 있다"(235).

44. 스콧 길버트가 도나 해러웨이에게 보낸 이메일, 2006년 8월 23일.

45. 사적인 커뮤니케이션, 2006년 8월 23일.

46. 캐리 울프는 움베르토 마투라나와 프란시스코 바렐라와 같은 제2세대 사이버네틱스 사상가들에게서 획득한 것을 바탕으로 하면서 오토포이에시스가 "자기 조직화 시스템"이라는 의미를 갖지 않도록 수정하였다. "자기 조직화 시스템"은 길버트와 나의 주된 불만이다. 어떤 것도 "자기 조직화"를 하지 않는다. 비표상주의적인 커뮤니케이션을 발전시킨 울프의 생각은, 내가 중첩하는 거북이를 언급하는 데 개입되어 있는 반려종의 의미와 가깝다. 비록 나는, 그 의미가 충분히 곡해될 수 있다고는 생각하지 않기 때문에, 내버려 두고 싶지만, 오토포이에시스라는 말 자체가 주된 문제는 아니다. 울프와 나, 우리 둘 다 개방과 폐쇄의, 역설적이고 불가결한 연결을 위한 관용구를 찾아내기를 주장하는데, 울프는 이를 재귀적으로 반복되는 "폐쇄로부터의 개방"이라고 부른다. Cary Wolfe, "In the Shadow of Wittgenstein's Lion," in *Zoontologies*, ed. Cary Wolfe (Minneapolis : University of Minnesota Press, 2003), 특히 34~48을 참고하라. 2006년 9월 12일자 이메일에서 이 물음을 다루어 준 것에 대해 울프에게 감사한다. *Meeting the Uni-*

verse Halfway (Durham, N.C. : Duke University Press, 2006)에서, 캐런 배러드의 행위적 실재론, 현상, 그리고 내부-작용이 이 대화를 위해 또 다른 중요한 이론적 표현을 제공해 준다.

47. 소이 종은 영국의 〈희소품종협회〉에 등록되어 있다. 그리고 세인트 킬다섬은 "서로 다른 것이 한데 섞인" 유네스코의 세계유산지인데, 그 자연과 문화의 중요성 때문에 지정되었다. 북아메리카의 등록소와 브리더 조직은 www.soaysofamerica.org/에서 검색할 수 있다. 소이 양모 섬유는 인터넷이 매개하는 방직 회로에 진입해 있고, 소이 양고기는 그 지역 및 세계 목양 농가에 중요한 식재료가 되고 있다. 가죽 무두질 공장은 유기 사육인증서를 붙인 양피를 역시 인터넷을 통해 팔고 있다. 세인트 킬다섬에 있던 약 1천 마리의 소이 양이 중요한 데이터베이스를 위해 DNA를 제공했다. 1950년대 이후, 소이들은 히르타섬으로 옮겨져 방목되고 있다. 이 섬에는 더 이상 사람이 살지 않는데, 생태학, 행동학, 유전학, 그리고 진화생물학의 폭넓은 조사 대상이 되고 있다. 고고학자들은 고대의 가죽 무두질 공장의 화학 잔유물을 조사하고, 옛날의 소이 DNA를 모으고 있다. 관광사업에서부터, 현대의 농목축업 그리고 공장식 사육 반대를 거쳐서 비교유전학에 이르기까지 이 모든 것들은 현재 작동 중인 테크노문화이다. www.soaysheep-society.org.uk/, www.kilda.org.uk/ 와 T. H. Clutton Brock and J. Pemberton, *Soay Sheep* (Cambridge : Cambridge University Press, 2004)를 참고하라.

48. Thelma Rowell and C. A. Rowell, "The Social Organization of Feral *Ovis aries* Ram Groups in the Pre-rut Period," *Ethology* 95 (1993) : 213~32. 이들 숫양 그룹은 그녀가 현재 애지중지하고 있는 소이 종은 아니고, 캘리포니아 대학 버클리를 퇴직하기 전에 만난 미국 텍사스 주의 강인한 바베이도스의 양이다. 주의할 것은, 기사가 게재된 것이 양에 관한 저널이 아니고, 생물행동 동물학의 저널이었다는 것이다. 그 속에서 원숭이와의 비교는 조금 놀랍지만, 이것은 이 잡지로서는 극히 보통의 일이고, 정신질환의 증거는 되지 않는다. 로웰이 "유쾌한 말다툼을 하는 종"이라고 부르는 인간과 여타의 영장류의 연구사에 관해서는, Thelma Rowell, "A Few Peculiar Primates," in *Primate Encounters*, ed. Shirley Strum and Linda Fedigan (Chicago : University of Chicago Press, 2000), 57~70, 특히 69쪽을 참고하라. 야생화한 소이 종의 최근의 증거가 제시하고 있는 것은, 그들은 키 큰 풀 섶에 숨어있는 기생충의 계절적 밀도에 따라, 풀을 뜯는 패턴을 형성한다는 것이다. 큰 포식 동물만이 진화행동학에서 유일하게 중요한 동물인 것은 아니다. Michael R. Hutchings, Jos M. Milner, Iain J. Gordon, Ilias Kyriazakis, and Frank Jackson, "Grazing Decisions of Soay Sheep, Ovis aries, on St. Kilda : A Consequence of Parasite Distribution?" *Oikos* 96, no. 2 (2002) : 235.

49. 하이데거 철학 이래의 "밝힘"의 대립적인 의미들은 8장 「접촉지대에서의 훈련」에서 나온다.

50. Vinciane Despret, "Sheep Do Have Opinions," in *Making Things Public*, ed. Latour and Weibel, 363. 나는 데프레에게 빚지고 있다. 그것은 그녀가 로웰과 한 인터뷰와 로웰의 "이용 가능하게 하기", "정중함의 미덕" 그리고 스물세 번째 그릇의 역할에 있어서의 생물학자의 작업에 관한 그녀 나름의 해석으로 인한 것이다. 디디에 데모시가 만든 연구 DVD와 Vinciane Despret, *Thelma Rowell's Non-sheepish Sheep*을 2006년 겨울에, 대학원의 나의 세미나까지 가져다준 것에 관해서는 마리아 푸이그 데 라 벨라카사에게 감사한다. 데프레, 이자벨 스탕제르, 브뤼노 라투르, 셀마 로웰, 그리고 세라 프랭클린은 모두 내 저작의 곳곳에 스며들어 있다. 2003년 3월 나는 세라 프랭클린과 함께 로웰의 농장을 방문했다. 그리고 그녀의 양과 칠면조를 만나고, 로웰과 세라와 함께 동물과 인간의 세계에 관해서 이야기할 기회를 가졌다. 영국의 양과 국경을 초월한 생활, 그리고 테크노사이언스에 대한 더 많은 것에 관해서는, Sarah Franklin, *Dolly*

Mixtures (Durham, N.C. : Duke University Press, 2007)을 참고하라. 스탕제르의 박사과정 학생이었던 마리아 푸이그 데 라 벨라카사가 2005년부터 2007년까지 캘리포니아 대학 산타크루스에 박사후과정에 있었다. 2006년 겨울의 동물학/과학학/페미니즘 이론의 대학원 세미나에서, 마리아와 여타의 동료들, 그리고 대학원생들은, 내가 코스모폴리틱스, 스물세 번째 그릇, 열림, 그리고 반려종 등에 관해서 생각을 정리하는 데 도움을 주었다. 지난 수년간 나의 동물학 세미나에 참가해 준 사람들에게 감사한다. 그들은 이 책 속에서 서로 만난다.

51. Thelma Rowell, "Forest Living Baboons in Uganda," *Journal of Zoology* 149 (1966) : 344~64. 그리고 Thelma Rowell, *The Social Behaviour of Monkeys* (Middlesex, U.K. : Penguin, 1972)도 참고. 그녀가 어떻게 생각하는지는 별개로 하고, 이 작은 책은 1970년대부터 80년대에 걸쳐, 영장류에 관계되는 모든 것이 남성에 의한 지배와 계급제에 의해 설명되는 것에 적의를 품은 나를 포함한 페미니스트들 사이에서 애독되었다. Haraway, *Primate Visions*, 124, 127, 292~93, 420~21.

52. 로웰은 농장을 경영하면서, 음식이나 그 외의 이유로 동물을 죽이기로 결정한 경우 언제나 자신의 토지에서 죽이는 준비를 했다. 그것은 트라우마를 최소화하기 위한 것이었다. 그 때문에 그녀의 동물은 사적인 교환 속에 머무르고 있었고, 상업적으로 판매될 수는 없었다. 만약 동물이 시장에서 판매된다면 그것에 대한 책임은 사육조건에서부터 인간의 음식, 신발, 스웨터에 이르기까지의 동물의 이동과 도살을 포함하는 조건까지를 포함하게 된다. 현대적 용어로는 인간-동물의 가치 있는 생활양식을 유지하기 위한 일이라는 맥락에서, 영국에서 〈희소품종협회〉는 불완전하지만 이 책임들을 가동 가능하게 하려는 노력을 하고 있다. 도움을 주던 동물이 살던 장소에서 도살되었을 때, 그 고기의 판매를 허가하기 위한 법 개정, 가정에서 도살된 동물의 고기를 비상업적 순환에 한정하지 않기 위한 법 개정은, 육식의 생태학 속에서 동물과 환경보전에 있어서 극히 중요하다. 미국에서는 이 움직임이 커지고 있고, 공인된 검사자를 대동한 이동 도살 장치를 합법화하는 움직임이 나타나기 시작하고 있다. 이와 같은 실천은 단지 허용이 아니라 강제적으로 되어야 한다. 두 가지 결론으로부터, 이제 이와 같은 고기가 고급 시장에만 국한되지 않고 모든 사람들이 찾는 달성 기준이 될 것이라는 점이 도출된다. 그 때문에 육식이 대폭 감소할 것이다. 이와 같은 책임 있는 실행은, 공장 규모의 도살과는 양립하지 않기 때문이다. 이 두 가지에 특유한 자연문화적 변화는 심대하다. 현재로서는, 이동식 장치가 도살할 수 있는 소의 수는, 일 년에 1,200두 정도이고, 고작해야 소규모의 틈새시장을 노리는 농부들에게 도움을 주고 있는 데 지나지 않는다. 산업화한 식육처리 기업이 하루에 200두 이상 도살한다는 점을 고려해보면 어떻게 인간과 비인간 동물의 잔인화와 자연환경의 악화를 가져올지 예측이 가능하다. 인간에게는, 계급, 인종, 그리고 지역의 보존 등이 긴요한 과제이지만, 고기와 가죽, 그리고 섬유를 제공하는 동물들에게 긴요한 문제는, 적은 고통 속에서 살다가 죽는 것이다. [미국] 몬태나주의 견해에 관해서는, "Mobile Slaughter Units," *News and Observer*, May 23, 2005, www.mycattle.com/news/dsp_topstories_article.cfm?storyid=17218을 참고하라. 도살작업과 산업동물의 행복을 폭넓게 개선하려고 하는 중요한 일에 관해서는, Temple Grandin의 웹사이트, www.grandin.com을 참고하라. 동물의 스트레스를 실제로 경감하기 위해서 의무적인 감사를 시행하고 얼마간의 가혹함을 줄인 산업화 도살 시스템에 대한 그녀의 생각은 잘 알려져 있다. 그리 잘 알려져 있지 않은 것은, 그녀가 1989년에 일리노이대학에서 쓴 박사학위 논문인데, 이 논문이 초점을 두고 있는 것은 생산 프로세스의 반대편이다. 즉, 새끼 돼지의 신경계의 발달과 행동이 더 정상적이 되기 위한 환경 강화이다(www.grandin.com/references/diss.intro.html).

돼지에 대한 "통상"의 현실적 조건은 www.sustainabletable.org/issues/animalwelfare/에 기술되고 기록되어 있다. "공장에서 사육되는 돼지는 작은 나무 상자 속에서 태어난다. 나무 상자 속에서 암컷 돼지는 방향을 바꿀 수도 없을 정도로 행동을 제한받는다. 어미 돼지는 꼼짝할 수 없이 드러누워 있기만 할 뿐, 자신의 자리를 만들 수도 없고, 자신들의 배설물로부터 자기나 새끼 돼지를 떼어놓을 수도 없다. 그 때문에 새끼 돼지도 함께 나무 상자에 갇히게 된다. 타고난 성향대로, 달리는 것도, 점프하는 것도, 노는 것도 할 수 없다. 그리고 일단 어미 돼지와 분리되면, 콘크리트 우리에 다른 새끼 돼지들과 함께 갇힌다. 잠자리는 물론이고 흙도 없다. 이런 상태로 있으면, 돼지는 안절부절못하게 되고, 스트레스의 표현으로 다른 돼지의 꼬리를 물게 된다. 공장식 축산장의 경영자들 대부분은 돼지에게 놀 수 있는 짚을 주지 않고, 돼지의 행위에 대항하기 위해 그 꼬리를 잘라버릴 것이다."

미국에서는 네 개의 회사가 돈육 생산의 64퍼센트를 점하고 있다. 양돈업계의 냉정한 분석으로서는, Dawn Coppin's science-studies and ethnographic PhD dissertation, "Capitalist Pigs : Large-Scale Swine Facilities and the Mutual Construction of Nature and Society," Sociology Department, University of Illinois, Champaign-Urbana, 2002를 참고. Dawn Coppin, "Foucauldian Hog Futures : The Birth of Mega-hog Farms," *Sociological Quarterly* 44, no. 4 (2003) : 597~616을 참고. 코핀의 작업은 여러 가지 면에서 근본적인 것이다. 특히 동물을 주체로서 연구하고 분석할 것을 주장한 점이야말로 그러하다. 학문을 구조개혁의 작업에 연결시키면서, 코핀은 〈산타크루스 홈리스 정원 프로젝트〉의 사무국장을 맡고 있었고, 캘리포니아 대학 버클리의 객원학자를 역임했다. 2006년, 애리조나주의 유권자들(64퍼센트)은 〈가축에 대한 인도적 대우법〉(Humane Treatment of Farm Animals Act)을 압도적 다수로 가결시켰다. 이 법은 송아지를 식용 송아지 상자에 가두는 것, 사육 중인 돼지를 임신 상자에 넣는 것을 금지했다. 두 가지 행위는 이미 유럽연합에서는 금지되어 있었지만, 미국에서는 당연한 것으로 행해지고 있었다.

나의 2004년 겨울 대학원 세미나 「과학학으로서의 동물학 : 우리는 결코 인간이었던 적이 없다」를 위한 강의개요에 관해서는, http://feministstudies.UCSC.edu/facHaraway.html를 참고하라. 또한 Jonathan Burt, "Conflicts around Slaughter in Modernity," in *Killing Animals*, the Animal Studies Group (Urbana : University of Illinois Press, 2006), 120~44도 참고하라. 그 다음, 공장식 축산업에 대한 휴 도리고의 영화 *Beyond Closed Doors* (Sandgrain Films, 2006)을 보라.

53. Despret, "Sheep Do Have Opinions," 367.

54. Isabelle Stengers, "The Cosmopolitical Proposal," in *Making Things Public*, ed. Latour and Weibel, 994~1003, 995. 또한 Stengers, *Cosmopolitiques*, 2 vols. (Paris : La Découverte, 2003 ; 초판은 총 일곱 권으로 출판되었다. Paris : La Découverte, 1997)도 참고. 스탕제르의 코스모폴리틱스(cosmopolitics)는 이 책의 3장, 「고통 나누기」에 더 자세히 소개되어 있다.

55. 우발적 접촉에 의한 평범한 일들과 그 영향에 관해서는, Goslinga, "The Ethnography of a South Indian God"을 참고하라.

56. 남아프리카공화국의 늑대와 개의 잡종에 관해서 딕슨이 2004년 11월 7일에 쓴 기사에 관해서는, www.wolfsongalaska.org/Wolves_south_africa_exile.htm을 참고.

57. James Bennett, "Hoofbeats and Tank Tracks Share Golan Range," *New York Times*, January 17, 2004, A1, A7. 이 기사의 가벼운 논조는 2006년의 시점에서 읽기가 힘들었다. 전쟁이 끝

없이 계속되고, 모든 사람과 모든 사물을 갈라놓고, 혹은 갈라놓으려고 위협하고 있었기 때문이다. 그럴 때 코스모폴리틱스가 과연 지금, 이 땅에서 어떻게 보일 것인지 그것을 상상하는 것조차도 어려웠다. 1968년, 비무장 아랍인 세 사람이 소 도둑질을 하려다가 이스라엘군에 의해 살해됐다. 그들에 관해서 쓰인 미발표의 산문시에 관해서는, www.janecollins.org/uploads/The%20Golan%20 Heights.doc을 참고하라. 사진은, "Raising Beef Cattle in Kfar Yehoshua and the Golan Heights," http://geosci.uchicago.edu/~gidon/personal/cattle/cattle.html을 참고하라. 이 땅의 소가 성서에 나오는 이야기에 관해서는, www.bibleplaces.com/golanheights.htm을 참고하라. 이런 종류의 이야기가 오늘날의 소유물의 권리를 만들어내고 있다. 「골란 고원으로 돌아가는 이스라엘 사람들」에 관한 (이스라엘인들이 생각하고 있는 유일한 입장은 "아닌") 시온주의자의 생각에 관해서는, www.golan.org.il/civil.html을 참고하라. 골란고원의 도보여행에 관해서는, http://galileeguide.com/gguide/etours.html 을 참고하라. 2006년 레바논에서 일어난 전쟁 후 골란고원의 복잡한 상황을 스케치한 것으로서는, Scott Wilson, "Golan Heights Land, Lifestyle Lure Settlers : Lebanon War Revives Dispute over Territory," *Washington Post*, October 30, 2006, A1 (www.washingtonpost.com/wp-dyn/content/article/2006/10/29/AR2006 102900926_pf.html)을 참고하라. 1981년에 이스라엘에 의해 병합된 골란고원은 이스라엘 물의 3분의 1을 공급하고 있다. 윌슨은 2006년에 다음과 같이 보고하고 있다. "1967년의 전쟁 후에 남은 아랍인은 약 7,000명이었지만, 지금은 20,000명이 되었다. 그들은 대부분 시민권을 거부했다. 시민권을 받은 자들은 고립된 4개의 산지 마을로 추방되었다. 그곳에는 드루즈(Druze) 인들이 집결해 있다"(모든 웹사이트는 2007년 5월 4일에 접속하였다).

58. 이 단락을 내가 처음으로 썼을 때, 일곱 살 된 윌렘은 골암에 걸린 뒷다리를 절단한 채로 살고 있었고, 그즈음 암이 폐로 전이된 것을 발견했다. 11월 초의 어느 날, 윌렘은 약간 호흡이 짧았지만, 눈이 맑았고 기운찼다. 윌렘은 하루의 일과를 끝낸 나와 러스틴과 함께 가벼운 산보를 나갔다. 이 장은 윌렘과 그의 인간 수전을 위한 것이다. 정말, 평범한 일의 연속이다. 윌렘은 2006년 추수감사절 직전에 죽었다.

59. 워싱턴주립 대학, 오리건주립 대학, 그리고 워싱턴주 농무성 사이의 협업으로 1997년에 설립된 〈먹거리 연맹〉(www.foodalliance.org/)을 살펴볼 것. "인도적 대우 인증" 마크 프로젝트(www.certifiedhumane.org)를 탐험해 보고, "Humane Treatment of Farm Animals Can Improve the Quality of the Meat We Eat," *San Francisco Chronicle*, September 27, 2006을 참고하라. 그다음 인종, 계급, 젠더, 그리고 — 배의 형태(embryonic form)의 — 종들의 교차적 분석과 행동에 관해서는, 〈지역사회 먹거리 안정성 협회〉(www.foodsecurity.org/)를 보라. 〈미국축산보호협회〉(http://albc-usa.org/)와 〈지속가능한 농업을 위한 국민운동〉(www.sustainableagriculture.net/index.php)의 네트워크도 살펴보라. 〈캘리포니아주 먹거리와 정의 연맹〉(www.foodsecurity.org/california/)은 기본 원칙에서 다음의 내용을 명쾌하게 언급하고 있다. "식품의 생산, 분배, 준비는 모든 인간과 동물과 생태시스템에 대해서 건강하고 인도적이어야 한다." 용감한 말이고, 일생에 걸친 일이다. 마지막이라고 하기는 그렇지만 〈부족을 아우르는 들소 협동조합〉(www.intertribalbison.org/)을 살펴보면, 51개의 아메리카 부족을, 농업의 부흥과 인디언의 토지, 그곳에 서식하는 동물, 그리고 살고 있는 사람들의 보전을 기치로 단결시키고 있다. 먹거리 안정성과 정의에 대한 비전의 접근법들도 있다. 예를 들면 www.vegan.org과 〈미국 휴메인 소사이어티〉에서 출발해 보라. 그리고 물론, 〈동물을 윤리적으로 대우하는 사람들〉(People for the Ethical Treatment of Animals, PETA)도 있다(모든 웹사이트는 2006년 11월에 접속

하였다). 그러나 나는 이 목록을, 내가 가끔씩 동맹하기도 하는 숙적 PETA가 아니라, 투쟁 중인 비건 동료 — 즉, 반인종차별주의자이고, 반성차별주의자이고, 정의를 지향하며, 동물을 중시하는 캐럴 애덤스의 *Neither Man nor Beast*, 그리고 그녀의 영국 동료 린다 버크의 *Feminism, Animals, and Science* (Milton Keynes, U.K.: Open University Press, 1994) — 로 끝내겠다.

60. John Law and Annemarie Mol, "Complexities: An Introduction," in *Complexities: Social Studies of Knowledge Practices*, ed. John Law and Annemarie Mol (Durham, N.C.: Duke University Press, 2002), 20. 현실세계적인 인간-동물의 조우에서는 인본주의적이고 인격주의적인 모델로 부족하다는 것을 멋지게 분석한 문헌으로는, Charis Thompson, "When Elephants Stand for Competing Philosophies of Nature: Amboseli National Park, Kenya," in *Complexities*, 166~90을 참고하라.

61. 아마도 여기, 도입부 끝부분의 각주로서, 사람들을 향한 야생 늑대의 분명히 다정하고 호기심을 돋우는 행동은, 애정 어린 이종 간의 뛰놀기보다는 늑대의 점심거리 답사일 가능성이 높다는 점을 기억하는 것이 좋겠다. 반려종, 쿰 파니스(cum panis), 식사를 함께하기, 먹기와 먹히기, 인간예외주의의 종언: 이 기억 속에서 위험에 직면해 있는 것은 낭만적 자연주의가 아니라 이러한 것들이다. 야생생물 전문가인 발레리우스 가이스트는 북아메리카의 로키산맥에 있는 사냥꾼들에게 설명했다. 늑대의 수가 적극적인 몰살에 의한 감소 수준을 상회해서 증가하고 있고 초식동물의 수가 새롭게 출현한 포식동물의 압력에 의해 하강하고 있다. 그 때문에 북아메리카의 유능하고 기회주의적인 갯과 동물들이 미각의 과잉 한가운데서 몸을 눕힌 소멸해 가는 종의 자투리들처럼 구는 것이 아니라, 러시아의 늑대처럼 활동을 개시하기 시작했다. 즉, 그들은 낌새를 엿보고, 몰래 지켜보나가, 때때로 인산와 그들의 농물을 습격한다. Valerius Geist, "An Important Warning about 'Tame' Wolves," *Conservation Connection* (《북아메리카 야생 양 재단》의 뉴스레터) 10 (Summer 2006): 4~5. 이 기사와 수렵, 개, 보존 등에 관해 아낌없이 이야기해준 게리 리스에게 감사한다.

2장 가치를 띤 개와 살아있는 자본

1. Karl Marx, *Capital*, vol. 1, trans. Ben Fowkes (New York: Vintage Books, 1977), 926 [카를 마르크스, 『자본론 1』 상·하, 김수행 옮김, 비봉출판사, 2015].

2. 때로는 시적이기까지 한 맑스의 초기의 저작 「포이에르바흐에 관한 테제」와 「1844년 경제학 철학 수고」(*The Marx-Engels Reader*, 2nd ed., ed. Robert Tucker [New York: Norton, 1978])[칼 맑스·프리드리히 엥겔스, 『칼 맑스 프리드리히 엥겔스 저작 선집 1』, 최인호 외 옮김, 박종철출판사, 1991]에서 그는 우리에게 매우 가까이 다가왔다. 맑스는 상호(inter)-작용과 내부(intra)-작용 속에 있는, 마음이 있는(mindful) 인물들이 도처에 등장하는 이런 저작들에서는, 더할 나위 없이 "인간주의자"인 모습과 무언가 다른 어떤 것의 끝에 있는 모습 둘 다를 보인다. 알렉시스 쇼트웰은 노동력이 어떻게 상품이 되고, 감각에 호소하는 것이 되며, 미적인 것이 되고, 인간종 존재가 되는지에 관한 맑스의 논의들 속에 잠재하는 인간예외주의에서 그가 가까스로 벗어난다는 점을 예리하게 분석한다. 나는 이 분석을 따른다. Alexis Shotwell, "Implicit Understanding and Political Transformation," PhD dissertation, History of Consciousness Department, University of California at Santa Cruz, December 2006, 111~21.

3. 이 부재하는 맑스주의 저작을 집필하려는 학제적인 노력의 초기의 성과가 Sarah Franklin and Margaret Lock, eds., *Remaking Life and Death: Toward an Anthropology of the Biosciences*

(Santa Fe, N.M.: School of American Research, 2003)이다. 그 이후 내가 2007년 겨울 Bio[X]라 불리는 대학원 세미나에서 사용한 다음의 간략하지만 중요한 목록의 문헌들이 출현했다. 바이오테크놀로지 세계에서의 부, 권력, 물질성, 사회성에 관해서는 Kaushik Sunder Rajan, *Biocapital: The Constitution of Postgenomic Life* (Durham, N.C.: Duke University Press, 2006) [카우시크 순데르 라잔,『생명자본: 게놈 이후 생명의 구성』, 안수진 옮김, 그린비, 2012]; Jerry Mander and Victoria Tauli-Corpuz, eds., *Paradigm Wars: Indigenous People's Resistance to Globalization* (Berkeley and Los Angeles: University of California Press, 2006); Marilyn Strathern, *Kinship, Law and the Unexpected: Relatives Are Always a Surprise* (New York: Cambridge University Press, 2005); Catherine Waldby and Robert Mitchell, *Tissue Economies: Blood, Organs, and Cell Lines in Late Capitalism* (Durham, N.C.: Duke University Press, 2006); Achille Mbembe, *On the Postcolony* (Berkeley and Los Angeles: University of California Press, 2001); Franklin, *Dolly Mixtures*; 그리고 Adriana Petryna, Andrew Lakoff, and Arthur Kleinman, eds., *Global Pharmaceuticals: Ethics, Markets, Practices* (Durham, N.C.: Duke University Press, 2006). 이 대학원 과정은 어느 정도는 1장 「종과 종이 만날 때」에서 소개한 의미에서의 "형상"에 관해 생각하는 것으로부터 발전했다. 가상의 다원 적분방정식을 하나 생각해 보자. 그것은 결함이 있는 말의 수사이고 "교차적" 이론이 바이오폴리스(Biopolis)에서 어떤 모습으로 나타날지를 묘사하려고 한 진지한 농담이다. 과학소설의 수학으로서 이 정식을 생각해 보라.

$$\Omega$$
$$\int Bio\ [X]n = \iiint \ldots \iint Bio\ (X_1, X_2, X_3, X_4, \ldots, X_n, t)\ dX_1\ dX_2\ dX_3\ dX_4 \ldots dX_n dt = Biopolis$$
$$\alpha$$

X_1 = 부(wealth), X_2 = 권력(power), X_3 = 사회성(sociality), X_4 = 물질성(materiality), Xn = ??
α (alpha) = 아리스토텔레스와 아감벤의 비오스[좋은 삶](Aristotle's & Agamben's bios)
Ω (omega) = 벌거벗은 생명(조에[Zoë])
t = 시간(time)

바이오폴리스는 n-차원의 부피, "틈새 공간", "글로벌은 로컬이다"라는 바이오크라시(www.biiopolis.org/)에 헌신하는 사립재단이자, 싱가포르에 위치한 생의학을 위한 국제 연구개발센터(http://en.wikipedia.org/wiki/Biopolis)이다. 이 방정식을 우리는 어떻게 풀 수 있을까?

4. 이것들은『2005~2006 APPMA 전국 반려동물 소유자 조사』의 무료 온라인 티저로부터 가져온 〈미국 반려동물 제품제조자 협회〉(American Pet Products Manufacturers Association, 이하 APPMA) 제공 수치이다. APPMA 회원이 아니더라도 595달러를 내면 이용할 수 있다. www.appma.org를 참고하라. 반려동물 산업 최대의 전시회인 APPMA 연례 국제 반려동물 엑스포는 반려동물 상품 문화에 관해서 지금껏 수면 상태에 있던 낭만주의자의 눈을 번쩍 뜨게 할 것이다. 그것은 일반인에게는 공개되지 않고, 소매업자, 도매업자, 대량 시장의 바이어, 그리고 "그 밖의 자격을 가진 전문가"에게만 공개된다. 나는 반려동물 사육주에 대한 상세한 조사 결과를 보기 위해 595달러를 지불하지 않았기 때문에 다음과 같은 비밀정보를 열람할 기회를 얻지 못했다. 가령, 미국 반려동물이 낮 동안 그리고 야간에 사육되고 있는 장소에 관한 세부 사항, 애견

미용사의 방문과 사용되는 그루밍의 방법, 차 안에서 안전하게 있게 하기 위해서 사용되는 방법, 사료의 종류와 곡물의 사이즈, 개에게 주는 간식의 수, 개의 목줄과 하니스의 종류, 개 밥그릇의 종류, 참고 정보의 출처와 소유하고 있는 책과 비디오, 최근 일 년간 구매한 개 관련 물건, 지난 12개월간 구입한 반려동물을 주제로 하는 선물, 개를 위해 연 휴일 파티, 개 사육의 이점과 난점에 관해서 표현된 느낌들 등등 ― 모두 흔한 반려동물 종마다 반복된다. 반려동물의 삶을 통한 자본의 축적 실천에서 운에 맡겨질 것은 그리 많지 않다.

5. "The US Pet Food and Supplies Market," April 2004, www.MindBranch.com.

6. www.appma.org/press_industrytrends.asp (2007년 5월 4일 접속).

7. "The World Market for Dog and Cat Food for Retail Sale: A 2005 Global Trade Perspective," ICON Group International, February 2004, www.MindBranch.com. 간결하고, 무료인 PDF로 된 개요는 MindBranch, Inc에서 온라인으로 이용할 수 있다. 그 이상의 것을 알기 위해서는 돈을 지불해야 한다. 이 장을 쓰기 위해서 한정된 상업적인 정보를 얻는 데 내가 지불한 것은 전화번호를 온라인으로 등록한 것뿐이다. 그 후에 받은 것은 한두 번의 상품 판매 전화뿐 ― 이것에 저항하는 것은 [미국 식재료 유통업체] 트레이더조의 신상품 리버 쿠키를 거절하기보다 훨씬 간단했다. 건강과 약제로서의 식품에 대한 권리(혹은 의무)에 관해서 생각하는 데 있어서, 나는 조 듀밋(Joe Dumit)에게 많은 것을 빚고 있다.

8. Mary Battiata, "Whose Life Is It, Anyway?"(*Washington Post*, August 2, 2004)가 우리에게 이야기해 주는 것은, 미국에서 4년간 수의교육을 받는 데 약 20만 달러의 돈이 필요하다는 것이다. 그리고 소규모의 수의병원을 열기 위해서는 50만 달러가 필요하다. 바티아타는 컨설팅회사 KPMG가 1998년 행한 수의병원의 요금 체계와 뒤떨어진 급여에 관한 조사를 인용하고 있다.

9. www.pjbpubs.com/cms.asp?pageid=1490, November 24, 2003을 참고.

10. Charis Thompson, *Making Parents: The Ontological Choreography of Reproductive Technologies* (Cambridge, Mass.: MIT Press, 2005). Haraway, *The Companion Species Manifesto* [해러웨이, 「반려종 선언」, 『해러웨이 선언문』]도 참조하라.

11. 예를 들면, Ruth La Feria, "Woman's Best Friend, or Accessory?" *New York Times*, December 7, 2006, E4, 7을 참고.

12. Justin Berton, "Hotels for the Canine Carriage Trade," *San Francisco Chronicle*, November 13, 2006, A1, 6. 여기서 검토되고 있는 실제의 예들 모두에서, 마케팅은 유복한 인간의 아이디어/판타지를 향해 있지, 개와 여타의 숙박당한 종들이 익숙하지 못한 환경에 어떻게 해야 가장 쉽게 적응할 것인가에 관한 생물행동학적인 평가와 같은 것에는 빈약한 주의를 기울일 뿐이다. "훈련 휴가"를 위해 돈을 쓰는 것은 색상 배합이 잘 된 인간들의(humanesque) 가구가 설치된 스위트룸을 빌리거나 텔레비전 채널 '애니멀 플래닛'을 제작하는 데 돈을 쓰는 것과 비교하면, 시민사회 평화 증진에 더 크게 공헌하는 일인지도 모른다.

13. Brian Lavery, "For Dogs in New York, a Glossy Look at Life," *New York Times*, August 16, 2004.

14. Margaret E. Derry, *Bred for Perfection: Shorthorn Cattle, Collies, and Arabian Horses since 1800* (Baltimore: Johns Hopkins University Press, 2003).

15. 복잡한 민족주의들과 민족 정체성 담론 속에 자리한 카렐리안 베어 도그, 수오멘퓌스튀코르바(핀란드 스피츠), 노스크 엘그훈드 그라(노르웨이 엘크하운드), 켈레프 크나니(이스라엘 가나안 개), 오스트레일리언 딩고(우라[Eora] 오스트레일리아 선주민의 단어), 아이슬란스크 파레혼

드(아이슬란드 쉽독), 한국의 진돗개, 그리고 일본의 시바 이누, 홋카이도 이누, 시고쿠 이누, 카이 이누, 키슈 이누, 나는 거의 시작도 하지 않았다. 가나안 땅의 개와 딩고가 중요한 부분을 차지하는 매력적인 역사와 담론, 그리고 자연문화적인 정치를 비교하기 위해서는 또 한 권의 책이 필요하다. 이 두 종류의 개는 품종 클럽의 전 지구화한 표준을 위해서 다시 만들어진 소위 '떠돌이 또는 원시견'(pariah or primitive, 유럽의 개품종협회가 실제 사용하는 카테고리 명칭이다) 카테고리에 귀속되어 따돌림을 당하는 중이다. 유럽의 봉건시대에 수렵을 하던 엘리트들에 의해서 개량되고, 새롭게 만들어진 개들도 또한 매력적인 동시대의 이야기이다. 이 점에 관해서는 기원전 1세기의 품종 개량종 아이리쉬 울프하운드에 관해 살펴보기 바란다. 켈트족 원작의 이야기도 19세기에 스코틀랜드의 대위 조지 어거스투스 그레이엄에 의한 아이리쉬 울프하운드 "부활"의 이야기와 함께 검색해 보라. 이 개는 지금도 아일랜드에서 보르조이견, 스코티시 디어하운드, 그레이트데인과 더불어 존속하고 있다. 대중적으로 반복해서 암송되는 '위대한 구원자'(Great Rescuer)의 기량에 관한 세부 사항은 결코 고대의 귀족 이야기를 오염시키지도 브리드 클럽의 꽉 닫힌 혈통대장을 지키는 자들을 불편하게 하지도 않는 것 같다. 부가가치라는 말은, 틀림없이 이런 품종 개량의 활동에 딱 적당해 보인다!

아마도, 미국 남서부 지방의 직물과 도기, 카치나 인형 등 인디언 예술 세계에서 가장 중요한 컬렉션은 뉴멕시코주의 산타페에 있는 〈아메리카 연구 학교〉(School of American Research)에 있는 것일 테다. 이 벽돌 건물을 지은 사람들은 유복하고 약간 특이한, 뉴욕에서 이주한 두 여성인 엘리자베스와 마사 루트 화이트이다. 이 자매는 또한 많은 아이리쉬 울프하운드를 바위투성이의 아름다운 토지에서 사육하고 있다. 이 개들은 1920년대와 2차 세계대전 사이에 미국에서 행해진 초기 육종의 가장 유명한 성과였다. 토지와 건물은 지금은 주요한 인류학의 연구와 회의 장소로 이용되고 있다. 〈라스멀란 켄넬〉의 아이리쉬 울프하운드들은 작은 묘지에 매장되어 있고, 그것이 나타내는 것은 다음과 같다. 모든 하위 분야를 망라하는 최고 수준의 20세기 및 21세기 인류학을 육성한 세대를 초월하는 종류의 학문적 지원뿐만 아니라, 부, 젠더, 개와 인간의 심미화되고 재발명된 전통 간의 부가가치가 있는 조우, 선주민의 공예품을 대규모로 수집한 백인의 컬렉션, 자선활동, 푸에블로 인디언의 토지 권리와 건강을 지지하는 액티비즘, 유럽·미국·인디언 민족의 예술에 대한 후원 등이다. 내가 2000년에 〈아메리카 연구 학교〉의 개들의 무덤을 방문했던 것은 세라 프랭클린과 마거릿 로크의 워크숍 〈삶과 죽음의 새로운 길〉을 위해「잡종견을 복제하고, 호랑이를 구출하다」의 초고를 쓴 후였다. 화이트의 아이리쉬 울프하운드들의 뼈는 이 식민지와 국가가 복잡하게도 뒤얽힌 가운데서, 육체를 가지고 있고 판타지로 충만한 유로-아메리칸 선조들처럼 보였다. Gregor Stark and E. Catherine Rayne, *El Delirio: The Santa Fe World of Elizabeth White* (Santa Fe, N.M.: School of American Research, 1998) 참고. (산타페에서 열린 한 축제에서 화이트 자매가 아이리쉬 울프하운드들과 함께한 16세기 수렵 파티를 재현한 모습을 포함하여) 사람들, 토지, 개 사진들을 보려면, 그리고 이 상류계급의 도그 쇼 개들을 존속시킨 헤아릴 수 없을 정도로 많은 실천들의 세부 사항에 관해서는 Arthur F. Jones, "Erin's Famous Hounds Finding Greater Glory at Rathmullan," *American Kennel Gazette* 5, no. 5 (1934), 온라인은 www.irishwolfhounds.org/jones.htm을 참고하라.

16. Franklin, *Dolly Mixtures*.

17. Donna Haraway, "Cloning Mutts, Saving Tigers: Ethical Emergents in Technocultural Dog Worlds," in *Remaking Life and Death: Towards an Anthropology of the Biosciences*, ed. Sarah Franklin and Margaret Lock (Santa Fe, N.M.: School of American Research Press, 2003),

293~327. 또 이 책의 5장 「잡종견을 복제하고, 호랑이를 구출하다」에서 논하고 있다. '제네틱 세이빙스와 클론사'는 민간 기업의 실험실인데, '텍사스 A&M'의 연구자들이 의욕을 잃은 후 한 번도 성공하지 못한 〈미시플리시티 프로젝트〉가 중단된 곳이다. 텍사스 A&M은, 동결된 반려종의 세포조직 은행을 2006년 10월 가축 클로닝 회사인 비아젠에 넘기고 도산했다. 제네틱 세이빙스와 클론사는 2004년 클론 고양이 두 마리의 탄생을 공표했다. 그리고 세계에서 처음으로 고양이 클론의 상업적 서비스 '나인 라이브스 엑스트라바간자'(Nine Lives Extravaganza)를 2006년 2월에 개시했다. 광고에서 표시된 가격은 23,000달러, 세금은 별도였다. 2004년에 태어난 새끼 고양이 중 하나인 '복제고양이'(CopyCat)에는 5만 달러의 가격이 붙었다. 그러나 〈열두 명의 웬수들〉(Cheaper by the Dozen)이라 불린 후속편은 잇따르지 않았다〔〈열두 명의 웬수들〉은 2003년에 1편이, 그리고 2005년에 후속편이 제작된 미국 영화 제목이다. 직역하면 '한 다스를 한꺼번에 사면 더 싸진다'이다.〕제네틱 세이빙스와 클론사의 파산 소식을 듣고 〈미국 휴메인 소사이어티〉의 회장이 보인 반응은 열광적이었다고 표현할 수밖에 없다. 2006년 10월 13일 로이터 통신이 인용한 그의 발언에 따르면, 그는 반려동물 개체수 과잉에 대처하는 데 필요한 자원을 고려할 때 이 사업의 실패는 환영할 만한 "멋진 실패"라고 말했다. 솔직히 말해서, 나의 반응도 같다. 내가 사는 작은 마을에서 매월 신문에 실리는, 집이 필요한 보호소의 개와 고양이 목록을 읽기만 하면 된다.

18. Hwang W.-S. et al., "Dogs Cloned from Adult Somatic Cells," *Nature* 436, no. 7051(August 4, 2005):641. 사용된 기술은 체세포 핵 치환 — 돌리(Dolly) 기술 — 이었다. 인간의 배아 줄기세포(hESC) 클론의 날조 데이터를 고려하면, 스너피의 신빙성은 의심쩍었지만, 스너피는 2006년 1월에 녹립된 조사위원회에 의해, DNA의 제공자인 Tel의 클론이요, 줄기세포 연구의 큰 진보라고 공표되었다. 이 이야기에 입문하는 사람은 http://en.wikipedia.org/wiki/Snuppy를 참고하라. 일 천 개 이상의 개 배아가 123마리의 다른 암캐에게 전이 이식되었고, 그중에 세 마리가 임신하여, 한 마리의 개가 살아서 태어났다. 다른 동물에 비해 개를 클로닝할 경우의 특별한 어려움에 관해서는 Gina Kolata, "Beating Hurdles, Scientists Clone a Dog for a First," *New York Times,* August 4, 2005에 자세히 나와 있다. hESC 논쟁에 관해 황우석은 지금도 한국에서 지지자들을 가지고 있다. 그리고 다른 곳의 많은 과학자들은 전 분야에 걸쳐서 심상치 않은 국제 경쟁 압력이 작동하고 있음을 인정한다.

19. 2000년경 CANGEN-L(개 유전학 토론 그룹 리스트서버, Canine Genetics Discussion Group Listserv)에 올린 맥케이그의 포스팅. 보더콜리들이 하는 일과 그들이 사람들로부터 어떤 평가를 받는지에 관해서는 Donald McCaig, *Nop's Trials* (Guilford, Conn.: Lyons Press, 1992; 초판 1984)와 *Nop's Hope* (Guilford, Conn.: Lyons Press, 1998), 그리고 *Eminent Dogs, Dangerous Men* (Guilford, Conn.: Lyons Press, 1998)를 참고하라.

20. Edmund Russell, "The Garden in the Machine: Toward an Evolutionary History of Technology," in *Industrializing Organisms: Introducing Evolutionary History,* ed. Susan R. Schrepfer and Philip Scranton (New York: Routledge, 2004), 1~16.

21. 같은 글, 1.

22. www.dogswithjobs.com에서 프로그램을 찾아볼 수 있다.

23. 행동유전학 연구 대상으로서의 개의 역사에 관해서는, Scott and Fuller, *Genetics and the Social Behavior of the Dog*; Paul, "The Rockefeller Foundation and the Origin of Behavior Genetics"; Haraway, "For the Love of a Good Dog: Webs of Action in the World of Dog

Genetics."를 참고하라. 재스퍼 라인과 일레인 오스트랜더가 이끌었던 최초의 미국 〈개 게놈 프로젝트〉(Canine Genome Project)에 대해 당초 모아졌던 기대는, 뉴펀들랜드와 보더콜리 같은 상이한 행동 특수성이 확인되는 순종 개들의 이종 교배 잡종을 이용하여, 개의 유전자와 행동을 잇는 것을 포함했다. 이 기묘한 교배의 결과 태어난 우수한 종 가운데는, 카옌과 내가 자주 참가한 어질리티 시합에 나온 개도 있다. 〈개 게놈 프로젝트〉가 처음에 공식적으로 표명했던 것 가운데는 행동유전학에 관한 아이디어를 이야기한 것도 있는데, 여러 가지 종류의 개가 행하는 것과 "유전자"가 "행동"을 "코드화"하는 방법의 지나치게 단순한 공식화, 즉 포스트게놈 담론에서는 드문 공식화 때문에 개를 기르는 사람들 및 그 이외의 생물학자들 사이에서는 농담거리로 받아들여지고 있었다. 〈개 게놈 프로젝트〉에 관해서 애견가에게 설명한 것으로서는, "Finding the Genes That Determine Canine Behavior," www.bordercollie.org/k9genome.html (2007년 5월 4일 접속) 참고. 행동유전학의 연구는 사람과 여타의 종에 있어서, 반드시 단순하거나 사소하지는 않다. 그러나 연구라는 이름하에 구태의연한 이데올로기가 이 분야의 역사 ─ 그리고 어쩌면 미래도 ─ 에서는 큰 역할을 하고 있다. 오스트랜더는 시애틀의 '프레드 허친슨 암 연구센터'에서 주로 개와 인간에게 있어서의 비교 암 유전체학 연구에 종사하고 있다. 2004년에 미국 〈국립 인간 게놈 연구소〉(NHGRI)는 그녀를 연구소 연구부서 내의 일곱 개 연구 부문의 하나인 암 유전학 부문의 책임자로 임명했다. 정신약리유전학, 비교행동유전학에 관해서는, NHGRI에서 장기간에 걸친 헌신적 연구가 계속되고 있다.

24. Kerstin Lindblad-Toh et al., "Genome Sequence, Comparative Analysis, and Haplotype Structure of the Domestic Dog," *Nature* 438 (2005) : 803~19. 일레인 오스트랜더는 이 논문의 많은 뛰어난(그리고 그렇게 뛰어나지 않은) 저자들 중 한 사람이다. 1990년대 이래, 여러 종류의 개 유전자 해석 프로젝트가 몇몇 국제적 연구 시설에서 행해지고 있다.

25. Stephen Pemberton, "Canine Technologies, Model Patients : The Historical Production of Hemophiliac Dogs in American Biomedicine," in *Industrializing Organisms*, ed. Schrepfer and Scranton, 191~213.

26. 같은 글, 205.

27. Peter Kramer, *Listening to Prozac* (New York : Penguin, 1993).

28. Andrew Pollack, "In Trials for New Cancer Drugs, Family Pets Are Benefiting, Too," *New York Times*, November 24, 2006을 참고.

29. 이 끔찍한 이야기는 Southern Poverty Law Center, Intelligence Report in 2001, "Aryan Brotherhood : Woman's Death Exposes Seamy Prison Scam," www.splcenter.org/intel/intelreport/article.jsp?aid=203(2007년 5월 5일 접속)에서 찾을 수 있다. 샌프란시스코에서 두 마리의 마스티프계 대형견에게 다이앤 위플이 물려 죽었다. 그해 실시된 효과적인 공교육 프로그램의 결과로, 샌프란시스코의 공적인 장소에서 개에게 물리는 빈도와 그 심각성의 정도는 현저히 줄었다. 그러나 개에게 습격당한 사건의 여파로, 개를 공적인 장소에서 축출시키거나, 혹은 개의 자유를 대폭 제한하라는 일반인들의 요구를 중단시키기는 어려웠다. 개의 수가 7,000마리 이상 되는 가운데, 미국에서 매년 개에게 물려 죽는 사람 수는 약 20명 정도가 된다. 이 통계는 어떤 죽음도 정당화하는 것이 아니지만, 이 문제의 규모가 어느 정도인지 감을 잡을 수 있게 해준다. Janie Bradley, "Dog Bites : Problems and Solutions," Animals and Society Institute, Baltimore, Md., November 2006을 참고. 정책 문서는 Society and Animals Forum, http://plus7.safe-order.net/psyeta/catalogue/product_info.php?products_id=41(2007년 5월 4일 접

속)에서 입수할 수 있다.

30. 2004년의 시리즈에 관해서는, www.imdb.com/title/tt0395048/을 참고.

31. 또한, Andrea Neal, "Trained Dogs Transforming Lives : A Service Program to Benefit People with Disabilities Is Also Helping U.S. Prison Inmates Develop a Purpose for Their Lives," *Saturday Evening Post*, 277, no. 5 (September 1, 2005)도 참고하라. 〈감옥 개 프로젝트〉에 관해서는, www.pathwaystohope.org/prison.htm(2007년 5월 5일 접속) 참고. 〈개 지원 팀〉(Canine Support Teams)은 〈캘리포니아 여성 연구소〉에서 수행되고 있는 프로젝트이다. 버지니아주 체스터필드에 있는 포카혼타스 교정단위(Pocahontas Correctional Unit)는 수형자들에게 개 그루밍을 훈련시키는 여성 교정시설이다. 젠더에 대한 전제들은 여기에서 잘 그루밍되고 있는 것 같다. 애리조나주의 투산에 있는 〈두 번째 기회 교도소 개 프로그램〉(The Second Chance Prison Canine Program)은 "애리조나주의 신체장애인, 수형자, 동물 복지 등에 관한 지원자 단체에서 이들 세 가지 그룹에 공통적인 문제에 대처하기 위해 감옥 반려동물 파트너십 프로그램을 코디네이트하고 있다"(www.secondchanceprisoncanine.org/, 2007년 5월 5일 접속). 신체장애인을 위한 개뿐만 아니라 야생견과 야생 고양이를 훈련하기 위한 프로젝트의 부분적인 목록에 관해서는 www.coyote communications.com/dogs/prisondogs.html (2007년 5월 5일 접속) 참고. T. Harbolt and T. H. Ward, "Teaming Incarcerated Youth with Shelter Dogs for a Second Chance," *Society and Animals* 9, no. 2 (2001) : 177~82 참고. 캐나다와 오스트레일리아에도 프로그램들이 있다. 이 장에서 분석된 애니멀 플래닛의 텔레비전 프로그램들은 2004년에 처음 방영되었다.

32. Thompson, *Making Parents*, 도표 8.1.

33. 예를 들면, 이미 3번 주석에서 인용된 문헌들 이외에도, 다음을 참고하라. Cori Hayden, *When Nature Goes Public : The Making and Unmaking of Bioprospecting in Mexico* (Princeton, N.J. : Princeton University Press, 2003) ; Stefan Helmreich, "Trees and Seas of Information : Alien Kinship and the Biopolitics of Gene Transfer in Marine Biology and Biotechnology," *American Ethnologist* 30, no. 3 (2003) : 341~59 ; Kimberly TallBear, "Native American DNA," PhD dissertation, University of California at Santa Cruz, December 2005 ; Eric Hirsch and Marilyn Strathern, eds., *Transactions and Creations : Property Debates and the Stimulus of Melanesia* (Oxford, U.K. : Berghahn, 2005). 나는 크리터(critter)라는 관용적인 용어를 사용하여, 미생물들과 균류, 인간들, 식물들, 동물들, 사이보그들, 그리고 외계의 것들을 포함한 생기 넘치는 존재들의 잡다한 무리를 의미하려고 한다. 크리터들은 분류학상으로 깔끔한 것이 아니라, 오히려 언제나 관계적으로 뒤얽혀 있다. 내가 염원하는 것은, 창조(creation)의 모든 잔여의 음색이 다중적인 크리터(critter) 속에서 조용해졌으면 하는 것이다. 뒤얽힌 "아래로 쭉 중첩하는 거북이"들이 어떤 아버지 신 안에서의 기원과 목적인의 부담을 떠맡아서는 안 될 것이다.

3장 고통 나누기

1. Nancy Farmer, *A Girl Named Disaster* (New York : Orchard Books, 1996), 239 [낸시 파머, 『아프리카 소녀 나모』, 김백리 옮김, 느림보, 2005]. 1932년, 요한 마랑케가 설립한 독립적인 아프리카계 그리스도교회에 귀의한 바포스토리 사람들은 자신들을 위해서는 어떤 종류의 의료도 거부한다. 다른 포유류들은 제쳐놓고라도, 2006년 사하라 이남 아프리카에서 약 30만에서 50만 명

의 사람들이 수면병에 걸렸고, 인간의 사망은 매년 약 4천 명에 달한다. 현재의 유행이 시작된 것은 1970년부터의 일인데, 이것은 그 이전의 질병 발생에 효과가 있었던 검사와 감시가 느슨해진 후의 일이었다. http://en.wikipedia.org/wiki/Sleeping_sickness을 참고.

2. Rebecca M. Herzig, *Suffering for Science: Reason and Sacrifice in Modern America* (New Brunswick, N.J.: Rutgers University Press, 2005)를 참고.

3. 고전적인 해설은 C. B. Macpherson, *The Political Theory of Possessive Individualism* (London: Oxford University Press, 1962) [C. B. 맥퍼슨, 『홉스와 로크의 사회철학: 소유적 개인주의의 정치이론』, 황경식·강유원 옮김, 박영사, 1990]를 참고하라.

4. Karen Barad, *Meeting the Universe Halfway: Quantum Physics and the Entanglement of Matter and Meaning* (Durham, N.C.: Duke University Press, 2007). 캐런 배러드는 여러 해에 걸쳐서 여러 출판물을 통해서, 내부-작용과 행위적 실재론에 관한 강력한 페미니즘 이론을 만들어 내 왔다. 이 이론이 과학의 실천에 관한 관계성들 속에 서로 얽혀 있는 동물들에 충분히 적합하다는 점에서, 그녀와 나는 확고히 연대하고 있다.

5. 고통을 나눈다는 것이 어떤 의미를 갖는지, 그것에 관한 나의 생각은 2006년 7월에 쏨 반 두렌(Thom van Dooren)과 나눈 긴 이메일 대화에서 부분적으로 정리되었다. 두렌은 오스트레일리아의 학자인데, 테크노사이언스 농업 분야의 종자의 세계에 관해서 쓰고 있다. 2006년 7월 3일 반 두렌은 다음과 같이 썼다. "어떤 고통은 매우 표면적인 방식으로 매우 특수한 집단에 이득이 되는 것으로 보입니다. 그러나 이 모든 것이 어떤 식으로 일어나는 것인지를 알기 위해서 당신이 이야기하고 있는 공유의 공간에 우리가 사는 것이 필요하게 됩니다. 그러나 이것은 모두 '인식론적인 나누기'입니다. 그리고 나는 더 구체적이고 더 성가시고, 그리고 내가 생각하기에 의미 있는 방법으로 우리가 나누기 위해서 어떻게 하면 좋을지를 모르겠습니다. 생각건대, 이것은 또한 글로벌한 인간관계 속에서 무엇이 일어나고 있는지를 알아내는 데 있어서 중요합니다. 그 인간관계 속에서 우리는 모두 매우 명확한 모습으로 무수한 인간들의 고통에 관계되고 있고(예를 들면, 그들의 고통에 의해 우리의 생활양식이 가능하게 되는 방식으로), 그리고 축산 농장에서도 그렇습니다. 이들 '크리터들'(당신의 용어 하나를 또 하나 빌리자면) 모두가 또한 우리를 위해 고통을 겪고 있습니다 — 어떤 식으로든 말입니다. 우리는 공유된 고통의 장소에서 그들과 더불어 어떻게 현실적으로 살고 있는 것일까요? 그리고 그것은 무엇을 위해서일까요? 특히, 이렇게 많은 고통이 참으로 부당하고 예방 가능한 것으로 보이는 때에 말입니다. 요컨대, 나는 내가 정말로 알고 있는 것인지 자신이 없습니다. … 만약 내가 자진해서 그들의 자리에 대신 서 보지 않는다면, 과연 연대와 나누기가 어떤 것이 될지를 나로서는 모르겠습니다. 그것이, 왜 내가 그들과 교체될 수가 없는 것인지, 예를 들면, 왜 어떤 생명체들은(혹은 인간들조차도) 고통받는 것이 '허용되는데', 다른 것들은 허용되지 않는지 같은 의문들입니다."

6. Schrepfer and Scranton, eds., *Industrializing Organisms*. Karen Rader, *Making Mice: Standardizing Animals for American Biomedical Research, 1900-1955* (Princeton, N.J.: Princeton University Press, 2004)을 참고. 이 책은 자연과 인공의 경제적, 과학적, 문화적, 제도적인 의미들이, 핵심적인 실험생물들을 형성하는 데서 어떻게 타협되고 있는지를 이해하는 데 불가결하다.

7. 1970년대와 80년대에 맑스주의 페미니스트들은 이것과 부분적으로 닮은 과제와 직면했다. 즉, 각기 다른 상황에 놓인 여성들이 수행하는 일 — 고전적 맑스주의 분석에서는 노동으로 간주되지 않았던 일 — 을 전경화하지 않으면 안 되었던 것이다. 여기서는, 남성 노동자와 그의 가족이라는 형상은 인간과 그들의 동물이라는 구조적 관계를 상기시킨다. 이러한 물음은, Nancy

Hartsock, "The Feminist Standpoint : Developing the Ground for a Specifically Feminist Historical Materialism," in *Discovering Reality*, ed. Sandra Harding and Merill Hintikka (Dordrecht, The Netherlands : Reidel, 1983), 283~310에서 근본적으로 모습이 바뀌게 되었다. 이런 역사가 있기에 각기 다른 상황에 처한 동물들의 감각 노동을 진지하게 받아들이는 작업이 페미니스트들에게 더 쉽게 되었는지도 모른다.

8. Val Plumwood, *Feminism and the Mastery of Nature* (London : Routledge, 1993) ; Greta Gaard, ed., *Ecofeminism : Women, Animals, Nature* (Philadelphia : Temple University Press, 1993). 페미니스트들은 모든 의미에서 중요하고 필수적인 실천으로서 돌보기에 대해 일찍부터 빈번히 게다가 적절한 모습으로 찬성론을 펴 왔다. 21세기의 젊은 페미니스트들이 돌보기에 관해서 쓴 것으로서는, 유럽 페미니스트 그룹 〈넥스트젠더레이션〉(Nextgenderation)의 맥락에서 "돌보기와 함께 생각하기"에 관한 마리아 푸이그 데 라 벨라카사의 작업을 참고하라. www.next-genderation.net/writings.html 그리고 www.nextgenderation.net/belgium/soul/care/html(두 웹사이트 모두 2007년 5월 5일 접속)을 보라. 그리고 이 책의 1장의 19번 후주도 참고하라.

9. 많은 예들 중에서도 언어가, 과학계의 작가를 포함한, 작가들의 동물에 대한 이해와 동물과의 관계를 형성하는 방식에 관한 아일린 크리스트의 섬세한 작업을 고찰하자. 그녀의 작업은, 왜 의식이 높은 행동은 인간에게만 귀속되고, 사려가 낮은 행동은 동물에 귀속하는지를 알기 위해서 매우 중요하다. Eileen Crist, *Images of Animals : Anthropomorphism and Animal Mind* (Philadelphia : Temple University Press, 1999). 육체적으로도 활자상으로도 언제나 개에게 과장이 조율되어 있는 나로서는, 앨리스 쿠즈니아가 쓴 새로운 책 *Melancholia's Dog* (Chicago : University of Chicago Press, 2006)은 엄청난 것으로 생각되었다. *Melancholia's Dog*은 위협하고 부적절한 책이다. 쿠즈니아는, 지적으로 그리고 감정적으로, 실제로 개와 인간 사이에서 감응적인 무엇이 진행되고 있는지를 진지하게 받아들이는 민감하게 지적인 작품을 우리에게 주었다. 언명되지 않고 부정되는 종차를 넘는 애정을 갖는다는 일의 슬픔에 동조한 쿠즈니아는, 개-인간관계의 깊이, 어려움, 그리고 긴급성을 이해하는 것을 — 혹은 단지 알아차리는 것을 — 배워야 하는 것은, 다름 아닌 우리라는 이해를 거부하는 우리 인간에게 호소한다. 그럼으로써 우리는 결국 반려동물의 상실과 죽음, 공유된 취약성, 반향을 일으키며 공명하는 수치심과 같은 것에 관해서 적절히 이야기하는 법을 배울지도 모르기 때문이다. *Melancholia's Dog*은 종차의 한계를 넘어서, 우리의 애정의 복잡성에 대한 명료한 존중의 실천을 육성할 긴박한 필요를 알게 하기 위해서 시각예술과 문학예술에 멋지게 참조하고 있다. 문학, 철학, 정신분석, 그리고 영화 등을 이용하면서, 에리카 퍼지는 동물과 관계를 맺는다는 것이 어떤 것인지, 그리고 거기에는 어떤 가능성이 있을지를 우리가 다시 생각하게 한다. Erica Fudge, *Animal* (London : Reaktion Books, 2002) [에리카 퍼지, 『동물에 반대한다』, 노태복 옮김, 사이언스북스, 2007]. 조너선 버트가 편집한 동물에 관한 리액션 북스(Reaktion Books) 시리즈(개, 바퀴벌레, 까마귀, 굴, 쥐 등등)에는 주목할 만한 통찰, 자료, 그리고 분석이 가득하다.

10. 필수적인 것으로서는, Carol Adams and Josephine Donovan, eds., *Animals and Women : Feminist Theoretical Explorations* (Durham, N.C. : Duke University Press, 1995) ; Adams, *Neither Man nor Beast* ; Lynda Birke, *Feminism, Animals, and Science : The Naming of the Shrew* (Buckingham, U.K. : Open University Press, 1994) ; 그리고 Mette Bryld and Nina Lykke, *Cosmodolphins : Feminist Cultural Studies of Technology, Animals, and the Sacred* (London : Zed Books, 2000)가 있다. 애덤스는 특히 인종차별주의의 물음들과, 그리고 반인종

차별, 동물보호, 페미니즘 등을 효과적으로 하기 위해 필요한 연대 과정에서의 장애물들에 주의를 기울여 왔다. Linda Hogan, *Power* (New York : W. W. Norton, 1998) [린다 호건, 『파워』, 김옥례 옮김, 솔출판사, 2008]; Ursula LeGuin, *Buffalo Gals and Other Animal Presences* (New York : New American Library, 1998)와 Alice Walker, "Am I Blue?" in *Living by the Word* (New York : Harcourt Brace, 1987)도 참고.

11. 낸시 파머를 좋아하는 동료인 케이티 킹은 바바 조셉에 관해서 나에게 다음과 같이 메일을 보냈다. "중요한 일이기 때문에, 자진해서 사악하게 되는 것은 어떤 것일까요? 나는 또한 그것에 흥미가 있습니다." 2006년 7월 11일의 이메일.

12. 바바 조셉은 저명한 과학자가 아니라 동물 사육자 겸 연구조수이다. 과학의 위계에서 말하자면, 그의 지위는 오늘날 생물의학 연구의 연구시설 속에서 동물과 인간 사이에서 가장 많이 볼 수 있는 지위와 비슷한 것이다. 연구시설 동물들의 고통과, HIV/AIDS와 함께 살고 있는 사람들의 고통 사이에 있는 감정-인식의 긴장에 관해서 쓰고 있는 에릭 스탠리가 나에게 상기시켜 주었던 것은, 업무에서 거의 자유가 없는 저임금으로 일하는 연구시설의 테크니션들이 약품 검사와 여타의 주요한 테크노사이언스 연구의 기계화된 산업 속에서 고통받고 있는 동물들과 가장 빈번히 "서로 마주 보는" 인간들이라는 사실이다. 만약 이 장이 강조하는, 동물들에게 영향을 주는 과학적 노동 분업이 낸시 파머의 책에 나오는 계층적이면서도 서로 마주 보는 장면들과는 상당히 이질적인 것이라면, 모방이 아닌 방식으로 고통을 나눠 가진다는 것은 무엇을 의미할까? Eric Stanley, "Affective Remains," qualifying essay in progress, History of Consciousness Department, University of California at Santa Cruz을 참고. 의식사 과정의 대학원생 제니퍼 와타나베도 캘리포니아의 영장류 연구시설에서 테크니션으로 일하고 있는 경험을 토대로 세미나 논문들에서 이런 주제들에 주목했다.

13. Haraway, "FemaleMan©_Meets_OncoMouse™," in *Modest_Witness@Second_Millennium*, 49~118, 79 [해러웨이, 『겸손한_목격자』].

14. Smuts, "Encounters with Animal Minds."

15. Jacques Derrida (with Jean-Luc Nancy), " 'Eating Well,' or the Calculation of the Subject : An Interview with Jacques Derrida," in *Who Comes after the Subject?* ed. Eduardo Cadava, Peter Connor, and Jean-Luc Nancy (New York : Routledge, 1991), 96~119. '희생'은 잘 사용되는 말로서 많은 의미를 가진다. 데리다의 분석에서 그 모든 의미가 이야기되고 있는 것은 아니다. 그러나 유대교와 그리스도교의 혈통 — 철학의 역사에 등장하는 비종교적인 후계자와 형제자매를 포함하여 — 속에서의 희생의 논리에 관해서 그가 어떻게 다루었는지는 중요하다. 데리다의 "Eating Well"에서의 노력에 대한 평론가의 실망에 관해서는, David Wood, "Comment ne pas manger — Deconstruction and Humanism," in *Animal Others : On Ethics, Ontology and Animal Life*, ed. H. Peter Steeves (Albany : State University of New York Press, 1999), 15~35를 참고하라. 데리다가 철학에서 동물에 관해 쓴 엄청난 내용을 더 자세하고 명민하게 읽고, 그것을 진전시킨 것으로서는, Wolfe, *Animal Rites*를 참고하라. 특히 권리 담론의 실패에 관해서 쓴 장 "Old Orders for New : Ecology, Animal Rights, and the Poverty of Humanism"과 (다른 여러 사람 중에서도 특히) 데리다와 레비나스에 관해서 쓴 에세이 "In the Shadow of Wittgenstein's Lion : Language, Ethics, and the Question of the Animal"를 참고하라. 그 외에도 동물의 환원 불가능한 다양성, 역사적으로 우발적인 인간과 동물과의 관계 등에 관해서, 강력히 논의된 주장에 관해서는, Barbara Herrnstein Smith, "Animal Relatives,

Difficult Relations," *differences* 15, no. 1(spring 2004) : 1~23을 참고하라. 유감스럽게도, 데리다와 같은 철학자들은 내가 지금까지 주석에서 쓴 것 같은 많은 페미니즘 문헌을 철학으로서 읽거나 인용하거나 인정하거나 할 것 같지 않다. 나는 그 책임을 동물에 관한 "철학 명제"에는 더 적게 부과하고 인간의 그것과 그의 외눈박이 거인 키클롭스와 같은 호기심이 없는 인용의 실천에 더 많이 부과시킨다. 페미니스트의 작업은 종종 동물을 특이한 것으로 오인하는 덫에 가장 먼저 구속되었으며 또한 가장 적게 구속되었다. 우리 또한 휴머니즘의 그물에 잡히고, 데리다와 가야트리 스피박이 하는 종류의 사유를 필요로 하지만 말이다.

16. 이런 종류의 "열림"(the open)은 아감벤의 하이데거 읽기 속에서 해명되고 있다. 아감벤이 매우 자신 있게 하고 있는 것은, 철학 속의 "인류학적 기계"가 어떻게 작동하는가에 관한 이론을 전개하는 일이다. 나의 의견으로는, 벌거벗은 생명(조에[zoë])에도 불구하고, 그는 또 다른 종류의 열림으로 어떻게 도달할 수 있는지를 해명하는 데 전혀 도움이 되지 않는다. 다른 종류의 열림이란 하이데거의 몹시 따분한 현존재(Dasein)를 결코 출발점으로 삼아본 적이 없는 페미니스트들과 여타의 사람들은 식별할 수 있는 종류의 것이다. Giorgio Agamben, *The Open : Man and Animal*, trans. Kevin Attel (Stanford, Calif. : Stanford University Press, 2004), 49~77.

17. Derrida, "The Animal That Therefore I Am (More to Follow)," 417. Derrida, "And Say the Animal Responded?"도 보라.

18. Derrida, "The Animal That Therefore I Am (More to Follow)," 394~95. 이 내용들에 관한 생생한 그래픽 아트에 관해서는 Sue Coe, *Pit's Letter* (New York : Four Walls Eight Windows, 2000), 그리고 www.graphicwitness.org/coe/coebio.htm (2007년 5월 5일 접속)을 참고하라. 코우는 동물의 권리와, 동물을 먹는 것, 동물을 실험에 사용하는 것에 대해서, 강경한 비판적 금지라는 틀 속에서 작업하고 있다. 그녀의 증언은 과격하다. 나는 그녀의 시각 작품은 사람을 움직이게 한다고 생각하지만, 정치적, 철학적인 논술은 그 정도는 아니라고 생각한다. 종차별주의에 대한 비판으로 확장되면서, 휴머니즘과 권리의 논리가 도처에 있고, 도덕적인 행동의 본질은 비난과 금지와 구제에 있다. 도구적인 관계 속에서, 동물은 단지 피해자일 수 있을 뿐이라는 것이다. 그러나 그녀의 창조력은 윌리엄 블레이크와 피터르 브뤼헐의 비전을 닮은 힘이 있고, 나는 지옥 — 나를 포함한 나의 세계가 책임이 있는 불길 지옥 — 에 관한 나의 지식을 닦기 위해서도, 그녀의 불타오르는 눈을 필요로 하고 있다.

19. 인간의 일상생활의 거의 모든 면에서의 사용을 위해, 전 세계적으로 사람들에 의해 죽임을 당하는 동물들의 통계는 실로 충격적이다(인터넷에서 검색하면 그 수를 바로 알 수 있다). 그리고 지난 세기에 일어난 그 살육의 증가는, 헤아릴 수 없을 만큼은 아니라도, 상상을 훨씬 뛰어넘는 것이다. 같은 시기 인구의 놀랄 만한 증가가 그 이유의 일부라고 하지만, 그것은 동물 살생의 규모를 충분히 설명하지 못한다. 한 중요한 새로운 책의 선전 문구는, 살생은 인간의 동물과의 관계에서 가장 흔한 모습이라고 단순히 이야기한다. Animal Studies Group, *Killing Animals* (Urbana : University of Illinois Press, 2006)을 참고. 조류독감이 인간에게 퍼지는 위험을 막기 위해서 닭과 여타의 조류들을 살처분하는 것을 본 자는 누구라도, 이 선전 문구에 의심의 여지가 없다고 생각할 것이다. 이와 같은 모든 살생을 진지하게 받아들이지 않는 자는 절대로 이 세계에서 진지한 인간일 수 없다. 그것을 어떻게 진지하게 받아들이는가라는 문제는 명백함과는 거리가 멀다.

20. 예수가 희생 제물이었다는 것은 복음서의 성스러운 스캔들에 있어서 본질적인 것이다. 최초의 이삭에게는 동물 대역이 간발의 차로 때맞추어 제공되었지만, 그와 달리 '사람의 아들'은 그 자

신의 희생을 초래했다. 그리고 그것은 아버지인 신에게 있어서는 즐거운 것이었다. 이 이야기를 진지하게 받아들이는 기독교도들의 근사한 점은, 인간(Man)이 돌연 아무 예고도 없이 살인이 아닌 죽임(killing)의 대상이 된다는 사실을 이해한다는 것이다. 예수는 다른 모든 대리자들을 물리치기 위한 희생양이다. 그리고 이 음식은 이미 수천 년 동안이나 진수성찬으로 즐겨졌다. 그러나 이것은 법률에 있어서는 매우 큰 골칫거리이다. 세속주의가 이 카테고리-파괴적이고 끝없이 반복되는 희생의 소비자를 결코 만족시킬 수 없는 이유가 있는 것이다. 복수종의 작업 윤리와 연결된 나의 이교적 페미니즘 정신은, 육체를 가진 '사람의 아들'이든 더욱 천상의 존재인 그의 세속의 형제자매들이든, 우리는 이러한 것들보다 더 나은 것을 찾을 수 있다고 생각한다.

21. Derrida, "The Animal That Therefore I Am (More to Follow)," 408.

22. 같은 글, 377.

23. J. M. Coetzee, *Disgrace* (New York : Viking, 1999) [J.M. 쿳시, 『추락』, 왕은철 옮김, 동아일보사, 2004] ; J. M. Coetzee, *The Lives of Animals* (Princeton, N.J. : Princeton University Press, 2001) [존 쿳시 외, 『동물로 산다는 것』, 전세재 옮김, 평사리, 2006]. 바버라 스멋은 『동물로 산다는 것』(*The Lives of Animals*)[바버라 스멋, 「'인간이 아닌 인격체'와 친구하기」, 『동물로 산다는 것』]에 현실의 크리터들이 없는 것에 마찬가지의 불만을 드러내고 있다. Barbara Smuts, "Reflections," in *The Lives of Animals*, 107~20을 참고. 캐리 울프는 *Philosophy and Animal Life* (New York : Columbia University Press, 근간)의 서문 "Exposures"에서, 데이비드 루리와 엘리자베스 코스텔로에 관해서 쓰고 있다. 가공의 캐릭터인 엘리자베스 코스텔로가 언어의 기능 정지 ─ 사람의 내부에 도달해서, 그것을 재정리하는 그런 언어의 기능정지 ─ 를 당했을 때, J. M. Coetzee, *Elizabeth Costello* (New York : Viking, 2003) [J.M. 쿳시, 『엘리자베스 코스텔로』, 김성호 옮김, 창비, 2022] 속에서 이야기 되고 있는 권리와 이성의 담론의 타당성에 대해서 그녀는 한층 더 복잡한 관계를 갖게 된다. 그러나 그럼에도 불구하고, 태너 강의는 동물과 인간의 죽이기와 죽일 수 있음의 매듭에 대한 통상적이고 강력한, 내가 보기에는 대단히 잘못된 접근을 표명하고 있다. 유대인과 여타 사람들에 대한 나치의 살육과, 식육산업의 동물의 대량 도살이 관계가 없다는 것이 아니라 결국 같은 것으로 끝나버리는 유비는 환원할 수 없는 차이와 다양성, 그리고 그것들의 요청에 대한 우리의 주의력을 둔화시킬 수 있다. 상이한 잔학함들은 각각에 걸맞은 언어를 필요로 한다. 비록 우리의 행위를 표현할 말이 없다고 하더라도 말이다.

24. Pemberton, "Canine Technologies, Model Patients."

25. Haraway, *Modest_Witness@Second_Millennium*, 110~12 [해러웨이, 『겸손한_목격자』].

26. Stengers, "The Cosmopolitical Proposal." 그리고 그녀의 두 권짜리 책 *Cosmopolitiques*도 참고하라. 스탕제르는 코스모폴리틱스에 관해서 브뤼노 라투르와 길고 내용 풍부한 대화를 교환하고 있다. Latour, *Politics of Nature*를 참고하라.

27. 관리하는 동물들에게 풍부한 창의적인 행동을 제공하기 위해서 인간 도우미를 훈련하는 실천뿐만 아니라, 과학적인 프로토콜과 축산에서 인간과의 활발한 협력을 위해서 문어에서 고릴라까지 광범위한 종의 동물들을 훈련하는 실천은 성장 중에 있다. 훈련된 동물은 육체적 면에서도 약제적인 면에서도 더 적은 강제력하에 놓인다. 이러한 동물들은 더 침착하고, 사물에 더 관심을 나타내고, 살아있는 동안에 새로운 것을 더 많이 해볼 수가 있고, 더 응답적이다. 이전의 과학 연구는 물론, 최종적으로는 오락과 스포츠에서 개와 함께 사이좋게 지내고 있는 사람들의 소리에 마침내 조금 귀를 기울이는 것에서 새로운 지식이 생산되었다. 그리고 그로써 실험동물 연구시설에서와 같은 도구적 관계들에서의 도덕적 가능성들과 의무들을 변화시켰다. 실

험동물과학은, 이 경우는 행동주의 심리학과 비교 심리학인데, 실험동물과학에 관여된 사람과 동물 들의 노동조건을 변화시키는 데 극히 중요한 지식을 생산해냈다. 응답한다는 것은 또한 더 많이 알기를 배운다는 것을 의미한다. 배우기를 배우는 것은, 작동적 조건형성(operant conditioning)이 몸에 밴 동물들이 하는 어떤 것이 아니다. 배우기를 배운다는 것은, 잇달아 얻는 신뢰가 형성한 복수종의 세계에서 어떻게 하면 함께 살 수 있을까를 이해할 것을 요구한다. 훈련은 응답하는 파트너들 사이의 비대칭적인 관계를 포함한다. 서로의 주목을 받는 것이 관계의 핵심이다. 2000년에 설립된 〈동물행동관리연맹〉(Animal Behavioral Management Alliance)은 오로지 동물을 훈련하는 것에 초점을 맞춘 전문 단체이다. 동물의 대부분은 인간이 구축한 세계에 사는 소위 외래 생명체이고, 그래서 그 크리터들의 생활을 개선하는 것이 이 단체의 목적이다. 동물원의 전시, TV, 그리고 영화에서 연구소에 이르기까지 모든 곳에서 다양한 직업에 종사하는 거의 대부분 "길들여지지 않은" 동물들의 생활을 개선하는 법을 사람들이 어떻게 배우는지를 취재 보고한 뛰어난 책은 Amy Sutherland, *Kicked, Bitten, and Scratched: Life and Lessons at the World's Premier School for Exotic Animal Trainers* (New York: Viking, 2006)이다.

실험 연구 시설의 과학자들도 결국은 이해를 한다. 2006년 9월 23일, 앤디 코글런이 쓴 기사 "Animal Welfare: See Things from Their Perspective," *New Scientist* 2570 (September 2006): 6~7은, 런던의 〈왕립협회〉에서 열린 회의를 보도하고 있다. 이 회의는 동물이 세계를 해석하는 방법을 중점적으로 다루면서 그것이 과학연구 현장에서 사용되고 있는 동물의 처우에 어떤 함의들을 갖는지에 대해서도 논했다. 코글런은 다음과 같이 썼다. "〈실험동물 연구소〉는 연구시설의 동물들이 받는 스트레스와 고통의 철저한 소사연구를 국내(영국)에서 처음으로 시행했다." 데이터로 검증되지 않은 흔한 서사들과 가정들로부터 분리된, 더 적절한 돌봄을 제공하기 위해서, 다양한 종들의 고통과 안녕에 대한 객관적인 척도를 개발하는 것이 목적이었다. 〈왕립협회〉는 17세기 영국에서 로버트 보일이 (이상)기체의 법칙에 관해서 보고했던 장소이다. 어쩌면 우리도 또한 2006년의 리포트에서 마찬가지로 혁명적인 충격을 기대할 수가 있을 것이다. 사람은 개와 생쥐가 고통을 느끼고 있는 것을 어떻게 알까? 이런 종류의 의문에 대한 객관적인 답은 우리가 (a) 호기심을 가지고, (b) 마음을 쓴다면 찾을 수 있다. 비교의학 맥락에서의 심리측정(psychometric assessments) 같은 평범하고 오류를 범하기 쉬운 수단은 유용한 21세기의 공기 펌프와 같은 것이다. 그것은 동물의 감각성에 관한 논쟁의 신학들을 우회하고, 과학과 그 이외의 장소에서 행해지고 있는 동물의 산업적 조작에서 마음과 정신을 철수시키는 것에 맞선다. 역시 결함은 있지만, 실험의 대상인 개의 행복에 주의를 잘 기울이고 있는 좋은 예로서는, Robert Hubrecht, "Comfortable Quarters for Dogs in Research Institutions," University Federation for Animal Welfare, U.K., www.awionline.org/pubs/cq02/ca-dogs.html (2007년 5월 5일 접속) 참고. 적어도 1996년부터 2006년까지 [1951년 영국에서 설립된 임상시험수탁기관] 〈헌팅턴 생명 과학〉의 '비글 단위'에 포획되는 불운을 견뎌야 했던 연구견들이 실제 맞닥뜨려야 했던 조건들의 일부에 대해서 폭로하는 영상으로는 "Inside HLS," www.shac.net/MISC/Inside_HLS_Full_Report.html (2007년 5월 5일 접속)을 참고하라. 이 녹화영상에 있는 장면이 2005년에 영국의 '채널 4'에서 방영되었다. 그리고 그것은 생체해부 반대의 대규모 캠페인의 불씨가 되었다. 휘브레흐트(Hubrecht)는 〈헌팅턴 생명 과학〉에서 행해지고 있는 것과 같은 이런 행위를 없애기 위해서 열심히 일했다. 2004년 그는 글락소스미스클라인 실험동물복지상을 수상했다. 큰 제약회사의 자비에 대한 나의 의심이 해결되기까지 한다면 좋겠지만… 그러나 휘브레흐트와 여타의 사람들의 돌봄의 기준을 올리려고 한 의지와 힘은 진짜였고 중요한 것이다. 실험현장 동물들에 대한 의학연구조직(연구설계청[RDS]) 접근법에 관해서는, www.rds-online.org.uk/(2007년 5월 5일 접속)을 참고하라. 연구설계청은 2005년에 영국에서 약 300만 건의 동물을 사용한 과학적 [실험]과정이 행해졌다고 보고하고 있다.

28. Despret, "The Body We Care For."

29. Hélène Cixous, "Stigmata, or Job the Dog," in *Stigmata, Escaping Texts* (New York : Routledge, 1998), 243~61. 나는 식수의 에세이를 알려준 애덤 리드에게 감사한다. 그리고 그 에세이를 읽으면서 그가 느낀 분명한 고통과 신중함에 대해서도 감사한다.

30. 인디애나대학의 문학자이자 작가, 그리고 동물복지를 위한 법률가이기도 한 앨리스 밀러는 2006년 9월 7일부터 9일까지 인디애나주 블루밍턴에서 〈친족 정신(마음이 맞는 영혼들)〉 컨퍼런스를 조직해서 동물의 권리 대 동물의 복지라는 설정 없이 다양한 연구자와 예술가 및 활동가가 함께 모이게 했다. 사려 깊고 신념을 가진 참가자들의 참여와 더불어 훌륭한 발표들이 계속해서 나의 정신과 마음에 영향을 주고 있다. www.indiana.edu/~kspirits/index.htm를 참고하라.

31. 샤론 가마리-타브리지가 도나 해러웨이에게 보낸 이메일, 2006년 7월 15일.

32. Susan Harding, "Get Religion," 미출간 원고, 2006.

33. Thompson, *Making Parents*.

34. 이 설치동물 사용 증가의 대략적인 기준은 녹아웃 유전자(knockout genes)를 운반하는 생쥐의 중요성이다. 비교게노믹스가 게임의 이름이다. 몇몇 국가들이 수만 개의 녹아웃 유전자, 즉 장애유전자를 가진 생쥐 변종을 생산하는 새로운 대형 프로젝트를 가지고 있다. 예를 들면, 미국 국립보건원(NIH)에서는, 1만 개의 새로운 돌연변이체를 만들어내는 〈녹아웃 생쥐 프로젝트〉(Knockout Mouse Project)를 선언했다. 유럽과 캐나다에서는 거기에다가 삼천의 변종을 부가했다. 중국에서는 각기 다른 녹아웃 유전자를 가진 2만 마리의 생쥐로 10만의 다른 변종을 만들어낼 계획을 수립했다. 『사이언스』는 이 시도의 국제적인 규모는 인간 게놈 프로젝트 이후 최대가 될 것이라고 예측한다. 목표는 모든 쥐에게 녹아웃 유전자를 갖게 하고, 그것을 공적인 장에서 이용 가능하게 하는 것이다. 대량으로 생산된 변종의 생쥐는 유전자 기능의 비교연구를 위한 공작기계가 된다. 분류, 분배, 그리고 지적 소유권 등은, 완전히 공표되고 있는 것들의 단지 일부에 지나지 않는다. David Grimm, "A Mouse for Every Gene," *Science* 31 (June 30, 2006) : 1862~66 참고. 생쥐의 복지는 여기서 언급의 여지가 없다. 다음과 같은 수사에서 쥐들이 동물의 지위를 상실하게 된다면 대체 그들의 복지는 어떻게 되는 것일까? "그룹으로서, 녹아웃 프로젝트는, 국제적인 슈퍼스토어인 이케아[스웨덴의 가구 메이커]를 닮은 무언가를 만들어내려고 하고 있다. 한번 거기 가면, 손님은 간단히 조립할 수 있는 가구를 적절한 가격으로 집안 가득히 살 수가 있다. 게다가 조립에 걸리는 노력과 시간은 크지 않다. … 약간의 조립은 필요할 것이다. 동결된 배아를 살아있는 생쥐로 바꾸는 것. … 이러한 자원은 오늘날 행해지고 있는 생쥐의 거래와는 아주 다를 것인데, 오늘날의 거래는 이웃으로부터 가구를 사는 것과 비슷하다"(1863). 나는 생쥐를 가지고 하는 신중하게 고려된 침습적인 연구에 반대하지 않는다. 나의 의문은 그것이 아니라, 그런 실천들에서 다른 동물과 함께 되는 필멸의 매듭 속에서 어떻게 얼굴을 마주하는가 하는 점이다. 수사적인 실천들 및 여타의 연구 실천들에서 생쥐가 단지 단순한 도구나 생성물이기나 한 것처럼, 또한 감각할 수 없는 크리터들처럼 취급하는 것은 집단적인 정신이상이고 매우 기능적인 것이라고 생각한다. "둘 다/그리고"는 계속 유지하기가 매우 어

렵다. "둘 다/그리고"에서 손을 떼는 것은 한편으로는 자기만족적인 도구적 합리성과 다른 한편으로는 마찬가지로 자기만족적인 생명의 권리 담론 사이에 펼쳐진 좁혀질 것 같지 않은 깊은 틈에 떨어지는 것을 의미한다. 내가 주장하고 있는 것은, 반려종의 문제가 어떻게 만족될 수 있느냐가 아니고, 소화불량에 어떻게 대처해야 하는가이다. 『사이언스』의 같은 호는, 녹아웃 생쥐의 이야기 몇 페이지 앞에서, "Signs of Empathy in Mice(생쥐의 공감 신호)"(1860)이라는 제목으로 동물행동학의 기사를 싣고 있다. 어쩌면 오히려 문제는 많은 사람들이 생쥐를 취급할 때 이와 같은 신호를 보이는지 아닌지여야 할 것이다. 이와 같은 역량을 뒷받침하는 인간의 유전자는 일찍이 에일리언 고양이 연구자들에 의해 녹아웃[제거]되어 버렸는지도 모른다. Lynda Birke, "Who — or What — Is the Laboratory Rat (and Mouse)?" *Society and Animals* 11, no. 3(2003) : 207~24도 참고하라.

35. 피어스는 캘리포니아 대학 산타크루스의 〈해양과학연구소〉의 연구자이고, 유명한 잡지 『무척추동물 생물학』(*Invertebrate Biology*)의 편집자이기도 하다. 그리고 고전적인 텍스트 *Animals without Backbones : An Introduction to the Invertebrates*, by Ralph Buchsbaum, Mildred Buchsbaum, John Pearse, and Vicki Pearse, 3rd ed. (Chicago : University of Chicago Press, 1987) [랄프 부크스바움, 『무척추동물』, 최기철 옮김, 한국번역도서, 1961]의 공동 집필자이기도 하다. www.iode.org/oceanexpert/viewMemberRecord.php?&memberID=1623 (2007년 5월 5일 접속) 참고. 피어스는 의식사 과정에서 과학학을 연구하는 대학원생들이 논문을 작성할 때, 해양동물학 측면에서 그들에게 큰 도움을 주고 있다. Eva Shawn Hayward, "Envisioning Invertebrates : Immersion, Inhabitation, and Intimacy as Modes of Encounter in Marine TechnoArt," qualifying essay, History of Consciousness Department, University of California at Santa Cruz, December 2003 참고.

36. 마이클 해드필드가 도나 해러웨이에게 보낸 이메일, 2006년 8월 2일. 달팽이의 연구에 관해서는, M. G. Hadfield, B. S. Holland, and K. J. Olival, "Contributions of *ex situ* Propagation and Molecular Genetics to Conservation of Hawaiian Tree Snails," in *Experimental Approaches to Conservation Biology*, ed. M. Gordon and S. Bartol (Berkeley and Los Angeles : University of California Press, 2002) 참고. 그리고 www.kewalo.hawaii.edu/labs/hadfield/와 www.hawaii.edu/eecb/FacultyPgs/michaelhadfield.html (두 웹사이트 모두 2007년 5월 5일 접속) 참고.

37. 스콧 길버트가 도나 해러웨이에게 보낸 이메일, 2006년 8월 9일.

38. Isabelle Stengers, *Penser avec Whitehead* (Paris : Gallimard, 2002). 브뤼노 라투르의 *Penser*에 대한 비평에 관해서는, www.ensmp.fr/~latour/articles/article/93-stengers.html (2007년 5월 5일 접속) 참고. Alfred North Whitehead : *Science and the Modern World* [화이트헤드, 『과학과 근대세계』] ; *Process and Reality*, corrected ed. (New York : Free Press, 1979) [앨프레드 화이트헤드, 『과정과 실재』, 오영환 옮김, 민음사, 2003] ; *Modes of Thought* (New York : Macmillan, 1938) [알프레드 노스 화이트헤드, 『사고의 양태』, 오영환·문창옥 옮김, 치우, 2012].

4장 검증된 삶

1. 이 농담은 지나치게 값비싼 것일지도 모르지만, 성도착 또는 옆길로 벗어난 사랑은 단지 헤브록 엘리스 이래로 정신분석학과 성과학(sexology)에 알려지고 있는 모든 종류의 리비도로 투자된 연결에 관한 것이고, 거기 어딘가에 개가 있지 않다고 한다면 나는 실망할 것이다. 페미니스트들

에게 흥미 있는 문제인 에피스테모필리아, 또는 지식 사랑은 모두 그것의 근원을 알려는 주체의 비뚤어진 욕망 속에서 어머니의 몸을 파고들어 상세히 조사하는 것이다. 거기에는 아무것도 순진하지 않다! 호기심은 다른 종류의 진흙을 파내고 터널과 동굴 속을 자세히 살피는 — 정말로 동굴을 탐험하는 — 것 같은 것들과 함께 바로 그 속에 있는 것일지 모른다. 호기심이 물론 훌륭한 미덕은 아니다. 그러나 거기에는 자기 충족적인 자기 확실성을 이기는 힘이 있다.

2. 모든 종류의 작업견의 출현을 긴 안목으로 본 것으로서는, Raymond Coppinger and Richard Schneider, "Evolution of Working Dogs," in *The Domestic Dog : Its Evolution, Behaviour, and Interactions with People*, ed. James Serpell (Cambridge : Cambridge University Press, 1995), 21~47을 참고. 작업 동물의 광범위한 등장에 관해서는, Juliet Clutton-Brock, *A Natural History of Domesticated Mammals* (Cambridge : Cambridge University Press, 1999) [줄리엣 클루톤브록, 『포유동물의 가축화 역사』, 김준민 옮김, 민음사, 1996] 참고. 고대에 개가 매장된 장소들의 전 세계적인 분포가 시사하는 인간과 개의 감응적이고 사회적인 유대에 관해서는 Darcy F. Morey, "Burying Key Evidence : The Social Bond between Dogs and People," *Journal of Archaeological Science* 33 (2006) : 158~75를 참고하라. 모리(Morey)는 이러한 유대가 개들을 하나의 종으로 규정한다고 본다. 유럽의 개들이 오기 전의 아메리카 재래의 작업, 반려, 식량, 그 이외 목적의 개에 관해서는 Marion Schwartz, *A History of Dogs in the Early Americas* (New Haven, Conn. : Yale University Press, 1997) 참고. 영국 식민자들의 식민지에서의 동물의 중요성에 관해서는 Virginia Anderson, *Creatures of Empire* (New York : Oxford University Press, 2006) 참고.

3. Linda Rorem, "Australian Shepherd History," www.glassportal.com/herding/shepherd.htm (2007년 5월 5일 접속). 최근 재발행된 양과 인간의 1만 년에 이르는 상호관계에 관해서 쓰인 고전으로 M. L. Ryder, *Sheep and Man* (London : Duckworth, 2007)이 있다. 라이더(Ryder)는 에든버러의 〈농업 연구회 동물사육연구기구〉를 그의 활동 거점으로 광범위한 출판 활동을 했다. 나의 친구이자 동료인 세라 프랭클린은, 나를 양-인간-개의 자연문화적 에콜로지 속으로 가차 없이 내몰았고 책 『돌리 잡종들』에서 정보의 보고를 준다.

4. 현재 미국에 살고 있는 개들에 대한 분자유전학 연구에서는, 식민자들이 들어오기 전에 존재했던 개들의 자손임을 나타내는 미토콘드리아 혹은 핵의 DNA 조각이 발견되지 않았다. 아마 유럽의 개와 난폭한 사람들과 파괴적인 식용가축의 도착과 더불어 대량으로 살육되었든지 차례차례 죽게 되었든지 아니면 두 경우 다였을 것이다. 나는 나바호 사람들의 개들이 이 문제와 연관하여 구체적으로 조사되었는지는 모른다. 그러나 나바호 사람들의 개가 식민화 이전에 아메리카에 있던 개의 특정한 종들과 매우 닮았다는 견해에 대해서, 그리고 나바호 사람들의 목축시스템하에서 가축을 지키는 행동에 관한 논의에 대해서는, Mark Derr, *Dog's Best Friend* (New York : Holt, 1997), 12, 168~75를 참고하라.

5. "The Navajo Sheep Project," www.recursos.org/sheepislife/dine.htm. 그리고 www.ansi.okstate.edu/breeds/sheep/navajochurro/index.htm과 www.navajo-churrosheep.com/도 보라(모든 웹사이트는 2007년 5월 5일 접속). 나바호 사람들의 직물 역사를 알기 위한 훌륭한 입문서로는, Eulalie H. Bonar, ed., *Woven by the Grandmothers : Nineteenth-Century Navajo Textiles from the National Museum of the American Indian* (Washington, D.C. : Smithsonian Institution Press, 1996)를 보라. 오스트레일리아의 세계와 그 밖의 다른 장소에서 필요하다고 여겨지는 반근대성에 관한 깊이 있고 마음을 움직이는 논의에 관해서는, Deborah Bird Rose,

Reports from a Wild Country : Ethics for Decolonisation (Sydney : University of New South Wales Press, 2004) 참고.

6. "Sheep Is Life," www.recursos.org/sheepislife/dine.html (2007년 5월 5일 접속).

7. 나는 "인간 이상"(more-than-human)이라는 표현을 오스트레일리아의 인류학자이자 철학자, 과학연구자이기도 한 쏨 반 두렌의 박사 논문 "Seeding Property : Nature, Human/Plant Relations and the Production of Wealth," Australian National University, 2007에서 차용한다.

8. 국제 무역에서 거래되는 육용과 모용의 여러 가지 품종의 양은 자본의 역사에서 오랫동안 중요한 품목이었고, 오스트레일리아가 핵심 플레이어다. 무역은 양에게 결코 좋은 것이 아니다. 무역은 공장식 목장 경영을 수반하면서 더욱더 잔혹한 것이 되어왔을 뿐이었고, 테크노사이언스에 의해 동물들을 돈의 바이오생산자에 지나지 않는 것으로 환원시키는 것을 가능하게 했다. 수백만 두의 양이 매년 오스트레일리아와 우루과이 같은 나라에 의해 중동과 아시아의 이슬람 라마단을 위해 선적되고 있고, 이 양들의 이동 중의 사망률은 국제적인 스캔들이 되었다는 것은 하나의 예일 뿐이다. 세계 규모의 무역에 대한 선전은 www.alibaba.com/catalog/11156166/Sheep_For_Ramadan.html (2007년 5월 5일 접속) 참고. 영국에서 수출되는 양은 주로 북부 유럽, 특히 프랑스로 향한다. 양의 지옥이라는 관점에서 본 것으로는, Sue Coe and Judith Brody, *Sheep of Fools* (Seattle, Wash. : Fantagraphics Books, 2005) 참고.

9. Franklin, *Animal Nation*, 157은 다음과 같이 쓰고 있다. 외래종 딩고는 오스트레일리아 대륙에서 이미 4천 년의 역사를 가진다. 오스트레일리아의 유대목 올빼미늑대가 본토에서 그 딩고에게 절멸한 것뿐만 아니라 최근에는 백인 식민자의 축산 경제에 피해를 입힌 것도 딩고의 책임으로 여겨지고 있다. 그 결과, 퀸즐랜드에서 오스트레일리아 남부까시 1만 킬로미터에 걸쳐서 울타리가 둘러쳐졌다. 그리고 프랭클린은 프레이저섬 같은 바캉스와 관광의 중요 지역에서 딩고가 토착적인 야생의 자연을 상징하면서 생태국가주의적으로 복권되고 있는 것에 관해서 이야기한다. 1993년, 〈미국 켄넬 클럽〉은 딩고를 오스트레일리아의 견종으로 선정하고 정식으로 승인했다. 딩고는 야생의 보통 개와의 바람직스럽지 않은 이종 교배의 결과로서 공식적으로 멸종위기종이 되는 복잡한 은혜를 입게 되었다. 미국의 늑대들도 같은 과정을 밟게 되고, 냉정하게 효과적이고 잔인한 멸절 캠페인과 상금 벌이의 대상인 해로운 짐승이자 살해자에서, 대단히 토착적인 카리스마가 있는 대형 동물이라는 에코-엘리트(ecoelite)의 멤버로 바뀌었다. Jody Emel, "Are You Man Enough, Big and Bad Enough? Wolf Eradication in the U.S.," in *Animal Geographies*, ed. Jennifer Wolch and Jody Emel (London : Verso, 1998), 91~118 참고. 캡틴 쿡 이후에 행해진 딩고 근절 캠페인은 최고 포식자를 제거함으로써 다른 16종에 이르는 오스트레일리아 포유동물의 사멸에 강하게 공헌했고 유럽에서 도입된 여우와 같은 포식자들이 누구에게도 방해받지 않고 이스턴 토끼 왈라비와 같은 대륙 남부의 지상 생활성의 종들을 자유롭게 섭식하게 했다. *New Scientist* (November 11, 2006) : 17 참고. 북부 특별 지역의 토착민들에게 있어서의 딩고의 중요성에 초점을 맞춘 탁월한 민족지로서는, Deborah Bird Rose, *Dingo Makes Us Human* (Cambridge : Cambridge University Press, 1992) 참고.

10. 옛날 스타일의 목축견과 1970년대 이후의 개량된 "다목적" 오스트레일리언 셰퍼드의 멋진 사진이 곁들여진 이 견종의 뛰어난 역사는 〈미국 오스트레일리언 셰퍼드 클럽〉의 연보 *Twenty Years of Progress : 1957-1977*과 *Proving Versatility : 1978-82*의 두 책에서 볼 수 있다. 러스틴과 나의 오스트레일리안 셰퍼드와 차우차우의 잡종인 롤런드가 옛날 스타일의 목양 오스트레일리언 셰퍼드를 닮았다는 사실은, 내가 롤런드의 사진을 보내 주었을 때, 이 개가 〈미국 켄넬 클럽〉

으로부터 오스트레일리언 셰퍼드로서 "무기한 등재 특권"(Indefinite Listing Privilege, ILP)을 받게 된 이유를 설명하는 데 도움이 될 것이다. 나는 그의 선조에 관해서 확실히 알고 있는 것, 즉 미등록이지만 명백히 오스트레일리언 셰퍼드인 그의 어머니는 캘리포니아 센트럴밸리에서 양과 소를 몰았다는 것을 이야기했고, 그리고 그의 동복 자매들의 차우차우 같은 털과 자색의 혀에 관해서는 이야기하지 않았다. 함께 태어난 강아지들이 모두 오지(Aussie) 스타일로 꼬리가 잘렸고, 롤런드는 거세되어 좀 더 명문가 출신의 오지 혈통을 유전적으로 오염시킬 가능성이 차단되었기 때문에, 우리의 검은 멀(sable-merle) 색깔의 롤런드는 기회를 가질 수 있었다. 검은 멀 털 색깔은 부적격이다. 그러나 과거에는 쇼 무대에 서는 켄넬 클럽의 오지들에게서 흔히 볼 수 없는 색과 털의 패턴은 아니었다. 게다가 롤런드는 〈아메리카 목양견 협회〉의 목양견 적성 시험 필드 테스트에서 높은 능력을 보이며 자격인증서를 받았고, 동시에 심사위원들로부터는 존중의 눈길과 계속해서 훈련에 힘쓰라는 격려를 받았다. 나는 다음의 세 가지 이유로 〈미국 켄넬 클럽〉(이하 AKC)에 품종등록을 요청했다. (1) 롤런드와 내가 AKC 주최의 어질리티 경기에서 함께 달리기 위해서, (2) 만약 그가 어떤 트러블에 휘말렸을 때 차우차우를 "위험한 견종"으로 보는 편집증으로부터의 충격을 누그러뜨리기 위해서, (3) 제도적으로 폐쇄된 유전자 풀과 목양견으로서의 재능이 일치하지 않는다는 점에서 내가 느끼는 만족감 때문이다. 게다가 나는 이전보다는 켄넬 클럽의 역할을 좀 더 긍정적으로 생각하게 되었는데, 그들은 살아있는 개의 종류들의 가치 있는 유산을 보존한다. 미래를 향해 어떤 종류의 개들을 기르는 방법은, 생물학적으로도 사회적으로도 다른 길이 있지만, 오늘날 산업계에서 우리는 일반적으로 켄넬 클럽을 통해서 해야 한다. 게다가 이들 클럽에서 개를 위해 일하고 있는 사람들 대다수가 나의 편견을 철저하게 박살 내고 있다. 내가 지금 여기에서 롤런드의 서류에 관해서 쓰고 있는 이유는 변함없이 사랑스러운 이 개가 너무 나이를 많이 먹어버려서, 이제는 트러블을 일으키려고 해도 일으킬 수 없게 되어버렸기 때문이다. 게다가 부계라는 것은 결코 확실한 것이 아닌데, 어떤 점에서는 역사적으로 중요한 문제이긴 할 것이다. 이것은 인간 사생아가 문제가 된 상속 전쟁에 더욱 불을 지른 의문이고, 그리고 오늘날과 같은 테크노사이언스의 시대에 그와 같은 불확실성은 켄넬 클럽을 몰아붙여서 동복의 개들에 대해서 DNA에 의한 친자판정 등록을 요구하게 된다. 개 세계의 바이오테크 기업은 폭발적으로 생겨났고 적지만 짭짤한 수익을 위해 테스트를 제공한다. 모든 반인종주의자 페미니스트가 아는 것처럼, 인간을 생각하든 비인간을 생각하든 상관없이 피와 유전자는 자극적인 혼합을 만든다.

11. 포지티브 훈련법이 나오기 훨씬 전의 일이었지만, 시슬러는 핫케이크와 칭찬으로 훈련했다. 그는 결코 개를 줄에 묶는 식으로 훈련하지 않았다. 시슬러와 그의 형제는 개를 탐구하고 개와 함께 일하고 좋은 개를 번식시켰다. 그와 그의 개들의 연기는 미국과 캐나다에서 평판이 났고, 그의 "블루 독들"은 디즈니 영화 〈뛰어라, 아팔루사〉(Run Appaloosa Run)과 〈서부에서 가장 뛰어난 소몰이 개〉(The Best Cow Dog in the West)에 출연했다. 시슬러는 1995년에 죽었다. 그리고 더 상세한 정보는, http://worknaussies.tripod.com/과 www.workingaussiesource. com/stockdoglib/scott_sisler_article.htm (두 웹사이트 모두 2007년 5월 5일 접속) 참고. 시슬러의 목장은 2004년에 '아이다호 오가닉 익스체인지' 농장 투어에 올라 있었다. 이 목장은 밭을 갈지 않는 무경간 농법, 윤번 방목, 생물학적인 잡초 관리, 하천 관리, 그리고 침전지와 여과용 물밭이 관의 이용을 실천하고 있다, *Idaho Organic Alliance Newsletter* (Winter 2004) : 5를 참고하라.

12. Vicki Hearne, *Adam's Task : Calling Animals by Name* (New York : Knopf, 1986), 그리고 그

녀의 소설, *The White German Shepherd* (New York : Atlantic Monthly Press, 1988)를 참고. 헌은 죽을 때까지, 포지티브 훈련법과 먹을 것을 사용해서 개를 다루는 방법에 관해서는 신랄했다. 특히 헌이 핫케이크를 주는 시슬러를 찬성하는 일은 없었을 것이다. 그녀는 어떤 일이 있어도, 증거가 제시되어도, 자신의 생각에 집착하고 있었고, 동물에 관해서 그리고 동물과 인간의 관계에 관해서 교육받은 유례없는 천재였다. 헌이 주장한 것은, 개가 일을 하고 그 판단력과 능력 때문에 존중받을 권리와 그 필요성이다. 그리고 그 때문에 개는 제대로 된 판단 기준과 그 결과가 따르는 교육을 받을 권리가 있다는 점도 주장했다. 그 모든 것의 의미는, 헌이 개를 인간과는 다른 마음으로 상황을 느끼는 예리한 감각을 가지는 의식적인 존재라고 생각한다는 것이다. 내 생각에는, 그녀의 가장 훌륭한 철학적인 업적은 그녀가 스스로 행한 이종 간의 실천과 그 관점에서 본 다른 개 애호가들의 실천의 근거를 제시한 것이다. 인간 및 다른 개들과 함께 창조적이고 협조적인 퍼포먼스들(이 경우, 시합과 목장이라는 조건 속에서 수렵견의 일과 양을 모는 일)을 할 수 있는 개들의 지향성과 능력에 관해서, 작업견을 다루는 사람들의 주장을 과학학의 언어로 서술한 것으로서는, Graham Cox and Tony Ashford, "Riddle Me This : The Craft and Concept of Animal Mind," *Science, Technology, and Human Values* 23. no. 4 (1998) : 425~38 를 참고하라. 콕스와 애쉬퍼드가 올바르게 강조하고 있는 것은, "야생 동물"과 "실험동물"의 동물행동에 비하면, "가축"의 행동과 능력에 대해서는 연구 관심이 너무 적었다는 것이다(429). 가축이 인간과 함께 진화한 역사를 생각한다면, 인간~동물이 함께 형성하는 행동에 주의를 기울이지 않고서, "가축"을, 특히 개를 진지하게 거론하는 것은 불가능하다. 내가 헌과 콕스, 그리고 애쉬퍼드 이상으로 공감하는 것은 행동주의로부터 유래되는 기술적인 훈련 접근법이 개와 인간에 내한 교육의 일부로서 많은 상황에서 도움이 된다는 점이다. 하지만 나는, 무언가가 아니라 누군가와 함께 일하는 생생한 감각 없이는, 그리고 그렇기 때문에 비인간의 체현적인 인지 능력에 실질적으로 깊이 관여하지 않고는, 어떤 흥미 있는 일도 일어날 수 없다는 의견에 찬성한다. 왜냐하면, 인간이 응답할 준비가 되어 있지 않을 것이기 때문이다. 시험을 거친 훈련(실천)이라는 맥락 속에서 이종 간에 성취된 것을 이론화하고 조립하는 것은 지식을 만들어내는 활동이고, 그것은 과학(Wissenschaft)이라고 불려야 마땅하다.

13. 사역견과의 일에 깊이 관여하면서 목양견 시합을 하는 사람들은 화를 잘 내고, 주문이 까다롭고, 자부심이 높은데, 거기에도 정당한 이유가 있다. 곧잘 이야기로 전해지고 있는 것이지만, 오스트레일리언 셰퍼드의 유명한 몇몇 경기용 계통은 훈련과 더불어 대규모 선발 도태의 결과이기도 하다. 사역 목양견에 대한 매우 다른 접근에 관해서, 매력적인 견해를 보이고 있는 것으로는, 〈교수목 오스트레일리언 셰퍼드 작업견들〉(www.adastrafarm.com/AustralianShepherds/HanginTreeWorkingAustralian Shepherds/tabid/70/Default.aspx), 〈슬래쉬 V 개들〉(Slash V dogs, http://users.htcomp.net/slashv/home.htm), 그리고 〈옥스퍼드 개들〉(www.promedia. net/users/ox4ranch/) 등의 웹사이트를 참고하라. www.stockdog.com/breeders/aussie.htm도 참고하라(상기의 모든 웹사이트는 2007년 5월 5일 접속).
2006년 시점에도 켄넬[여기서는 개 품종이 육성되는 장소, 조직, 시설이라는 의미이다]이 "교수목"(Hangin' Tree)이라는 이름을 여전히 어떤 코멘트도 없이 사용하고 있다는 것은 아이다호주 세몬에서의 인종과 계급에 관해서 무언가 추악한 것을 말해 준다. 그곳은 이 사역견 오지 계통이 개발된 곳이고 그 정도에 머물지 않는다. 이 뭔가 추악한 것은 나의 전체 복수종 나라의 한가운데도 관통하고 있다. 가계도의 여기저기에 "교수목"이 등장하기 때문이다. 나는, 오늘날 많은 브리더들이 계속해서 자랑스럽게 이 이름을 사용하는 것, 그리고 아마도 이 계통을 개발한 사람들에 의한 최초의 사용은 미 서부의 중국인과 백인, 흑인, 인디언 사람들에 대한 거칠고 난폭한 "정의", 혹은 남부와 여타 지역에서의 아프리카계 아메리카인들에 대한 린치 등과는 아무런 의식적인 관계가 없다고 추측한다. "교수목"의 어조는 내가 나의 개와 내 친구들의 개를 진지하게 만지는 것과 함께 들려온다. 나의 친척에는 교수목의 개들이 포함된다. 기억 ─ 그리고 그 결과들을 이어받는 것 ─ 은 그들을 만질 때마다 물결친다. 빌리 홀리데이가 1939년에 취입한 〈이상한 과일〉(Strange Fruit)을 다시 듣고, 미국의 도처에서 보여진 지울 수 없는 린치의 장면들을 촬영한 사진들을 본다. 그러는 중에도 어질리티 경기를 통해서 넓어진 나의 "친척" 그룹에 새롭게 들어온 멋진 재능의 어떤 강아지와 사랑에 빠진다. 몇천 마리나 되는 뛰어난 사역견들(그 선조는 실은 서부를 정복한 앵글로색슨인들과 함께 온 것이지만)의 혈통서 속에 공식적인 이름 "교수목"이 남아 있다는 것은 어쩌면 오히려 다행한 일일지 모른다. 망각하는 것은 응답으로 가는 길이 아니다. 홀리데이는 다음과 같이 노래했다.

> 여기 까마귀들이 뜯어 먹고
> 비를 모으며 바람을 빨아들이는
> 그리고 햇살에 썩어 가고 나무에서 떨어질
> 여기 이상하고 슬픈 열매가 있다

개요와 사진은 http://en.wikipedia.org/wiki/Strange_Fruit를 참고하라. 매우 중요한 분석으로서는, Angela Davis, *Blues Legacy and Black Feminism* (New York : Vintage, 1999)를 참고하라.

진지한 사역과 시합을 위한 켄넬들은 개를 교외의 스포츠 가정에(심지어는 동물보호소에도) 보내지만 어질리티나 (종종 매매 계약서에 명기된) 그 밖의 무엇이든지, 개가 하게 될 일에 대해서 상당한 요구가 있고, 만약 실제의 목양견으로서 충분한 일이 있는 경우에는 개들이 어디에 소속되는 것인지에 관해서 상당한 조건을 요구한다. 애드 아스트라(Ad Astra) 목장은 사역 목양견을 사육하는 켄넬의 좋은 예인데, 여기서는 경기 대회용의 양과 오리도 번식시키고 있다. 스포츠에서 개와 인간의 파트너가 되는 양과 소 그리고 오리와 같은 다른 동물들의 복지는, 중요한 반려종에 대해서 선택적으로 물을 수 있는 질문이 아니다. 비육식 동물에게 이 스포츠는 별 문제 없이 괜찮은 것일까? 그 대답은 이미 존재하는 이데올로기적이거나 기계적인 것이어서는 안 되고, 변화하는 역사의 맥락 속에서 탐구와 대응을 유발하는 것이어야 한다. 이런 접근법이야말로 나의 "현실세계"의 감각에 필수적인 것이다.

14. Harriet Ritvo, *The Animal Estate* (Cambridge, Mass. : Harvard University Press, 1987)는, 동물 쇼 문화와 쇼를 위한 번식이 인간의 계급, 국가, 그리고 젠더 형성의 테크놀로지들이라는 것을 이해하기 위한 출발점이다.

15. Carol Adams, *The Pornography of Meat* (New York : Continuum, 2004)는 식육산업의 동물에 대한 잔학성과, 인간, 특히 여성, 그리고 더욱 특별하게는 유색 여성들에 대한 잔학성과 관련하여 세련된 횡단적 논평의 문맥에서 비거니즘에 관해 설득력 있는 필치로 자신의 주장을 이야기한다. 애덤스의 생각으로는, "보통의" 육식은 단지 공범인 것만이 아니라 변명할 수 없는 직접적인 폭력이고, 여러 계급의 사람들에 대한 폭력적인 억압에의 참가이다. 테크노문화적인 사람들을 위해 무엇이 음식이 되는가와 그 필요한 응답에 관해서는, Michael Pollan, *Omnivore's Dilemma : A Natural History of Four Meals* (New York : Penguin, 2006) [마이클 폴란, 『잡식

동물의 딜레마』, 조윤정 옮김, 다른세상, 2008)를 참고하라.

16. Stengers, "The Cosmopolitical Proposal," 995.

17. 1999년 3월 14일과 2005년 11월 7일에 캘리포니아주 프레즈노에서 샤프와 진행했던 광범위하고 짜임새 있는 인터뷰와 그 인용을 허락해준 것에 대해 샤프에게 감사한다. 1998년 가을 이후 샤프는 그녀가 아는 오스트레일리언 셰퍼드 지식과 일을 아낌없이 나와 공유해 주었다. 그것은 다음과 같은 기회나 방식을 통해서였다. 즉 이메일, CANGEN-L 사이트에서의 개의 집단유전학의 다양성과 그 감소에 관한 토론, 그녀가 카옌과 내가 달리는 모습을 봐 주러 어질리티 시합에 왔을 때, 캘리포니아의 센트럴밸리에서 저녁을 먹으면서, 우리 두 사람이 온라인으로 수강한 코넬대학의 개의 유전학 수업에서 배운 정보를 서로 교환하는 가운데서, 그리고 샤프가 〈오스트레일리언 셰퍼드 건강유전연구소〉의 웹사이트 일을 통해서 얻은 정보를 통해서, 그리고 그녀가 출판한 책과 원고(거기에는, 개와는 관계없는 여성 잡지들에 필명으로 기고한 큰 사랑의 이야기들도 포함되어 있었다)를 통해서였다. 나는 또한, 샤프가 현재 브리더들을 위해 쓰고 있는 개의 유전학과 개의 건강에 관한 원고의 독자이기도 하다. 내가 어질리티 경기를 하면서 같이 놀 수 있고 시합도 잘할 수 있는 강아지가 한 마리 있으면 좋겠다고 생각했을 때, 샤프가 카옌의 브리더를 찾아 주었다. 이런 개는, 도그 쇼 문화 속에서보다 오히려 목축견의 문화에서 나타날 것이다. 많은 잡종견들이 훌륭한 어질리티 견이 될 수도 있지만 뛰어난 능력이 있는 목양견 쪽이 더 많다.

샤프는 나와 카옌이 편하게 이야기할 수 있는 상담가였다. 그녀는 멀 유전학 연구자인 실라 슈머츠를 우리에게 소개해 주었다. http://homepage.usask.ca/~schmutz/merle.html 그리고 http://homepage.usask.ca/~schmutz/dog colors.html (두 웹사이트 모두 2007년 5월 5일 접속) 참고. 내가 카옌의 친척들을 많이 알고, 양심적이고 숨기지 않는 카옌의 브리더와 많은 정보교환을 하면서 예상한 대로였지만, 면봉으로 채집한 카옌의 구강점막의 DNA는, 멀(체모의 색소 분포 패턴)에 관해서, 동형접합이 아니라 이형분포임을 나타냈다. 멀은 상염색체 우성의 유전자인데, 최근 염색체상에 매핑되고, 분자 수준에서 그 특성이 분명하게 되고 있다. 동형접합의 상태에서는 결과적으로 거의 100퍼센트의 확률로 신경성 난청, 혹은 시각 장애, 또는 그 양쪽을 일으킨다. 이형집합의 상태에서는, 감각기계통에 어떤 장애가 될 경향이 있다고 알려져 있지 않다. 카옌은 한쪽만 신경성 난청인데, 이것은 이형접합에서는 극히 드문 일이다. 멀은 오스트레일리언 셰퍼드와 여타의 몇몇 품종에서는 흔히 보이는 털의 패턴이다. 멀과 멀을 교배하여 번식을 행하면, 25퍼센트의 확률로 멀의 동형결합체가 나타난다. 그 때문에 이런 번식은 오스트레일리언 셰퍼드 관련 사람들 사이에서는 윤리에 어긋나는 일로 생각되고 있다.

18. C. A. Sharp, "The Biggest Problem," *Double Helix Network News* (Summer 2000): 2. 이야기를 더 진행하기 전에 잡종과 거리의 개도 유전성 질환을 안고 있다는 점을 주의해 두는 것이 중요하다. 큰 교잡집단에서는 실제로 모든 병이 다양한 빈도로 나타난다. 순혈종에 특유한 문제는 그것들이 제도적으로 만들어진 일종의 개 세계의 갈라파고스 제도와 같은 것이라는 점이다. 거기서는 타 품종과의 교배로부터 집단이 격리되고, 그 결과 어떤 특정 견종에 단지 일군의 개 유전질환이 나타날 가능성이 있다. 하지만 만약 많은 근친교배들이 ― 높이 평가받는 개들로부터의 유전적 기여를 집중시키기 위한 흔히 행해지는 계통교배를 포함해서 ― 보통의 일이 된다면, 몇 세대인가를 거쳐(그리고 그것은 빠른 속도로 일어날 수 있는데), 특정한 질환에 관계되는 유전자가 동형접합의 상태에서 훨씬 더 일반적으로 일어날 수 있다. 게다가 만약 외모와 습성이 매우 높이 평가되고 있는 특정의 개가 많은 강아지의 종웅이 되었다고 하면("인기 종웅 증후

군"), 이와 같은 개들의 대립유전자의 빈도가 더욱더 높아지고, 그 결과 요청되고 있는 형질만이 아니라 바람직하지 않은 형질도 출현하게 된다. 암캐는 수캐가 만들 수 있는 만큼의 강아지의 수를 만드는 것은 도저히 할 수 없지만, 암캐의 혹사는 문제가 된다. 전체적으로 보면 다음 세대에 유전자를 기여하게 할 수 있는 개의 수가 너무나 적기 때문에, 견종의 유전적 다양성은 감소해 갈 것이다. 그리고 특정 유전성 질환의 높은 발생률에 더해서 과잉의 동형접합성에 기인하는 생존력의 저하가, 특히 면역계의 기능장애와 같은 다양한 모양으로 나타날 것이다. 이 모든 것의 의미는, 견종의 건강에 관한 주된 형태의 액티비즘은 바람직하지 않은 유전자의 중복을 피할 수 있는 방법을 배우는 것, 그리고 유전적 다양성을 높이도록, 또는 적어도 유전적 다양성을 감소시키기보다 유지하도록 번식시키는 방법을 배우는 것에 관련되어 있다는 것이다. 각각의 견종에는 특별한 관심을 끄는 다양한 질환이 존재하지만, 문제의 모양과 테크노문화에서의 건강 활동가들의 응답은 같다. 상이한 견종의 활동가들이 정보와 전략을 서로 공유한다. 〈오스트레일리언 셰퍼드 건강유전학 연구소〉의 웹사이트(www.ashgi.org/)가 다른 견종의 건강과 유전학 그룹과 링크하고 있다는 것은 이들의 연결 관계를 말해준다. 견종의 유전에 관한 액티비즘의 많은 부분이 브리더들을 재생산하는 얼굴을 맞댄 지도체제 속에 짜 넣어져 있는, 혈통과 우수성에 관한 19세기의 교의로부터 승계된 확고한 신념과 충돌한다. 이러한 혈통의 관용구들이 말 육종의 세계에서는 어떻게 작동하는지를 생생하게 전하고 있는 것은 Rebecca Cassidy, *The Sport of Kings : Kinship, Class, and Thoroughbred Breeding in Newmarket* (Cambridge : Cambridge University Press, 2002)이다.

19. 1966년에 설립된 〈동물 정형외과 재단〉(Orthopedic Foundation for Animal, 이하 OFA)은 개 고관절 이형성증에 중점을 두는데, 이 기관은 수많은 정형외과적 및 유전성 질환의 검색 가능한 데이터베이스를 유지하고 있다. 참가하는 것은 자유의사이고, 개의 사육주가 특별히 그것을 공개하지 않는 한, 정보는 비밀로 취급된다. 견종 클럽들과 〈미국 켄넬 클럽〉(이하 AKC)이 개를 등록하는 필수조건으로 그러한 검사에의 참여를 요구하는 것도 가능하겠지만, 미국에서는 이런 종류의 의무적인 기준을 부과하는 일이 용인되지 않는다. 검은 헬리콥터가 하늘에 나타나면, 그것은 개인적 및 상업적 권리에 대한 어떤 침해 행위를 수반하는 것으로 간주되기 때문이다 (테러리스트라는 라벨이 붙지 않은 한 말이다. 그런 경우에는 어떤 침해도 괜찮은 것 같다). www.offa.org/ 참고. 모든 견종과 그 가까운 혈연이 포함된 공개 데이터베이스를 개발하는 것이 개의 건강을 바라는 활동가들의 주요한 목적이다. 〈개 건강정보센터〉(Canine Health Information Center, www.caninehealthinfo.org/, 이하 CHIC)는 AKC의 〈개 건강재단〉과 OFA의 후원을 받는 일원화된 데이터베이스이고, CHIC의 목표는 "(1) 중앙 정보시스템의 설립이 필요하다고 생각되는 건강에 관한 문제점들을 특정하기 위해 부모 클럽과 함께 활동하는 것, (2) 개의 질환 연구를 지원하고, 사육주와 브리더에게 의료 정보를 제공하는 방식으로 중앙 건강정보시스템을 설립하고, 그것을 유지하는 것, (3) 정보를 데이터베이스에 받아들일 때의 과학적인 근거가 있는 탄탄한 진단 기준을 만드는 것, (4) 정보는 사육주 동의하에 개별적으로 확인된 개체들로부터 수집된 것에만 기초할 것"이다. 각 견종은 각기 다른 건강상의 염려를 갖고 있기 때문에 CHIC는 부모 클럽과 협력해서 CHIC에 등록될 품종이 되기 위한 견종 고유의 기준을 정하고 있다. 예를 들면 오스트레일리언 셰퍼드에 관해서 말하자면, 요구되는 테스트는 OFA에 의한 엉덩이와 다리관절의 성형이상 유무의 평가와 〈개 눈 등록재단〉에 의한 눈의 평가이다. 선택적인 검사로는, 콜리아이 이상증, 자가면역성 갑상선염, 그리고 다약제내성 등이 있다. 간질의 유전적인 배경에 관해서 현재 검사가 가능하지 않다는 것이 이 견종에서 큰 문제이다.

보편적인 의무 검사의 기준을 수립하기는 쉽지 않다. 가령 가장 호의적인 사람이라 할지라도 계속 증가하고 있는, 검사 가능한 유전성 질환 목록과 대면하게 되면 혼란스러워지고 말 것이고, 우선순위가 높은 선별 검사의 많은 부분이 아직 개발되지 않았다. 크게 증가되고 있는 유전자 검사는 책임 있는 개 부모에게 만병통치약이 아니다. 그것은 자식을 만들려고 하는 인간에게 만병통치약이 될 수 없는 것과 마찬가지다. 어떤 검사를 어떤 환경 속에서 어느 정도의 비용을 들여서 할 것인가가 브리더와 개에 관련된 사람들뿐만 아니라 연구자들에게도 테크노문화적인 코스모폴리틱스의 문제이다. 게놈의 상업화는, 특히 진단법에서 그리고 우리가 상상할 수 있는 가장 빠른 속도로 수의치료약 분야에서도, 유복한 인간세계에서 그런 것처럼 유복한 개의 세계에서도 현저하고 문제적이다. 암은 이들 반려종의 생명정치의 과열점이다. "X에 관한 유전자"는 강력한 물신으로 기능한다.

20. Sharp, "The Biggest Problem," 2.

21. 유전성 눈 질환으로 시작하는 것은, 나의 반려종 이야기 속에서 과잉 규정된 것이다. 샤프는 진행성의 유전성 질환을 앓고 있고, 시력의 태반을 잃은 상태이다. 그것이 그녀가 온라인에서의 문화와 광범위한 출장에 참가하는 것과 개의 유전적 건강에 관련되는 연구와 행동을 대변하는 일을 막는 경우는 거의 없었다. 하지만 시력을 잃은 것은 그녀로 하여금 쇼용 오지 번식을 중지하게 만들었다.

22. 이제 인터넷이 개의 유전적 건강의 커뮤니케이션과 교육에 혁혁한 역할을 하고 있다. 그 때문에 2006년의 이메일 구독은 약 100건에 달했다. 샤프의 중요한 기사는 ASHGI 웹사이트에서 검색할 수 있다. 샤프는 개의 건강에 관해서 집필한 것으로 인해, 선망의 대상이 되는 3개의 상을 수상했다. 2003년에는, 〈미국 개 삭가 협회〉로부터 「인기의 대가」(The Price of Popularity)라는 제목의 글과 DHNN 자체를 인정받아서 두 개의 상을 수상했다. 그리고 마찬가지로 2003년에는 「다가오는 폭풍: 브리더가 면역 체계에 대해 알아야 할 사항」(The Rising Storm: What Breeders Need to Know about the Immune System)이라는 글로 AKC의 제1회 연례 황금 발상(Golden Paw Award)을 수상했다.

23. 달리 기록되어 있지 않은 인용은, 1999년과 2005년에 내가 샤프와 한 인터뷰의 기록에서 가져온 것이다.

24. C. A. Sharp, "CEA and I," www.workingdogs.com/doc183.htm, 이 글은 〈개 다양성 프로젝트〉에 링크되어 있다. www.canine-genetics.com/ (두 웹사이트 모두 2007년 5월 5일 접속).

25. 시험번식과 CEA의 혈통분석에 관해서는, DHNN (Summer~Spring 1993) 참고.

26. L. F. B. Rubin, Inherited Eye Disease in Purebred Dogs (Baltimore: Williams and Wilkins, 1998).

27. Lionel Rubin, Betty Nelson, and C. A. Sharp, "Collie Eye Anomaly in Australian Shepherd Dogs," Progress in Veterinary and Comparative Ophthalmology 1, no. 2 (1991): 105~8.

28. George A. Padgett, Control of Canine Genetic Diseases (New York: Howell Book House, 1998), 194, 239.

29. Bruno Latour, Science in Action (Cambridge, Mass.: Harvard University Press, 1987) [브뤼노 라투르, 『젊은 과학의 전선』, 황희숙 옮김, 아카넷, 2016]; Donna Haraway, "Situated Knowledges: The Science Question in Feminism as a Site of Discourse on the Privilege of Partial Perspective," Feminist Studies 14, no. 3 (1988): 575~99.

30. Sharp, "CEA and I."

31. " 'CEA' 지원 그룹은 언제나 비공식적이고, 더 이상 실제로 존재하지도 않는다. 해를 거듭하면서 사람들은 이 견종에서 떠나거나 다른 일에 관계했다. 그러나 당시에는 도움이 되었다." C.A. 샤프와의 이메일 소통, 1999년 4월 13일.

32. Paul Rabinow, "Artificiality and Enlightenment : From Sociobiology to Biosociality," in *Incorporations*, ed. J. Crary and S. Kwinter (New York : Zone Books, 1992), 234~52.

33. 오스트레일리언 셰퍼드의 약 1퍼센트가 콜리아이 이상증에 걸려 있는데, 1990년대 후반 〈개 눈 등록재단〉의 보고에 의하면, 유전자 빈도는 상당히 안정되어 있고, 오스트레일리언 셰퍼드의 10~15퍼센트는 발병인자를 가지고 있는 것 같다. 샤프와의 이메일 소통, 1999년 4월 13일.

34. www.optigen.com/opt9_about.html (2007년 5월 5일 접속) 참고. 2006년에 수행된 CEA 검사 비용은 180달러였다. 동복의 강아지와 함께 검사하거나 온라인으로 신청하면 할인된다. 2005년에 개 관련 온라인 잡지는 잠복고환증의 유전적 배경을 조사하기 위해 혈액 샘플을 찾고 있던 〈코넬 베이커 동물건강연구소〉의 연구원이 연구에 관한 더 많은 정보를 요청한 개 관련 미디어 단체의 최고 책임자를 어떻게 취급했는지에 관한 보고를 게재했다(www.dogplace.com/library/Ed_DNA_litmus_test_0508.htm, 2007년 5월 5일 접속). 이 책임자는 단체의 웹사이트에 그 연구를 홍보하기로 하고 그전에 연구원에게 추가 정보를 요청한 것이었다. 그 과학자가 그 개 단체의 (내가 보기에는) 지적으로 표현된 질문들에 답변하는 데 완전히 실패했다는 것은, 일부 과학자-기업가들에 대한 대처에 있어서 중요한 한 측면을 보여주는 것이다. 이는 연구에서의 참여 — 혹은 그것의 부재 — 를 구체화하는 것과 관련된 문제이다. 나에게 개인 이름과 기업명을 알리지는 않았지만, 샤프는 다양한 경험을 이야기했다. 그것은 그녀가 가진 자격과 경험에도 불구하고, 무시당한다든지, 노골적인 혹은 무의식적인 경멸을 받은 경험이었다. 샘플을 채집할 수 있을 고객의 개들을 취급하고 있는 수의사들조차, 이름을 말할 수는 없는 몇 사람의 과학자들에게 무시당하고 있다. 사업 계획을 만들고 의욕적인 바이오 기술의 회사를 시작하려고 하는데도 불구하고 그러하다. 이런 종류의 사실은, 일반적으로 개의 건강에 관계하는 활동가들과 특히 샤프가 과학 연구자들과 일반 애견가들 사이를 연결해 주려고 왜 그렇게나 열심히 노력하고 있는지를 설명해 준다. 샤프는 또한 나에게 연구자와 애견가 사이의 밀도 있는 협력과 제휴의 예를 알려 주었다. 그녀의 장기에 걸친 실라 슈머츠와의 관계가 그 일례이다. 슈머츠는 그녀의 웹사이트(http://homepage.usask.ca/~schmutz/merle.html, 2007년 5월 5일 접속)에서 연구에 필요한 샘플 취득에 도움을 준 것에 대해서 샤프의 공헌을 명시하고 있다. 한편 샤프는 *DHNN*에서 슈머츠의 연구에 관해서 오스트레일리언 셰퍼드 사육주들에게 설명하고 홍보하고 있다. 그리고 S. Schmutz, T. G. Berryere, and C. A. Sharp, "KITLG Mapping to CFA15 and Exclusion as a Candidate Gene for Merle," *Animal Genetics* 34, no. 1 (February 2003) : 75~76도 참고하라. 2006년에는 텍사스 A&M대학의 키스 머피의 그룹은 SILV라는 유전자로의 레트로트렌스포전(retrotransposon) 삽입이 멀 패턴의 원인이라고 보고했다.

35. 샤프는 다양한 오지 단체로부터 자주 초대를 받아서 유전학과 건강에 관한 발표를 하고 있는데, 그녀는 직접적인 여비만을 청구하고, 〈오스트레일리언 셰퍼드 건강유전학 연구소〉(이하 ASHGI)로의 기부를 요청한다. 개의 유전의학은 옵티젠, 벳젠(VetGen) 등의 회사에서 충분히 상업화되고 있을 것이나, 개의 건강을 바라는 활동가들은 대체로 자비로 개를 위한 활동을 한다. 비슷한 패턴이 인간 건강에 관한 지원 시스템과 활동가 단체에서의 연구 대상이기도 한데, 가령 자폐증 어린이의 부모들에게는 놀랄 만큼의 많은 시간 투자와 전문지식이 요구된다. 자금 투자가 잘 된 영리 목적의 생물의학과 그 시스템에 필요한 활동 범위가 넓고 지식이 풍부한 자

원활동가의 노동의 조합이야말로 종의 분할을 넘는 현대의 생물의학적 자본주의의 전형적인 모습이다. Chloe Silverman, "Interest Groups, Social Movements, or Corporations? Strategies for Collective Action as Biological Citizens," in *Lively Capital*, ed. Kaushik Sunder Rajan (Durham, N.C.: Duke University Press, under review) 참고. 생물학적 시민권이라는 것은 과학학 연구에서의 기본 개념이다. (아래의 52번 주석 참고.) 게놈과 포스트게놈 연구의 정치경제학에 관해서 샤프는 완전히 정통해 있다. 2005년 11월 7일, 그녀가 우리의 인터뷰 중에 말한 대로, "연구에서 살아남기 위해서는, 예전에는 '논문을 발표하느냐 아니면 사라지느냐'였지만, 지금은 '판매하느냐 아니면 사라지느냐'이다." 그녀와 여타의 개 관련 활동가들은, 인간의 질병들과 그런 종류의 사회적 기반과 돈에 접근하는 것에 관심을 가진 과학자들에게 유용하다는 점과 더불어, 비교의학 게노믹스라는 맥락에서 개의 완전한 게놈이 공개된 것이 개의 건강을 중심으로 한 문제에 얼마나 많은 공헌을 했는지에 대해서도 날카롭게 인식하고 있다. 〈국립 인간게놈 연구소〉가 개 게놈의 해독에 우선순위를 두기로 한 후에는, 유전자 배열과 매핑의 진도가 빨라졌다. 2003년에 푸들에 기초한 대략적인 배열이 공표되었고, 2005년 복서 타샤(Tasha)는, 게놈의 99퍼센트 완전도에 가까운 DNA 배열이 (다수의 영역에서 다른 10마리의 개로부터 얻은 데이터의 배열의 비교를 포함해서) 공개 데이터베이스에 공표됨으로써 유명해졌다. 비교된 개는 견종 클럽과 수의대학으로부터 온 것이었다. Kerstin Lindblad-Toh et al., "Genome Sequence, Comparative Analysis, and Haplotype Structure of the Domestic Dog," *Nature* 438 (December 8, 2005): 803~19 참고. 막대한 수의 저자들과 〈브로드 연구소〉, NHGRI, 하버드, MIT를 포함한 최상위 수준의 바이오테크놀로지 연구의 핵심 연구소들이 표제면에 모습을 보이고 있다.

36. C. A. Sharp, "Collie Eye Anomaly in Australian Shepherds," *DHNN* 14, no. 3 (Summer 2006): 2~5 참고. 나의 이야기의 많은 부분이 이 에세이에서 얻어진 것이다.

37. 2007년 〈개 다양성 프로젝트〉의 웹사이트는 www.caninegenetics.com/이었다. 암스트롱의 사후, 리스트서버는 야후의 canine-genetics.com이 되었다. 이 리스트는 현재도 의의가 있지만, 다양성에 관한 전환 경험들이 추세였던 논의의 전성기는 1997년부터 2001년 8월에 암스트롱이 서거하기까지의 시기였다.

38. 유감스럽게도, 그 코스는 더 이상 제공되지 않는다. www.ansci.cornell.edu/cat/cg01/cg1.html (2007년 5월 5일 접속) 참고.

39. 예를 들면, 샤프는 가계도의 분석, 유전적으로 문제가 있는 개의 식별, 계획 교배로 생기는 질환 위험을 평가할 때, 발병한 개의 소유자와 발병한 개의 부모의 소유자, 혹은 그 양쪽의 문서로 된 허가가 없으면 "이름을 거명하는 것"은 하지 않았다. 또한 샤프는 교배 전의 가계 분석에 관해서는 교배에 사용하는 양쪽 개가 같은 사람의 소유가 아닌 경우에는 맡지 않기로 했다. 이것은 브리더에게 고의 또는 예측 불가능한 해를 끼칠 수 있는 "색출"적인 의뢰를 막기 위한 것이고, 또한 부분적으로는 자신을 보호하기 위한 것인데, 교배가 예정된 한쪽이 다른 쪽보다 불리한 결과가 나올 경우 자신에게 불똥이 튈 수 있기 때문이다. 샤프는 2000년 9월 20일, 동료와 친구들로 이루어진 그룹에 이메일을 보내서 데이터를 공유할 때 어떤 리스크라면 받아들일 수 있고, 또 어떤 경우라면 받아들일 수 없는가를 생각하기 위해서 조력을 구했다. 공개성에 관한 전념과 괴롭힘을 당하는 것에 대한 거부는 그녀를 윤리적, 법적, 금전적인 딜레마에 밀어 넣었다. 샤프는 2006년까지 오스트레일리언 셰퍼드의 사육주와 브리더들로부터 제공된 정보와 이용 가능한 공개 데이터베이스에서 얻은 자료를 사용해서, 이 견종의 20가지 이상의 특징과 병

을 추적했고, 그중에서 몇 가지는 20년 이상까지 거슬러 올라갈 수가 있다. 개에게 〈국립보건원〉에 상당하는 그런 조직이 생산해낸 통계가 없었다면 (그런 데이터에는 많은 비용과 조직이 필요하다), 샤프는 전체적인 그림을 파악하지 못했을지도 모른다. 그러나 그녀는 개의 세계의 현재의 사회기술적 조건에서 오스트레일리언 셰퍼드를 위한 최선의 건강 관련 아카이브를 갖게 되었다. 이런 데이터가 제도 내의 적당한 장소가 필요한 것은 명백하다.

40. 행동유전학 연구에 관해서는, http://psych.ucsf.edu/k9behavioralgenetics/ (2007년 5월 5일 접속) 참고.

41. C. A. Sharp, "ASHGI : 5 Years of Dedication to Breed Health," *DHNN* 14, no. 2 (Spring 2006) : 2~5.

42. 견종의 건강 문제에 관여하는 조직과 연구자들을 같은 장소에 모으는 것을 목적으로 한 〈개 건강재단〉의 회의는 〈미국 켄넬 클럽〉과 네슬레 퓨리나 펫케어 회사의 후원을 받고 있다. 샤프는 *DHNN*을 발행하고 있기 때문에 기자 신분으로 출석했다. 그녀는 이야기를 해 보고 싶은 활동가들과 연구자의 긴 리스트를 가지고 갔다. 2005년에는 개 계놈과 개의 암에 초점을 맞추어, 세인트루이스에서 열린 회의에 약 300명이 참석했다. *DHNN* 13, no. 4 (Fall 2005) : 1, 5 참고. 수년 동안 서로 연락을 취하고 있던 샤프와 유전자인 실라 슈머츠는 이 최초의 〈개 건강재단〉 회의에서 직접 만났다. 지금은 친구이자 협력자이기도 한 슈머츠는 또한 샤프의 브리더들을 위한 유전학 책의 초고를 읽고 있다. 샤프는 짧은 이메일로 자기소개와 ASHGI 웹사이트 언급 등의 여러 가지 방법으로 연구자들과 접촉을 하고 있는데, 회답이 없는 경우도 빈번했지만, 때로는 생산적인 교류로 발전하는 일도 있다. 샤프는 자신의 역할 중 하나를 이렇게 이해한다. 즉, 순혈종 개의 사육주들이 염려하고 있는 것과 그들의 문화를 연구자들에게 정확히 알게 함으로써, 유전성 질환에 의한 깊은 슬픔과 같은 개 전체의 문제가 연구실 세계에서 보다 깊은 의미를 가질 수밖에 없도록 만들어 가는 것이다.

43. 그녀의 켄넬 웹사이트는 www.foxwoodkennel.com/(2007년 5월 5일 접속)이다. 몬티는 거의 번식을 하고 있지 않지만, 번식하는 경우도 매우 신중하게 한다. 그녀의 웹사이트에 쓰여 있는 "10단계" 선서는 눈에 잘 띈다. 그녀는 사람들에게 권장하고 있는 내용을 스스로 실행하면서, 계획 번식에 대한 긴 목록의 건강상의 고려할 점들에 대해서 점수를 매겨서 나열한다. 그 점수는 특정한 어떤 곤란한 상황이 번식의 결과로 생길 가능성의 정도를 나타낸다. 〈폭스우드〉가 건강하지 않은 개를 번식시킨다는 것을 시사하기는커녕, 몬티의 실천은 모든 생물이 필멸이라는 사실의 정직과 깨달음을 가동시키고 있다. 순혈종끼리의 교배이든(잡종의 교배이든), 번식에서 문제가 생기지 않는다고 주장할 수 있는 상황은 없다. 브리더가 개를 구입하려는 구매자에게 개의 가계 문제를 공표하려고 하지 않는 것은, 그 브리더가 비윤리적 브리더이거나 퍼피 밀(공장식 개 번식소)일 가능성을 나타내는 조짐이다. 몬티로부터 강아지를 사려는 사람들은 개에 관한 많은 정보와 함께 병이 발병하는 확률도 볼 수 있고, 물음에 기꺼이 답하려고 하는 브리더 측의 자세를 느끼게 될 것이다. 여기에는 타조 증후군 같은 것은 결코 없다. 인터넷에서 순혈종의 웹사이트들을 방문해보면, 이런 정도의 개방성이 얼마나 드문 일인가를 알게 될 것이다. 또한 몬티는 개들이 수사견, 구조견, 어질리티 견, 목양견 등으로서 실제로 일을 하면서 지낼 수 있도록 그렇게 할 수 있는 입양 가정을 찾는 데 고심하고 있다.

44. 10단계의 역사에 관한 설명은, Kim Monti, "Stylish Footwork : 10-Steps for Health," *DHNN* 13, no. 2 (Spring 2005) : 2~5 참고.

45. C. A. Sharp, "The Dirty Dozen Plus a Few : Frequency of Hereditary Disease in Australian

Shepherds," *DHNN* 9, no. 3 (Summer 2001)：2~5 참고. ASHGI의 웹사이트에는 중요한 병에 관한 상세한 정보가 게재되어 있다.

46. C. A. Sharp, "The Road to Hell：Epilepsy and the Australian Shepherd," *Australian Shepherd Journal* 13, no. 4 (July/August 2003), www.ashgi.org/articles/epilepsy_road_hell.htm.

47. C. A. Sharp, "The Biggest Problem," *DHNN* 8, no. 3 (Summer 2002)：2~5, 4

48. 간질은 인간 사이에서도 낙인이 찍히는 병으로서의 긴 역사가 있다. 그리고 그 진단과 해석은 큰 폭으로 변동하고 있다. 현대의 신경학에 이르기까지를 다룬 학술적인 역사의 고전으로서는 Oswei Tempkin, *The Falling Sickness* (Baltimore：Johns Hopkins University Press, 1945, rev. ed., 1971)이 있다. 개들의 중요성에 직면하면서 호모 사피엔스에도 흥미가 있는 독자라면, 2001년 9월 20일 온라인으로 출간된 Fiorella Gurrieri and Romeo Carrozzo, eds., "The Genetics of Epilepsy," *American Journal of Medical Genetics*, Special Issue, 106, no. 2도 참고하라. 예술가를 비롯한 걸출한 사람들의 간질의 역사는 나로 하여금 이 질환에 의한 끔찍한 경험 속에서 개들에게도 보상이 있을지 궁금하게 만든다. 나는 또한 개의 세계에서 샤프가 말하는 "구제 불능의 인간들" 사이에서 간질의 발병률이 어느 정도일 것인가에 관해서도 염려할 수밖에 없다. 그들은 공감이 불가능한 것일까? 아니면 병에 너무 소진된 것일까?

49. www.tobysfoundation.org/Ads_Archive.htm (2007년 5월 5일 접속) 참고. 웹사이트에서 〈토비 재단〉의 모든 선전물 pdf 파일을 다운로드받을 수 있다. 팸 더글러스와 토비의 이야기는 Stevens Parr, "The Face of Epilepsy：How One Pet Owner Is Staring It Down," *Australian Shepherd Journal*, September/October 2004에서 이야기되고 있고, www.tobysfoundation. org에서 볼 수 있다. 더글러스에게는, "간질의 얼굴" 광고를 이 책에 사용할 수 있게 허가해 준 것에 대해 감사한다.

50. Parr, "The Face of Epilepsy," 17.

51. 개를 좋아하는 사람들 가운데서 식견 있는 사람들은 벳젠이 사업을 철수한 것에 대해서, 그렇게 안타깝게 생각하지 않았다. 이 회사가 개의 DNA 진단검사를 판매하는 다른 회사(진서치 [GeneSearch])에 소송을 제기해서 승소한 특허 침해에 대한 법적 공격은 더 개방적이고 더 협조적인 의료 유전문화에의 깊은 관여와는 무관한 것이었다. 다툼의 대상이었던 검사는 개의 폰 빌레브란트(von Willebrand)병의 검사였다. 나의 동료들은, 벳젠이 최초로 이 검사를 개발한 것은 틀림없을지도 모르겠으나, 가격과 사용 조건이 이상과는 몹시 동떨어진 것이 되는 것이 아닐까 염려했다. 벳젠의 의견은, www.vetgen.com/legal &public_docs.html(2006년 11월에는 접속했으나, 2007년 5월에는 접속할 수 없었다)에서 볼 수 있다. 벳젠이 진서치에 승소한 재판은 2002년 7월 10일 미시간주 동부지구의 연방지방법원에서 결정되었다.

52. 2006년 9월 28일 캘리포니아 대학교 버클리 캠퍼스에서 열린 '줄기세포 의학의 윤리적 세계' 워크숍에 제출된 Sheila Rothman, "Serendipity in Science：How 3 BRCA Gene Mutations Became Ashkenazi Jewish." Gina Kolata, "Using Genetic Tests, Ashkenazi Jews Vanquish a Disease," *New York Times*, February 18, 2003, http://query.nytimes.com/gst/fullpage.html? sec=health&res=9F05E0D81E3AF93BA25751C0A9659C8B63. 2005년 5월 4일부터 『온라인 과학 기술 뉴스』에 실린 「유대교 종파, 자기 생명을 구하기 위해 기술을 수용하다：뉴욕의 아슈케나지 유대인들이 자기 아이들의 생명을 구하기 위해 유전자 스크리닝에 의지하다」(www. stnews.org/rlr-438.htm)라는 표제의 기사에서 데보라 파르도-카플란은 다음과 같이 썼다. "쉐브라 도르 예쇼림(Chevra Dor Yeshorim) 혹은 '올바른 세대 연합'이라 불리는 자유의사에 의

한 비밀 유지 의무가 있는 스크리닝 프로그램을 통해서, 전 세계의 미혼인 정통파 유대교도 성인은, 테이-삭스병 유전자를 가지고 있는지의 여부를 보기 위해 검사를 받을 수 있다. 검사받은 사람은 각자 혈액 검사 번호와 식별 번호를 받는다. 데이트하기 전에 장래 커플이 될 가능성이 있는 사람들은 쉐브라 도르 예쇼림의 자동 핫라인에 전화를 걸어 ID번호를 입력한다. 만약 두 사람의 검사 결과가 테이-삭스병 유전자에 대해서 양성이면, 두 사람은 결혼 파트너로서는 부적절하다고 간주된다. 그것은 그들의 자식 넷 중 하나는 병이 발병하게 되기 때문이다." 2006년 10월 6일의 이메일에서 유전적 시민권과 유전자 진단에의 대응을 연구하고 있는 뉴욕의 인류학자 레이나 랩은 나에게 말했다. "비종교적인 프로그램에서, 어떤 아슈케나지 조부모는 테이-삭스병의 스크리닝 검사를 강하게 권장할 것을 '고려하고 있습니다'. 쉐브라 도르 예쇼림의 프로그램을 사용하고 있는 일부(전부는 아닙니다!!!) 초정통파 유대교도 사이에서는, 10대의 자식들 전원에게 스크리닝을 받게 하고 있습니다. 그것은 잠재적으로 '부적합'일 가능성이 있는 쌍들이 제안되지 않도록 하기 위해서입니다." Rayna Rapp, *Testing Women, Testing the Fetus : The Social Impact of Amniocentesis in America* (New York : Routledge, 1999) 참고. 유전적 시민권에 관해서는 이하의 것을 참고. "Cell Life and Death, Child Life and Death : Genomic Horizons, Genetic Diseases, Family Stories," in *Remaking Life and Death*, ed. Franklin and Lock, 129~64 ; Karen-Sue Taussig, "The Molecular Revolution in Medicine : Promise, Reality, and Social Organization," in *Complexities : Anthropological Challenges to Reductive Accounts of Biosocial Life*, ed. S. McKinnon and S. Silverman (Chicago : University of Chicago Press, 2005), 223~47 ; Deborah Heath, Rayna Rapp, and Karen-Sue Taussig, "Genetic Citizenship," in *A Companion to Political Anthropology*, ed. D. Nugent and J. Vincent (London : Blackwell, 2004), 152~67 ; 그리고 Rayna Rapp, Karen Sue Taussig, and Deborah Heath, "Standing on the Biological Horizon," *Critique of Anthropology* (근간).

53. Charis Thompson Cussins, "Confessions of a Bioterrorist," in *Playing Dolly : Technocultural Formations, Fantasies, and Fictions of Assisted Reproduction*, ed. E. Ann Kaplan and Susan Squier (New York : Routledge, 1999), 189~219.

54. 아름다운 말라뮤트 개가 등장하는 수전 코넌트의 많은 개 탐정소설은 개의 세계에서 대단히 인기가 있다. 〈미국 켄넬 클럽〉(AKC)에 대한 그녀의 흔들림 없는 충성에 관해서 많은 음해가 있음에도 불구하고 말이다. 강아지 퍼피 밀(공장식 개집), 유전학적 재난, 무책임한 번식 등에 대한 코넌트의 견해는, *Evil Breeding* (New York : Bantam, 1999)와 *Bloodlines* (New York : Bantam, 1994) 참고. 그리고 Laurien Berenson, *A Pedigree to Die For* (New York : Kensington Publishing Corp., 1995)도 참고하라.

5장 잡종견을 복제하고, 호랑이를 구출하기

세기말 전후의 급속하게 변이하는 변용의 일순간을 포착한 이 장은, 당초 2000년 5월에 〈아메리카 연구 학교〉에서 개최된 워크숍을 위해 쓴 것이다. 그 후, 2002년에 *Remaking Life and Death* (ed. Franklin and Lock)에 수록하기 위해 처음 개정했고, 2006년에 이 책에 넣기 위해 다시 개정했다.

1. G. Evelyn Hutchinson, *The Ecological Theater and the Evolutionary Play* (New Haven, Conn. : Yale University Press, 1965) ; Rabinow, "Artificiality and Enlightenment" ; Latour, *We Have Never Been Modern* [라투르, 『우리는 결코 근대인이었던 적이 없다』] ; Haraway, *Modest_Witness@Second_Millennium* [해러웨이, 『겸손한_목격자』].

2. Chris Cuomo, *Feminism and Ecological Communities : An Ethic of Flourishing* (New York : Routledge, 1998), 62.

3. Geoff Bowker and Susan Leigh Star, *Sorting Things Out : Classification and Its Consequences* (Cambridge, Mass. : MIT Press, 1999), 27~28.

4. Bruce Fogle, ed., *Interrelations between People and Pets* (Springfield, Ill. : C. C. Thomas, 1981) ; Aaron Katcher and Allen M. Beck, eds., *New Perspectives on Our Lives with Companion Animals* (Philadelphia : University of Pennsylvania Press, 1983) ; Anthony Podberscek, Elizabeth S. Paul, and James A. Serpell, eds., *Companion Animals and Us : Exploring the Relationship between People and Pets* (Cambridge : Cambridge University Press, 2000) ; Victoria Voith and Peter L. Borchert, eds., *Readings in Companion Animal Behavior* (Trenton, N.J. : Veterinary Learning Systems, 1996) ; Cindy C. Wilson and Dennis C. Turner, eds., *Companion Animals in Human Health* (Thousand Oaks, Calif. : Sage Publications, 1998). 반려들과 인간의 건강에 관한 더 자세한 문헌은, Franklin, Emmison, Haraway, and Travers, "Investigating the Therapeutic Benefits of Companion Animals"를 참고.

5. 나는 여기서 출현(emergence)이라는 말을 격하시키려 한다. 사물 자체로부터는 어떤 출현도 나오지 않고, 거기에 있는 것은 언제나 내부 및 상호작용의 상관적인 매듭이라는 것을 강조하기 위해서, 상호 유도의 사고방식을 지지하고 싶기 때문이다.

6. *The DNA Files II*, Sound Vision Productions, NPR, October 22, 2001.

7. Leslie Pray, "Missyplicity Goes Commercial," *Scientist* 3, no. 1 (2002) : 1127, www.the-scientist.com/article/display/20892/. 프레이는 지네틱 세이빙스 앤 클론사의 CEO인 호손을 인용하고 있다. 이제 더는 익명의 기부자가 아닌 존 스펄링은 다시 9백만 달러를 투입했고, 회사는 텍사스주 칼리지스테이션에서 캘리포니아주 소살리토로 이전했다. 억만장자인 존 스펄링은 그의 평생 파트너가 키우는 개 미시(Missy)의 클론을 만들려고, 그 프로젝트를 지속한 7년 이상의 기간에, 1,900만 달러 이상의 돈을 지출했다고 전해진다. 스펄링은 또한 (인간의) 연명 운동과 생물권(Biosphere)의 재정지원에 관여한 미래학자이기도 했다. http://en.wikipedia.org/wiki/John_Sperling ; 그리고 http://en.wikipedia.org/wiki/Biosphere 참고. 루 호손(Lou Hawthorne)은 미시의 인간인 조안 호손의 아들이다. 미시가 죽었을 때, 스펄링과 조안 호손은 유기견 보호소들에서 새로운 개를 찾았는데, 미시도 유기견 보호소 출신이었다.

8. Sarah Franklin, *Embodied Progress : A Cultural Account of Assisted Conception* (London : Routledge, 1997) ; Marilyn Strathern, *The Gender of the Gift : Problems with Women and Problems with Society in Melanesia* (Berkeley and Los Angeles : University of California Press, 1988) ; Marilyn Strathern, *Reproducing the Future : Anthropology, Kinship and the New Reproductive Technologies* (New York : Routledge, 1992).

9. Michel Foucault, *The Birth of the Clinic : An Archaeology of Medical Perception*, trans. A. M. Sheridan Smith (New York : Pantheon, 1973) [미셸 푸코, 『임상의학의 탄생 : 의학적 시선에 대한 고고학』, 홍성민 옮김, 이매진, 2006].

10. 여기에서 내가 의지하고 있는 자료들은 다음과 같다. 우선 워싱턴주 올림피아에 있는 와이저의 자택에서 1999년 12월 28일과 29일 양일간에 가졌던 정식 인터뷰를 참고했는데, 이때 나는 그녀의 멋진 개들도 만났다. 그리고 3년간 Pyr-L@apple.ease.lsoft.com에 포스팅된 글들도 참고했다. 이는 1997년에 만들어지고 2001년에는 약 5백 명의 구독자를 가졌던 토론 그룹이다. 와이저

와 캐서린 데 라 크루즈, 주디 거스탑슨, 캐런 라이터, 그리고 재닛 프라쉐(이 여성 집단의 컴퓨터 전문성은 그들의 개 관련 작업에서 결코 사소한 역할을 한다고 할 수 없다)가 운영했다. 또 수많은 사적인 이메일들과 지금까지도 계속되고 있는 개인적인 관계들도 참고가 되었다. 나는 7년 동안 그레이트 피레니즈종인 윌렘 드쿠닉(Willem deKoonig)과 함께 확장된 가정에서 살았는데, 윌렘은 와이저가 번식시킨 개이다. 와이저는 그녀가 번식시킨 개를 전 생애에 걸쳐 추적하겠다는 윤리적 약속 아래 일을 했고, 그 개들과 그 사육주들을 지원했다. 윌렘은 2006년 6월 골암으로 윗다리를 절단한 후, 12월에는 암이 폐로 전이되었다. 그리고 그의 인간과 고양이 친구들이 지켜보는 가운데 안락사되었다. 이때 윌렘의 브리더인 와이저는 이러한 필멸의 반려종들의 매듭에서 언제든 연락이 가능하고, 기민한 상태로 있었다. 나는 또한 캐서린 데 라 크루즈와 나눈 대화와 인터뷰 들에 의존하며 그녀의 개 몇 마리를 만난 기쁨에서 생각을 끌어낸다. 그녀는 나를 토론 그룹 리스트 LGD-L을 통해 지도해 주었다. LGD-L은 농장, 목장, 그리고 사람들이 취미활동을 하기 위해서 소유하는 교외의 부동산들에서 일하는 여러 종류의 가축 보호견들에 관한 훌륭한 정보원이다.

11. 4장 「검증된 삶」은 공개 등록에 관한 2006년까지의 제도상의 구성들과 활동가의 싸움을 추적하고 있다.

12. 미국에서 최초로 유전성 질환 브리더 공개 등록을 행한 것은 PRA 데이터(래브라도 리트리버의 브리더인 조지아 구치에 의해 1989년에 진행성 망막위축증을 다루기 위해 시작되었다)와 1989년에 시작되어 1997년까지 3가지 질병이 등록된 〈웨스트 하이랜드 이상 대책 위원회〉(West Highland Anomaly Task Council, WatcH)였다.

13. de la Cruz, Pyr-L@apple.ease.lsoft.com, 2001년 8월 17일.

14. 예를 들면, 다음을 참고. *World Conservation Strategy*, IUCN, 1980 [『세계보전전략 : 지속적 개발을 위한 생물자원의 보전』, 환경청, 1980]; Brundtland Report, *Our Common Future*, WECD, 1987; *Convention on Biodiversity*, 1992; *Valuing Nature's Services*, WorldWatch Institute Report of Progress toward a Sustainable Society, 1997; *Investing in Biological Diversity*, Cairns Conference, OECD, 1997; 그리고 *Saving Biological Diversity : Economic Incentives*, OECD, 1996. 이 기간의 생물 다양성에 관한 스케치는, E. O. Wilson, ed., *Biodiversity* (Washington, D.C. : National Academy Press, 1988) 그리고 E. O. Wilson, *The Diversity of Life* (New York : Norton, 1992) [에드워드 윌슨, 『생명의 다양성』, 황현숙 옮김, 까치, 1995]를 참고.

15. 〈개 다양성 프로젝트〉는 www.canine-genetics.com/(2007년 5월 6일 접속)을 참고. 이 사이트는 2002년에 마지막으로 업데이트되었다.

16. 전환 담론이 어떻게 작동하는가에 관한 분석은 Susan Harding, *The Book of Jerry Falwell* (Princeton, N.J. : Princeton University Press, 1999)을 참고.

17. 2007년 5월에는 "종 보존계획"(Species Survival Plan)을 클릭하면, 〈세계자연기금 – 캐나다〉(World Wildlife Fund-Canada)의 보존 프로젝트 페이지로 대신 연결되었다.

18. SSP는 북미의 용어이다. 〈종 보존계획〉(Species Survival Plan®)은 AZA에 의해 등록되어 있다. www.aza.org/ConScience/ConScienceSSPFact/ (2007년 5월 6일 접속)을 참고. 또한 〈유럽 멸종위기종 프로그램〉과 〈호주 종 관리 프로그램〉을 참고, 중국, 일본, 인도, 타이, 말레이시아, 인도네시아 등은 토착종의 이 세계적인 테크노사이언스에 상당하는 것을 각국에 가지고 있다.

19. 서울대학교의 황우석의 연구소에서 수행된, 반려동물이 아닌 생물의학용의 개의 클론을 작성

하는 프로젝트에 관해서는 2장 「가치를 띤 개」를 참고. 이 프로젝트에서는 2005년에 아프간하운드의 복제견인 스너피가 탄생했다.

20. 2001년의 사이트는 www.missyplicity.com이었다. 텍사스 A&M 대학의 연구자들과 존 스펄링의 돈이 2002년에 각자의 길을 가게 된 후, 프로젝트는 지네틱 세이빙스 앤 클론사에서만 계속되었다. 이것은 2000년 2월에 설립되고, 그 후 텍사스주에서 캘리포니아주로 이전하고, 2006년 10월에 폐쇄되었다. 웹사이트 www.savingsandclone.com은 2006년 12월경까지 유지되었다. 그리고 저온동결보존 서비스의 고객은 www.viagen.com/our-services/preserving-your-pets/의 비아젠으로 소개되었다. 거기에는, "비아젠은 고양이나 개의 상업적인 클론 서비스는 하지 않습니다"라고 쓰여 있다.

21. www.animalcloningsciences.com (2000년 봄 접속). 캘리포니아주 란초 미라즈에 본부가 있는 애니멀 클로닝 사이언스사는 2006년에 말에 클로닝 연구를 광고했다.

22. 2000년 시점의 웹사이트의 주소는 www.lazaron.com였다. 회사는 라자론 바이오테크놀로지(SA), Ltd가 되었다. 그리고 www.lazaron.co.za/ (2006년 11월 접속)에서, "글로벌하게 연결된 최고의 연구센터"에서 "아프리카를 위한 체세포 전문지식"을 제공한다고 선전했다. 클로닝의 관용구에서 파생한 "재생 세포 테크놀로지"는 2006년 줄기세포계의 언어였다. 웹사이트는 다음과 같이 이야기하고 있다. "회사의 당초의 기업 목표는 아프리카에 최초의 인간 제대혈 줄기세포 은행을 설립하는 것이다." 라자론은 게다가 "유전적 생명을 구하기"라고 하는 2001년의 "생명윤리"의 목표를 상세히 설명한다. 연구 페이지에는 2006년 현재 회사의 프로필을 다음과 같이 설명하고 있다.

> 회사의 동물 바이오-셀 부서를 통해서, 몇 가지 중-단기 프로젝트는 이미 확인되고 있습니다. 그리고 2006년에 끝나는 연구 프로그램으로 스텔런보쉬대학에서 추가적인 연구와 개발이 수행되고 있습니다. 이 연구의 결과에 의해 라자론은 경주마 산업, 그리고 구체적으로 말하자면 힘줄의 재생에 목표를 둔 수의의 재생 세포 대체 요법을 제공할 수 있을 것으로 예상합니다.

여러 가지 보조생식 기술, 그리고 생물공학 기술은 다음과 같은 것에 활용된다.

> 1) 우리의 놀이공원에서 결핵에 의한 사망으로 두수가 감소하고 있는 아프리카 물소를 보충하기 위해 결핵에 걸리지 않은 동종의 송아지를 만듭니다.
> 2) 장래의 클로닝 과정을 위해서, 야생동물, 가치가 있는 가축, 반려동물의 품종 등의 유전학 시료를 보존합니다.
> 3) 자연 상태에서 번식이 불가능한 종의 시험관 새끼를 만듭니다.
> 4) 경주마나 우월한 종웅과 같은 귀중한 동물의 줄기세포를 수집하고 보존합니다.
> 5) 찢어지고 손상된 힘줄의 재생을 위해 줄기세포 요법을 적용합니다.
> 6) 인간의 의학에서 줄기세포의 치료적 이용에 관한 연구를 위한 동물 모델을 개발합니다.
> 7) 예를 들면 무중력 상태에서, 체세포와 줄기세포 배양의 대안 모델을 조사합니다.

23. John Cargill and Susan Thorpe Vargas, "Seeing Double : The Future of Dog Cloning," *Dog-World* 85, no. 3 (2000) : 20~26.

24. www.savingsandclone.com/ethics (2000~2002년 접속).

25. www.missyplicity.com/goals (2000~2002년 접속).

26. www.tamu.edu/researchandgradstudies, 1996의 수치 (2000년 접속).

27. www.missyplicity.com/team (2000년 접속).

28. www.cnn.com/EARTH/9509/hartebeest/ (2000년 접속). 라자론 바이오테크놀로지 (SA), Ltd 가 당시의 2000년 말 무렵에 다수의 동일한 목표들을 내세웠다는 것에 주목할 것. SSP와 동결 보존 연구시설은 테크노문화에서의 보존과 재생 전략으로서 상당한 공통점이 있다. 세라 프랭 클린의 『돌리 잡종들』은 대륙을 가로지르는 실천의 세부에서 일어나는 이와 같은 수렴을 이해 할 수 있도록 도움을 준다.

29. www.tamu.edu/researchandgradstudies/scicoa98/tamu2.html (2000년 접속).

30. 호손의 발표의 오디오 테이프와 사전 인쇄물을 제공해준 린다 호글에 감사한다. 또한 멸종위기 종에 관한 그의 견해를 강조해 준 것에 대해서도 감사한다.

31. Joseph Dumit, "Playing Truths : Logics of Seeking and the Persistence of the New Age," *Focal* 37 (2001) : 63~75

32. Lou Hawthorne, "The Ethics of Cloning Companion Animals," pre-print for Stanford University's Ethics in Society Program, May 12, 2000. 앞으로 호손을 인용한 것은 모두 이 사전 인쇄물에서 나온 것이다.

6장 유능한 신체와 반려종

1. 내 오빠의 두 아이들 마크와 데브라는 아버지의 스코어 매기는 법을 배웠다. 마크에 의하면, 이 스코어를 매기는 법은 대륙의 만들(gulfs)과 부모의 이혼을 가로질러서 거의 얼굴도 알지 못하 는 그들의 할아버지와 자신들을 묶어주고 있다고 했다. 우리 가족 속에서, 읽고 쓸 줄 안다는 것 은, 나중에 그 시합의 상세를 생생하게 재현할 수 있도록 시합을 코드화하는 방법을 알고 있음 을 의미했다. Katie King, *Networked Reenactments* (개정 중)는 나에게 쓰는 기술이 어떻게 인 간을 형성하는지를 가르쳐 주었다. www.womensstudies.umd.edu/wmstfac/kking/ (2007년 5 월 5일 접속) 참고.

2. "관심을 가지다(regard)에 관한 나의 생각은 블라드 거드지치(Wlad Godzich)와의 대화 속에 있 다. 내가 "형성 중인 신체" 컨퍼런스에서 말한 것에 그가 2005년 12월 20일에 답해 준 이메일은 감동적이고 매우 도움이 되는 것이었다.

3. Haraway, *The Companion Species Manifesto* [해러웨이, 「반려종 선언」, 『해러웨이 선언문』]; Ts- ing, "Unruly Edges"와 Despret, "The Body We Care For"를 참고. 종의 조우에 있어서의 시각 과 촉각의 만남에 관해서는, 미국 노스캐롤라이나주 더럼에서 2004년 10월에 개최된 〈문학과 과학협회〉의 회의에 제출된 논문, Eva Shawn Hayward, "Jellyfish Optics : Immersion in Marine TechnoEcology"를 참고하라.

4. Karen Barad, "Invertebrate Visions : Diffractions, Mutations, Re(con)-figurations, and the Ethics of Mattering," in *Meeting the Universe Halfway* ; Astrid Schrader, "Temporal Ecologies and Political Phase-Spaces : Dinoflagellate Temporalities in Intra-action"(캘리포니아주 패서디나에서 2005년 10월에 열린 〈과학사회학 학회〉 회의에서 발표된 논문).

5. Thompson, *Making Parents*,

6. 내 추측으로는 결핵이 이미 아버지의 뼈를 갉아먹고 있었기 때문에 아버지가 넘어진 것이지, 넘 어진 것 때문에 결핵이 자극된 것은 아닌 것 같다. 이런 종류의 해석적인 설명은 어떤 이야기도,

특히 가족의 이야기를 흥미 있게 만든다. 픽션과 사실 사이에 그어진 선은 거실을 관통한다.

7. 게임과 게임을 하는 사람들에 관해서 생생한 설명은 Jerome Charyn, *Sizzling Chops and Devilish Spins : Ping Pong and the Art of Staying Alive* (New York : Four Wall, Eight Windows Press, 2001)을 참고.

8. 이런 종류의 일을 과학기술학의 행위자-연결망 이론에서 생각하는 것에 관해서는, Myriam Winance, "Trying Out the Wheelchair : The Mutual Shaping of People and Devices through Adjustment," *Science, Technology, and Human Values* 31, no. 1 (January 2006) : 52~72를 참고.

9. 아버지가 돌아가신 후 그의 장서에서 발견한 책에서 나는 기교의 비밀을 다룬 몇 가지를 읽었다. Harry E. Heath, *How to Cover, Write, and Edit Sports* (Ames : Iowa State College Press, 1951). 이 책에서 취급하고 있는 스포츠는 야구, 농구, 풋볼, 하키, 복싱, 테니스 등이다. 이 책 속에 있는 야구 스코어 매기는 법은 아버지가 가르쳐준 것보다 훨씬 교묘하지 못한 것 같았다. 만약 아버지가 이 책을 읽기라도 하신 거라면, 그건 나에게는 놀라움일 것이다.

8장 접촉지대에서의 훈련

1. Gaëtanelle Gilquin and George M. Jacobs, "Elephants Who Marry Mice Are Very Unusual : The Use of the Relative Pronoun *(Who)* with Nonhuman Animals," *Society and Animals* 14, no. 1 (2006) : 79~105.

2. Clutton-Brock, *A Natural History of Domesticated Mammals*. 개에 관해서는 Serpell, ed., *The Domestic Dog* ; Raymond and Lorna Coppinger, *Dogs : A Startling New Understanding of Canine Origin, Behavior, and Evolution* (New York : Scribner's, 2001)과 Stephen Budiansky, *The Covenant of the Wild : Why Animals Chose Domestication* (New Haven, Conn. : Yale University Press, 1999 ; original 1992)를 참고. 매우 이른 시대부터 볼 수 있는 개와 인간 사이의 감정적 유대와 밀접한 관계를 말해주는 전 세계에 걸쳐서 발견된 고대의 개 묘지 유적의 증거에 관해서는 Morey, "Burying Key Evidence"을 참고. 비판적인 역사적 관점에 관해서는 Barbara Noske, *Beyond Boundaries : Humans and Animals* (Montreal : Black Rose Books, 1997) 참고. 노스케는 동물산업단지라는 생각을 소개한 것 외에도, 수천 년에 걸쳐 행해져 온 동물의 가축화에 있어서의 인간과 동물의 관계의 복잡성을 소묘한다. 그녀는 이 관계를, 인간이 다른 동물들이 보내는 계절적 생존 사이클을 변경시킨 것으로 정의한다. 하지만 그녀는 동물이 인간의 생존 패턴을 변화시키는 보다 능동적인 방법 또한 고려한다. 가축화에 대한 이런 접근법에서 관심의 중심에 있는 것은 관련되는 모든 종들의 에콜로지이다. 노스케가 또한 단언하고 있는 것은, 우리가 동물들을 SF 같은 다른 세계의 무엇으로 간주하고 있다는 것, 그리고 모범과는 거리가 멀고 인간보다 열등한 존재로 보고 있다는 것이다.

3. Despret, "The Body We Care For" ; Despret, "Sheep Do Have Opinions."

4. Haraway, *The Companion Species Manifesto* [해러웨이, 「반려종 선언」, 『해러웨이 선언문』].

5. 내가 검토하려고 하는 그런 훈련에서 서로 주의를 기울이는 데 필요한 생물사회적 전제조건들은, Brian Hare, Michelle Brown, Christina Williamson, and Michael Tomasello, "The Domestication of Social Cognition in Dogs," *Science* 298(November 22, 2002) : 1634~36 속에 제안되어 있다. 이 자료가 제시하고 있는 것은, 개가 유전적으로 안정된 형태로 인간의 행위를 읽을 수 있는 능력을 가지고 있는데, 그것은 늑대에게는 없는 능력이라는 것이다. 개나 가축처럼 사람에게 길들여진 동료들이 어떻게 인간을 형성해 왔는지를 제시하는 인간의 유전적으로 안정된

능력의 증거를 아직 누구도 찾지 않고 있다. 이유의 하나는 인간은 문화적으로 변화를 하지만, 동물은 문화가 없기 때문에 생물학적으로밖에 변화하지 않는다는 이원론적 가정 때문이다. 이 가정 양쪽 모두가 분명히 잘못된 것인데, 상이한 공동체 사이에서 "문화"가 어떤 의미를 갖고 있는지에 관해서 여전히 해결될 수 없는 논의가 계속되고 있다는 것을 참작하더라도 그러하다. 지금까지 유전학의 연구자들이 탐구해 온 것은, 독감과 같은 동물의 질병의 역사가 어떻게 전부 또는 일부의 바이러스 게놈의 편입에 의해 인간 게놈 속에 기록 되었는지뿐이다. 레트로바이러스는 특히 흥미롭다. 과학자들이 추측하고 있는 것은, 인간 게놈의 약 10만 개의 세그먼트(인간의 상보적 DNA 전체의 8퍼센트에 달한다)가 현저하게 레트로바이러스와 유사하다. Carl Zimmer, "Old Viruses Resurrected through DNA," *New York Times*, November 7, 2006, D3 ; 그리고 N. de Parseval and Thierry Heidmann, "Human Endogenous Retroviruses : From Infectious Elements to Human Genes," *Cytogenetic Genome Research* 110, nos. 1~4 (2005) : 318~32 참고. 그러나 유전학적 기록은 단순한 바이러스의 교환보다도 더욱 두께가 있는 상호 및 내부-작용의 역사를 이해하기 위한 가능성을 충분히 가지고 있어야 한다. 비교분자게놈학은 가축이라고 불리는 얽힘의 역사를 재고하는 데 귀중한 수단이 될 것이다. 이런 얽힘 속에 포함되는 것은 개와 인간의 행동능력과 같은 종내 및 종간의 행동능력인데, 그것은 그들에게 서로를 읽어들이고, 서로 놀고, 서로 훈련하는 것을 가능하게 한다.

6. www.doggery.org/라는 웹사이트에는 어질리티를 소개하는 링크들이 있다. 또한 내가 함께 훈련을 하고 놀이를 한 롤런드와 카옌의 소개도 거기에 있다. 이 사이트에는 작은 장애물 그림들도 있고, 이벤트를 주최하는 단체와 이벤트 설명을 볼 수 있다. 어질리티에 관한 풍부한 정보를 제공하는 링크로는 www.bayteam.org/index.html과 www.cleanrun.com/을 참고. 월간지 『클린 런』(*Clean Run*)은 코스 설계 및 분석, 연습 과제 다이어그램, 훈련 정보, 장비 설명 및 광고, 게임에 참여하는 개들에 관한 설명, 전 세계 인간 참가자들과의 인터뷰, 국내 및 세계 경기 보고, 개를 위한 스포츠 영양 정보, 인간과 개를 위한 스트레스 관리 조언, 개에게 마사지해 주는 방법, 멋진 어질리티 사진 등을 제공하는 주요 정보원이다. 또한 클린 런 사(Clean Run, Inc.)는 야후(yahoo.com)상에서 온라인 어질리티 토론 그룹을 주관한다. 그 밖에도 많은 인터넷 토론 그룹이 게임의 여러 측면들을 다루고 있다. 많은 사람들이 연습 장비를 직접 제작하고 있는데, 인터넷에서 설계 방법을 찾아볼 수 있다. 주요한 어질리티 이벤트는 텔레비전으로 방영되고, 훈련을 찍은 영상이나 주요 경기 영상도 풍부하다(www.dog patch.org/agility/을 방문해보라). 웹사이트 www.dogpatch.org/agility/IAL/ial.html에는 미국 외의 나라들에서 진행되는 어질리티에 관한 정보가 풍부하다. (모든 웹사이트는 2007년 5월 6일에 접속). 잡지 『개와 핸들러』(*Dog and Handler*)는 개 스포츠의 모든 것을 망라하고 있다.

7. IFCS 세계 이벤트에 출전하고 싶어 하는 미국인들의 희망이 초래한 좋은 결과의 하나는, 미국 경기견의 꼬리 자르기와 귀 자르기가 중단될 수밖에 없다는 것이다. 오스트레일리언 셰퍼드인 카옌의 세계 무대행이 결정되어 있었더라면, 카옌은 여전히 자신의 꼬리를 가지고 있을 것이다. 미국 사람들과는 달리, 유럽인들은 초국가적인 기관이 켄넬과 브리더의 행위를 규제하는 규칙 — 브리더가 이전에는 단순한 개인적 문제나 클럽의 기준으로 간주하고 있었던 것을 불법적인 학대(그로 인해 개는 시합에서 추방된다)라고 이름 붙이는 규칙 — 을 채택하기로 결정해도, 하늘에서 검은 헬리콥터를 보는 일은 거의 없다. 어쩌면 이 압력은 모든 다른 개들의 보호에 도움이 될 것이다. 그러나 부끄러운 일이지만, 큰 싸움이 될 것이다. 그리고 대부분의 개들은 경기견이 아니고 또한 그럴 필요도 없어야 할 것이다.

8. Brenda Fender, "History of Agility, Part 1," *Clean Run* 10, no. 7(July 2004):32~37.

9. 어질리티에서 개와 함께 달린 연구자들에 의해서 행해진 훌륭한 사회학적인 연구로서는, 2001년 캘리포니아 애너하임에서 열린, 〈미국 사회학회〉 동물과 사회 섹션에서 발표된 Dair Gillespie, Ann Leffler, and Elinor Lerner, "If It Weren't for My Hobby, I'd Have a Life:Dog Sports, Serious Leisure, and Boundary Negotiations"를 참고. 레플러는 나에게 2000년과 2001년에 캘리포니아주 플레이서빌에서 열린 파워 포즈 어질리티 캠프의 기록을 제공해 주었다. 그녀는 2000년 캠프의 참가자들 수가, 인간 학생이 241명, 개가 146마리라고 기록한다. 86퍼센트가 여성이었고, 캠프에 온 사람들은 거의 백인이었지만, 영국과 일본에서 온 사람도 있었다. 참가자의 연령의 평균값과 중간값은 40대였다. 레플러가 이야기하는 것처럼, 캠프는 완전한 집중 훈련 경험이다. 카옌과 나는 2002년과 2004년에 개최된 5일간의 파워 포즈 캠프에 참가했다. 그리고 레플러가 이야기해준 것과 똑같은 경험을 했다. 캠프의 비용은 우리의 경우, 매 해 총비용이 1천 달러 정도 들었다. 지도자들은 4개의 국가와 미국 전역에서 왔고, 3분의 1은 남성이었다고 레플러는 쓰고 있는데, 우리가 참가한 해에도 그랬다. 지도자들은 모두 백인이었고, 거의가 풀타임 어질리티 지도자였다. 그들은, 월드 팀, 다른 캠프와 워크숍, 전국대회 같은 데서 일해 왔고, 서로 잘 아는 사이였다. 그들은 모두 보더콜리, 오스트레일리언 셰퍼드 작업견, 셔트랜드 쉽독, 잭 러셀 테리어와 같은 매우 빠른 개를 가지고 있었다. 로트바일러 핸들러인 레플러는 필드 노트 속에서 신랄하게 말하고 있다. "아마추어가 상위에 들어갈 수 있는 여지는 아마 없을 거다!" Ann Leffler, Liberal Arts and Sciences Program, Utah State University, Logan, Utah 84322.

10. Karen Pryor, *Getting Started:Clicker Training for Dogs* (Waltham, Mass.:Sunshine Books, 2005) [카렌 프라이어, 『(개를 춤추게 하는) 클리커 트레이닝:처음 만나는 클리커 트레이닝 개와 사람이 함께 배우다』, 김소희 옮김, 페티앙북스, 2012]는 훌륭한 입문서이다. 캐런 프라이어의 클리커 용구점의 웹사이트는 http://clickerpets.stores.yahoo.net/getstarclict4.html (2007년 5월 6일 접속). 프라이어에 관한 예비지식은 http://en.wikipedia.org/wiki/Karen_Pryor를 참고. 중요한 책으로는 다음과 같은 것이 있다. Karen Pryor의 책으로는 *Don't Shoot the Dog:The New Art of Teaching and Training* (New York:Bantam, 개정판 1999; 초판 1984) [캐런 프라이어, 『긍정의 교육학:부모가 바뀌고 아이가 달라지는』, 이원식 옮김, 리앤북스, 2006]; *Karen Pryor on Behavior:Chapters and Research* (Waltham, Mass.:Sunshine Books, 1994)와 *Lads before the Wind:Diary of a Dolphin Trainer*, rev. ed. (Waltham, Mass.:Sunshine Books, 2004). 또한 Susan Garrett의 책으로는 *Ruff Love:A Relationship Building Program for You and Your Dog* (Chicopee, Mass.:Clean Run, 2002)와 *Shaping Success:The Education of an Unlikely Champion* (Chicopee, Mass.:Clean Run, 2005)을 참고. 가레트는 국제적으로 이름이 알려진 어질리티 경기자이자 교사이기도 하다.

11. 긍정 강화 훈련에 관한 지나치게 간단한 이러한 설명에는 많은 기술상의 난점이 있다. 그러나 이 장에서 논할 필요는 없다.

12. 나에게 평범함(prosaic)을 이해시켜 준 것은 Gillian Goslinga, "Virgin Birth in South India:Childless Women, Spirit Possession, and the Prose of the Modern World"인데, 2006년 6월, 캘리포니아 대학 산타크루스 캠퍼스에서 발표된 박사 논문이다. 또한 나는 과학의 추상성이 우리로 하여금 어떻게 새로운 징후를 상상하게 하는지에 관한 이자벨 스탕제르의 이해에 빚지고 있는데, 새로운 징후는 평범한 디테일에서만 의미를 가진다.

13. 오랜 기간 어질리티 세계에서 나는 인종, 계급, 섹슈얼리티 정치를 포함하여 정치에 관해서 어떤

이야기도 듣지 못했기 때문에 어질리티가 관습적이고, 이성애적이거나 벽장 속의 세계이며, 보수적이고, 태반이 백인인 중산 계급의 사람들의 스포츠라고 생각하고 있었다. 나는 산타크루스의 풍요하고 조심스럽게 말하더라도 좌파적이고, 반인종주의적이고, 페미니즘적이고, 레즈비언, 게이, 트랜스 문화에 익숙해 있었던 탓에, 어질리티의 인간 사회적인 세계에 관해서 오해하고 있었다. 분명히 거기에는 2003년 이라크 침공이 시작된 최초의 수개월간 부시를 지지한 사람들이 많이 있었다 — 빨간색, 흰색, 푸른색이 이동식 의자에서부터 개의 목걸이와 개의 털을 물들인 색깔에 이르기까지 퍼져 있는 것("테러와의 전쟁"이 만발하고 있었다)이 그것을 고통스러울 정도로 분명하게 했다. 또한 1960년대 중반 무렵부터 나는 이런 문화 속에서 지낸 시간이 길지 않다. 누가 게이인지를 알아채는 것이 아주 어렵고 평상시의 나의 요령 있는 추측들이 너무나 많이 틀린 것으로 판명나는 그런 문화 말이다. 지금 생각해도 그 이유는 어질리티 세계는 "이성애자"가 여전히 상수인 이성애 규범적인 세계이기 때문이고, 의식적이든 무의식적이든 순응이 당연하다고 생각되는 세계이기 때문이다. 다른 한편으로는, 내가 속한 대학 문화의 통상적인 표지가 어질리티 세계에서는 내게 유익한 정보를 제공해 주지 못했기 때문에 나는 종종 틀렸다. 그리고 어질리티를 경기하는 여성들 중 상당수는 그녀들이 동성애자든 이성애자든 남성과 어린 아이의 수가 적다는 것을 좋든 싫든 대부분의 경우에 당연하게 생각했다. 한 어질리티 시합의 부스에서 의미심장한 농담이 새겨진 나무 장식판을 팔고 있었다. "일요일 밤에 돌아올 것임. 애들 밥 챙겨먹일 것." 게다가 내가 지금 생각하는 것은, 어질리티 실천의 핵심이 이종적(interspecies)이라는 점이 사람들로 하여금 그 공간을 통상적인 정치에서 자유롭도록 보호하게 하는 적극적 역할을 한다는 것이다. 그렇지 않다면 사람들은 서로 그리고 개 파트너들로부터 배우고 함께 놀기보다는 서로를 무시하고 기각하는 판단을 내리면서 사분오열될 것이다. 어질리티 장소는 대체로, 시합에 소비되는 상당한 노동을 제외하면, 집에서 하는 것이든 일터에서 행하는 것이든 일이라는 것에서는 해방되어 있다. 예외는 유급 심판뿐인데, 그들도 주말에 일해서 부자가 될 수 있을 것 같지는 않다. 그들 이외에는 어질리티 시합에서 일하고 있는 사람들 거의 모두가 자원자들이고, 모두 일을 분담하고 있다. 더 강고한 시민 문화의 가능성을 간직한 배아라고 해도 좋을 이 공간은 지나치게 바쁜 스케줄과, 같은 의견을 가진 사람만을 찾는 것이 자신과 의견이 다른 사람과 함께 생각하는 일보다 우선시되고 있는 미국 사회에서는 드물고 귀중한 것이다. 조금씩이지만, 내가 발견한 것은 어질리티가 사람들이 우정의 네트워크를 만드는 장이 된다는 것이었다. 거기서는 지적이고 정치적인 문제들이 매우 생생하게 열린 모습으로 달리기들 사이사이에 토론되는데, 때로는 개에 관한 지식이나 열정과 "교차하면서" 그러나 대부분은 그것과는 분리되어서 논의된다. 이 밖에도 사람들이 각자의 생계를 어떻게 꾸리고 있는지, 그리고 얼마나 많은 사람들이 — 직업의 안과 밖에서 — 개와 함께 달성한 것 이외에 어떤 진지한 업적을 거두고 있는지 알게 되기까지는 어질리티 세계에서 많은 시간이 걸린다. 이제는 나도 비밀스러운 것들이 어디에 있는지 크게 확신이 없다. 그리고 오히려 개를 관심의 중심에 둔 채로 어질리티 애호가들의 삶을 형성하고 있는 다른 것들 속으로는 대단히 천천히 진입하는 과정에서 열리는 공간들에 더 호기심을 느낀다. 나의 인생 동료이자 테니스를 치는 사람인 러스틴은 어질리티가 기업적으로 행해지는 미국 프로 스포츠 문화의 바깥에서 아마추어가 진지하게 참여하는 스포츠의 전형을 보여준다고 생각한다. 지금까지 낮은 평가를 받아왔지만, 매우 풍부한 가치가 서서히 발견되고 있다는 것이다. 지금은 나도 같은 생각이다.

14. 노란색은 우연이 아니다. 개들은 노란색과 파란색을 아주 잘 식별할 수 있다. 그러나 빨강과 복색의 개 장난감이 있지만, 개는 그런 색들을 식별할 수 없다. Stanley Coren, *How Dogs Think*

(New York: Free Press, 2004), 31~34 참고. 만약 A자 프레임이 녹색과 노란색으로 칠해져 있으면 (가끔은 이런 색인 경우가 있다), 파란색과 노란색으로 칠해진 것과 비교해서 개가 식별하는 데 시간이 더 걸린다. 녹색은 개에게는 누르스름하게 보인다. 그러나 접촉 장애물 수행에서 잘 훈련된 개에게 색의 구분이 가장 중요한 변수가 되는 일은 없다.

15. Susan Conant, *Black Ribbon* (New York: Bantam, 1995). A자 프레임 살해의 현장은 도그 스포츠 여름 캠프이다. 사람의 머리에 떨어진 A자 프레임은 치명적인 영향을 준다.

16. Mary Louise Pratt, *Imperial Eyes: Travel Writing and Transculturation* (New York: Routledge, 1992), 6~7 [메리 루이스 프랫, 『제국의 시선: 여행기와 문화횡단』, 김남혁 옮김, 현실문화, 2015].

17. James Clifford, *Routes: Travel and Translation in the Late Twentieth Century* (Cambridge, Mass.: Harvard University Press, 1997), 7.

18. Naomi Mitchison, *Memoirs of a Spacewoman* (London: Women's Press, 1985; original 1962); Suzette Haden Elgin, *Native Tongue* (New York: Daw Books, 1984); Samuel R. Delany, *Babel 17* (New York: Ace Books, 1966) [새뮤얼 딜레이니, 『바벨-17』, 김상훈 옮김, 폴라북스, 2013].

19. 현대의 북극지 제삼기(Arcto-Tertiary)와 마드로 제삼기(Madro-Tertiary) 수목종들의 뒤섞인 배치들에 관한 논의는, Elna Bakker, *An Island Called California: An Ecological Introduction to Its Natural Communities*, 2nd ed. (Berkeley and Los Angeles: University of California Press, 1984), 97~103 참고. 이행대와 가장자리 효과는 틈새-공간적인 프로세스일 뿐 아니라 지질학적인 시간이기도 하다.

20. Juanita Sundberg, "Conservation Encounters: Transculturation in the 'Contact Zones' of Empire," *Cultural Geography* 13, no. 2 (2006): 239~65.

21. Tsing, "Unruly Edges," ms. 4.

22. Eduardo Kohn, "How Dogs Dream," *American Ethnologist* 34, no. 1(2007). 이 인용은 2005년 11월 4일의 개인적인 이메일 교신에서 온 것임. 콘은 현재 *Toward an Anthropology of Life: Amazonian Natures and the Politics of Trans-species Engagement*라는 제목의 책을 준비 중이다.

23. Scott Gilbert, *Developmental Biology*, 8th ed. (Sunderland, Mass.: Sinauer Associates, 2006) [Scott F. Gilbert, 『(길버트) 발생생물학』, 강해묵 옮김, 라이프사이언스, 2007].

24. 발달적인 개연성과 발달적 상호작용의 지형 속에서 안정된 경로로서의 크레오드(chreode)에 관해서는 C. H. Waddington, *The Evolution of an Evolutionist* (Ithaca, N.Y.: Cornell University Press, 1975)를 참고. 워딩턴은 "후성적 지형"에 관해서 광범위하게 썼다. Scott F. Gilbert, "Epigenetic Landscaping: C. H. Waddington's Use of Cell Fate Bifurcation Diagrams," *Biology and Philosophy* 6 (1991): 135~54 참고. 그리고 Scott F. Gilbert, "Induction and the Origins of Developmental Genetics," in *A Conceptual History of Modern Embryology*, ed. Scott Gilbert (New York: Plenum, 1991), 181~206과 Scott F. Gilbert and Steven Borish, "How Cells Learn, How Cells Teach: Education within the Body," in *Change and Development: Issues of Theory, Method, and Application*, ed. A. Reninger and E. Amsel (Hillsdale, N.J.: Lawrence Erlbaum, 1997), 61~75도 참고. 워딩턴의 크레오드에 관한 논의와 화이트헤드의 과정철학과 관련한 전개에 대한 접근은 James Bono, "Perception, Living Matter, Cogni-

tive Systems, Immune Networks : A Whiteheadian Future for Science Studies"(근간 예정)을 참고. 발생학의 역사에서 워딩턴에 관해서는, Donna Haraway, *Crystals, Fabrics, and Fields : Metaphors That Shape Embryos* (Berkeley : North Atlantic Books, 2004 ; original Yale University Press, 1976)을 참고.

25. Scott F. Gilbert and Jessica A. Bolker, "Ecological Developmental Biology : Preface to a Symposium," *Evolution and Development* 5, no. 1 (2003) : 3~8. 다세포 생물 속에서, 미생물 공생자에 의해 일어나는 유전자 발현의 직접 유도는, 현재는 정상적인 것이고 매우 중요한 발생 메커니즘으로 생각되고 있다. Scott F. Gilbert : "Mechanisms for the Environmental Regulation of Gene Expression," *Birth Defects Research (Part C)* 72 (2004)와 "Cellular Dialogues during Development," *Gene Regulation and Fetal Development* 30, no. 1 (1996) : 1~12 참고.

26. Gilbert, *Developmental Biology*, 808 ; Margaret McFall-Ngai, "Unseen Forces : The Influence of Bacteria on Animal Development," *Developmental Biology* 242, no. 1 (2002) : 1~14.

27. Barad, *Meeting the Universe Halfway*. 생물학자 조앤 버크홀더에 의한 체사피크만 지역의 다양한 모양을 한 와편모충, 어류, 돼지, 닭, 인간 등의 다종적이고 다형적인 내부-작용에 관한 연구를 유령과 그 시간성에 관한 철학자 자크 데리다의 이론과 연결하는 훌륭한 분석에 관해서는 2006년 11월 1~5일에 밴쿠버에서 있었던 〈과학사회학 학회〉 회의에 제출되었던 Astrid Schrader, "Phantomatic Species Ontologies : Untimely Re/productions of Toxic Dinoflagellates"을 참고. 접촉지대를 물리학이나 생물학보다, 오히려 구조화학의 에콜로지 관점에서 생각하기 위해서는 Natasha Myers, "Molecular Embodiments and the Body-Work of Modeling in Protein Crystallography," *Social Studies of Science* (근간)에서 춤추기, 단백질 구조 모델링, 스크린상에서 벌어지는 청각-시각-운동감각적 매듭, 과학자 형성이 결합되는 놀라운 모습을 참고하라. 다양하게 상황에 처해 있는 연어와 인간 사이의 공동 구성과 접촉지대에 관한 견해는, Heather Swanson, "When Hatchery Salmon Go Wild : Population-Making, Genetic Management, and the Endangered Species Act," 〈과학사회학 학회〉 회의, 밴쿠버, 2006년 11월 1일~5일을 참고.

28. 하이데거의 밝힘(lichtung) 개념은 나와는 아주 다르다. 나는 조르조 아감벤이 하이데거의 "밝힘"에서 "깊은 권태"가 갖는 중요성에 대해서 제공하는 설명을 따른다. Agamben, *The Open*, 49~70. 하이데거의 밝힘은 어떤 확고한 세계, 자연, 소정의 장소로도 규정되지 않는 인간의 두렵고 본질적이 목적 없음을 알기 위해 기능성이라는 무가치한 것으로부터 철저하게 해방될 때 나타난다. 이 환상의 대단한 방출을 성취하기 위해, "부정성"을 파악하기 위해, 자유롭기 위해, 단순히 동물로서 감금된 상태로 살기보다는 오히려 자신의 감금 상태를 이해하기 위해("그 자신이 사로잡힌 상태로부터 그 자신의 사로잡힌 상태를 각성하는 것으로" 같은 책, 70), 하이데거의 이야기 속에서 인간은 깊은 권태라고 하는 끔찍한 경험이 자신의 전부를 적시도록 허용한다. 어느 것 하나 행할 필요도 없고, 어떤 애정도 필요 없고, 의욕이 생기게 할 것도 없고, 행동할 필요도 없다. 어떤 동물도 이와 같은 상태를 경험할 수는 없다(그리고 어떤 여성도 "여성"의 자격으로는 경험할 수 없다). 그러나 거기로부터만 비은폐성, 즉 밝힘이 생길 수 있다. 이 대단히 파괴적이고, 자유를 초래하는 비목적론적 부정성, 이 완전한 무관심으로부터만, 현존재(Dasein)("무(無) 속에서 공중에 매달려 있는," 같은 책, 69), 진실한 인간 존재가 나타난다. 이 "밝힘"으로부터만, 단순한 비축과 자원의 대상으로서가 아니라, 기술과 기능으로부터 자유로운 비은폐와 공개 속에서, 열정적으로 세계를 파악할 수 있다. 인간과 동물을 구별하는 것, 그 둘을 다리를

놓을 수 없는 대극의 특이성들로 위치짓는 것은, 정확히 "깊은 권태"의 가능성이고, 그것은 인간에게 있어서는 기능으로부터 완전한 단절이고, 동물에게 있어서는 기능에로의 끊을 수 없는 연결과 확고한 접속 때문에 피할 수 없는 세계의 결여이다. 나의 "열림"(the open)은 확실히, 비목적론적 이해에 대해 탐욕스럽다는 점에서는 유사하다고 하더라도, 아주 다른 것이다. 그것이 나타나는 것은 "이해"의 충격으로부터다. 이(것)과 여기는 우리가 누구이고 어디에 있는가이다. 무엇이 이루어지기로 되어있는가? 이 우리가 얽힘의 결실이 되는 가운데서도, 이 여기와 이 우리 속에서 존중과 응답은 어떻게 활약할 수 있을까? 적어도 하이데거의 작은 시나리오대로 자신에 찬 바쁜 생활로부터 비틀려 풀어졌을 때, "이해"의 충격이 "깊은 권태"로 부터 그리 멀리 떨어지는 일은 거의 없다. 그런 경우, 반려종을 위한 "열림"이 접촉지대와 뒤죽박죽인 가장자리에서 가능하게 되는 일은, 결코 확실하지도, 결코 보증되지도 않는다. 현존재에 관한 하이데거의 작업에 대한 다양한 철학적 연관이 있지만 인간-동물 연구의 관점에서 다시 형식화한 것으로는, 2006년 11월 1~5일 밴쿠버에서의 〈과학사회학 학회〉 회의에서 발표된 Jake Metcalf, "Intimacy without Proximity : Encountering Grizzlies as Companion Species" 참고.

29. Sutherland, *Kicked, Bitten, and Scratched*, 265 참고.

30. 비키 헌도 또한 같은 것을 신뢰하고 있다. 하지만 나는 그녀를 이 장에서 제외했다. 그것은 내가 이 장에서는 그녀가 결코 경멸하기를 멈추지 않았던 긍정강화 훈련법에의 접근에 전념하고 싶다고 생각했기 때문이다. Hearne, *Adam's Task*. 나는 동물의 행복에 관한 헌의 표현을 변형해서 사용한다. 그것에 관해서는 그녀의 멋진 통찰과 분석에 감사한다. Vicki Hearne, *Animal Happiness* (New York : HarperCollins, 1994) 참고. 캐리 울프는 헌에 대해 한편으로는 공감을 표시하면서, 다른 한편으로는 그녀의 인도주의적인 칠학의 속박에 관해서 예리하게 비판하고 있다. Wolfe, "Old Orders for New," 48~50. 메리 위버─그녀는 개 애호가로서 동료이고, 핏불테리어종 개의 명성을 높이는 일에 헌신하고 있고, 이러한 관계 속에서 놀라움, 훈련, 육체, 영향, 그리고 자유의 매듭을 이해하고 있다─도 인간의 초월적 체현에 관한 글에서 나의 사고를 형성해 주었다. Mary Weaver, "Affective Materialities and Transgender Embodiments," 2006년 11월 1일~5일 브리티시콜롬비아 밴쿠버에서 열린 〈과학사회학 학회〉 회의에서 발표된 논문을 참고.

31. 카옌은 신경학적으로 한쪽 귀가 들리지 않아서 소리로 방향 정보나 거리 정보를 포착할 수 없다. 그 문제 때문에, 숲속이나 다른 어느 장소에 있어도 확고한 소환과 간단명료한 "돌아서 나를 따라와"라는 명령은 모두 그녀의 안전을 위해서는 필수적인 것이다. 그녀는 또한 목에 양의 벨을 달고 있기 때문에, 그녀가 돌아오는 길을 잃어버려도 내가 그녀가 있는 곳을 찾아낼 수가 있다. 그녀는 생후 12주 정도 되었을 무렵 "나를 따라와"라는 신호에 훌륭하게 응답했다. 사슴과 여우도 벨에 고마워할 거라고 생각한다. 뱀은 청각 기관이 없기 때문에 벨소리를 들을 수가 없다. 그러나 개가 밀크릭(Mill Creek) 위의 언덕을 달리면, 아마도 뱀은 개의 발걸음에 지면이 진동하는 것을 느끼고 경계할 것이다.

32. 이것은 비키 헌이 생각하는 동물의 행복보다, 오히려 이언 베데의 생각에 가깝다. 개가 인간과 다르다는 것을 존중하는 베데는 그가 리지백 품종 빈센트와 뉴질랜드의 빅토리아산에 있는 개의 목줄을 풀고 놀 수 있는 개 공원에 갔을 때, 에피쿠로스와 세네카를 생각했다. 그들은 함께였지만, 주제넘게 나서지 않고 지켜보는 베데에게 지시를 하는 것은 빈센트의 개로서의 관심사들이었다. "에피쿠로스는 행복을 이룩하는 기초로서 우정, 자유, 그리고 사유를 주창했다. … 스토아 철학자는 터무니없는 기대가 사람을 불행하게 만든다고 믿고 있었다. 어떤 사유는 욕망과

지나치게 가열된 상상력의 광기 어리고 디스토피아적인 영역에서보다 오히려 단순하고 생기 넘치는 감각의 현재에서 가장 잘 작동한다. 나는 빈센트와 함께 달린 결과, 더 잘 생각하는 것을 배웠다. … 개의 절대적인 차별성에 관한 가장 멋진 것들 중 하나는, 그것이 세계 속의 신비한 것들의 범위를 확장한다는 것이다. 그는 나의 무지를 풍부하게 한다. 나는 빅토리아산에서 개를 데리고 걷는 많은 사람들이 공유하는 것이 이 느낌이라고 생각한다. … 개의 자유와 사회생활에 공감할 수 있는 사람들은 유머가 풍부하다. … 그들은 웃지만, 조롱하지는 않는다. … 그러나 개의 목줄을 잡아당기는 사람들이 유머가 있는 경우는 거의 없다. … 그리고 그들의 개는 종종 반사회적이고, 불안하고, 겁이 많고, 공격적이다. 그것은 그들이 개에게 사회적 자유가 필요하다는 것을 이해하지 못하고 있기 때문이라고 생각한다. 그들은 훈련 매뉴얼이 아니라 에피쿠로스와 세네카를 읽을 필요가 있다." Ian Wedde, "Walking the Dog," in *Making Ends Meet* (Wellington, New Zealand : Victoria University Press, 2005), 357~58. 나는 고대인들의 교훈과 현대식 훈련 둘 다 필요하다고 생각한다. 기계적이고 불안스럽게 할 것이 아니라, 능숙하고 재미있게 하는 것이 필요하다. 베데와의 개인적인 소통으로부터 나는 베데가 이 생각에 동의한다는 것을 안다. 따라서 베데는 많은 재능이 있는 카푸치노를 결코 반사회적이고, 불안하고, 겁 많고, 그리고 공격적이라고 보는 일은 없을 것이고, 펨을 개 목줄을 잡아당기는 사람으로는 생각하지 않을 것이다!

33. 내가 나의 다른 훈련사들 ― 게일 프레이저, 롭 미칼스키, 그리고 로리 플러머 ― 에게 신세 진 것과 그 신세를 지는 과정에서 그들이 나와 함께한 자세한 연습 이야기를 이야기 그 자체를 위해서 하려는 것은 아니다. 내게 그들은 모두, 발이 빠르고 주문이 많은 나의 개와 도덕적인 일치를 유지하고 기술적 능력을 구비할 것을 열심히 가르쳐 주었다. 나는 또한 지금도 접촉 훈련의 여러 방식과 수행(접촉지대를 달리는 것, 한쪽 뒷발 끝을 올려놓는 것 등)의 상이한 기준을 태만히 하고 있다. 스포츠에 숙달됨에 따라 각 등급마다 접근법이 달라졌고 바로 그 차이들이 초년도에는 초심자인 나를 압도했다. 나는 아직 신뢰할 수 있는 판단을 내릴 기량을 몸에 붙이지 못하고 있다. 나의 선생들이 가르쳐 주려고 한 중요한 것들 중 하나가 이와 같은 판단을 내리는 방법을 배우는 것이다. 접촉지대의 훈련은 『클린 런』지에서는 흔히 보이는 특집 기사이다. 예를 들면, 2004년 11월호(vol. 10, no. 11) 전체를 참고하라. 거기에는, 접촉을 가르칠 때 행동 연쇄를 만들기 위해 클릭커를 사용하는 캐런 프라이어와 접촉 증명에 관해서 이야기하는 메리 엘렌 배리, 말로 하는 해제 신호에 관해 이야기하는 수전 가레트가 등장한다.

34. 생물인류학자 바버라 스머츠는 영장류와 고래목을 수년간 연구한 후 지금은 개에 관한 연구를 하고 있는데, 개-인간의 상호작용보다 오히려 개-개의 상호작용에 더 결연히 흥미를 갖고 있다. 그녀는 개를 사회화시키는 장시간의 영상자료를 생물행동학적으로 분석하는 데 심취해서 많은 노력을 기울이고 있다. 내가 인용한 것은 노스캐롤라이나주 더럼의 2004년 〈문학과 과학 학회〉 회의에서 있었던 해러웨이와 스머츠의 합동 기조강연 내용이다. 또한 Barbara Smuts, "Between Species : Science and Subjectivity," *Configurations* (근간)에 수록될 2004년 〈문학과 과학 학회〉 섹션도 참고.

35. Despret, "The Body We Care For."

36. 같은 글, 115.

37 이어 베데는, 그와 그의 인간 파트너와 빈센트가 어떻게 세계 속에서 새로운 성질을 발명해 내는 이러한 방식으로 서로 조화했는지를 기술하고 있다. "우리는 그녀가 제작한 텔레비전 프로그램에 관해서 이야기하고 있었고, '어조'에 의해서 의도적으로 전하려고 하는 미묘한 느낌이 반드

시 전해진다고 보증하는 것이 어느 정도나 어려운가에 대해 언급하고 있었습니다 — 서로 모르는 사람에게 농담을 하는 것은 옛날부터 있었던 문제이지요. 그래서 우리가 기억했던 것은, 빈센트가 반려견으로서 우리의 어조를 이해하기 위해 어느 정도나 열심히 노력을 했을까 하는 것이었습니다. 우리 두 사람이 확신한 것은, 그가 생의 후반이 되어서 '웃는'(smile) 것을 배웠다는 사실입니다. 이것은 가슴 아플 정도의 모방이고, 긴 세월에 걸쳐 우리가 그를 만날 때마다 그가 우리가 하는 것을 보고 모방하고 습득한 것이었습니다 — 그것은 개처럼 이빨을 내보이는 것이 아니라, 아래 이빨만 보여서 '웃는' 방식이었습니다. … 슬프면서도 멋진 일이지요"(2004년 8월 19일, 도나 해러웨이 앞으로 보낸 이메일). 이것은 또 다른 종류의 아이소프락시스이다. 이 이야기는 또한 반려동물이 행하는 물질-기호론적인 일을 높이 평가하고 있다.

38. 필립 풀먼의 *The Golden Compass* (New York : Knopf, 1995) ; *The Subtle Knife* (New York : Knopf, 1997) ; *The Amber Spyglass* (New York : Knopf, 2000) [필립 풀먼, 『황금나침반 1 : 황금나침반』, 『황금나침반 2 : 마법의 검』, 『황금나침반 3 : 호박색 망원경』, 이창식 옮김, 김영사, 2007].

39. 어질리티의 세계에서는 이와 같은 가르침들이 쉽게 발견된다. 예를 들면, 유명한 훈련사가 개와 함께 노는 방법을 가르치는 비싼 워크숍, 잡지의 기사, 친구의 시연, 그리고 물론 터그 토이[개가 물고 잡아당기는 장난감를 목구멍에 걸리게 하는 것과 같은 인간의 실수를 용서하는 우리 개들의 인내심 등. Deborah Jones, "Let's Play!" *Clean Run* 10, no. 5 (May 2004) : 70~71 ; Deborah Jones, PhD, and Judy Keller, *In Focus : Developing a Working Relationship with Your Performance Dog* (Chicopee, Mass. : Clean Run, 2004) 참고.

40. Smuts, "Encounters with Animal Minds," 293~309, 306.

41. Albion M. Urdank, "The Rationalisation of Rural Sport : British Sheepdog Trials, 1873~1946," *Rural History* 17, no. 1 (2006) : 65~82는 영국에서 시골 풍경과 일의 내용, 그리고 경제가 크게 변화하던 시대에 양과 인간과 목양견의 상호작용을 자세히 조사 연구하고 있다. 목양견들이 가진 기술은 늑대로부터의 생물학적 유산에 뿌리를 두고 있는데 — 사냥감을 가만히 바라보고, 살며시 다가가서 몰아붙이고, 무리로 묶거나, 분리시키는 — 이 기술은, 사람과 초식 동물의 사육 관련 생물학에 의해서 재형성될 뿐만 아니라, 상업적인 문제, 경제와 문화의 역사상의 다른 힘들에 의해서도 다시 만들어진다. 개, 인간, 양은 모두 변화하는 양몰이 시합 패턴에서 읽을 수 있는 방식으로 재형성된다. "양치기도 또한 스킬이 좋아지고 교육 수준도 높아짐에 따라 양치기의 목양견도 이전에 비해 사육 방법이 훨씬 좋아지고 훈련도 더 잘 받게 되었다. 그래서 목양견은 근본적으로 목축 생산혁명의 도구가 되었다. 그러나 목양견은 특히 높은 지능을 가진 생명체이기 때문에, 일에 대한 본능은 도구로서 사용되었을 뿐만 아니라, 개와 양치기가 그 속에서 친밀감이라고 하는 특수한 유대를 만들어내는 공동 노력의 일부로서 함께 활동하는 식으로도 사용되었다"(80). 그러나 이것은 일에 대한 물질 기호론이다. 그리고 나는 이번 절에서 놀이의 세계를 구축하는 실천들에 관심이 있다. 목양견 경기에 오는 사람들은, 어질리티의 훈련사들이 장난감과 음식, 그리고 행동주의자의 관용구 등을 사용하는 방식을 몹시 경멸하는 경향이 있는데, 이것은 주목할 가치가 있다. 나의 필드 노트가 기록하고 있는 것은, 목양견을 사육하는 사람들이 일다운 일을 하지 않는 개들에게 어질리티가 아주 좋다고 칭찬하고 있다는 사실이다. 어질리티의 현장에서는 여러 가지 일들이 진행 중이다 : 젠더와 시골-교외의 긴장관계, 일과 스포츠에 대한 평가, 그리고 개는 어떻게 배우는가, 그들이 이미 알고 있는 것은 무엇인가에 관한 확고한 신념.

42. 캐리 울프는 「템플 그랜딘으로부터 배우기, 또는 동물학, 장애학, 그리고 주체 이후 누가 오는가」(Learning from Temple Grandin, or, Animal Studies, Disability Studies, and Who Comes after the Subject)라는 아름다운 장 속에서, 자유주의적인 휴머니즘의 전제들과 언어에 넌더리가 나도록 질려버린 인식론, 존재론, 그리고 윤리학의 버전들로부터 벗어나는 방법들에 관해서 자세히 연구하고 있다. 이는 그랜딘이 인식하기의 감각 양식들을 설명할 때 제시하는 것으로, 여기에는 "그림으로 생각하는" 자폐증자로서의 자신의 경험을 상세하게 탐구하는 것도 포함된다. 그랜딘은 진실로 사고하는 모든 것이 언어적인 것이어야만 한다는 암묵적인 가정과 명백한 전제를 기초로 하는 자폐증자들의 내면생활에 대한 부정을 비판한다. 울프는 이 부정이 "주체성, 의식, 인지의 문제들을 언어능력이라는 문제로 너무 빠르게 흡수시켜버리는 것에 상당 부분 기초한다"고 지적한다(Wolfe, "Learning from Temple Grandin," 미출간 원고, 2006, 2). 생물행동과학에서 이런 흡수는 흔한 것이지만, 도전받고 있는 것이다. 그렇지만 도처에서 볼 수 있는 것이고, 사회과학과 인문과학에서 실제로는 필수라고 생각되는 그런 것이다. 언어가 없다면, 정신분석학에서 언어학, 그리고 모든 종류의 철학에 이르기까지 선호되는 사유의 분야에 관계없이, 그 이름값을 할 수 있는 주체와 내면성은 없다. 장애학과 동물학은 지금까지는 그다지 정교하다고 할 수 없는 협력을 해 왔는데, 울프는 이와는 다른 (어느 억압받은 집단 쪽이 더 주변화되었느냐는, 만약 이런 질문이 실제 존재하기는 한다면 파탄이 난 질문임이 틀림없는, 그런 것이 아닌) 방식으로 장애학과 동물학을 결합하여, 예를 들면 보조견과 그들의 인간이 맺는 관계, 도우미견과 시각장애인 사이에서 작동하는 관계를 재형상화한다. 그는 이렇게 쓴다. "우리는 이 예를, 환원할 수 없을 정도로 차별적이고 독특한 주체성의 형식으로 상상하는 편이 좋지 않을까? 그것은 호모 사피엔스도 아니고 카니스 파밀리아리스도 아니며, '장애'도 아니고 '정상'도 아니다. 그렇지 않고 뭔가 전적으로 다른 것, 신뢰·존중·의지·소통 등이 연루된 복잡한 관계에 의해 구성된, 종-횡단적인 공유 세계 내의 존재일 것이다. (그리고 도우미견을 훈련한 적이 있는 – 혹은 도우미견에 의존한 적이 있는 – 사람은 누구라도, 주저 없이 당신에게 이렇게 말할 것이다.)"(Wolfe, 같은 글, 13).

43. 유달리 기대 이상의 일을 하는 저먼 보더콜리견인 리코는 센세이션을 일으켰다. 리코가 언어학자들이 "빠른 연결"(fast mapping)이라고 부르는, 한 번 본 후에 대상과 새로운 단어를 연결시키는 테스트에서 두 살짜리 인간 어린이들과 같은 능력을 보여주었기 때문이었다. 리코는 2백 개 이상의 상이한 품목의 라벨이 무엇인지 알고 있었는데, 4주 후에 다시 테스트를 했을 때도 새로 배운 단어들을 기억하고 있었다. 빠른 연결을 가능하게 하는 것은 무엇이든지 우리가 다른 생물과 공유하고 있는 일반 인식 능력의 일부인 것 같다. Julianne Kaminski, Joseph Call, and Julia Fisher, "Word Learning in a Domestic Dog : Evidence for 'Fast Mapping,'" *Science* 304 (11 June 2004) : 1682~83을 참고. 이 소식은 많은 어질리티 훈련사들보다 오히려 과학자들에게 새로운 것이었을지 모른다. 카옌도 예외가 아니었다. 그녀가 150에서 250개 정도의 말이나 어구를 다양한 상황 아래서 알고 있다는 증거가 있다(하지만, 모든 상황에서 그런 것은 물론 아니다 – 일반화하는 힘은 언어학자가 말하는 "이산적 무한성"(discrete infinity)의 성질과 결부된 것으로 보이는데, 이건 인간이 분명히 앞서 있다. 나는 이름 붙인 항목이나 행위가 나타나는 그 상황들의 관련성 있는 조합 – 사람들이 맥락이라고 생각하는 것이지만, 개에게는 그 자체가 기호로적인 상황으로 보이는 것 같다 – 을 한 번에 하나씩 가르칠 필요가 있었지만 그 점을 이해하는 데 실패했고, 그 실패는 접촉지대에서의 나의 비일관성의 핵심에 있었다). 카옌은 매우 빠른 속도로 항목과 행위의 새로운 말들(혹은 제스처)을 배우고 그것을 기억했다. 실제로 훈련

사가 직면하는 문제는, 개들이 배운 품목과 행위의 이름들 중에 어떤 것은 배우게 하려던 것이 아니라는 것을 개들에게 납득시키는 것이었다. 배우기 위한 식별보다 배우지 않기 위한 식별 쪽이 더 어려운 것 같다.

44. Marc D. Hauser, Noam Chomsky, and W. Tecumseh Fitch, "The Faculty of Language : What Is It, Who Has It, and How Did It Evolve?" *Science* 298 (November 22, 2002) : 1569~79, 1574. 언어학자 사이에서도 정통파의 입장 — 그리고 이런 입장은 공들인 지원을 받고 있다 — 은, Stephen R. Anderson, *Doctor Dolittle's Delusion : Animals and the Uniqueness of Human Language* (New Haven, Conn. : Yale University Press, 2004)에서 볼 수 있다. 그들의 비판자들에 대해 반대의 논의를 전개하고 있는 것으로는 W. Tecumesh Fitch, Marc D. Hauser, and Noam Chomsky, "The Evolution of the Language Faculty : Clarification and Implications," *Cognition* 97, no. 2 (September 2005) : 179~210을 참고. 이들의 작업은 진화론적 생물학자와 인류학자, 심리학자, 그리고 신경과학자 사이에서 학제적인 협력을 육성한다. 저자들은 넓은 의미에서의 기능적 언어(functional language in the broad sense, FLB)와 좁은 의미에서의 언어(language in the narrow sense, FLN) 사이에 차이를 만들어야 한다고 주장한다. FLB는 상호작용하는 많은 (감각운동적인 그리고 계산적-의도적인) 서브시스템들로 구성된다. 그리고 그것은 반드시 하나의 단위로 진화하는 것은 아니다. (나는 여기에 더해서, 감응적-기호론적-인식론적인 서브시스템을 살필 필요가 있다고 생각한다.) 언어 기능 속에서 유일하게 특이한 인간적 요소(FLN)는 재귀이다. 그것은 "유한한 제반 요소로부터 무한한 표현의 범위를 만들어내는 능력이다." 이 잠재적으로 무한한 언어의 표현능력은 또한 "이산적 무한성"의 성질이라고도 불리는 것이고, "의미를 가진 말의 단위를 체계적으로는 서로 의미가 다른 더 큰 무한히 다양한 구축물로 재결합시키기 위해 인간이 행사하는 능력이다"(Hauser, Chomsky, and Fitch, "The Faculty of Language," 1576). 이것은 단순히 말의 결합들을 훨씬 능가한다. 그러나 FLN에 의해 요구되는 계산적인 독특성과 같은 것조차, 새로운 방식으로 비교 연구의 대상이 된다. 그리고 저자들이 주장하는 것은 이 독특성이 인간예외주의라는 전제에 기초한 가정이 아니라, 검증 가능한 가설이어야 한다는 것이다. 게다가 거기에 더해서 그들은, 이와 같은 강력한 능력은 (영역 매핑, 공간 내비게이션, 수렵채집과 같은) 커뮤니케이션 이외의 영역에서 진화한 후에 커뮤니케이션을 위해서 기능의 엄한 제약에서 분리되는 식으로 이용되었을 것이라고 한다. 언어(FLN)는 당초에 특별히 도움이 되는 역할을 했기 때문에 발생한 것이 아닐지도 모른다. 언어(FLN)는 생길 수 있었기 때문에 생겼을 것이다. 그런 다음 그것은 실제로 매우 쓸모가 있게 되었고, 그리고 지구를 위해 좋든 나쁘든, 전적으로 선택적이지만 유용한 것이 되었다. 진화론의 기회주의는 포스트휴머니티의 비목적론적인 사고에 대단히 요긴하다. 게다가 일단 진지하게 시험 가능한 가설이 되어버린 뒤로는, FLN조차도 재귀와 이산적 무한성의 독특성에 대해서 공격을 받고 있다. 부시 백악관에 사는 영장류들은 아니더라도 유럽 찌르레기들은 "재귀적인, 자기 내장적인, 문맥이 자유로운 문법에 의해 윤곽이 제시된 음의 패턴을 정확히 알아들을 수 있다. 새들은 또한 문법에 의해 정의된 새로운 패턴을 분류할 수 있고, 비문법적인 패턴을 확실하게 배제할 수가 있다." Timothy Gentner, Kimberly Fenn, Daniel Margoliash, and Howard Nusbaum, "Recursive Syntactic Pattern Learning by Songbirds," *Nature* 440 (April 27, 2006) : 1204~7, 1204.

45. 진화론적 동물학자들은 인간이 어디에 속하는 것이 적합한지에 관한 그들의 생각이 무엇이었든, 동물 간의 생물행동적 차이에 관한 단일한 축을 가지고 작업한 적은 거의 없었다. 그렇지만

그들은 최근의 학제적 연구가 연구의 지형학을 재형성하기 전까지 언어와 의식의 문제에 관해서 특별히 도움이 되지는 않았다.

46. Coren, *How Dogs Think*, 310.

47. Marc Hauser, *Wild Minds: What Animals Really Think* (New York: Owl Books, 2001)는 시작하기에 좋은 참고가 된다. 이 하버드 대학의 심리학자 겸 신경과학자(위에서는 촘스키와 공저자였다)는 생명체가 이질적 성분으로 된 일련의 마음의 도구들을 소유하고 있다고 주장한다. 그것은 우리가 가지거나 가지고 있지 않은 단일한 내면이 아니라, 유전학적인 내용과 관계있는, 발달적인, 그리고 일생을 통한 학습 상호작용으로부터 복잡하고 역동적으로 조립된 것이다. 동물의 다양한 마음과 정서적인 생활에 대한 한층 관용적인 견해이지만, 그러나 동물의 차이와 폭넓은 다양성에 관해서는 마찬가지로 완고한 견해이며 진화론적인 행동과학에 근거를 둔 견해로서는, Marc Bekoff, *Minding Animals: Awareness, Emotions, and Heart* (Oxford: Oxford University Press, 2003) [마크 베코프, 『동물에게 귀 기울이기』, 이덕열 옮김, 아이필드, 2004]을 참고. 베코프에게, 동물은 다른 (비의인화된) 인칭이고, 바버라 노스케의 "다른 세계"와 닮아 있다(Noske, *Beyond Boundaries*, xiii). 스코틀랜드 세인트 앤드루스 대학에 있는 〈사회적 학습과 인지적 진화 센터〉(Centre for Social Learning and Cognitive Evolution)의 온라인 출판 목록은 매우 활발하게 활동하고 있는 연구기관의 최근의 작업을 참고하기 위해서는 편리한 곳이다.

48. Smuts, "Encounters with Animal Minds," 308.

49. Gregory Bateson, "Metalogue: About Games and Being Serious," in *Steps to an Ecology of Mind*, 14~20 [베이트슨, 「메타로그: 게임과 진지한 것에 관하여」, 『마음의 생태학』] (베이트슨의 책 이 장에 관한 추가적인 언급은 본문 참고). 베이트슨에 관해서, 특히 메타로그에 관해서 나는 케이티 킹과의 대화에 많은 것을 신세 지고 있다. 베이트슨은 1970년대 캘리포니아 대학 산타크루스의 학부생이었던 킹을 가르친 선생 중 한 사람이다. 그리고 그때부터 그녀의 학제적인 페미니즘 이론의 대화자이기도 했다. King, *Networked Reenactments*, 리뷰 중; 그리고 www.womensstudies.umd.edu/wmstfac/kking/ (2007년 5월 6일 접속) 참고.

50. Bateson, *Steps to an Ecology of Mind*, 12 [베이트슨, 『마음의 생태학』].

51. 같은 책, 179 [같은 책].

52. 같은 책, 367 [같은 책]. 캐리 울프 또한 세계 구축의 공유된 역학을 자세히 탐구하면서, 그러나 내가 이 장에서 흥미 갖는 것 이상으로 어떻게 관계성 외의 다른 무엇인가에 관한 커뮤니케이션이 나타나는지에 더 많은 관심을 가지면서 "In the Shadow of Wittgenstein's Lion," 39에서 그녀는 베이트슨으로부터의 이 문구를 인용한다. 여기서 내가 한층 더 흥미를 가지는 것은, 언어학자가 이야기하는 FLN의 의미에서, 혹은 베이트슨이 이야기하는 "관계 이외의 무언가에 관한 구체적일 수 있는 방법"(*Steps to an Ecology of Mind*, 370 [베이트슨, 『마음의 생태학』]; "In the Shadow of Wittgenstein's Lion," 39)의 의미에서, 언어 없이 어떻게 공동 형성이 일어나는가에 관한 것이다. 그래서 나는 우리 — 개와 사람들 — 가 어떻게 서로 주의를 기울이고, 그렇게 함으로써 세계에 뭔가 새로운 것을 출현시키는가라는 점에 관심을 집중시킨다. 나는 그것을 놀이, 발명, 제안(proposition)이라고 부른다.

53. 놀이가 어떻게 삶을 살 가치가 있게 만드는지, 혹은 아마 그 이상으로, 어떻게 놀이가 창조적으로 사는 것을 가능하게 만드는지, 그것을 이해한 또 하나의 인물(자신을 인간의 연구에 제한하고 있지만)에 관해서는 D. W. Winnicott, *Playing and Reality* (London: Tavistock, 1971) [도날

드 위니캇, 『놀이와 현실』, 이재훈 옮김, 한국심리치료연구소, 1997I을 참고. 놀이에 관한 언급과 도움이 된 대화에 관해서 실라 나미르에게 감사한다.

54. Marc Bekoff and J. A. Byers, "A Critical Reanalysis of the Ontogeny of Mammalian Social and Locomotor Play : An Ethological Hornet's Nest," in *Behavioural Development : The Bielefeld Interdisciplinary Project*, ed. K. Immelmann, G. W. Barlow, L. Petrinovich, and M. Main (Cambridge : Cambridge University Press, 1981), 296~337. 또한 Marc Bekoff and J. A. Byers, eds., *Animal Play : Evolutionary, Comparative, and Ecological Approaches* (New York : Cambridge University Press, 1998)도 참고.

55. 베코프는 20년 이상을 놀이를 포함해서 인식과 행동의 감정적인 측면에 주의를 기울이는 것을 주도해 왔다. Marc M. Bekoff, *The Emotional Lives of Animals : A Leading Scientist Explores Animal Joy, Sorrow, and Empathy and Why They Matter* (Novato, Calif. : New World Library, 2007) [마크 베코프, 『동물의 감정 : 동물의 마음과 생각 엿보기』, 김미옥 옮김, 시그마북스, 2008] 참고. 2006년 8월 6일의 이메일에서 그는 나에게 이렇게 말했다. "나는 기쁨이 중요한 사항이라는 것을 알고 있습니다 ─ 1980년에는 중요 사항에 아직 그것이 포함되어 있지 않았어요." 그는 그 당시에는 동물의 기쁨을 진지하게 다룬 공개된 과학 논문을 입수할 수 없었을 것이다. 바버라 스머츠가 *Sex and Friendship in Baboons* (New York : Aldine, 1985)라는 제목의 책을 냈을 때, 몇몇 영장류 연구 서클로부터 엄하게 비판을 받았다. 그리고 영장류 동물학자인 셜리 스트럼은 나에게 비슷한 이야기를 해 주었는데, 그것은 우정과 같은 말을 비인간 영장류에게까지(더구나 개와 쥐에게 사용할 수는 없다) 사용하는 것에 대한 출판 기준의 엄격함이었다. 출판계 밖에 있는 연구자들 사이에서는 보통으로 사용되고 있음에도 불구하고 사정이 그러했다. Strum, *Almost Human*을 참고. 이는 강간과 같은 말이, 진지하고 방정식이 가득한 논문 속에서 비인간 영장류 동물이나 새들 사이에서 행해지는 강제적인 성적 교섭을 가리키는 것으로 사용하는 것이 많은 이들에게 전적으로 과학적인 것이라고 생각되던 때와 같은 시기이다. 진 알트만(Jeanne Altmann)은 1978년부터 1983년까지 명망 있는 잡지인 『동물 행동』(*Animal Behaviour*)의 미국인 편집자였는데, 그녀는 강간 같은 말이 동물들이 하고 있는 것을 정확히 묘사하고 있는지 어떤지에 관해서 저자들과 맹렬하게 논의하는 과정을 거쳤다. 내가 생각하기에, 영장류 분야 연구에서의 정확한 기술과 과학적으로 방어 가능한 샘플링 기법에 대해 그녀가 권위 있는 게이트키퍼로서의 주의를 기울이는 것은, 우정과 같은 말들을 허용하고, 눈에 보이지 않는 작업에서 더 과학적으로 들리는 말들(공격)을 한층 주의 깊게 검증하기 시작하기 위한 바탕의 일부가 될 것이다. 그리고 이 보이지 않는 작업이란 과학자들이 보는 방법을 아는 그 무엇을 형성하기 위해서 그들이 실제로 하는 작업이다. 중요한 것은 강간이나 공격이 동물들 사이에서 일어나지 않는다는 것이 아니다 ─ 그것과는 전혀 다르다. 요점은 동등한 주의를 기울이는 것이고 모든 범위에서 검증 가능한 가설을 갖는 것이다. 이미 전문 용어라고 생각되고 있는 말을 사용함으로써 의인화로부터 동물이 지켜진다고 믿는 것은 설령 그것이 과학에 그다지 악영향을 끼치지는 않는다고 하더라도, 우스꽝스러운 일이 될 것이다. 신중한 의인화(therio-anthropomorphism[짐승-인류-형태])를 하는 것은, 어떤 표현들은 형상화로부터 자유롭고 다른 것은 문화에 오염되어 있다고 하는 신념보다는 결과적으로 훨씬 더 건전한 과학적 조사를 초래한다. Haraway, *Primate Visions*, especially 304~16, 368~76, 420~22n7을 참고. "과학과 사회"라고 불리는 것을, 현장과 연구실의 영장류생물학자, 문화연구학자, 페미니스트 이론가, 과학론 학자들(부분적으로는 겹치는 카테고리들도 있음)이 함께 형성한 결과를 공동으로 탐구한 특별한

자료로는 Strum and Fedigan, eds., *Primate Encounters*를 참고.

56. Wedde, "Walking the Dog," 338.

57. Marc Bekoff, "Wild Justice and Fair Play : Cooperation, Forgiveness, and Morality in Animals," *Biology and Philosophy* 19 (2004) : 489~520.

58. 작가인 이언 베데의 "반인반수신 숭배"는, 과학소설 연구와 인간–동물 연구학자인 이스트반 식서리-로네이(Istvan Csicsery-Ronay)이 드포(DePauw) 대학이 주최하는 국제 온라인 저널을 위해 제출한 제안과 합류한다. 이를 위해 그 이름으로 나는 휴마니말리아(Humanimalia)를 제안했고 그가 받아들였는데, 이것은 역사적으로 상황에 처해진 인간과 다른 동물과의 육체적 조우에서뿐만 아니라, 인간과 비인간 동물 연구의 새롭게 등장하는 학제 간 연구에서의 상호유도를 알리기 위한 것이었다.

59. Isabelle Stengers, "Whitehead's Account of the Sixth Day," 이 논문이 제출된 심포지엄은 Stanford University Whitehead Symposium, April 21, 2006, 18. 이 논문에 대한 추가적인 언급은 본문에서 덧붙여질 것이다. 다음에 이야기하는 나의 의견은 스탕제르와의 대화와 "The Sixth Day and the Problem of Human Exceptionalism"으로부터 부여된 것인데, 이 논문은 스탕제르의 Stanford University Whitehead Symposium, April 21, 2006의 논문에 대한 나의 코멘트이다. 또한 Stengers, *Penser avec Whitehead* 참고.

60. Whitehead, *Process and Reality*, 104 [화이트헤드, 『과정과 실재』].

9장 크리터캠

두 번째 경구에 대한 주석 : 복합적인 빛의 굴절의 물질-기호론을 쫓아서, 헤이워드는 덧붙여 쓰고 있다. "내가 관심을 두는 것은, 어떻게 물의 이미징과 물–광학이 원인이 되어 시각과 촉각이 서로에게 미끄러져 들어가는가에 관한 것이다." Eva Shawn Hayward, "Envisioning Invertebrates : Immersion, Inhabitation, and Intimacy as Modes of Encounter in Marine TechnoArt," qualifying essay, History of Consciousness Department, University of California at Santa Cruz, December 2003.

세 번째 경구에 대한 주석 : 이 문구는, 13시간 반 분량의 에피소드로 만들어진 내셔널 지오그래픽 소사이어티의 텔레비전 시리즈 〈크리터캠〉(Crittercam)을 알리는 2004년의 브로슈어에서 가져온 것이다. 그 시리즈는 해양 생물을 다룬 12개의 프로그램과 아프리카 사자에게 카메라를 장착시킨 하나의 프로그램으로 되어 있다. 이것은 3년간의 노력의 결과이고, 바다 여행과 더불어 육상에서의 연구를 위한 크리터캠을 개발하는 과정이었다. 이 장에서는 흥미로운 육상 크리터캠에 관해서는 논의하지 않는다. 거기서 취급되고 있는 것은 예상대로 사자, 호랑이, 곰 등이다. 크리터캠 연구조사와 텔레비전 시리즈는 그 자금의 일부를 〈미국국립과학재단〉으로부터 제공받았다. 텔레비전 화면에서는 "미국의 미래를 위한 투자"라고 쓰여 있다. 이 프로그램의 미래를 약속하는 참신한 프론티어의 방향성은 결코 〈크리터캠〉에서 프레임 밖으로 나가지 않는다. 그것이 바로 생명자본의 시대에 생명이 갖는 성질이다.

또한, 유감스럽게도 이 장에서 취급할 수가 없을 뿐더러 예측한 대로이지만, 요즘 들어 노섬브리아 경찰견의 이마에 송신기가 붙은 미니 텔레비전 카메라를 부착하는 경우가 있다. 이것은 적외선 카메라로, 어두운 곳에서도 영상을 촬영할 수 있다. 무장하여 포위하고 있는 동안 보조를 하고, 장소를 탐색하고, 인간의 사무실로 비디오 정보를 보내는 훈련을 받은 개들은 또한, 협상을 쉽게 만들기 위해 포위된 건물 현관으로 휴대전화를 배달하기도 한다. "Dog Cameras to Combat

Gun Crime," BBC News, U.K. Division, December 4, 2005, http://news.bbc.co.uk/1/hi/england/4497212.stm (2007년 5월 5일 접속) 참고. 일하는 경비견 뒤에는, 그들의 사촌이라 해야 할 반려견이 등장한다. 반려견들의 목에는 일본제 미니 디지털 카메라가 장착되어 있다. 그렇게 해두면, 맹목적으로 사랑하는 사육주 인간이 "드디어 개의 눈으로 본 광경을 얻을" 수 있다(www.pamperedpuppy.com/puppytrends/archives/2006/02/digital_dog_cam.php, 2007년 5월 5일 접속).

1. Ihde, *Bodies in Technology*, 137 [아이디, 『테크놀로지의 몸』].

2. Bruno Latour, "From *Realpolitik to Dingpolitik*: An Introduction to Making Things Public," in *Making Things Public*, ed. Latour and Weibel. www.bruno-latour.fr/articles/article/96-dingpolitik2.html에서 볼 수 있다(2007년 5월 5일 접속).

3. 1995년 NBC에서 방영된 위대한 〈백상어〉(Great White Shark)와 1993년에 TBS에서 방영된 〈내셔널 지오그래픽 익스플로러〉(National Geographic Explorer)를 시작으로 해서, 2004년의 시리즈 전에도 크리터캠 영상은 텔레비전에서 방영되었다.

4. 특별히 명기하지 않은 한, 이 장에 나오는 인용과 서술은, www.nationalgeographic.com/crittercam의 여러 곳에서 가져온 것이다.

5. http://animaldiversity.ummz.umich.edu/site/accounts/information/Remora_remora.html (2007년 5월 5일 접속)의 정보로, 빨판상어의 전문적 사항을 아래와 같이 정리한다. 빨판상어 (Remora remora)는 몸길이가 짧은 땅딸막한 빨판 어류인데, 28~37개의 아가미 갈퀴, 21~27개의 등지느러미, 그리고 20~24개의 꼬리지느러미, 25~32개의 가슴지느러미를 갖고 있다. 빨판상어에는 부레가 없다. 머리 위에 붙어 있는 흡판을 사용해서, 큰 상어와 바다거북과 같은 다른 동물에 의존해서 이동한다. 빨판상어는 성장을 하면 대충 18인치 정도 된다. 그러나 번식 습성과 치어의 생육에 관해서는 거의 알려져 있지 않다. 빨판상어는 해안에서 떨어진 모든 대양의 따뜻한 수역의 앞바다 쪽에서 가장 잘 발견된다. 빨판상어가 주로 붙는 상대는 상어와 다른 바다 어류, 그리고 바다에 사는 포유류 등이다. 빨판상어는 숙주와 편리공생 관계에 있다고 여겨지는데, 그들이 숙주를 손상하지 않고 단지 함께 붙어서 가기만 하는 것이기 때문이다. 빨판상어는 인간에게 특별한 일을 한다. 인간은 일반적으로 빨판상어 자체를 먹지는 않는다. 하지만 그 대신, 큰 어류와 바다거북을 잡을 때 도구로 빨판상어를 이용한다. 전 세계적으로 각국의 어부들은 빨판상어의 꼬리에 줄을 달아 놓아준다. 그렇게 하면, 빨판상어는 멀리 헤엄쳐 가서, 큰 물고기나 거북에게 자신의 몸을 붙인다. 어부들은 조심스럽게 줄을 당겨서 그것들을 잡을 수가 있다. 빨판상어는 식용 어류로서는 높은 찬탄을 받지 않는다. 비록 오스트레일리아 선주민들이 고기잡이에 빨판상어를 이용한 후에 그것을 먹었다고 해도 말이다. 한편, 서부 인도의 선주민들은 절대로 이 "사냥 물고기"를 먹지 않고, 대신에 빨판상어를 칭송하여 존중을 표현하는 노래를 불렀다. 고대 그리스인들과 로마인들은 빨판상어에 관해서 다양하게 쓰고 있고, 많은 마력을 지닌 존재로 그리고 있다. 그것은 어떤 특정한 방법으로 빨판상어를 취급하면 태아를 유산시키는 힘이 있다는 식이다. 마다가스카르의 샤먼은 지금도, 남편이 없는 동안 아내에게 정절을 지키게 하기 위해 빨판상어의 흡판 일부를 그녀들의 목에 부착한다. 빨판상어를 좇으며, 그레그 마셜[크리터캠을 개발한 인물]은 좋은 사람들과 함께 있었다.

6. 리얼리티 엔진(reality engine)이라는 용어는 줄리언 블리커(Julian Bleecker)가 2004년에 쓴 박사 논문 "The Reality Effect of Technoscience"(History of Consciousness Department, University of California at Santa Cruz)에서 가져왔다. 이 논문은 특수한 물질 현실성을 구축하고 유지하기 위해 필요한 컴퓨터 그래픽 엔지니어링, 기호학, 그리고 노동에 관한 것이다. 이 장에서

나는 복합 시각장치를 사용하는데, 그것은 동료인 돈 아이드, 그리고 각기 다른 집단에서 활동하는 대학원생 줄리언 블리커와 에바 숀 헤이워드가 준 렌즈들로 만들어진 것이다.

7. Haraway, *The Companion Species Manifesto* [해러웨이, 「반려종 선언」, 『해러웨이 선언문』] 참고.

8. 기원전 2만 년부터 지금까지 오스트레일리아 선주민이 살고 있던 샤크베이(서오스트레일리아)는, 1991년 이후부터 지금까지 유네스코 세계유산으로 등재되어 있다. 관광, 멸종위기에 있는 동식물, 고고학의 유적, 선주민의 역사, 식민지에 최초로 접촉했던 이야기들, 백인 거주지, 버려진 포경 근거지, 성병과 나병에 걸린 선주민을 위한 지금은 버려진 격리 병원들, 현재 진행 중인 선주민의 소유권 투쟁, 자연과학의 조사 연구, 현대의 가리비조개 어업, 소금 연못 : 예상대로 거기에는 모든 것이 있었고, 내셔널 지오그래픽 크리터캠의 종(species) 회집체들을 위해 복잡한 생태계를 제공하고 있다. www.unep-wcmc.org/sites/wh/sharkbay.html 참고. 선주민들이 문화적인 재생과 정치 투쟁, 그리고 유적의 관리 등에 관여하고 있다. 1998년 말가나(Malgana) 샤크베이 사람들을 대신해서 〈야맛지 말파 바르나 바바 마자 선주민 공사〉(Yamatji Marlpa Barna Baba Maaja Aboriginal Corporation)은 '국가 선주민 소유권 재판소'(National Native Title Tribunal)에 보상신청을 했다. www.nntt.gov.au/applications/claimant/WC98_17.html 참고. 말가나와 응가다(Nganda)의 선주민들은 샤크베이 역사의 중심에 있다. 샤크베이를 포함해서, 오스트레일리아 서부의 선주민 역사는 www.sro.wa.gov.au/collection/aboriginalrecords.asp를 통해 살펴볼 수 있다. (이상의 모든 웹사이트는 2007년 5월 6일 접속.)

9. Hayward, "Inhabited Light : Refracting *The Love Life of the Octopus*." 이것은 Hayward, "Envisioning Invertebrates"의 한 절에 해당한다.

10. 1989년, 알래스카의 프린스 윌리엄 해협에서 엑슨발데즈호로부터 엄청난 양의 석유가 유출된 사건의 여파로 생물학적으로, 문화적으로, 경제적으로 매우 중요한 알래스카 남서부의 브리스틀만에서는 석유개발이 제한되었다. 처음에는 의회에 의해서 금지되었고, 이어서 1998년에는 빌 클린턴 대통령에 의해서 제한되었다. 2003년에 의회는 브리스틀만에서의 석유 굴착 금지를 풀었다. 그리고 2007년 1월, 조지 W. 부시가 이전의 대통령령을 철회했다. www.nytimes.com/2007/05/01/washington/01drill.html (2007년 5월 6일 접속) 참고. 태평양의 연어는 5종류 모두가 브리스틀만에 흘러드는 강에서 산란한다. 이 지역이 미국에서 소비되는 해산물의 50퍼센트를 공급하고 있다. 오염의 영향을 쉽게 받는 것은, 어업, 관광업과 더불어 북태평양의 참고래, 바다사자, 그 밖의 많은 종들이다. 하지만 이것도 전체의 일부일 뿐이다. 2006년에 상업적인 수산업계는 경제적으로 위축되었고, 대형 석유회사에 의한 새로운 행동에 문을 열어주었다. 이 지방의 알래스카 선주민들의 어업과 단백질의 원천이 석유와 가스의 생태적 재해에 의해서 위험에 노출되어 있다. 지방의 그리고 지방을 초월한 환경보호단체가 활동의 주체이다. 1971년 12월 18일의 〈알래스카 선주민 청구 합의법〉(Alaska Native Claims Settlement Act) 아래 결성된, 알류트인(Aleut), 아사바스카인(Athabascan), 에스키모인(Eskimo) 등을 대표하는 〈브리스틀만 선주민 공사〉(Bristol Bay Native Corporation)도 마찬가지로, 이 지방에서는 중요한 행위자이다. www.bbnc.net/ 참고.

11. 〈크리터캠〉 팀과 고래 생물학자 간 협업의 성과에 관해서는, 2003년 노스캐롤라이나주 그린스부루에서 열린 제15회 〈해양 포유류의 생물학에 관한 격년 회의〉에서 발표된 논문 Fred Sharpe, Michael Heithaus, Lawrence Dill, Birgit Buhleier, Gregory Marshall, and Pieter Folkens, "Variability in Foraging Tactics and Estimated Prey Intake by Socially Foraging

Humpback Whales in Chatham Strait, Alaska"를 참고.

12. Ihde, *Bodies in Technology*, 137 [아이디, 『테크놀로지의 몸』].

13. Don Ihde, "If Phenomenology Is an Albatross, Is Post-phenomenology Possible?" in *Chasing Technoscience*, ed. Don Ihde and Evan Selinger (Bloomington : Indiana University Press, 2003), 131~44. 아이드가 말하는 것처럼, "비대칭적이지만 포스트-현상학적인 관계성은, 그 '존재론'을 인간과 비인간의 상호관계로부터 얻는다"(143).

10장 치킨

경구 번역에 대한 주석 : "나는 말하노라 : 꼬끼오." "으스대던 수탉이 외친다. 그런데 농부가 왔다." 『꿀꿀, 성 도모인코 사일로 수도원의 돼지고리안 성가』(*Grunt, Pigorian Chant from Snouto Domoinko de Silo*, New York : Workman Publishing, 1996, 12)에서 인용. 애드 호그 카메라타(Ad Hog Camerata)가 불렀고, 발견, 번역, 기록과 삽화는 샌드라 보인튼이 하였다.

1. 진지한 교양 교육을 제공하는 책으로, Page Smith and Charles Daniel, *The Chicken Book* (Athens : University of Georgia Press, 2000 ; original, Boston : Little Brown, 1975)을 참고. 역사가 스미스와 생물학자인 대니얼이 1970년대 캘리포니아 대학 산타크루스에서 협동하여, 처음에는 학부의 세미나를 가르치기 위해서, 그 후에는 그들을 도와주던 학생들의 연구 협력을 얻어서, 문화, 역사, 종교, 생물학, 종업, 정치, 경제, 공동체주의, 그리고 인식론적 관점을 포함한 이 특별한 치킨 책을 썼다. 나는 1980년에 캘리포니아 대학 산타크루스에서 가르치기 시작하면서 스미스와 대니얼이 학생들 및 동료들과 하고 있던 닭의 실드기 게임을 계승했다.

2. 이 장의 이전 버전은, B. Eekelen, J. Gonzalez, B. Stötzer, and A. Tsing, eds., *Shock and Awe : War on Words* (Santa Cruz : New Pacific Press, 2004), 23~30에서 발표되었다. 9·11 이후에 부시 정권의 백악관에서 시작된 말들에 관한 전쟁에서 세력들의 위치를 재조정하기 위해 일단의 친구들과 UCSC의 학생 및 교수, 그리고 그 밖의 많은 사람들이 이 작은 책에서 협력했다. 치킨의 시점에서 세계가 어떻게 보이는지에 관해서 생각하기 위해 나는 C라는 문자를 골랐다. 펜실베니아 주립대학 교수인 수전 스콰이어는 치킨과 인간의 관계가 갖는 생물의학, 생물학, 문학, 페미니즘 이론, 과학론 등의 차원을 결부시킨 멋진 연구를 하고 있다. Susan Squier, "Chicken Auguries," *Configurations* (2007년 간행 예정) 참고. 또한 현재 그녀가 집필 중인 *Poultry Science, Chicken Culture : Practicing AgriCultural Studies*도 참고. 뉴질랜드의 테와레 와낭고 와이타하/캔터베리 대학교에 있는 애니 포츠는 조너던 버트가 편집하는 리액션 북스(Reaktion Books)의 동물 시리즈를 위해 *Chicken*을 쓰고 있다. 포츠는 〈동물학 아오테이어러우어〉(Animal Studies Aotearoa)를 공동 설립했다.

3. LGBT : 레즈비언, 게이, 바이섹슈얼, 트랜스젠더이다. BLT(베이컨, 레터스, 토마토 샌드위치)와 혼동하지 말 것. 한쪽은 육체적으로 진지한 문화적, 정치적 형성이고, 다른 한쪽도, 마요네즈에 포함되어 있는 달걀, 오일, 소금, 감귤류 주스 이외에도 상추, 베이컨, 토마토, 밀, 이스트, 그리고 설탕에 묶여 있는 복수종의 세계 만들기의 매듭을 생각한다면 마찬가지라고 할 수 있다. 치킨은 이제 LGBT와도 BLT와도 낯설지 않다.

4. 언제나 마음을 쓰는 - 지구의 모든 신들에게 감사드린다 - 현대의 동물 구조 기구가 산란노계라고 하더라도 무성의하게 방치해 두지는 않았다. 이보다 더 시지프스에게 어울릴 만한 일이 없는데도 말이다. 배터리식 닭장이 그녀가 획득하는 것을 방해했던, 그녀와 같은 종류의 닭에게 적절한 모든 정교한 행동을 포함해서, 진정한 치킨이 되는 방법을 배우면서 풍요한 농가의 뜰

에서 은거하면서 그녀의 남은 날들을 살아갔던 한 구조된 산란노계에 관한 감동적인 이야기로는, Patrice Jones, "Funny Girl : Fanny and Her Friends," *Best Friends* (September/October 2005) : 54~55참고. 2006년 캘리포니아 페탈루마의 닭과 달걀 산업은 폐계를 퇴비로 처리했다. 질긴 닭고기를 동물의 사료나 다른 용도로 사용하는 시장이 더 이상 도살과 가공에 들어가는 비용을 감당할 수 없었기 때문이다. 그 암탉 중에 몇 마리는 이산화탄소 가스로 처리되거나 퇴비 속에 파묻히지 않고 살아남아 캘리포니아 소노마 카운티의 정치와 신문들에 비틀거리면서 들어왔다.

5. 수치는 〈가금류를 걱정하는 사람들 연합〉(United Poultry Concerns), www.upc-online.org/ (2007년 5월 6일 접속)에서 인용. en.wikipedia.org/wiki/United_Poultry_Concerns도 참고.

6. *Anthropology 2010* (Cambridge, Mass. : MIT Press, 근간)에서 마이클 피셔가 가르쳐준 것은, 미셸 세르의 계약(contract) 개념이 원래 라틴어 con-trahere(결집하다)에 뿌리를 두고 있는데, 범선의 돛과 마스트 등을 지지하는 로프·와이어 등의 삭구를 졸라매는 것을 의미했다는 점이다. 로프는 바람과 잘 맞출 수 있도록 서로 조정될 필요가 있다. 피셔는 이 계약의 의미에 관한 논의를 Kerry Whiteside, *Divided Natures : French Contributions to Political Ecology* (Cambridge, Mass. : MIT Press, 2002)에서 인용하고 있다. 이 계약 이론의 의미는 내가 여전히 가능하다고 생각하고 있는 자연문화에서도 상당히 유용할 것이다.

7. 마이오스타틴(Myostatin)은 근육의 발달을 조절하는 물질인데, 그것의 유전자는 탐색 중에 있다. 상업상의 관심은 세계 제일의 유전자 질환(근위축증 등), 소모병(노화와 에이즈와 관계가 있는 근 손실을 포함), 우주비행에서 기인하는 근위축, 스포츠(스테로이드 조달업자, 주의 요망!)뿐만 아니라, 더 빠르게, 더 크게 자라는 치킨의 근육에까지도 향하고 있다. G. N. Scheuermann, S. F. Bilgili, S. Tuzun, and D. R. Mulvaney, "Comparison of Chicken Genotypes : Myofiber Number in Pectoralis Muscle and Myostatin Ontogeny," *Poultry Science* 83, no. 8 (2004) : 1404~12 참고.

8. 동물산업표준화의 경제사에서 치킨들(달걀과 구이용 영계들)이 갖는 중요성에 관해서는, Glenn E. Bugos, "Intellectual Property Protection in the American Chicken-Breeding Industry," *Business History Review* 66 (Spring 1992) : 127~68 ; Roger Horowitz, "Making the Chicken of Tomorrow : Reworking Poultry as Commodities and as Creatures, 1945~1990," in *Industrializing Organisms*, ed. S. Schrepfer and P. Scranton (New York : Routledge, 2004), 215~36을 참고하라.

9. 맥도날드사의 양보는 동물권 운동의 비난에 의해서 실행된 것이고 그것조차도 암탉의 주거로서는 여전히 놀라울 정도로 불충분하고 철저하지 못했다. 그런데도 맥도날드사가 원료의 공급처에 대해서 마련한 새로운 동물 돌봄의 기준은 법령에서 요청되는 계육의 규제에 비하면 훨씬 진보해 있었다. 심경의 변화 속에서 맥도날드사는 〈동물을 윤리적으로 대우하는 사람들〉(PETA)과 〈동물해방전선〉(Animal Liberation Front)이 했던 역할을 경시했다. 그러나 "맥-잔인함 포장이요"(McCruelty to Go) 캠페인이 맥도날드 본사의 주의를 끌었다는 것은 부정하기 어렵다. 비록 닭의 생활에 통찰이 미치지 못한다 하더라도, 이미지 관리는 큰 비즈니스이다. Rod Smith, Feedstuffs staff editor, "McDonald's Animal Care Guidelines Described as 'Aggressive,' Realistic," *Factory Farming.com : Current Issues*, May 1, 2000, www.factoryfarming.com/mcdonalds.htm을 참고. 동물-인간의 매듭에서, 근본적이라고 보이는 것, 그리고 정상이라고 보이는 것이 심각한 위기에 처해 있다. 도살 법령에 관해서 말하자면, "인도적인"(humane)이라는 말은 주

의환기용 인용부호를 쓸 만하다. 이유는, 법령 자체가 아무리 따져보아도 너무나 자주 인도적이지 않기 때문(그 적용에서는 훨씬 더 그렇다)이기도 하지만, 더 근본적으로는 그 표현이 동물을 죽이는 일에 적용되는 부적절한 인도적 기준을 전경화하기 때문이다. 만약 우리가 인간이 닭과 동물을 먹는 일을 복수종 생물들의 번영의 매듭 속에 두고자 한다면 — 만약 그러한 일이 "발전한" 그리고 전 지구화된 신자유주의 세계에서 지금껏 그래 온 것처럼 계속 가능하다면 — 우리는 도살에 대해서 더 숙고할 필요가 있다. 2004년에 조류 도살에서 잔학행위를 규제하는 법을 갖추고 있던 곳은 캘리포니아주, 유타주, 노스다코타주뿐이었다. 하지만 잔학 행위를 규제하는 것이 충분한 실천은 아니다. 같은 해에, PETA — 줄잡아 말해도 내 마음에 드는 그룹은 아니지만, 내가 완전히 등을 돌릴 수 있는 것도 아니다 — 가 켄터키 프라이드 치킨에 계육을 공급하는 웨스트버지니아주에 있는 계육 포장 공장에서 행해지고 있던 공공연한 잔학 행위(노동자들이 살아있는 닭을 발로 밟는다든지, 벽에 던졌다)를 비밀리에 촬영한 영상을 입수했다. www.peta.org/feat/moorefield/ (2007년 5월 6일 접속) 참고. 이 사건은 국내의 주요한 미디어로부터 상당한 주목을 받았다. 손상되고 착취당하는 인간 노동자들과 잔혹한 취급을 받고 있던 닭들이 일상적인 지옥에서 함께 살고 있었다. 일상적인 지옥은 맑스와 엥겔스가 19세기에 맨체스터에서 일하던 공장 노동자들을 묘사하는 방법으로 썼던 말이다. 21세기에는, 이와 같이 이윤을 극대화하고, 환상이 폭주하는 세계들이 모두 갖추어져 있다. 거기에서는, 어떤 종이든, 감각이 거의 보호되지 않는다. 따라서 대뇌 변연계 어디를 찾아도 그것을 발견할 수 없다. 의미를 갖고 있던 신체는 단순한 고기 덩어리가 되고, 그 때문에 희생의 논리로 죽임을 당하는 것이 가능하게 된다. 이 강력한 논리에 관한 데리다의 논의에 관해서는, 이 책 『종과 종이 만날 때』의 3장 「고통 나누기」와 Giorgio Agamben, *Homo Sacer : Sovereign Power and Bare Life*, trans. Daniel Heller-Roazen (Palo Alto, Calif. : Stanford University Press, 1998) [조르조 아감벤, 『호모 사케르 : 주권 권력과 벌거벗은 생명』, 박진우 옮김, 새물결, 2008]을 참고하라. 또한, Charlie LeDuff, "At a Slaughterhouse : Some Things Never Die," in *Zoontologies*, ed. Wolfe, 182~97도 참고하라

10. 캘리포니아주 우리 집 부근에 있는 페탈루마 팜즈는 "월등하게 영양가 높은 DHA 오메가3"(달걀 포장에 적힌 주장)의 공급원의 하나인데, 그곳에서 닭들은 방사되고 유기농 채식주의 사료로 사육된다. 게다가, 상표에는 이 운영을 "야생의 암탉 농장"이라고 거창하게 써놓고 있다. 이 산업에서 "특수란"이라고 불리고 있는 디자이너 달걀은 2004년도 미국 달걀 전체 판매 수량의 5퍼센트를 점했다. 성장의 여지는 아직도 크다. 2003년 미국 사람들은 745억 개의 달걀을 소비했는데, 그것은 1인당 연간 254개인 셈이 된다. 나는 페탈루마 팜즈와 같은 운영을 지지하지만, 틈새시장에 관해서는 계급에 있어서도 과학 기호론에 있어서도 (그리고 현실에 대해서도) 소화 불량을 경험하고 있다. Carol Ness, "The New Egg," April 7, 2004, https://www.sfgate.com/cgi-bin/article.cgi?file=/chronicle/archive/2004/04/07/FDGNM5VF9B1.DTL을 참고. 이 정보에 관해서는 돈 코핀(Dawn Coppin)에게 감사한다. 플로리다 농업 확대 서비스가 2000년경에 유통 중인 디자이너 달걀에 관해서 조사한 결과는, http://edis.ifas.ufl.edu/PS048(2007년 5월 6일 접속) 참고.

11. Sarah Franklin, "Stem Cells R Us," in *Global Assemblages*, ed. A. Ong and S. Collier (London : Blackwell, 2004), 59~78 ; Margaret Atwood, *Oryx and Crake* (Toronto : McClelland and Stewart, 2003) [마거릿 애트우드, 『오릭스와 크레이크』, 차은정 옮김, 민음사, 2019]. 닭들이 없는 치킨은 단순히 소설가가 쓴 사변적인 허구만은 아니다. 『오릭스와 크레이크』를 페미니즘과 철학, 그리고 생물학이 교차하는 지점으로서, 멋지게 읽어낸 것으로는, Traci Warkentin, "Dis/

integrating Animals: Ethical Dimensions of the Genetic Engineering of Animals for Human Consumption," *AI and Society* 20 (2006): 82~102 참고. 나는 분자 생물학을 당연하다는 듯이 기계론적 환원주의로서 파악하는 와켄틴(Warkentin)의 독해법에 많은 부분 동의할 수 없지만, 이전에는 "기초 연구"라고 불려 왔던 것을 포함해서, 농산업 비즈니스 활동의 광범위한 영역에서 모든 것을 기계론적으로 혹은 물리법칙으로 설명하려는 시도에 관한 그녀의 비판은 나도 공유하는 바이다. 또한 위트레히트 대학에서는 헹크 하그스만(Henk Haagsman)의 연구실에서 돼지고기의 조직 배양 시스템의 과학적 개발이 진행되고 있는데, 여기에는 당연히 돼지의 줄기세포가 사용되고 있다. 이 사안에 대해서도 생각할 필요가 있다. Marianne Heselmans, "Cultivated Meat," www.new-harvest.org/article09102005.htm (2007년 5월 6일 접속) 참고. 2005년 네덜란드 정부는 이 프로젝트에 200만 유로의 자금을 투입했다. 하와이의 〈티슈 제네시스〉(Tissue Genesis)가 또 하나의 선수이다. 충분히 식용하기에 적절하고 시장에 싼 가격으로 내놓을 수 있는 것의 개발을 성공이라고 정의하면서, 이것을 5년 정도 걸려서 달성할 수 있다는 것이 그들의 예측이다. Lakshmi Sandhana, "Test Tube Meat Nears Dinner Table," June 21, 2006, www.wired.com/news/technology/0,71201-0.html?tw=rss.technology 참고. 약과 농산업을 위한 테크노사이언스적인 선전에서 동물들은 오랫동안 "생물반응기"(바이오리액터, bioreactor)로서 비유적으로 이야기되어 왔다. 유전자 재결합법과 줄기세포 기술이 이런 종류의 비유적 표현을 증가시켜 왔다. 그러나 현재의 연구는 수사와 육신의 내파의 또 하나의 사례가 된다. 그것은 실제 바이오리액터 장치가 "문자 그대로" 동물의 대역을 맡고 있기 때문이다. 이런 종류의 문자 그대로의 해석은, 나의 "물질-기호론적"이라는 말, 언제나 같이 존재하고 언제나 함께 구성하는 수사와 육신이라는 말로 의미하는 것의 하나이다. 통찰력 있는 민속지적 분석으로는, Karen-Sue Taussig, "Bovine Abominations: Genetic Culture and Politics in the Netherlands," *Cultural Anthropology* 19, no. 3 (2004): 305~36 참고.

12. 인도네시아는 재정적인 이유를 들어서 조류 인플루엔자에 의한 인간 죽음의 대응 조치로 대량 살처분을 하지 않았다. 아마도 그 결과일 것인데, 2006년 중반까지 기록된 이 나라의 사망자 수는 베트남의 사망자 수를 능가했다. 베트남은 적극적으로 대량 살처분을 하고 닭에게 백신 접종을 했다. 대량 살처분은 매우 인기가 없고 정치적인 위험이기도 한데, 그것은 인간의 유행병도 마찬가지다. 관측통들의 추정으로는, 2003년과 2005년 사이에 인도네시아에서 약 5천5백만 마리의 닭이 조류 인플루엔자로 죽었다. www.planetark.com/dailynewsstory.cfm/newsid/31828/story.htm (2007년 5월 6일 접속) 참고. 대량 살처분은 캐나다에서 터키, 이집트, 인도에 이르기까지, 많은 나라에서 행해져 왔다. 인도에서는 마하라슈트라주에서 닭에게 인플루엔자가 발생한 것에 대응해서, 2006년 2월에 약 70만 마리의 닭을 처분했다. http://edition.cnn.com/2006/HEALTH/conditions/02/20/birdflu.asia.wrap/index.html (2007년 5월 6일 접속) 참고.

13. Chris Wilbert, "Profit, Plague, and Poultry: The Intra-active Worlds of Highly Pathogenic Avian Flu," *Radical Philosophy* 139 (September/October 2006), www.radicalphilosophy.com/default.asp?channel_id=2187&editorial_id=22192 참고. 윌버트는 이렇게 쓰고 있다. "2006년에 적어도 유럽에서 우리는 기묘한 상황을 알아차렸다. 트위처들 ─ 강박적으로 집착하는 조류 관찰자들인데, 여가 시간의 대부분을 멀리 떨어진 국경 부근에서 보낸다 ─ 이 나라의 눈과 귀로서 재발명되고 있다는 것이다. 새로운 국경 침입에 대한 경고를 도우면서 말이다. 이 국경 침입은 도저히 환영할 수 없는 병원균을 가지고 올지도 모르는 조류의 형체를 하고 있을

걸로 추측되고 있다. 매일 행해지고 있는 조류 이동 루트의 관측과 그 정보는, 국경 순찰의 일종으로서, 그리고 수의학상의 감시의 최전선으로서 재발명되고 있다."

14. http://news.bbc.co.uk/1/hi/world/africa/4700264.stm ; 그리고 www.irinnews.org/report.asp ?ReportID=51680&SelectRegion=West_Africa&SelectCountry=NIGERIA (두 웹사이트 모두 2007년 5월 6일 접속) 참고.

15. 〈버드라이프 인터내셔널〉의 대변인은 치킨 무역이 이 새를 지구상에서 최고의 철새로 만들었다고 생각한다. Donald McNeil, "From the Chickens' Perspective, the Sky Really Is Falling," New York Times, March 28, 2006, D6. Anna Tsing, "Figures of Capitalist Globalization: Firm Models and Chain Links"은, 미네소타 대학에서의 "Markets in Time" 스터디 그룹에 2006년 제출된 논문인데, 이 논문에서는 합법 및 비합법 교역, 자원 추출, 제조업 등의 유연 관계를 상세히 조사연구하고 있다. 이것들은 글로벌 자본주의에 필요한 것인 동시에 인간과 다른 종들을 초착취(hyperexploitation)하는 데 있어서 유기적인 것이기도 하다. 맑스가 이해했듯이, 달리 어떻게 축적이 가능하단 말인가? 실제로 이 질문에 대해서 좋은 대답이 있을지도 모른다. 그리고 그것은 본질적으로 종 횡단적이고, 포스트휴머니즘적인 정의를 갖게 될 것이다.

16. Elizabeth Rosenthal, "Bird Flu Virus May Be Spread by Smuggling," New York Times, April 15, 2006, A1, A8. 참고.

17. Steven Lee Myers, "Ukraine Plugging a Porous Border : Efforts Focus on Moldavan Region's Murky Economy," International Herald Tribune, May 29, 2006, 3.

18. Thorleif Schjelderup-Ebbe, "Social Behavior in Birds," in Handbook of Social Psychology, ed. Carl Murchison (Worcester, Mass. : Clark University Press, 1935).

19. Sue Fishkoff, "When Left-Wingers and Chicken Wings Populated Peta luma," Jerusalem Post Service, Friday May 7, 1999, www.jewishsf.com/content/2-0-/module/displaystory/story_id/11172/edition_id/214/format/html/displaystory.html. 라디오 시리즈, Comrades and Chicken Ranchers (www.jewishsf.com/content/2-0-/module/displaystory/story_id/370/edition_id/66/format/html/displaystory.html, 2007년 5월 6일 접속), 그리고 텔레비전 다큐멘터리, A Home on the Range (www.jewishchickenranchers.com/get/, 2007년 5월 6일 접속) 등이 이야기를 전한다.

20. Julie Phillips, James Tiptree, Jr. : The Double Life of Alice B. Sheldon (New York : St. Martin's Press, 2006), 151. 닭에 얽힌 팁트리의 생애와 이스라엘을 위한 과학적인 농업국가 건설과의 결부를 나에게 지적해 준 케이티 킹에게 감사한다. 과학적인 양계의 애처로운 역사에 관해서는, Smith and Daniel, The Chicken Book, 232~300을 참고. 동물-산업 단지에 관해서는, Noske, Beyond Boundaries, 22~39를 참고. 아이러니한 정의지만, 21세기 초에는 러트거스 대학이 〈동물권 법률 센터〉(Animal Rights Law Center)의 본부다.

21. Phillips, James Tiptree, Jr., 284.

22. 마음씨 착한 과학자가 인류를 절멸시키기 위해서 세계적인 유행병을 일으킬 바이러스를 비행기에서 뿌린다는 것이 팁트리의 「닥터 아인의 마지막 비행」(The Last Flight of Dr. Ain)의 줄거리이다. 1969년에 간행된 과학소설 잡지 『갤럭시』에 실린 이 작품으로 그녀는 새로운 분야를 개척하고, 일약 과학소설계의 스타덤에 올랐다. 물론 나의 우화적인 마음은 조류 인플루엔자를 향해 달려간다. 「닥터 아인의 마지막 비행」과 그 밖에 내가 좋아하는 이야기들은, James Tiptree Jr. : Warm Worlds and Otherwise (New York : Ballantine, 1975) ; Star Songs of an Old

Primate (New York : Ballantine, 1978) ; 그리고 *Out of the Everywhere* (New York : Ballantine, 1981)에 수록되어 있다. 라쿠나 셸던이라는 필명으로 팁트리는 *Despatches from the Frontiers of the Human Mind*, ed. Jen Green and Sarah Lefanu (London : Women's Press, 1985), 209~34에서, 예속 상태의 임신, 생명권을 지지하는 입양센터, 장애를 가진 아기들, 그리고 가뭄과 농작물 병 때문에 닭고기를 포함한 모든 육류 산업이 황폐화된 어떤 나라에서 새롭게 등장한 수상한 고기를 다루는 「도덕성 고기」(Morality Meat)를 발표했다.

23. www.rbst.org.uk/에서 시작해서, 복수종의 농작물이 번성하도록 장래 유망한 잡다한 일의 큰 매듭으로 클릭해 들어가기 바람.

24. 18세기의 철학자 드니 디드로는 우리보다 먼저 다음을 이해했다. 그것은 수정란을 바라보고 있으면, 서구의 철학이 모두 그렇게 서구적인 적이 결코 없었다는 것을 납득하지 않을 수 없다는 것이고, 이것은 이자벨 스탕제르가 강력하게 주장하는 점이다. 디드로의 『달랑베르의 꿈』에서 철학자는 대화자에게 말한다. "이 달걀을 봐요. 이것이야말로 우리가 신학의 모든 학파와 지상의 모든 신전을 뒤엎는 것을 가능하게 해주는 것이요." Denis Diderot, "A Conversation between d'Alembert and Diderot," from *D'Alembert's Dream* (*Le rêve d'Alembert*), 1769, trans. Ian Johnston, Malaspina University-College, Nanaimo, B.C., www.mala.bc.ca/~Johnstoi/diderot/conversation.htm(2007년 5월 6일 접속)에서 볼 수 있다. Isabelle Stengers, *Power and Invention : Situating Science*, trans. Paul Bains (Minneapolis : University of Minnesota Press, 1981), 117~18. 달걀에 대한 디드로의 견해를 나에게 가르쳐준 스탕제르에게 감사한다.

11장 테크노문화에서 반려종 되기

1. Jan-Kyrre Berg Olsen and Evan Selinger, eds., *Philosophy of Technology* (n.p. : Automatic Press/VIP, December 2006). 참여자들의 응답들에 관해서는 www.philosophytechnology.com/참고.

12장 마지막 식사

1. 북쪽털코웜뱃은 〈웜뱃 정보 센터〉, www.wombania.com (2007년 5월 6일 접속) ; BIRD, 즉, 생물다양성 정보에 관한 웹사이트, http://bird.net.au/bird/index.php?title =Yaminon (2007년 5월 6일 접속) ; 그리고 Tim Flannery and Paula Kendall, *Australia's Vanishing Mammals* (Sydney : R. D. Press, 1990)에서 추적 가능하다.

2. 흰개미가 셀룰로스-분해성 공생자를 필요로 한다는 것은 누구나가 다 알고 있다. 그러나 초식을 하는 웜뱃이 특수한 내장을 가지고 있다는 것은 거의 알려져 있지 않은데, 그들 자신의 셀룰로스를 분해하는 일꾼 종에게 자신들의 장을 서식지로 제공하고 있다. "Feeding Ecology and Diet," www.answers.com/topic/wombat (2007년 5월 6일 접속) 참고.

3. 퀸즐랜드의 웜뱃 연구에 10년 이상 매진해 온, 멜버른 모나쉬 대학의 안드레아 테일러 박사는, "웜뱃의 수를 조사하기 위해서 자연 환경 교란을 최소화한 유전학적인 기술을 개발했다. 웜뱃이 파놓은 구멍에 점착테이프를 교차시켜서 걸친 다음, 거기에 부착된 털을 수집한다. 그리고 모낭의 DNA를 사용해서 성별과 털의 '주인'을 확인한다"(www.yaminon.org/gallery.html, 2006년 12월 접속). 멸종위기에 처해 산다는 것은, 테크노문화에서 산다는 것을 의미한다 ; 그것은 지금 대부분의 크리터들에게 있어서 지구상에서 번성하는가, 또는 아닌가의 조건이다. Andrea Taylor, "Molecular Biology Meets Conservation Biology — Australian Mammal Case Studies,"

Australian Frontiers of Science, 2003, www.science.org.au/events/frontiers2003/Taylor.htm (2007년 5월 6일 접속)도 참고.

4. Lynn Margulis and Dorion Sagan, "The Beast with Five Genomes," *Natural History Magazine*, June 2001, 온라인판은 www.naturalhistorymag.com/0601/0601_feature.html.

5. Hayward, "Envisioning Invertebrates."

6. 계산의 다른 실천에 관해서 생각하기 위해서는, 중요한 텍스트인 Helen Verran, *Science and an African Logic* (Chicago : University of Chicago Press, 2001)을 참고. 멜버른을 거점으로 하고 있는 베런이 선주민의 토지소유, 사무관리, 수학, 그리고 위크족과 요롱우족(Wik and Yolngu) 의 토지의 의미에 관해서 쓰고 있는 것은 우연이 아니다. 예로서는, Helen Verran, "Re-imagining Land Title in Australia," *Postcolonial Studies* 1 (1998) : 237~54 참고. 베런은 〈노던 테리토리의 선주민 지식 및 자원 관리〉(www.cdu.edu.au/centres/ik)와 함께 일을 하고 있다. 그리고 그녀는 선주민의 지식 전통이 어떻게 오스트레일리아의 자연을 "수행"(doing)하는 데 공헌할 수 있는지에 관해서 쓰고 있다.

7. Patricia Piccinini, *In Another Life*, 〈시티 갤러리 웰링턴〉에서 2006년 2월 19일부터 6월 11일까지 열린 전시를 위해 출간됨 (Wellington, Aotearoa New Zealand : City Gallery, 2006). 내가 이용하는 것은 피치니니 자신의 에세이 「다른 삶에서」(In Another Life), 12~13과 아티스트이자 작가인 스텔라 브레넌이 쓴 피치니니에 대한 소개문 「국경 순찰」(Border Patrol), 6~9이다. 그리고 퍼트리샤 피치니니가 '자연의 작은 조력자들'(Nature's Little Helpers)이라고 부르는 연작에서 인간 아기들이 그녀가 만들어낸 반려종들과 조우하는 그림들을 더 보려면 그리고 그녀의 짧은 에세이 「이 드로잉들에 관하여…」(About These Drawings…)를 보려면 피치니니의 웹사이트 (www.patriciapiccinini.net/) 참고. 내가 2004년에 진행한 동물학과 과학학 대학원 세미나 때, 피치니니의 작업을 소개해 준 린지 켈리에게, 그리고 2006년 말경에 「다른 삶에서」를 보내준 에이프릴 헨더슨에게 감사한다. 짐 클리퍼드는 의식사 과정에서 헨더슨의 박사 논문을 지도한 교수이다. 나는 웜뱃의 대리인과 상대해서 앉아 있는 "제임스"['제임스'를 줄여서 '짐'이라고 부른다]가, 태평양 섬 사람들의 혼합주의적이고 이질적인 이론, 문화, 정치에 관한 그의 훌륭한 저서를 준비하기 위해 처음으로 탈식민적 크리터를 접하고 있는 어린 클리퍼드라고 생각하고 싶다.

8. 시드니 민츠는 오스트레일리아와 태평양 횡단을 통해서보다 오히려 대서양 횡단을 통해서 만들어진 강력한 이야기를 전하면서, *Sweetness and Power : The Place of Sugar in Modern History* (New York : Penguin, 1986) [시드니 민츠, 『설탕과 권력』, 김문호 옮김, 지호, 1998] 속에서 설탕의 공생발생적인 자연문화를 상세히 탐구하고 있다. 상품, 노동, 노예 제도, 향신료, 의약, 사치, 그 밖의 많은 것이 모두 여기에 있다. 하지만 민츠의 인류학이 가진 휴머니즘적인 프레임 때문에 다른 많은 생명체들(과 다른 비인간들)이 적극적으로 거기에서 관계되고 있는 모습을 보기는 어렵다.

9. 21세기에는, 지구상의 모든 장소의 재래종과 외래종이 한데 뒤섞인 배치들을 갖춘 '새로운 자연"의 형성을 생각할 필요가 있다. 아마도, 특히 오스트레일리아 — 거기에서는 야생의, 자국의, 고유한, 혹은 진귀하다고 하는 순수한 카테고리가 복수종의 공동 번식, 이종의 집합 기억, 그리고 복잡한 역사들에 동시에 관심을 두고 있는 환경주의를 정당하게 취급할 수 없다 — 가 그렇다. 미래를 향해서 살기 좋은 자연문화를 만들고 재건하기 위해서 진지한 프로젝트가 요청되고 있다. 원리상으로조차 원천에 다가가는 것은 불가능하다. 오스트레일리아인 팀 로우(Tim Low) 의 문제작, *Feral Future : The Untold Story of Australia's Exotic Invaders* (Chicago : University

of Chicago Press, 2002)과 *The New Nature : Winners and Losers in Wild Australia* (Sydney, Australia : Penguin, 2002) 참고. 멸종위기에 직면한 많은 종이 식사와 번식에 필수적인 자원을 위해 도입종들에 의존하게 되었는데, 이것이 "복원"과 "보존"을 다소 민감적 문제로 만든다. 로우의 접근법을 과학학, 사회학, 식민 및 탈식민 문화 연구, 그리고 생태학과 권리의 관점에서 동물 복지에 관한 고찰과 통합한 것으로는, Franklin, *Animal Nation* 참고. 물총새의 예는 230쪽에 나온다.

인류학자인 데버라 버드 로즈의 *Reports from a Wild Country* (Sydney : University of New South Wales, 2004)는, 오스트레일리아의 토지와 사람들의 상처 입은 공간과 그 회복과 조정의 깊은 필요성에 관해서 반근대적인 방식으로 쓰고 있다. 특히 북쪽 구역의 선주민들과 함께 수년 동안 연구에 종사해 온 그녀의 시점은, 백인 식민자들의 식민지와 그 대체 생태학 속의 대량 살육과 죽음이라는 현실의 가차 없는 기억에 기초하고 있다. 나는 로즈의 작업 방식을 더 살기 좋은 세계를 재건하기 위해 기본적인 것이라고 생각한다. 그녀는 또한 현재의 환경적-윤리적인 딜레마에 대한 접근법들이 복잡하고 다양한 것임에 틀림없다고 생각하고, 시간을 초월해서 뒤섞인 이질적 자연문화를 인정한다. 실제로 그녀의 작업은 모두가 서로 접속하고, 언제나 움직이고 있는 관계의 웹이다. 그러나 그녀는, 과거에 내장된 무서운 파국과 인간과 비인간 동물 공히 모든 카테고리의 크리터들을 계속 쓸어버리고 있는 현재의 인간이 범한 대량 살육으로부터 눈을 돌리기를 거부한다. Deborah Bird Rose, "What If the Angel of History Were a Dog?" *Cultural Studies Review* 12, no. 1 (March 2006) : 67~78도 참고. 여기서 그녀가 추적하고 있는 것은, 딩고와 야생견을 독살해서 나무에 매달아 놓는 현재 진행되고 있는 죽음의 작업이다. 그들의 사체는 현실 그 자체임과 동시에, 짖고 있는 딩고와 음조를 맞추어 슬픔에 울고 있는 세계를 상징하는 것이다.

둘 다 뒤섞인 종의 배치들에 의존하고 있지만, 나는 팀 로우의 "야생의 미래"가 홍적세의 동물상과 북아메리카의 에코시스템 재건에 특유한 생태학적 원형복원의 담론과는 공명하고 있지 않다고 생각한다. 그렇지만 코끼리와 아프리카 사자를 "이식하여," 아메리카 서부와 그레이트 플레인즈의 초원을 "회복"한다는 것에는, 뭔가 사람을 끄는 것이 여전히 있다. Eric Jaffe, "Brave Old World : The Debate over Rewilding North America with Ancient Animals," *Science News* 170 (November 11, 2006) : 314~18 참고. 이 문헌을 통해서는, 북부의 회색 늑대에 의한 토지의 재생에 관해서 목장주, 헌터, 그리고 환경보호론자 사이에서 일어나고 있는 연대기적으로 지역주의적인 싸움들을 조망할 수 있다!

10. Franklin, *Animal Nation*, 166~92.

11. Barad, *Meeting the Universe Halfway*, 377, 393.

12. Donna Haraway, "Situated Knowledges : The Science Question in Feminism as a Site of Discourse on the Privilege of Partial Perspective," *Feminist Studies* 14, no. 3 (1988) : 575~99. 내가 기억하고 있는 것은, 페미니스트 "입장론"(standpoint theory)은 고정된 위치와 정체성에 관한 것이 아니었고, 지금도 그렇지 않고, 나의 동료이자 친구인 낸시 하트삭(Nancy Hartsock)이 페미니즘의 역사유물론이라고 부른, 교차하는 페미니즘의 세계-만들기에서의 상관적인 일과 놀이에 관한 것이다. 나는 그녀의 통찰력이 맑스에 대한 그녀의 사랑 ─ 과 면밀한 독해 ─ 과 더불어 그녀의 말(horses)에 대한 애정에 기인한다고 생각한다. 하트삭은 "세속적으로 되기" 위해서 "함께 되기"를 이해하고 있다. Sandra Harding, ed., *The Feminist Standpoint Theory Reader* (New York : Routledge, 2003) 참고.

13. 케이티 킹은 페미니스트 사이언스픽션을 읽는 데 있어서 30년에 걸쳐 내가 신뢰하고 상담할 수 있는 멘토였다. 그 케이티 킹이 이렇게 썼다. "처음에 ((앉아있는) 제임스)를 보았을 때, 나는 수제트 헤이든 엘긴이 쓴 『모국어』의 표지 일러스트인 줄 알았다." 정말이다. 언어학자인 엘긴의 소설(*Native Tongue*, New York : DAW, 1984)은 23세기의 인간 여성들을 묘사한 것이다. 그녀들은 19번째 미국 수정 헌법이 철폐된 후, 25번째 수정 헌법하에서 살고 있었는데, 그것은 여성의 법적 지위를 열등한 것으로 규정했다. 여성들은 라인즈(Lines)의 언어학자로, 인간과 에일리언 사이의 무역 관계를 매개하는 커뮤니케이션 전문가들이었다. 그녀들은 라단(Láadan)이라고 부르는 특수한 언어를 생각해 냈고, 이 언어를 사용해서 기존의 무질서를 전복시키고 새로운 세계를 만들어낼 계획을 품는다. 누구도 그녀들이 이런 일을 할 능력이 있으리라고는 생각하지 못했다. 라단은 모국어가 된다. 언어에 대한 설명과 참고 링크들을 보려면 http://en.wikipedia.org/wiki/L%C3%A1adan을 보라. 내가 가지고 있는 『모국어』는 1984년에 간행된 것인데, 그 페이퍼백 커버에 그려져 있는 것은, 큰 녹색의 에일리언 머리가 둥근 자수 프레임 위에 앉아 있는 금발 머리를 한 아기를 다정하게(?) 가만히 바라보고 있는 그림이다. 에일리언의 뒤에는 잉태된 배아들로 찬 시험관들이 몇 갠가 늘어서 있다. 의문의 여지없이 (어떻게?) 여성인 에일리언은 비늘에 덮여 있고, 엄마와 같은 미소를 띠고 아기에게 지나치게 가까이 다가간다. 그녀의 머리는 구균으로 덮여 있는 원생생물과 너무나 닮았다. 아니면 해리포터 영화에 나오는 여장을 한 볼드모트 경처럼 뱀의 머리 모양을 하고 있다. 미래의 에일리언과 고대의 지구인이 함께하는 것은 SF에서 잘 쓰는 수법이다. 왼손을 입에 대고 있는 아기 제임스는, 배가 고픈 것일까? 말을 건네고 있는 것일까? 아니면 그 아기가 지구 밖에서 온 숙녀의 점심일까? 야생의 미래만이 알려줄 수 있을 것이다.

14. 이 웜뱃 종의 사진과 〈야미논 보호 기금〉(Yaminon Defense Fund)의 정보에 관해서는 www.yaminon.org/(2006년 12월 접속) 참고. 웹사이트는 한 사람이 운영하는 것처럼 보인다. 누군가가 검증된 웜뱃의 생활과 그 동물에 대해 열정적인 사람들의 뒤를 추적한다면, C. A. 샤프와 같은 사례를 발견해도 특별히 놀랄 일이 아닐 것이다. 웜뱃(wombat)이라는 말은 현재의 시드니 부근에 과거에 살았던 에오라 선주민 공동체에 기원을 둔다(http://en.wikipedia.org/wiki/Wombat).

15. Katie King, "Pastpresents : Knotted Histories under Globalization," in *Thinking with Donna Haraway*, ed. Ghamari-Tabrizi, 미출간 원고, 2. 킹의 책, *Networked Reenactments : Histories under Globalization* (under review)은 텔레비전(〈하이랜더〉, 〈지나〉, 〈노바〉), 박물관(스미소니언 박물관의 〈미국인의 삶과 과학〉 전시), 그리고 학술적 역사(17세기의 퀘이커 교도 여성과 "과학 혁명"에 대한 역사기술)에서의 조사 재현을 통해서, 그녀의 통찰을 발전시키고 있다. 킹은 브뤼노 라투르의 사물들의 의회와 연합하면서 그것이 페미니즘의 활력을 동반한 유연한 지식들에 사용될 수 있도록 재작업했다.

16. 나의 이야기가 어떻게 재연으로 작동하는지를 보라. 나는 진실한 우화를 말하기 위해 시간과 디테일을 단축했다. 이것을 하는데 과거현재(pastpresents)가 중요하다. 재연은 경험적으로 설명 불가능하지 않다. 하지만 그것은 실증주의자의 재구축도 아니다. 증거, 즉 이야기를 위한 사실은 언제나 층을 이룬 재연 속에서 포착되고 있다. 케이티는 나에게 미샤가 자신을 이교도라고 말했을지 모른다고 했다. 그리고 수년 동안 케이티와 미샤는 이런저런 방식으로 아나키스트와 페미니스트라는 이름을 붙이고 있었다(하지만 그것은 결코 정체성으로서는 아니었다)고 한다. 하지만 탄생 축하연에서 많은 사람들이 그렇게 한 건 아니었을 것이고, 그 후도 그렇지 않았

을 것이다. 태반 향연 후에도 수년간 사이버 마녀들이 산타크루스산에 살았다. 나는 테크노페미니스트들과 히피들의 자택 출산 공동체를 종과 종이 만날 때의 SF 나선 춤을 추는 친척으로 간주한다.

17. Derrida (with Jean-Luc Nancy), " 'Eating Well,' or the Calculation of the Subject," 115.

18. Barad, *Meeting the Universe Halfway*, 384.

19. www.albionmonitor.com/3-10-96/ex-feralpigs.html (2007년 5월 7일 접속).

20. 〈캘리포니아 낚시와 수렵부〉(California Department of Fish and Game)의 멧돼지 관리에 관한 논문을 확인하기 바란다. www.dfg.ca.gov/hunting/pig/index.htm (2007년 5월 7일 접속). 캘리포니아주 멧돼지의 기원은 스페인 사람들이 들어온 시대로까지 거슬러 올라간다. 돼지는 산타크루스섬 보호구와 같은 장소에서는 특히 환경재해 그 자체이다. 그래서 2005년 돼지 박멸 프로그램이 〈자연보호협회〉와 〈국립공원관리청〉에서 제출되었다. 이 일을 위해 고용된 것이 뉴질랜드의 프로헌트사였다. 대척지에서 온 사냥꾼들은 피치니니가 그린 대리 동물과 같은 보호 종일까? 섬의 여우를 보호하는 데 없어서는 안 되는 초록을 야생돼지가 황폐화시켰다. 그렇게 해서 황금독수리를 끌어들이게 되었고, 황금독수리에 습격당한 여우는 절멸에 가까운 상태다. 박멸 계획 중에는 독수리를 대륙으로 이전시키고, 여우를 포획해서 사육하고 번식시켜서 풀어놓는 것도 포함되어 있다. 자생 식물 군락도 또한 회복이 기대되고 있다. www.nature.org/wherewework/northamerica/states/california/press/press_sci040805.html (2007년 5월 7일 접속) 참고. 프로헌트사는 미국에서 더 자유롭게 사업을 전개하기 위해서 캘리포니아주 오렌지 카운티에 자회사를 설립했다. 그 회사는 자연보호 프로젝트를 위한 야생동물 관리를 전문으로 한다. 프로헌트사는 갈라파고스의 이자벨라 염소 박멸을 위해 뉴질랜드에 염소 수렵용 개와 전문가의 조언을 제공했다. 그리고 코스타리카의 코코스 아일랜드를 위해서는 유제동물 박멸 계획을 세웠고, 멕시코의 구아달루페섬의 염소 박멸에 관해서도 조언과 전문 지식을 제공했다. www.prohunt.co.nz/aboutus.htm (2007년 5월 7일 접속) 참고. 산타크루스 섬의 돼지 박멸에 관해서는, www.prohunt.co.nz/newsletter.htm (2007년 5월 7일 접속) 참고. 멧돼지에 의한 캘리포니아에서의 생태학적인 손상은 더 복잡하지만, 그 정도도 상당하다. 부드럽게 말해서, 사냥꾼들이 언제나 무해할 리는 없다. "스포츠맨들" 중에는, 아직 야생 돼지가 서식하고 있지 않은 지역에 새끼 돼지를 풀어 놓고, 수렵지를 늘리려는 사람도 있다고 한다.

21. 핵심적인 지식, 감정, 논증에 관해서는, Carol Adams, "An Animal Manifesto : Gender, Identity, and Vegan-Feminism in the Twenty-first Century," *Parallax* 12, no. 1 (2006) : 120~28 참고. 애덤스는 다음과 같이 주장한다. "해러웨이는 그녀가 칭찬하는 목양견이 존재론적으로 사유된 '가축'을 지키는 것과 마찬가지로, 동물을 식용 가능한 것으로 존재론적으로 사유하는 그러한 우위성을 보호하고 있다."(126) 나는 이 책에서 애덤스를 만났다고 믿는다. 그녀를 설득한 것은 아닐 테지만, 나 자신의 것과 마찬가지로 그녀의 핵심적인 진리도 비상대주의적인 방식으로 존중했다. 나는 그것이 실행 가능한지는 잘 모르겠다. 그러나 문제는 공동의 것이지 개인적인 것만은 아니다.

22. Wedde, "Walking the Dog," 358.

:: 출판 이력

1장의 발췌문은 "Encounters with Companion Species : Entangling Dogs, Baboons, Philos-ophers, and Biologists"라는 제목으로 *Configurations*, 2004년 Society for Literature and Science 회의 특별호에도 수록될 예정이다(2007년 출간 예정).

2장과 4장 일부의 초기 원고는 *The Companion Species Manifesto* (Chicago : Prickly Para-digm Press, 2004)에도 실렸다.

5장은 Sarah Franklin and Margaret Lock, eds., *Remaking Life and Death : Towards an An-thropology of the Biosciences* (Santa Fe : School of American Research Press, 2003), 293~327에 게재된 "Cloning Mutts, Saving Tigers : Ethical Emergents in Technocultural Dog Worlds"를 수정한 것이다.

6장은 Nancy Chen and Helene Moglen, eds., *Bodys in the Making : Transgressions and Transformations* (Santa Cruz, CA : New Pacific Press, 2006), 143~61에 게재된 "A Note of Sportswriter's Daughter : Companion Species"를 수정한 것이다.

8장의 초기 버전이 Beatriz da Costa and Kavita Philip, eds., *Tactical Biopolitics : Theory and Practice @ Life, Science, Art* (Cambridge, Mass. : MIT Press)에 게재될 예정이다.

8장의 초기 버전은 Marc Bekoff and Janette Nystrom, eds., *Encyclopedia of Human-Animal Relationships* (Westport, Conn. : Greenwood Publishing Group)에도 게재될 예정이다.

9장의 이전 버전은 Evan Selinger, ed., *Postphenomenology : A Critical Companion to Ihde* (Binghamton : State University of New York Press, 2006), 175~88에 게재되었다.

10장의 이전 버전은 B. Eekelen, J. Gonzalez, B. Stötzer, A. Tsing, eds., *Shock and Awe : War on Words* (Santa Cruz, Calif. : New Pacific Press, 2004), 23~30에 게재되었다.

11장의 첫 번째 부분은 Margaretta Jolly, ed., *a/b : Auto/Biography Studies* 21, nos. 1과 2 (2006)의 "The Writer of the Companion Species Manifesto E-mails Her Dog People"를 확장한 것이다.

11장의 두 번째 부분은 Jan-Kyrre Berg Olsen and Evan Selinger, eds., *Philosophy of Tech-nology* (N.P. : Automatic Press/VIP, December 2006), www.philosophytechnology.com/의 "Replies to Five Questions"를 수정한 것이다.

:: 인명 찾아보기

알라딘 후원자 명단

Herac, Noeul, papanaya, 강민성, 강우근, 강정섭, 강지혜, 고민경, 고봉준, 고정여, 곽혜은, 구자연, 권무순, 권은채, 권종현, 글월마야, 김나영, 김다희, 김로라, 김리윤, 김리윤, 김명심, 김미정, 김민수, 김보경, 김사영, 김상애, 김시연, 김영숙, 김영주, 김영주, 김주영, 김지오, 김진완, 金珍浩, 雅蘭, 藝麟, 김충한, 김홍민, 김화연, 김효주, 까미와단풍, 나희덕, 낙랑, 남현주, 너굴어멈, 노대원, 노태훈, 느린, 달팽, 도희, 들불, 류보선, 류재숙, 류현정, 마진오, 메두사, 몸문화연구소, 몸문화연구소, 몽돌, 문봄, 박상욱, 박소라, 박소영, 박소원, 박수진, 박승호, 박이현, 박주현, 박진용, 박현진, 백수영, 뱃살무늬토끼, 서지효, 서효영, 성한빛, 소양, 소양, 소영, 손기태, 송송이, 송영지, 송재림, 수경재배, 시도와가희, 신다혜, 신지영, 안경화, 안사이, 안진수, 안효빈, 어지영, 에로이카, 연혜원, 오연우, 오영욱, 오은교, 오현주, 오현화, 우디, 우리가 만날 때, 웨이브박수미, 유승진, 유지수, 유창희, 유혜린, 유혜영, 윤가람, 윤민희, 윤희진, 이광욱, 이달팽, 이물, 이상엽, 이상희, 이선인, 이성은, 이세연, 이소민, 이수연, 이영목, 이유경, 이유정, 이자영, 이재윤, 이주혜, 이지선, 이지용, 이지은, 이한빛, 이희구, 이희재, 이힉성, 인승민, 임희재, 장종철, 재민쁨, 정경직, 정림, 정미선, 정슬아, 정일영, 정혜윤, 조성분, 조예은, 조찬영, 조해민, 조현우, 존 골트, 진명, 진수지, 천현정, 최규미, 최라윤, 최민지, 최성욱, 최아름, 최연수, 최연정, 최원형, 최정호, 최진석, 추장의딸, 쿤스트가르텐, 크리슈나, 킴킴, 하성희, 한보경, 한비누나, 한초원, 한태주, 함윤이, 허선애, 허수영, 허영행, 허지현, 허진선, 황윤지, 황재민, 황정화, 효선, 희람